L'EFFICACITÉ DES SÛRETÉS RÉELLES CONVENTIONNELLES DANS L'ESPACE OHADA

Étude comparée du droit de l'OHADA et du droit français

Logiques Juridiques

Fondée par Gérard Marcou
Dirigée par Jean-Claude Némery et Thomas Perroud

Le droit n'est pas seulement un savoir, il est d'abord un ensemble de rapports et pratiques que l'on rencontre dans presque toutes les formes de sociétés. C'est pourquoi il a toujours donné lieu à la fois à une littérature de juristes professionnels, produisant le savoir juridique, et à une littérature sur le droit, produite par des philosophes, des sociologues ou des économistes notamment.

Parce que le domaine du droit s'étend sans cesse et rend de plus en plus souvent nécessaire le recours au savoir juridique spécialisé, même dans des matières où il n'avait jadis qu'une importance secondaire, les ouvrages juridiques à caractère professionnel ou pédagogique dominent l'édition, et ils tendent à réduire la recherche en droit à sa seule dimension positive. À l'inverse de cette tendance, la collection « Logiques juridiques » des éditions L'Harmattan est ouverte à toutes les approches du droit. Tout en publiant aussi des ouvrages à vocation professionnelle ou pédagogique, elle se fixe avant tout pour but de contribuer à la publication et à la diffusion des recherches en droit, ainsi qu'au dialogue scientifique sur le droit. Comme son nom l'indique, elle se veut plurielle.

Dernières parutions

Demba MBOW, *Le secret dans l'arbitrage international, Approche critique,* 2021.
Benoît GRÉMARE, *De l'arme nucléaire française. Essai sur la constitutionnalisation de la force de frappe,* 2021.
Gladys TREZENEM, *La dignité de la personne humaine et le juge administratif*, 2021.
Chryssi PAPANIKOLAOU, *Le principe de l'Etat social, Étude sur les limites de l'activité législative en droit comparé français et hellénique*, 2021.
Yves Gabriel DJEYA KAMDOM, *La responsabilité des ordonnateurs des crédits publics dans le système financier contemporain. Étude des droits camerounais et français,* 2021.

Kangni-Fafadji René AGBEKPONOU

L'EFFICACITÉ DES SÛRETÉS RÉELLES CONVENTIONNELLES DANS L'ESPACE OHADA

Étude comparée du droit de l'OHADA et du droit français

L'Harmattan

5-7, rue de l'École-Polytechnique – 75005 Paris
www.editions-harmattan.fr

ISBN : 978-2-343-24832-5
EAN : 9782343248325

Titre : L'efficacité des sûretés réelles conventionnelles dans l'espace OHADA

Résumé : La quête de l'efficacité est intimement liée à l'objectif poursuivi. D'abord dans l'objectif poursuivi par le législateur dans la mise en place des normes et critères permettant d'arriver au résultat voulu et renforcé par le juge, puis dans les attentes placées dans ces normes et critères par les créanciers surtout, mais aussi par les débiteurs. La réponse à ces attentes souvent antagonistes conduit le législateur à faire des arbitrages parfois incohérents avec la finalité objective souhaitée. Les sûretés réelles conventionnelles se présentent dans ce contexte comme des garanties ayant pour finalité de permettre au créancier d'éviter une perte patrimoniale, en bénéficiant dès la constitution de la sûreté des avantages qui lui permettent d'être privilégié sur la valeur du bien à lui garanti. La fonction de ces sûretés est de préserver les droits du créancier jusqu'à ce que la défaillance du débiteur lui permette de les exercer convenablement. L'exercice de ces avantages est alors soumis à des procédures strictes de réalisation qui sont prévues par les textes. Elles organisent le désintéressement des créanciers dans des conditions qui empêchent leur enrichissement par le biais de la sûreté, et favorisent par la même occasion la protection des droits des débiteurs qui subissent la contrainte de l'exécution sur leur bien. Il faut dire que la finalité traditionnelle des sûretés réelles conventionnelles, qui est d'octroyer contractuellement aux créanciers un droit préférentiel sur la valeur du bien garanti, s'est peu à peu érodée au fur et à mesure de la protection croissante du débiteur défaillant soumis à une procédure collective. Dans cette procédure, l'intérêt collectif sur un plan économique et social prend le dessus sur l'intérêt individuel des créanciers, qui voudraient exécuter librement leur sûreté réelle, et évite au débiteur défaillant le prix de la course. Chemin faisant, le besoin de contourner les règles dérogatoires des procédures collectives a conduit les créanciers à rechercher des moyens plus efficaces pour préserver leur droit, simplifier les mesures d'exécution pour pallier la lourdeur de la vente forcée et ainsi avoir accès plus facilement et à moindre coût à la valeur du bien garanti. Le législateur a donc compris ce besoin de renouveau de l'efficacité des sûretés réelles conventionnelles. Il a ainsi, dans l'AUS de 2010 consacré à côté des techniques classiques d'affectation du bien garanti, des techniques qui font débat en raison de leur originalité aussi bien à la constitution des sûretés qu'à leur réalisation. Cette originalité est le fruit d'une exclusivité recherchée soit dès la constitution de la sûreté soit à sa réalisation. Quoique s'installant normalement dans la continuité, des auteurs ont pu trouver dans cette exclusivité conçue dans les deux temps forts de la vie des sûretés réelles, une approche qui ne satisfait pas à la recherche d'une cohérence dans le sens à donner à leur régime général. Nous avons alors essayé de démêler les conceptions visant une efficacité sans partage, à effet exclusif au profit d'un seul créancier, de celles plus mesurées et conciliantes qui prennent en compte les droits des créanciers concurrents. Cette analyse s'est faite à travers le sens réel à donner aux différents critères d'efficacité consacrés par le législateur OHADA. La réflexion s'est alors conduite progressivement en s'appuyant essentiellement sur le droit français ; sa doctrine et sa jurisprudence sont les sources principales d'inspiration du droit OHADA, dont il prend l'essentiel des critères d'efficacité. Mais aussi, du nouveau droit québécois des sûretés réelles pour sa vision moderne de l'efficacité de ces sûretés. Quel sens donner à ces critères aussi bien classiques que modernes ? Et quelle est leur véritable portée dans la recherche de l'efficacité des sûretés réelles conventionnelles, aussi bien au stade de leur constitution que de leur réalisation ?

Mots clefs : Gage de meubles corporels, nantissement de meubles incorporels, hypothèque, propriétés-sûretés, OHADA, efficacité, constitution, exécution forcée, procédures collectives, publicité.

Title : The research of the conventional real security efficiency in the OHADA area

Abstract : The quest for efficiency is closely linked to the objective pursued. First in the objective pursued by the legislator in the establishment of standards and criteria enabling the desired result and reinforced by the judge, then in the expectation placed in these standards and criteria by creditor specifically, but also by debtors. The response to these often- antagonistic expectations leads the legislator to make arbitrations sometimes inconsistent with the objective finality desired. In this context, the contractual real securities are presented as warranties whose purpose is to allow the creditor to avoid a loss of assets, by benefiting once the security is constituted from advantages which confers him privilege over the value of the asst guaranteed. The role of these securities is to ensure the creditor's rights until the insolvency of the debtor allows the proper use of these security advantages. The exercise of these advantages is then subject to strict execution procedures set out by texts. They organize the disinterestedness of creditors under conditions which restrain their enrichment by means of the security and promote at the same time the protection of the debtor's rights which endure the constrain of distrain of the property. It must be said that the traditional purpose of the contractual real securities, which is to contractually grant to creditors a preferential right over the value of the guaranteed asset, has gradually eroded as the increasing protection of the defaulting debtor subject to a bankruptcy proceeding. In that procedure, the collective interest on a social and economic level takes precedence over the individual interest of creditors who would like to freely execute their real security at the same time. Over time, the need to bypass the derogating rules of the bankruptcy proceedings has led creditors to seek for more efficient means to preserve their rights, simplify implementation measures in order to compensate the complexity of the forced sale and thereby have an easy and cheap access to the value of the asset guaranteed. The legislator has therefore understood this need of renewal for the contractual real securities. In addition to the classic assignment techniques of the guaranteed assets, he has in the 2010 AUS also devoted techniques that are debated due to their originality, both within the constitution of the real securities and in their execution. This originality is the result of an exclusivity searched either in the constitution of the real security or in its execution. Although continuously settling, authors have found in that exclusivity conceived in both strong moments of the life of real securities, an approach that not satisfy the search of a coherence in the meaning to be given to their general scheme. We then tried to disentangle conceptions aiming an undivided efficiency, with exclusive effects for the benefit of a single creditor, from those more measured and conciliatory which take into account the rights of competing creditors. This analysis was made through the real meaning to be given to the various efficiency criteria established by the OHADA legislator. The reflection was then gradually built up by essentially relying on the French law; its doctrine and jurisprudence are the main sources of inspiration for the OHADA law, from who it takes the main efficiency criteria. But also, from the new Quebec real security law for its modern vision of efficiency of these real securities. What meaning to give to these criteria both classic and modern? And what is their real scope in the research of the conventional real security efficiency, both at the stage of constitution and execution?

Keywords: Security tangible movables, security intangible movables, Mortgage, property right security, Efficiency, Constitution, Forced execution, Bankruptcy proceedings, Publicity.

J'adresse mes sincères remerciements,
à Monsieur le Pr D. LEGEAIS,
aux membres du Jury et à mon père Me Kouévi AGBEKPONOU.

LISTE DES PRINCIPALES ABREVIATIONS

AJ : Actualité de jurisprudence
AJDA : Actualité juridique de droit administratif
Al. : Alinéa
AOF : Afrique occidentale française
Art. : Article
AU : Acte Uniforme
AUDCG : Acte uniforme relatif au droit commercial général
AUSCGIE : Acte uniforme relatif au droit des sociétés commerciales et du groupement d'intérêt économique
AUPC/AUPCAP : Acte uniforme portant organisation des procédures collectives d'apurement du passif
AUS : Acte uniforme portant organisation des sûretés
AUVE/AUPSRVE : Acte uniforme portant organisation des procédures simplifiées de recouvrement et des voies d'exécution
Banque : Revue Banque
Banque et Droit : Revue Banque et Droit
BGB : Bürgerliches Gezetzbuch / Code civil allemand
Bibl. dr. pr. : Collection Bibliothèque de droit privé
BJE : Bulletin Joly entreprises en difficulté
Bull. civ. : Bulletin des arrêts de la Cour de cassation française, chambre civile
CA : Cour d'appel
Cass. Ass. Plén. : Assemblée plénière de la Cour de cassation française
Cass. civ. : Chambre civile de la Cour de cassation française
Cass. com. : Chambre commerciale de la Cour de cassation française
Cass. ch. mixte : Chambre mixte de la Cour de cassation
CCJA : Cour Commune de Justice et d'Arbitrage
CCI : Chambre de Commerce Internationale
CE : Conseil d'État français
C. cil. : Code civil français
C. com. : Code de commerce français
C. mon. et fin. : Code monétaire et financier français
Chron. : Chronique
Comm. : Commentaires
Comp. : Comparer
Concl. : Conclusions
D. : Recueil Dalloz
D. Aff. : Recueil Dalloz affaires
Defrénois : Répertoire du notariat Defrénois
DH : Recueil Hebdomadaire de jurisprudence Dalloz (années antérieures à 1941)

DP : Recueil périodique et critique mensuel Dalloz (années antérieures à 1941)
Doctr. : Doctrine
Dr. et patr. : Revue Droit et patrimoine
éd. : Édition
Ex. : Exemple
Fasc. : Fascicule
Gaz. Pal. : Gazette du Palais
Ibidem : Au même endroit
In : Dans
J.-Cl. : Juris-classeur périodique
J.-Cl. civ. : Juris-classeur civil
J.-Cl. com. : Juris-classeur commercial
JCP G : Juris-classeur périodique, édition Générale
JCP E : Juris-classeur périodique, édition Entreprise
JCP N : Juris-classeur périodique, édition Notariale
JO : Journal Officiel
JORF : Journal Officiel de la République Française
Jur. : jurisprudence
L. : Loi
LGDJ : Librairie Générale de Droit et de Jurisprudence
LPA : Les petites affiches
OHADA : Organisation pour l'Harmonisation en Afrique du Droit des Affaires
Obs. : Observations
op. cit. : Précité
Ord. : Ordonnance
PU : Presses Universitaires
PUA : Presses Universitaires Africaines
PUF : Presses Universitaires de France
Préf. : Préface
Rec. CCJA : Recueil des arrêts de la Cour commune de justice et d'arbitrage
RCCM : Registre du Commerce et du Crédit Mobilier
RD bancaire et bourse : Revue de droit bancaire et de la bourse
RD bancaire et fin. : Revue de droit bancaire et financier
RDC : Revue de droit des contrats
Rev. ERSUMA : Revue de l'École Régionale Supérieure de la Magistrature (OHADA)
RD imm. : Revue de droit immobilier
Rev. huiss. : Revue des huissiers
Rev. soc. : revue des sociétés
Réf. : Référé
RJ com. : Revue de jurisprudence commerciale
RJDA : Revue de jurisprudence de droit des affaires

RRJ : Revue de recherche juridique
RTD civ. : Revue trimestrielle de droit civil
RTD com. : Revue trimestrielle de droit commercial
RTDF : Revue trimestrielle de droit financier
RTDAA : Revue togolaise de droit des affaires et d'arbitrage
RTSJ : Revue togolaise des sciences juridiques
S. : Recueil Sirey
Spéc. : Spécial (dossier, numéro)
s. : Suivant
T. : Tome
T. com : Tribunal de commerce
TGI : Tribunal de Grande Instance
TPI : Tribunal de première Instance
TI : Juge du Tribunal d'Instance
TJ : Tribunal Judiciaire
TRHC : Tribunal Régional Hors Classe
UEMOA : Union Économique et Monétaire Ouest-Africaine
V. : Voir

PREFACE

M. René Agbékponou a choisi de traiter de l'efficacité des sûretés réelles conventionnelles dans l'espace OHADA tout en adoptant une approche comparative avec le droit français qui vient d'être réformé par l'ordonnance en date du 15 septembre 2021.

Il existait déjà des travaux sur le sujet mais cette thèse se distingue des autres dans la mesure où l'auteur a choisi une démarche pragmatique. Concrètement, en procédant à une analyse de terrain, l'auteur a eu une vision critique des textes, recherchant ceux qui pouvaient facilement être appliqués et ceux qui ne pouvaient pas l'être en raison de différentes contraintes locales. L'auteur fait ainsi apparaître qu'il peut exister un fort décalage entre les ambitions affichées par les promoteurs d'un texte et la réalité. C'est tout à fait le cas avec le droit OHADA. Ce corps de textes est un modèle du genre, rédigé par d'éminents juristes dont le regretté Pierre Crocq. Ce dernier s'était ainsi vanté de ce que ce corpus pouvait servir de modèle pour le droit français ! Mais là réside peut-être la faiblesse du projet. Les dispositions sont peut-être trop perfectionnées, trop avant-gardistes pour les pays auxquels elles s'appliquent. Pour développer des sûretés sans dépossession, il faut des registres performants, ce qui suppose un équipement informatique à la hauteur des enjeux. Or, une telle infrastructure n'existe pas encore dans beaucoup de greffes des pays appartenant à l'OHADA. Il faut dès lors privilégier des sûretés simples qui ont fait leurs preuves, tel le gage avec dépossession conférant un droit de rétention. La place des sûretés conférant un droit d'exclusivité aux créanciers comme la propriété-garantie et le droit de rétention doit aussi être réexaminée.

De même, notre droit des entreprises en difficulté est trop complexe et inadapté pour beaucoup d'affaires soumises au droit OHADA.

Ayant travaillé dans un service de contentieux bancaire, René Agbékponou était sensibilisé aux enjeux pratiques des questions étudiées. C'est ce qui lui a permis, outre sa grande culture juridique, de proposer une vision critique du droit actuel. Il envisage aussi bien la constitution des sûretés que leur mise en œuvre. Il s'attache à juste titre aux liens avec le droit des procédures d'exécution forcée et le droit des procédures collectives. Il ne s'est cependant pas arrêté à ce constat. La thèse présente aussi l'intérêt de contenir des propositions de réforme de l'Acte uniforme qui pourraient être utiles, si à la suite du législateur français, le droit OHADA venait à son tour à être réformé. L'auteur invite d'ailleurs le droit OHADA à s'affranchir du modèle français.

Ses propositions ont été évaluées par un jury de collègues africains et français qui ont approuvé la pertinence de la plupart d'entre elles.

Ainsi conçu, cet ouvrage pourra intéresser de nombreux lecteurs. Il s'agira naturellement de tous les acteurs devant mettre en œuvre ce droit OHADA des sûretés et ils sont de plus en plus nombreux. Mais le juriste français aura également tout intérêt à consulter cet ouvrage dans la mesure où ce regard extérieur permet d'avoir un regard neuf sur notre propre législation.

M. Agbékponou, avec ce beau travail, poursuit une tradition familiale. Déjà son père avait soutenu à Lomé une belle thèse comparative. Cela montre que l'attachement des juristes africains au droit français est constant. Il faut s'en souvenir à l'heure où chacun se désole de la perte de l'influence du droit français dans le monde. Les brillants juristes africains demeurent ainsi les meilleurs ambassadeurs du droit français !

Nul doute que ce brillant travail permettra à son auteur d'envisager avec succès la carrière d'avocat qu'il a choisi d'embrasser. Après en avoir été un analyste attentif, il deviendra ainsi l'acteur de ce droit des sûretés qu'il maîtrise si parfaitement.

Pr Dominique LEGEAIS

SOMMAIRE

INTRODUCTION

1. Un objectif activement recherché. – Tout créancier qui s'engage dans une opération de crédit a toujours cette crainte de ne pas être payé à l'échéance. Aussi a-t-il systématiquement recours à la constitution d'une garantie pour limiter les pertes ou prévenir tout risque de crédit ou d'insolvabilité de son débiteur. Les sûretés réelles offrent à ce titre, plus que les sûretés personnelles, une plus grande sécurité au créancier, ce en raison du droit réel de garantie exercé directement sur l'assiette de la sûreté. Sa finalité étant inéluctablement de permettre au créancier d'éviter une perte patrimoniale par la réalisation rapide de sa sûreté, sans entrave à son droit individuel à l'exécution forcée. La sûreté réelle a donc pour objectif principal de protéger le créancier en le faisant passer avant tout autre créancier sur le bien garanti. Cette confiance dans la constitution de cette sûreté n'est malheureusement pas absolue en raison de l'attention particulière donnée au débiteur qui fait face à des difficultés financières. Un équilibre difficile à tenir semble émerger de la consécration des règles dérogatoires des procédures collectives. Ces règles visent un encadrement de l'insolvabilité au profit du débiteur[1] pour ne pas le laisser à la merci de ses créanciers, avec pour conséquence de les amputer de leur droit individuel à la réalisation de leur sûreté[2]. Il s'installe alors entre ces deux droits une opposition difficilement conciliable : « les sûretés [qui] visent à prémunir leurs titulaires contre l'inexécution de l'obligation du débiteur, [et] les procédures collectives [qui] aspirent désormais quant à elles, prioritairement, à protéger le

---

[1] SOPGUI (E.), Les sûretés conventionnelles à l'épreuve des procédures collectives dans l'espace OHADA, Thèse Université Yaoundé II SOA, 2008, p. 2 ; DIALLO (Y), Les sûretés et garanties réelles dans les procédures collectives, Thèse, éd. *L'Harmattan*, Préf. Delebecque (Ph.), 2019, p. 33 : « Cette nouvelle conception du droit de la faillite, tout en gardant une méfiance vis-à-vis du débiteur failli par exemple en le dessaisissant de l'administration et de la disposition des biens dont les siens propres et d'autres qui étaient en sa possession dès l'ouverture d'une procédure collective, a érigé le redressement de l'entreprise en difficulté comme la finalité prioritaire du nouveau droit des procédures collectives. Cette prééminence de l'entreprise est légitimée par la considération selon laquelle l'entreprise constitue un confluent d'intérêts et un maillon important du tissu économique à préserver ».

[2] SAINT-ALARY-HOUIN (C.), Droit des entreprises en difficulté, 11e éd. *LGDJ, coll. Précis Domat*, 2018, n° 28 ; LUCAS (F.-X.), Manuel de droit de la faillite, 2e éd. *PUF, coll. Droit fondamental*, 2018, n° 3 ; FAVRE-ROCHEX (C.), Sûretés et procédures collectives, Thèse, Dir. François-Xavier Lucas, préf. Grimaldi (M.), *LDGJ* 2020, p. 2 : « Ces procédures puisent classiquement leur originalité dans leur dimension collective : elles appréhendent l'intégralité du patrimoine du débiteur et assujettissent l'ensemble de ses créanciers à une discipline commune, substituée à la logique individuelle qui préside à l'ordinaire la mise en œuvre de leurs droits ».

débiteur de la débâcle[3] ». Cette confrontation des objectifs a pour conséquence un éclatement du régime des sûretés réelles, elles-mêmes déjà hétérogènes, puisque les créanciers aspirent de plus en plus à échapper aux règles des procédures collectives. Plus clairement, les sûretés réelles se réinventent au gré de leur soumission aux règles dérogatoires des procédures collectives.

2. **Un idéal en construction.** – L'objectif du législateur est alors sans cesse de veiller à l'équilibre des intérêts. D'une part, encadrer la course aux privilèges des créanciers et d'autre part veiller à une conciliation des objectifs en cas d'insolvabilité du débiteur. Cet équilibre doit être poursuivi dans la recherche permanente de l'égalité entre les créanciers[4], pour mieux gérer la débâcle du débiteur dans l'intérêt de tous. La définition des grands piliers de cette construction relève de la politique juridique propre à chaque législation, dont les sources sont profondément ancrées dans une tradition juridique singulière[5]. Comment concilier le besoin de rendre attractif le droit des sûretés réelles avec l'encadrement de l'insolvabilité afin de susciter l'investissement ? Dans ce contexte, l'efficacité des sûretés réelles ne peut assurément être détachée du droit des entreprises en difficulté. Le droit OHADA tente de relever le défi non sans mal, puisqu'à l'objectif bien défini de susciter l'investissement, par « l'adoption de règles communes, simples, modernes et adaptées à la situation économique des États parties »[6], se heurte le constat alarmant de l'impossibilité d'empêcher la faillite des entreprises en difficulté. « L'âge d'or[7] » des créanciers titulaires de sûretés réelles laisse place à la recherche d'un équilibre difficile à trouver ; la faillite n'étant plus à leur avantage. Il est également difficile dans le contexte de l'OHADA, de consacrer une législation capable de réglementer le droit des affaires dans des pays qui n'ont pas les mêmes cycles économiques et le même degré d'absorption ou d'assimilation de la norme juridique[8]. Il faut alors pour cela définir une démarche commune à même de fédérer les besoins de

---

[3] FAVRE-ROCHEX (C.), Sûretés et procédures collectives, Thèse, *op. cit.*, p. 1.

[4] NANDJIP MONEYANG (S.), Réflexion sur l'égalité des créanciers dans les procédures collectives, RPC juillet-août 2010, p. 24 et s.

[5] LEGEAIS (R.), Grands systèmes de droit contemporains, *Litec*, 2004, Paris, p.221.

[6] Art. 1er du Traité de l'OHADA, du 17 octobre 1993 révisé le 17 octobre 2008 et entré en vigueur le 21 mars 2010.

[7] DUPICHOT (Ph.), « Les sûretés réelles à l'épreuve des procédures collectives, Entre passé, présent et avenir », in Mélanges en l'honneur de Laurent Aynès, Liberté, justesse, autorité, LGDJ, 2019, n° 5 et s.

[8] Sur la question du dépassement par l'OHADA du cadre juridique de l'intégration entreprise : « Le risque encouru est que l'ensemble du droit privé fasse l'objet d'une harmonisation, ce qui dépasserait l'objectif du Traité Ohada, gonflerait inutilement les attributions de la CCJA sans laisser le temps aux différents acteurs du monde des affaires d'assimiler les conséquences des actes uniformes précédents ». Commentaires dans le Code OHADA (Code vert) sous l'art. 11 du Traité, p. 39.

chaque État dans la recherche croissante de l'efficacité des sûretés réelles. Cette recherche étant évolutive, elle s'intègre et se façonne en prenant en compte les résultats observés dans l'application des règles existantes, afin de se réinventer dans l'avenir tout en réajustant sans cesse le dispositif. Pour cela, il faudrait mettre en place une base commune sur laquelle se tissent les différents mécanismes au cœur de l'efficacité recherchée.

La construction des sûretés réelles du droit OHADA s'est faite en consolidant une base commune, elle-même inspirée de différentes législations qui ont fait leurs preuves dans l'accomplissement des objectifs d'efficacité recherchés. Le droit français est alors présenté comme le droit ayant traditionnellement influencé les mécanismes au cœur de l'efficacité des sûretés réelles du droit OHADA. Mais, dans cette recherche d'efficacité, surtout de transparence et de sécurité juridique, le modèle qu'il prône devient de moins en moins attractif.

Il en est sorti des sûretés réelles propres au droit OHADA **(I)** dont les traits de caractère mélangent le traditionnel à la modernité. L'efficacité des sûretés réelles du droit OHADA s'est alors façonnée dans la solidité des critères ou mécanismes traditionnels d'efficacité dont les résultats semblent satisfaisants pour la préservation des intérêts des créanciers. Mais également dans la prise en compte de critères plus modernes, prenant en compte les intérêts des débiteurs, la sécurité juridique et la transparence **(II)** dont tous les contours restent encore à déterminer.

I/ PRESENTATION DES SURETES REELLES DU DROIT OHADA

3. Les sûretés réelles de l'OHADA sont issues d'une construction législative singulière propre à l'espace OHADA qui est un espace d'intégration juridique. Cette intégration juridique influence fondamentalement le choix des sûretés réelles qui ne s'éloigne pas totalement du droit existant dans les États parties à cette intégration. L'influence des grandes législations contemporaines y est assez présente et liée au passé de la plupart des États parties au traité de l'OHADA. Une continuité dans l'esprit et les choix législatifs s'est alors installée dans le fond comme dans la forme. Le droit français y est ainsi naturellement présent et constitue encore un modèle pour le droit des sûretés réelles de l'OHADA. Naissent alors des sûretés réelles qui sont censées être le reflet de la volonté du législateur OHADA d'œuvrer pour leur efficacité, et adaptées aux besoins du monde des affaires dans ses pays membres. Il ne sera pas question dans cette étude de se confronter à l'efficacité de toutes les sûretés réelles consacrées par l'OHADA, mais de situer la réflexion sur celles qui sont constituées d'un commun accord des parties. Il s'agit d'étudier les sûretés réelles conventionnelles du droit OHADA et leur aptitude à permettre l'atteinte du résultat voulu par leurs auteurs.

La présentation des sûretés réelles étudiées **(C)** ne peut alors se faire sans situer le cadre juridique dans lequel ces sûretés sont consacrées **(A)** et l'influence du droit français dans leur consécration **(B)**.

A/ PRESENTATION DU DROIT OHADA

4. L'espace de l'OHADA. – Cet espace est une zone géographique et le socle du droit OHADA. Le droit OHADA est la législation commune de 17 pays d'Afrique. Les langues de travail de cet espace géographique attestent de la diversité culturelle des pays membres : le français, l'anglais, l'espagnol et le portugais. L'intégration économique des pays membres de l'OHADA imposait la mise en place d'un droit des affaires harmonisé, simple, moderne et adapté afin de faciliter l'activité des entreprises. À cette fin, le législateur OHADA a grandement fait le choix dans sa politique législative de favoriser l'investissement. Tout devait ainsi être fait pour avoir un climat propice à l'investissement étranger et local.

Cette organisation a vu le jour le 17 octobre 1993 à Port-Louis en Île Maurice et regroupe aujourd'hui les pays suivants : Bénin, Burkina Faso, Cameroun, Centrafrique, Comores, Congo, Côte d'Ivoire, Gabon, Guinée-Bissau, Guinée Équatoriale, Mali, Niger, RD Congo, Sénégal, Tchad, Togo. L'objectif de cet espace est l'harmonisation du droit des affaires. Mais, très vite, il est apparu incontournable pour une intégration juridique réussie de mettre l'accent sur l'uniformisation en lieu et place de l'harmonisation. Neuf Actes uniformes ont ainsi vu le jour dont l'Acte uniforme étudié portant organisation des sûretés (AUS) adopté le 17 octobre 1997 révisé le 15 décembre 2010[9].

5. **L'uniformisation du droit OHADA.** – L'article 1er du Traité de Port-Louis (Traité de l'OHADA) vise l'harmonisation du droit des affaires dans les États parties. L'adoption des textes se faisant à l'unanimité des représentants des États parties présents et votants[10]. Cette méthode d'intégration souple n'avait pas de chances de prospérer dans ces pays, en raison du manque de vision économique globale et surtout du climat politique qui entravait la majorité des activités législatives.

Les raisons économiques et pragmatiques du choix de l'uniformisation sont multiples. Après les indépendances, les pays membres de l'OHADA ont traversé plusieurs tempêtes économiques. De plus, ces États faibles économiquement n'ont pas su faire face à l'assaut d'un marché mondialisé. Aussi fallait-il de nouveau inspirer confiance pour pouvoir relancer les investissements. Dans ce contexte, il fallait vite réformer sans s'embourber dans les méandres bureaucratiques et législatifs. La volonté du législateur OHADA était alors de faire des Actes uniformes un instrument juridique qui échappe en partie au législateur national, mais pas trop intrusif, de sorte à être complété par les droits nationaux. Le défi à relever était donc de prévoir des lois communes pouvant s'appliquer directement dans l'ordre interne des États sans mécanismes internes de transposition. Ces lois doivent se substituer aux lois des pays membres, « souvent obsolètes et inadaptées » aux réalités nouvelles d'un marché mondialisé. L'objectif était de rendre ces pays de nouveau compétitifs.

6. **La conséquence du choix de l'uniformisation.** – L'espace OHADA a été créé afin d'assurer deux objectifs majeurs : la sécurité juridique et la sécurité judiciaire. Pour y parvenir, le législateur a recouru au principe de supranationalité des Actes uniformes dès leur adoption.

L'application de ce principe dans l'espace OHADA permet l'applicabilité immédiate des Actes uniformes dans l'ordre juridique interne des États membres. Elle permet également aux justiciables de ces États d'invoquer un Acte uniforme directement dans un litige dès son entrée en vigueur. L'article 10 du Traité de l'OHADA relève clairement cette portée juridique des Actes uniformes quand il dispose que : « *Les*

---

[9] JO OHADA, n° 22, 15/02/2011. Sur les contestations liées à l'inclusion du droit des sûretés dans le champ de compétence de l'OHADA, voir compte-rendu de la conférence Ohada de Ngaoundere du 21 mars 2007, exposé de Joseph Fometeu : www.ohada.com.

[10] Art. 8 du Traité de l'OHADA.

Actes uniformes sont directement applicables et obligatoires dans les États Parties nonobstant toute disposition contraire de droit interne, antérieure ou postérieure ». Il implique donc que « le droit OHADA est applicable sans qu'il soit besoin d'une ratification. [Et] il entraîne l'obligation pour les autorités nationales d'interpréter tout le droit national en conformité avec les Actes uniformes et, le cas échéant, de réparer les conséquences dommageables de leur irrespect[11] ». Ce processus d'adoption de la règle de droit met en confiance les investisseurs et participe assurément à l'efficacité des Actes uniformes dans l'espace OHADA.

7. **La clé du système judiciaire de l'espace OHADA.** – Pour illustrer l'importance de la Cour Commune de Justice et d'Arbitrage dans le système judiciaire de l'OHADA, le professeur ADJITA écrivait qu'il n'est pas difficile pour un justiciable de se rendre compte qu'en misant sur la loi de la force devant une juridiction nationale, il risque de retrouver ses torts et perdre le procès en dernier ressort devant la justice communautaire, par la force du droit[12]. C'est dire que l'objectif de la CCJA est d'être le rempart à tous les maux que connaissent parfois les juridictions nationales et de veiller à une régulation de la jurisprudence dans l'espace OHADA.

La CCJA est à ce titre la Juridiction Suprême de l'espace OHADA. Conformément à l'article 14 du Traité tel que révisé le 17 octobre 2008 : « *La Cour commune de justice et d'arbitrage assure l'interprétation et l'application communes du traité ainsi que des règlements pris pour son application, des actes uniformes et des décisions. [...]*

Saisie par la voie du recours en cassation, la Cour se prononce sur les décisions rendues par les juridictions d'appel des États parties dans toutes les affaires soulevant des questions relatives à l'application des Actes uniformes et des règlements prévus au présent Traité à l'exception des décisions appliquant des sanctions pénales.

Elle se prononce dans les mêmes conditions sur les décisions non susceptibles d'appel rendues par toute juridiction des États parties dans les mêmes contentieux.

En cas de cassation, elle évoque et statue sur le fond ». Cet article explique le rôle important dévolu à cette juridiction qui porte sur elle la charpente qui soutient l'espace OHADA.

Elle inspire à elle seule la sécurité judiciaire tant attendue dans l'espace OHADA par le contrôle juridictionnel qu'elle opère. La Haute Cour a de ce fait une compétence particulière bien distincte des

---

[11] Commentaires, article 10 du Traité de l'OHADA, révisé à Québec le 17 octobre 2008, Code OHADA (Code vert).

[12] ADJITA (A. W.), Le droit de rétention comme sûreté en droit uniforme OHADA, Penant, n° 844, juill-sept 2003, p. 279.

juridictions nationales, surtout des Juridictions Suprêmes nationales qui ont senti leur compétence diminuée. À ce titre : « Les arrêts de la Cour commune de justice et d'arbitrage ont l'autorité de la chose jugée et la force exécutoire. Ils reçoivent sur le territoire de chacun des États parties une exécution forcée dans les mêmes conditions que les décisions juridiques nationales. Dans une même affaire, aucune décision contraire à un arrêt de la Cour commune de justice et d'arbitrage ne peut faire l'objet d'une exécution forcée sur le territoire d'un État partie[13] ». La CCJA se distingue surtout des autres juridictions de cassation par ses compétences qu'on peut qualifier d'exceptionnelles. Compétences au premier rang desquelles on retrouve son pouvoir d'évocation en cas de cassation. Posé à l'alinéa 5 de l'article 14 du Traité, il permet de mettre fin au litige en se prononçant sur le fond de l'affaire. Il agit alors comme « un troisième degré de juridiction[14] ».

B/ INFLUENCE DU DROIT FRANÇAIS

8. **La formation des systèmes juridique et judiciaire des pays membres de l'OHADA.** – La plupart des pays de l'OHADA ont été indépendants en 1960 et ont gardé après les indépendances le droit français comme droit d'adoption qui est lui-même un grand système juridique d'inspiration romaine. Ils ont alors entrepris la codification de leur droit national d'inspiration française, en laissant certaines constructions juridiques qui n'étaient pas parfaitement adaptées à leurs jeunes sociétés. Certains choix juridiques étaient encore pourtant inadaptés à leurs modes de vie et à l'évolution de leurs sociétés[15]. On pouvait donc assister à la coexistence d'un droit d'inspiration française et des droits coutumiers. Le droit français, codifié pour l'essentiel dans le Code civil français dans sa rédaction du XXe siècle s'appliquait le plus dans les villes, souvent la capitale. En ce qui concerne les parties du territoire loin des villes, les coutumes vivement encadrées par les chefferies étaient encore appliquées[16]. Cette analyse révèle déjà une adaptation loin d'être réussie du modèle d'inspiration française en raison de la prééminence de certains droits coutumiers. Mais, ces droits sont si hétérogènes et très peu documentés que l'adoption du droit d'inspiration française au niveau national a permis leur cohabitation dans l'intérêt de tous.

Dans ces conditions, le droit français est un support solide pour le droit des pays membres de l'OHADA, en majorité francophones. Le droit

[13] Art. 20 du Traité de l'OHADA, révisé à Québec le 17 octobre 2008.

[14] Commentaires sous l'article 14 du Traité.

[15] LEGEAIS (R.), *op. cit.*, p.221.

[16] Voir en ce sens, KOUSSIGAN (G. A.), *Quelle est ma loi : tradition et modernisme en Afrique noire, Pedone*, 1974 : l'auteur explique que « le droit de ces jeunes États était pluraliste ».

OHADA qui est un droit unifié[17], a été créé de sorte à ne pas être trop éloigné de ces systèmes juridique et judiciaire déjà en application dans les pays de cet espace d'intégration.

C/ PRESENTATION DES SURETES REELLES ETUDIEES

9. Le droit des sûretés réelles est foncièrement lié au statut juridique des biens. Ceux-ci forment l'assiette des différentes sûretés réelles consacrées par le législateur[18]. Le Code civil français pose sur cette base la *summa divisio* des biens en distinguant les biens meubles des biens immeubles[19]. Ainsi aura-t-on des sûretés réelles portant aussi bien sur les meubles que sur les immeubles. Cette distinction met en opposition le régime juridique des sûretés mobilières avec celui des sûretés immobilières avec une réussite relative. Sous l'influence du droit français, les sûretés réelles du droit OHADA sont subdivisées de la même manière.

Parce que construites sur des biens qui confèrent à leur titulaire des droits réels, ces sûretés réelles sont des garanties qui rassurent par le droit direct qu'a le bénéficiaire de la sûreté sur le bien garanti[20] dont il convoite la valeur. Comme le présente le Pr GIJSBERS, « *contrairement au titulaire d'une simple créance qui est en droit d'exiger une prestation de la part de son débiteur, c'est du bien lui-même que le bénéficiaire d'un droit réel sur la chose d'autrui attend*[21] ». Consacré pour renforcer le

---

[17] Un droit qui aurait dû être harmonisé selon l'article 1er du Traité fondateur de cet espace.

[18] Les biens étant source de crédit, le droit des biens est inexorablement appelé à évoluer et à s'adapter aux besoins sans cesse grandissants de l'économie et du monde du crédit.

[19] Article 516 du Code civil français : « tous les biens sont meubles ou immeubles ». Voir également pour une remise en cause de cette *summa divisio*, GIJSBERS (Ch.), Sûretés réelles et droit des biens, Thèse Paris II, 2012, sous la direction de GRIMALDI (M.), p. 588. L'auteur prône une évolution de la pensée uniforme sur cette opposition et affirme que les sociétés évoluant, au XXIe siècle doit-on encore se satisfaire de l'opposition d'inspiration féodale entre les immeubles et les meubles ? Il fonde sa pensée sur la loi de Sumner Maine dans son Ancient Law et structure très habilement sa pensée de la manière suivante : selon la loi de Summer Maine « tous les peuples ont organisé une division des biens en deux catégories : d'un côté, les richesses de « l'ordre supérieur » constituant la partie essentielle du patrimoine des familles, dont le transfert est entouré de multiples entraves ; de l'autre, les biens de « l'ordre inférieur », considérés comme la fraction superflue et peu estimée de la richesse, qui ne bénéficie pas de telles précautions et peut ainsi circuler beaucoup plus facilement. Mais il est un deuxième fait, mis en lumière par l'historien anglais, que ces deux catégories évoluent. Ainsi, certaines richesses réputées supérieures se trouvent alors déclassées dans l'ordre inférieur pour profiter d'une plus grande facilité de circulation quand, inversement, des richesses de l'ordre inférieur prennent une importance nouvelle qui les rend progressivement dignes de figurer à l'étape supérieure.

[20] VAERBERE (C.), *Essai d'une théorie générale de la notion de valeur, application au droit de rétention, RRJ* 1999, vol. 3, spéc. n° 21, p. 700 : « La valeur est au cœur du droit des sûretés réelles. Elle constitue fondamentalement l'objet des sûretés réelles ».

[21] GIJSBERS (Ch.), Sûretés réelles et droit des biens, Thèse, *op. cit.*, p. 23.

droit de gage général[22] du créancier, son droit réel de garantie est spécial et cible un bien ou un ensemble de biens du débiteur pour s'emparer de sa valeur à titre privilégié. L'octroi d'un privilège spécial au bénéficiaire d'une sûreté réelle est ainsi pour lui l'assurance d'éviter la concurrence avec les autres créanciers de son débiteur lorsque survient son insolvabilité. Cette sûreté réelle n'est alors en réalité bénéfique que si elle permet un paiement privilégié sur la valeur du bien garanti[23] au moment où le créancier s'engage à cette fin. La défaillance du débiteur est alors la condition principale pour mettre en œuvre ce privilège, qui au demeurant n'est efficace que par la contrainte infligée au débiteur et exercée directement sur le bien garanti[24]. La mise en œuvre de cette contrainte émane de la volonté unilatérale du créancier de s'engager dans la réalisation de sa sûreté au moment qu'il juge opportun[25]. Toutefois, cette liberté est mise à mal par le droit spécial des procédures collectives qui vise à limiter les difficultés financières du débiteur déjà en déroute. La liberté du créancier à l'exercice de la contrainte directement sur le bien garanti par le débiteur est alors encadrée et soumise aux règles spéciales des procédures collectives.

Les sûretés réelles étant plurielles aussi bien par leur nature, leur régime que par leurs procédures, elles ne préservent pas de la même manière les droits du créancier sur le bien garanti **(1)**. On note tout de même une finalité commune qui est de préserver les droits du créancier contre les tiers, pour assurer sans concours la satisfaction individuelle et unilatérale du créancier avec la valeur que recèle le bien garanti. Mais, cette satisfaction individuellement du créancier est souvent remise en cause lorsque survient l'ouverture d'une procédure collective contre le débiteur **(2)**.

---

[22] MARTINEAU DES CHESNEZ (G.), Réalisation du gage hypothécaire en droit commun dans l'ancien droit et la législation moderne, Thèse, Aix, 1882, p. 7 : « Le patrimoine du débiteur est le meilleur gage du créancier ».

[23] Sur l'appropriation des richesses comme rôle du droit, voir DABIN (J.), *Une nouvelle définition du droit réel, RTD civ.* 1962, p. 20 s., spéc. p. 28.

[24] L'exécution forcée a évolué de la contrainte exercée sur le débiteur lui-même à une contrainte exercée sur ses biens. Voir SÉJEAN-CHAZAL (C.), La réalisation de la sûreté, Thèse, Préf. Michel Grimaldi, Dalloz 2019, p. 47 : « L'emprisonnement, la vente à titre d'esclave, voire même l'exécution et le partage du corps du débiteur, formes archaïques d'exécution, finirent par apparaître intolérables tant dans leur principe que dans les abus occasionnés ; ils manquaient également d'efficacité en cas de pluralité de créanciers ». v. aussi p. 48 : « Lorsqu'ils sont l'objet d'une sûreté, les biens sont considérés comme des représentants de la personne, car ils constituent « les produits de la capacité d'acquérir du débiteur ».

[25] SÉJEAN-CHAZAL (C.), Thèse, *op. cit.*, p. 48 : « Cette perception transparaît clairement de la procédure utilisée pour obtenir le désintéressement des créanciers : la *venditio bonorum*, procédure de vente en masse. L'instauration de ce mode d'exécution est attribuée au préteur Publius Rutilius, vers 118 av. J.-C. La *venditio bonorum*, première véritable procédure d'exécution mise en place par la puissance publique, permet la saisie et la vente de l'intégralité des biens du débiteur ».

1/ CARACTERISTIQUES DES PRINCIPALES SURETES REELLES

10. Les sûretés réelles conventionnelles au cœur de l'étude. – La plupart des pays membres de l'OHADA ont hérité du droit des sûretés réelles du droit français tel que codifié dans le Code civil de 1804 (articles 2011 à 2203), le Code du commerce de 1808 (pour le gage commercial) et des textes spéciaux (nantissement du fonds de commerce par exemple)[26]. Les dispositions relatives aux sûretés réelles immobilières (hypothèques, privilèges immobiliers spéciaux et l'antichrèse) avaient été remplacées par des textes fonciers coloniaux[27] à l'image du décret du 26 juillet 1932 portant organisation de la propriété foncière en Afrique Occidentale Française (AOF) promulgué par arrêté du 12 avril 1933 applicable en Côte d'Ivoire et le décret du 23 décembre 1922 promulgué par arrêté du 31 janvier 1923 rendant applicables au Togo les dispositions du décret du 24 juillet 1906[28]. Il est important de rappeler que depuis les indépendances, la plupart des dispositions relatives aux sûretés réelles immobilières et à la publicité foncière ont été maintenues[29]. Quant aux dispositions du Code civil modifiées depuis les mêmes dates, elles ne sont pas applicables dans les pays africains concernés. Mieux, ces pays ont pour la plupart consacré d'autres sûretés dans leur droit national. Au Togo, pays de référence de l'étude, le législateur avait par exemple consacré la dation en paiement sous condition suspensive[30] comme une garantie permettant le recouvrement simplifié des créances. L'avènement de l'Acte uniforme du 17 avril 1997 a complètement bousculé les usages dans ce domaine. Le droit des sûretés réelles qui y était consacré était une adaptation des sûretés réelles du Code civil français d'avant la réforme du 23 mars 2006. Ce dernier a institué comme sûretés réelles conventionnelles le gage (sûreté avec dépossession), les nantissements sans dépossession et les hypothèques.

Le 15 décembre 2010 intervenait une révision[31] de l'Acte uniforme originel par le Conseil des Ministres, organe législatif de l'OHADA. On

---

[26] Note du Pr. ISSA-SAYEGH (J.) sur l'Acte uniforme portant organisation des sûretés, Code vert OHADA, p.851.

[27] *Ibidem*, note 22.

[28] Décret du 24 juillet 1906, Bulletin officiel des colonies, 1906, p.681, JO du territoire du Togo n° 29 du 1er février 1923, p. 46, JORF 28 décembre 1922.

[29] Voir en ce sens, KOUASSIGAN (G. A.), « *Les hypothèques* » in Encyclopédie juridique de l'Afrique, Volume 5, Droit des biens, p. 165 et s.

[30] Loi n° 89-30 du 28 novembre 1989 complétant et modifiant la loi n° 88-2 du 20 avril 1988 instituant une procédure simplifiée de recouvrement des créances civiles et commerciales.

[31] BLACK YONDO (L.), BRIZOUA-BI (M.), FILLE LAMBIE (O.) et autres, Le nouvel Acte uniforme portant organisation des sûretés, sous la direction de P. CROCQ, Lamy Axe droit 2012 ; GIUSTINI (T.) et BARRY (A.), *La réforme des Sûretés dans le droit OHADA*, *Dr. et patr.* avril 2012, p. 80 ; ALLEN et OVERY, « *Africa Desk May 2011, Security interests* » in

assistait alors à l'adjonction de nouvelles sûretés et à l'amélioration des sûretés existantes pour les rendre plus attractives. On peut ainsi y trouver le droit de rétention, qui est prévu comme une sûreté mobilière conventionnelle alors même que le créancier ne peut la réaliser en cas de défaillance du débiteur ; la réserve de propriété ; la cession de créances à titre de garantie ; le transfert fiduciaire d'une somme d'argent ; le gage de meubles corporels ; le nantissement de meubles incorporels et les hypothèques. L'absence de réalisation disqualifie l'étude du droit de rétention comme sûreté mobilière authentique. Il est alors considéré dans l'étude comme l'effet produit par certaines sûretés mobilières.

Les sûretés mobilières s'opposent traditionnellement aux sûretés immobilières, essentiellement par leur nature qui influence aussi leur régime respectif. Cette différence de régime **(a)** ne cache pas leur finalité commune **(b)**.

a/ UN REGIME INFLUENCE PAR LA NATURE DES BIENS GARANTIS

11. Le morcellement des sûretés mobilières conventionnelles. – Ce morcellement est dû à la nature des meubles qui peut être soit corporelle soit incorporelle. Mais en réalité, la nature incorporelle des meubles était noyée dans la perception particulière de la propriété mobilière. Elle devait se matérialiser par la détention du bien puisque sa nature volatile et instable rendait impossible une bonne organisation de cette propriété[32]. L'influence du droit romain et l'idée de l'appropriation matérielle des

---

OHADA – new Uniform Act, Le rôle accru des banques dans le nouvel Acte uniforme OHADA sur les sûretés, Présentation de CMS Bureau Francis Lefebvre à l'Africa Banking Forum Tunis, Ohada.com/Ohada D-11-106 ; CHIFFLOT BOURGEOIS (F.), *Les garanties de paiement : l'apport des sûretés dans l'espace OHADA, Revue de droit bancaire et financier*, Janvier-Février 2011, p. 17 ; CROCQ (P.), *Les grandes orientations du projet de réforme de l'Acte uniforme portant organisation des sûretés, Droit et Patrimoine*, n° 197, p. 52, Ohada.com/Ohadata D-10-62 ; CROCQ (P.), *Les sûretés fondées sur une situation d'exclusivité et le projet de réforme de l'Acte uniforme portant organisation des sûretés, droit et Patrimoine,* n° 197, p. 78, Ohada.com/Ohada D-10-62 ; DIARRAH (S. B.), *Les innovations introduites dans l'Acte uniforme portant organisation des sûretés, Revue de droit uniforme africain*, n° 5, 2e trimestre 2011, Dossier spécial : Révision de l'Acte uniforme OHADA portant organisation des sûretés, p. 3 ; LO BA (A.), *Quelques réflexions sur le nouvel Acte uniforme des sûretés : un vrai « dolly » juridique,* Ohada.com/Ohadata D-11-104 ; NDOYE (D.), *Acte uniforme OHADA portant organisation des sûretés du 15 décembre 2010, publié au JO OHADA Numéro 22 du 15 février 2011, éd. Juridiques Africaines*, 72 pages ; BLACK YONDO (L.), *L'enjeu économique de la réforme de l'Acte uniforme OHADA portant organisation des sûretés : un atout pour faciliter l'accès au crédit, droit et patrimoine*, n° 197, p. 46, Ohada.com/Ohadata D-10-62.

[32] CABRILLAC (M.), MOULY (C.), CABRILLAC (S.) et PETEL (P.), Droit des sûretés, 9e éd., *LexisNexis*, 2010 : « Dans un régime de propriété et de droits réels inorganisé, comme l'était, en général, celui des biens mobiliers avant la réforme de 2006, la seule manifestation extérieure du droit est le fait matériel de la détention » (màj. 10e éd. 2015).

biens véhiculée à travers le Code civil français ont permis l'utilisation sans crainte des biens mobiliers à des fins de sûretés. La dénomination de cette sûreté allait donc pâtir de cette vision. Le Code civil organisait ainsi autour du gage le droit commun des sûretés mobilières, avec l'exigence d'un dessaisissement du constituant sur son bien au profit du créancier. Cette identité de nature pourtant propre aux biens corporels déteint sur la conception de l'efficacité de tous les biens mobiliers. Les meubles incorporels en seront victimes dans la mesure où leur dessaisissement au profit du créancier ne pouvait être aussi efficace comme pour les meubles corporels. Le régime du gage tel que consacré était alors approximatif en ce qu'il englobait également les meubles incorporels[33].

Dans le Code civil, le régime du gage a finalement évolué et prend pour assiette les meubles corporels[34]. De même, il a cantonné l'assiette du nantissement aux biens incorporels. Mais, cette différence de nature n'a pas permis au nantissement de se défaire complètement du régime du gage pour créer un régime qui correspond à son assiette[35]. Outre les créances qui sont appréhendées par ce nouveau régime, le dernier alinéa du nouvel article 2355 du Code civil dispose que « *celui qui porte sur d'autres meubles incorporels est soumis, à défaut de dispositions spéciales, aux règles prévues pour le gage de meubles corporels* ». La clarté souhaitée du régime juridique des sûretés mobilières est encore un « vœu pieux » dans la logique des législateurs du Code civil. Il s'agit donc d'un choix assumé de politique juridique.

---

[33] CABRILLAC (M.), MOULY (C.), CABRILLAC (S.) et PETEL (P.), Droit des sûretés, *op. cit.*, : « Dans sa rédaction antérieure à l'ordonnance du 23 mars 2006, l'article 2076 du Code civil formulait une exigence : « Le privilège ne subsiste sur le gage qu'autant que ce gage a été mis et est resté en la possession du créancier ». Ce texte, dont la rédaction était équivoque, posait deux règles distinctes : celle de la mise en possession initiale du créancier ; celle de la permanence de la possession de ce dernier. La double exigence s'appliquait non seulement aux meubles corporels mais aussi aux meubles incorporels qui, alors, ne faisaient pas l'objet d'une sûreté spécifique. On pouvait s'en étonner, puisque ces derniers ne peuvent être l'objet d'une véritable possession ; c'était, en réalité, un substitut de la possession qui, au prix d'un abus de langage, était ici pris en considération : le pouvoir de fait susceptible d'être exercé sur ces meubles, comme, par exemple, le pouvoir de percevoir une créance ou celui de faire valoir les prérogatives attachées aux parts sociales ».

[34] Art. 2333 C. civ. issu de l'Ordonnance de 2006 : « Le gage est une convention par laquelle le constituant accorde à un créancier le droit de se faire payer par préférence à ses autres créanciers sur un bien mobilier ou un ensemble de biens mobiliers corporels, présents ou futurs ».

[35] Article 2071 ancien du Code civil disposait que : « *le nantissement est un contrat par lequel un débiteur remet une chose à son créancier pour sûreté de la dette* ». Abrogé par l'Ordonnance n° 2006-346 du 23 mars 2006. Nouvel art. 2355 al. 1 du code civil issue de l'ordonnance de 2006 : « *Le nantissement est l'affectation, en garantie d'une obligation, d'un bien meuble incorporel ou d'un ensemble de biens meubles incorporels, présents ou futurs* ».

12. Le législateur OHADA a d'abord dans l'AUS de 1997 suivi les rédacteurs du Code civil de 1804 dans l'incohérence du régime des sûretés mobilières[36], avant de se raviser dans l'AUS de 2010[37]. S'il s'est toujours inspiré du Code civil, c'est dans sa nouvelle rédaction issue de la réforme du 23 mars 2006[38] qu'il a puisé les éléments nécessaires à la consécration du nouveau régime des sûretés mobilières ; il a néanmoins pris une certaine distance par rapport au modèle originel. À la définition du nantissement de meubles incorporels[39], s'est ajoutée l'énumération des biens qui peuvent être nantis[40]. Fidèle au *numerus clausus* déjà présent dans l'AUS originel, ces biens, contrairement au modèle français sont organisés par le régime du nantissement de meubles incorporels et non par celui du gage de meubles corporels. On est tout de même loin de l'organisation d'un droit commun du nantissement de meubles incorporels même si un principe directeur émerge de leur publicité pour leur opposabilité aux tiers[41] afin de pallier le manque de dessaisissement. La construction de leur identité singulière doit être poursuivie pour plus d'affinement de la technique juridique dans l'intérêt d'une efficacité équilibrée des nantissements de meubles incorporels, profitant aussi bien aux créanciers qu'aux débiteurs, si telle est la destination des biens qui en font l'objet.

13. Diversification et usure des sûretés mobilières conventionnelles classiques. – Le besoin d'affinement de la technique d'affectation des sûretés réelles au profit du créancier a eu raison de son efficacité. Le manque de vision dans le sens à donner à cet affinement a conduit à une diversification mal maîtrisée des sûretés mobilières conventionnelles au lieu d'une cohésion d'ensemble, voire simplement de la précision du régime des sûretés mobilières existantes pour leur attractivité. Les raisons de cette diversification, qui a pour conséquence de créer des sûretés réelles encore plus sûres pour le créancier, sont à rechercher dans les

---

[36] Art. 44 de l'AUS de 1997 : « Le gage est le contrat par lequel un bien meuble est remis au créancier ou à un tiers convenu entre les parties pour garantir le paiement d'une dette ». On pouvait aussi observer dans les biens nantis des biens corporels. V. art. ancien 63.

[37] Art. 92 du nouvel AUS : « Le gage est le contrat par lequel le constituant accorde à un créancier le droit de se faire payer par préférence sur un bien meuble corporel ou un ensemble de biens meubles corporels, présents ou futurs ».

[38] Ordonnance n° 2006-346 du 23 mars 2006 relative aux sûretés.

[39] Art. 125 al. 1 du nouvel AUS : « Le nantissement est l'affectation d'un bien meuble incorporel ou d'un ensemble de biens meubles incorporels, présents ou futurs, en garantie d'une ou plusieurs créances, présentes ou futures, à condition que celles-ci soient déterminées ou déterminables ».

[40] Art. 126 du nouvel AUS : « Peuvent notamment être nantis : les créances ; le compte bancaire ; les droits d'associés, les valeurs mobilières et le compte de titres financiers ; le fonds de commerce et les droits de propriété intellectuelle ».

[41] Sur la généralisation de la publicité aux sûretés réelles, voir POUGOUE (P.-G.), « Régime général des sûretés », in Encyclopédie du droit OHADA, *LAMY* 2012, p. 1481 s.

mutations du droit des procédures collectives. Ce droit se structure autour du besoin de restructuration de l'entreprise en difficulté. La satisfaction individuelle voire parfois inique des créanciers titulaires de sûretés réelles divise plus que jamais. Alors même que le besoin d'équilibre entre le droit des sûretés réelles et le droit des procédures collectives est de plus en plus recherché, le législateur avance à contre-courant en accentuant les incohérences tant dans le régime des sûretés réelles que dans leur rapport avec le droit des procédures collectives. L'intérêt voué à la satisfaction d'un nombre réduit de créanciers engendre des désaccords persistants, qui se cristallisent aujourd'hui autour de l'utilisation de la propriété-sûreté. Sans suivre le législateur français dans sa pleine consécration[42], le législateur OHADA ne l'a permis que pour enrichir le régime des sûretés mobilières qui s'érode[43]. Si cette consécration était au sein du droit français, comme le dit un auteur « une symphonie inachevée[44] », comment la qualifier dans le droit OHADA, qui aurait pu faire un effort de clarté en la cantonnant tout simplement aux mécanismes traditionnels des sûretés réelles ? Au lieu de cela, ces nouvelles sûretés réelles divisent encore plus.

La pluralité des sûretés mobilières conventionnelles peut être, soit une chance pour les parties[45], soit une épine pour elles, par la superposition des avantages octroyés et le manque de cohésion entre les différents niveaux de priorité[46]. Il suffit de reprendre la symphonie par le bon bout pour harmoniser l'ensemble.

14. **L'effort d'une construction homogène des sûretés immobilières conventionnelles.** – Du grec *uppotiwhmi* qui veut dire « poser dessous »[47], l'hypothèque n'a pas beaucoup évolué depuis l'ancien droit

---

[42] À travers la fiducie, Loi n° 2007-211 du 19 février 2007 ; DUPICHOT (Ph.), *La fiducie-sûreté en pleine lumière, À propos de l'ordonnance du 30 janvier 2009, JCP G.* éd. 2009, I, 132.

[43] FAVRE-ROCHEX (C.), Sûretés et procédures collectives, Thèse, *op. cit.*, p. 11 : « Il reste que l'érosion des sûretés classiques est assurément allée au-delà de ce que les impératifs de la procédure collective commandaient ».

[44] LEGEAIS (D.), « *Une symphonie inachevée* », in Présentation de la réforme du droit des sûretés, *Rev. droit banc. et fin.* 2005, p. 67 s.

[45] FAVRE-ROCHEX (C.), Sûretés et procédures collectives, Thèse, *op. cit.*, p. 10 : « La diversification des garanties apparaît en effet comme l'autre trait fondamental de l'évolution contemporaine du droit des sûretés » ; MICHEL (C.-A.), La concurrence entre les sûretés, préf. Ph. DUPICHOT, LGDJ, Bibl. de droit privé, 2018, n° 21 s.

[46] FAVRE-ROCHEX (C.), Sûretés et procédures collectives, Thèse, *op. cit.*, p. 11 : « L'enrichissement des sûretés rime aujourd'hui avec leur éparpillement, et la cadence du développement des sûretés n'a guère ralenti, puisque la matière fut encore enrichie par l'instauration de la fiducie-sûreté en 2007 et du droit de rétention fictif du gagiste sans dépossession en 2008 ». *En droit OHADA, cette évolution est également constatée dans les mêmes proportions, juste avec un degré de retard pour une meilleure absorption des nouvelles législations (nous soulignons).*

[47] CROCQ (P.) et AYNÈS (L.), *op. cit.*, p.287.

si ce n'est pour la rendre plus efficace. Contrairement au droit français qui a fait le choix d'un régime hétérogène pour les sûretés immobilières conventionnelles[48], le droit OHADA s'est réfugié dans un régime unitaire consacré sur les immeubles. Autant dans l'AUS de 1997 que dans le nouvel AUS, la seule sûreté immobilière conventionnelle consacrée par le législateur OHADA est l'hypothèque. Son régime est alors construit à l'opposé du gage de meubles corporels. L'hypothèque permet alors un meilleur fonctionnement par d'autres mécanismes qui ne nécessitent pas l'appréhension ou l'appropriation de son assiette par le créancier. L'organisation institutionnelle de la propriété immobilière fait fonctionner efficacement le régime consacré par cette sûreté. Cette assurance procurée par l'hypothèque, malgré l'absence de détention par le créancier, était une construction initiée depuis le droit romain. Elle a évolué plus tard au Moyen Âge par une meilleure organisation de la publicité aussi bien des droits immobiliers que des droits hypothécaires. Toutefois, à cette époque, la mauvaise organisation de la publicité[49] avait influencé son régime. Les créanciers privilégiaient ainsi comme en matière de gage le dessaisissement du constituant[50]. Les sûretés immobilières étaient alors tributaires de cette technique qui offrait une très grande sécurité mais une organisation pour le moins complexe. Ce bien pouvait également faire l'objet d'une appropriation par la propriété. Dès lors, lorsqu'il fut possible d'assurer la sécurité du créancier par la publicité, qui se trouve être mieux aboutie et plus simple[51] pour l'affectation de ce bien comme garantie, le dessaisissement devenait inutile. Le droit OHADA a ainsi écarté depuis l'AUS de 1997 le gage

---

[48] Art. 2393 al. 1 du C. civ. (ord. du 23 mars 2006) : « L'Hypothèque est un droit réel sur les immeubles affectés à l'acquittement d'une obligation ». Art. 2373 al.1 C. civ. : « Les sûretés sur les immeubles sont les privilèges, le gage immobilier et les hypothèques ». Art. 238è C. civ. : « Le gage immobilier est l'affectation d'un immeuble en garantie d'une obligation ; il emporte dépossession de celui qui le constitue ».

[49] CROCQ (P.) et AYNÈS (L.), *op. cit.*, p.290 : « L'hypothèque dépend ainsi étroitement de l'organisation de la publicité foncière ; pas seulement, la publicité des hypothèques, mais celle de l'ensemble des droits réels immobiliers ».

[50] Voir PICOD (Y.), *op. cit.*, : « À Rome, pour éviter les inconvénients du dessaisissement, le créancier laissait parfois la chose gagée entre les mains du constituant à titre précaire. Cette pratique, combinée avec les usages des provinces grecques de l'empire est sans doute à l'origine du gage sans déplacement ».

[51] LEVY (J.-Ph.), *Coup d'œil historique d'ensemble sur les sûretés réelles, RHD* (néerlandaise), 1987, p. 257-266 : L'histoire montre que l'hypothèque implique une organisation de la publicité des constitutions et mutations de droits réels immobiliers. L'Égypte hellénistique et plusieurs cités grecques ont connu une telle organisation, rudimentaire (les horoi, bornes plantées en terre ou écriteaux gravés sur les murs d'une maison), puis plus élaborée (Bibliothèque des acquisitions, véritable service public de l'enregistrement des mutations). Au contraire, les Romains n'ont connu aucun système de publicité foncière ; l'hypothèque n'est pas inconnue, mais son régime est très imparfait. (Note tirée de CROCQ (P.) et AYNÈS (L.), Les sûretés, la publicité foncière, 7e éd. 2013 *LGDJ*, p. 289 (màj 13e éd. 2019)).

immobilier comme sûreté immobilière, faisant de l'hypothèque la seule sûreté portant sur les immeubles[52]. L'hypothèque dépend alors dans sa construction de la publicité foncière liée au statut particulier des immeubles. Son régime a été précisé, affiné et rendu plus attractif par le nouvel AUS.

b/ LES CAUSES LEGITIMES DE PREFERENCE

15. **Un avantage par rapport à d'autres créanciers.** – Le Code civil énonce en son article 2285 que « les biens du débiteur sont le gage commun de ses créanciers ; et le prix s'en distribue entre eux par contribution, à moins qu'il n'y ait entre les créanciers des causes légitimes de préférence ». La sûreté réelle concède donc classiquement au créancier une cause légitime de préférence sur la valeur d'un bien ou un ensemble de biens, déterminés ou déterminables[53], du débiteur. Il s'agit d'un droit préférentiel sur la valeur du bien garanti qui donne un avantage au créancier qui en est titulaire. Les sûretés réelles permettent alors au créancier de déroger à la loi du concours existant entre les créanciers chirographaires. Ce trait commun à toutes les sûretés réelles crée une rupture d'égalité des créanciers face à leur gage commun représenté par le patrimoine de leur débiteur[54]. Cette rupture d'égalité justifie, qu'en dehors des préférences légales prévues et déterminées par la loi, que la liberté donnée aux parties d'octroyer contractuellement des préférences à certains créanciers soit encadrée par le législateur de sorte à les limiter[55]. Maladroitement consacrée par l'article 2323 du Code civil[56], cette préférence n'est exercée que si la valeur du bien est découverte ; elle l'est par l'aliénation du bien. Cette aliénation peut d'ailleurs être volontaire ou forcée pour faire apparaître cette valeur tant convoitée. La sécurité du créancier étant dans ce cas assurée par le droit de suite que lui confère sa sûreté réelle dans les cas où il n'est pas mis en

---

[52] Art. 190 al. 1 du nouvel AUS : « L'hypothèque est l'affectation d'un immeuble déterminé ou déterminable appartenant au constituant en garantie d'une ou plusieurs créances, présentes ou futures à condition qu'elles soient déterminées ou déterminables ».

[53] Une évolution consacrée dans le nouvel AUS.

[54] NANDJIP MONEYANG (S.), Réflexion sur l'égalité des créanciers dans les procédures collectives, RPC, Juillet-Août 2010, p. 24 s.

[55] Si cet encadrement est visible et plus fort en droit OHADA, en droit français il est plus souple. Voir DUPICHOT (P.), Le pouvoir des volontés individuelles en droit des sûretés, Thèse, préf. GRIMALDI (M.), Panthéon-Assas, 2003, n° 530 ; DUPICHOT (Ph.), *L'Efficience économique du droit des sûretés réelles*, 16 avril 2010, *LPA*, n° 6, p. 7 : « Les sûretés réelles traditionnelles reposent sur la technique du droit de préférence ; or, ces sûretés préférentielles ne sont plus un lieu hostile au déploiement de la liberté des acteurs économiques, si tant est qu'elles l'aient jamais été ».

[56] Art. 2094 ancien avant la réforme de 2006 : « *Les causes légitimes de préférence sont les privilèges et hypothèques* ». Alors que les privilèges sont une émanation de la loi par opposition aux sûretés conventionnelles.

possession de l'assiette de la sûreté. Ce droit permet, d'une sûreté réelle à une autre, un suivi plus ou moins efficace du bien garanti en faveur du créancier. Il est assuré selon le mode d'information de la sûreté aux tiers et selon la nature de son assiette[57]. Il semble donc évident que la nature des immeubles et l'organisation de la propriété immobilière dans les sociétés modernes soient un réel avantage pour le créancier. Il en serait de même pour les meubles s'ils faisaient l'objet d'une publicité aussi organisée, avec une localisation stable. Le cas échéant, leur droit de suite risquerait d'être sérieusement compromis. Le caractère physique ou la nature intrinsèque des biens garantis et l'organisation de leur statut dans les sociétés modernes influencent alors beaucoup la sécurisation des intérêts du créancier. L'attribution d'un régime conforme à leur nature permet un encadrement plus organisé et performant. C'est d'ailleurs pour ces raisons que le droit de rétention suscite autant de débats dans la doctrine ; seuls les meubles corporels répondent a priori naturellement à cette utilisation qui lie la nature du bien au régime consacré. Des auteurs sont pourtant favorables à son extension.

16. **Une évolution imprécise.** – La quête par les créanciers des sûretés réelles plus performantes a conduit inexorablement à l'utilisation de la propriété à des fins de garantie. Elle interroge sur la technique utilisée et la finalité poursuivie en ce qu'elle crée au profit du créancier un droit exclusif. Il va de soi que la création d'autres causes légitimes de préférence dont la finalité est de déroger à l'octroi d'un droit réel de préférence par l'utilisation de la propriété, ne peut que bousculer l'ordre préférentiel établi. Le seul objectif de cette construction est d'attribuer au créancier dès la constitution de la garantie, un avantage qui lui permettrait d'évincer les créanciers concurrents. Cet avantage n'est manifestement pas fondé sur la technique d'affectation, puisque la sûreté qui y est consacrée peut se constituer avec ou sans dépossession. Il fallait donc mettre le plus tôt possible le bien garanti « à l'abri des prétentions des

---

[57] BOURASSIN (M.), *Sûretés mobilières et sûretés immobilières, une véritable summa divisio ?* Intervention au colloque de Paris V du 5 juin 2014 « Les sûretés réelles en quête de droit commun », https://hal-univ-paris10.archives-ouvertes.fr/hal-01458066/document, n° 10 : « les caractéristiques physiques distinctes des meubles et des immeubles influencent, d'autre part, la résolution des conflits entre les créanciers garantis et les tiers détenteurs des biens grevés. Effectivement, la publicité des sûretés immobilières confère aux créanciers un droit de suite très performant à l'encontre de tous les ayants cause du débiteur ou du tiers constituant. La règle « *en fait de meubles, la possession vaut titre* » permet au contraire aux tiers détenteurs de paralyser les droits des titulaires de sûretés mobilières non publiées. Les publicités de plus en plus souvent organisées en matière mobilière n'ont pas, quant à elles, la même efficacité que la publicité foncière, certainement parce que, du fait de leur caractère personnel, elles n'informent pas les tiers aussi sûrement ».

autres créanciers[58] ». L'utilisation de la propriété à des fins de garantie est donc une cause légitime de préférence, ou plus exactement d'exclusivité sur la valeur du bien garanti. Le Pr GRIMALDI écrira que « *l'octroi d'un droit exclusif à un créancier sur un ou plusieurs biens du constituant a pour effet de soustraire le ou les biens de l'assiette des droits des autres créanciers, bref, de leur droit de gage général* ». Ce droit réel de garantie ne fait pas perdre pour autant la propriété ordinaire à son titulaire originel[59] même si les avis divergent sur la question[60]. Cette utilisation de la propriété ne crée qu'un avantage exclusif sur la valeur du bien dès le début de l'opération et non sur le bien lui-même qui peut faire l'objet d'un droit de suite s'il s'avère qu'il a été assiette d'une précédente sûreté[61]. D'ailleurs, la technique d'affectation du bien peut avoir un impact sur l'exercice de cette cause légitime d'exclusivité, et l'affaiblir face à un droit de suite conséquent[62].

17. L'alinéa 2 de l'article 4 du nouvel AUS qui définit les sûretés réelles ne traduit pas suffisamment cette réalité et crée le flou sur la technique employée. Il dispose qu'« *elles consistent soit dans le droit du créancier de se faire payer par préférence sur le prix de réalisation d'un bien affecté à la garantie de l'obligation de son débiteur, soit dans le droit de recouvrer la libre disposition d'un bien dont il est propriétaire à titre de garantie de cette obligation* ». Cet article ne traduit pas aisément non plus comme dans le cadre de la réalisation, le procédé qui permet au créancier de recouvrer la libre disposition du bien dont il serait propriétaire à titre de garantie. L'analyse des textes montrera les lacunes de la technique utilisée. On se rend alors bien compte de la difficulté à trouver une définition qui exprime la réalité de la technique employée. L'utilisation

---

58 SÉJEAN-CHAZAL (C.), Thèse, *op. cit.*, p. 370 : « La différence principale entre propriété-réalisation et propriété-sûreté réside dans le moment où le bien est mis à l'abri des prétentions des autres créanciers ».

59 BOUGEROL-PRUD'HOMME (L.), Exclusivité et garanties de paiement, Thèse, Paris II Assas, 2010, n° 216, p. 183 : « Le droit de propriété est source d'exclusivité pour un créancier principalement parce qu'il place le bien qui en est l'assiette en dehors du patrimoine du débiteur, et donc du gage des créanciers ».

60 Sur l'attribution de la pleine propriété amputée de certaines prérogatives, voir CROCQ (P.), Propriété et garantie, Thèse, préf. GOBERT (M.), *LGDJ*, Bibl. dr. priv., T. 248, 1995.

61 GIJSBERS (C.), Thèse, *op. cit.*, p. 298 : « Si donc l'attribution de la propriété fait disparaître dans l'instant tout concours sur le bien, la hiérarchie des causes de préférence finit par reprendre ses droits en aval » ; DE VAREILLES-SOMMIÈRES (M.), *Du conflit de créances et du droit de préférence entre créanciers, Revue critique de législation et de jurisprudence*, 1905, p. 477.

62 GIJSBERS (C.), Thèse, *op. cit.*, p. 298 : « En effet, l'attribution judiciaire comme le pacte commissoire n'ont pas pour effet de purger les sûretés qui grevaient le bien dans le patrimoine du débiteur. Rien n'empêche donc les créanciers armés d'un droit de suite sur ce bien de le faire saisir entre les mains du créancier attributaire, si bien sûr leur rang est plus avantageux que le sien. Ainsi, un créancier hypothécaire de piètre rang qui se prévaudrait de l'attribution de la propriété de l'immeuble s'exposerait inévitablement à subir a posteriori les poursuites de tous les créanciers mieux classés que lui sur l'immeuble ».

de la propriété doit également être distinguée de la propriété-réalisation, qui est une technique d'appropriation du bien par le créancier pour pallier les difficultés de la vente forcée. L'octroi d'un avantage qui bloquerait les droits ou la capacité du constituant à octroyer d'autres avantages à des créanciers concurrents crée toujours l'exclusivité au profit du créancier privilégié, qui en profite et évince ainsi d'autres « droits concurrents[63] ». Toutes ces évolutions en matière de sûretés réelles démontrent le besoin de la pratique, surtout des créanciers, d'avoir des sûretés réelles sans failles, capables d'évincer les droits concurrents. Mais, il faut reconnaître que la technique employée semble bien floue et suscite des interprétations imprécises qui désorganisent les sûretés réelles au lieu de les harmoniser.

Ces imprécisions sont de nature à discréditer l'ensemble du mécanisme et rendent impérative une réforme. En droit français par exemple, la réforme annoncée[64] devrait être l'occasion de réconcilier la matière avec sa véritable finalité. Il faut espérer comme l'écrit un auteur, que la réforme prenne suffisamment en compte « *les travaux doctrinaux ainsi que les premiers retours de la place, en particulier ceux de Paris Europlace, à l'initiative de la mise en place depuis plusieurs années d'une commission spécifique en matière de droit des sûretés*[65] ». L'avant-projet de réforme présenté par la Commission Grimaldi[66] ne lève pourtant pas les doutes ; espérons que le résultat définitif soit plus ambitieux. Il faut aussi espérer que le législateur OHADA fasse de même avec un peu plus de réussite. Les réformes dans l'espace OHADA prennent cependant plus de temps en raison de la lourdeur du processus de réforme.

---

[63] BOUGEROL-PRUD'HOMME (L.), Thèse, p. 396.

[64] Avant-projet de réforme du droit des sûretés de la Commission Grimaldi, Association Henri CAPITANT, 2017 ; BORGA (N.), « *Propos introductifs. Du bien-fondé d'une réforme des sûretés ?* », in Quelle réforme pour le droit des sûretés ?, dir. BLANDIN (Y.) et MAZEAUD (V.), *Dalloz* coll. Thèmes et commentaires, 2019, p. 5 ; BLANDIN (Y.), « *Avant-propos* », in Quelle réforme pour le droit des sûretés ?, dir. BLANDIN (Y.) et MAZEAUD (V.), *Dalloz* coll. Thèmes et commentaires, 2019, p. 1 s. ; PELLIER (J.-D.), *La réforme du droit des sûretés est en marche !,* Dalloz, actualité, 1er sept. 2020 ; Loi PACTE n° 2019-486 du 22 mai 2019 relative à la croissance et la transformation des entreprises ; LEGEAIS (D.), « La réforme du droit des garanties ou l'art de mal légiférer », Mélanges Ph. SIMLER, *Litec-Dalloz* 2006, p. 367 ; PIETTE (G.), « *De l'art de faire n'importe quoi : l'œuvre législative en droit des sûretés* », in Lexbase Hebdo, éd. Affaires, sept. 2014, n° 394.

[65] PELLIER (J.-D.), La réforme du droit des sûretés est en marche ! op. cit..

[66] Avant-projet de réforme du droit des sûretés de la Commission Grimaldi, Association Henri CAPITANT, 2017.

2/ L'INCIDENCE DU DROIT DES PROCEDURES COLLECTIVES

18. Le besoin de sauvegarde de l'entreprise en difficulté. – Organisées par l'Acte uniforme du 10 avril 1998 portant organisation des procédures collectives d'apurement du passif (AUPCAP), les procédures collectives consacrées dans l'espace OHADA sont au nombre de trois : le règlement préventif, le redressement judiciaire et la liquidation des biens. Ces trois procédures sont purement judiciaires, c'est-à-dire qui nécessitent le concours actif d'un juge[67]. Calqué sur un modèle français[68] en construction, qui vise la sauvegarde de l'entreprise en difficulté, cet Acte uniforme n'a pas su relever le défi du rétablissement des débiteurs en difficulté et de la gestion rapide des faillites[69]. Il s'est inspiré très largement de la loi française du 13 juillet 1967[70] et/ou des lois africaines qui l'ont reprise et adaptée (Sénégal[71], Mali[72]). Pour parvenir à cet objectif, des sacrifices sont demandés aux créanciers, qu'ils soient ou non titulaires d'une sûreté réelle. Aussi même s'ils ne perdent pas leur privilège du fait de l'ouverture des différentes procédures, ils doivent néanmoins accepter des remises, consentir des délais, et n'ont à ce titre aucune assurance d'être payés malgré l'avantage de la sûreté réelle[73]. L'utilisation de ces différentes procédures a alors montré les failles qu'il fallait combler.

Le législateur OHADA a ainsi décidé d'entreprendre une réforme pour faciliter encore plus la sauvegarde des entreprises en difficulté et surtout déceler plus précocement ces difficultés. Intervenue le

---

[67] Article 5 de l'AUPCAP pour le règlement préventif et 32 pour le redressement et la liquidation des biens.

[68] Voir par exemple, KOUASSI (C.), Traité des faillites et liquidations judiciaires en Côte d'Ivoire-études juridiques et formulaires, *éd. SOCOGEC*, Abidjan, Collection espace entreprise, 1987 ; POCANAM (M.), *Réflexions sur quelques aspects du droit de la faillite au Togo, Penant*, n° 812, mai à septembre 1993, p.189-230.

[69] Voir sur cette évolution, commentaire du Pr. SAWADOGO F. M. dans l'Acte uniforme révisé portant organisation des procédures collectives d'apurement du passif, p.1127-1142.

[70] La procédure s'applique également aux personnes morales de droit privé sans distinction, elle tient compte de la volonté du législateur de favoriser la survie des entreprises en difficulté.

[71] Article 927 à 1077 du Code des obligations civiles et commerciales résultant de la loi n° 76-60 du 12 juin 1976 complétée par le décret d'application n° 76-781 du 23 juin 1976. (Cité par SAWADOGO F. M. dans l'Acte uniforme révisé portant organisation des procédures collectives d'apurement du passif, p. 1132).

[72] Article 173 à 315 du Code de commerce, objet de la loi n° 86-13/AN-RM du 21 mars 1986. Ces articles forment le Titre IV du Livre I du Code de commerce, titre intitulé « De la faillite, du règlement judiciaire et de la liquidation des biens ». (Note SAWADOGO F. M. dans l'Acte uniforme révisé portant organisation des procédures collectives d'apurement du passif, p.1132-1133).

[73] LEGEAIS (D.), Sûretés et garanties du crédit, *op. cit.*, p.17.

10 décembre 2015[74], cette réforme poursuit trois principaux objectifs : réhabiliter les entreprises viables et liquider rapidement les entités non viables ; maximiser les montants recouvrés par les créanciers sur la base de la valeur du marché du patrimoine de l'entreprise débitrice ; établir un ordre précis de paiement des créances garanties ou non garanties[75]. Elle a en outre ajouté aux procédures existantes la conciliation comme procédure préventive, et des procédures accélérées pour les petites entreprises, très nombreuses dans l'espace OHADA. La conciliation apparaît alors comme une procédure non collective puisqu'elle a pour objectif d'être sélective, dans le but de maîtriser les déboires financiers avant qu'ils ne deviennent irrémédiables[76]. L'objectif étant de maintenir à tout prix l'activité du débiteur en difficulté tout en assurant le remboursement des créanciers. Pour assurer cette vision, un certain nombre de dispositions devraient impacter les sûretés réelles. L'équilibre doit être en permanence recherché par le législateur en fonction des retours de chaque pays afin de prévoir une harmonisation des dispositions à y consacrer. La difficulté du processus est sans doute la grande diversité des différentes économies de l'espace OHADA.

19. Un échec face aux sûretés réelles exclusives ? – Cinq ans déjà après l'adoption du nouvel AUPC[77], il faut se rendre à l'évidence que la diversification des sûretés réelles profite encore plus aux créanciers qu'aux débiteurs. Les nombreuses possibilités qui leur sont offertes d'échapper aux règles des procédures collectives ne favorisent pas le rétablissement souhaité des entreprises en difficulté[78]. La multiplication des sûretés exclusives rend un équilibre difficile à orchestrer. Ces difficultés sont en partie liées à la course à l'efficacité des sûretés réelles[79]. Laquelle est due à l'objectif de rétablissement du débiteur en difficulté, qui tend à réduire les droits des créanciers titulaires de sûretés

---

[74] AUPCAP du 10 sept. 2015, JO OHADA n° spécial du 25 septembre 2015, p. 1 et s., entré en vigueur le 24 décembre 2015.

[75] Commentaires du Pr SAWADOGO (F. M.) sur l'AUPCAP, Code OHADA 2016.

[76] NDONGO (C.), La prévention des difficultés des entreprises dans l'AUPC révisé, préf. F.-X. LUCAS, *LGDJ*, Bibliothèque de droit des entreprises en difficulté, 2018.

[77] 10 septembre 2015.

[78] L'article 9 du nouvel AUPC traduit bien cette analyse. Le législateur soumet uniquement les sûretés classiques aux règles dérogatoires des procédures collectives. Ses alinéas 2 et 3 disposent : « *La suspension des poursuites individuelles concerne aussi bien les voies d'exécution que les mesures conservatoires, y compris toute mesure d'exécution extrajudiciaire.*

Elle s'applique à toutes les créances chirographaires et à celles garanties par un privilège mobilier spécial, un gage, un nantissement ou une hypothèque, à l'exception des créances de salaires et d'aliments ».

[79] Par exemple, « le gagiste, par sa seule volonté de s'approprier l'objet nanti, trouve le moyen commode de frustrer les créanciers privilégiés d'un rang préférable » voir GUYON (Y.) sous Cass. com., 31 mai 1960, D. 1960, p. 601, cité par GIJSBERS (C.), Thèse, *op. cit.*, p. 292.

réelles classiques. L'insatisfaction immédiate des créanciers à la défaillance du débiteur malgré leurs sûretés réelles, conduit à rendre encore plus conflictuelles les relations entre les deux matières[80]. Des solutions peuvent néanmoins être trouvées dans l'aménagement d'un droit spécial des sûretés réelles dans les procédures collectives. Mais pour cela, il faut d'abord rendre plus harmonieux le droit des sûretés réelles en dehors même des procédures collectives. L'attente portée par les créanciers dans les sûretés réelles, surtout exclusives, doit être circonscrite dans des principes immuables, en distinguant comme le propose FAVRE-ROCHEX « le droit du créancier à la protection de l'assiette de sa sûreté et le droit à la réalisation de celle-ci »[81]. Cette distinction permettra de limiter la course à l'efficacité des sûretés réelles, en l'encadrant dans des limites raisonnables. En se fondant sur ce principe, les deux matières pourraient trouver un point d'équilibre durable. Il faudrait alors considérer les propriétés-sûretés comme des sûretés réelles authentiques et non comme des sûretés totalement différentes des sûretés réelles traditionnelles. D'une manière générale, l'intérêt collectif à la base des règles des procédures collectives doit l'emporter sur l'intérêt individuel des créanciers titulaires de sûretés réelles, ou tenter de réduire du moins l'écart entre les deux. Il semble de ce point de vue que les dispositions du redressement judiciaire et de la liquidation des biens aient été consacrées de sorte à soumettre tous les créanciers sans distinction aux règles spéciales des procédures collectives. Seuls leurs droits individuels à la réalisation seraient entravés, mais, avec quel résultat concret sur les sûretés exclusives consacrées dans l'espace OHADA ? Cette soumission des sûretés exclusives au même titre que les sûretés classiques serait également une manière de légitimer le statut de sûretés réelles authentiques des sûretés exclusives. On comprend alors que cette qualification n'est purement qu'une question de politique juridique et que le droit des procédures collectives n'est pas si inconciliable avec le droit des sûretés réelles. De

[80] GIJSBERS (C.), Thèse, *op. cit.*, p. 294 : « Délaissant sa ligne initiale, la jurisprudence allait reconnaître au gagiste la possibilité de paralyser l'action des autres créanciers, y compris mieux classés, tant qu'il n'est pas entièrement payé. C'est surtout en matière de procédure collective que cette nouvelle conception révéla tout son potentiel, épargnant au gagiste les restrictions traditionnelles imposées aux titulaires de sûretés au nom de son droit de rétention ».

[81] FAVRE-ROCHEX (C.), Sûretés et procédures collectives, Thèse, *op. cit.*, p. 269 : « Au vrai, si la nature des sûretés réelles exclusives appelle une protection particulière des actifs qu'elles grèvent, elle ne justifie en revanche nullement la libre réalisation de la garantie après l'ouverture de la procédure collective.[…] Une distinction insuffisamment exploitée apparaît : le droit du créancier à la protection de l'assiette de sa sûreté et le droit à la réalisation de celle-ci. En d'autres termes, il ne fait aucun doute que les actifs grevés de sûretés réelles exclusives soient sanctuarisés et justifient, à ce titre, une protection particulière de leurs titulaires. En revanche, la sanctuarisation des actifs ne justifie pas que ces créanciers réalisent librement leur sûreté après le jugement d'ouverture de la procédure collective ».

même, la peur de l'inefficacité des sûretés réelles ne justifie pas non plus de laisser essaimer trop d'écart entre les différentes sûretés réelles et d'admettre une construction sans égard à la finalité traditionnelle de ces sûretés, autant dans le droit des sûretés réelles que dans le droit des procédures collectives[82].

[82] FAVRE-ROCHEX (C.), Sûretés et procédures collectives, Thèse, *op. cit.*, p. 19 : « Si certains créanciers doivent à l'évidence jouir d'une protection dans la procédure collective, en n'étant pas assujettis aux rigueurs de la faillite, une prolifération de statuts spéciaux est en réalité à l'œuvre, que ni les objectifs de la procédure, ni la nature des sûretés en cause, ne justifient véritablement ».

II/ ANALYSE DE L'EFFICACITE DES SURETES REELLES CONVENTIONNELLES

20. Face aux procédures collectives, il est impératif de redonner aux sûretés réelles leur sens originel ou leur fonction traditionnelle afin de limiter le désordre créé par les sûretés réelles exclusives. Leur réalisation effective a un intérêt évident pour évaluer le résultat obtenu. Pour ce faire, l'objectif que le législateur place dans la création des sûretés réelles doit être scruté et comparé avec les effets réels obtenus par leur utilisation. Celle-ci correspondant cette fois-ci à l'utilisation qu'en font réellement les parties et surtout l'attente des créanciers. Il serait alors pertinent de mesurer ces attentes en utilisant comme notion de réflexion « l'efficacité ». Bien qu'elle ne soit pas considérée comme une notion juridique, son appréhension par le domaine juridique a un intérêt pratique pour mesurer les effets des normes juridiques **(A)**. L'étude sera alors menée en définissant les mécanismes ou critères permettant au créancier d'obtenir le résultat attendu par la constitution des sûretés réelles conventionnelles **(B)**.

A/ IDENTIFICATION DES CONTOURS DE L'EFFICACITE

21. Le sens retenu. – Pour les juristes, l'efficacité ne saurait être un critère d'évaluation du droit. La preuve en est qu'on ne trouve pas de définition du terme « efficacité » dans les dictionnaires des termes juridiques. En effet, une partie de la doctrine apprécie le droit sous l'angle de sa validité, de sa légitimité ou encore de son effectivité. L'efficacité n'est donc pas une notion propre au droit. Elle est même parfois confondue avec l'effectivité qui est « le caractère d'une règle de droit qui produit l'effet voulu, qui est appliquée réellement[83] ». Cependant, cette dernière s'en distingue en réalité par sa finalité : l'effectivité se cantonne à l'application effective du droit ou à l'évaluation du degré d'application[84] alors que l'efficacité va au-delà, en appréciant cette application par rapport aux attentes placées dans le droit. Elle se veut à ce titre

[83] Vocabulaire juridique, dirigé par G. CORNU, 9e éd., Quadrige/PUF, 2012, p. 384.

[84] CARBONNIER (J.), Effectivité et ineffectivité de la règle de droit, Année sociologique, 1957-1958, in Flexible droit, Pour une sociologie du droit sans rigueur, 9e éd. LGDJ, 1998, p. 143 : « L'effectivité de la loi qui consacre une liberté d'agir se situe non dans l'action, mais dans la liberté même, c'est-à-dire dans le pouvoir de choisir l'inaction aussi bien que l'action (…) » ; FRISON-ROCHE (M.-A.), *L'effectivité des décisions en matière de concurrence : notions, critères, typologie, LPA* 28 décembre 2000, n° 259, n° 6 : « L'effectivité est de médiocre qualité puisque son retour atteste que le comportement ordonné par la loi n'a pas été effectivement suivi dans un premier temps ». Notes BOURASSIN (M.), L'efficacité des garanties personnelles, Thèse, Préf. Marie-Noëlle JOBARD-BACHELIER et Vincent BREMOND, LGDJ, p. 17.

pragmatique. C'est pour cela qu'elle reflète plutôt une approche économique par le droit et regroupe généralement les termes suivants : qualité, rapidité et coût. La qualité de la norme étant ici l'élément le plus important puisqu'elle conditionne la bonne utilisation de la règle de droit. Aussi, pour renforcer la portée de cette efficacité, doit-elle « en amont [...] être recherchée par l'autorité qui institue la norme[85] ». Sa clarté est alors un gage d'efficacité.

L'évaluation du droit par l'efficacité répond alors à une exigence pratique. Celle d'un meilleur suivi du droit applicable, et se matérialise d'une part par l'adéquation entre l'objectif poursuivi, et d'autre part les effets que les normes produisent réellement. L'objectif ou le but poursuivi est le postulat de départ pour évaluer l'efficacité d'une norme[86]. La mise en place des moyens permettant l'atteinte de cet objectif est la manifestation réelle de cette vision. L'efficacité peut ainsi être perçue comme la réponse à un objectif. C'est pourquoi elle nécessite la comparaison entre deux éléments : un objectif et la réalisation des effets attendus.

Cette évaluation par la notion d'efficacité, bien qu'elle ne soit pas purement juridique est néanmoins aujourd'hui complètement appréhendée par le juriste[87]. Elle est une démarche scientifique visant à connaître de manière objective l'ensemble des effets, directs ou indirects, voulus ou non voulus, d'une règle de droit et ses effets réels sur le ou les destinataires de cette règle. Ceci permet d'en corriger les lacunes. Il est aussi important de relever le fait que les destinataires de la règle de droit n'ont pas une même appréhension du droit et de son application en fonction de leurs attentes. Celles-ci peuvent être objectives ou subjectives. Comme l'écrit un auteur : « *L'attente objective est celle que toutes les personnes placées dans une même situation partagent, en raison des caractéristiques essentielles, de ce qu'il est naturel d'attendre de l'objet utilisé ou de la démarche entreprise. L'attente subjective, quant à elle, est celle qu'une personne déterminée développe, du fait de la spécificité de sa situation. Nourrir une attente subjective revient à*

---

85 AZZI (T.), RTD Civ. 2010, p. 647, « Sylvain BOLLÉE, Yves-Marie LAITHIER et Cécile PÉRÈS (dir.), *L'efficacité économique en droit*, Economica, collection Études juridiques, n° 33, 2010, 178 pages » : « L'auteur rappelle, par exemple, qu'à l'époque romaine le législateur intervenait essentiellement pour remédier aux effets néfastes du développement économique tels que la dévaluation, la pauvreté, la chute des investissements productifs ou encore l'affaiblissement de certains contractants ».

86 BOURASSIN (M.), *L'efficacité des garanties personnelles*, Thèse, *LGDJ*, 2006, préf. M.-N. JOBART-BACHELLIER, *op. cit.*, p. 17.

87 AZZI (T.), RTD Civ. 2010, *op. cit.*, p. 2 : Nul ne songera à contester l'influence qu'exercent les considérations économiques sur le droit. [...] L'efficacité économique du droit peut [...] intervenir en tant que fondement de la règle de droit. S'appuyant notamment sur les travaux préparatoires de la réforme du droit des successions et des libéralités du 23 juin 2006 et de la loi du 19 février 2007 relative à la fiducie [...] ».

assigner un but particulier à l'objet ou à l'action envisagée[88] ». Ainsi, plusieurs paramètres peuvent-ils entrer en ligne de compte pour l'évaluation du droit tels que l'environnement juridique, le domaine de la règle de droit à évaluer, la qualité des destinataires, l'imprévision, la conjoncture économique, la bonne foi. De ce fait, l'attente subjective est influencée par la finalité personnelle du but recherché.

22. L'efficacité d'une norme ne peut alors être connue ou évaluée que lorsqu'elle est réellement appliquée et en comparant « l'adéquation entre la finalité et les effets produits[89] ». La production de ses effets concourt à l'évaluation de son efficacité. L'efficacité est en cela un processus, qui prend forme étape par étape et appelle à une analyse progressive de la norme. Elle est résolument la réponse à un objectif ; l'auteur du droit met alors en place un certain nombre de mécanismes pour parvenir à l'objectif projeté. Celui-ci ne pouvant être connu d'avance et ne peut qu'être espéré. D'où le caractère aléatoire des effets attendus si les mécanismes ou critères mis en place ne sont pas suffisamment sûrs pour la réalisation effective de l'objectif attendu. Il peut aussi arriver que ces critères soient insuffisamment exploités, d'où il suit que les effets produits ne seront pas ceux réellement attendus. Ces mécanismes doivent alors être définis d'une manière précise, de sorte à les identifier pour l'évaluation de l'efficacité.

B/ LES CRITERES D'EFFICACITE DES SURETES REELLES CONVENTIONNELLES

23. **La recherche d'un effet économique réel dans la constitution des sûretés réelles conventionnelles.** – La conséquence juridique de la constitution d'une sûreté réelle est la préservation de son assiette pour que sa valeur profite au créancier bénéficiaire, à titre préférentiel ou exclusif. L'effet recherché[90] est ainsi purement économique puisque le créancier espère éviter la perte patrimoniale.

24. **Le difficile choix des critères d'efficacité en fonction des effets recherchés.** – Si l'effet recherché par le créancier à travers toutes les sûretés réelles est d'éviter la perte patrimoniale en s'accaparant la valeur du bien garanti à son profit, le moyen d'y parvenir n'est pas le même d'un créancier à un autre. Le choix de la technique d'affectation du bien garanti impacte l'effet réel produit par la sûreté constituée. Il est le reflet d'une attente subjective placée dans le choix de l'un ou l'autre des

---

[88] *Ibidem*, p. 8.

[89] BOURASSIN (M.), L'efficacité des garanties personnelles, Thèse, op. cit., p. 14.

[90] Vocabulaire juridique, dirigé par G. CORNU, *op. cit.*, p. 384 : Un effet est ainsi la « conséquence juridique résultant d'un acte juridique ».

critères d'efficacité, dont la fonction principale et objective est de donner la priorité au créancier sur la valeur du bien garanti. Deux finalités sont recherchées dans la prise d'une sûreté réelle. Elles résultent d'une attente qui peut être objective, et correspondent à la finalité à laquelle peuvent prétendre les créanciers dans la prise d'une sûreté réelle : il s'agit du droit de préférence et du droit exclusif sur la valeur du bien garanti. Des mécanismes ou critères permettent aux créanciers d'espérer l'exercice effectif de ces droits. Le choix des critères permettant d'y arriver est alors subjectif et dépend de l'objectif que s'est fixé chaque créancier. Ils visent ainsi la préservation de ses intérêts jusqu'au moment où il sera en capacité d'exercer l'un ou l'autre des droits évoqués. La défaillance du débiteur est à ce point de vue l'événement déclencheur de la réalisation de la sûreté. L'efficacité de cette réalisation[91] est alors liée à la préservation de l'assiette de la sûreté réelle pendant l'opération de garantie. Des règles mises en place par le législateur concourent à favoriser cette protection et à exercer efficacement ce droit à la réalisation.

La préservation de l'assiette de la sûreté se fait à deux niveaux. D'une part, contre les abus du constituant qui serait tenté de ne pas honorer ses engagements et d'autre part, vis-à-vis des tiers qui peuvent également prétendre à des droits concurrents sur le même bien. Les techniques d'affectation du bien garanti ont traditionnellement permis aux créanciers de préserver l'assiette de leur sûreté. Il s'agissait soit de donner la possession de l'assiette de la sûreté au créancier soit de la laisser au constituant et d'instaurer plutôt une formalité de publicité. L'une comme l'autre présentent des limites aussi bien en faveur du créancier que du constituant. La préservation des intérêts du créancier devait alors dans ce cas évoluer dans le sens de la recherche d'un équilibre qui satisferait les intérêts du constituant sans sacrifier ceux du créancier.

Contrairement à ce qui était attendu, le législateur a au contraire fait le choix de s'affranchir des techniques traditionnelles d'affectation du bien garanti pour viser une meilleure préservation des droits du créancier. Pour cela, il a fait de la propriété un droit de garantie. Puisque le droit de propriété est le droit réel par excellence, son utilisation à titre de garantie ne peut que mettre son bénéficiaire en situation d'exclusivité sur la valeur du bien garanti. Force est de constater que cette utilisation très habile de la propriété n'a pas permis de s'affranchir des techniques traditionnelles d'affectation du bien au profit du créancier. De fait, ses effets réels seront indiscutablement influencés par ces techniques d'affectation et les

[91] BOURASSIN (M.), *L'efficacité des garanties personnelles*, Thèse, *op. cit.*, p. 12 : « L'accomplissement de la fonction des garanties personnelles peut résulter de l'appel du garant. L'attente objective des bénéficiaires est en effet satisfaite lorsque la réalisation de la garantie se traduit par le paiement du garant, emportant l'extinction de la dette principale ». *Il en de même pour les sûretés réelles (nous soulignons).*

critères permettant leur efficacité. L'effet attendu par le législateur risque alors de se heurter à l'effet réel que produisent ces propriétés-sûretés. Il convient d'en déceler les contours. Ces différents critères qui permettent la préservation de l'assiette des sûretés réelles ont également un impact sur les différents modes de réalisation des sûretés réelles. L'efficacité ne dépend donc pas uniquement de la préservation de l'assiette de la sûreté. Elle doit être impérativement évaluée à l'aune de sa réalisation effective. Pour ce faire, les modes de réalisation doivent favoriser le bon exercice par le créancier de l'avantage que sa sûreté lui procure. Cependant, ces modes de réalisation font l'objet de vifs débats, et présentent tous des avantages et des inconvénients. Les nouveaux modes de réalisation sont à ce titre encore plus clivants. La clarté de la règle de droit est à cet effet primordiale dans la construction de l'efficacité et dans la production des effets attendus. Dans ce contexte, les critères d'efficacité des sûretés réelles conventionnelles du droit OHADA peuvent-ils réellement permettre aux créanciers d'atteindre leurs objectifs ?

25. Plan. – L'efficacité « s'obtient au prix d'une construction. Pour que les effets engendrés par un objet donné soient en adéquation avec sa raison d'être et avec les buts particuliers qui lui sont assignés, il est nécessaire de mettre en œuvre des moyens divers pour éviter les obstacles susceptibles d'entraver cette adéquation ». Cette construction prend alors forme dès le choix du critère d'efficacité, qui doit assurer la préservation de la sûreté réelle dans l'intérêt du créancier **(Première partie)**, et se poursuit dans le choix du mode de réalisation adapté pour l'exercice effectif de ses droits **(Deuxième partie)**.

<u>Première partie</u> : L'efficacité recherchée lors de la constitution des sûretés

<u>Deuxième partie</u> : L'efficacité recherchée dans la mise en œuvre de la sûreté

PREMIERE PARTIE : L'EFFICACITE RECHERCHEE LORS DE LA CONSTITUTION DES SURETES

26. Contrairement au droit du cautionnement qui apparaît comme accordant une certaine protection au constituant considéré comme faible dans ses rapports avec le créancier et à l'attitude de plus en plus consumériste des juges, le droit des sûretés réelles est un droit résolument protecteur des intérêts du créancier. Du moins tente-t-il de préserver le plus souvent de façon excessive ses droits sur le bien à lui garanti par le constituant de la sûreté réelle. Cette protection s'est faite de façon rigide et parfois maladroite par l'AUS de 1997, ce qui a aussi bien souvent profité au constituant. Toutefois, les récentes évolutions du droit des sûretés réelles dans l'espace OHADA impulsées par la réforme du 15 décembre 2010 ont montré une prise en compte bienveillante des intérêts des deux parties par l'introduction d'un formalisme moins rigide et moins contraignant et un souci de rendre plus attractives les sûretés réelles existantes tout en permettant au constituant de ne pas sacrifier sa réserve de crédit. Cependant, de façon paradoxale, elles ont été aussi l'occasion pour le législateur OHADA d'introduire des critères d'efficacité des sûretés réelles prompts à préserver encore plus efficacement les droits du créancier sur le bien garanti au détriment des intérêts du constituant. L'introduction de ces critères révèle l'objectif à peine voilé du législateur OHADA de faire du droit des sûretés réelles un droit au service du créancier afin de favoriser l'investissement.

Cette réforme place les parties au contrat qui fait naître la sûreté réelle au cœur du choix du critère d'efficacité à mettre en œuvre. Le choix du meilleur critère d'efficacité se fera bien souvent par l'analyse de l'utilité du bien pour le constituant et surtout par la capacité de ce critère à permettre rapidement et au moindre coût l'extinction de l'obligation garantie. Aussi, l'efficacité d'une sûreté réelle conventionnelle en droit OHADA peut-elle résulter de l'utilisation des critères d'efficacité qui visent essentiellement la préservation des intérêts des créanciers jusqu'au dénouement de l'obligation principale. Ces critères concourent au désintéressement exclusif du créancier **(Titre 1)**. La recherche d'un équilibre des intérêts peut également guider le choix du critère d'efficacité, surtout lorsque le bien garanti peut constituer un élément ostensible de la solvabilité du constituant. Il s'agit essentiellement d'un choix qui se base sur l'attractivité des sûretés réelles classiques avec la publicité comme critère principal d'efficacité **(Titre 2)**.

Titre 1 : L'efficacité recherchée par le transfert de la possession ou de la propriété d'un bien

Titre 2 : L'efficacité recherchée par la technique hypothécaire

TITRE 1 : L'EFFICACITE RECHERCHEE PAR LE TRANSFERT DE LA POSSESSION OU L'UTILISATION DE LA PROPRIETE D'UN BIEN

27. Il est reconnu en droit des biens qu'un bien peut avoir plusieurs utilités pour son propriétaire. Ces utilités confèrent au bien une certaine valeur, notamment une valeur d'usage et une valeur d'échange ou économique[92]. Lorsque le propriétaire d'un bien attribue un droit qu'il a sur son bien, il peut ne pas se priver totalement de la jouissance qu'il lui procure. Cette attribution ne sera que temporaire à moins qu'il le cède purement et simplement, dans ce dernier cas, il n'en aura plus le contrôle. Aussi pour préserver les droits du créancier titulaire d'une sûreté réelle, le législateur OHADA fera appel à des techniques issues du droit français des biens. Ces techniques préservent efficacement ses droits sur le bien garanti et lui évitent ainsi le concours avec d'autres créanciers.

De la sorte, il paralyse à son profit et ce jusqu'à l'exécution de l'obligation principale garantie les droits du constituant sur son propre bien. Il pourra ainsi éviter le concours avec les autres créanciers, soit par la technique de la dépossession **(Chapitre 1)** soit, par l'utilisation de la propriété transmise ou réservée à titre de garantie **(Chapitre 2)**.

<u>Chapitre 1</u> : L'efficacité recherchée par le transfert de la possession
<u>Chapitre 2</u> : L'efficacité recherchée par l'utilisation de la propriété d'un bien

CHAPITRE 1 : L'EFFICACITE RECHERCHEE PAR LE TRANSFERT DE LA POSSESSION

28. Le législateur OHADA a fait de la dépossession du constituant l'un des critères d'efficacité des sûretés réelles portant sur les meubles corporels. Le constituant consent alors volontairement la remise du bien au créancier qui peut « faire valoir ses droits sur [celui-ci] au moment venu »[93]. En ce sens, le gage de meubles corporels issu de la réforme de 2010 apparaît comme le droit commun des sûretés réelles conventionnelles sur meubles corporels prévu par le législateur OHADA. Son régime est prévu pour servir de modèle à d'autres sûretés réelles portant sur les meubles corporels. Il est conçu pour mettre le bien à l'abri des prétentions concurrentes et assurer une réelle protection des intérêts du créancier qui en est le bénéficiaire. Celui-ci reçoit alors le bien et le garde, ou le fait garder en son nom et pour son compte **(Section 1)**. Il

---

[92] DROSS (W.), Droit des biens, *op. cit.*.
[93] CABRILLAC (M.), MOULY (C.), CABRILLAC (S.) et PETEL (P.), Droit des sûretés, 9e éd., LexisNexis, 2010, p. 553.

peut dans ce cas refuser de se dessaisir du bien tant qu'il n'a pas été payé. Cette rétention lui assure une préservation efficace de l'assiette de sa sûreté **(Section 2)**.

SECTION 1 : LE DESSAISISSEMENT MATERIEL DU BIEN GARANTI AU PROFIT DU CREANCIER

29. Le choix d'une condition d'opposabilité. – Le gage est la sûreté réelle par excellence dont le régime soumet la préservation des droits du créancier sur le bien garanti au dessaisissement du constituant. Prévu dans l'AUS originel comme un contrat réel qui faisait de la dépossession une condition contraignante de validité du gage, le régime de cette sûreté a été assoupli pour faire de la dépossession une simple condition d'opposabilité aux tiers. Pour y parvenir, le législateur OHADA a fait de l'écrit dans le nouvel AUS l'unique condition de validité du gage de meubles corporels, rendant ainsi facile et simple la constitution de cette sûreté réelle. Le consentement des parties, aussi bien du constituant que du créancier, doit être formalisé dans un acte écrit. Ce nouvel AUS inspiré de la réforme du droit français des sûretés de 2006 définit en son article 92 le gage comme un « *contrat par lequel le constituant accorde à un créancier le droit de se faire payer par préférence sur un bien meuble corporel ou un ensemble de biens meubles corporels présents ou futurs* ». Le législateur OHADA exige alors des parties qu'elles renseignent la dette garantie, la quantité des biens donnés en gage et leur espèce ou nature[94].

Si l'exigence d'un écrit à peine de nullité est la condition de validité du gage, le choix de la dépossession reste le critère d'efficacité qui permet véritablement au créancier de préserver énergiquement l'assiette de sa sûreté. Cette remise est alors consentie par le constituant qui se dessaisit de son bien et ne peut alors profiter des utilités que celui-ci aurait pu lui offrir. Le choix de ce critère d'efficacité est fruste en ce sens qu'il prive le constituant des utilités de son bien. Le transfert du bien au créancier doit alors être sans équivoque **(Paragraphe 1)**. Cette remise peut tout de même se heurter à la nature de certains biens corporels **(Paragraphe 2)**.

---

[94] Art. 96 de l'AUS de 2010.

PARAGRAPHE 1 : L'ATTACHEMENT A LA CONCEPTION TRADITIONNELLE DE LA DEPOSSESSION

30. Le besoin d'une efficacité non équivoque. – La possession du bien garanti par le créancier ne peut permettre la préservation de ses intérêts dans l'opération de garantie que s'il a l'assurance de maintenir cette possession jusqu'au complet paiement. La règle de la protection possessoire lui assure cette protection. N'étant pas le propriétaire originel du bien mobilier garanti, il doit pouvoir se prémunir contre toute forme de revendication pour protéger sa possession. De plus, il n'est pas coutume de renfermer dans un écrit les mutations mobilières. De la sorte, celui qui a un meuble entre ses mains est présumé, lorsque sa possession ne souffre d'aucune revendication et jusqu'à preuve du contraire, l'avoir acquis légitimement. Pour cela, sa possession doit être « apparente, notoire et publique[95] ». L'article 2278 du Code civil énonce cette protection quand il dispose que : « la possession est protégée, sans avoir égard au fond du droit, contre le trouble qui l'affecte ou la menace ».

Pour protéger efficacement les droits du créancier gagiste sur le bien gagé, une extension de la protection reconnue au propriétaire véritable sur son bien est faite au possesseur précaire qui est le créancier gagiste. Le bien doit alors avoir été remis dans des conditions qui légitiment cette protection. Cette remise est consentie et inscrite au contrat lors de la constitution de la sûreté.

31. Il a longtemps prévalu dans les textes et dans la doctrine l'idée selon laquelle le gage ne serait efficace que par la possession matérielle du bien garanti par le créancier. Cette possession était efficace dès la constitution de la garantie et se faisait par tradition, c'est-à-dire par la remise physique du bien, du constituant au créancier. Même si cette conception de la dépossession a aujourd'hui évolué[96], notamment en droit français, intégrant aussi des biens incorporels, le droit OHADA est resté figé à l'ancienne conception. Pour conditionner cette possession à une simple condition d'opposabilité, la nouvelle définition du gage mise sur la preuve de la constitution de la sûreté par écrit. L'article 96 alinéa 1 dispose à cet effet que : « *À peine de nullité, le contrat de gage doit être constaté dans un écrit contenant la désignation de la dette garantie, la quantité des biens donnés en gage ainsi que leur espèce ou leur nature* ». La conception n'en reste pas moins traditionnelle puisque le dessaisissement du constituant est la condition essentielle de l'efficacité

---

[95] Cass. Req., France, 29 décembre 1875, DP. 76. 1, p. 219 : « Qu'il est de l'essence du contrat que cette mise en possession soit un fait apparent de nature à avertir les tiers que le débiteur est dessaisi, et que l'objet ne fait plus partie de son patrimoine libre ».

[96] Art. 2355 C. civ. : « [Le nantissement] qui porte sur d'autres meubles incorporels est soumis, à défaut de dispositions spéciales, aux règles prévues pour le gage de meubles corporels ».

de cette sûreté **(A)**. L'engagement est alors soumis à certaines conditions pour la validité de la sûreté réelle constituée. Il en va de même surtout lorsqu'il est pris par une personne morale **(B)**.

A/ UNE CONCEPTION TRADITIONNELLE VISANT UNIQUEMENT LES MEUBLES CORPORELS

32. L'évolution récente de l'AUS n'a pas à vrai dire changé le lien traditionnel existant entre la dépossession et les meubles corporels. Le législateur a seulement reprécisé ces liens en cantonnant cette dépossession uniquement à l'égard des meubles corporels **(1)**. Le créancier peut à ce titre recevoir lui-même le bien garanti ou le faire garder ou géré par un tiers convenu **(2)**.

1/ Une évolution perceptible dans le régime du nouveau gage

33. Le choix volontaire d'une mise en possession par tradition. – La nature de l'assiette du gage est au cœur du mode de réalisation efficace d'une mise en possession. L'approche traditionnelle de cette possession implique la maîtrise matérielle d'une chose corporelle. Cette maîtrise n'était pas parfaite dans le régime proposé par l'ancien AUS puisqu'il prévoyait aussi une dépossession pour les meubles incorporels. Cette possession effective du bien par le créancier était la condition de validité du gage[97]. C'est pourquoi elle était aussi obligatoire à l'égard des meubles incorporels qui pouvaient être gagés. Le débiteur qui accordait la sûreté au créancier se privait volontairement de l'usage du bien puisqu'il n'en avait plus l'utilité[98]. Cette volonté ne peut légalement être prise en compte que s'il est lui-même propriétaire du bien garanti avec la capacité d'aliéner[99]. Cependant, le blocage des droits du constituant sur les biens incorporels garantis sans une remise effective n'était pas efficace puisque la possession du créancier ne pouvait pas porter sur le bien lui-même. Pour assurer la dépossession des meubles incorporels, le bien devait être incorporé dans un titre, et la remise de celui-ci au créancier équivalait à un dessaisissement du constituant[100]. Cette manifestation de la dépossession par la théorie de l'incorporation n'assurait pas efficacement

---

[97] Art. 49 de l'AUS de 1997.

[98] MESTRE (J.), PUTMAN (E.) et BILLIAU (M.), Traité de droit civil-*Droit spécial des sûretés réelles*, LGDJ, 1996, p.227.

[99] *Ibidem*, p. 205 : « Il ne suffit pas d'être propriétaire pour engager un bien par un gage ; il faut également être capable d'aliéner. C'est parce que la mise en gage peut déboucher sur une aliénation de la chose que le constituant doit avoir cette capacité. Il en résulte qu'un mineur non émancipé et un majeur sous tutelle ne peuvent constituer seuls un gage. Le majeur sous curatelle doit être assisté de son curateur. La sanction est la nullité relative peu importe la bonne foi du créancier ».

[100] MESTRE (J.), PUTMAN (E.) et BILLIAU (M.), Traité de droit civil, *op. cit.*, p. 233 ; COTRET (L.), La négociabilité des instruments financiers, Thèse, format rtf.

le blocage de l'usage du bien puisque celui-ci restait dans le patrimoine apparent du constituant, et visible de ses ayants droit. Ce transfert de la possession par la théorie de l'incorporation n'empêchait donc pas le constituant qui a l'usage de son bien d'en disposer. Il ne détiendrait « qu'un simple mode de preuve, un *instrumentum*[101] ».

Inspiré du droit français, ce raisonnement tend à rendre indifférent le lien entre la possession et les biens corporels qui se veut traditionnellement matériel et celui envisagé pour les biens incorporels. L'essentiel étant de donner au créancier les moyens de paralyser les droits du constituant sur le bien garanti. Ce raisonnement n'a pourtant pas toujours été convaincant.

34. Faisant le lien entre la nature particulière d'une créance et celle d'un bien meuble corporel, le Pr D. LEGEAIS expliquait sur la possession que « *pour donner une définition de la mise en possession adaptée à la nature juridique du bien donné en garantie, on doit renoncer à soumettre à un même principe la mise en possession d'un bien corporel et celle d'une créance. Il faut, en particulier, abandonner la notion de remise pour expliquer la mise en possession d'une créance. La remise ne se conçoit que lorsqu'elle concerne un bien corporel* »... « *portant sur un meuble corporel, la mise en possession assure le transfert d'un pouvoir de fait sur une chose, du constituant au créancier gagiste. Il s'agit d'éviter que le débiteur ne dispose de la chose, ne la détruise, ne l'emporte [...]*[102]». Dans ce cas, la dépossession ne peut être efficace que dans la mesure où elle est matérielle. Sa remise au créancier le fait sortir du patrimoine apparent du constituant de sorte qu'il ne puisse en disposer et qu'il ne soit pas visible de ses ayants cause. La généralisation de la remise aux biens incorporels ne peut ainsi prospérer en raison de leur diversité et le blocage du droit de disposer du constituant ne peut se faire par une technique qui leur serait commune.

La réforme du 15 décembre 2010 en droit OHADA a été l'occasion pour le législateur OHADA, contrairement au législateur français, de rétablir la cohérence dans le régime du gage. Cet AUS ne permet la dépossession qu'en matière de gage et uniquement à l'égard des meubles corporels. Par cette réforme, le législateur OHADA affirme clairement son intention de rendre très efficaces les sûretés sur les meubles corporels par la technique de la dépossession.

---

[101] *Ibidem*, p. 235 : « On a justement observé que cette solution n'avait aucune efficacité puisque le constituant du gage peut toujours prétendre, certes de mauvaise foi, qu'il est créancier en se prévalant de la copie exécutoire. Le transfert de la possession d'une expédition ne confère donc aucune sécurité au créancier gagiste et surtout aucune prérogative réelle contre le débiteur de la créance nantie. Le créancier ne retient qu'un simple mode de preuve, un *instrumentum* ».

[102] CABRILLAC (M.), PETEL (P.), et autres, Droit des sûretés, *op. cit.*, p. 235-236.

2/ La mise en possession

35. La mise en possession peut se faire entre les mains du créancier **(a)** ou encore par entiercement, c'est-à-dire par un tiers convenu **(b)**. Pour être parfaitement opposable aux tiers, la remise ne peut se faire que si le bien existe dans le patrimoine du constituant **(c)**.

a/ Le transfert entre les mains du créancier

36. La réalisation du transfert de la possession au profit du créancier se fait par sa remise[103] volontaire décidée par le constituant. En effet, le législateur fait du gage « un contrat par lequel le constituant accorde au créancier un droit de préférence sur son bien *[...]* ». Étant un contrat, la constitution du gage de meubles corporels doit respecter les règles de validité des conventions. Une cour d'appel a ainsi jugé sur la question que « *doit être déclarée bon et valable le gage constitué conformément aux dispositions des articles 47, 48 et 49 de l'AUS*[104] *dès lors qu'il n'est pas établi que le constituant a subi des violences de nature à faire pression sur lui et à lui inspirer la crainte d'exposer sa vie ou sa fortune à un mal considérable et présent, la convention ayant été rédigée et signée hors des locaux de la gendarmerie, en l'étude d'un huissier*[105] ». En cela, dans le respect des règles relatives à l'autonomie de la volonté, la dépossession doit être volontaire et les parties doivent convenir expressément dans le contrat de garantie de la destination de cette remise. Il doit s'agir d'une remise aux fins de constitution d'un gage de meubles corporels marquée par une véritable apparence de la mise en possession. D'où le caractère notoire qui lui est attribué.

Cette remise prive alors le débiteur ou le constituant de l'utilisation du bien garanti et soustrait le bien à tout détournement. Il a à ce titre été jugé sous l'empire de l'ancien AUS que « l'ordonnance par laquelle le juge a ordonné au tiers saisissant de restituer au créancier gagiste les véhicules litigieux doit être rétractée pour violation des articles 44, 47, 48, 49, 91, 93 et 95 de l'AUS, dès lors que lesdits véhicules n'ont fait, par ailleurs, l'objet ni d'un gage, ni d'un nantissement légalement constitué ; il en est ainsi lorsque l'acte constitutif n'a été ni dûment enregistré, ni inscrit au registre du commerce et du crédit mobilier[106] ». Il

---

[103] CABRILLAC (M.), MOULY (C.), CABRILLAC (S.) et PETEL (P.), Droit des sûretés, *op. cit.*, p. 560 : « La dépossession est réalisée par la tradition, autrement dit la remise de la chose au gagiste. Celui-ci reçoit non une simple détention, mais une véritable possession qu'il exerce en qualité de titulaire d'un droit réel accessoire et en concurrence avec celle qu'exerce, par son intermédiaire, le constituant en qualité de propriétaire » (màj. 10e éd. 2015).

[104] AUS de 1997 abrogé et remplacé par l'AUS du 15 décembre 2010.

[105] CA Abidjan (Côte d'Ivoire), 1er ch. civ. et com., arrêt n° 128 du 13 juin 2007 : Ohadata J-09-359.

[106] CA Abidjan (Côte d'Ivoire), arrêt n° 107 du 20 mars 2002 : *Juris Ohada* 2004, n° 1, p. 59 ; Ohadata J-04-173.

en résulte que nul ne peut donner pour sûreté d'une dette une chose présente dont il n'est pas propriétaire[107]. « S'il ne l'est pas, le créancier gagiste peut s'opposer à la revendication du propriétaire dans les conditions prévues pour le possesseur de bonne foi[108] ».

b/ La possibilité d'une remise par entiercement

37. Les parties au contrat de gage peuvent également décider de remettre le bien à un tiers convenu conformément à l'article 97 de l'AUS de 2010. Les mêmes conditions exigées pour la remise du bien au créancier doivent être remplies. Il est tout de même nécessaire que le tiers soit capable de s'obliger et qu'il accepte de jouer ce rôle. Encore faudrait-il avoir des entreprises qui fassent profession de conserver les biens donnés en garanties. Même si cette pratique peut engendrer des coûts supplémentaires, elle décharge le créancier d'avoir à s'en occuper lui-même. C'est le cas d'AUXIGA, leader français de la mobilisation de stocks[109], ou de SOFIGARANT. Malheureusement, les pays de l'OHADA comptent peu de professionnels dans ce secteur d'activité. Il en ressort que selon l'article 108 alinéa 1 de l'AUS de 2010 « *le créancier gagiste ou le tiers convenu doit veiller sur la chose et en assurer la conservation comme le doit un dépositaire rémunéré* ». Le non-respect de cette obligation par le créancier gagiste ou par le tiers convenu est sanctionné par des dommages-intérêts et la possibilité pour le constituant de réclamer la restitution du bien gagé[110]. La responsabilité du non-respect de cette obligation incombe au créancier si c'est lui qui est en possession du bien gagé. Elle est solidaire entre le créancier gagiste et le tiers convenu dans le cas où le bien gagé serait remis à ce dernier, parce qu'il est possible que la dégradation du bien résulte d'une négligence du tiers convenu. En cela, il appartient au créancier gagiste de procéder régulièrement au contrôle des conditions de conservation du bien gagé[111]. La détérioration du bien gagé peut dans certains cas ne pas résulter de la négligence du tiers convenu et les conditions d'engagement de sa responsabilité peuvent être réglées en amont par le contrat mettant en place la tierce détention.

38. Sur ce point, dans une espèce, une convention tripartite a été signée entre la société KTD-SA, la Banque de Financement de l'Agriculture dite BFA et la société Agricultural and Management Company - Food and

---

Note sous AUS de 2010, voir commentaire sous l'article 95 dans le Code vert, éd. 2015, p. 922.

[107] Art. 95 de l'AUS de 2010 ; en droit français, voir Cass. com., 14 juin 1948, JCP, 1948, II, 4534, obs. BECQUÉ (E.) - Cass. 1re civ., France, 8 janv. 1955, *Bull. civ.*, I, n° 10, p. 10.

[108] Art. 95 de l'AUS de 2010.

[109] Société Auxiliaire de garanties (AUXIGA).

[110] Art. 109 al. 1 de l'AUS de 2010.

[111] Art. 112 de l'AUS de 2010.

Commerce dite AMC-FC, respectivement la tierce détentrice, la créancière et la débitrice. Suivant cette convention tripartite, la tierce détentrice conservait pour le compte de la Banque créancière du riz mis à sa disposition par le débiteur. La banque faisant alors l'objet d'une procédure de liquidation par l'État de Côte d'Ivoire, la tierce détentrice n'arrivait plus à obtenir de sa part les dénantissements au profit du débiteur. Elle a ainsi adressé plusieurs courriers au liquidateur de la banque pour trouver avec lui la solution idéale pour les intérêts de toutes les parties, étant entendu que plus le temps s'écoule, plus le stock de riz se dégrade. Suite à l'inertie du liquidateur, la tierce détentrice a sollicité qu'il plaise à la juridiction de céans bien vouloir l'autoriser à donner mainlevée des marchandises gagées au profit de la banque. La Cour a relevé que *l'article 5-4 de la convention tripartite de tierce détention stipule [que] « le tiers détenteur transmet aussitôt la demande d'autorisation de sortie (DAS) à la banque pour obtenir la mainlevée permettant de libérer la marchandise correspondante, le tiers détenteur s'engage à ne pas remettre la marchandise au déposant sans le retour de la mainlevée écrite et signée de la banque ; la réponse de la banque dépendant de facteurs indépendants de l'action et du contrôle du tiers détenteur, celui-ci ne saurait être tenu responsable d'éventuel retard dans la sortie de la marchandise et n'en supporte aucune conséquence ».* Dans ces conditions, et comme le prétend à juste titre la banque, la crainte d'une mise en cause de sa responsabilité du fait de l'inertie de celle-ci n'est pas fondée, l'article 5.4 la mettant de ce fait à l'abri de toutes conséquences fâcheuses[112]. La responsabilité du tiers convenu ne peut être également engagée qu'en cas de faute prouvée contre lui dans l'exécution de sa mission de tiers détenteur qui aurait eu pour conséquence la perte de la sûreté accordée à la banque[113].

39. La pratique réinvente sans cesse les formes de la dépossession en se conformant aux besoins du marché et surtout de la nature des biens en cause. C'est le cas lorsque le bien ne peut raisonnablement être déplacé. Pour satisfaire à ce besoin et le réglementer, la Commission GRIMALDI a fait dans l'avant-projet de réforme du droit des sûretés en France un rajout substantiel à l'actuel article 2337 qu'il convient de relever. L'alinéa 2 de cet article dispose que « … la dépossession entre les mains d'un tiers peut avoir lieu sans déplacement du bien, pourvu que ce tiers en assure la garde effective et veille au respect de ses obligations par le constituant ». Il faut toutefois préciser que la dépossession sans déplacement du bien n'est pas aussi efficace que la dépossession avec

---

112 TC Abidjan, Société KTD-SA c/ BFA et AMC-FC, Référé du 17 mars 2015, RG n° 809/2015, site officiel du TC d'Abidjan.

113 C. Sup. Côte d'Ivoire, ch. Judiciaire, arrêt n° 313 du 7 juin 2007 : *Actualités juridiques* n° 59, p. 302 ; Ohadata J-09-303.

déplacement du bien. Mais, dans certains cas, elle est indispensable lorsque la nature du bien ne permet pas ce déplacement, comme en matière de gage de stocks, du vin non encore embouteillé notamment. Ce dernier type de gage, souvent effectué sur les chais, fait l'objet d'une dépossession sans déplacement de l'objet du gage. Dans ce cas, il est prévu dans la convention de gage un prêt à usage, ou de mise à disposition de local, contrôlé et géré par le tiers détenteur. Le tiers détenteur apposera ainsi des panneaux sur l'ensemble des chais, ou s'il s'agit d'un autre type de bien, la dépossession doit également être apparente, et résulter d'une situation réelle de blocage des biens. Mais, la pratique a démontré que ce type de gage fait souvent l'objet de beaucoup de dysfonctionnements.

40. Une difficulté peut également être soulevée par rapport au gage des meubles immobilisés par destination. Il est prévu par l'avant-projet de réforme du droit des sûretés en France. La principale difficulté qui pourrait exister pour ce type de gage est le conflit entre celui qui a obtenu le gage sur le bien en tant que meuble et celui qui a obtenu dans le même temps un droit sur l'immeuble auquel il restait attaché[114]. Il faut rappeler que l'immobilisation par destination entraîne la soumission du meuble immobilisé à la nature et au régime de l'immeuble auquel il est affecté. Sur ce point par exemple, la Cour de cassation se prononçant sur la vente par anticipation d'arbres à couper dans une forêt, a refusé l'application de l'article 2276 alors même que les arbres à abattre avaient été martelés, estimant que l'acquéreur de la forêt ne pouvait se voir opposer que les droits publiés au fichier immobilier[115]. Dans ce cas, le gage de ces meubles entraîne leur mobilisation contractuelle uniquement entre les parties contractantes, lequel ne peut être opposé aux tiers que par la publication sur un registre public ; aussi faudrait-il pour que sa dépossession entre les mains d'un tiers sans déplacement soit efficace qu'il fasse l'objet de signes apparents marquant objectivement et expressément ladite dépossession, exprimant par exemple le blocage du meuble au profit du créancier gagiste, sans compter que le gage doit être antérieur au droit immobilier pour être efficace.

c/ La mise en possession conditionnée à l'existence du bien gagé

41. Sous l'effet de l'ancien AUS, le constituant devait être propriétaire du bien donné en gage puisque celui-ci était un contrat réel. La réforme de 2010 a rendu possible le gage sur une chose future ; la propriété n'étant exigée que dans le cas où le gage porte sur un bien présent. Il a donc prévu la possibilité de constituer un gage sur un bien présent ou futur ou un ensemble de biens présents ou futurs (article 92 AUS 2010).

---

[114] V. DROSS (W.), Droit des biens, *op. cit.*, p. 281.

[115] Cass. 3e civ., France, 4 juill. 1968, *aff. Europabois* ; *Bull. civ.*, III, n° 321 ; *RTD civ.*, 1969, p. 144, obs. J.-D. BREDIN (note W. DROSS, Droit des biens, *op. cit.*).

Empruntée au droit français, cette disposition était évidente du moment où le législateur ne fait plus de la dépossession du constituant la condition de validité du gage. De sorte que le dessaisissement étant relégué aux conditions d'opposabilité, la constitution d'un gage sur bien futur est rendue possible. Ce qui suppose aussi que la validité d'un tel gage soit possible dès l'instant où le meuble futur entre dans le patrimoine du constituant ou vient à exister, il est grevé du gage, sans nouvelle formalité[116]. À ce titre, le créancier n'a à faire aucune formalité supplémentaire à l'acte initial de gage et la sûreté ne prendra effet que si ce dernier entre dans le patrimoine du débiteur.

B/ L'ENGAGEMENT D'UNE PERSONNE MORALE DE DROIT PRIVE

42. Un engagement sous condition. – Dans le cas particulier où le constituant de la garantie est une personne morale, cette dernière doit souscrire pour la validité de la convention à des règles spécifiques prévues par l'Acte uniforme relatif au droit des sociétés commerciales et du groupement d'intérêt économique[117] (AUSCGIE). En réalité, l'engagement est souscrit par le représentant de la société mais « seule la personne morale est engagée[118] ». Ces règles concernent particulièrement les SA et les SARL. La garantie ne sera opposable à la société que si elle a été agréée par l'organe désigné à cet effet par les statuts de la société.

43. En ce qui concerne les sociétés anonymes (SA), il faut distinguer en droit OHADA deux modes d'administration : les SA avec conseil d'administration et les SA avec administration générale. Le législateur soumet à l'autorisation du conseil d'administration les cautions, avals, et garanties, donnés par la société à l'occasion d'engagements contractés par des tiers, à l'article 449 sous l'AUS de 1997, légèrement modifié dans l'AUS de 2010. L'article 506 de l'AUS de 1997 pose les mêmes règles pour les SA avec administration générale. Cet article a également fait l'objet d'une modification dans l'AUS de 2010 dans les mêmes conditions. Ces dispositions sont « d'ordre public et s'appliquent à toutes les sociétés commerciales à raison de leur forme et quel que soit l'objet, l'ancien article 449 dudit Acte uniforme s'applique également aux Banques et aux Établissements financiers entrant dans cette dénomination juridique ». Tel a été l'avis rendu le 26 avril 2000 par la CCJA tant les dispositions de cet ancien article 449 étaient lacunaires et ne permettaient pas de savoir s'il fallait les appliquer aux Établissements

---

[116] Voir pour cette analyse, ANYÈS (L.) et CROCQ (P.), Les sûretés - la publicité foncière, 7e éd., LGDJ, p.231.

[117] AUSCGIE du 30 janvier 2014 publié au JO OHADA n° spécial du 4 février 2014, p. 1 et s., entré en vigueur le 5 mai 2014.

[118] LEGEAIS (D.), Droit des sûretés et garanties du crédit, 12 éd. LGDJ, 2017, p. 105.

de crédit, de microfinance ou d'assurance caution dûment agréés. La réforme de l'AUSCGIE en 2014 est allée à l'encontre de cet avis et a exclu les Établissements de crédit, de microfinance ou d'assurance caution dûment agréés de l'autorisation préalable des garanties accordées au profit des tiers. Le législateur a dû considérer que la protection des articles 449 et 506 n'était pas nécessaire pour ces types de sociétés qui font habituellement ces genres d'opérations et de ce fait, elles en maîtrisent normalement les risques. Le nouvel article 449 permet également au conseil d'administration « d'autoriser le président-directeur général ou le directeur général, selon le cas, dans la limite d'un montant total qu'il fixe » à donner ces garanties pour des engagements pris par des tiers. Il permet ainsi de ne pas alourdir leur fonctionnement puisque cette exigence les conduirait à souvent convoquer le conseil d'administration ou l'assemblée générale ; ces organes pouvant eux aussi déléguer ce pouvoir[119]. Pour le nouvel article 506, l'autorisation de l'assemblée générale doit être donnée par l'administrateur général ou par son adjoint, soit d'une manière générale, soit d'une manière spéciale. En ce sens, doit donc être déclaré nul conformément aux dispositions de l'ancien article 449 de l'AUSCGIE le gage d'espèces constitué par une société anonyme d'assurance sans l'autorisation du conseil d'administration[120]. En l'espèce, la société S. a obtenu de la Banque O., devenue A. F. B., un prêt. En garantie de sa créance, un gage a été constitué au profit de la Banque par la société S.G. mandataire de la société G. par acte sous seing privé dit « convention de gage d'espèces » en date du 21 décembre 2004. Ce prêt n'ayant pas été remboursé aux échéances convenues, des négociations ont été sanctionnées par acte notarié daté du 15 mars 2005, constatant la créance de la Banque sur S., à la date du 15 mars 2005 et revêtu de la formule exécutoire. Cet acte a consacré au titre des garanties toutes les sûretés affectées à la créance de la Banque dont un « dépôt de garantie effectué par la société S.G. » ; une nouvelle échéance fixée au 31 août 2005 a été accordée à la société S. pour le paiement de sa dette, qui est restée sans suite. Les réclamations amiables effectuées tant auprès du débiteur principal que des cautions étant restées infructueuses, la Banque a, en application des articles 4 et 5 de la convention de gage d'espèces procédé à la mainlevée du gage et fait application de la clause de compensation qui lui a permis de réduire le montant de sa créance. La société G. estimant que le gage était entaché de nullité par défaut d'autorisation du conseil d'administration a initié

[119] Voir à ce propos, les commentaires sous l'ancien et le nouvel article 449 dans le Code OHADA, Code vert.

[120] TPI d'Abidjan, 21 févr. 2013, n° 253, civ 1re A, RG n° 7319/2008, SA GTA-C2A/IARDT c/ Banque OMNIFINANCE, SITEL et SGI-Togo, inédit ; V. ég. CA d'Abidjan, 1re Ch. Civ. Adm. Com. Et Soc., 27 déc. 2013, n° 769, ACCESS Banque c/ GTA-C2A/IARDT, SITEL et SGI-Togo, inédit.

une procédure en nullité de la convention. Les différentes juridictions saisies lui ont donné droit en déclarant la convention non écrite[121]. Dans ce cas, la société caution ne sera plus tenue à garantie[122].

44. Pour les SARL, l'article 329 de l'AUS de 2010 peut attirer l'attention en ce qui concerne l'engagement de la société à l'égard des tiers et sur le fait que la responsabilité des associés soit limitée au montant de leurs apports. Cet article dispose que : « *Dans les rapports avec les tiers, le gérant est investi des pouvoirs les plus étendus pour agir en toutes circonstances au nom de la société, sous réserve des pouvoirs que le présent Acte uniforme attribue expressément aux associés.*

La société est engagée, même par les actes du gérant qui ne relèvent pas de l'objet social, à moins qu'elle ne prouve que le tiers savaient que l'acte dépassait cet objet ou qu'il ne pouvait l'ignorer compte tenu des circonstances, étant exclu que la seule publication des statuts suffise à constituer cette preuve.

Les clauses statutaires limitant les pouvoirs des gérants qui résultent du présent article sont inopposables aux tiers de bonne foi ».

Cet article pose un fort principe de protection des tiers dans leur rapport avec les SARL. En effet, les deux derniers alinéas laissent à penser que même si l'acte posé par le gérant est contraire à l'objet social de la SARL et met en péril la santé financière de la société, il sera quand même valable à l'égard des tiers. La publication des statuts n'y changera rien. Le bénéficiaire d'une sûreté réelle consentie par le gérant est assuré de ne pas souffrir d'une cause de nullité venant du pouvoir interne du gérant. Tel a été également en droit français le fond de l'arrêt de la Cour de cassation[123] rendu le 12 mai 2015 où la Cour s'est prononcée sur le sort réservé à l'hypothèque consentie par le dirigeant d'une SARL sur l'un des biens de la société en garantie de la dette d'un tiers. En l'espèce[124], les demandeurs au pourvoi exposaient plusieurs moyens de cassation dont deux portaient sur la contrariété à l'intérêt social. D'une part, ils exposaient qu'une « sûreté consentie par une société en garantie d'un prêt contracté par une société tierce est nulle dans la mesure où elle

---

[121] C. Sup. de Côte d'Ivoire, Ch. jud., 10 décembre 2015, pourvoi n° 2014-091.CIV en date du 4 mars 2014, inédit. (Il faut rappeler que dans l'espace OHADA la juridiction suprême en matière de contentieux liés à l'application des Actes uniformes est la CCJA ; à ce titre la Cour suprême de Côte d'Ivoire n'est pas habilitée à se prononcer sur cette affaire).

[122] À propos d'un cautionnement réel, précisément d'un nantissement de titres de créance déclaré nul pour défaut d'autorisation du conseil d'administration, voir CA de Lomé, arrêt n° 021/2018 du 6 juin 2018, affaire GTA-C2A IARDT c/ AFRILAND FIRST BANK Côte d'Ivoire, inédit.

[123] Cass. com. France, 12 mai 2015, n° 13-28.504, 14-11.028, Légifrance : « la contrariété à l'intérêt social ne constitue pas par elle-même, une cause de nullité des engagements souscrits par le gérant d'une SARL à l'égard des tiers ».

[124] V. commentaire, LEFAILLET (C.), *Le sort de la garantie consentie par une SARL*, paru dans le magazine Droit et Affaires du 22 juillet 2015.

est contraire à son intérêt social ; que ni le consentement unanime des associés de la société garantie, ni l'existence d'une communauté d'intérêts entre cette dernière et la société emprunteuse ne font échec à cette nullité » et d'autre part qu'est « contraire à l'intérêt social d'une société, et par conséquent non valable, la garantie consentie par cette dernière qui, nonobstant l'existence d'une contrepartie, grève si lourdement son patrimoine qu'elle expose la société, en cas de mise en œuvre de la garantie, à sa disparition totale ». À ces moyens, la Chambre commerciale de la Cour de cassation a quant à elle jugé que « la contrariété à l'intérêt social de la sûreté souscrite par une société à responsabilité limitée en garantie de la dette d'un tiers n'est pas, par elle-même, une cause de nullité de cet engagement ». Elle érige ainsi une règle de protection des tiers dans leur relation avec les SARL.

PARAGRAPHE 2 : UN REGIME PARTICULIER POUR LA MISE EN POSSESSION DE CERTAINS BIENS CORPORELS

45. La mise en possession du créancier vise à mettre le bien garanti à l'abri du détournement du débiteur et également des prétentions concurrentes des tiers. Comme le précise l'article 96 du nouvel AUS, le bien garanti doit faire l'objet d'une désignation précise, autant dans son espèce que dans sa nature, ainsi que la quantité prévue. Il faut alors pouvoir déterminer avec précision l'assiette de la sûreté, qu'elle soit un bien individualisé ou un ensemble de biens déterminés ou non. Cette détermination n'est alors pas aisée lorsqu'il s'agit des biens de nature fongible **(A)**. L'exemple des sommes d'argent démontre également cette difficulté particulière à organiser la mise en possession et la nécessité de mettre en place un droit commun des sûretés sur ce type de bien **(B)**.

A/ LES DIFFICULTES LIEES A LA DEPOSSESSION MATERIELLE DES CHOSES FONGIBLES

46. Une difficulté liée à la détermination du bien garanti. – Cette difficulté est liée au fait que les biens fongibles ne sont pas par nature individualisés. L'individualisation permet surtout de faciliter leur mise en gage et de protéger la situation des tiers. Pour permettre leur transfert au créancier, il faut les peser, compter ou mesurer. Cette opération permet aux parties de déclarer au contrat une certaine quantité de choses fongibles, de la même espèce afin de les individualiser, et partant de permettre leur appropriation ou leur circulation[125]. Elle permet également de leur attribuer une valeur d'échange, et leur nature en facilite ainsi l'interchangeabilité avec des biens de même type et de même qualité. À ce titre, puisque ces biens peuvent facilement se confondre avec d'autres

[125] DROSS (W.), Droit des biens, *op. cit.*, p. 53.

biens de même nature et qualité, lorsque le créancier est mis en possession, il doit, « *sauf clause contraire, les tenir séparés des choses de même nature détenues par lui ou le tiers convenu. À défaut, le constituant peut réclamer la restitution du bien gagé, sans préjudice de dommages-intérêts*[126] ». L'article 2341 al. 2 du Code civil français issu de la réforme de 2006 qui a sans doute inspiré le législateur OHADA admet également cette propriété du créancier. Cette séparation est nécessaire pour alerter les tiers sur la nature de sa possession. Ainsi, des signes distinctifs doivent montrer le caractère apparent de cette dépossession pour distinguer les biens du créancier ou du tiers convenu des biens de même nature et de même qualité qui ont été gagés. Mais, « *lorsque la convention dispense le créancier de cette obligation, il acquiert la propriété des choses gagées à charge de restituer la même quantité de choses équivalentes. En cas d'entiercement, la propriété ainsi acquise par le créancier peut s'exercer sur des biens de même espèce et de même qualité détenus par le tiers convenu*[127] *»*. Cette acquisition de la propriété[128] offre une plus grande efficacité au créancier et lui évite les contraintes liées à la conservation du bien gagé et qui est la conséquence de l'individualisation. La propriété ainsi acquise est une conséquence de la fongibilité[129]. Cependant, il doit être capable de restituer la même quantité et qualité de chose gagée dans le cas où l'obligation principale aura été exécutée. Cette obligation de restitution montrerait une absence d'appropriation à la manière d'un propriétaire ordinaire d'où le rejet par certains auteurs de considérer le créancier détenteur comme propriétaire et le débiteur finalement comme créancier d'une simple créance de restitution[130] et appelant à une reconsidération de la question. C'est aussi

---

[126] Art. 101 de l'AUS de 2010.

[127] Ibidem.

[128] GIJSBERS (C.) Thèse, *op. cit.*, p. 552 : « Elle concerne l'hypothèse d'une remise précaire de choses fongibles entre les mains d'un tiers qui détient des choses semblables avec lesquelles elles viennent se confondre. D'après la conception traditionnelle, cette confusion ôte au remettant son droit de propriété, qui est transmis *volens nolens* au détenteur par la grâce du mélange des choses remises avec les choses identiques lui appartenant ».

[129] AYNÈS (L.), *Le gage de meubles corporels*, *Dr. et pat.* Sept. 2005, p. 61 s., spéc. p. 63.

[130] GIJSBERS (C.), Thèse, *op. cit.*, p. 553 : « Il n'est pourtant pas difficile d'apercevoir les considérables mérites qui s'attacheraient, en ce domaine, à l'admission du concept de propriété des choses fongibles. On cesserait d'évincer injustement le propriétaire de son droit réel au profit d'une simple créance de restitution pour la raison – purement dogmatique – que les choses par lui remises ont été accidentellement ou sciemment stockées parmi des choses identiques ». L'auteur citant à ce titre LIBCHABER (R.), *Le dépôt d'instruments financiers, Dr. et patr.* mai 2000, p. 93 s. et FRANÇOIS (J.), *Retour sur la revendication des sommes d'argent, D.* 2012, n° 4 : « En présence de choses fongibles, c'est-à-dire de choses de genre confondues avec d'autres semblables, d'appartenance différente, entre les mains du détenteur précaire, le remettant conserve son droit de propriété. Seulement, celui-ci devient générique, en ce sens qu'il a pour assiette une certaine quantité de choses définies par leurs caractères génériques, sans considération de leur individualité propre ».

pour éviter ces situations que l'article 101 du nouvel AUS donne comme principe que le créancier doit tenir les choses fongibles ou les faire tenir séparées des choses de même nature détenues par lui ou le tiers convenu. Le contrat ira dans ce sens sauf clause contraire.

47. Aussi, dans l'avant-projet de réforme du droit des sûretés de la Commission Grimaldi (2017) il est prévu dans un article 2342-1 du Code civil que : « *Lorsque le gage est avec dépossession, le créancier gagiste doit conserver la chose gagée. Il ne peut en user sauf si la convention l'y autorise* ». C'est dire que le principe de conservation de la chose gagée par le créancier est un principe codifié et généralement admis. Mais, contrairement au nouvel AUS cet avant-projet propose l'aliénation comme principe lorsque le créancier est en possession de biens fongibles et lorsqu'il est dispensé de les tenir séparés de choses de même nature qui lui appartiennent. Le nouvel article 2342 dispose en ce sens que : « *Lorsque le gage, avec ou sans dépossession, a pour objet des choses fongibles, le constituant peut, sauf convention contraire, les aliéner à charge de les remplacer par la même quantité de choses équivalentes* ». Cette distance avec le droit français se résume à travers le principe de prudence et aussi sur le fait que le législateur OHADA semble considérer qu'il appartient à la convention des parties de prévoir des dispositions pouvant altérer le droit fondamental de la préservation et du non-usage du bien garanti.

48. Les dispositions prévues en droit OHADA pour la constitution des choses fongibles sont complétées par les articles 120 à 124 qui portent sur le gage des stocks. Conformément à l'article 120, les matières premières, les produits d'une exploitation agricole ou industrielle, les marchandises peuvent faire l'objet d'un gage en application des dispositions des articles 92 à 117 de l'AUS de 2010, qui est applicable au droit commun du gage de meubles corporels. Ces stocks[131] peuvent donc être gagés avec ou sans dépossession. La dépossession de tels stocks devant à l'évidence être subordonnée au processus d'individualisation afin de quantifier le stock à gager et lui attribuer une valeur d'échange. Les caractéristiques du stock ainsi que la quantité et la qualité des choses gagées devant figurer dans l'acte de gage dès la constitution de la garantie, et renseignées avec précision.

Sur ce point, contrairement au droit français qui maintient un gage spécial des stocks très contraignant, régi par le Code de commerce en son

[131] Le législateur a abandonné dans la nouvelle définition du gage de stocks la mention « à condition de constituer un ensemble déterminé de choses fongibles avant l'émission du titre » qui était une condition de l'ancien article 100 de l'AUS de 97. Cet ensemble de choses fongibles devait exister et être présent avant l'émission du titre, pas après. En effet, puisque le nouvel AUS ouvre la voie à la constitution des gages sur biens futurs, il n'était plus nécessaire de maintenir la condition d'existence des choses fongibles avant l'émission du titre.

article L. 527-3 et dont la constitution est rendue obligatoire lorsque l'une des parties est un établissement de crédit[132], le gage des stocks de l'AUS de 2010 ne contient pas de telle restriction et les dispositions qui s'y réfèrent sont complémentaires à celles du droit commun du gage de meubles corporels contenu dans le seul AUS. Toutefois, l'avant-projet de réforme de la Commission Grimaldi (2017) propose d'aller plus loin dans le sens de la prise en compte du droit commun du gage par la suppression des warrants ainsi que des autres gages spéciaux.

B/ LE CAS PARTICULIER DES SOMMES D'ARGENT : LE GAGE ESPECES

49. On aurait pu croire que la réforme du droit des sûretés intervenue le 15 décembre 2010 dans l'espace OHADA clarifierait et lèverait les doutes sur la nature et le régime juridique des sûretés classiques portant sur une somme d'argent. Attendue et espérée autant par la doctrine que par les acteurs économiques, cette sûreté n'a pas été prévue par le législateur OHADA de même que par le législateur français. Pourtant, la Commission présidée par le Pr Michel GRIMALDI avait proposé dans l'avant-projet de réforme du droit des sûretés en France, avant la réforme de 2006, une sûreté propre à ce bien qui aurait pu servir de modèle. Elle n'a malheureusement pas été consacrée. La pratique continue alors, autant en droit OHADA que dans le droit français à lui appliquer le régime du gage. Quelle place le gage-espèces doit-il alors avoir dans l'espace OHADA à la lumière de la consécration par le législateur OHADA du transfert fiduciaire d'une somme d'argent ? (1) Et comment le dessaisissement au profit du créancier est-il réalisé de lege lata ? (2)

1/ La nature juridique du gage-espèces dans l'espace OHADA

50. La particularité des sommes d'argent rend difficile leur appréhension par le droit des sûretés réelles alors qu'on peut légitimement les différencier selon leur nature. Une simple définition permet normalement de lever les doutes. L'AUS originel n'a pas consacré un droit spécial pour les sûretés sur les sommes d'argent **(a)**. La pratique s'est ainsi confrontée à un vide juridique qui a eu pour conséquence d'utiliser le régime du gage

---

[132] Cass. com., France, 19 février 2013, n° 11-21.763, *JCP G* 2013, 299, obs. CERLES (A.) ; *RTD civ.* 2013, p. 418, obs. CROCQ (P.) ; *D.* 2013, p. 493, obs. DAMMAN (R.) et PODEUR (G.) ; *JCP G* 2013, 585, n° 16, obs. DELEBECQUE (Ph.) ; *GAZ. Pal.* 20-21 mars 2013, p. 22, obs. DUMONT-LEFRAND (M.-P.) ; *D.* 2013, p. 1176, obs. GUILLOU (H.) ; *Act. Proc. Coll.* 2013, n° 71, obs. LE CORRE (E.) ; *RD bancaire et financier* mars-avr. 2013, comm. 59, obs. LEGEAIS (D.) ; *RLDC* avr. 2013, p. 35, obs. MARRAUD des GROTTES (G.) ; *JCP G* 2013, 539, note MARTIAL-BRAZ (N.) ; *GAZ. Pal.* 12-13 avr. 2013, p. 29, obs. PAILLER (P.) ; *Banque et droit* n° 148, mars-avr. 2013, p. 52, obs. RONTCHEVSKY (N.) ; adde, GIJSBERS (C.), *L'exclusion du droit commun du gage par le régime spécial du gage des stocks*, *RLDC* avr. 2013, p. 26.

applicable aux biens fongibles. À l'aune du nouvel AUS, sa constitution est-elle encore soumise au nouveau régime du gage de meubles corporels **(b)** ?

a/ Contexte

51. La monnaie fiduciaire. – Une somme d'argent est une quantité de monnaie évaluée généralement en pièces d'argent sonnantes, trébuchantes et en billets. En langage financier, il s'agit de la monnaie fiduciaire qui comprend à la fois des pièces et des billets et est par sa nature un bien corporel. Selon la classification des biens en droit français, elle est considérée comme un bien corporel fongible. Fongible, parce que la monnaie fiduciaire se consomme par l'usage et peut être remplacée par un bien de même nature, de même qualité et de même quantité. Il s'agit d'un bien corporel parce qu'elle est susceptible de tradition. La réforme de 2010 ayant prévu un droit commun du gage complété par des règles spécifiques pour les biens fongibles, la monnaie fiduciaire ne peut être constituée que dans le respect de ces dispositions, prévues aux articles 92 à 117 de l'AUS de 2010. Ce gage correspond en effet à l'appellation « gage-espèces ». Mais, le législateur n'est pas allé au bout de cette réforme. La raison en est que la monnaie fiduciaire, pour les besoins du gage peut être soit conservée comme telle par le créancier ou déposée sur un compte bancaire, le compte utilisé ici comme un support immatériel transformant cette dernière en monnaie scripturale. Justement, pour une partie majoritaire de la doctrine, la monnaie fiduciaire perd son caractère corporel dès qu'elle est incorporée dans un compte.

52. La monnaie scripturale. – Plus évoluée, la monnaie scripturale est une monnaie dématérialisée, conçue comme l'inscription d'une somme d'argent déterminée sur un compte bancaire. Ce compte peut être ouvert par un particulier ou une entreprise. La monnaie scripturale est un simple jeu d'écritures comptables. Elle est à ce titre dématérialisée et constitue un bien incorporel. Pour être fidèle à la réforme de 2010, il ne pourrait en réalité faire l'objet d'un gage. Seul un nantissement peut être constitué sur une monnaie scripturale, représentée à travers un compte bancaire. Ce compte ne fonctionnant que par l'existence de la monnaie scripturale. Sauf que le nantissement sur le compte bancaire prévu par l'OHADA est un nantissement sur le solde créditeur dudit compte en ce qu'il s'agit d'une créance.

Contrairement aux idées reçues, dans le cadre de la constitution d'un gage-espèces, ce ne sont pas les monnaies fiduciaires qu'on gage, même si elles peuvent faire l'objet d'un dépôt sur un compte bancaire et par là même se transformer en une monnaie scripturale. Il s'agit en réalité d'une opération de compte à compte, c'est-à-dire du transfert d'une monnaie scripturale d'un compte ouvert dans les livres d'une banque A vers un autre compte ouvert soit dans les livres d'une banque B, soit d'un nouveau compte ouvert dans les livres de la même banque A. Difficile dans ce cas de prétendre juridiquement à la constitution d'un gage. Cependant, il est vrai que sous l'empire de l'ancien Acte uniforme, il était encore possible de le soutenir tant le gage pouvait porter sur un meuble incorporel. Mais en la faveur de la réforme de 2010, il est clair que le gage ne puisse plus raisonnablement porter sur un meuble incorporel. Il serait aussi inenvisageable pour les acteurs économiques de transporter d'énormes monnaies fiduciaires afin de les transposer sur un compte bancaire à titre de gage. Pour la sécurité des transactions, ces transferts se font en général par flux d'un compte à un autre. Ce qui pousserait légitimement à considérer ce type de bien comme un bien incorporel.

b/ Les lumières de la réforme de l'AUS de 2010

53. La consécration d'une sûreté sur les sommes d'argent. – Le nouvel AUS a fait du gage une sûreté réelle avec pour assiette des biens corporels. De la sorte, la monnaie scripturale qui est un bien incorporel par nature ne peut servir d'assiette au nouveau gage. Elle ne peut également pas être l'assiette des nantissements de meubles incorporels puisque ceux-ci font l'objet d'un *numerus clausus*. Seul le transfert fiduciaire d'une somme d'argent prévu par la réforme de 2010 semble clairement convenir pour ce type de bien. L'article 87 de cet AU dispose que : « *Le transfert fiduciaire d'une somme d'argent est la convention par laquelle un constituant cède des fonds en garantie de l'exécution d'une obligation* ». Les fonds évoqués peuvent alors être aussi bien une monnaie fiduciaire qu'une monnaie scripturale. La généralité de l'assiette de cette sûreté règle pour ainsi dire les difficultés à saisir la nature véritable de ce bien. La consécration de cette sûreté délégitime-t-elle alors l'utilisation du régime du gage ? Sans autre précision et dans l'ambiguïté de la nature véritable de ce type de bien, tout laisse à penser que le régime juridique du transfert fiduciaire d'une somme d'argent soit plus adapté en droit OHADA à ce type de bien.

Même le droit français dans ses récentes réformes n'a pas adopté une sûreté claire pour les sommes d'argent de sorte qu'il subsiste encore des doutes liés au régime efficace à leur appliquer, entre le gage ou le nantissement. Pour le Pr LEGEAIS, en droit français le régime du gage de bien corporel serait approprié. Il affirme que le gage-espèces est en réalité un nantissement qui porte sur un bien autre qu'une créance et nécessite l'application du régime du gage tel que prévu par l'article 2355 du Code civil[133]. Cet argumentaire est également en partie conforme à la

[133] Cass. com., France, 6 févr. 2007, n° 05-16.649, F-D, Abdelnour c/ SA Banque française de l'Orient : Juris-Data n° 2007-037323 ; Revue de Droit bancaire et financier n° 3, Mai 2007, 111, LEGEAIS (D.), *Le gage espèces porte sur des espèces et non sur la créance de restitution.*

distinction faite par le législateur français entre gage et nantissement d'une part et entre les nantissements de meubles incorporels et le nantissement de créance d'autre part. Du moment où les sommes d'argent n'étaient pas considérées comme des créances, il était évident de leur appliquer le régime du gage[134]. L'utilisation du régime du gage n'est donc pas liée à la nature corporelle ou non des sommes d'argent mais est en réalité conforme à la construction d'une politique juridique.

Dans ce contexte, dans le droit OHADA, le nantissement étant exclu du régime à appliquer, que reste-t-il de l'application du régime du gage ? L'analyse des textes et des récentes décisions de la CCJA ne laisse aucun doute sur les freins apportés à la volonté contractuelle dans la création des sûretés autres que celles prévues par l'AUS[135]. Faute d'une position claire sur le choix de la nature à privilégier pour ce bien, le régime du gage peut sembler incompatible. Mais, est-il pour autant inefficace ? Il appartiendra à la CCJA de se prononcer sur son utilisation eu égard au nouvel AUS. Le transfert fiduciaire d'une somme d'argent pourrait alors être une alternative crédible à l'abandon du gage-espèces.

54. Une évolution serait-elle souhaitable ? – À la lumière de la législation et de la jurisprudence actuelles dans l'espace OHADA, les parties n'ont pas d'autres choix que de se plier à la volonté du législateur. Il leur est laissé très peu de place pour naviguer en dehors des dispositions strictement prévues par le législateur. Ce qui est en notre sens regrettable. Si on privilégie une analyse stricte, on peut penser qu'il n'est plus possible aux parties de constituer la sûreté dite « gage-espèces » en lui donnant pour assiette une monnaie scripturale considérée comme un bien incorporel.

La pratique continue pourtant d'en faire usage puisque son régime permet l'opposabilité de la sûreté par la dépossession du constituant. Laquelle se traduit par le blocage du compte. Le paradoxe est alors la similitude avec le transfert fiduciaire d'une somme d'argent[136], tout aussi efficace puisqu'il s'agit d'une propriété-sûreté. La création d'une sûreté classique sans l'utilisation de la propriété à titre de garantie pourrait

---

[134] Art. 2355 du C. civ. : « Le nantissement est l'affectation, en garantie d'une obligation, d'un bien meuble incorporel ou d'un ensemble de biens meubles incorporels, présents ou futurs. […] Celui qui porte sur d'autres meubles incorporels est soumis, à défaut de dispositions spéciales, aux règles prévues pour le gage de meubles corporels ».

[135] CCJA, 1re Ch., arrêt du 22 février 2018, n° 41/2018, LEGIAFRICA. Dans le même sens, « l'Acte uniforme portant organisation des sûretés n'ayant pas prévu de gage immobilier, la procédure d'adjudication initiée sur la base du gage consenti sur un immeuble gagé est nulle en application de l'article 46 de l'AUS », CCJA, 3e Ch., arrêt du 25 février 2016, n° 22/ 2016, LEGIAFRICA.

[136] Art. 87 al. 2 du nouvel AUS : « Ces fonds doivent être inscrits sur un compte bloqué, ouvert au nom du créancier de cette obligation, dans les livres d'un établissement de crédit habilité à les recevoir ».

également faciliter l'utilisation de ce bien avec un régime qui lui est spécifiquement dédié. Le législateur OHADA pourrait alors s'inspirer du modèle de sûreté sur monnaie scripturale proposé dans l'avant-projet de réforme du droit des sûretés en droit français qui a saisi la réalité de l'assiette de cette sûreté. Même si ce modèle n'avait pas été retenu par l'Ordonnance portant réforme du droit des sûretés adopté en France le 23 mars 2006, il n'en demeure pas moins un bon modèle. L'avant-projet de réforme dirigé par le Pr M. GRIMALDI proposait un nantissement de monnaie scripturale défini comme « une convention par laquelle le constituant affecte en garantie d'une obligation des fonds inscrits sur un compte bloqué ouvert à son nom par un établissement habilité à les recevoir »[137]. Ce modèle peut à nouveau connaître la lumière par l'effet de la réforme du droit des sûretés attendue en droit français. L'avant-projet de cette nouvelle réforme[138] rédigé par la commission M. GRIMALDI propose un renforcement de la liberté de choix des parties. Cette liberté devrait permettre aux parties « de choisir de nouvelles sûretés mobilières en créant au sein du Code civil le nantissement de monnaie scripturale[139] »[140]. Nous pensons que le législateur OHADA devrait vivement s'en inspirer.

2/ Les manifestations d'une dépossession efficace en matière de gage-espèces au profit du créancier

55. La confusion avec le patrimoine du créancier. – Il est démontré de façon classique en droit français que la remise précaire d'une somme d'argent « confondue avec les fonds propres du détenteur fait perdre au remettant sa propriété sur les sommes confiées, remplacée dans son patrimoine par une simple créance de restitution »[141]. Cela vaut d'ailleurs pour tout bien fongible, même la monnaie scripturale. Seule l'individualisation des fonds pourrait permettre la conservation de cette propriété par le remettant. En effet, l'individualisation des biens fongibles participe en droit des sûretés à l'identification de l'assiette de la sûreté constituée, de sorte que dans l'hypothèse d'un gage sans dépossession sur un bien fongible, en l'absence d'individualisation « le droit du gagiste ne se fixera pas sur un bien individuellement déterminé

---

[137] LEGEAIS (D.), Droit des sûretés et garanties du crédit, *op. cit.*, p. 381.

[138] Pour le texte de l'avant-projet, http ://www.henricapitant.org/travaux/legislatifs-nationaux/avant-projet-de-reforme-du-droit-des-suretes. Voir également, GRIMALDI (D.), MAZEAUD (D.) et DUPICHOT (Ph.), « Présentation d'un avant-projet de réforme des sûretés », D. 2017, p. 1717 ; Colloque du 24 octobre 2017 organisé par l'Association Henri Capitant et la Fédération bancaire française – « Vers une réforme du droit des sûretés » : Rapport de synthèse par Pierre CROCQ.

[139] Nantissement de monnaie scripturale qui serait prévu dans les articles 2373 et s. du Code civil.

[140] Voir Rapport de synthèse par Pierre CROCQ du Colloque du 24 octobre 2017, *op. cit.*, p. 9.

[141] V. sur la question GIJSBERS (C.), Thèse, *op. cit.*, p. 560

mais sur une certaine quantité de choses identiques que le débiteur aura le droit d'aliéner à charge de les remplacer par des éléments semblables. Là, la protection du créancier réside non pas dans le droit de suite contre le tiers acquéreur mais dans l'obligation de renouvellement imposée au débiteur[142] ». Ainsi, en matière de sommes d'argent, lorsque les fonds remis se confondent avec ceux propres au créancier, le constituant de la sûreté en perdrait la propriété et conserverait contre lui une simple créance de restitution sur une somme d'argent équivalente. La Cour de cassation française dans son arrêt du 4 février 2003 rejoint cette conception lorsqu'elle juge qu'une demande de restitution de fonds ne peut être formée par voie de revendication, la seule voie ouverte au créancier d'une somme d'argent étant de déclarer sa créance à la procédure collective de son débiteur[143] ». Mais, le créancier autorisé à disposer des fonds remis en devient-il propriétaire au sens de l'article 544 du Code civil ?

56. Des auteurs ont présenté des approches différentes sur la question comme a pu le démontrer C. GIJSBERS dans sa thèse. Pour J. François, si les fonds remis sont en espèces, sous la forme de mandats de paiement ou d'encaissement en espèces, même s'ils ne sont pas isolés entre les mains du dépositaire, celui-ci n'en devient pas propriétaire[144]. En revanche, s'il ne s'agit pas d'espèces mais de monnaie scripturale, l'auteur estime que le déposant en devient propriétaire en vertu du droit de disposer « légalement octroyé au banquier teneur de compte[145] », même si les fonds ont été isolés sur un compte spécial. Pour autant, lorsque la monnaie fiduciaire n'est pas isolée des fonds propres du créancier, nous ne voyons pas pourquoi le créancier n'en deviendrait pas propriétaire alors même que cette qualité lui serait reconnue pour les autres biens fongibles et même pour la monnaie scripturale dans les mêmes conditions. Pour parer à ces difficultés, d'autres auteurs ont proposé une conception dualiste de la propriété, une sorte de droits concurrents, le remettant conserverait « son droit de propriété initial et le dépositaire, un droit de disposer de la chose et donc un droit de propriété[146] ». Cependant, l'analyse de Mme B. LOTTI, plus pertinente, permet une approche basée sur la destination des fonds. Pour elle, « on peut parfaitement être titulaire

[142] GIJSBERS (C.), Thèse, *op. cit.*

[143] Cass. com. France, 4 févr. 2003, n° 00-13356 ; *Defrénois* 2003, 1163, obs. LIBCHABER (R.) ; *JCP E.* 2003, 1363, note ROBINE (D.) ; *Rev. proc. Coll.* 2003, 306 MONSERIE-BON (M.-H.).

[144] FRANÇOIS (J.), *Retour sur la revendication des sommes d'argent, D.* 2012, spéc. n° 17 et 20. Note GIJSBERS (C.), Thèse, *op. cit.*, p. 562.

[145] Ibidem.

[146] MARTIN (D. R.), La propriété de haut en bas, D. 2007, n° 4 s., spéc. n° 6 et 12 ; De la revendication d'une somme d'argent, D 2007, spéc. p. 3282. ; LAUDE (A.), *La fongibilité : diversité des critères et unité des effets, RTD com*, 1995, n° 40, p. 336.

du droit de disposer d'une chose, même pour son compte, sans être pour autant le propriétaire[147]. Tout dépend de la marge de manœuvre laissée au disposant. À la différence du droit de disposer d'un propriétaire, qui est marqué par une pleine souveraineté, le droit de disposer de la chose d'autrui est limité dans son exercice et dans son contenu. Il ne peut être exercé que dans le respect des droits et intérêts du propriétaire, et en conformité avec la destination du bien[148] ». Celui qui acquiert la disposition d'un bien fongible peut à tout moment être sommé de restituer les biens remis justement parce qu'il n'a pas une propriété pleine et entière.

Ce transfert du bien qui se confond avec ceux de même nature et de même qualité détenus par le créancier ne correspond également pas à la destination réelle du bien comme l'entend le constituant qui en est dessaisi. De l'avis de certains auteurs, il serait constitutif d'un paiement anticipé comme a pu le démontrer Maxime JULIENNE dans sa thèse.

57. L'article 101 alinéa 2 de l'AUS dispose pourtant en matière de gage avec dépossession que : « *lorsque la convention dispense le créancier de tenir les choses fongibles séparées des choses de même nature détenues par lui ou le tiers convenu, il acquiert la propriété des choses gagées à charge de restituer la même quantité de choses équivalentes* ». Le créancier serait alors bien propriétaire des choses fongibles avec pour conséquence le droit d'en disposer. Malgré cette affirmation, il semble plus opportun d'estimer que le créancier en acquiert le droit de disposer au lieu d'un droit de propriété. Pour s'en convaincre, en matière de gage, l'article 104 de l'AUS de 2010 portant sur la réalisation du gage dispose que « *si le bien gagé est une somme d'argent ou un bien dont la valeur fait l'objet d'une cotation officielle, les parties peuvent convenir que la propriété du bien gagé sera attribuée au créancier gagiste en cas de défaut de paiement* ». De cet article, on comprend aisément qu'en l'absence de défaut de paiement, même si les biens donnés sont confondus avec les biens de même nature détenus par le créancier, il ne peut en être le propriétaire, même s'il en acquiert de fait quelques attributs. Il ne peut également demander la propriété d'un bien qui lui appartient déjà. Il faut alors comprendre que la destination des biens prévue par le contrat n'est pas conforme à un tel transfert. Aussi la propriété dont se fait écho l'article n'en est pas une, le créancier ne dispose alors que du droit de disposition du bien qui lui a été transféré.

58. L'obligation de tenir la somme d'argent séparée du patrimoine du créancier. – Il s'agit de l'individualisation du bien fongible. À l'inverse

[147] LOTTI (B.), Le droit de disposer du bien d'autrui pour son propre compte – Contribution à la distinction de la propriété et des droits réels, Paris XI, 1999.
[148] Voir pour les différents développements la thèse de C. GIJSBERS, *op. cit.*, p. 559-567.

du cas précédent, les fonds donnés en garantie sont isolés sur un compte bloqué au nom du constituant. Le créancier demeure le seul bénéficiaire des fonds bloqués. À l'image de la dépossession des corps certains, ce compte bloqué qui abrite les fonds gagés ne fonctionne que pour les besoins de la garantie offerte au créancier. Le blocage du compte met ainsi à l'abri les fonds garantis du détournement du créancier mais également des tiers. Le banquier s'apparente ici à un tiers détenteur. Il est aussi possible que le compte soit isolé dans les livres de la banque créancière et non dans une autre banque. Le créancier n'en devient pas pour autant propriétaire et il n'a pas non plus le droit d'en disposer. À travers cette dépossession, le créancier échappe au concours avec les autres créanciers du débiteur puisqu'il en demeure le seul bénéficiaire.

Il était en effet constant en droit OHADA avant la réforme de 2010 d'observer que la monnaie scripturale servait plus que la monnaie fiduciaire dans la constitution du gage d'espèces. Dans le cadre de la constitution du gage improprement appelé gage d'espèces, les parties assurent cette dépossession par l'ouverture d'un compte bloqué, souvent de dépôt, sur lequel sont virés les fonds servant à la garantie de l'obligation du débiteur. Les deux parties n'ont pas la possibilité de disposer des fonds inscrits sur ce compte. L'efficacité de cette sûreté pour le créancier repose ainsi sur le blocage du compte dans lequel logent les fonds. Il en résulte une privation totale de jouissance de la part des parties comme le rappelle la Cour suprême de Côte d'Ivoire dans un arrêt en date du 4 mars 2014 lorsqu'elle fait justement remarquer que, « la privation de jouissance alléguée [...] procède de la nature même de la convention de gages d'espèces ; qu'en effet la somme demandée fait l'objet d'un gage et de ce fait doit être conservée dans le compte prévu à cet effet jusqu'au paiement complet de la dette par le débiteur principal ; que le gage ne prend fin que lorsque l'obligation qu'il garantit est entièrement éteinte[149] ».

SECTION 2 : LES EFFETS DU SAISISSEMENT MATERIEL DU BIEN GARANTI AU PROFIT DU CREANCIER

59. La conservation du bien garanti par le créancier l'oblige à respecter un certain nombre de règles puisque le bien sert un but précis. Durant l'opération de garantie, il lui est fait obligation de ne pas altérer sa substance, c'est-à-dire de le conserver en bon père de famille et dans le respect de sa destination. Le contrat de garantie précise ces obligations à la charge du créancier. Outre ces effets, le gage emporte également des

[149] C. Sup. de Côte d'Ivoire, Ch. jud., 10 décembre 2015, pourvoi n° 2014-091.CIV en date du 4 mars 2014, inédit.

droits[150] à l'égard du créancier : droit de rétention et droit de suite. Le gagiste peut alors se prévaloir de la protection possessoire pour protéger sa possession pendant l'opération de garantie.

Seuls les effets énergiques contribuant à la conservation matérielle du bien gagé, objet de la possession, seront abordés. D'une part la protection possessoire **(Paragraphe 1)** et d'autre part le droit de rétention **(Paragraphe 2)**. Ils sont les effets principaux qui ont un impact fort sur l'efficacité de la technique de la dépossession.

PARAGRAPHE 1 : LA PROTECTION POSSESSOIRE

60. Le renvoi à une règle du Code civil français. – L'AUS opère un renvoi à la règle de la protection possessoire telle qu'organisée par le droit des biens et réaffirmée par le droit des sûretés en droit français pour protéger efficacement la possession du créancier gagiste. Même si l'article visé, à savoir l'article 95 de l'AUS de 2010, ne le mentionne pas expressément, il opère un renvoi au droit national des différents États sur cette question. Cependant, ces États eux-mêmes renvoient sur cette matière et sur bien d'autres au Code civil français, dans sa version et ses interprétations en vigueur à la veille des indépendances des pays de l'OHADA concernés, c'est-à-dire à la veille du 27 avril 1960 au Togo par exemple. Ce Code civil est toujours en vigueur dans la plupart des pays membres de l'OHADA. Efficace à l'égard des meubles corporels **(A)**, la règle protège le créancier titulaire d'un titre régulier **(B)**. Mais, elle n'est pas exempte de failles **(C)**.

A/ PROTECTION POSSESSOIRE ET MEUBLES CORPORELS EN DROIT OHADA

61. Le champ d'application de la règle. – L'article 2279 du Code civil ne s'applique en droit OHADA qu'aux meubles corporels susceptibles de tradition et requiert la bonne foi du créancier gagiste. La mise en œuvre de la protection possessoire suppose originellement en effet une dépossession du constituant et la détention matérielle du bien par le possesseur[151]. C'est cette unique application qui est retenue par le législateur OHADA puisque par l'effet de la réforme de l'AUS de 2010, la protection possessoire n'est dévolue qu'au gagiste de meubles

---

[150] CABRILLAC (M.), MOULY (C.), CABRILLAC (S.) et PETEL (P.), Droit des sûretés, op. cit., p. 563-564. (màj. 10e éd. 2015).

[151] Cass. com., France, 19 janv. 1960 : *JCP* 1960, IV, 34 ; *Bull. civ.* III, n° 30, p. 25 – « La possession du gagiste doit être effective. Il en résulte que si le vendeur conserve la maîtrise de la chose, l'acheteur n'a pas mis le gagiste en possession et le vendeur peut utilement revendiquer les marchandises », voir Cass. com., France, 13 février 1990, *Bull. civ.*, IV, n° 45, p. 30.

corporels avec dépossession. Si cette protection doit être écartée pour des objets mobiliers non individualisés, il est difficile de l'écarter pour les installations constituant des immeubles par destination[152]. Cette règle protège donc les détenteurs de biens meubles corporels puisque ces derniers ne font pas l'objet pour leur mutation d'une formalité de publicité. C'est à ce titre que les navires et les aéronefs pour lesquels l'existence d'un port d'attache permet d'organiser une publicité à leur endroit[153] sont écartés de l'application de l'article 2276 du Code civil.

L'article 2276 du Code civil ne s'appliquerait a priori pas aux meubles incorporels[154] en raison de leur nature abstraite qui les distingue des meubles corporels qui, eux, ont un corpus. Un auteur a pourtant interprété l'évolution jurisprudentielle en France dans le sens de l'application de la règle à ces biens[155]. Le raisonnement tient à dire que si la possession est déterminante pour la prise en compte de l'article 2276, elle s'avère difficilement possible pour un bien incorporel qui ne peut pas circuler matériellement à cause de sa nature abstraite. Il ne peut faire l'objet de traction. Néanmoins, la théorie de l'incorporation permet, par l'effet d'une fiction, de faire basculer une chose incorporelle dans le domaine du corporel et de rendre ainsi l'article 2276 applicable. Cette incorporation est due à la représentation du droit sous la forme d'un titre. Et représentés par un papier, ces droits circulent comme de véritables meubles corporels[156]. Une fois le moyen trouvé, l'article peut être étendu aux titres de créances dites au porteur qui se transmettent par simple tradition manuelle, mais non aux titres nominatifs dont la transmission est soumise à des règles particulières[157]. Il est également applicable aux bons d'épargne[158] ; mais la monnaie[159], les licences[160], les brevets,

---

[152] Cela revient à dire que le détenteur même de bonne foi, d'un meuble par destination qui serait détaché de l'immeuble au service duquel il était préalablement affecté, serait purement et simplement dépossédé du bien.
Comme le précise bien le Pr DROSS (W.), cette solution s'explique difficilement. L'article 2276 est destiné à protéger la sécurité des transactions, or, en règle générale, rien n'indiquera au tiers que le meuble a été séparé de l'immeuble au service duquel il était préalablement affecté.
[153] Ibidem.
[154] Cass. civ., France, 26 janv. 1914 : *DP* 1914, I, 112, sur le fonds de commerce ; Cass. Soc., France, 3 juill. 1953 : *Bull. civ.* IV, n° 536, p.386 sur les droits locatifs.
[155] PELISSIER (A.), Possession et meubles incorporels, thèse, Paris, Dalloz, 2001.
[156] COTRET (L.), La négociabilité des instruments financiers, Thèse, format rtf.
[157] Cass. civ., France, 4 juill. 1876 : DP 1877, I, 33.
[158] CA Paris, 21 mai 1993, juris-Data n° 1993-021220.
[159] Cass. 1re civ., France, 10 fév. 1998, n° 96-12711.
[160] Licence de boisson, Cass. com., France, 7 mars 2006, n° 04-13569 ; Bull. civ. IV n°62 ; RTD civ. 2006, p.348 obs. REVET (Th.).

œuvres[161], universalités de fait[162] ou de droit, les valeurs mobilières, en seraient écartés en raison de leur nature. Cette dernière analyse montre bien qu'il est difficilement concevable d'appliquer l'article 2276 aux meubles incorporels sauf à procéder au cas par cas en raison de leur diversité toute particulière et de la complexité de leur nature. Ce qui ne ferait qu'écarter la règle de son sens originel. En effet, même si l'incorporation est de mise, faut-il aussi que le bien soit individualisé afin de permettre une possible revendication mais également qu'il ne soit pas soumis à des règles particulières[163] en ce qui concerne sa transmission. C'est le cas de la monnaie fiduciaire qui est écartée de l'application de l'article 2276 parce que constituant une chose de genre non individualisée et les œuvres littéraires et artistiques qui par nature sont attachées à la personne de l'auteur[164]. Il en est de même des inventions[165] et des valeurs mobilières[166].

Quant à la bonne foi du créancier gagiste, elle suppose qu'il a ignoré légitimement que la chose gagée fut à autrui. Sa bonne foi se présume de sorte qu'il n'a pas à faire des vérifications que la loi ni les usages du commerce ne lui imposent. Cette solution ressort d'un arrêt de la Chambre commerciale de la Cour de cassation française du 14 novembre 1989. Elle a jugé que « *les dispositions de l'article 65 de la loi du 13 juillet 1967 ne dérogeant pas à celles prévues en faveur du possesseur de bonne foi par l'article 2279 du Code civil, c'est à bon droit que l'arrêt a retenu que le Crédit Lyonnais, possesseur de bonne foi, bénéficiait de la présomption édictée par l'article 2279 précité, peu important que la possession de son auteur soit entachée d'un vice, et en résultait que le gage constitué par l'acquéreur sur la chose vendue avec réserve de propriété était opposable au vendeur propriétaire si, bien sûr, le créancier gagiste était de bonne foi, étant rappelé que celle-ci est présumée*[167] ». La jurisprudence est constante en la matière[168].

---

[161] Cass. civ., France, 26 fév. 1919, DP 1923, 1, p. 215. – CA Paris, 17 fév. 1988, D. 1989, Somm., p.50 obs. COLOMBET (Cl).

[162] Fonds de commerce, Cass. 1re civ., France, 2 mars 1960, Bull. civ. I n°141 ; Universalité de biens : CA Paris, 17 avril 1956, *D*, 1956, p. 530, note RIPERT (G.).

[163] C'est l'exemple d'une publicité institutionnalisée conférant un droit de suite.

[164] *Ibidem*, note 16, p.243.

[165] L'article 2276 du Code civil est applicable aux inventions dans la mesure où l'article 1141 du même Code donne la préférence dans le domaine corporel à celui qui aura été mise en possession de la chose de bonne foi. Pour les inventions, le premier qui aura accompli les formalités nécessaires à la reconnaissance de sa possession sera considéré comme propriétaire.

[166] Le propriétaire de bonne foi d'un titre financier est désormais à l'abri de toute revendication.

[167] Voir note, MESTRE (J.), PUTMAN (E.) et BILLIAU (M.), *op. cit.*, p. 202.

[168] Cass. com., France, 26 sept. 2006 : *jurisData* n° 2006-035177; *JCP G* 2006, I, 195, n° 16, obs. DELEBECQUE.

B/ UNE PROTECTION A L'EGARD DU TITULAIRE D'UN TITRE REGULIER

62. Droit d'opposition à la revendication. – Le créancier gagiste *a non domino* muni d'un « titre régulier » sur un meuble corporel peut s'opposer à l'action en revendication du véritable propriétaire. Il s'agit en réalité d'un principe général de revendication des meubles résumé sous la maxime de l'article 2279 devenu 2276 du Code civil français en ces termes : « *en fait de meubles, la possession vaut titre* ». L'article originel énoncé a une portée probatoire autant dans le Code civil qu'au sein de la jurisprudence française. En l'absence de cette maxime, il était donc facile au propriétaire qui conservait son titre de propriété sur le meuble (contrat de vente par exemple) d'abuser de ce titre pour reprendre le bien qu'il avait auparavant vendu. Cette maxime protège donc le possesseur, même en l'absence de titre, contre les revendications[169] mais ne prend pas en compte toute la complexité de la revendication mobilière.

La règle a été renforcée par le nouvel article 2276 qui en plus de la portée probatoire ajoute une fonction acquisitive[170]. En fait, cet article s'oppose à ce que le revendiquant soit admis à prouver son droit de propriété à l'encontre du possesseur de bonne foi. Cependant, lorsque la mauvaise foi du possesseur aura été prouvée, le meuble devrait être rendu au véritable propriétaire. En outre, il permet également au possesseur de bonne foi d'en être reconnu propriétaire par l'effet de la loi[171]. Mais, si la preuve était faite et le bien rendu au véritable propriétaire, il appartiendrait au possesseur dépossédé de faire une action contre celui duquel il tient le bien. La possession du détenteur doit à cet effet être non équivoque et il appartient à celui qui revendique la propriété de prouver le caractère équivoque de la possession[172].

63. Cette protection reconnue à l'acquéreur d'un meuble corporel de bonne foi a été d'abord refusée au gagiste *a non domino* par la jurisprudence française au motif que la règle de la protection possessoire ne viserait que la « possession » à titre de propriété, alors que le gagiste n'est qu'un

---

[169] Cass. 1re civ., France, 24 sep. 2008, n° 07-11237, Légifrance, cassant l'arrêt ayant fait droit à une revendication au vu des titres de propriété produits par le revendicateur, sans que la précarité de la possession du défendeur n'ait été établie.

[170] L'article 2276 al.2 : « Néanmoins, celui qui a perdu ou auquel il a été volé une chose, peut la revendiquer pendant trois ans, à compter du jour de la perte ou du vol, contre celui dans les mains duquel il la trouve ; sauf à celui-ci son recours contre celui duquel il la tient ». Voir DROSS (W.), *Le singulier destin de l'article 2279, RTD civ.* 2006, p.27 s. et DROSS (W.), Droit des biens, LGDJ, 2e éd. 2014, p. 58 et 240.

[171] Ibidem.

[172] Cass. 1re civ., France, 20 déc. 1955 : *JCP* 56, II, 9455, note Weill ; Cass. 1re civ. France, 3 fév. 2010, n° 08-19.293 : JurisData n° 2010-051393 ; JCP G 2010, act.176, Cornut ; JCP G 2010, note 284, L. d'Avout ; JCP N 2010, 284, Périnet-Marquet.

simple détenteur[173]. La Chambre civile de la Cour de cassation a ainsi soutenu dans un arrêt du 11 août 1847 [174] que : « *Attendu que le motif rend inapplicable l'article 2279 du Code civil puisque la simple dation en gage d'une chose mobilière quelconque n'en opère pas la transmission à titre de propriété et n'a pas le caractère de la possession que cet article déclare équivaloir à un titre ; qu'on ne saurait admettre le contraire sans détruire radicalement les dispositions les plus essentielles du Code civil en matière de nantissement* ». Cette application stricte de la règle ne prendrait pas en compte la complexité et la réalité de la manifestation des droits qui peuvent « sans exception se manifester et se manifestent, en fait, par des actes extérieurs, positifs, apparents et visibles. Tous, par conséquent, sont susceptibles de possession. La possession n'est pas seulement l'extériorité de la propriété, ni même l'extériorité d'un droit réel ; elle est l'extériorité d'un droit quelconque[175] ». Aussi la possession du gagiste n'étant en réalité pas comparable en droit à celle du constituant du gage, la jurisprudence va lui reconnaître la protection de l'article 2279 avec l'exigence d'avoir un titre régulier. La chambre civile de la Cour de cassation[176] estimera à bon droit que : « *Vu les articles 2073 et 2279 C. civ. ; attendu que le créancier gagiste a, sur les choses mobilières remises en gage, un droit réel qui lui permet d'invoquer la maxime de l'article 2279, alinéa 1er, C. civ., quand il est de bonne foi et que son nantissement est régulier* ».

C/ LA PERTE DE LA PROTECTION POSSESSOIRE

64. La règle ne survit pas à l'irrégularité de constitution du nouveau gage puisque l'écrit conditionne sa validité et donc l'obtention d'un titre régulier **(1)**. De même, puisque le constituant qui entend transférer la possession d'un bien doit en être le propriétaire et en avoir la libre disposition, il est évident que le gage constitué en méconnaissance de cette règle doit être invalidé **(2)**. Sa sanction se heurte bien souvent à la protection du créancier de bonne foi.

1/ L'effet de l'obligation de l'écrit pour la validité du gage sur la protection possessoire

65. Il a été démontré au sein de la doctrine et de la jurisprudence en France que « le possesseur de bonne foi n'était pas tenu de justifier d'un titre

---

[173] GIJSBERS (C.), Sûretés réelles et droit des biens, éd. Economica, Thèse, 2016, préf. GRIMALDI (M.), p. 485.

[174] Cass. civ., France, 11 août 1847, *D.* 47, 1, 311. Note GIJSBERS, Thèse, *op. cit.* p. 484.

[175] RAVAIL (P.-J.), De l'objet de la possession, Thèse Poitiers, ROUSSEAU (A.), Paris, 1899, n° 17, p. 17. Note GIJSBERS, Thèse, *op. cit.*, p. 484.

[176] Cass. civ., France, 28 mars 1888, *D.* 88, 1, 253 S. 1888, I, 265 ; 11 mais 1898, I, 481, note Tissier ; 19 juin 1928, DP 1929, I, p. 45. Note GIJSBERS, Thèse, p. 484.

d'acquisition[177] ». Ce raisonnement tendait à protéger la possession d'un acquéreur *a non domino* d'un meuble corporel entré en possession de bonne foi. Tirée de la fonction acquisitive de l'article 2276 du Code civil, la doctrine française a démontré que cette fonction pouvait s'étendre également au gagiste *a non domino* d'un meuble corporel entré en possession de bonne foi[178], même si sa possession n'est pas l'effet de la propriété mais d'une détention précaire[179]. Il suffit « au créancier de se comporter en fait (*corpus*) et en intention (*animus*) comme le ferait un gagiste sur la chose pour se voir reconnaître, vis-à-vis de son droit de gage, la qualité de possesseur[180] ». En matière de gage, le gagiste n'a pas l'intention de posséder comme un véritable propriétaire, de plus la loi lui interdit l'usage du bien. Il ne s'agit là que d'une relative apparence de propriété puisque, étant en possession du bien gagé, les tiers ne peuvent savoir en réalité à quel titre il possède. Si le gagiste n'a pas l'intention de se comporter comme le véritable propriétaire, il doit alors dans le cadre d'une action en revendication justifier sa détention du bien par un titre

---

[177] WEILL (V.A.), TERRÉ (Fr.) et SIMLER (P.), Les biens, 3e éd., *Dalloz*, 1845, n° 413, p. 360-361 ; voir également, BAUDRY-LACANTINERIE (G.) et TISSIER (A.), *in* Traité théorique et pratique de droit civil, *De la prescription*, Sirey, 1905, 3e éd., n° 827, p. 656.

[178] BERLIER par exemple, dans son exposé des motifs sur le titre du gage exposait que : « Le créancier légalement saisi d'un gage ne saurait craindre l'intervention de personne, si ce n'est celle de tiers qui prouveraient que le meuble donné en gage leur a été dérobé ; hors cette exception et les cas de fraude, le créancier muni du gage est préféré à tous les autres, parce que le meuble était sorti de la possession du débiteur et que les meubles n'ont pas de suite en hypothèque, principe qui est devenu une maxime du droit français » ; Pour LYON-CAEN (V.C.), note sous Req. 25 mars 1901, S. 1901, 1, 303 : « les motifs qui la justifient s'appliquent avec une force égale, qu'on se trouve en présence d'un créancier gagiste ou d'un acheteur ; il importe que cette règle soit admise dans l'une comme dans l'autre hypothèse pour faciliter les opérations juridiques relatives aux biens mobiliers, alors qu'en l'absence d'écrit pour en constater la transmission, il est impossible que celui qui contracte avec le prétendu propriétaire d'un bien mobilier obtienne la preuve de son droit de propriété » ; THERY (P.), Sûreté et publicité foncière, 2e éd., PUF, 1998 : « si la bonne foi permet d'acquérir la propriété, à plus forte raison devrait-elle permettre de devenir simplement gagiste » ; Faut-il ajouter le raisonnement de PLANIOL et RIPERT, Traité pratique de droit civil français, T. III, *Les biens*, par PICARD, n° 395 : « Le gagiste [est] dans la même impossibilité que l'acheteur de se renseigner sur la situation véritable du constituant et [mérite] par conséquent la même protection. Il y a, d'ailleurs, les mêmes raisons de le protéger que le tiers acquéreur car, lui, aussi, se trouve dans l'impossibilité de connaître les droits de son débiteur sur la chose donnée en gage ». Note GIJSBERS, Thèse, *op. cit.*, p. 483.

[179] Selon l'article 2255 du Code civil, « la possession est la détention ou la jouissance d'une chose ou d'un droit que nous tenons ou que nous exerçons par nous-même, ou par un tiers qui la tient ou qui l'exerce en notre nom ».

[180] SIMON, Du dessaisissement dans le contrat de gage, thèse Bordeaux, 1902, p. 34 et s. ; PLANIOL et RIPERT, Traité pratique de droit civil français, T. III, *Les biens*, par PICARD, n° 383, p. 383 ; LYON-CAEN (C.), note sous Douai, 20 juin 1892, S. 1892, 2, 161 : « en ce qui concerne le droit du gage, le gagiste a la possession ». Note GIJSBERS, Thèse, *op. cit.*, p. 484.

pour repousser la revendication du véritable propriétaire[181]. En effet, il doit justifier d'un titre régulier, qui n'est autre que la preuve de la possession qu'il a du bien gagé. Cette démarche rejoint la fonction probatoire de l'article 2276 du Code civil français.

66. Par l'effet de la réforme de 2010, le législateur OHADA a fait du gage de meubles corporels un contrat solennel qui n'est valide que par l'accomplissement d'un écrit. En l'absence de cette formalité de validité, le gage ne peut produire ses effets à l'égard des parties. La possession du créancier ne pourra pas survivre s'il n'apporte pas le titre au nom duquel il détient légitimement le bien gagé. L'absence du contrat peut alors faire perdre au créancier la protection de l'article 2276. Le créancier doit alors impérativement justifier d'un titre régulier[182]. Cette solution est nouvelle parce que sous l'ancien droit, l'écrit n'était qu'une formalité de preuve, le gage était un contrat réel et pouvait survivre à une irrégularité de forme puisqu'il n'était valide que par la remise effective du bien au créancier. Cette formalité a fait dire à certains auteurs que « la précarité de la possession ne peut dépendre de la plus ou moins grande régularité des formes employées pour la constitution du gage[183] ». Finalement, la réforme de 2010 de l'AUS fait dépendre la possession du créancier de la formalité de l'écrit qui conditionne la validité du gage de meubles corporels. Si le créancier ne justifie pas d'un titre régulier, l'action en revendication peut prospérer.

2/ Le défaut de propriété

67. La particularité des meubles indivis. – Plus rares qu'en matière immobilière, les meubles indivis peuvent constituer une source de contentieux lorsque le constituant n'a pas cru bon de requérir le consentement des autres indivisaires à l'opération de garantie. La manifestation la plus apparente de l'exercice de la possession étant l'affirmation ou l'exercice du droit de propriété sur le bien que l'on possède[184]. Ce bien peut être aussi la propriété de plusieurs personnes. C'est le cas d'une indivision qui s'entend de la situation d'un bien ou

---

[181] . BAUDRY-LACANTINERIE (G.) et TISSIER (A.), *in* Traité théorique et pratique de droit civil, *De la prescription*, *op. cit.*.

[182] Cass. civ., France, 28 mars 1888, *D.* 88, 1, 253 S. 1888, I, 265 ; 11 mais 1898, I, 481, note TISSIER ; 19 juin 1928, DP 1929. I, p.45 : « Vu les articles 2073 et 2279 C. civ. ; attendu que le créancier gagiste a, sur les choses mobilières remises en gage, un droit réel qui lui permet d'invoquer la maxime de l'article 2279, alinéa 1er, C. civ., quand il est de bonne foi et que son nantissement est régulier ».
Voir également, Douai, 20 juin 1892, S. 1892, 2, 161, note Lyon-Caen ; Cass. com., France, 14 novembre 1989, *Bull. civ.* IV, n° 300 ; Defrénois 1990, art. 34809, n° 73, note Aynès (L.). (Note GIJSBERS, thèse, op. cit., p.489).

[183] *Ibidem.*, n° 870, n° 693.

[184] Sur les caractéristiques de l'animus, voir DROSS (W.), Droit des biens, *op. cit.*, p. 205.

d'un ensemble de biens sur lequel plusieurs personnes sont titulaires d'un droit de même nature sans qu'aucune d'entre elles n'ait de droit exclusif sur une partie déterminée. Dans ce cas, la jurisprudence française interdit toute véritable possession par chaque indivisaire, ou à tout le moins, « une telle possession serait viciée d'équivoque[185] ». Autrement dit, un indivisaire ne peut par exemple pas transférer à lui seul la possession d'un bien qu'il a concurremment avec d'autres coïndivisaires. Si l'accord n'a pas été recueilli, son anéantissement peut être demandé soit par le cocontractant[186] de l'indivisaire soit par le coïndivisaire[187] qui estime avoir subi un préjudice.

68. L'action en nullité. – La jurisprudence considère que « le créancier gagiste est présumé possesseur de bonne foi, peu important que la possession de son auteur soit entachée d'un vice et qu'il n'a pas dès lors à effectuer des vérifications ou des recherches que la loi ni les usages du commerce ne lui imposent[188] ». En réalité, la protection de la possession en matière mobilière est souvent favorable au créancier. La demande de nullité sanctionnant le défaut de propriété du constituant ne peut être dévolue qu'au seul gagiste *a non domino*. Mais, s'il est de bonne foi, il n'aura aucun intérêt à l'invoquer puisqu'il sera protégé par l'article 2276 du Code civil, sauf à l'invoquer si la protection possessoire ne peut lui être accordée[189]. Le créancier pourra alors se faire octroyer des dommages-intérêts si cette annulation lui cause un préjudice.

La règle de l'article 2276 du Code civil protège ainsi la possession du créancier parce qu'il n'a pas la possibilité de connaître la réalité du droit de propriété du constituant sauf pour des biens meubles faisant l'objet d'une inscription administrative pour leur circulation. À ce titre, « le défaut de propriété du constituant ne doit pas affecter la constitution du gage[190] » dans l'intérêt du créancier. Si l'action en revendication doit être réservée au *verus dominus*, l'action en nullité doit cependant être dévolue au gagiste *a non domino*.

---

[185] Cass. 3e civ., France, 30 oct. 1972, n° 71-11541; *Bull. Civ.* III n° 575.

[186] Une action en nullité pourra être demandée par le cocontractant, surtout s'il craint ne pas être protégé par l'article 2276 du Code civil.

[187] Même si l'acte est valable entre les parties, il peut être déclaré inopposable à l'égard des indivisaires. Dans ce cas ils pourront revendiquer le bien entre les mains du créancier.

[188] Cass. com., France, 26 sept. 2006, *JurisData* n° 2006-035177; *JCP G* 2006, I, 195, n° 16, obs. Delebecque. Note Code civil, p. 1552.

[189] « Par exemple, s'il est titulaire d'un gage sans dépossession, s'il craint que sa mauvaise foi n'éclate dans un procès en revendication ou encore si sa sûreté porte sur un bien ne relevant pas du domaine de ce texte » voir GIJSBERS (C.), thèse, sûretés réelles et droit des biens, *op. cit.*, p. 484.

[190] MESTRE (J.), PUTMAN (E.) et BILLIAU (M.), *op. cit.*, p. 205.

69. Le Droit français des sûretés réelles dans sa réforme de 2006[191] apporte à ce titre plus de clarté sur cette question en affirmant que le gage de la chose d'autrui est nul et qu'il peut donner lieu à des dommages et intérêts lorsque le créancier a ignoré que la chose fût à autrui[192]. Loin de remettre en cause ou d'atténuer l'efficacité de la règle posée par l'article 2276 du Code civil, il a semblé pour la doctrine française que le législateur laissait plutôt le choix au créancier de restituer le bien au véritable propriétaire contre des dommages et intérêts[193]. Comme déjà évoqué, cette faculté ne sera utilisée par le créancier que s'il est convaincu ne pas bénéficier de la protection de l'article 2276, le cas contraire nous ne voyons pas pourquoi il retournerait le bien gagé s'il peut efficacement s'opposer au véritable propriétaire. Le droit OHADA sur ce point n'a pas suivi son homologue français, pour ne pas installer le doute quant à un possible affaiblissement de la règle très protectrice renfermée dans l'article 2276 du Code civil. C'est également dans ce cadre que la Commission GRIMALDI a proposé dans le nouvel avant-projet du droit des sûretés une réécriture de l'actuel article 2335 en ces termes : « *Le gage de la chose d'autrui peut être annulé à la demande du créancier qui ignorait que la chose n'appartînt pas au débiteur* ». Plus clair, cet article précise sans détour que l'action en nullité appartient au créancier gagiste *a non domino* de bonne foi. Le droit OHADA devrait s'en inspirer.

La règle ne survit pas non plus à l'exercice d'une action en nullité fondée sur une action personnelle, le défaut de pouvoir du constituant. La contestation peut être fondée selon la jurisprudence française sur un « intérêt propre[194] ». Un époux peut à ce titre poursuivre la nullité du gage consenti par son conjoint seul et portant sur un meuble garnissant le logement de la famille. Il s'agit là du non-respect d'une condition essentielle à la formation du contrat de gage ; le bien gagé n'étant pas la propriété exclusive du constituant, il est essentiel de recueillir le consentement du copropriétaire quitte à ce dernier de demander la nullité de l'acte et prouver qu'il lui cause un préjudice. Une telle action peut aussi prospérer si un créancier saisissant conteste la validité d'une sûreté accordée à un autre créancier et qui lui porte préjudice[195].

PARAGRAPHE 2 : LE DROIT DE RETENTION

70. L'efficacité de la rétention est cantonnée dans le droit OHADA aux biens meubles et dans le gage de meubles corporels à deux conditions

---

[191] LEGEAIS (D.), *Le gage des meubles corporels, JCP G* 2006, suppl., n° 20, p. 12.
[192] Art. 2335 du Code civil français.
[193] LEGEAIS (D.), Sûretés et garanties du crédit, *op. cit.*, p. 327 ; voir édition plus récente, Droit des sûretés et garanties du crédit, 12e éd. LGDJ, 2017.
[194] Cass. com. France, 18 juin 1991, *Bull. civ.*, IV, n° 229, p. 161.
[195] MESTRE (J.), PUTMAN (E.) et BILLIAU (M.), *op. cit.*, p. 205.

essentielles : la condition relative à la possession d'une part **(A)** et celle relative au maintien de la rétention jusqu'au complet paiement **(B)**. Elle est perceptible depuis l'avènement de l'AUS originel qui manquait pourtant de clarté.

A/ UN DROIT ATTACHE A LA POSSESSION DANS LE GAGE DE MEUBLES CORPORELS

71. Dans l'AUS de 1997. – Le législateur OHADA avait fait du droit de rétention une sûreté réelle mobilière autonome et n'était pas seulement considéré comme une prérogative du créancier gagiste. L'article 41[196] de cet AUS disposait alors que : « *Le créancier qui détient légitimement un bien du débiteur peut le retenir jusqu'à complet paiement de ce qui lui est dû, indépendamment de toute autre sûreté* ». Des auteurs avaient alors interprété cet article de façon large, incluant les meubles incorporels puisque ceux-ci pouvaient faire l'objet d'une dépossession par la théorie de l'incorporation, à l'image d'une créance[197]. La doctrine majoritaire a fini par admettre que le droit de rétention puisse s'exercer efficacement du moment où le créancier exerce un pouvoir de blocage sur le bien de son débiteur. Partant de là, il était possible d'exercer ce droit sur n'importe quel type de bien[198]. Même si la nature véritable de l'assiette de ce droit n'a pas été précisée, la détention évoquée par l'article 41 a été interprétée dans le sens d'une détention matérielle[199]. Cet argumentaire milite en faveur de l'exercice du droit de rétention uniquement sur des biens corporels faisant l'objet d'une mise en possession au profit du créancier. Mais, dans sa consécration, ce droit était pourtant plus proche du gage comme une sûreté réelle aboutie qu'une simple prérogative que pouvait exercer le créancier pour renforcer l'efficacité de sa sûreté. L'article 43 de l'AUS originel admettait contrairement à la nature réelle de ce droit que le créancier puisse exercer ses droits de suite et de

[196] ISSA-SAYEGH (J.), *Le droit de rétention en droit sénégalais, Penant*, n° 810, octobre-décembre 1992, p. 262 (note citée dans l'article de l'IDEF relatif au droit de rétention, p. 4). « Les articles 41-43 du même acte, consacrés au droit de rétention, reprennent quasiment à la lettre l'article 920 du Code sénégalais des obligations » en ce sens COCC, Loi 76-60 du 12-6-1976, J.O. n° 4511 du 16-8-1976, p. 1237. Voir pour ces notes, http://www.institut-idef.org/Le-regime-juridique-du-droit-de.html.

[197] BLACK YONDO (L.), BRIZOUA-BI (M.), FILLE LAMBIE (O.) et autres, dir. Pr CROCQ, Le nouvel acte uniforme portant organisation des sûretés, LAMY, 2012, p. 152.

[198] LEGEAIS (D.), Sûretés et garanties du crédit, *op. cit.*, p. 437 : « Ce droit ne reposait plus sur une détention physique. Le droit s'analysait en un pouvoir du créancier de paralyser les droits du propriétaire ou du titulaire d'un droit de mettre en œuvre les prérogatives attachés à ce bien ».

[199] ADJITA (A. W.), *Le droit de rétention comme sûreté en droit uniforme OHADA, Penant*, n° 844, juill-sept 2003, p. 279.

préférence comme en matière de gage[200]. Ceci dénaturait la finalité de la rétention qui devait perdurer tant que l'obligation principale n'était pas exécutée.

72. **Dans l'AUS de 2010.** – La réforme du droit des sûretés intervenue en 2010 dans l'espace OHADA s'est voulue plus claire, pour un régime encore plus efficace du droit de rétention. Au cœur de cette efficacité l'article 67[201] du nouvel AUS énonce que « *le créancier qui détient légitimement un bien mobilier de son débiteur peut le retenir jusqu'au complet paiement…* » de sorte qu'il soit permis de retenir tous les meubles, corporels comme incorporels[202]. Et le législateur a également supprimé la mention relative à l'exercice des droits de suite et de préférence pour cantonner le droit de rétention à son sens originel. De ce fait, le créancier gagiste a la possibilité de protéger sa possession en opposant son droit de rétention sur le bien gagé, directement ou par l'intermédiaire du tiers convenu[203], comme d'ailleurs tout créancier bénéficiaire d'un meuble garanti si l'on suit cette nouvelle définition. Il devient alors « un diminutif du gage[204] ». Ou comme l'affirment des auteurs, « une prérogative supplémentaire accordée par la loi au créancier nanti. Il n'est donc pas incohérent de retenir que le droit de rétention n'est pas de l'essence du gage[205] ». Il pourrait alors dans ce cas être attaché à n'importe quelle sûreté, pourvu qu'elle ait un bien mobilier comme assiette. Toutefois, à l'analyse des textes, le droit de rétention ne semble pas avoir été expressément prévu à toutes les sûretés ayant des biens mobiliers pour assiette, d'où l'intérêt mitigé de cette consécration. Certains auteurs affirmaient au demeurant que « la rétention est difficilement concevable s'agissant des créances et propriétés

---

[200] Art. 43 de l'ancien AUS ; La doctrine était également partagée au sein de l'OHADA. Pour GOMEZ (J.-R.), *Analyse critique de l'avant-projet d'acte uniforme portant organisation des sûretés dans les États membres de l'OHADA*, Penant n° 825, septembre-décembre 1997, p. 262 « le droit de rétention n'est pas une sûreté comme les autres… [et] n'entraîne à proprement parler ni droit de préférence ni droit de suite » ; Pour d'autres, ISSA-SAYEGH (J.), *Présentation du projet d'acte uniforme de l'OHADA portant organisation des procédures simplifiées de recouvrement et des voies d'exécution, du droit des sûretés et des procédures collectives d'apurement du passif, Penant*, n° 827, mai-août 1998, p. 212, « le droit de rétention est qualifié de sûreté sans ambiguïté au lieu d'être considéré… comme une simple exception d'inexécution ou une compensation ; ses conditions d'exercice, son assiette et sa réalisation sont nettement définies et en font une sûreté active et achevée assimilée à un gage à cet effet au lieu d'être considérée comme une sûreté passive et inachevée ainsi que le fait le droit français ». Voir pour ces notes, http://www.institut-idef.org/Le-regime-juridique-du-droit-de.html.

[201] OYONO (M.), La protection des sûretés réelles exclusives dans les procédures collectives en droit comparé franco-OHADA, Thèse dactyl., Montpellier 2016, n° 1204 s.

[202] BLACK YONDO (L.), BRIZOUA-BI (M.), FILLE LAMBIE (O.) et autres, dir. Pr CROCQ, Le nouvel acte uniforme portant organisation des sûretés, 2012, LAMY, p. 152.

[203] Art. 99 du nouvel AUS.

[204] LEGEAIS (D.), Sûretés et garanties du crédit, *op. cit.*, p. 443.

[205] MESTRE (J.), PUTMAN (E.) et BILLIAU (M.), *op. cit.*, p. 269.

incorporelles lorsqu'elles ne sont pas matérialisées[206] ». Mais, selon eux, il ne s'agirait pas d'un véritable droit de rétention. Quoique, comme le souligne le Pr LEGEAIS : « Le droit de rétention se conçoit beaucoup mieux si l'on tient pour essentiel le fait que le débiteur constituant et le tiers ne peuvent plus librement faire valoir leurs droits à l'encontre du débiteur de la créance nantie[207] ». Il ressort clairement de ces différentes opinions que le droit de rétention doit être recadré dans des proportions raisonnables. Le droit OHADA s'y est toujours engagé depuis l'AUS originel en restreignant contrairement au droit français son régime aux biens mobiliers, et surtout à la condition de pouvoir les posséder. Il faudra peut-être en droit français penser à la circonscrire[208].

73. L'attachement du droit de rétention à la possession semble donc restrictif eu égard à la définition de ce droit par le nouvel AUS. Cependant, cet attachement à la possession dans le gage était déjà présent dans l'AUS originel. On ne peut alors pas prétendre à une évolution substantielle à ce niveau sauf le cantonnement de cette possession aux biens corporels susceptibles de tradition. Les conditions de cette possession sont celles déjà évoquées et relatives à la remise volontaire du bien par le constituant au créancier ou au tiers convenu. Cette remise est donc d'abord soumise aux conditions de validité du gage puisqu'elle est requise à titre d'opposabilité de la sûreté aux tiers. Cette possession matérielle facilite l'exercice de la rétention, d'où l'intérêt de sa consécration par le législateur à travers l'article 99 du nouvel AUS. La reconnaissance de la

---

[206] *Ibidem*, p. 268 ; « Tout bien matérialisé par un titre peut faire l'objet de la rétention », BROU (K.M.), note sous CCJA, n° 030, 4 nov. 2004, Société de Gestion Ivoirienne de Transport Maritime et Aérien dite GITMA c/ Société Africaine de Matières Exportables dite SAM EX ; voir www.OHADA.com, Ohadata J-05-171 ; v. ég. Recueil de jurisprudence de la CCJA, n°4 juillet-décembre 2004, p. 40 ; jurisprudence commerciale de la CCJA, octobre 2005, n° 1, p. 34, note Félix ONANA ETOUNDI.

[207] LEGEAIS (D.), Thèse, *op. cit.*, p. 79 s. : « C'est cette paralysie des droits des tiers sur le bien objet du gage qui caractérise le droit de rétention. Là est son essence qui s'exprime seulement sous des formes distinctes selon que l'objet du gage est corporel ou incorporel ». Note MESTRE (J.), PUTMAN (E.) et BILLIAU (M.), *op. cit.*, p. 268.

[208] Pour sa suppression, voir LEGEAIS (D.), Quel avenir pour le droit de rétention ? in Les sûretés réelles en quête de droit commun, RDBF 2016, n° 1, doss. 2 ; Pour la réduction de son domaine, voir JUILLET (Ch.), « Un retour aux sources pour le droit de rétention », in Quelle réforme pour le droit des sûretés ? dir. Y. Blandin et V. Mazeaud, Dalloz, coll. Thèmes et commentaires, 2019, n° 24 s., p. 51s. : « Fixer les frontières du droit de rétention se conçoit de deux façons différentes. A minima, il s'agirait de créer les nouvelles frontières artificielles du droit de rétention. Mais avec plus d'audace il s'agirait, a minima, de restaurer ses anciennes frontières naturelles ». Note FAVRE-ROCHEX, Thèse, *op. cit.*, p. 350, qui est peu optimiste à la réduction de ce domaine en droit français : « Une telle évolution semble peu probable, d'aucuns prophétisent au contraire la reconnaissance d'un droit de rétention au profit du créancier hypothécaire. Les orientations de l'avant-projet de réforme du droit des sûretés de l'Association Henri CAPITANT confirment en tout cas que le cantonnement des droits de rétention n'est pas d'actualité ».

connexité conventionnelle [209] par le législateur OHADA comme l'a fait le droit français[210] constitue également un excellent moyen de conforter le droit de rétention autorisé au créancier gagiste. Cette autorisation expresse comme l'affirme un auteur, rend « inutile de se référer à la connexité[211] » évoquée dans les dispositions du droit de rétention. On retrouve expressément dans le régime du gage les dispositions nécessaires à l'efficacité de la rétention, notamment dans les effets du gage de meubles corporels[212].

B/ LE MAINTIEN DE LA RETENTION JUSQU'AU COMPLET PAIEMENT

74. Le caractère non équivoque de la rétention. – La rétention par le créancier du bien garanti doit être non équivoque et ce jusqu'au complet paiement. Cette exigence est sans doute l'une des prérogatives, sinon « la seule prérogative[213] » qui confère au droit de rétention toute son efficacité. C'est l'essence même de ce droit. L'article 67 du nouvel AUS traduit cette exigence à travers la nécessité de retenir le bien garanti jusqu'au complet paiement. Sans cette prérogative, le droit de rétention ne survivrait pas puisque la non-restitution constitue un efficace moyen de pression pour amener durablement le débiteur à s'acquitter de sa dette. De plus, elle maintient l'opposabilité de la sûreté aux tiers sans créer « une opposabilité juridique et le constituant peut valablement aliéner la chose à titre gratuit ou à titre onéreux ; il ne sera pas pour autant mis en possession si du moins le créancier n'est pas désintéressé entièrement[214] ». La restitution volontaire du bien fait donc perdre au créancier le bénéfice du droit de rétention. Pour certains auteurs, l'exercice par le créancier de son droit de rétention lui permet de repousser en quelque sorte l'action en restitution qui pèse sur lui[215]. Il aurait pour unique fonction de maintenir de façon permanente une pression sur le débiteur. C'est précisément la raison pour laquelle une

---

209 En France : Cass. com., 31 mai 1994, n° 91-20.677, *Bull. civ.* IV, n° 196 ; Cass. com., 22 mars 2005, n° 02-12.881, JCP G 2005, I, 135, n° 17, obs. DELEBECQUE ; V. également AYNÈS (A.), Le droit de rétention : unité ou pluralité, Thèse, préf. Larroumet Ch., Economica, 2005.

Dans le droit OHADA : JIOGUE (G.), *Le droit de rétention conventionnel – Étude de droit français et de droit OHADA,* in Recueil d'études sur l'OHADA et l'UEMOA, Vol. 1, PUAM, 2010, p. 287 ; art. 69 du nouvel AUS : « *La connexité est réputée établie : 1°) lorsque la chose retenue a été remise jusqu'au complet paiement de la créance du* rétenteur ; [...] ».

210 Art. 2286 du C. civ. issu de l'ordonn. de 2006 : « Peut se prévaloir d'un droit de rétention sur la chose : 1° Celui à qui la chose a été remise jusqu'au paiement de sa créance ; [...] ».

211 LEGEAIS (D.), Sûretés et garanties du crédit, *op. cit.*, p. 439.

212 Art. 99 à 115 du nouvel AUS.

213 CABRILLAC (M.) et MOULY (C.), Droit des sûretés, 3e éd. Litec, 1995, n° 560, p. 465.

214 MESTRE (J.), PUTMAN (E.) et BILLIAU (M.), *op. cit.*, p. 274.

215 *Ibidem*, p. 270 et s.

partie de la doctrine française estime que : « envisagé isolément, il faut bien voir que le droit de rétention ne constitue pas en soi une sûreté ; il ne confère d'ailleurs au rétenteur aucun droit de préférence[216] ». La seule fonction de cette rétention étant le blocage effectif du bien qui constitue l'assiette de sa sûreté pour créer les conditions d'un paiement exclusif.

75. L'obligation de maintenir la substance du gage. – Il est de l'obligation du créancier de maintenir la substance du gage, c'est-à-dire de ne pas l'altérer. Cette obligation doit être respectée même si le bien est de nature périssable puisqu'il pèse sur le créancier une obligation de restitution dans l'état où il se trouvait au moment de son transfert. Elle crée ainsi une gêne économique qui pèse sur le créancier tout au long de l'opération de garantie et tant que l'obligation garantie n'a pas été entièrement exécutée. Cette gêne n'implique toutefois pas la levée de l'interdiction d'user du bien garanti puisqu'il est d'usage que « le créancier qui use de la chose engagée contre le gré du maître commet une espèce de larcin. Car ce n'est point pour user, mais pour la sûreté qu'il la tient en gage, et l'usage peut l'endommager[217] ». La Cour de cassation française a même estimé que « dans l'hypothèse de fruits ou légumes retenus, le droit de retenir la marchandise jusqu'à complet paiement ne dispense aucunement le rétenteur de procéder aux diligences nécessaires à sa conservation[218] ». En cas de manquement à cette obligation, le créancier rétenteur engagerait sa responsabilité en tant que gardien de la chose retenue[219]. Il n'y a donc qu'une stipulation contractuelle qui puisse mettre fin à cette interdiction. L'article 103 du nouvel AUS l'exprime expressément lorsqu'il dispose que : « *Sauf stipulation contraire, le créancier gagiste ne peut user de la chose gagée ni en percevoir les fruits. S'il est autorisé à percevoir les fruits, il doit les imposer sur ce qui lui est dû en intérêts ou, à défaut, sur le capital de la dette* ». La nature périssable et les frais occasionnés par la garde du bien retenu peuvent toutefois contraindre le créancier à demander sa vente[220] ou à en percevoir les fruits pour amortir la créance garantie. L'engagement de la vente n'est pas une réalisation et ne profite pas au créancier, qui doit au demeurant en demander expressément l'autorisation à la juridiction compétente saisie sur une simple requête qui doit être notifiée au constituant. Elle est donc en tout point liée à l'exécution de l'obligation de conservation. En effet, le

---

[216] Ibidem.

[217] Édition de 1745, art. III, de la section IV, intitulée Des engagements du créancier envers le débiteur, à cause du gage ou hypothèque, du livre troisième Des suites qui ajoutent aux engagements, ou les affermissent, p. 207. Note MESTRE (J.), PUTMAN (E.) et BILLIAU (M.), op. cit.

[218] Cass. 1re civ., France, 7 nov. 2006, n° 05-12.429, *JCP* 2007. I. 158, n° 20, obs. DELEBECQUE; *RTD civ.* 2007. 159, obs. CROCQ, au sujet de prunes.

[219] PIETTE (G.), *Rétention*, *Dalloz* mars 2013. (act. avr. 2018).

[220] Art. 70 de l'AUS de 2010 sur le droit de rétention et 106 sur le gage.

législateur lui impose de garder et conserver le bien en « bon père de famille[221] ». Il le fait de toutes les façons dans son intérêt. Si le bien est vendu ou a péri, l'AUS précise que le droit de rétention doit être reporté sur le prix de vente ou l'indemnité d'assurance et ce dernier doit être consigné jusqu'au complet paiement de la créance. S'il paraît logique de garder le bien retenu jusqu'au complet paiement, il semble moins intéressant pour le créancier de devoir consigner la valeur du bien retenu dans l'attente du paiement de sa créance, même s'il n'exerce qu'un pouvoir de blocage. Cette contrainte est pourtant la légitimation de son droit exclusif qu'il tient du blocage du bien et surtout de l'éviction des créanciers concurrents. Notons que les parties ont toujours la possibilité d'opter pour une subrogation, en cours d'exécution du contrat, de la chose gagée par une autre chose[222], pour soit limiter les frais de garde ou éviter qu'elle ne périsse.

---

[221] Art. 108 du nouvel AUS : « [1°)] Lorsque le gage est constitué avec dépossession, le créancier gagiste ou le tiers convenu doit veiller sur la chose et en assurer la conservation comme le doit un dépositaire rémunéré ; [[2°)] De même, lorsque le constituant est resté en possession du bien gagé, il doit le conserver en bon père de famille et, notamment, l'assurer contre les risques de perte et de détérioration totale ou partielle ».
[222] Art. 94 du nouvel AUS.

CONCLUSION DU CHAPITRE 1

76. À travers la technique de la dépossession, le législateur a maintenu la possession du bien du débiteur par son créancier comme un critère fondamental pour l'efficacité des sûretés réelles conventionnelles dans l'espace OHADA. Il s'agit d'un critère classique, reconnu comme efficace voire très efficace depuis l'époque romaine et qui a été repris par le Code civil français. C'est donc naturellement que le législateur OHADA l'a repris dans l'AUS de 1997 puis dans l'AUS de 2010 pour l'efficacité des sûretés réelles mobilières. Utilisée surtout par crainte d'un détournement de l'assiette du gage par le constituant afin de protéger énergiquement ses intérêts, la possession par ce dernier du bien garanti a été pendant longtemps la condition de validité du gage, obligeant le débiteur à consentir volontairement la remise de son bien au créancier. Ce dessaisissement volontaire conditionnait généralement l'obtention du crédit et rassurait le créancier quant à la couverture du risque d'impayé. Fondé sur la conception du Code civil de 1804, le législateur considérait que pour être efficaces comme assiette d'une sûreté, les biens meubles devaient être remis au créancier en raison de leur nature volatile et dénuée de l'organisation d'une propriété mobilière. Cette utilisation du dessaisissement volontaire au profit d'un seul créancier, quoiqu'efficace, était de nature à vider en une seule fois la réserve de crédit du débiteur sur le bien garanti. Toutefois, tous les biens ne pouvaient répondre à cette exigence pour la validité du gage. C'est pour cela qu'à côté du droit commun du gage se dressaient également des gages spéciaux qui nécessitaient une absence de dépossession du débiteur en raison de la nature particulière de leur assiette. Ces biens souvent indispensables à l'activité du débiteur ont contraint le législateur à assouplir les conditions de validité du gage. Leur efficacité était alors conditionnée à une exigence de publicité. L'efficacité des sûretés réelles mobilières ne se justifiait donc plus uniquement par la dépossession du débiteur, ce critère devenait même archaïque. Son maintien au rang des critères d'efficacité des sûretés réelles conventionnelles répond en réalité à un besoin pratique et à la recherche d'une efficacité maîtrisée. C'est sans commune mesure le rôle attribué au droit de rétention dont l'utilisation permet au créancier d'avoir l'assurance de pouvoir maintenir ses droits sur le bien garanti jusqu'au complet paiement. La question à se poser est sans doute celle de savoir si ce droit est indispensable au maintien des droits du créancier sur le bien garanti qui a fait l'objet d'un dessaisissement du constituant. Tout est une question de protection. Le créancier aspire à être protégé aussi bien des autres créanciers que du débiteur.

La modernité conduit inévitablement au choix d'un modèle plus souple et à la recherche permanente d'un équilibre entre les intérêts du créancier et ceux du débiteur, et donc à la mise en place d'autres critères d'efficacité prenant en compte les intérêts des deux parties. Selon le professeur D. LEGEAIS « le vent de l'histoire commande la réduction du nombre de sûretés et la généralisation du système hypothécaire »[223]. C'est sûrement l'avenir de l'efficacité des sûretés réelles. Son affinement passera par l'absence de dépossession du débiteur sur son bien et une publicité efficace de la sûreté réelle sur un registre public dont l'accès est facilité à tous.

En réalité, ce mouvement d'affinement qu'on croyait engager à l'égard des sûretés réelles conventionnelles n'a pas empêché le législateur OHADA de consacrer dans la réforme de l'AUS de 2010 la propriété au rang des critères d'efficacité des sûretés réelles conventionnelles. Il réaffirme en passant son intérêt pour la préservation des intérêts du créancier au détriment de ceux du constituant. Comment l'introduit-il dans la sphère des sûretés réelles ? Et quels en sont les effets ?

223 LEGEAIS (D.), Droit des sûretés et garanties du crédit, éd. 11, *op. cit.*, p.326.

CHAPITRE 2 : L'EFFICACITE RECHERCHEE PAR L'UTILISATION DE LA PROPRIETE D'UN BIEN

77. L'utilisation de la propriété à titre de garantie était déjà connue du droit romain sous la dénomination de « *fiducia* ». La fiducie était ainsi la première sûreté réelle mise en place par les Romains. D'autres mécanismes verront aussi le jour un peu plus tard. Il s'agissait d'une garantie très efficace qui mettait le créancier à l'abri de la concurrence[224] puisqu'il s'appropriait dans tous les sens du terme le bien de son débiteur. Lorsqu'il n'était pas possible de le lui remettre par tradition, il en était quand même propriétaire et concédait parfois son utilisation au constituant par un contrat d'usage : c'était le cas des immeubles par exemple. Ce dernier donnait donc son consentement au transfert temporaire de la propriété de son bien au créancier. À cette époque, les mécanismes de protection des intérêts des créanciers n'étaient pas développés et c'est justement pour cela que pour être efficace une sûreté devait satisfaire matériellement ou physiquement aux intérêts du créancier. Les mécanismes de protection des droits des créanciers étaient d'abord cantonnés à la préservation de l'assiette pour éviter que « le débiteur ne la possède, l'exploite et la transforme ou même la détruise[225] ». Ils permettaient en conséquence d'avoir un droit exclusif sur la valeur du bien garanti. Le débiteur se séparait de son bien au profit de son créancier qui le gardait et exerçait un droit de propriété temporaire jusqu'au complet paiement. Cette sûreté bien qu'intéressante surtout pour les créanciers l'était moins pour les débiteurs qui transmettaient la propriété de leurs biens pour avoir un crédit. À charge bien sûr pour les créanciers de les restituer ou de les transmettre à leurs héritiers tant que la dette n'était pas éteinte.

Les rédacteurs du Code civil français de 1804 n'ont pas élevé la propriété au rang de sûreté. Pour eux et pour une partie de la doctrine, la propriété, droit réel principal ne pouvait être l'accessoire d'une créance et jouer ainsi le rôle de sûreté[226]. La Cour de cassation française l'a

[224] Voir PICOD (Y.), Droit des sûretés, PUF 2e éd., Paris, 2008, p. 260 ; V. égal. À titre illustratif M. MARTIALIS xxv., Cum rogo te nummos sine pignore, 'non habeo' inquis ; Idem, si pro me spondet agellus, habes : Quod mihi non credis veteri, Telesine, sodali, credis coliculis arboribusque meis. / Quand je veux t'emprunter de l'argent sans gage, ''je n'en ai point'' me dis-tu. Mais si mon petit domaine me sert de garant, tu en as. Ce que tu refuses, Ô Telesinus, à moi ton ancien ami, tu l'accordes à mes sillons et à mes arbres. (Tirée de PELLECCHI Luigi in Peut-on se passer de l'économie ? Les juristes romains et le problème des sûretés réelles, conférence sur l'histoire du droit à l'Université Paris Descartes, p. 2).

[225] AYNÈS (L.), CROCQ (P.), Les sûretés : la publicité foncière, *op. cit.*, p. 362.

[226] GHESTIN, *Réflexion d'un civiliste sur la clause de réserve de propriété*, D. 1981, chron. 1 et s..

pourtant admise dans son arrêt du 9 mai 1995[227]. La réforme du droit des sûretés de 2006 en France l'a intégrée et consacrée afin de permettre au créancier qui en est titulaire d'éviter l'affaiblissement de sa sûreté lors de l'ouverture d'une procédure collective contre son débiteur. Il en résulte une protection excessive du créancier au détriment des intérêts du débiteur. Le créancier pendant l'opération de garantie dispose-t-il alors temporairement de la pleine propriété du bien garanti, ou simplement d'une propriété-garantie dénuée des attributs d'une véritable propriété mais empruntant au droit de propriété son effet exclusif ? La doctrine est profondément partagée sur la portée réelle de cette propriété qui, il faut le dire est interprétée à l'aune de son impact dans les procédures collectives. Pour le Pr CROCQ : « la propriété-garantie est caractérisée par un paradoxe existant entre l'importance théorique des attributs du droit de propriété, conférés au créancier, et l'importance pratique des prérogatives laissées en fait au débiteur[228] ». Pour lui, cette propriété-garantie est donc une véritable propriété. D'autres auteurs lui opposent le caractère authentique des sûretés réelles et donc l'assimilation de ces propriétés-sûretés à des sûretés réelles authentiques. Il faut alors considérer les propriétés-sûretés comme de véritables sûretés réelles au même titre que les sûretés traditionnelles. Pour la cohésion du droit des sûretés réelles, cette dernière position doit être adoptée, d'autant plus que l'intention du créancier n'a jamais été d'être titulaire de la propriété du bien garanti.

78. L'imprécision de la notion et de sa portée véritable dans le droit des sûretés réelles est donc source de discrédit et ne favorise pas le développement du crédit[229]. Il convient alors de recentrer sa portée véritable à la finalité des sûretés réelles et surtout à la recherche de l'intention des parties. Sa consécration en droit français n'a donc pas eu les effets souhaités puisqu'elle suscite plus l'engouement de la doctrine qu'elle n'est utilisée en pratique. C'est aussi pour cela que le législateur OHADA a décidé de la consacrer avec prudence, en restreignant sa consécration. Dans l'AUDCG de 1997, il était question de la réserve de propriété sans lui attribuer la qualification de sûreté réelle[230]. C'est par contre dans l'AUS de 2010 que les propriétés-sûretés seront consacrées

---

[227] Cass. com., France, 9 mai 1995, *RTD civ.* 1996, p. 441, obs. CROCQ (P.) ; Cass. com., France, 23 janvier 2001, *JCP G* 2001, I, 321, n° 13, obs. M. C. ; *RTD civ.* 2001, p. 399, obs. CROCQ (P.) ; D. 2001, AJ, p. 702, obs. LIENHARD (A.) ; *RTD com.* 2001, p. 518, obs. MARTIN-SERF (A.) ; *Act. Pr. Coll.* 2001-4, obs. REGNAUT-MOUTIER (C.).

[228] CROCQ (P.), Thèse, *op. cit.*, p.149. Note GIJSBERS (C.), *op. cit.*, Thèse, n° 88, p. 85.

[229] Voir PICOD (Y.), *op. cit.*, : « Longtemps, on a souligné deux inconvénients de la fiducie. L'inconvénient principal est économique : on aboutit à un gaspillage de crédit, le bien affecté à la garantie échappant au débiteur. Par ailleurs, sur le plan juridique, l'opération nécessite un double transfert de propriété, ce qui est source de complexité ».

[230] Régime organisé sommairement.

en prenant pour modèle la réforme de 2006 du droit français. Elles le seront uniquement à l'égard des biens meubles[231]. Trois propriétés-sûretés ont donc été consacrées : la réserve de propriété[232], la cession de créance et le transfert fiduciaire d'une somme d'argent. Cette utilisation de la propriété à des fins de sûreté montre l'intention du législateur OHADA de permettre une préservation efficace des droits du créancier sur la valeur du bien garanti. Cette protection se manifeste aussi bien dans le formalisme de constitution de ces sûretés **(section 1)** que dans leurs effets **(section 2)**.

Section 1 : La consécration d'un formalisme simplifié pour la constitution des propriétés-sûretés

Section 2 : Le droit exclusif sur la valeur du bien garanti comme effet principal recherché

SECTION 1 : LA CONSECRATION D'UN FORMALISME SIMPLIFIE POUR LA CONSTITUTION DES PROPRIETES-SURETES

79. L'utilisation de la propriété à titre de garantie nécessite la transparence absolue et la mise en place de règles qui permettent d'en faire la preuve pour éviter les contentieux inutiles. Le législateur OHADA a ainsi fait le choix de soumettre la constitution de telles sûretés à un écrit requis à peine de nullité **(Paragraphe 1)**. Ce formalisme facilite alors l'exigence de publicité de ces sûretés au RCCM pour leur opposabilité aux tiers **(Paragraphe 2)**.

PARAGRAPHE 1 : L'ECRIT COMME CONDITION DE VALIDITE

80. L'écrit joue un rôle très important dans la validité des sûretés réelles dans l'espace OHADA et plus encore dans l'efficacité des propriétés-sûretés. Plus qu'une condition de preuve, il constate l'utilisation de la propriété à des fins de garantie ainsi que les obligations à la charge de chaque partie. Il a traditionnellement une finalité protectrice à l'égard du constituant compte tenu de son engagement sur ses biens et l'impact de cet engagement à court ou moyen terme sur son patrimoine[233]. Sa portée n'est

---

[231] Nouveau régime plus complet.

[232] SOSSA (D. C.), *Contribution à l'étude de la nature juridique de la clause de réserve de propriété,* Revue béninoise des sciences juridiques et administratives, n° 16, année 2006, p. 3.

[233] V. en France, le rapport au Président de la République relatif à l'ordonnance n° 2009-112 du 30 janvier 2009 portant diverses mesures relatives à la fiducie. : « La fiducie peut avoir de graves conséquences sur le patrimoine du constituant lorsque celle-ci est constituée à titre de garantie. En effet, si le constituant n'exécute pas son obligation, il peut se voir privé définitivement de la propriété des biens remis en fiducie. (...) Dans cette perspective, les

pas seulement limitée à la protection du constituant. Ainsi, pour une partie de la doctrine, l'écrit serait un formalisme de sécurité juridique permettant de protéger les tiers qui constituent « la véritable cible des sûretés réelles ; il est surtout un passage obligé pour l'accomplissement de la publicité qui est un rouage essentiel à la protection des tiers[234] ». La date certaine du contrat participe alors à cette protection[235] et permet de limiter les nombreux contentieux liés aux droits concurrents acquis sur le bien garanti. Ce formalisme impacte différemment la constitution des propriétés réservées **(A)** ou cédées **(B)** à titre de garantie.

A/ L'EXIGENCE DE L'ECRIT DANS LA CONSTITUTION DE LA RESERVE DE PROPRIETE

81. La réserve de propriété naît d'une opération principale singulière dans laquelle originellement le créancier était titulaire de la propriété sur le bien qui fera l'objet de la sûreté. Le contrat de vente est l'opération qui fait le plus souvent l'objet de cette clause. Il peut également s'agir de tout contrat à titre onéreux[236]. Le plus souvent, et c'est la situation qui prévaut habituellement en matière mobilière, le bien est transféré au débiteur et constitue un élément ostensible de sa solvabilité. Le droit OHADA cantonnera l'utilisation de cette clause aux biens mobiliers. Le contrat signé entre les parties stipule alors que la propriété du bien ne sera pas transférée au débiteur tant que le prix du bien restera impayé. La prise de la garantie est ainsi liée à l'opération principale qui n'a pas été exécutée. L'AUS de 1997 l'a sommairement organisée. L'AUS de 2010 en a fait une véritable sûreté réelle conventionnelle. Il faut ainsi qu'elle réponde à un certain nombre de conditions. Elle doit être convenue par écrit au plus tard au jour de la livraison du bien **(1)** et peut l'être dans un écrit régissant un ensemble d'opérations **(2)**.

1/ Une clause stipulée d'une manière apparente

82. Un caractère accessoire. – La réserve de propriété est un contrat par lequel « la propriété d'un bien mobilier peut être retenue en garantie par l'effet d'une clause de réserve de propriété qui en suspend l'effet

---

articles de ce chapitre ont pour objet, d'une part, d'exiger des mentions obligatoires supplémentaires à insérer dans le contrat de fiducie afin de garantir une parfaite connaissance par le constituant personne physique de la portée de son engagement » (JO n° 0026 du 31 janv. 2009 p. 1851). Note citée par GIJSBERS, thèse, *op. cit.*, p. 267.

[234] DUPICHOT (P.), Le pouvoir des volontés individuelles en droit des sûretés, thèse, préf. GRIMALDI (M.), éd. Panthéon-Assas, 2003, n° 562 s., p. 440 s. « En matérialisant le principe de spécialité de la sûreté, les parties délimitent l'étendue exacte des prérogatives que pourra exercer le créancier contre les tiers » ; CHAZAL (C.), L'acte authentique et le droit des sûretés, dir. GRIMALDI (M.), mémoire master II droit privé général, Paris II, 2008. (Note citée par GIJSBERS, thèse, *op. cit.*, p. 268).

[235] Cass. civ. 1re, France, 25 mai 1976, Bull. civ. I, n° 201.

[236] CROCQ (P.) et AYNÈS (L.), *op. cit.*, p.387.

translatif jusqu'au complet paiement de l'obligation qui en constitue la contrepartie ». Elle a donc pour assiette des biens mobiliers et figure dans tout contrat translatif de propriété[237]. Elle prend forme au sein d'une clause prévue à cet effet entre les parties qui en font l'accessoire de la créance garantie. Aussi, la réserve de propriété devient une sûreté réelle conventionnelle formulée par écrit. Le législateur ne formule étonnamment aucune exigence ni pour la forme, ni pour le contenu de cet écrit. Toutefois, le respect du principe de spécialité propre aux sûretés réelles impose au minimum la désignation des biens qui font l'objet de cette réserve de propriété ainsi que la mention de la dette garantie. La formalité de l'écrit stipulant la clause doit à ce titre intervenir au plus tard au jour de la livraison. La clause peut être stipulée sous seing privé ou par la forme authentique selon la volonté des parties. L'écrit est donc d'abord requis à titre de preuve de la suspension de l'effet translatif[238] du contrat principal en cours ou à venir jusqu'au complet paiement de l'obligation qui en constitue la contrepartie[239]. Cet engagement crée alors la superposition de deux droits, l'un accessoire de l'autre. Le premier est relatif à la créance issue de l'obligation principale et le second est la sûreté par laquelle les parties entendent réserver d'un commun accord la propriété du bien garanti. Le second se transmettant avec le premier « en cas de subrogation personnelle[240] ». La valeur du bien sert ainsi de garantie au paiement de la créance. La propriété réservée n'étant qu'un moyen permettant d'assurer l'exclusivité des droits du créancier sur cette valeur. De ce fait, tant que le bien est en possession du débiteur, le contrat de garantie doit veiller à la préservation de sa valeur puisqu'il constitue la substance, l'assiette ou l'objet de la sûreté. *A contrario*, le créancier doit être à même d'exercer son droit réel de garantie sur sa valeur d'échange en cas d'aliénation ou dans toute opération ayant pour conséquence l'apparition de cette valeur d'échange.

La conséquence de ce formalisme est que la nullité de la clause rend immédiatement effectif le transfert de propriété au débiteur. De ce fait, si la dette subsiste et que le créancier a perdu sa sûreté, il aura toujours les moyens de droit commun pour recouvrer sa créance.

Il ne fait aucun doute que cette clause est déterminante pour fixer les conditions de la réserve de propriété ainsi que celles de son transfert au débiteur.

---

[237] Art. 72 de l'AUS de 2010.

[238] Voir l'avis contraire de GIJSBERS dans sa thèse qui estime que le créancier se réserve plutôt un droit de propriété-sûreté et le contrat ne suspend à ce titre pas l'effet translatif de propriété, p. 109.

[239] Voir définition de la réserve de propriété, article 72 de l'AUS de 2010.

[240] CROCQ (P.) et AYNÈS (L.), *op. cit.*, p.393.

83. Le caractère non équivoque de la clause de réserve de propriété dans le contrat. – Les anciens textes sur la réserve de propriété en droit de l'OHADA prévoyaient la mention de « la clause relative à la réserve de propriété dans un écrit[241] » qui ne peut avoir « d'effet entre les parties que si l'acheteur en a connaissance par sa mention dans le contrat de vente, le bon de commande, le bon de livraison, et au plus tard le jour de celle-ci[242] ». Il ressort de ces textes le caractère non équivoque que doit avoir l'inscription de la clause de réserve de propriété dans le contrat liant le vendeur à l'acheteur. Elle ne peut avoir d'effet que si l'acheteur en a eu connaissance au plus tard au jour de la livraison du bien. Cette mention devant alors figurer dans chaque type d'opération effectuée entre les parties et figurer dans le contrat de vente, le bon de livraison, le bon de commande ou tout type de document attestant de la réalité de l'opération. La clause est ainsi individualisée et propre à chaque type d'opération. Sa connaissance par l'acheteur doit être apparente puisqu'il doit l'accepter, et ce pour chaque opération effectuée avec le vendeur. L'acceptation de la clause de réserve de propriété par l'acheteur devient la condition essentielle de la conclusion de la vente « puisqu'elle est de nature à garantir le paiement effectif du prix ». Sans le complet paiement de sa dette, le débiteur ne peut que rester dans l'expectative de la pleine propriété sur le bien qu'il a acquis. Pour BOULOC Bernard, l'utilité est certaine si l'acheteur ne paye qu'au moment de la livraison et par un instrument ne présentant pas toute sécurité ; en revanche, la clause n'a aucune utilité si le paiement est fait au moment de la commande, ou au moment de la livraison par un chèque certifié[243]. Dans ce cas, le caractère usuel des opérations entre les parties ne peut justifier « qu'il ne soit plus nécessaire de stipuler la clause pour chaque vente[244] ». Elle sert donc à protéger les droits du créancier qui s'est dessaisi de ses

---

[241] Art. 103 de l'AUPC.

[242] Art. 284 al. 2 de l'ancien AUDCG.

[243] V. BOULOC (B.), *Défaut d'acceptation d'une clause de réserve de propriété. Légitimité de refus de vente, RTD com.* 1990. 91, note sous Cass. com., France, 18 avril 1989, *Bull. civ.*, IV, n° 128, p. 86 « Une société avait noué, avec une deuxième société des relations commerciales dont la rupture a été concomitante du règlement judiciaire de la deuxième société. Autorisée à continuer son exploitation, celle-ci se plaignait de ce que la première lui opposait un refus de vente. Or, bien que les ventes dussent être faites au comptant, le vendeur subordonnait son accord à l'acceptation par l'acheteur d'une clause de réserve de propriété. L'acheteur estimait que la cour d'appel avait, à tort, admis la légitimité du refus de vente, car la clause de réserve de propriété devient sans objet en cas de vente au comptant. Pour la Haute juridiction, en dépit de l'engagement contracté par l'acheteur d'effectuer un paiement comptant, le vendeur conserve la faculté de subordonner la vente à l'acceptation par l'acheteur d'une clause de réserve de propriété de nature à garantir le paiement effectif du prix ».

[244] BLACK YONDO (L.), BRIZOUA-BI (M.), FILLE LAMBIE (O.) et autres, dir. Pr CROCQ, *op. cit.*, p. 168.

marchandises[245] sans être intégralement payé et doit être considérée comme une garantie de paiement. Dans une décision du 18 décembre 2002[246] pourtant, un juge sénégalais estimait que : « En présence d'une clause de réserve de propriété et d'une clause de résolution de plein droit, en cas de non-paiement, l'acheteur qui n'a pas payé intégralement le prix n'est tenu de restituer la chose vendue qu'après résolution du contrat de vente[247] ». Ce point de droit est réglé en droit positif français et le Pr CROCQ d'affirmer que « ni la demande, ni l'action en revendication n'impliquent l'exercice préalable d'une action résolutoire ou l'invocation d'une clause résolutoire, qui sont entravées en ce cas[248] ». Aussi, ce raisonnement est-il conforté par l'effet de l'introduction de la réserve de propriété comme sûreté réelle dans l'AUS de 2010. De fait, l'exercice de la sûreté doit être dissocié de la résolution de la vente.

2/ La réserve de propriété par écrit dans un ensemble d'opérations

84. Les éclairages du droit français. – En France la question s'est posée dans la pratique des affaires de savoir si la mention de la réserve de propriété dans les conditions générales de vente soustrayait le vendeur de l'exigence de cette mention par écrit pour chaque vente intervenue entre les parties. Il faut dire que systématiquement, la jurisprudence française rendait inefficace la clause de réserve de propriété figurant dans les conditions générales de vente et « exigeait que la clause soit stipulée par écrit pour chaque vente intervenue entre les parties[249] ». Il en est de même lorsque l'acheteur donne son acceptation tacite à la clause insérée dans

---

[245] CA de Daloa, 23 févr. 2005, n° 53, A. c/ La société Distribution pharmaceutique de Côte d'Ivoire dite DPCI.

[246] Tribunal régional hors classe de Dakar, 18 décembre 2002, EGBER c/ ND International, *Ohadata* J-03-202.

[247] Observations du Pr ISSA-SAYEGH : « On ne peut pas approuver cette décision. Que la clause de réserve de propriété soit inscrite seule ou au côté d'une clause de résolution de plein droit (au demeurant, même si elle n'est pas expressément prévue, la loi et la jurisprudence considèrent qu'elle est toujours sous-entendue), elle suffit à permettre au vendeur de réclamer la restitution de la chose vendue, quitte à opérer, comme en cas de résolution, à une restitution d'une partie du prix payé à l'acheteur si celui-ci a acquitté une fraction importante et à l'allocation de dommages-intérêts à la charge de l'acquéreur pour dépréciation de la chose en cas d'utilisation ».

[248] Cass. com., France, 1er oct. 1985, SARL Club 110, *Bull. civ.* IV, n° 222, commenté sur ce point par GHOZI (A.), *Nature juridique et transmissibilité de la clause de réserve de propriété*, *D.* 1985, chr. 317 : « l'action en revendication de marchandises exercée par la SPS ne constituait pas une action en résolution de la vente de celles-ci et ladite société conservant la faculté de produire au passif de la procédure collective pour être remplie de l'intégralité de ses droits ». (V. note AYNÈS (L.) et CROCQ (P.), Les sûretés : la publicité foncière, *op. cit.*, p. 390).

[249] Cass. com., France, 5 nov. 1985, n° 84-15.125, *Bull. civ.* IV, n° 259 ; BLACK YONDO (L.), BRIZOUA-BI (M.), FILLE LAMBIE (O.) et autres, dir. Pr CROCQ, *op. cit.*, p. 168.

les conditions de vente alors qu'elles sont contraires à ses conditions générales d'achat. En ce sens, selon la Cour de cassation, « du fait des documents contradictoires d'achat et de vente, les juges du fond avaient pu considérer que la seule signature des bons de livraison, ou l'apposition sur ces bons du cachet de l'acheteur ne pouvait valoir acceptation tacite et univoque de la clause, alors que l'acheteur avait antérieurement exprimé son refus de la clause. Ainsi, lorsqu'une personne manifeste clairement son opposition à l'acceptation d'une clause de réserve de propriété, seule une acceptation expresse de la clause peut valoir rétractation du refus et non une acceptation tacite[250] ». Ce raisonnement démontre une application par la jurisprudence d'une conception très restrictive de la mention de la clause de réserve de propriété qui doit intervenir dans chaque type d'opération et être acceptée clairement ou expressément par l'acheteur. Mais, il a été jugé que cette acceptation peut également résulter « du fait que l'acheteur ait reçu sans protester le document mentionnant la réserve de propriété[251] ». Cette approche était de nature à rendre moins efficace la clause de réserve de propriété surtout celle mentionnée dans les conditions générales de vente.

L'inefficacité de la clause de réserve de propriété a poussé le législateur à revoir sa copie, en faveur des créanciers qui échouaient dans l'exercice de leur droit. La loi du 10 juin 1994 réformant le droit des procédures collectives a assoupli cette exigence. Le nouvel article L. 624-16 alinéa 2 du Code de commerce dispose que « *la clause doit avoir été convenue entre les parties dans un écrit au plus tard au moment de la livraison. Elle peut l'être dans un écrit régissant un ensemble d'opérations commerciales convenues entre les parties* ». Ce qui pose tout compte fait plus largement le problème du consentement des parties, en droit des contrats et surtout en droit de la distribution. La réforme du droit des contrats intervenue en France en 2016 accentue la place du consentement dans le contrat. À ce titre, si on considère que les conditions générales de vente sont le socle des relations commerciales, on admettra aussi que l'acheteur doive par son consentement exprès y adhérer, ou en l'absence d'une objection de sa part à ces conditions, on peut considérer qu'il n'est pas hostile à son contenu. Si en raison des négociations commerciales, des conditions spécifiques sont prévues au contrat, elles seront inscrites dans les conditions d'achat et compléteront les conditions générales de vente. Dans la mesure où un désaccord intervient entre l'acheteur et le fournisseur quant à la clause de réserve de propriété, l'acheteur exprimant expressément son refus, les conditions

---

250 V. Cass. com., France, 25 oct. 1994, *Bull. civ.* IV, n° 316, note BOULOC (B.).

251 Cass. com., France, 12 déc. 1984, *Bull. civ.* IV, n° 347 ; *D.* 1985, inf. Rap. 255, obs. DERRIDA; V. égal. Cass. com., France, 5 nov. 1985, *Bull. civ.* IV, n° 258; Cass. com., France, 9 juin 1987, *Bull. civ.* IV, n° 141; *RTD com.* 1988, 487, obs. HÉMARD et BOULOC (notes CABRILLAC (M.), MOULY (C.), CABRILLAC (S.), et PETEL (P.), *op. cit.*, p.627).

générales de vente doivent s'appliquer si le fournisseur n'accepte pas non plus les conditions d'achat querellées mais que le contrat est tout de même exécuté sans nouvelle opposition de l'acheteur. À l'inverse, si le fournisseur accepte les conditions d'achat querellées, celles-ci devraient primer sur les conditions de vente, et la clause ne lierait pas les parties[252].

85. **Sa consécration dans l'AUS de 2010.** – La réforme du droit des sûretés en droit de l'OHADA intervenue en décembre 2010 a été l'occasion pour le législateur d'affiner le régime juridique relatif à la réserve de propriété. Il a dans un premier temps consacré cette sûreté dans l'Acte uniforme portant organisation des sûretés et précisé davantage son régime. En ce qui concerne l'exigence de stipulation de la réserve de propriété par écrit pour chaque type d'opération, le nouvel article 73 de l'AUS de 2010, tout en réaffirmant l'obligation de faire figurer la clause de réserve de propriété par écrit et au plus tard au jour de la livraison, a intégré la réforme du droit français dans un second alinéa. Cet article dispose désormais que : « *À peine de nullité, la réserve de propriété est convenue par écrit au plus tard au jour de la livraison du bien. Elle peut l'être dans un écrit régissant un ensemble d'opérations présentes ou à venir entre les parties* ». Cet article prolonge la clause aux opérations présentes et à venir entre les parties sans qu'il y ait une obligation de répétition dans chaque opération. Son fonctionnement sera prévu dans un contrat-cadre entre les parties. Le droit français à travers sa jurisprudence constitue à ce titre une vitrine, une source d'inspiration pour le droit OHADA qui s'améliore en tenant compte de certaines de ses évolutions. L'écrit tient alors une place importante dans l'efficacité de la clause.

B/ L'EXIGENCE D'UN ECRIT CONTENANT DES MENTIONS OBLIGATOIRES POUR LA VALIDITE DES PROPRIETES CEDEES A TITRE DE GARANTIE

86. Contrairement à la propriété réservée à titre de garantie, la cession de la propriété à titre de garantie est subordonnée pour sa validité à un formalisme rigoureux. Celui-ci impose le respect d'un certain nombre de mentions qui doivent obligatoirement figurer dans l'acte de constitution de la garantie. Cette rigueur vaut pour la validité de la cession de créance **(1)** et pour le transfert fiduciaire d'une somme d'argent **(2)**.

1/ Un formalisme rigoureux pour la validité de la cession de créance à titre de garantie

87. **Un formalisme requis à peine de nullité.** – Le formalisme prévu par le législateur de l'OHADA pour la validité de la cession de créance est un

---

[252] V. pour plus de développement sur le sujet, FERRIER (D.) et FERRIER (N.), Droit de la distribution, 8e éd. *LexisNexis,* 2017. (Nouvelle édition enrichie).

formalisme rigoureux. Il fait de la cession de créance un contrat solennel avec des mentions obligatoires prévues dans l'acte à peine de nullité. L'article 81 de l'AUS de 2010 dispose à cet effet que « *la cession de créance à titre de garantie doit être constatée dans un écrit comportant, à peine de nullité, les énonciations suivantes : le nom ou la dénomination sociale du cédant et du cessionnaire ; la date de la cession ; et la désignation des créances garanties et des créances cédées. Si ces créances sont futures, l'acte doit permettre leur individualisation ou contenir des éléments permettant celle-ci tels que l'indication du débiteur, le lieu de paiement, le montant des créances ou leur évaluation et, s'il y a lieu, leur échéance* [253]». Cette disposition vise expressément le respect du principe de spécialité. L'assiette de la sûreté et la dette garantie doivent impérativement être mentionnées dans l'acte constitutif. Y compris l'obligation d'y faire figurer des éléments permettant l'identification des créances futures. Les exemples énumérés sont à ce titre non exhaustifs de sorte qu'il appartienne aux parties de rajouter tout type d'informations permettant l'identification de ces créances si elles sont futures. À défaut de respecter ces mentions obligatoires, l'acte ne prendra pas effet entre les parties et ne sera également pas opposable aux tiers. La sanction n'est autre que sa nullité absolue.

88. La distance par rapport au droit français. – Contrairement au législateur français qui restreint le domaine d'application de la cession de créance dite cession Dailly, le législateur de l'OHADA la consacre de manière à en permettre une large application. En effet, selon l'article 80 du nouvel AUS « *une créance détenue sur un tiers peut être cédée à titre de garantie de tout crédit consenti par une personne morale nationale ou étrangère, faisant à titre de profession habituelle et pour son compte des opérations de banque ou de crédit* ». Il s'agit ainsi de céder un droit de créance qu'on a sur un tiers, un rapport personnel d'un créancier à son débiteur. Pendant que le droit français exige du cédant et du cédé la qualité de professionnel[254], le droit de l'OHADA ne leur impose aucune restriction. Ce qui implique que des créances non professionnelles peuvent servir de garantie auprès des personnes morales nationales ou étrangères, faisant à titre de profession habituelle et pour leur compte des opérations de banque ou de crédit[255]. Il en est de même du cessionnaire qui doit être en droit de l'OHADA une personne morale nationale ou étrangère qui fait habituellement pour son compte des opérations de banque et de crédit, là où le droit français qui l'a inspiré exige du

---

[253] Art. 81 de l'AUS de 2010.

[254] Art. L. 313-23 du Code mon. fin..

[255] BLACK YONDO (L.), BRIZOUA-BI (M.), FILLE LAMBIE (O.) et autres, dir. Pr CROCQ, *op. cit.*, p. 178.

cessionnaire qu'il soit un établissement de crédit[256]. Il s'agit donc de garantir un emprunt bancaire par une cession de créance qu'on a sur un tiers. Le cédant peut à ce titre céder sa créance sans être le bénéficiaire de la dette garantie, ce que le droit français ignore puisqu'il exige que la cession Dailly ne garantisse que des emprunts accordés par le cessionnaire au cédant.

Cette souplesse dans la consécration de la cession de créance de l'OHADA est voulue par le législateur pour rendre cette sûreté attractive, efficace par son régime et surtout effective. Il faut dire que les restrictions apportées par le législateur français à la cession Dailly même si elles n'empêchent pas sa constitution peuvent rendre cette sûreté moins attractive que le nouveau nantissement de créance qui ne souffre pas de ce formalisme rigoureux et lourd. On peut donc effectivement craindre en droit de l'OHADA que l'attractivité du nouveau nantissement de créance fasse de l'ombre à la cession de créance à titre de garantie.

89. La protection accordée au débiteur cédé. – Il s'agit d'une protection légale qui vise un hypothétique équilibre des rapports créancier et débiteur. La surprotection du créancier bénéficiaire de la cession de créance ne laisse que peu de place pour une liberté contractuelle ou un aménagement par les parties elles-mêmes de leur rapport. Pour preuve, le législateur a prévu le cadre dans lequel l'incessibilité de la créance peut faire obstacle à la cession. Prenant toujours exemple sur la cession Dailly du droit français[257], le législateur de l'OHADA a prévu à l'article 80 alinéa 2 de l'AUS de 2010 que « *l'incessibilité de la créance ne peut être opposée au cessionnaire par le débiteur cédé lorsqu'elle est de source conventionnelle et que la créance est née en raison de l'exercice de la profession du débiteur cédé ou se trouve en rapport direct avec l'une de ses activités professionnelles, même si celle-ci n'est pas principale* ». Il n'est donc pas interdit de prévoir des clauses d'incessibilité des créances mais pour rendre efficace la cession de créance, lorsque cette incessibilité est de source conventionnelle et en rapport avec l'activité du débiteur cédé elle risque d'être inopposable au cessionnaire. Sauf si elle est de source légale. Le législateur a également prévu la notification de la cession de créance au débiteur cédé ou son intervention à l'acte comme mesure de protection du débiteur cédé mais également d'efficacité pour le créancier bénéficiaire.

[256] Art. L. 313-23 du Code mon. fin..

[257] Le législateur français a prévu à l'article L. 442-6 du Code de commerce le cadre légal de l'incessibilité de la créance détenue sur le débiteur cédé en ces termes : « *Sont nuls les clauses ou contrats prévoyant pour un producteur, un commerçant, un industriel ou une personne immatriculée au répertoire des métiers, la possibilité (...) d'interdire au cocontractant la cession à des tiers des créances qu'il détient sur lui* ».

De même, le débiteur cédé professionnel peut accepter la cession de créance en s'engageant par écrit à payer directement le cessionnaire. Il renonce par cet acte à lui opposer les exceptions qu'il pourrait opposer au cédant. Une disposition de nature à rendre efficace la cession de créance. Fort heureusement, cet acte de renonciation n'est prévu que pour les débiteurs cédés professionnels. Le débiteur professionnel qui a accepté la cession de créance ne peut opposer au cessionnaire les exceptions fondées sur ses rapports personnels avec le cédant, à moins que le cessionnaire, en acquérant ou en recevant la créance, n'ait agi sciemment au détriment du débiteur[258]. Il a tout de même été jugé par la Cour de cassation française à propos de la cession Dailly que « le débiteur cédé pouvait invoquer une exception d'inexécution et l'existence d'une résolution amiable de la vente, et ce même si celle-ci avait eu lieu après la notification de la cession[259] ». Cette décision qui marque une volonté manifeste de protection du débiteur cédé pourrait servir d'exemple en droit de l'OHADA.

90. La prise d'effet de la cession de créance à titre de garantie. – La date de la cession figure dans les mentions obligatoires qui doivent figurer dans l'acte de cession. Son importance est capitale dans la mesure où le transfert de propriété s'opère entre les parties à cette date. L'article 82 de l'AUS dispose à cet effet que, « *à la date de sa conclusion, le contrat de cession d'une créance, présente ou future, à titre de garantie prend immédiatement effet entre les parties, quelle que soit la date de naissance, d'échéance ou d'exigibilité de la créance cédée (...)* ». Ainsi, à cette date, le cédant ne peut plus sans l'accord du cessionnaire modifier l'étendue des droits attachés aux créances cédées[260]. Son omission dans l'acte de cession peut donc entraîner la nullité purement et simplement du contrat de cession. Sur ce point, le droit de l'OHADA semble se démarquer du droit français qui n'exige pas la mention de la date dans l'acte de cession. En effet, l'article L. 313-23 du Code monétaire et financier ne la mentionne pas. C'est la Cour de cassation dans sa décision du 14 juin 2000[261] qui a élevé en droit français la date portée sur le bordereau de cession au rang des mentions requises pour la validité de la cession de créance. Elle estime en effet que la notification du bordereau de cession au débiteur cédé ne pouvait se substituer à la mention dans le contrat de la date de sa conclusion, et à défaut de date portée sur le

---

[258] Art. 85 de l'AUS de 2010.

[259] Cass. com., France, 30 mai 1995, n°93-13.170, *Bull. civ.* IV, n° 157.

[260] Observations sous l'article 82 de l'AUS de 2010.

[261] Cass. com., France, 14 juin 2000, n° 96-22.634, *Bull. civ.* IV, n° 121, *RTD com.* 2000, p. 992, obs. CABRILLAC (M.); *JCP G* 2001, I, 301, n° 21, obs. VIRASSAMY (G.). (Note BLACK YONDO (L.), BRIZOUA-BI (M.), FILLE LAMBIE (O.) et autres, dir. Pr CROCQ, *op. cit.*, p. 181).

bordereau, la cession de créance ne prend pas effet entre les parties et n'est pas opposable aux tiers.

2/ L'exigence d'un double formalisme pour le transfert fiduciaire d'une somme d'argent

91. L'assiette du transfert fiduciaire d'une somme d'argent. – La précision de l'assiette du transfert fiduciaire est salutaire et contribue à l'efficacité de cette sûreté. La somme d'argent évoquée dans l'article 87 de l'AUS de 2010 doit ici être considérée comme un moyen de paiement sans distinction de sa nature corporelle ou incorporelle. Le législateur crée par cette sûreté une garantie spéciale qu'on ne retrouvera pas dans le droit français. Cet article dispose en son alinéa 1 que « *le transfert fiduciaire d'une somme d'argent est la convention par laquelle un constituant cède des fonds en garantie de l'exécution d'une obligation (...)* ». Les fonds évoqués peuvent bien être de la monnaie scripturale ou la monnaie fiduciaire. L'alinéa 2 de cet article poursuit en exigeant que ces fonds soient inscrits sur un compte bloqué ouvert au nom du créancier de cette obligation. Cette sûreté aura sans doute un réel intérêt pour des opérations financières d'envergure.

92. Un transfert sur un compte bloqué au nom du créancier. – L'assiette de cette sûreté justifie sans doute cette protection particulière. Une somme d'argent est un bien fongible particulier dont la nature impose une réglementation tout aussi particulière pour son utilisation à des fins de garantie. Le législateur OHADA a ainsi fait le choix d'une réglementation claire concernant la confusion ou non des fonds avec ceux du créancier. Ce qui en fait une sûreté qui peut recevoir l'adhésion aussi bien du créancier que du débiteur. L'ouverture du compte au nom du créancier ne lui permet toutefois pas d'affirmer une pleine propriété sur les fonds inscrits. Le blocage du compte et la destination des fonds disqualifient de fait l'idée d'un transfert de la pleine propriété en sa faveur. Il était donc important compte tenu de la nature de l'assiette de cette sûreté, de respecter la finalité des fonds en protégeant les intérêts du débiteur par le blocage du compte et ceux du créancier par l'ouverture du compte en son nom. Cette séparation des fonds avec le patrimoine du créancier est particulièrement importante pour la sauvegarde des intérêts du constituant qui n'a voulu transférer son bien qu'à titre de garantie et donc de façon temporaire ; l'utilisation de la propriété ne sert alors qu'à octroyer au créancier qui en est le bénéficiaire un droit avantageux qui lui permettra d'être à l'abri des prétentions concurrentes. Les fonds doivent ainsi être isolés même si le créancier est lui-même l'établissement teneur du compte et interdit d'accès jusqu'à l'échéance de l'obligation garantie. Ce blocage paralyse également l'action des ayants droit du créancier et même du débiteur.

93. Le régime juridique du transfert fiduciaire du droit OHADA est sans doute inspiré du nantissement de monnaie scripturale proposé en France par la Commission GRIMALDI pour l'efficacité de l'affectation de la monnaie scripturale à titre de garantie. Il est dommage que le législateur français ne l'ait toujours pas consacré alors qu'il serait un bon substitut pour le gage-espèces.

94. **L'exigence d'un écrit.** – L'article 88 de l'AUS dispose que : « À peine de nullité, la convention détermine la ou les créances garanties, ainsi que le montant des fonds cédés à titre de garantie, et identifie le compte bloqué ». Au-delà du rappel du respect du principe de spécialité qui ressort dans cet article, le législateur met particulièrement l'accent sur l'identification du compte bloqué dans l'acte de constitution. Une question s'impose alors. L'ouverture du compte bloqué doit-elle précéder la signature de l'acte ou être concomitante ? Il semble que le transfert fiduciaire soit effectif par le cumul de l'écrit, de l'ouverture du compte au nom du créancier et de l'exigence de son blocage. Le seul consentement des parties ne suffit pas à valider le contrat. Le transfert fiduciaire d'une somme d'argent est un contrat solennel qui nécessite le respect d'une formalité particulière et est à ce titre subordonné à l'exécution d'une double condition. Le transfert de la propriété-garantie, c'est-à-dire le droit du créancier sur les fonds à l'exclusion de tout autre droit concurrent doit s'effectuer en même temps que l'exécution de toutes les autres formalités requises, qui doivent intervenir ensemble à un instant « T ». Puisque l'écrit doit identifier le compte bloqué, on estime que la création dudit compte doit quant à elle précéder la signature de l'acte. Le blocage du compte et la mention de sa finalité précise sont donc la garantie de la protection des droits du constituant. Pour plus de sécurité, la finalité du compte doit être précisée avec clarté, surtout si le créancier est lui-même l'établissement de crédit teneur du compte. Il est également possible qu'on se retrouve dans la pratique avec deux contrats, celui de l'ouverture du compte bloqué qui acte à sa date l'inscription des fonds au nom du créancier avec ses modalités de fonctionnement et la mention expresse de sa finalité sous la condition suspensive de la signature de l'acte constitutif de la garantie.

95. **La problématique liée à la production des intérêts du compte bloqué.** – Il a été soutenu que « les fonds [bloqués] ne peuvent être rémunérés que s'ils sont utilisés par la banque[262] ». Il faut distinguer à ce titre l'utilisation des fonds par la banque en tant que teneur du compte et sa qualité probable de créancier. Si la banque teneur du compte est le créancier, le fonctionnement du compte doit être bien spécifié de sorte que le créancier ne soit pas en position de s'enrichir au détriment du

[262] FORBIN (T.), *op. cit.*.

constituant. Ce dernier reste pendant l'opération de garantie le véritable propriétaire des fonds, titulaire de la pleine propriété. La rémunération des fonds en cas d'utilisation par la banque doit donc être déterminée et inscrite au contrat en toute objectivité. En réalité, le législateur OHADA est très flexible sur ce point. Il appartient aux parties de définir la gestion du compte par l'établissement de crédit. L'article précise justement que « *[si] les fonds cédés produisent intérêts, ces derniers sont portés au crédit du compte, sauf convention contraire* ». Il s'agit d'une disposition qui sera débattue ensemble entre la banque teneur du compte et les parties compte tenu de la finalité poursuivie. Ils peuvent aussi décider que les intérêts viendront diminuer la créance garantie.

PARAGRAPHE 2 : LA PERTINENCE DE LA PUBLICITE DES PROPRIETES-SURETES POUR LEUR OPPOSABILITE AUX TIERS

96. Il ne fait aucun doute que la publicité soit dans le monde moderne au cœur de l'efficacité des sûretés réelles. Elle l'était déjà pour l'hypothèque, considérée à juste titre comme la mère des sûretés en raison de son efficacité. Elle l'est donc davantage avec la modernité et les moyens technologiques permettant d'en assurer la pérennité. L'organisation de la publicité institutionnalisée des sûretés réelles mobilières était nécessaire voire indispensable pour assurer une plus grande sécurité juridique dans l'espace OHADA[263]. Le Pr GIJSBERS dans sa thèse écrira très justement que « la clandestinité des sûretés réelles menace la sécurité juridique des tiers. Leur nature consubstantiellement belliqueuse les oriente structurellement vers un conflit avec les tiers[264] ». La publicité des sûretés réelles mobilières vise

[263] Son importance ne date d'ailleurs pas d'aujourd'hui et les traces les plus anciennes remontent à l'organisation de la publicité des mutations de droits réels immobiliers ; LEVY (J.-Ph.), *Coup d'œil historique d'ensemble sur les sûretés réelles, RHD* (néerlandaise), 1987, p. 257-266 : L'histoire montre que l'hypothèque implique une organisation de la publicité des constitutions et mutations de droits réels immobiliers. L'Égypte hellénistique et plusieurs cités grecques ont connu une telle organisation, rudimentaire (les horoi, bornes plantées en terre ou écriteaux gravés sur les murs d'une maison), puis plus élaborée (Bibliothèque des acquisitions, véritable service public de l'enregistrement des mutations). Au contraire, les Romains n'ont connu aucun système de publicité foncière ; l'hypothèque n'est pas inconnue, mais son régime est très imparfait. (Note CROCQ (P.) et AYNÈS (L.), Les sûretés, la publicité foncière, Paris, 2013 LGDJ, p. 289).

[264] GIJSBERS, thèse, *op. cit.*, p. 273 ; dans le même sens BATTUR, Traité des privilèges et des hypothèques, I, 1818, p. 331 qui ajoute : « Mais où est le principe de droit, d'équité, qui peut autoriser le préjudice grave porté à des tiers par l'impression invisible d'un droit réel qui s'est accompagné d'aucune possession, d'aucun fait ostensible, à laquelle ils ne peuvent plus ni parer ni porter remède ? » ; PERSIL (J.-C.), Régime hypothécaire, 5e éd., Tarlier, Bruxelles, 1834, p. 2 : « Sans publicité, l'hypothèque est une source de fraude et de supercherie. Avec la

essentiellement la protection des droits des créanciers à l'égard des tiers et s'inscrit assurément dans une logique constitutive dont le respect emporte l'efficacité de la sûreté pour le créancier et une meilleure visibilité sur le patrimoine du débiteur dans l'intérêt des tiers.

97. Pour se convaincre du choix indispensable de la publicité comme critère essentiel d'efficacité des sûretés réelles, on peut se baser sur les recommandations de la CNUDCI[265]. Elle préconise l'instauration d'un système de publicité mobilière reposant sur deux concepts fondamentaux à savoir : l'opposabilité et la priorité[266]. Le nouveau droit québécois des sûretés réelles s'en est amplement inspiré[267]. Le droit français pour sa part n'a pas jugé opportun d'élargir la publicité à toutes les sûretés réelles mobilières. La finalité invoquée à cette publicité est la préservation de la sécurité juridique. Pour ce faire, selon la CNUDCI « l'inscription de la sûreté sur un registre public est la condition préalable à l'opposabilité sauf lorsque des exceptions et des alternatives à cette inscription se justifient par des considérations de politique commerciale ; [il doit en

---

publicité, l'hypothèque devient la compagne de la bonne foi et peut faire renaître la confiance et consolider le crédit public ». (Note GIJSBERS, thèse, *op. cit.*, p. 273).

265 Et notamment d'UNIDROIT. On peut ainsi lire dans le préambule des recommandations relatives à l'opposabilité du guide « les dispositions relatives à l'opposabilité d'une sûreté réelle immobilière ont pour objet d'établir une base pour le classement prévisible, équitable et efficace des rangs de priorité (…).

266 V. Commission des Nations Unies pour le droit commercial international, Guide législatif de la CNUDCI sur les opérations garanties, 2007, en ligne :
http://www.uncitral.org/uncitral/fr/uncitral_texts/security.html
« Le concept selon lequel une sûreté réelle mobilière peut être rendue opposable de manière rapide et peu onéreuse par enregistrement d'un simple avis a pour but de favoriser la sécurité juridique en ce qui concerne la détermination du rang de priorité de chaque créancier et de réduire ainsi les risques et les coûts associés aux opérations garanties. Le concept de priorité permet quant à lui la coexistence de sûretés de rangs différents sur les mêmes biens. Une entreprise a donc la possibilité de tirer le plus grand parti possible de la valeur de ses biens en grevant ceux-ci pour garantir plusieurs crédits obtenus auprès de différents créanciers, et chaque créancier peut connaître le rang de sa sûreté ».

267 À titre d'exemple l'hypothèque mobilière avec dépossession est constituée selon l'article 2702 du Code civil du Québec « par la remise du bien ou du titre au créancier, ou si le bien est déjà entre ses mains, par le maintien de la détention, du consentement du constituant, afin de garantir sa créance ». Elle est publiée selon l'article 2703 du même Code par « la détention du bien ou du titre qu'exerce le créancier, et elle ne le demeure que si la détention est continue ». Ce qui est tout à fait nouveau et différent par rapport au droit français est que selon l'article 2707 du même Code, « l'hypothèque mobilière avec dépossession peut être, postérieurement à sa constitution, publiée par inscription, pourvu qu'il n'y ait pas interruption de publicité ». Les biens incorporels peuvent également être constitués avec ou sans dépossession du constituant de la sûreté. C'est par exemple le cas des créances. Selon l'article 2710 du Code civil du Québec « l'hypothèque mobilière qui grève une créance que détient le constituant contre un tiers, ou une universalité de créances, peut être constituée avec ou sans dépossession ». Elle est rendue opposable aux débiteurs des créances de la même manière qu'une cession de créance et fait l'objet d'une publicité au registre approprié même lorsqu'elle est constituée avec dépossession.

outre être mis en place] un cadre juridique pour créer et tenir un système de registre public simple, économique et efficace en vue de l'inscription d'avis relatifs aux sûretés réelles mobilières [268]».

À l'analyse des dispositions de l'OHADA, la publicité au RCCM semble d'une part utile quand le créancier n'a pas la possession du bien grevé, seul le dessaisissement du débiteur ou du constituant préserve suffisamment l'assiette garantie contre les tiers **(A)**. D'autre part, elle semble inutile lorsque la préservation de l'assiette garantie contre les tiers mais aussi à l'égard du constituant ne fait aucun doute **(B)**.

A/ L'EXIGENCE DE LA PUBLICITE AU RCCM EN L'ABSENCE DE LA POSSESSION DU BIEN GARANTI PAR LE CREANCIER

98. Le registre du commerce et du crédit mobilier de l'OHADA joue le rôle de registre public pour la publicité des sûretés réelles **(1)**. Il se doit alors d'être exemplaire pour réussir la mission qui lui est assignée. Parmi les propriétés-sûretés, la réserve de propriété et la cession de créance font l'objet pour leur opposabilité aux tiers de la publicité sur ce registre. Contrairement au gage de meubles corporels avec dépossession, le créancier n'a aucune maîtrise matérielle sur l'assiette de ces deux sûretés réelles. De fait, pour la sécurité juridique et la transparence vis-à-vis des tiers, il est apparu important de les soumettre à une publicité pour leur opposabilité **(2)**.

1/ Le RCCM comme instrument d'extériorisation des droits du créancier

99. Un instrument pour aviser les tiers. – Cette publicité est encore plus favorable au créancier lorsqu'il est bénéficiaire d'une propriété-sûreté. En effet, dépourvu de la pleine propriété du bien garanti, le créancier ne peut s'opposer lorsque le bien est entre ses mains ou sous son emprise matérielle à la prise d'autres sûretés réelles. Il faut dans ce cas informer les tiers des charges réelles qui grèvent le bien garanti. La publicité sur un registre public joue efficacement ce rôle par la liberté de consultation des tiers. Ces derniers ont donc la possibilité de savoir si les biens convoités sont déjà grevés de droits susceptibles et si oui le rang auquel ils peuvent prétendre sur la valeur du bien. De cette analyse repose la réussite de leur engagement. Il est donc évident que même si un créancier est bénéficiaire d'une propriété-garantie, si le bien avait antérieurement fait l'objet d'une sûreté publiée, le créancier bénéficiaire d'une propriété-

[268] Commission des Nations Unies pour le droit commercial international, Guide législatif de la CNUDCI sur les opérations garanties, 2007, *op. cit.* ; V. également en droit québécois, PRATTE (D.), *Sûretés réelles et publicité des droits : entre difficultés et réussites, Revue du barreau canadien*, 2009, Vol.88, p. 392.

garantie succomberait face à l'antériorité de ce droit. La publicité vise ainsi à organiser un droit des sûretés réelles harmonieux et soucieux de préserver la sécurité juridique de tous. Dans l'espace OHADA, le registre du commerce et du crédit mobilier joue efficacement ce rôle aussi bien au plan national qu'au plan communautaire et est un réel instrument d'information et de sécurisation des créanciers dans l'espace OHADA[269]. Avec la généralisation de la publicité aux sûretés mobilières, la règle « *les meubles n'ont pas de suite par hypothèque*[270] » ne vaut plus si elle est correctement organisée. Le droit de suite des créanciers monte également en efficacité pour peu que le bien garanti soit traçable.

100. L'efficacité du RCCM confrontée aux défis de son effectivité. – Le RCCM a vu le jour dans l'espace OHADA en la faveur de l'Acte uniforme relatif au droit commercial général (AUDCG) adopté le 17 avril 1997. Cet Acte uniforme a matérialisé sa double fonction d'immatriculation des commerçants et d'inscription de certaines sûretés mobilières ainsi que le crédit-bail pour toutes les personnes immatriculées ou non[271]. Il est réparti en deux grands fichiers à savoir : le fichier national tenu par l'organe désigné par chaque État partie sous la surveillance du ministère de la Justice[272] et le fichier régional tenu près de la Cour Commune de Justice et d'Arbitrage (CCJA). Le premier centralise les renseignements consignés dans chaque RCCM et le second ceux conservés dans chaque fichier national[273].

---

269 DELABRIÈRE (A.), Le registre du commerce et du crédit mobilier, instruments d'information et de sécurité des créanciers dans l'espace OHADA, Penant n° 840, 2002, n° spécial Sûretés et garanties bancaires, p. 369.

270 Il faut replacer l'adage dans son contexte historique. Il naît bien avant la réforme de 2006 en droit français et dans un contexte où la doctrine soutenait mordicus la dépossession du constituant comme critère d'efficacité par excellence du gage, renforcée par la protection possessoire incarnée par l'article 2279 du Code civil. Par cet adage le législateur véhicule l'idée selon laquelle il serait difficile pour le créancier gagiste de suivre la circulation ou le transfert des meubles entre des mains tierces ; même si une sûreté est, on le verra par la suite dans le Code civil français, constituée sans dépossession le manque de publicité affaiblissait le droit de suite au profit de la protection de la possession du tiers de bonne foi par l'article 2279 devenu 2276 du Code civil français. Le créancier qui voulait alors avoir un rang préférable pour sa sûreté mobilière devait la constituer avec dépossession. En la faveur de la réforme de 2006 et l'avènement des sûretés sans dépossession avec inscription sur un registre en droit français, le droit de suite du créancier gagiste s'est renforcé. Mais cette inscription n'est malheureusement pas généralisée à toutes les sûretés mobilières, du moins sans dépossession.

271 V. NGWE (M.-A.) et JOKUNG (S.), La réforme du Registre du commerce et du crédit mobilier dans l'espace OHADA, Droit et patrimoine n° 281, mars 2011, p. 56.

272 Il est tenu selon l'article 36 de l'AUDCG par le greffe de la juridiction compétente dans l'État partie, sous la surveillance du Président de ladite juridiction ou du juge délégué à cet effet.

273 NGWE (M.-A.) et JOKUNG (S.), *op. cit.*.

Les réformes de l'AUDCG et de l'AUS[274] ont principalement basé l'efficacité du registre sur son informatisation, un défi en adéquation avec les exigences de célérité. Elle a en outre été l'occasion d'intégrer les règles relatives à l'organisation de la publicité des sûretés réelles dans l'AUS. Sous l'ancien régime, ces règles étaient codifiées dans l'AUDCG de 1997. Cette révision était souhaitée du moment où l'AUS s'est donné pour ambition la publicité comme critère d'opposabilité des sûretés réelles aux tiers. L'informatisation doit permettre d'accélérer cette inscription et permettre une rapide consultation des droits grevés de sûretés. La réforme a ainsi « introduit une certaine souplesse dans l'organisation du RCCM, en permettant aux États parties qui le souhaitent, de concentrer leurs efforts d'informatisation sur un site, en centralisant sur un seul RCCM de l'État partie, les formalités relatives aux sûretés et aux crédits-bails[275] ». La publicité institutionnalisée ne peut ainsi se passer d'un déploiement massif, effectif et pérenne des outils relatifs à l'informatisation et à l'utilisation de procédés électroniques. Ce défi doit être relevé avec rigueur tout en prévoyant les règles permettant la protection de la vie privée et des données personnelles des personnes concernées. La fluidité et la rapidité de transmission et de traitement des données doivent également permettre la célérité nécessaire aux opérations concernées et permettre aux créanciers de connaître immédiatement leur rang à la suite de l'inscription de leur sûreté. Dans ce sens, le fichier doit recueillir toutes les informations possibles afin de renseigner les tiers sur la situation juridique et économique des personnes concernées. Aussi, l'article 39 de l'AUDCG dispose justement que « *(...) Le formulaire dûment rempli est conservé par le greffier ou le responsable de l'organe compétent dans l'État partie. Le greffier ou le responsable de l'organe compétent dans l'État partie délivre immédiatement au déclarant ou au demandeur un accusé d'enregistrement avec mention de la date, de la désignation de la formalité effectuée et selon le cas du numéro de déclaration d'activité ou du numéro d'immatriculation. Une copie de ce formulaire avec le dossier individuel constitué des pièces certifiées conformes est adressée dans un délai d'un mois par le greffier ou le responsable de l'organe compétent dans l'État partie au fichier national, pour transmission, dans le même délai, d'une copie dudit formulaire et d'un extrait du dossier au Fichier régional* ». Avec la réforme de l'AUS et de l'AUDCG de 2010 le législateur a centralisé pour plus d'efficacité le régime relatif à l'inscription des sûretés mobilières au RCCM. Ces règles regroupées dans le même Acte uniforme en permettent une meilleure prise en

[274] Tous deux le 15 décembre 2010.
[275] NGWE (M.-A.) et JOKUNG (S.), *op. cit.*, p. 2.

compte ; elles sont organisées de l'article 51 à l'article 66 du chapitre 1 de l'AUS.

101. Malheureusement, dans la plupart des États parties, cette informatisation n'est pas encore effective, et même si son déploiement s'accélère on peut craindre à la persistance de certains problèmes structurels liés à l'organisation du système judiciaire dans les pays membres. Le fichier informatisé devrait permettre une inscription en ligne, plus rapide et facile, surtout dans l'hypothèse où les parties sont implantées dans différents États parties de l'espace OHADA. Un logiciel a été mis en place par le Secrétariat permanent de l'OHADA. À l'heure où nous écrivons ces lignes son déploiement se fait dans des pays pilotes de l'espace comme le Togo et la Côte d'Ivoire, ce depuis avril 2017. Ce déploiement permettra la mise en exploitation effective de la solution logicielle de gestion des registres locaux et fichiers nationaux du RCCM. L'enjeu[276] d'un tel déploiement est surtout la fiabilité des inscriptions et la confiance des créanciers et partenaires dans l'octroi du crédit.

102. Au Togo, par exemple, le logiciel a été réceptionné en mai 2017. Pour les inscriptions, la numérotation des sûretés est liée à chaque type de sûreté pour les besoins de l'enregistrement. Elles sont faites au RCCM territorialement compétent conformément à l'article 52 du nouvel AUS et à la requête du créancier, de l'agent des sûretés ou du constituant[277]. Le coût de l'inscription n'est pas variable. Il est fixe, environ 22 euros par inscription, renouvellement ou radiation totale ou partielle. Le taux fixe permet de ne pas fluctuer l'inscription sur la créance exigible et de freiner par la même occasion les investissements et les coûts finaux des crédits. Il est fixé par arrêté du ministre du Commerce.

2/ Cas de la réserve de propriété et de la cession de créance à titre de garantie : la recherche de la transparence par le législateur OHADA

103. La publicité de la réserve de propriété. – La publicité est exigée à peine d'inopposabilité aux tiers pour la réserve de propriété et son absence rend la clause inefficace. Cette publicité répond ainsi à un besoin réel de transparence[278] sur l'opération en cours surtout si l'assiette de la garantie

---

[276] Site officiel de l'OHADA : « L'objectif à terme d'un tel déploiement est l'informatisation complète, ce qui rendra possible la réalisation des formalités légales, la conservation et la diffusion, en temps réel et sous forme électronique, d'une information fiable et actualisée sur tous les intervenants du secteur économique et les entreprises, mais également sur les sûretés constituées ».

[277] Article 52 du nouvel AUS.

[278] GIJSBERS (C.), Thèse, *op. cit.*, p. 375, n° 369 : « L'absence de publicité n'est pas non plus forcément un avantage pour le titulaire de la sûreté. Car, si le créancier économise assurément ses efforts au stade de la constitution de la garantie, il pourrait bien y laisser une bonne part de

est hors du contrôle matériel du créancier. L'absence de publicité et de maîtrise matérielle du bien garanti peut alors fragiliser[279] la sûreté du créancier. C'est le cas de la réserve de propriété dans laquelle l'assiette de la garantie est entre les mains du débiteur qui peut d'ailleurs en faire usage et l'aliéner. Contrairement au droit français qui fait de la réserve de propriété une sûreté occulte[280], la réserve de propriété était déjà dans l'espace OHADA sous sa première codification une clause soumise à la publicité. Cette publicité était prévue dans l'ancien AUDCG, au titre III intitulé « l'inscription des sûretés mobilières » dans la section 6 notamment aux articles 59 et 60 et 284 *alinéa* 3. La publicité de la clause est ainsi assurée par son inscription au RCCM. Elle est demandée par le vendeur de marchandises et assurée par le greffier sur présentation : de la copie certifiée conforme du titre mentionnant la clause ; du formulaire d'inscription en quatre exemplaires portant différentes mentions comme l'identification des parties à l'opération, la description des marchandises et l'indication du montant des sommes dues. Cette inscription permet une opposabilité efficiente de la sûreté à l'égard des tiers.

104. La réforme de l'AUS de 2010 n'a pas notablement changé les anciennes dispositions si ce n'est la consécration expresse de la réserve de propriété comme une sûreté réelle conventionnelle pleine et entière. Elle a au mieux centralisé pour plus d'efficacité toutes les règles relatives à cette sûreté dans le nouvel Acte uniforme portant organisation des sûretés, y compris celles relatives à leur inscription. Ainsi, l'article 74 du nouvel AUS dispose-t-il que « *la réserve de propriété n'est opposable aux tiers*

---

la sécurité qu'il attend de sa sûreté. Ainsi, d'une part, ne bénéficiera-t-il pas du droit d'être informé de l'ouverture de la procédure collective au profit du débiteur, que la loi réserve aux créanciers inscrits, [...] ni de la dispense de l'obligation de respecter le délai de trois mois pour agir en « revendication ». D'autre part, le défaut de publicité fragilise les droits du créancier en cas d'aliénation du bien. Ce deuxième risque est fort bien connu des vendeurs de meubles corporels sous réserve de propriété, menacés par le jeu de l'article 2276 du Code civil, au point que la loi prévoit désormais explicitement un report de leur droit exclusif sur la créance du prix de revente. Ce risque menace de la même manière la fiducie-sûreté de droit commun sur meubles corporels. Enfin, le risque lié à l'aliénation de l'assiette n'est pas exclu en présence de cession Dailly ou de fiducie-sûreté sur créances ».

[279] GRIMALDI (M.), *Problèmes actuels des sûretés réelles*, *LPA* 26 juin 1996, n° 77, p. 7 s., n° 8 : « Le caractère occulte de la sûreté est dangereux pour tout le monde ».

[280] La publicité n'est pas obligatoire et prévue à peine d'inopposabilité aux tiers. La préservation du secret des affaires est avancée pour ne pas permettre l'inscription de la réserve de propriété sur un registre. L'enregistrement serait utile normalement pour offrir une protection contre l'immobilisation. « La publicité peut ainsi être envisagée pour des besoins de transparence des garanties et de sécurité du commerce juridique », LEGEAIS (D.), Sûretés et garanties du crédit », *op. cit.*, p. 458 ; la publicité spéciale prévue par le droit français par les articles 1 à 7 et 9 du décret du 4 juillet 1972 (art. L. 624-10 et R. 624-14 et s. du Code de commerce) permet une plus grande efficacité de la réserve de propriété dans la mesure où l'action en revendication est remplacée par une action en restitution qui n'est pas susceptible de forclusion, v. CROCQ (P.) et AYNÈS (L.), *op. cit.*, p. 390.

que si celle-ci a été régulièrement publiée au registre du commerce et du crédit mobilier, conformément aux dispositions des articles 51 à 66 du présent acte uniforme ». De la sorte, la publicité permet au créancier réservataire de préserver ses droits sur la valeur du bien. Elle renforce l'efficacité de son droit de suite ; lequel n'est plus préservé si le débiteur a l'autorisation d'aliéner l'assiette de la sûreté.

105. La publicité de la cession de créance à titre de garantie. – De la même façon que la réserve de propriété, la constitution de la cession de créance ne permet pas une possession par le créancier de la créance cédée. Il est ainsi possible que le créancier soit en concurrence avec d'autres ayants cause à titre particulier du constituant. Ce dernier étant de surcroît un bien incorporel et dépend pour son efficacité d'une troisième personne, tiers au contrat. L'article 82 de l'AUS prévoit en effet qu'à la date de sa conclusion, le contrat de cession de créance, présente ou future, à titre de garantie, prend immédiatement effet entre les parties, quelle que soit la date de naissance, d'échéance ou d'exigibilité de la créance. Il s'ensuit qu'à compter de cette date « le cédant ne peut plus, sans l'accord du cessionnaire, modifier l'étendue des droits attachés à la ou aux créances cédées[281] ». Le contrat faisant intervenir un tiers obligé, son efficacité est subordonnée à sa solvabilité puisque l'assiette de la garantie est une créance de somme d'argent. La sûreté ne lui est ainsi opposable que s'il participe à l'acte ou si ce dernier lui est notifié[282]. Cette formalité suffit-elle alors à rendre opposable cette sûreté aux tiers ?

Le droit français arbore dans ce sens sans une grande efficacité puisque l'absence de publicité a des conséquences plutôt fâcheuses vis-à-vis des tiers. Comme l'écrit le Pr LEGEAIS, « les conflits sont multiples et particulièrement délicats à résoudre. Il en résulte [selon lui] une insécurité des transactions bancaires peu compatible avec les exigences du crédit ». Qui plus est, le droit français ne prévoit pas spécifiquement une cession de créance de droit commun puisque la cession Dailly[283] ou cession de créance professionnelle semble être celle dont le régime est privilégié[284]. La première était opposable aux tiers par la signification de l'acte au débiteur cédé ou à son acceptation dans un acte authentique et la seconde l'est pour les tiers et les parties à sa date. Par souci de rendre la cession de droit commun plus attractive, l'ordonnance du 10 février 2016[285] a harmonisé ses conditions

[281] Commentaires sous l'article 82 du nouvel AUS.
[282] Art. 83 du nouvel AUS.
[283] Art. L. 313-23 et suivants du Code monétaire et financier.
[284] Cass. com., France, 19 déc. 2006, n° 05-16395, RLDC, mars 2007, n° 35, p. 38, obs. J.-J. Ansault ; JCP G. 2007, II, 10067, rapp. M. Cohen-Branche, note D. Legeais.
[285] Réforme n° 2016-131 du 10 février 2016 portant réforme du droit des contrats, du régime général et de la preuve des obligations.

d'opposabilité aux tiers au même titre que la cession Dailly. Et le nouvel article 1324 alinéa 1 du Code civil énonce que « la cession n'est opposable au débiteur, s'il n'y a déjà consenti, que si elle lui a été notifiée ou s'il en a pris acte ». Les deux n'en demeurent pas moins occultes.

106. En droit OHADA par contre, la garantie ne devient opposable aux tiers qu'à compter de son inscription au RCCM. Il s'agit visiblement d'un choix de politique juridique fait par le législateur OHADA soucieux de limiter les conflits qui pourraient naître de l'absence d'une telle publicité. L'analyse des failles du droit français y a fortement aidé. Par contre, la publicité ne garantit pas une efficacité aveugle de la sûreté ainsi constituée. Il a été jugé sur ce point que malgré une publicité régulière, le débiteur cédé ne peut être tenu à garantie lorsque l'acte de cession est entaché de fraude, la cession de créance étant l'accessoire de la créance principale lorsque celle-ci est annulée, la sûreté qui la garantit suit le même sort[286]. Il faut rajouter que la cession peut être conclue par des parties qui se trouvent dans plusieurs pays de l'OHADA, aussi, pour éviter les conflits de lois dans l'espace OHADA, le législateur a-t-il pris soin de préciser que cette opposabilité est effective « *quelle que soit la loi applicable à la créance et la loi du pays de résidence de son débiteur* [287]».

B/ L'ABSENCE DE PUBLICITE AU RCCM LORSQUE LA PRESERVATION DE L'ASSIETTE GARANTIE NE FAIT AUCUN DOUTE

107. La notification à l'établissement teneur du compte. – Cette notification remplace la publicité au RCCM dans le transfert fiduciaire d'une somme d'argent. Elle porte à ce titre en elle l'efficacité de cette sûreté et peut avoir les mêmes effets qu'une dépossession.

Dans le transfert fiduciaire d'une somme d'argent, le blocage des fonds sur le compte bancaire prive le constituant de la jouissance et de l'usage de son bien. De plus, le compte est ouvert au nom du créancier pour marquer l'utilisation de la propriété à titre de garantie. Mais, parce qu'il n'en reçoit aucune prérogative d'un propriétaire ordinaire et n'aspirant lui-même qu'à garder un droit prioritaire sur ces fonds, le blocage du compte révèle la réalité de l'opération. Et son fonctionnement montre que le créancier ne peut au demeurant aspirer à aucune richesse

---

[286] TPI Lomé (Togo), 2e ch. com., 29 nov. 2016, n° 0391/2016, affaire société Togolaise des plaques (SOTOPLA-CEVA SA) c/ CORIS BANK INTERNATIONAL Togo SA : Contestation par le débiteur cédé de l'acte de cession de créance et de la déclaration d'inscription au RCCM pour cause d'utilisation de faux documents afin d'obtenir un prêt sous forme de cession de créance. Le débiteur cédé est mis hors de cause et ne sera pas tenu à garantie.

[287] Article 82 al. 1 du nouvel AUS.

autre que ce que la sûreté peut réellement lui attribuer. Il est donc de la nature même de cette sûreté de priver les parties à la convention des utilités du bien garanti jusqu'à l'accomplissement total de l'obligation garantie, c'est à ce titre que le créancier est également privé de l'usage et de la jouissance du bien garanti. La raison d'être de la notification à l'établissement teneur du compte est ainsi de préserver chaque partie des abus de l'autre. La notification doit ainsi intervenir à un moment où toutes les informations du transfert sont réunies et non après. Cette protection ne permet pas pour ainsi dire d'alourdir exagérément les formalités d'opposabilité de cette sûreté, opposabilité entre les parties et aussi aux tiers. L'établissement teneur du compte joue finalement le rôle de garant de l'efficacité de cette sûreté. Il agit comme un tiers détenteur et engage sa responsabilité dans la gestion de cette sûreté conformément à sa finalité. Lorsque la qualité de l'établissement teneur de compte se confond avec celle du créancier, le respect de la formalité de notification ne peut être exclu et les risques sont encore plus grands pour le constituant. L'établissement teneur du compte doit se notifier à lui-même le transfert fiduciaire et prendre toutes les mesures nécessaires afin de respecter les intérêts du constituant tout en préservant ses droits sur le bien garanti. Un vaillant équilibre doit dans ce cas être trouvé.

108. Un frein au crédit. – La préservation de l'assiette garantie ne fait aucun doute dans le transfert fiduciaire d'une somme d'argent. En effet, le nom du créancier inscrit sur le compte bloqué le protège contre toute prétention concurrente. Sauf que, ce procédé bien que préservant également les intérêts du débiteur contre la mauvaise foi du créancier ne lui est pas tout à fait bénéfique en raison de l'absence de possibilité de profiter des fonds inscrits sur ce compte. Les opérations de crédit étant des opérations susceptibles de durer des années, ces fonds seront thésaurisés pendant longtemps. De plus, l'indivisibilité des sûretés réelles fait que même si la créance garantie a été remboursée en grande partie, les fonds transférés ne seront pas pour autant diminués à due proportion. D'où peut-être l'intérêt d'envisager, comme le droit français l'a fait, le principe de rechargement de la sûreté sur le contrat initial[288]. Cette utilisation doit tout de même être prise avec beaucoup de réserves puisque le principe du rechargement des sûretés peut avoir un travers et le premier créancier peut également jouer de sa position pour l'en empêcher ou se tirer la part du lion.

---

[288] Pour le rechargement de la fiducie-sûreté en droit français, voir les articles 2372-5 et 2488-5 du Code civil issus de l'ordonnance du 30 janvier 2009.

SECTION 2 : LE DROIT EXCLUSIF SUR LA VALEUR DU BIEN GARANTI COMME EFFET PRINCIPAL RECHERCHE

109. On peut concevoir du fait de l'utilisation de la propriété à des fins de garantie que le créancier soit réellement en position de force vis-à-vis du constituant et surtout des tiers pour la préservation de ses droits sur le bien garanti. Mais, la doctrine a parfois présenté la situation d'un créancier n'ayant pas tous les attributs d'une propriété ordinaire[289], réduisant de fait la vocation de la propriété-sûreté à octroyer à son bénéficiaire les droits absolus d'un véritable propriétaire. Nous partageons cette conception pour un rapprochement salutaire des propriétés-sûretés aux sûretés classiques. En réalité, si la propriété-garantie n'est pas la propriété véritable ou la pleine propriété, son utilisation à des fins de garantie réalise un effet exclusif en ce sens que le bénéficiaire de la garantie peut par les effets qui s'y rattachent évincer les créanciers concurrents. La propriété-sûreté ne serait donc pas totalement étrangère comme les sûretés traditionnelles à l'utilisation des critères classiques d'efficacité à l'image de la possession ou l'inscription sur un registre pour son opposabilité aux tiers. L'effet voulu n'est que l'avantage qu'il procure au créancier sur la valeur du bien garanti. Comme le soutient C. GIJSBERS dans sa thèse : « à l'image d'un créancier hypothécaire, privilégié, nanti ou gagiste, [le créancier titulaire d'une propriété-sûreté] n'est jamais riche que de la créance et de la sûreté qui la renforce, non des utilités du bien qui en constitue l'assiette, dont le débiteur n'entend pas d'ailleurs, plus souvent se défaire[290] ». Ainsi, pendant l'opération de garantie, le bénéficiaire de la propriété-sûreté n'a aucun pouvoir réel sur la chose affectée, sauf exception, et si l'obligation garantie est assurée, le bien demeurera en pleine propriété au propriétaire. Le créancier ne devrait donc pas pendant l'opération de garantie affirmer la pleine propriété du bien garanti. Il ne l'a pas et ne prétend d'ailleurs pas l'avoir. Son droit exclusif n'est assuré qu'à l'égard des autres créanciers en raison de l'effet produit par l'utilisation de la propriété à titre de garantie. Le droit OHADA prévoit donc également cet effet exclusif dès la constitution de la garantie pour préserver les intérêts du créancier sans pour autant clarifier expressément si la propriété utilisée à titre de garantie s'apparente à la pleine propriété.

---

[289] « La propriété est censée investir son bénéficiaire de la totalité de ces utilités, or le créancier titulaire d'une propriété-sûreté n'en obtient en principe aucune utilité », V. GIJSBERS (C.), thèse, *op. cit.*, p. 74 ; VAREILLES-SOMMIÈRES, *La définition et la notion juridique de la propriété*, *RTD civ.* 1905, p. 443 s. : « La propriété s'entend du droit à la totalité des utilités actuellement disponibles de la chose qui y est soumise ». (Note GIJSBERS).

[290] GIJSBERS (C.), thèse, *op. cit.*, p. 74.

Toutefois, il faut reconnaître que ce serait méconnaître grandement la finalité de l'utilisation de la propriété à des fins de sûreté que de l'assimiler à une simple sûreté traditionnelle, octroyant un droit de préférence. Même si sa nouvelle vocation, c'est-à-dire être l'accessoire d'une créance montre également une absence d'accès à la plénitude des utilités du bien comme dans les sûretés classiques[291], sa finalité est d'octroyer au créancier qui en est bénéficiaire un droit exclusif sur la valeur du bien garanti dès la constitution de la sûreté pour éviter le concours avec des créanciers concurrents. C'est ce qui change d'avec les sûretés classiques. Le bien sort-il pour autant du patrimoine réel du constituant ? Nous ne le pensons pas puisqu'il n'a pas vocation à rentrer dans celui du créancier pendant l'opération de garantie et ce dernier ne le souhaite pas non plus. C'est la raison d'être des sûretés, elles s'apprécient et sont efficaces en fonction de la finalité poursuivie. L'efficacité des propriétés-sûretés dépend donc finalement comme le dit le Pr LEGEAIS de « la convention des parties ». Si le législateur OHADA évoque sans ambiguïté la propriété retenue **(Paragraphe 1)** ou cédée **(Paragraphe 2)** à titre de garantie, il faut comprendre par là une propriété-garantie et non la propriété ordinaire. L'effet attendu étant le droit exclusif sur la valeur du bien garanti. Cette thèse reçoit également de plus en plus l'adhésion d'une partie de la doctrine française. Nous pensons qu'elle doit être privilégiée dans l'espace OHADA en raison de la publicité au cœur de l'efficacité des sûretés réelles.

PARAGRAPHE 1 : LE DROIT EXCLUSIF SUR LA VALEUR DU BIEN GARANTI ATTENDU DE LA CONSTITUTION DE LA RESERVE DE PROPRIETE A TITRE DE GARANTIE

110. Les travaux de l'Association Henri Capitant sur la réforme en droit français du droit des sûretés en 2006 révélaient déjà que « *dans la plupart des utilisations de la propriété-sûreté, soit-elle réservée ou transférée, l'utilité du bien est laissée au débiteur et l'une des caractéristiques de la propriété-sûreté est justement cette opposition entre l'importance du pouvoir conféré en droit au créancier et l'importance du pouvoir laissé en fait au débiteur*[292] ». Ce qui n'est pas expliqué, c'est en réalité la finalité de ce pouvoir conféré en droit au créancier. Ce pouvoir qui lui est conféré par le droit des sûretés réelles est un pouvoir sur la valeur du bien et non sur le bien lui-même. C'est pourquoi le débiteur reste souvent

---

[291] Absence d'accès à la plénitude des utilités du bien garanti. Voir la thèse de GIJSBERS (C.), Thèse, *op. cit.*

[292] BUSSANI (M.), Rapport général. *La propriété-sûreté*, in La propriété, *Travaux de l'Association Henri Capitant*, p. 305 s., spéc. n° 2, p. 307. Note GIJSBERS (C.), thèse, *op. cit.*, p. 76.

pleinement propriétaire de son bien et est associé à sa préservation. Seule la valeur de l'assiette est convoitée par le créancier. Il n'a que faire du bien lui-même. Le cas de la réserve de propriété est révélateur de cette finalité. La réserve de propriété n'est pas un mécanisme destiné à bloquer le jeu normal des circuits commerciaux par une interdiction au droit de disposer du bien garanti. Elle ne s'oppose donc pas à la destination normale de la chose généralement vendue. Il est ainsi de la nature même de cette sûreté de ne pas paralyser les utilités du bien garanti[293]. Selon les textes, le créancier originairement propriétaire du bien dont il prétend réserver « la propriété » jusqu'au complet paiement de l'obligation garantie, s'en dessaisit au profit du débiteur et lui octroie des obligations importantes, celles de profiter des utilités du bien garanti dans la limite des exigences du contrat qui les lie. Celui-ci en prend donc le contrôle, contrairement au créancier qui lui le perd dans la mesure où le débiteur jouit des attributs d'un véritable propriétaire, surtout dans ses relations avec les tiers. Cette propriété réservée a-t-elle des chances d'être une propriété ordinaire ? Au vu de la finalité de cette sûreté la réponse doit être la négative.

Le créancier dans l'opération principale sait qu'il ne pourra se prévaloir de la propriété ordinaire du bien s'il s'en dessaisit au profit du débiteur sinon il constituerait un crédit-bail. En laissant partir le bien, il renonce implicitement à toutes ses prérogatives et se contente d'un droit exclusif sur sa valeur. C'est pour cela que sa situation doit être réappréhendée au regard du droit des sûretés réelles et de sa finalité réelle **(A)**. Toutefois, au vu du contrat qu'il a conclu avec son débiteur, ce dernier ne peut s'affirmer pleinement propriétaire du bien à son égard tant qu'il n'aura pas complètement exécuté son obligation **(B)**. À l'égard des tiers, la perception est donc différente et ils n'ont aucun moyen d'appréhender les conséquences et la consistance de cette sûreté sur le bien garanti, d'où l'intérêt ou le choix de la transparence pour l'opposabilité de cette sûreté.

A/ LA SITUATION DU CREANCIER RESERVATAIRE

111. L'affirmation d'un droit exclusif sur la valeur du bien garanti. – Il est soutenu en doctrine que dans la réserve de propriété, le créancier n'a par hypothèse jamais renoncé à la propriété du bien dont il s'est séparé au profit du débiteur. Le bien garanti ne sort donc pas juridiquement de son patrimoine pendant l'opération de garantie, de sorte qu'il n'en perd que les utilités pour servir exceptionnellement le contrat de garantie. Le législateur OHADA évoque ainsi la suspension de l'effet translatif d'un contrat qui devait attribuer la pleine propriété du bien vendu au

[293] Cass. com., France, 1er oct. 1985, *Bull. Civ.* IV, n° 224.

débiteur[294]. Ainsi, la propriété n'ayant pas été transférée, le créancier demeurerait encore le propriétaire du bien en possession du débiteur. C'est ce qui ressort des textes si on fait une analyse simple de la finalité de la réserve de propriété sans s'attarder sur son sens réel et ce qui en ressort dans la pratique.

Tout porterait donc à croire que le législateur estime que la propriété retenue par le créancier est la propriété ordinaire. Sauf que le créancier n'a pas vocation à pleinement s'affirmer en tant que propriétaire si le débiteur honore ses engagements contractuels. C'est pourquoi sa propriété n'en est en réalité pas une et ne lui permet pas de jouir des attributs que sa qualité de propriétaire lui confère ou qu'il « ne peut strictement rien faire[295] » tant que le contrat est bien exécuté. Il ne peut donc pas jouir des utilités économiques du bien finalement comme dans le droit traditionnel de propriété[296]. Aussi simplement parce que ce qu'il inscrit dans son patrimoine quand il se dessaisit du bien au profit du débiteur c'est la créance du prix de vente du bien et non sa propriété qui l'obligerait au passage à l'amortir. Il s'agirait à ce titre de la perte de la pleine propriété sur le bien délaissé et de la prise d'une sûreté sur sa valeur ; une sûreté à effet exclusif puisqu'il la prend dès la constitution de la sûreté par l'utilisation habile de la propriété. Il est donc difficile de concevoir que le bien n'est finalement pas sorti de son patrimoine réel, de sorte qu'il puisse à tout moment revendiquer sa propriété, mais en réalité le bien a intégré le patrimoine réel de l'acquéreur qui l'utilise avec pour intention d'en faire un élément de richesse. Le bien étant remplacé dans son patrimoine réel par la créance portée sur l'acquéreur, la sûreté réelle ne peut avoir pour finalité que de lui conférer un droit exclusif sur la valeur du bien. Le droit réel de garantie est ainsi matérialisé puisqu'il porte sur le bien en possession du débiteur et constitue l'accessoire de l'obligation principale garantie. Il s'agit de la finalité poursuivie par le créancier qui n'a plus aucune maîtrise physique sur le bien garanti[297]. Il faut alors replacer cette sûreté dans son véritable contexte et non sous le prisme de la vente qui l'a vue naître, étant entendu que le créancier n'agit pas en tant que propriétaire mais en tant que créancier titulaire d'une garantie[298].

---

[294] Art. 72 du nouvel AUS.

[295] PÉROCHON (F.), La réserve de propriété dans la vente de meubles corporels, Bibl. de droit de l'entreprise, vol. 21, *Litec* 1988.

[296] GIJSBERS (C.), Thèse, *op. cit.*, p. 92.

[297] MALAURIE (P.), « *Rapport de synthèse* » *in* Faut-il retarder le transfert de propriété ? cah. dr. ent., suppl. 5/ 1995, p. 46, spéc. p. 49. (Note GIJSBERS, thèse, *op. cit.*, p. 92).

[298] C'est pour cela qu'ayant prévu la réserve de propriété, le créancier lui-même ne demande pas la résolution de la vente mais l'exécution de sa sûreté, comme si pour lui la vente était consommée. Mais comme le disait JESTAZ (P.), *La réserve de propriété ou la vente éclatée, Mélanges dédiés à Dominique Holleaux, Litec*, 1990, p. 229 : « Dans notre imagerie juridique toute imprégnée de vente translative, un vendeur qui exerce la revendication opte implicitement

Pour la clarté, il est peut-être temps de dissocier les deux opérations. L'une, la principale qui devrait être une opération translative de propriété et l'autre, l'accessoire qui est une sûreté réelle donnant au créancier un droit exclusif sur la valeur du bien ayant fait l'objet de l'opération principale. Son efficacité reposerait sur la publicité. Pour peu que le débiteur ne respecte pas ses engagements, le créancier sera dans l'obligation de demander l'exécution de la sûreté. La qualification de sûreté réelle conventionnelle de la clause de réserve de propriété[299] est établie par le législateur et les conséquences doivent en être tirées. Comme en matière de nantissement, la préservation des droits du créancier n'est pas aisée et il risque de se heurter à la protection qu'offre l'article 2276 du Code civil français au tiers, ou sous-acquéreur, possesseur de bonne foi.

B/ LE BIEN GARANTI : UN ELEMENT DE SOLVABILITE POUR LE DEBITEUR

112. Un élément de richesse du débiteur. – En suspendant l'effet translatif du contrat tout en se dessaisissant du bien au profit de l'acquéreur devenu débiteur avec des droits étendus dont le droit de disposition, sa possession est devenue celle d'un véritable propriétaire. Le bien devient pour lui un élément de richesse. C'est aussi pour cela qu'on pourrait raisonnablement se poser des questions sur la portée réelle du contrat principal. Ce contraste fait dire à certains auteurs dont C. GIJSBERS que « la vente a bel et bien produit son effet translatif de propriété dès l'échange des consentements, le vendeur s'étant simplement réservé un droit de propriété-sûreté[300] ». Même si ce raisonnement ne convainc pas certains auteurs[301], sa position sur le sujet révèle un malaise latent au sein de la doctrine puisque le créancier ne se comporte pas en un véritable propriétaire. Sa situation est celle d'un titulaire d'une sûreté réelle avec le bien garanti comme élément exclusif de son désintéressement. On peut également considérer que le débiteur ne peut également pas s'affirmer

---

pour la résolution puisque son attitude rend désormais impossible ce qui constitue la raison d'être de la vente, à savoir le transfert de propriété ». Note GIJSBERS (C.), Thèse, *op. cit.*, p. 109.

[299] Art. 72 : « La propriété d'un bien mobilier peut être retenue en garantie par l'effet d'une clause de réserve de propriété qui suspend l'effet translatif d'un contrat jusqu'au complet paiement de l'obligation qui en constitue la contrepartie ».

[300] GIJSBERS (C.), Thèse, *op. cit.*, p. 109.

[301] FAVRE-ROCHEX (C.), Thèse, *op. cit.*, p. 266 : « Au soutien de l'analyse de la clause de réserve de propriété en une authentique sûreté réelle, certains auteurs considèrent que le contrat transférerait en réalité la propriété du bien à l'acquéreur dès sa conclusion, et que le bien serait concomitamment affecté au désintéressement exclusif du créancier au moyen d'un pacte commissoire. Mais une telle analyse dénature frontalement le mécanisme de la réserve de propriété du bien au réservataire, quoique celle-ci soit amputée de certaines prérogatives normalement conférées par le droit de propriété ordinaire ».

pleinement propriétaire du bien puisque son droit est soumis à une condition. Sans complet paiement, il ne peut alors dans ses rapports contractuels incluant le bien garanti consentir que des droits soumis aux mêmes conditions. C'est pourquoi cette clause doit être réinterprétée pour être une pure sûreté réelle en l'appréciant en fonction de sa finalité. Elle vise alors à préserver l'assiette de la sûreté pour que sa valeur profite exclusivement au créancier. La propriété-garantie n'est que le moyen d'y parvenir.

Pour cela, il résulte de la nature même de cette sûreté une obligation de conservation du bien garanti à la charge du débiteur. Cette obligation de conservation a pour corollaire l'obligation de ne pas altérer la substance de la sûreté constituée afin de préserver la valeur de son assiette. Si le débiteur, comme c'est souvent le cas dans la réserve de propriété, est autorisé par le contrat à modifier la nature de l'assiette de la sûreté, voire à l'aliéner, le créancier selon les cas, obtient un garde-fou pour la préservation de ses droits. Le bien garanti peut alors être laissé entre les mains du débiteur qui en conserve la pleine maîtrise matérielle et économique, comme un propriétaire dont le droit est soumis à une condition. Il faut dire qu'à la genèse de la consécration de cette sûreté en France, la loi du 18 janvier 1951 avait entre autres pour but de permettre un rééquipement de l'industrie fortement atteinte par la Seconde Guerre mondiale. L'intérêt pour le débiteur était alors économique puisque n'étant pas privé des utilités du bien garanti, il pouvait continuer normalement ses activités génératrices de revenus et exécuter aisément son obligation envers le créancier. Le besoin d'efficacité de l'opération a conduit à sa dénaturation. On peut le comprendre puisque la clause n'était pas considérée comme une sûreté réelle authentique et ne faisait l'objet d'aucune publicité.

113. Si l'on suit alors le raisonnement de GIJSBERS sur la question, il y a véritablement une cohérence à considérer qu'en réalité l'acquéreur a reçu la pleine propriété du bien mais que par l'absence du paiement complet de celui-ci à la vente, les parties ont entendu préserver les intérêts du créancier en constituant à son profit un droit réel de garantie sur ledit bien par l'utilisation de la propriété-garantie. L'acquéreur peut ainsi l'utiliser comme le ferait un véritable propriétaire dont le droit est soumis à une condition. Il peut ainsi faire un acte de disposition « si telle est la destination normale de la garantie[302] ». C'est aussi pour ces raisons que dit-il, le droit fiscal français met à sa charge le paiement du droit de mutation ou d'enregistrement[303], comme s'il avait déjà acquis la propriété

[302] GIJSBERS, thèse, *op. cit.*, p. 77.

[303] BLANLUET (G.), Essai sur la notion de propriété économique en droit privé français – Recherches au confluent du droit fiscal et du droit civil, Préf. P. Catala et M. Cozian, *LGDJ*, Bibl. dr. priv., T. 313, 1999, p. 83 : « Fiscalement, le propriétaire est l'acquéreur. Les biens

du bien. La raison est que dès la vente, le créancier ne peut plus tirer aucune richesse que le bien garanti pouvait lui offrir en tant que véritable propriétaire. Le droit OHADA quant à lui n'a pas uniformisé le droit fiscal de sorte que chaque État partie devrait prévoir dans son droit fiscal les dispositions nécessaires à la prise en compte de cette opération pour plus de clarté. En droit togolais par exemple, on peut regretter l'absence de dispositions nécessaires à l'appréhension par le droit fiscal de la réserve de propriété malgré la très récente réforme du Code général des impôts. Seuls les actes constitutifs de nantissement sont prévus pour un enregistrement à droit fixe[304] et encore, avec une utilisation du terme « nantissement » qui englobe le gage. Le législateur fiscal national n'a donc pas suffisamment pris en compte le nouveau droit OHADA des sûretés réelles. Au regard du droit des sûretés, cette utilisation de la propriété doit également dans le droit OHADA être interprétée comme octroyant au créancier un droit exclusif au paiement sur la valeur du bien garanti et non la propriété ordinaire.

114. Sous l'ancien AUS qui ne faisait pas encore de la réserve de propriété une sûreté réelle conventionnelle pleine et entière, les juges de la CCJA ont dans un arrêt du 24 avril 2008 estimé que : « *La clause de réserve de propriété a pour conséquence que tant que la marchandise n'a pas été payée le vendeur en restera propriétaire et l'acheteur n'en aura qu'une possession précaire. Mais, cette possession n'empêche pas l'acheteur de disposer du bien garanti. C'est de l'essence même de cette sûreté que l'acheteur ait la jouissance et la disposition du bien*[305] ». Il faudrait alors à l'aune du nouvel AUS revenir sur la portée de la constitution de cette sûreté et considérer que tant que le débiteur n'a pas payé, le créancier conserve un droit exclusif sur sa valeur et un droit de suite qui lui permet de suivre le bien dans n'importe quelle main où il se trouve. La possession ostensible du débiteur aura alors dans ce cas plus de répercussions sur l'efficacité de cette sûreté.

---

vendus sont portés à son bilan dès avant le transfert de propriété et il lui est permis de les amortir comme s'il était propriétaire » ; V. aussi les développements de C. GIJSBERS sur la question dans sa thèse, *op. cit.*, p. 335 s.

[304] Art. 392 du nouveau Code général des impôts (CGI) du Togo (Loi n° 2018-024 portant Code général des impôts, publiée le 29 janvier 2019) : « *Sont enregistrés au droit fixe de trente mille (30 000) francs CFA : a) les arrêts de la Cour Suprême ; b) les actes constitutifs de nantissement de fonds de commerce, de matériel, de marchandises, de marché, etc. ; [...]* ». Mais, on peut également déduire de l'*etc.* à la fin du point (b) en faisant une interprétation extensive et prospective que sur le législateur soumet à l'enregistrement à droit fixe toutes les sûretés ou garanties du crédit.

[305] CCJA, 24 avril 2008, n° 018, aff. Docteur A. c/ Distribution pharmaceutique de Côte d'Ivoire dite DPCI-SA, Juris-OHADA n° 2, avril-mai-juin 2008, p. 21 ; Les grandes décisions de la CCJA, L'Harmattan, 2010, p. 213, obs. NGNINTEDEM (J.C.).

PARAGRAPHE 2 : LE DROIT EXCLUSIF SUR LA VALEUR DU BIEN GARANTI ATTENDU DE LA CONSTITUTION DE LA PROPRIETE TRANSMISE A TITRE DE GARANTIE

115. Dans l'espace OHADA, la propriété d'un bien peut également être cédée au créancier en garantie d'une obligation. Le législateur OHADA limite cette possibilité à certains biens à l'instar des créances **(A)** et des sommes d'argent **(B)**. Le mécanisme a la même finalité en ce que le créancier aspire avant tout à évincer les autres créanciers et éviter le concours dans le partage de la valeur du bien garanti.

A/ CAS DE LA CESSION DE CREANCE

116. La cession de créance à titre de garantie produit ses effets entre le cédant et le cessionnaire **(1)** mais également à l'égard du débiteur cédé **(2)**.

1/ Effets de la cession entre le cédant et le cessionnaire

117. La nature de la propriété du créancier sur la créance cédée à titre de garantie. – Si l'on s'arrête à l'article 79 du nouvel AUS, on pourrait conclure que la propriété cédée au cessionnaire est une propriété ordinaire ou une pleine propriété, tant le législateur OHADA affirme cette cession sans ambiguïté. Cet article dispose en effet que : « *La propriété d'un bien, actuel ou futur, ou d'un ensemble de biens, peut être cédée en garantie du paiement d'une dette, actuelle ou future, ou d'un ensemble de dettes [...]* ». Toutefois, à la lecture de l'article 80, il semble que cette cession ne soit prévue qu'à titre de garantie de sorte que le cessionnaire doive se conformer au contrat de garantie pour l'exercice des droits qui lui ont été effectivement transférés. Lequel contrat doit à peine de nullité de la garantie être constaté par écrit. On se rend donc compte que le législateur est prudent dans sa démarche. L'article 80 évoqué dispose que : « *Une créance détenue sur un tiers peut être cédée à titre de garantie de tout crédit consenti par une personne morale nationale ou étrangère [...]* ». Il est ainsi plus qu'évident que la finalité d'un tel transfert n'est pas de donner au créancier la plénitude des droits sur le bien garanti, mais lui permettre un paiement prioritaire dénué de tout concours. La propriété qui est utilisée comme critère d'efficacité permet alors dès la constitution de la sûreté d'octroyer un droit exclusif au créancier. Étant resté pleinement propriétaire du bien garanti, c'est le contrat qui réglemente les conditions de la préservation de l'assiette de la sûreté pendant l'opération de garantie. Aussi, est-il interdit au créancier de « percevoir les intérêts de la créance cédée[306] ». S'il y était autorisé, ce serait « à charge de les imputer sur le montant de la dette garantie[307] ».

---

[306] GIJSBERS, thèse, *op. cit.*, p. 81

[307] GIJSBERS, thèse, *op. cit.*.

C'est dire qu'il n'a qu'un droit réel de garantie. L'article 82 alinéa 2 du nouvel AUS dispose également à cet effet « *qu'à compter de la date de la cession, le cédant ne peut, sans l'accord du cessionnaire, modifier l'étendue des droits attachés à la créance cédée* ». La finalité économique attachée à cette utilisation est sans égale puisque le créancier est mis en position d'éviter le concours dès la constitution de la garantie. Ce à quoi un auteur affirme que « l'intérêt de ces garanties réside dans le fait que le bien grevé ne figure pas dans le patrimoine du débiteur et donc du gage commun des autres créanciers[308] »,. Toutefois, il n'est pas besoin de faire sortir le bien du patrimoine du débiteur pour justifier du droit exclusif du créancier ou lui permettre d'évincer les autres créanciers. D'autres mécanismes d'opposabilité de la sûreté peuvent efficacement préserver les droits du créancier comme la publicité. L'intérêt est d'avertir les tiers de ce que l'assiette de la sûreté soit réservée à titre exclusif. Rien n'empêche alors le débiteur d'octroyer à un autre créancier un autre droit réel de garantie puisque leur rang de priorité sera connu par la formalité d'inscription. L'enjeu de l'efficacité des sûretés réelles conventionnelles doit se hisser sur d'autres mécanismes ou critères qui promeuvent la transparence et libèrent le crédit.

118. Pour se convaincre de l'inutilité de la propriété pour la préservation de l'efficacité de cette sûreté, il suffit d'analyser la portée de la notification de la cession au débiteur cédé ou sa participation à l'acte. Si l'acte ne lui est pas opposable, la sûreté a de fortes chances d'être inefficace. Au même titre que la réserve de propriété, en droit fiscal national, au Togo par exemple, le nouveau Code général des impôts appréhende la cession de créance à titre définitif comme un acte translatif de propriété à titre onéreux qui est enregistré à droit fixe[309] mais n'évoque pas expressément la cession de créance à titre de garantie. De sorte que la pratique privilégie les dispositions de l'article 392 du CGI qui traite des nantissements pour l'enregistrement de toutes les formes de sûretés. Il se fait donc à droit fixe mais pour une somme plus élevée que celle prévue pour la simple cession de créance. Dans le silence des textes nationaux, la propriété étant utilisée à titre de garantie, on peut souscrire à l'idée qui emporte de plus en plus l'adhésion de la doctrine que le créancier n'acquiert pas pendant l'opération de garantie la pleine propriété du bien affecté par le constituant.

119. C'est pourquoi, pour un auteur, « il faut en réalité écarter l'idée que le créancier soit pleinement propriétaire avant la réalisation de la sûreté[310] »,

---

[308] SÉJEAN-CHAZAL (C.), Thèse, *op. cit.*, p. 137.

[309] Art. 390 du nouveau CGI du Togo.

[310] SÉJEAN-CHAZAL (C.), Thèse, *op. cit.*, p. 138 ; 136 : « Le créancier qui a recours à ce procédé est avant tout en quête d'une position de force, destinée à primer les autres créanciers.

même si on retrouve chez le Pr CROCQ une vive défense du transfert effectif de la propriété au créancier. Pour lui, il s'agit en fait d'un jeu de restrictions de prérogatives qui démontre aisément la flexibilité et l'extension de la notion de propriété[311], qui ne doit pas être réduite à sa finalité traditionnelle. S'il s'agit de la pleine propriété qui est transférée, il estime néanmoins que pour servir la garantie, les prérogatives des parties sont limitées. Les objections ou critiques à cette théorie sont nombreuses au rang desquelles celles du Pr GIJSBERS qui estime que le créancier n'a en réalité aucune intention de devenir propriétaire du bien[312] et à ce titre, nous soulignons que la pleine propriété qu'on lui prête ne serait que théorique et ne refléterait pas la réalité du droit de garantie dont fait état le législateur et qui oblige les parties à préciser dans leur contrat de garantie les pouvoirs conférés au créancier[313]. Il s'agit plus pour lui d'exercer des droits qui protégeront ses intérêts sur la valeur du bien garanti et non l'exercice des droits d'un véritable propriétaire. Il n'a donc pas « durant la vie de la sûreté, un accès actuel et de principe à la plénitude des utilités disponibles de la chose[314] ».

2/ Les effets de la cession de créance à titre de garantie à l'égard du débiteur cédé

120. L'opposabilité des exceptions. – La propriété cédée au bénéficiaire de la cession de créance étant une propriété dénuée des droits du véritable propriétaire pendant l'opération de garantie, il ne peut avoir plus de droits que ce que lui permet le contrat de garantie pour la préservation de ses intérêts. Le débiteur cédé peut ainsi opposer au cessionnaire des exceptions issues de son rapport juridique avec le cédant. À ce titre, une fois le droit de garantie acquis, le cessionnaire peut se voir opposer par le débiteur cédé les exceptions tirées de son rapport juridique avec le cédant[315]. Pour rendre efficace la préservation de ses droits, le créancier

---

C'est cet objectif que ces garanties se targuent d'atteindre, en faisant sortir le bien grevé du patrimoine du débiteur et donc de l'assiette du gage général des autres créanciers ».

311 CROCQ (P.), Thèse, op. cit., n° 93, p. 76 : « Elle s'avère en conformité avec la logique de l'évolution de la propriété : une extension liée à l'apparition de restrictions ».

312 GIJSBERS, Thèse, *op. cit.*, p. 90 ; V. aussi CARBONNIER (J.), *Le droit de propriété depuis 1914,* in Flexible droit, Pour une sociologie du droit sans rigueur, 10e éd., LGDJ, 2001 : « Ces innombrables interdits [que le législateur moderne impose au propriétaire], on les accumule sur la tête d'un même propriétaire théorique. C'est une méthode pour les enseigner ; mais, si épais que soit un dictionnaire de médecine, chaque lecteur doit bien savoir qu'il n'attrapera pas toutes les maladies ». Note GIJSBERS, thèse, *op. cit.*.

313 GRIMALDI (M.), La fiducie : réflexion sur l'institution et sur l'avant-projet qui la consacre, 2e partie, Defrénois, 1991, art. 35094, p. 961 s., spéc. n° 33, p. 965 ; RAYNOUARD (A.) et JOURDAIN-THOMAS, La fiducie, nouvel outil de gestion et de sûreté, JCPN, 2010, 1063, spéc. n° 9 ; GIJSBERS (C.), Thèse, op. cit., p. 91.

314 GIJSBERS (C.), Thèse, *op. cit.*, p. 91.

315 BLACK YONDO (L.), BRIZOUA-BI (M.), FILLE LAMBIE (O.) et autres, dir. Pr CROCQ, *op. cit.*, p. 187.

doit rendre opposable l'acte au débiteur cédé. Il doit donc être mis au courant de la cession de la créance au profit du nouveau créancier, sinon il se libérera entre les mains du cédant. Il peut ainsi opposer au cessionnaire les exceptions nées avant que la cession lui soit opposable. Pendant l'opération de garantie, l'opposabilité de l'acte au débiteur cédé est un gage de paiement entre ses mains et surtout la matérialisation de son droit exclusif au paiement. C'est ce formalisme qui renforce l'efficacité de la cession de créance sans lequel le débiteur cédé s'exécutera entre les mains du cédant. Il a été démontré dans la pratique que bien souvent, par souci de préservation du secret des affaires, le créancier laissait malgré la cession la possibilité au cédant de recueillir lui-même l'objet de la créance cédée ou se refusait à ce formalisme, s'exposant à une inopposabilité de sa sûreté au débiteur cédé. C'est aussi au nom du secret des affaires que le droit français n'a pas admis la publicité de la cession de créance à titre de garantie pour son opposabilité aux tiers.

121. La notification au débiteur cédé de la cession de créance vient donc renforcer les droits du cessionnaire et son droit exclusif sur la créance cédée.

122. Une clarification possible dans l'AUS. – L'exemple du droit français et la clarification proposée par l'avant-projet du droit des sûretés réelles peuvent éclairer le droit OHADA. Les dispositions de l'AUS sont lacunaires puisque le législateur semble consacrer un droit commun de la transmissibilité conventionnelle des créances à travers le nantissement des créances mais n'évoque pas clairement la règle de l'opposabilité des exceptions. Il se contente de rappeler dans la cession de créance que, dans le cas où le débiteur cédé s'engage à payer le cédant, il ne peut lui opposer les exceptions fondées sur ses rapports personnels avec le cédant. Il serait intéressant de consacrer un article à cette règle comme le droit français l'a fait à travers l'article 1324 alinéa 2 du Code civil qui dispose que : « *Le débiteur peut opposer au cessionnaire les exceptions inhérentes à la dette, telles que la nullité, l'exception d'inexécution, la résolution ou la compensation des dettes connexes. Il peut également opposer les exceptions nées de ses rapports avec le cédant avant que la cession lui soit devenue opposable, telles que l'octroi d'un terme, la remise de dette ou la compensation de dettes non connexes* ». Cette disposition doit ainsi être intégrée dans l'AUS comme le propose également pour le droit français la Commission Grimaldi dans l'avant-projet de réforme du droit des sûretés, notamment à travers un nouvel article 2363-1 pour le nantissement de créance, et l'article 2372 alinéa 3 pour la réserve de propriété.

123. Cette règle peut ainsi être exercée par le débiteur cédé si le cessionnaire s'est conformé aux formalités d'opposabilité de la cession au débiteur cédé. Pour ce faire, le cessionnaire ne pouvant avoir plus de droits que le cédant à l'égard du cédé, les exceptions que ce dernier pourrait opposer au cessionnaire doivent être nées avant l'accomplissement de ces formalités d'opposabilité. Si malgré la notification, le débiteur cédé s'exécute entre les mains du cédant, la règle « *qui paie mal, paie doublement* » s'appliquera. Les formalités d'opposabilité jouent alors sur l'exercice efficace de ces exceptions par le débiteur cédé[316].

124. En ce qui concerne les exceptions inhérentes à la dette, elles peuvent être opposées au cessionnaire indépendamment de la notification[317] ; celles-ci sont opposables au cessionnaire avant ou après la notification de la cession de créance au débiteur cédé en raison de leur lien fondamental avec la créance cédée. La Cour de cassation française a sur ce point reçu favorablement l'exception d'inexécution et l'existence de la résolution amiable d'une vente entre un débiteur cédé et un cédant pour faire échec à la réalisation de la cession Dailly de la créance du prix de la vente malgré la notification intervenue avant cette résolution[318]. Il en est de même de la compensation de dettes connexes[319] ; ces créances étant selon la jurisprudence issues de l'exécution ou de l'inexécution d'un même contrat[320]. Cette exception de compensation exige pour être efficace la

[316] En droit français, la Cour de cassation a admis cette opposabilité des exceptions nées avant la notification de la cession dans l'arrêt, Cass. com., France, 14 décembre 1993, *D.* 1994, p. 269. Note CROCQ (P.) et AYNÈS (L.), *op. cit.*, p. 372.

[317] Les exceptions de nullité, d'inexécution, de résolution ou la compensation des dettes connexes.

[318] Cass. com., France, 30 mai 1995, n° 93-13.170, *Bull. civ.* IV, n° 157 : « Attendu qu'en cas de cession de créance, en la forme prévue par la loi [du 2 janvier 1981], non acceptée par le débiteur, celui-ci peut invoquer contre la banque cessionnaire l'exception d'inexécution de ses obligations par le cédant, même si elle est apparue postérieurement à la notification de la cession ». Note YONDO (L.), BRIZOUA-BI (O.), FILLE LAMBIE (O.) et autres, dir. Pr CROCQ, *op. cit.*, p. 187. Cass. com., France, 9 février 1993, Légifrance ; *Bull. civ.* 1993, IV, n° 51, p. 33 « Mais attendu que, dès lors que la débitrice n'avait pas donné son acceptation à la cession de créance, c'est à bon droit, sans avoir à rechercher si l'inexécution du contrat sur lequel était fondée la créance litigieuse était apparue postérieurement à la notification de la cession, que la Cour d'appel a retenu que l'exception tirée de cette inexécution était opposable à la banque cessionnaire ».

[319] Cass. com., France 15 juin 1993, n° 91-19.677, *D.* 1993, jur., p. 495, note Larroumet Ch., note BLACK YONDO (L.), BRIZOUA-BI (M.), FILLE LAMBIE (O.) et autres, dir. Pr CROCQ, *op. cit.*, p. 187. Note CROCQ (P.) et AYNÈS (L.), *op. cit.*, p. 372.

[320] Cass. 1re civ., France, 11 juill. 1958, Légifrance ; Cass. com., France, 19 avril 2005, Légifrance : « Le lien peut exister également entre des créances issues d'une convention cadre » ; Cass. com., France, 9 mai 1995, Légifrance : « elles peuvent aussi être rattachées à plusieurs conventions constituant les éléments d'un ensemble contractuel unique servant de cadre général à ces relations » ; *a contrario* Cass. 1re civ., France, 16 mai 2000, n° 97-16628, Légifrance : « la compensation ne peut se faire entre une créance contractuelle et une créance

réunion des conditions liées d'une part à la qualité des parties à savoir le créancier et le débiteur et d'autre part aux conditions légales liées à la créance que sont la certitude, l'exigibilité et la liquidité.

125. C'est pour cela que pour contrer l'opposabilité des exceptions, le législateur OHADA propose à travers l'article 85 de l'AUS qui concerne uniquement le débiteur professionnel cédé que « *[s'il] s'engage à payer directement [le cessionnaire, il] ne peut lui opposer les exceptions fondées sur ses rapports personnels avec le cédant, à moins que le cessionnaire, en acquérant ou en recevant la créance, n'ait agi sciemment au détriment du débiteur* ». La neutralisation de l'opposabilité des exceptions trouve ainsi des limites dans la mauvaise foi du cessionnaire. La Cour de cassation française a déjà eu à se prononcer sur cette mauvaise foi qui en réalité sauf si elle est manifeste, est souvent difficile à rapporter par le cédé[321]. Dans sa décision du 6 avril 1999, la Cour de cassation s'est prononcée en faveur de la décision attaquée sur l'inopposabilité des exceptions dans une affaire dans laquelle elle a estimé que : « *dès lors qu'au jour de la création des effets litigieux la société émettrice des lettres de change était encore titulaire de sa créance sur le tiré, qu'elle n'avait pas encore cédée, et qu'ils ont été acceptés par le tiré, l'endossement de ces effets à l'ordre de la banque permet à celle-ci de bénéficier de l'inopposabilité cambiaire des exceptions, bien que ce transfert ait été postérieur à une cession de la même créance, selon les modalités de la loi du 2 janvier 1981, au profit de la même banque ; que la cour d'appel a jugé, à bon droit, en ce sens ; attendu, en second lieu, que dans ses conclusions devant la cour d'appel, M. X... s'est borné, à l'appui de sa prétention de la mauvaise foi de la banque lors de l'endossement, à soutenir que celle-ci résultait de la seule antériorité de la cession de créance au profit du même établissement ; que faute par lui d'avoir proposé d'établir que, lors de l'endossement, la banque savait que la provision des effets ne serait pas constituée à leurs échéances et qu'ainsi elle avait conscience, à ce moment, de l'empêcher de se prévaloir des exceptions tirées de ses rapports personnels avec son fournisseur, il ne peut utilement faire grief à l'arrêt d'avoir écarté sa prétention* ».

---

délictuelle » ; Cass. com., 18 décembre 2012, n° 11-17.872, Légifrance : « La compensation ne peut se faire entre une créance quasi délictuelle et une créance contractuelle ».

[321] Cass. com., France, 6 avril 1999, n° 96-17.332, *Bull. civ.* IV, n° 80 et Cass. com., 2 décembre 1997, n° 95-14.251, *Bull. civ.* IV, n° 315, *D. aff.* 1998, p. 149, obs. X. D., *JCP E* 1998, p. 178, obs. Bonneau Th., note BLACK YONDO (L.), BRIZOUA-BI (M.), FILLE LAMBIE (O.) et autres, dir. Pr CROCQ, *op. cit.*, p. 187.

B/ LE CAS PARTICULIER DU TRANSFERT FIDUCIAIRE D'UNE SOMME D'ARGENT

126. La nature de la propriété transférée au créancier. – Le législateur dispose à l'article 87 du nouvel AUS que : « 1°) *Le transfert fiduciaire d'une somme d'argent est la convention par laquelle un constituant cède des fonds en garantie de l'exécution d'une obligation* ; 2°) *Ces fonds doivent être inscrits sur un compte bloqué, ouvert au nom du créancier de cette obligation* […] ». Les sommes transférées en tant que bien fongible agissent normalement sur l'étendue des pouvoirs transférés au créancier. On peut penser que le créancier acquiert véritablement la propriété des fonds puisqu'ils sont inscrits en son nom. Sauf que même si les fonds sont inscrits en son nom, le législateur décide qu'ils soient bloqués sur un compte sans possibilité pour lui d'en disposer de sorte qu'il doive les restituer si l'obligation garantie est exécutée. La propriété transférée reste donc une propriété-garantie dénuée pour le créancier des attributs d'un véritable propriétaire. Il n'a aucun pouvoir ni aucune prérogative sur les fonds transférés en son nom.

En réalité, même si le bien est en son nom, il n'intègre pas pour autant son patrimoine réel en raison de la destination que lui donne le contrat de garantie. Il faut considérer que pendant l'opération de garantie, l'inscription de son nom sur le compte bloqué ne vise qu'à lui octroyer un droit exclusif sur l'assiette de la sûreté. On peut en dire de même du patrimoine d'affectation en droit français[322]. Le compte bloqué fait office de transition entre le patrimoine réel du créancier et le patrimoine réel du débiteur. De fait, même si le compte est ouvert au nom du créancier il n'a pas vocation à affirmer sa propriété sur ces fonds durant l'opération de garantie et ne devrait donc pas fiscalement être considéré comme véritable propriétaire en raison de l'absence d'enrichissement constaté pendant cette opération[323]. L'article 90 l'atteste également[324]. Pour le Pr M. Grimaldi cette propriété-sûreté « *ne dure jamais que jusqu'à*

[322] À titre comparatif, comme en droit français, ce compte bloqué peut toute proportion gardée être assimilé à un patrimoine d'affectation tenu et géré par le fiduciaire conformément au contrat de garantie et sur lequel le créancier n'a aucun droit sauf en cas de défaillance du débiteur.

[323] GIJSBERS (C.), Thèse, *op. cit.*, p. 334, n° 333 : « Il est clair que la propriété-sûreté n'est pas un élément de richesse susceptible d'alimenter le crédit du créancier. Elle ne lui donne pas accès aux utilités de la chose qui seules représentent une valeur saisissable ».

[324] L'article 90 de l'AUS dispose que « si les fonds cédés produisent intérêts, ils sont portés au crédit du compte, sauf convention contraire ».

l'échéance du terme[325] ». Il écrira avec R. Damman[326] que : « *La vocation de la propriété-sûreté, réservée ou cédée, est, en cas de défaillance du débiteur, de s'épanouir en une propriété ordinaire afin qu'elle procure au créancier la valeur qui lui est due. La propriété fiduciaire se mue ainsi en une propriété ordinaire et devient pour son titulaire un élément de richesse au lieu et place de sa créance. Cette transmutation n'est pas différente de celle que connaît la propriété réservée, lorsque le créancier réservataire impayé demande la restitution du bien afin de recouvrer le droit d'en disposer* ».

127. La nécessité d'inscrire le compte au nom du créancier. – Finalement, puisque le blocage du compte est le critère indispensable à l'efficacité de cette sûreté, on peut légitimement s'interroger sur la nécessité d'inscrire le compte fiduciaire au nom du créancier. Cette inscription n'a en réalité aucune pertinence quant à l'efficacité de cette sûreté puisque même si le nom du créancier y était inscrit, le blocage du compte jouerait quand même le rôle fondamental qui lui est dévolu. L'utilisation de la propriété n'est donc pas indispensable à l'efficacité de cette sûreté. À titre d'exemple, le nantissement de monnaie scripturale proposé par la Commission GRIMALDI, qui est un nantissement sur une somme d'argent au même titre que le transfert fiduciaire d'une somme d'argent du droit OHADA est fort de son efficacité en raison du blocage du compte. Le fait que la proposition de cette Commission ait été portée sur l'inscription du compte au nom du constituant[327] et non du créancier n'enlève rien à son efficacité. Cet exemple à lui seul démontre l'inutilité de l'utilisation de la propriété-garantie pour la préservation de l'assiette d'une telle sûreté. Un autre moyen est possible. D'ailleurs, le gage-espèces plusieurs fois utilisé dans la pratique et qui souvent est constitué avec le blocage du compte ouvert au nom du constituant a également montré son efficacité même en procédure collective. Le blocage du compte au profit du seul créancier qui en est le bénéficiaire suffit à préserver son assiette.

128. L'absence de création d'un patrimoine d'affectation. – Le parallèle avec la création d'un patrimoine fiduciaire par l'établissement teneur du compte bloqué est tentant et mérite d'être envisagé d'autant que l'agent des sûretés a été consacré dans le droit OHADA. Il faut dire que ce type de contrat est souvent utilisé pour de grandes transactions qui nécessitent

[325] GRIMALDI (M.), *La fiducie : réflexions sur l'institution et sur l'avant-projet qui la consacre,* 1re partie, D. 1991, art. 35085, p. 895 et s. et 2e partie, *D.* 1991, ert. 35094, p. 961 et s.. Note GIJSBERS (C.), Thèse, *op. cit*., p. 105.

[326] Grimaldi (M.) et Damman (R.), *La fiducie sur ordonnances*, *D.* 2009, p. 670 et s., spéc. n° 11. Note GIJSBERS (C.), Thèse, *op. cit.*, p. 105.

[327] « Convention par laquelle le constituant affecte en garantie d'une obligation des fonds inscrits sur un compte bloqué ouvert à son nom par un établissement habilité à les recevoir ».

une sécurisation crédible des différents engagements des parties. À ce titre, la gestion par l'établissement teneur du compte des fonds à lui remis doit être efficiente, ce dans le respect de la destination desdits fonds. C'est à ce titre que l'efficacité de cette sûreté peut aussi être confiée à un agent des sûretés qui prendra en charge la constitution, la gestion et l'exécution de la sûreté. L'alinéa 2 de l'article 87 reste muet sur la gestion du compte bloqué[328] ouvert dans les livres de l'établissement de crédit habilité à recevoir ces fonds issus du transfert fiduciaire. Ce silence est plutôt inquiétant vu la complexité que peut révéler cette opération. Par ce silence, le législateur laisse sûrement aux parties la liberté d'aménager leur contrat sur la gestion du patrimoine fiduciaire. Une flexibilité et un manque de contrainte pour les parties qui on l'espère facilitera la constitution de cette sûreté et en diminuera les coûts, aussi bien de constitution que de gestion. Seul le coût de l'opération sera de nature à ne pas privilégier la gestion par un agent des sûretés. Les parties peuvent ainsi privilégier la création d'un patrimoine fiduciaire comme elles peuvent aussi préférer la création d'un simple compte bloqué dont le fonctionnement est scrupuleusement décrit dans le contrat de garantie. Cette liberté du choix dans la gestion de la fiducie permettra aux parties d'adhérer à ce type de sûreté. Le compte bloqué qui abrite les fonds transférés doit être géré par l'établissement de crédit qui joue le rôle d'un administrateur[329]. Toutefois, le régime juridique du transfert fiduciaire tel que prévu par le législateur OHADA ne laisse pas à penser que l'établissement teneur du compte bloqué soit nécessairement l'agent des sûretés. Il appartient aux parties d'en décider. L'exemple du sort des intérêts produits par les fonds placés sur le compte est révélateur de cette liberté[330]. Les parties ont la possibilité d'aménager leur contrat selon leur convenance.

---

[328] FORBIN (T.), L'utilisation du mécanisme de transfert fiduciaire d'une somme d'argent en droit OHADA dans le cadre des contrats d'exploitation pétrolière, in COP 21 : Mobilisation générale pour le financement de la transition énergétique, revue banque n° 789, 27 oct. 2015.

[329] V. en droit français, DANOS (F.), « La qualification des droits des différentes parties à une opération de fiducie », *Mélanges PH. Merle, Dalloz*, 2012, p. 137 ; LIBCHABER (R.), *Les aspects civils de la fiducie*, *Defrénois* 2007, art. 38631 et 38639, sp. n° 25-28 ; LE CORRE (P.-M.), *La fiducie-sûreté, un instrument de sécurisation de la bonne exécution du plan de sauvegarde ou de redressement, D.* 2009, chr. 862 ; DE LAJARTE (C.), *La nature juridique des droits du bénéficiaire d'un contrat de fiducie*, *RLDC* mai 2009, p. 71.

[330] « S'agissant du créancier, le fait que les intérêts soient portés au crédit du compte permet un maintien de la valeur économique et donc de l'efficacité de la sûreté qui lui a été ainsi conférée ; s'agissant du constituant, le fait que les intérêts soient portés au crédit du compte et que ce compte soit bloqué a pour conséquence que ces intérêts profiteront *in fine* au constituant puisque, à l'échéance de la créance, ils devront soit lui être restitués, en cas de paiement de cette créance, soit s'imputer sur le montant de la créance garantie ».

129. Apport des règles de la fiducie-sûreté du droit français[331]. – La consécration du transfert fiduciaire semble inachevée pour certains auteurs, ou doit-on simplement considérer qu'il s'agit d'une sûreté simple et flexible en totale opposition avec la fiducie du droit français ? Le patrimoine d'affectation est au cœur de cette problématique. Me Forbin soutenait dans son article sur « *l'utilisation du mécanisme de transfert fiduciaire d'une somme d'argent en droit OHADA dans le cadre des contrats d'exploitation pétrolière* » que, face à certaines imprécisions liées surtout au régime juridique de cette sûreté, les parties pouvaient, et c'est ce qu'il recommande, « conclure un contrat de fiducie-sûreté ; ce contrat devra détailler les modalités de fonctionnement de la fiducie-sûreté et le rôle de chaque partie. Il devra en particulier prévoir que le transfert de propriété des fonds est réalisé au profit de la banque en qualité de fiduciaire (…) », la fiducie-sûreté du droit français devant dans ce cas être la référence. Pour que cet apport soit productif, comme en droit français, il faut que le compte soit ouvert au nom du fiduciaire puisqu'il s'agit d'une opération à trois. Le bénéficiaire est le créancier qui a vocation à recevoir les biens transférés à titre temporaire au fiduciaire, le fiduciaire étant celui qui se voit remettre la propriété des biens à titre de garantie et le constituant celui qui transfère ses fonds à titre de garantie[332]. Pour rester fidèle au régime du transfert fiduciaire d'une somme d'argent tel que présenté par le législateur OHADA, il faudrait que les fonds soient transférés au nom du créancier, c'est lui qui en détient la propriété à titre de garantie et non le fiduciaire, gérant, dans le cadre de la constitution d'un patrimoine d'affectation. Quoique ce fiduciaire, agent des sûretés peut également être le créancier. En cela, on voit bien la différence entre la fiducie telle que prévue par le droit français et le transfert fiduciaire du droit OHADA. Cette hypothèse pourrait être envisagée si le créancier est en même temps l'établissement teneur du compte puisque la loi l'autorise à avoir les deux qualités[333].

Mais, il faut rappeler que la fiducie sans patrimoine d'affectation n'est pas nouvelle. La fiducie romaine prévoyait déjà le transfert temporaire de la propriété au créancier sans la « constitution d'un patrimoine d'affectation et du fiduciaire comme gérant[334] ». Nous pensons que pour des raisons de sécurité juridique et de sécurisation du crédit les parties peuvent à travers un agent des sûretés mieux encadrer le fonctionnement de cette sûreté. Les règles de la fiducie-sûreté du droit français seront peut-être d'un réel éclairage pour l'administration d'un tel patrimoine fiduciaire.

---

[331] V. ordonnance du 18 décembre 2008 et celle du 29 janvier 2009 sur la fiducie en droit français.

[332] LEGEAIS (D.), *op. cit.*, p. 476.

[333] CA Paris, 24 septembre 1981 : *BT* 1982. 198.

[334] LEGEAIS (D.), Sûretés et garanties du crédit, *op. cit.*, p. 480.

CONCLUSION CHAPITRE 2

130. Il est évident que la finalité de la constitution des propriétés-sûretés est de permettre au créancier qui en est le bénéficiaire d'avoir une situation d'exclusivité sur la valeur du bien garanti et éviter le concours avec d'autres créanciers. Il s'agit d'une technique d'appropriation de l'assiette de la sûreté au détriment des autres créanciers avec pour objectif d'affirmer un droit exclusif sur sa valeur. C'est la finalité qui lui est dévolue et qui est activement recherchée par les créanciers. Loin du processus d'affinement des sûretés réelles plébiscité par la réforme des sûretés inspirée de la CNUDCI et des principes d'UNIDROIT, avec une préférence pour les sûretés qui n'épuisent pas la réserve de crédit du constituant, l'utilisation de la propriété à des fins de sûreté se révèle être un critère d'efficacité à contre-courant de la vision moderne de l'efficacité des sûretés réelles conventionnelles. Cependant, son intérêt pour les créanciers est qu'il s'agisse d'une sûreté qui se veut extrêmement efficace surtout à la survenance d'une procédure collective.

Toutefois, l'étude de l'efficacité de ces différentes sûretés au stade de leur constitution proposée par le droit OHADA a montré qu'elles n'étaient pas exemptes de fragilité, finalement tout comme les sûretés réelles traditionnelles. Pendant l'opération de garantie, elles fonctionnent comme les sûretés traditionnelles et n'octroient au créancier que les droits d'un titulaire d'une propriété dénué des pouvoirs ou prérogatives d'un véritable propriétaire. Même si les auteurs ne s'accordent pas sur la nature réelle de cette propriété qui est utilisée, il n'y a aucun doute sur le fait que pendant l'opération de garantie, le créancier ne peut utilement pas s'affirmer pleinement propriétaire. Il ne lui est octroyé qu'un droit exclusif sur la valeur du bien garanti. Et ce droit à lui seul ne permet pas une pleine efficacité des propriétés-garanties ; c'est la raison pour laquelle le législateur le renforce avec des mécanismes classiques d'opposabilité aux tiers comme la publicité ou la notification.

CONCLUSION DU TITRE 1

131. L'utilisation de la dépossession et de la propriété pour préserver efficacement les droits du créancier sur la valeur du bien garanti a démontré des avantages et des failles pour le maintien effectif des droits du créancier pendant l'opération de garantie. Le premier correspond à une technique d'affectation qui permet au moyen du droit de rétention un blocage de l'assiette de la sûreté par le créancier afin d'éviter tout concours. Il a alors été démontré que l'utilisation du droit de rétention ne pouvait être réellement efficace qu'à l'égard des meubles corporels. Toute autre extension de ce critère d'efficacité au-delà de ce contexte complexifie son utilisation et éloigne davantage le droit des sûretés réelles de son sens originel et de sa finalité. Le deuxième utilise la propriété-garantie dès la constitution de la sûreté pour avoir la priorité sur la valeur du bien garanti. Reposant plutôt sur l'octroi d'un avantage exclusif que sur une technique d'affectation, la propriété-garantie n'en demeure pas moins soumise aux conséquences du choix de l'une ou l'autre des techniques d'affectation. L'affectation du bien garanti au profit du créancier par la technique du dessaisissement ou de l'absence du dessaisissement du constituant se révèle finalement être au cœur du fonctionnement naturel des sûretés réelles. Les critères classiques d'efficacité gravitent autour de ces deux techniques d'affectation. S'il est finalement admis qu'il faille cantonner le droit de rétention à une utilisation minimale, correspondant à sa nature réelle et en adéquation avec les biens auxquels il est naturellement subordonné, la publicité n'est quant à elle soumise à aucune restriction. De sorte qu'elle reste le critère d'efficacité dont la large diffusion permettra d'harmoniser les sûretés réelles conventionnelles et de limiter la course à leur efficacité. Son influence sur le droit de rétention et la propriété-garantie démontre un réel intérêt puisque le créancier qui en fait usage préserve efficacement ses droits, pour peu qu'il ait publié sa sûreté avant la constitution des sûretés utilisant le droit de rétention ou la propriété-garantie comme critère d'efficacité. C'est pour cela que même si la dépossession et la propriété-garantie sont aujourd'hui considérées comme préservant efficacement les droits du créancier, ils peuvent succomber au droit de suite d'un créancier qui a publié sa sûreté.

Le législateur OHADA a donc compris que la publicité serait le moyen d'allier sécurité juridique et efficacité des sûretés réelles conventionnelles. Elle est donc aujourd'hui perçue comme l'avenir des sûretés réelles. La modernité commande à ce que ce critère soit généralisé.

Monsieur OPPETIT a pu constater que le droit des sûretés, « depuis plus de 2000 ans, [a] été animé d'un mouvement d'affinement continu de la technique au service des finalités d'ordre économique : il [s'est] agi de renforcer la sécurité du créancier sans pour autant paralyser l'activité du débiteur ou du garant. C'est à ces fins que la notion de sûreté s'était progressivement déplacée de la personne vers les biens et de l'appropriation vers la dépossession puis vers le nantissement… »[335]. On observe aujourd'hui ce mouvement d'affinement autant en droit français, dans la réforme de 2006, que dans le nouveau droit québécois et même, dans les principes d'Unidroit et de la Cnudci. Pour parvenir à cet affinement de la sûreté, il a fallu adapter les critères d'efficacité des sûretés en général et des sûretés réelles en particulier aux exigences de notre temps, en s'engageant dans un processus de simplification des conditions de constitution. Le droit OHADA devait naturellement s'inscrire dans ce mouvement d'affinement continu de la technique des sûretés réelles en généralisant l'utilisation de la publicité. C'est dans ce contexte qu'il en a fait le critère d'opposabilité des sûretés réelles classiques pour les rendre plus attractives.

[335] OPPETIT (B.), Les tendances régressives dans l'évolution du droit contemporain, in Mélanges dédiés à Holleaux, Litec 1990, p.321 (citée par ADJITA (A. W.), Le droit de rétention comme sûreté en droit uniforme OHADA, Penant, n° 844, Juillet-Septembre 2003, p.281).

TITRE 2 : L'EFFICACITE RECHERCHEE PAR LA TECHNIQUE HYPOTHECAIRE

132. L'AUS de 1997 faisait déjà de la publicité l'un des critères d'efficacité des sûretés réelles classiques. Cette publicité était la condition d'opposabilité aux tiers des sûretés réelles conventionnelles qui ne nécessitaient pas le dessaisissement du constituant. L'absence d'appropriation du bien garanti par le créancier fragilisait sa sûreté et nécessitait l'instauration d'un mécanisme qui pouvait préserver ses droits sur le bien garanti resté entre les mains du constituant. La publicité jouait ce rôle et venait ainsi renforcer son droit de suite. Les nantissements sans dépossession et les hypothèques ne sont alors efficaces que par les effets de cette publicité. Pour parfaire à cette exigence, la sûreté devait être constituée par écrit, contenant des mentions obligatoires pour sa validité. Le respect de ce formalisme permettait entre autres, l'identification des biens garantis, les parties, la créance garantie et ses conditions d'exigibilité. Ces informations facilitent la prise de l'inscription et rendent inutile l'exigence d'appropriation de l'assiette de la sûreté pour la préservation des droits du créancier. En l'absence d'appropriation de l'assiette de la garantie, le bien resté en la possession du constituant devient un élément de sa solvabilité. L'absence de dessaisissement fait alors peser sur lui des obligations qui concourent à préserver la substance de la sûreté et éviter d'altérer la valeur du bien garanti. L'AUS de 2010 a alors élargi à d'autres sûretés réelles l'utilisation de la publicité comme critère d'efficacité afin de préserver la réserve de crédit du constituant. L'utilisation de l'écrit pour la validité du gage a ainsi permis de créer des gages sans dépossession opposables aux tiers par la formalité de publicité et la possibilité de gager des biens futurs. L'absence du dessaisissement du constituant est alors le trait commun de l'utilisation de la formalité de publicité. Toutefois, n'ayant pas les mêmes natures, la publicité des meubles n'a pas le même régime que celle des immeubles. Ils ne sont de plus pas inscrits sur les mêmes registres. L'efficacité de la publicité des sûretés réelles classiques conventionnelles est donc à rechercher d'une part pour les hypothèques **(chapitre 1)** et d'autre part pour le gage de meubles corporels sans dépossession et le nantissement de meubles incorporels **(chapitre 2)**.

Chapitre 1 : La recherche de l'efficacité de l'hypothèque par la publicité : cas du Togo

Chapitre 2 : La recherche de l'efficacité des sûretés mobilières par la publicité

CHAPITRE 1 : LA RECHERCHE DE L'EFFICACITE DE L'HYPOTHEQUE PAR LA PUBLICITE : CAS DU TOGO

133. La publicité des hypothèques est faite au Togo, pays membre de l'OHADA, à la conservation foncière. Elle est requise obligatoirement mais pas à peine de nullité de l'hypothèque. L'article 195 du nouvel AUS dispose ainsi que « *Tout acte conventionnel ou judiciaire constitutif d'hypothèque doit être inscrit conformément aux règles de publicité édictées par l'État partie où est situé le bien grevé et prévues à cet effet. L'hypothèque régulièrement publiée prend rang du jour de l'inscription (...)* ». L'hypothèque demeure entre les parties même si elle n'a pas été inscrite. C'est ce qui ressort de l'article 205 du nouvel AUS qui dispose que « *Tant que l'inscription n'est pas faite, l'acte d'hypothèque est inopposable aux tiers et constitue, entre les parties, une promesse synallagmatique qui oblige à procéder à la publicité* ». La publicité de l'hypothèque revêt purement un caractère informatif vis-à-vis des tiers et permet de sécuriser les droits du créancier inscrit en lui donnant un rang préférentiel sur la valeur du bien garanti. Elle n'est viable que si l'hypothèque a été régulièrement constituée. À ce titre, l'article 205 du nouvel AUS dispose que « *L'hypothèque conventionnelle est consentie, selon la loi nationale du lieu de situation de l'immeuble : par acte authentique établi par le notaire territorialement compétent ou l'autorité administrative ou judiciaire habilitée à faire de tels actes ; ou par acte sous seing privé dressé suivant un modèle agréé par la conservation de la propriété foncière. La procuration donnée à un tiers pour constituer une hypothèque en la forme notariée doit être établie en la même forme* ».

Il en résulte que l'hypothèque est soumise à un formalisme rigoureux en raison du risque que peut courir le constituant en cas de non-remboursement du crédit hypothécaire[336] **(Section 1)**. Ce formalisme s'explique aussi par le fait que l'assiette de l'hypothèque reste entre les mains du constituant et quasiment hors de maîtrise du créancier hypothécaire. C'est pour cela que sa validité est soumise, outre les recommandations de l'AUS, aux exigences formulées par chaque État partie selon les spécificités liées à chaque législation foncière. Ces spécificités sont renfermées dans le Code foncier de chaque État partie. C'est aussi le cas du Togo qui les détaille dans son nouveau Code foncier issu de la loi n° 2018-005 du 14 juin 2018 portant Code foncier et domanial. Une fois valablement constituée, l'hypothèque doit être inscrite pour son opposabilité aux tiers **(Section 2).**

---

[336] BLACK YONDO (L.), BRIZOUA-BI (M.), FILLE LAMBIE (O.) et autres, dir. Pr CROCQ, *op. cit.*, p. 285.

SECTION 1 : LA CONDITION PREALABLE DE LA VALIDITE DE L'HYPOTHEQUE

134. L'hypothèque a connu une évolution de son régime juridique en la faveur de la réforme de l'AUS de 2010. Son assiette, bien immeuble, porte sur un bien qui fait l'objet de nombreux contentieux dans les pays de l'OHADA. La raison principale est que la population de ces pays reste très attachée à la terre qui constitue bien souvent leur plus grande richesse. De plus, cette dernière appartient souvent non à un individu mais à une communauté. Se pose alors régulièrement le difficile problème de l'appropriation privée des terres qui n'est en réalité pas culturelle dans les pays de l'OHADA. Dans cette optique, l'efficacité de l'hypothèque est surtout subordonnée à la fiabilité du système foncier, très complexe d'un pays à un autre. Le législateur a donc fait le choix sur certaines dispositions de prévoir des règles supplétives de constitution auxquelles chaque État membre peut déroger compte tenu de la spécificité de son régime foncier.

L'article 117 de l'AUS de 1997 définissait l'hypothèque comme « une sûreté réelle conventionnelle ou forcée » sans trop de détail. Le nouvel AUS lui consacre une définition un peu plus aboutie dans son article 190 en la définissant comme « *l'affectation d'un immeuble déterminé ou déterminable appartenant au constituant en garantie d'une ou plusieurs créances, présentes ou futures à condition qu'elles soient déterminées ou déterminables (...)* ». Cette affectation est le fruit de la manifestation de la volonté du débiteur de donner son bien en garantie d'une ou plusieurs créances. Elle est ainsi consignée dans un contrat soumis à des conditions strictes de validité. Elles sont liées à sa forme **(paragraphe 1)** et au respect scrupuleux du principe de spécialité **(paragraphe 2)**. Les mêmes règles devraient-elles s'appliquer lorsque le constituant n'est pas le débiteur principal ? **(Paragraphe 3)**

PARAGRAPHE 1 : LA FORME DE L'ACTE D'HYPOTHEQUE

135. Le droit uniforme a opté pour la souplesse en ce qui concerne la forme du contrat d'hypothèque. L'hypothèque conventionnelle est consentie selon la loi nationale du lieu de situation de l'immeuble. Ce qui veut dire que le législateur OHADA laisse à chaque État membre le soin de choisir la forme de l'acte constitutif d'hypothèque. Ils ont selon l'article 205 du nouvel AUS le choix entre l'acte authentique et l'acte sous seing privé dressé suivant un modèle agréé par la conservation de la propriété foncière. La forme de l'acte est destinée pour les juristes à protéger le constituant de la sûreté[337] et à l'alerter sur la gravité de son acte sur son patrimoine. C'est pour cela que le droit français qui inspire le droit OHADA a fait le choix d'une relative rigueur quant à la forme de l'acte **(A)**. Celle-ci est le monopole des notaires selon l'article 2416 du Code civil qui ont la lourde responsabilité d'être les garants de la bonne constitution de cette sûreté et assurer la protection des droits du constituant. Cette rigueur est celle qui est privilégiée dans la plupart des pays de l'OHADA malgré le choix envisagé par le législateur **(B)**.

A/ LA RIGUEUR PROTECTRICE DU DROIT FRANÇAIS : L'EXIGENCE DE LA CONSTITUTION DE L'HYPOTHEQUE UNIQUEMENT SOUS LA FORME AUTHENTIQUE

136. Étant un contrat, l'acte d'hypothèque requiert le libre consentement du constituant et du créancier. Si la forme authentique est requise de l'acte qui doit être un acte notarié **(2)**, la matérialisation des consentements est quant à elle soumise à des règles de forme différentes **(1)**.

1/ Les formes du consentement des parties

137. Pour le créancier. – Les exigences de forme ont généralement un but protecteur. La constitution de l'hypothèque comporte plusieurs risques pour les parties. Au débiteur ou constituant, la constitution de l'hypothèque peut avoir à terme pour conséquence la perte de son bien. Le créancier a également intérêt à éviter les pièges juridiques et jurisprudentiels qui peuvent entacher sa sûreté et lui faire perdre un second moyen de paiement en cas de défaillance du débiteur principal. De fait, la forme particulière exigée pour la validité d'un contrat l'est également pour les consentements des parties puisqu'elles doivent être à même de peser toutes les conséquences liées au consentement qu'elles donnent. Il a été soutenu notamment par la doctrine et la jurisprudence que le contrat donnant vie à l'hypothèque est constitué dans le seul intérêt du créancier et c'est pour se prémunir contre le défaut de paiement du débiteur principal qu'il exige une garantie hypothécaire. Aussi, le bien étant resté entre les mains du constituant, le contrat de garantie ne met-il généralement d'obligations qu'à sa charge[338]. C'est donc le constituant qui a le plus à perdre dans ce contrat puisqu'il conclut un acte d'aliénation de son bien. Mais, le risque que court le créancier n'est pas marginal. Sa protection dans ce type de contrat ne s'explique juste pas puisqu'il n'est pas à proprement parler le maillon essentiel à la conclusion de l'acte d'hypothèque, même si son acceptation est requise. Celle du débiteur revêt une plus lourde signification. C'est pourquoi la forme authentique

---

[337] CABRILLAC (M.), MOULY (C.), CABRILLAC (S.) et PÉTEL (P.), *op. cit.* p. 685 et *s*.
[338] CABRILLAC (M.), MOULY (C.), CABRILLAC (S.) et PÉTEL (P.), *op. cit.* p. 687.

exigée à l'acte n'est pas requise du consentement du créancier[339]. La Cour de cassation française a affirmé ce principe dès 1839 quand elle a affirmé que « la reconnaissance pure et simple d'une dette avec affectation hypothécaire, peut constituer un engagement unilatéral et être régulièrement faite par le débiteur seul ; et le créancier en faveur de qui une pareille reconnaissance a été passée, et qui veut en profiter, n'est pas obligé de l'accepter par acte notarié[340] ». Dans le même sens, la procuration donnée par le créancier à un tiers d'accepter la convention d'hypothèque peut ne pas être donnée par acte authentique.

138. Pour le constituant. – Le constituant quant à lui est au cœur de la constitution de l'hypothèque. Il l'est dans la mesure où c'est lui qui affecte son bien en garantie. C'est pour cela que son consentement est précieux et qu'il fait l'objet d'une protection dans l'acte d'hypothèque. Il doit pouvoir être conseillé sur les conséquences de son acte sur son patrimoine au moment où il donne son consentement. C'est en partie dans cette optique que le monopole du notaire a été instauré ; il joue également le rôle, et pas des moindres, de collecteur d'impôts pour l'État. Étant un officier public, il joue de sa qualité pour exercer une mission aussi bien de politique juridique, qu'économique. Juridique dans la mesure où il est le garant de la sécurité juridique des transferts des droits immobiliers et économiques. À ceci s'ajoute l'épineux devoir de conseil associé à sa mission. Ce devoir de conseil associé à sa mission est le socle de l'efficacité de la convention hypothécaire puisqu'il permet au constituant de donner un consentement éclairé à l'acte, « le devoir de conseil étant un complément nécessaire du devoir d'authenticité[341] ». La jurisprudence a très tôt rappelé que « le consentement du débiteur est l'élément essentiel de la convention hypothécaire[342] » et son consentement doit être donné sous la forme authentique. La forme qui vaut pour le constituant vaut également pour la procuration qu'il donne en vue de la constitution de l'acte d'hypothèque. Ce principe a été rappelé dans un arrêt important de 1854 en ces termes : « Attendu qu'un contrat hypothécaire fait en vertu de la procuration sous seing privé du débiteur ne constate pas en la forme authentique le consentement de celui-ci à la création de l'hypothèque. Ce consentement résulte dans ce cas du mandat sous seing privé dont l'écriture et la signature pourraient être méconnues ; que le consentement du débiteur étant l'élément essentiel de la convention

[339] Ibidem.
[340] Cass. req., France, 5 août 1839, *Dalloz, jurispr. Gén.,* Ve Privilèges et hypothèques, n° 1260 ; cass. req., 4 déc. 1867 : S. 1868, 1, 252 ; cass. req., 3 nov. 1903 : D. 1906, 1, 529 ; S. 1906, 1, 389. (Note CABRILLAC (M.), MOULY (C.), CABRILLAC (S.) et PÉTEL (P.), *op. cit.*.).
[341] POULPIQUET (J.), *Portée du devoir de conseil, Rép. Droit immob.*, janv. 2009, act. 2015.
[342] Cass. 1re civ., France, 7 févr. 1854, *DP* 1854, 1, 49.

hypothécaire, si ce débiteur a stipulé par un mandataire, la procuration doit participer de l'authenticité du contrat même ; ces deux actes forment ensemble un tout indivisible et sont soumis aux mêmes conditions[343] ». Dans le même sens, la nullité absolue a été prononcée pour une procuration sous seing privé donnée par une résolution d'assemblée générale d'une société[344]. Toutefois, depuis l'avènement de l'article 1844-2 du Code civil : « Il peut être consenti hypothèque ou toute autre sûreté réelle sur les biens de la société en vertu de pouvoirs résultant de délibérations ou délégations établies sous signatures privées alors même que la constitution de l'hypothèque ou de la sûreté doit l'être par acte authentique ».

2/ La forme authentique de l'acte d'hypothèque

139. Le monopole du notaire. – L'authentification de l'acte d'hypothèque est imposée par la loi et s'impose aux parties à l'acte d'hypothèque. Elle est dévolue au notaire qui est considéré en France et dans les pays de culture juridique civiliste comme un expert, juriste et officier public chargé d'instrumenter des actes juridiques. Cette qualité astreint les notaires, officiers publics, au respect d'un certain nombre de règles et à la rédaction d'actes respectant une certaine solennité. Par sa qualité, il confère à l'acte qu'il rédige ou qui lui est confié le caractère d'acte authentique, c'est-à-dire, un acte dont le contenu et l'origine sont attestés, notamment sur la foi d'un certificat[345] et qui fait foi jusqu'à inscription de faux. Étant un officier public, les actes qu'il instrumente ont une valeur probante, confèrent une date certaine et même force exécutoire.

Parmi les actes qui requièrent l'authentification du notaire se trouvent les actes d'hypothèque. En effet, selon l'article 2416 du Code civil « *L'hypothèque conventionnelle ne peut être consentie que par acte notarié* ». L'ancien article 2127 du Code civil renforçait déjà ce formalisme par la présence à la signature de l'acte de deux notaires ou d'un notaire et de deux témoins. Il disposait que : « *L'hypothèque conventionnelle ne peut être consentie que par acte passé en forme authentique devant deux notaires ou devant un notaire et deux témoins* ». La forme authentique est donc exigée et obligatoire pour la constitution de l'hypothèque, même dans le cas d'une hypothèque consentie pour garantir la dette d'autrui[346].

---

343 Cass. 1re civ., France, 7 févr. 1854, *DP* 1854, *op. cit.*, note CABRILLAC (M.), MOULY (C.), CABRILLAC (S.) et PÉTEL (P.), *op. cit.* ; cass. 2e civ., France, 10 oct. 1979, *Bull. civ.* II, n° 235, p. 161.
344 Cass. 2e civ., France, 10 oct. 1979, *Bull. civ.* II, n° 235, p. 161; note CABRILLAC (M.), MOULY (C.), CABRILLAC (S.) et PÉTEL (P.), *op. cit.*
345 CORNU (G.), Vocabulaire juridique, Association H. CAPITANT, *op. cit.*.
346 Cass. 3e civ., France, 15 fév. 2006, n° 04-19847, Légifrance.

140. La protection du constituant et le devoir de conseil du notaire. – Il a plusieurs fois été soutenu que la conclusion d'un contrat d'hypothèque présente des risques surtout pour le constituant ou le débiteur emprunteur. L'intervention du notaire permet ainsi d'éclairer le constituant sur la gravité et les conséquences de son acte sur son patrimoine. L'hypothèque étant résolument un acte d'aliénation du bien sur lequel elle porte. Il a ainsi été jugé que « le besoin de protection de l'emprunteur se situe sur celui de l'équilibre des conditions contractuelles. C'est dans ce sens que l'hypothèque conventionnelle ne peut être consentie que par un acte en forme authentique[347] ». L'équilibre des conditions contractuelles devant être assuré dès la manifestation des volontés des parties. Ce à quoi le notaire doit apporter son concours puisqu'il est le garant de la validité et de l'efficacité juridique de l'acte d'hypothèque par le monopole que lui reconnaît la loi. De la sorte, la loi met à la charge du notaire une lourde responsabilité surtout à l'égard du constituant, puisqu'il doit pouvoir mesurer la consistance de son engagement au moment où il donne son consentement à l'acte. Le notaire est censé l'éclairer en ce sens. Ce faisant, « l'intervention du notaire, officier public, garant de l'efficacité des stipulations de l'acte qu'il presse et tenu envers les parties d'un devoir de conseil, implique un contrôle, non seulement du respect des dispositions légales impératives, tels les textes relatifs à l'usure, aux prêts d'argent et à certaines opérations de démarchage et de publicité, mais encore de l'opportunité juridique et, le cas échéant, économique de l'opération[348] ». De plus, il est fait obligation au débiteur lorsqu'il a constitué une hypothèque sous seing privé de déposer celle-ci au rang des minutes d'un notaire, à qui la jurisprudence impose des vérifications de signature et d'écriture[349]. Toutefois, il faut un peu relativiser le rôle du notaire à l'égard du constituant. Si son rôle est quelque peu favorable au constituant, il n'en demeure pas moins utile au créancier. Il assure ainsi et en général son rôle dans l'intérêt des deux parties. Il a été jugé que « le notaire recevant l'acte de vente d'un immeuble hypothéqué assume aussi une responsabilité à l'égard du créancier inscrit, sous réserve, cependant, que celui-ci subisse un préjudice puisque son droit de suite a normalement pour vocation de l'en prémunir[350] ». Le degré de responsabilité du notaire est finalement différent à l'égard des deux parties, créancier et débiteur.

141. La construction jurisprudentielle d'un devoir de conseil protecteur du constituant. – Le devoir de conseil est perçu comme « un

---

[347] Cass. com., France, 2 juill. 2002, n° 00-21404, Légifrance.
[348] Cass. com., France, 2 juill. 2002, n° 00-21404, Légifrance.
[349] Cass. 1re civ., France, 3 déc. 1889 : *D.* 1890, 1, 105 ; S. 1891 ; CABRILLAC (M.), MOULY (C.), CABRILLAC (S.) et PÉTEL (P.), *op. cit.*, p. 687.
[350] Cass. 1re civ., France, 28 sept. 2004, *D.* 2004, act. Jurispr. 2711.

complément nécessaire du devoir d'authenticité[351] ». La décision la plus importante qui lia définitivement le devoir de conseil dû au constituant à l'obligation d'authenticité de l'acte d'hypothèque est certainement celle de la Première Chambre Civile de la Cour de cassation du 21 juillet 1921. De cette décision naîtra un devoir de conseil protecteur du constituant dans la constitution de l'hypothèque. Il en ressortira que « les notaires institués pour donner aux conventions des parties les formes légales et l'authenticité qui en est la conséquence, ont également pour mission de renseigner leurs clients sur les conséquences des engagements qu'ils contractent[352] ». La jurisprudence n'hésite pas à sanctionner les notaires qui manquent à cette responsabilité. Le notaire est de ce fait tenu d'éclairer les parties, de s'assurer de la validité et de l'efficacité des actes qu'il rédige[353]. La jurisprudence a à ce titre conditionné l'efficacité de la constitution de l'hypothèque à l'intervention du notaire. Il est professionnellement tenu d'informer et d'éclairer les parties sur les incidences fiscales des actes qu'il établit. De la sorte, il ne peut être déchargé de son devoir de conseil envers son client par les compétences personnelles de celui-ci[354]. Il a l'obligation : d'appliquer les règles du droit positif à l'acte qu'il rédige[355], de connaître des solutions législatives incertaines ainsi que des incertitudes jurisprudentielles[356] ou encore de procéder à la vérification de la capacité[357] à contracter des parties. Les manquements à ses obligations professionnelles devant s'apprécier au regard du droit positif existant à l'époque de son intervention.

Son intervention n'est pas que formelle puisqu'elle s'étend à des vérifications de fond, c'est-à-dire sur les droits des parties, en particulier sur le droit de propriété de la partie qui s'oblige. La jurisprudence met à sa charge une vérification[358] par simple consultation et renseignement

[351] POULPIQUET (J.), *Portée du devoir de conseil*, *op. cit.*.

[352] Cass. 1re civ., France, 21 juill. 1921, *DP* 1925, 1. 29.

[353] Cass. 1re civ., France, 11 oct. 1966, *D.* 1967. 209, note M. ANCEL ; *JCP N* 1966, II, 14703.

[354] Cass. 1re civ., France, 3 avril 2007, *Bull. civ.* I, n° 143, *D.* 2007, *AJ* 1271.

[355] Cass. 1re civ., France, 9 nov. 1904, *DP* 1905, 1. 102 ; *Req.* 26 mars 1907, *DP* 1908. 1. 1547.

[356] Cass. 1re civ., France, 27 mars 1973, *Bull. civ.* I, n° 114, *Defrénois* 1974, art. 30547, n° 8, obs. J.-L. Aubert.

[357] Cass. 1re civ., France, 9 févr. 1999, *Defrénois* 1999.758, obs. J.-L. Aubert ; POULPIQUET (J.), *Portée du devoir de conseil*, *op. cit.*. « La responsabilité de l'officier public ne peut, en principe, être engagée lorsqu'il a pris l'avis du médecin traitant. La consultation du spécialiste le met en principe à l'abri d'une éventuelle responsabilité » ; toutefois cass. 1re civ., France, 13 nov. 1997, n° 95-19-686, *Defrénois* 1998, art. 36753, n° 29 « même dans cette hypothèse, il pourrait en aller autrement si les circonstances particulières de l'affaire fournissent au notaire des éléments permettant de mettre en doute ce que le médecin a cru pouvoir attester ».

[358] Cass. 1re civ., France, 13 nov. 1991, n° 1991, n° 89-15.011, *Defrénois* 1992, art. 35212, n° 17 ; Cass. 1re civ., France, 3 mai 1983, *Bull. civ.* I, n° 136, *JCP* 1984 « Lorsque les titres contiennent des mentions contradictoires ou permettant de supposer une faille dans les droits des parties, le notaire doit parfaire ses investigations afin de dissiper toute équivoque. Il doit

auprès des services du cadastre et dans le fichier immobilier. Elle ne va donc pas au-delà des moyens matériels que peut lui offrir l'administration publique. Il a été jugé « qu'il ne peut pas pour vérifier la qualité de propriétaire du vendeur, se contenter de reprendre dans son acte une origine de propriété antérieure contenue dans un acte reçu par un autre notaire. Il engage sa responsabilité lorsque l'information s'avère erronée[359] ».

B/ LA SOUPLESSE DU DROIT OHADA : LE CHOIX ENTRE L'ACTE AUTHENTIQUE ET L'ACTE SOUS SEING PRIVE

142. Les propositions du législateur OHADA. – Le droit uniforme recommande contrairement au droit français deux modes de constitution de l'hypothèque conventionnelle tout en laissant aux États membres la liberté du choix ou de rendre applicables les deux. Cette liberté ressort de l'article 205 du nouvel AUS qui dispose que : « *L'hypothèque conventionnelle est consentie, selon la loi nationale du lieu de situation de l'immeuble : par acte authentique établi par le notaire territorialement compétent ou l'autorité administrative ou judiciaire habilitée à faire de tels actes ; ou par acte sous seing privé dressé suivant un modèle agréé par la conservation de la propriété foncière. La procuration donnée à un tiers pour constituer une hypothèque en la forme notariée doit être établie en la même forme* ». Sur la première proposition qui est aussi celle privilégiée par la plupart des pays membres de l'OHADA, le législateur a introduit depuis le premier AUS de 1997, comme en droit français, un formalisme protecteur du constituant. Le notaire étant au cœur du dispositif afin d'éclairer et conseiller les parties sur leurs droits. Sa responsabilité en tant qu'officier public et expert juridique devant authentifier l'acte d'hypothèque doit être engagée en cas de manquement constaté dans l'accomplissement de sa mission. Le second choix est moins utilisé. Cependant, même s'il n'est pas du ressort du notaire, il n'est pas moins encadré que l'acte notarié dans la mesure où le modèle choisi doit être, selon le législateur OHADA, agréé par la conservation de la propriété foncière. Toutefois, il faut noter que le cadre protecteur institué par l'acte notarié rassure et permet un meilleur encadrement dans la constitution de la garantie hypothécaire.

143. Le quasi-monopole du notaire au Togo. – Le notaire a dans la plupart des pays membres de l'OHADA le monopole de l'immobilier. Au Togo par exemple, l'article 163 de la loi n° 2018-005 du 14 juin 2018 portant Code foncier et domanial institue le monopole des notaires pour « *tous*

---

rechercher les mentions intervenues aussi loin que cela peut être nécessaire à la détermination du véritable propriétaire » (note POULPIQUET (J.), Portée du devoir de conseil, *op. cit.*).

[359] Cass. 1re civ., France, 12 févr. 2002, n° 99-11.106, *Bull. civ.* I, n° 54. (POULPIQUET (J.), Portée du devoir de conseil, *op. cit.*).

faits, conventions ou sentences ayant pour effet de constituer, transmettre, déclarer, modifier ou éteindre un droit réel immobilier, d'en changer le titulaire ou les conditions d'existence (...) ». En outre, l'article 1 de la loi n° 2001-009 du 16 novembre 2001 fixant le statut des notaires dispose que *« les notaires sont les officiers publics et ministériels institués pour recevoir tous les actes et contrats auxquels les parties doivent ou veulent faire donner le caractère d'authenticité attaché aux actes de l'autorité publique et pour en assurer la date, en conserver le dépôt, en délivrer des grosses et expéditions, ils sont également les conseils juridiques de leurs clients*[360] ». L'article 26 du même statut ajoute que « *sont notariés, notamment les actes relatifs aux matières suivantes : les libéralités, les actes constitutifs ou translatifs de droit réel immobilier tels que les ventes de gré à gré ou par adjudication, les échanges, les donations et les hypothèques d'immeubles immatriculés (...) ; toutes procurations pour consentir aux actes sus-énumérés* ». Tous ces articles instituent un cadre légal qui oblige les parties à recourir à l'acte notarié pour la constitution de l'hypothèque.

L'efficacité de l'acte notarié tient surtout en grande partie au pouvoir de vérification matérielle des informations nécessaires à la rédaction ainsi qu'à la validité de l'acte dévolu au notaire. Ces vérifications rendent « normalement » juridiquement inattaquable l'acte rédigé par ses soins et auquel il attribue le caractère authentique. Toutefois, dans la plupart des pays de l'OHADA, ces vérifications se heurtent d'une part à la mauvaise tenue des registres cadastraux et d'autre part au fait qu'une grande majorité des droits immobiliers se transfèrent par acte sous seing privé avec pour conséquence l'augmentation des contentieux liés aux droits immobiliers.

Malgré l'obligation légale du Code foncier de faire constater les mutations des droits de propriété immobilière par acte authentique, les parties continuent à dresser des actes sous seing privé. La raison est à chercher au niveau du coût de l'acte notarié comprenant les droits d'enregistrement, les droits à payer à la direction des affaires domaniales et cadastrales au besoin et les honoraires des notaires. Ces raisons financières justifient sûrement le délaissement de l'acte notarié au profit de l'acte sous seing privé. À ces raisons doit être ajoutée la recrudescence des poursuites pénales contre les notaires pour faux et usage de faux qui ébranlent leur image. De ce fait, une hypothèque qui porterait sur un droit immobilier fragile juridiquement serait vouée à l'échec, d'autant plus que le formalisme prévu pour sa constitution est rigoureux. Cette rigueur obligerait normalement les parties à préférer l'acte authentique ayant une valeur probante juridiquement inattaquable jusqu'à inscription de faux à celui de l'acte sous seing privé qui a une valeur probante jusqu'à preuve

[360] Journal Officiel (J.O.) de la République togolaise, 22 novembre 2001.

du contraire. Le notaire lui confère une force exécutoire obligeant les parties au respect de leurs engagements. Les conséquences que fait courir *in fine* l'hypothèque sur le patrimoine du constituant sont de nature à obliger le notaire à le mettre en garde et à l'éclairer suffisamment avant la conclusion du contrat. Alors que par acte sous seing privé, le constituant est livré à son propre jugement, n'est pas suffisamment protégé et outillé dans sa prise de décision. Le crédit hypothécaire reste alors sous-exploité.

144. C'est aussi pour ces raisons que le législateur OHADA a jugé bon de proposer la constitution de l'hypothèque par un acte sous seing privé encadré par les autorités administratives habilitées. Pour prévenir les contentieux liés à l'utilisation de cette forme d'acte, tous les pays membres devront mettre à disposition un modèle agréé par la conservation de la propriété foncière. Sauf que, cette exigence était déjà formulée dans l'ancien Acte uniforme de 1997 sans succès. Le quasi-monopole du notaire a toujours pris le dessus dans les textes sur le désir de souplesse du formalisme du droit uniforme alors que la tendance relevée dans la pratique démontre plutôt un fort engouement pour l'acte sous seing privé. Il est tout de même malheureux que le droit uniforme n'ait pas mieux encadré la mise en place de ce modèle afin de permettre une meilleure protection du constituant. Il faut noter que la plupart des pays de l'OHADA sont victimes d'une lenteur voire parfois d'une inaction sur le plan législatif qui n'est pas de nature à magnifier le droit OHADA. Dans des pays où l'on compte plusieurs propriétaires de droits immobiliers analphabètes, cette forme de constitution se doit d'être très encadrée face à la complexité de la garantie hypothécaire. Il ne faut pas perdre de vue que les litiges fonciers représentent un peu plus de la moitié des litiges portés devant les tribunaux dans ces pays. La forme authentique reste alors la voix la moins risquée et doit être plébiscitée. Le notaire étant habilité à faire les vérifications nécessaires à la validité de l'acte d'hypothèque comme celles relatives à la capacité du constituant.

145. Les conditions relatives au constituant à l'acte d'hypothèque. – L'hypothèque ne peut être consentie que par celui qui est titulaire du droit réel immobilier régulièrement inscrit et capable d'en disposer. L'alinéa premier de l'article 203 du nouvel AUS subordonne ainsi la constitution de l'hypothèque à la réunion de deux conditions cumulatives relatives au constituant : d'une part, la détention d'un titre légal de propriété, ce qui veut dire que l'hypothèque ne peut être consentie que par celui qui peut faire la preuve du droit réel immobilier qu'il prétend avoir. Et d'autre part la condition non moins négligeable de sa capacité, c'est-à-dire l'aptitude de celui qui s'engage à conclure un acte d'hypothèque valable, qui est un acte juridique de disposition ayant pour conséquence d'engager sa responsabilité d'un point de vue économique ou de son patrimoine vis-à-vis des tiers. En effet, reproduisant l'esprit et la lettre du droit français en matière d'ordre public et de moralité, le droit OHADA a également admis que certains engagements ne pouvaient pas se faire par des personnes dites incapables. C'est le cas des mineurs et des majeurs soumis à une protection légale[361].

Trois exceptions sont énumérées[362] par l'alinéa 2 de l'article 203 relatives essentiellement à l'assiette de l'hypothèque. La première liée à la condition d'existence de l'immeuble, assouplit les conditions de l'article 192 qui dispose que « sauf disposition contraire, seuls les immeubles présents et immatriculés peuvent faire l'objet d'une hypothèque ». De la sorte, il est possible depuis l'avènement du nouvel AUS de constituer une hypothèque sur un bien qui n'existe pas au moment de la conclusion du contrat à condition que figurent dans l'acte constitutif les éléments nécessaires à son identification. L'immeuble doit à ce titre être déterminable. Un tel acte n'est efficace que si le bien est effectivement intégré ultérieurement dans le patrimoine du constituant, sinon il serait caduc et ne produirait aucun effet juridique entre les parties en raison de l'inexistence de l'assiette de la sûreté.

146. Sur le régime d'autorisation des garanties accordées par des personnes morales de droit privé, les articles 449 et 506 de l'Acte uniforme du 30 janvier 2014 relatif au droit des sociétés commerciales et du groupement d'intérêt économique l'organisent en harmonie avec les dispositions de l'AUS de 2010. Ils disposent que les garanties souscrites par des sociétés autres que celles exploitant des établissements de crédit, de microfinance ou d'assurance caution dûment agréés et pour des engagements pris par des tiers doivent faire l'objet, pour l'article 449[363] « de l'autorisation préalable du conseil d'administration ». En ce qui

---

[361] V. Dictionnaire du droit privé en partenariat avec Baumann avocats, BRAUDO (S.) sur la définition de la capacité en droit français ; CARBONNIER (J.), Droit civil, t.1, Les personnes : personnalité, incapacités, personnes morales, 21e éd. Refondue pour « les personnes » ; 17e éd. Refondue pour « Les incapacités, Paris : PUF 2000.

[362] « Par exception à l'alinéa précédent [alinéa 1 de l'article 203], l'hypothèque peut être consentie sur des immeubles à venir dans les cas et conditions ci-après : 1°) celui qui ne possède pas d'immeubles présents et libres ou qui n'en possède pas en quantité suffisante pour la sûreté de la créance peut consentir que chacun de ceux qu'il acquerra par la suite sera affecté au paiement de celle-ci au fur et à mesure de leur acquisition ; 2°) celui dont l'immeuble présent, assujetti à l'hypothèque a péri ou subi des dégradations telles qu'il est devenu insuffisant pour la sûreté de la créance le peut pareillement, sans préjudice du droit pour le créancier de poursuivre dès à présent son remboursement ; 3°) celui qui possède un droit réel lui permettant de construire à son profit sur le fonds d'autrui, sur le domaine public ou sur le domaine national peut hypothéquer les bâtiments et ouvrages dont la construction est commencée ou simplement projetée ; en cas de destruction de ceux-ci, l'hypothèque est reportée de plein droit sur les nouvelles constructions édifiées au même emplacement ».

[363] Pour les sociétés anonymes avec conseil d'administration.

concerne l'article 506[364], ces actes « ne sont opposables à la société que s'ils ont été autorisés préalablement par l'assemblée générale ordinaire, soit d'une manière générale, soit d'une manière spéciale ». La CCJA a jugé à ce propos dans son arrêt du 30 mars 2017 que « les actes de cautionnement hypothécaire souscrits par le Président-Directeur Général sans l'autorisation préalable donnée par le conseil d'administration sont nuls et de nul effet [365]». L'interprétation de la jurisprudence sur ces dispositions est stricte[366].

PARAGRAPHE 2 : LE RESPECT DU PRINCIPE DE SPECIALITE DANS L'ACTE D'HYPOTHEQUE

147. Intérêt de la question au sens général. – L'hypothèque est « spéciale » en ce sens que son assiette ne peut porter que sur un ou plusieurs immeubles déterminés, présents au moment de la conclusion du contrat, et elle ne peut garantir qu'une ou plusieurs créances spécifiquement déterminées, la cause de la créance devant également être précisée. Ce principe vise la préservation de la réserve de crédit du débiteur ou du constituant. C'est pourquoi l'hypothèque s'accommode peu de l'incertitude aussi bien de son assiette que de la créance qu'elle garantit. La créance garantie ainsi que l'assiette de la sûreté doivent être déterminées ou déterminables, avec une identification précise surtout lorsqu'elles sont futures. Selon l'article 2426 alinéa 3 du Code civil[367] « [...] Les immeubles [...] doivent être individuellement désignés, avec indication de la commune où ils sont situés [ainsi que la rue et le

---

[364] Pour les sociétés anonymes avec administrateur général.

[365] CCJA, 30 mars 2017, n° 076/2017, inédit : « Mais attendu, d'une part qu'aux termes de l'article 12 alinéa 1er de l'Acte uniforme portant organisation des sûretés du 17 avril 1997, [La caution peut garantir son engagement en consentant une sûreté réelle sur un ou plusieurs de ses biens] ; ... Attendu, d'autre part, qu'aux termes des dispositions impératives de l'article 449 alinéa 1er de l'Acte uniforme relatif au droit des sociétés commerciales et du groupement d'intérêt économique [Les cautions, avals, garanties et garanties à première demande souscrits par la société pour des engagements pris par des tiers font l'objet d'une autorisation préalable du conseil d'administration] ; qu'en l'espèce, il n'est pas contesté que les actes de cautionnement litigieux n'ont été signés que par le président-directeur général sans l'autorisation du conseil d'administration ; qu'il s'ensuit que la cour d'appel d'Abidjan a fait une saine application de l'article 449 de l'Acte uniforme suscité en annulant lesdits actes qui n'ont pas été autorisés par le conseil d'administration et n'a en rien commis la violation alléguée des articles 465 de l'Acte uniforme précité... » ; voir également CCJA, avis n° 02/2000/EP du 26 avril 2000 : Rec. CCJA n° spéc., 2003, p. 73 ; Ohadata J-02-04.

[366] TPI d'Abidjan, 21 févr. 2013, n° 253, civ 1re A, RG n° 7319/2008, SA GTA-C2A/IARDT c/ Banque OMNIFINANCE, SITEL et SGI-Togo, inédit ; V. ég. CA d'Abidjan, 1re Ch. Civ. Adm. Com. Et Soc., 27 déc. 2013, ACCESS Banque c/ GTA-C2A/IARDT, SITEL et SGI-Togo, inédit.

[367] Ancien article 2146 alinéa 3 du Code civil.

numéro][368], à l'exclusion de toute désignation générale, même limitée à une circonscription territoriale donnée ».

148. Intérêt de la question dans l'espace OHADA : le cas du Togo. – En droit OHADA, cette spécialité de l'hypothèque trouve une application très pratique dans la mesure où le droit uniforme exige pour la constitution de l'hypothèque que l'immeuble assiette de la garantie ait une reconnaissance administrative. La procédure qui vise à obtenir cette reconnaissance est la procédure de l'immatriculation des immeubles. Elle est de nature à protéger d'une part le constituant et d'autre part à éviter les contentieux puisque l'immatriculation est l'ensemble des formalités qui, en tendant à la création d'un titre foncier, a pour objet de soumettre un immeuble au régime des livres fonciers. Selon l'article 192 du nouvel AUS : « Sauf disposition contraire, seuls les immeubles présents et immatriculés peuvent faire l'objet d'une hypothèque [...] ». Cette procédure permet ainsi de conférer un droit de propriété sur l'immeuble objet de la garantie hypothécaire. L'immatriculation est donc la condition nécessaire et préalable à l'effectivité de la spécialité de l'hypothèque. Elle permet l'identification précise de son assiette qui ne peut être parfaite que par l'obtention du titre foncier. « [...] Peuvent ainsi faire l'objet d'une hypothèque : les fonds bâtis ou non bâtis et leurs améliorations ou constructions survenues, à l'exclusion des meubles qui en constituent l'accessoire ; les droits réels immobiliers régulièrement inscrits selon les règles de l'État partie[369] ».

Le principe de spécialité est donc à envisager par rapport à l'assiette de l'hypothèque **(A)** et à la créance garantie **(B)**.

A/ LE PRINCIPE DE SPECIALITE QUANT A L'ASSIETTE DE L'HYPOTHEQUE : LA CONSTRUCTION D'UN MODELE FIABLE POUR L'IDENTIFICATION ET LA MISE EN HYPOTHEQUE DES IMMEUBLES

149. La spécialité de l'hypothèque quant à son assiette exige une identification suffisante du bien dans l'acte d'hypothèque. Cette identification n'est possible qu'une fois la procédure d'immatriculation menée à son terme. Elle vise la sécurisation des transactions immobilières et trouve principalement sa source dans l'introduction du Code foncier dans la plupart des pays membres de l'OHADA par l'effet de la colonisation. Cette procédure s'est toutefois toujours heurtée à la prépondérance d'un droit coutumier fort ancré dans la pratique et qui la rend peu effective. De fait, un titulaire d'un droit réel immobilier ne peut recourir à

[368] FOURNIER (A.), *Hypothèque conventionnelle*, avril 2007, *Dalloz* 2007. (Actualisation janvier 2015).
[369] Art. 192 du nouvel AUS.

l'hypothèque sans l'immatriculation de son immeuble. Sauf que, nombreux sont les titulaires de droits réels immobiliers qui n'ont pas de titre foncier. Le droit uniforme permet aux États membres d'assouplir cette exigence d'immatriculation préalable à la constitution de l'hypothèque en permettant par exemple la constitution de l'hypothèque sur un droit réel en cours d'immatriculation avec la prise d'une inscription provisoire à condition de prendre une inscription définitive lorsque le titre foncier aura été créé. Mais en réalité la plupart des États ont maintenu cette exigence d'immatriculation préalable à la constitution de l'hypothèque, excluant une grande partie des titulaires de droits réels immobiliers du crédit hypothécaire tel que prévu par le droit uniforme.

Il en ressort que l'appropriation privée des terres par l'obtention d'un titre foncier est un préalable à la constitution de l'hypothèque. Elle s'est imposée dans la plupart des pays de l'OHADA, dont le Togo **(1)**. L'immatriculation des immeubles suit alors une procédure qui rend l'obtention du titre foncier inattaquable **(2)**. La validité de l'hypothèque en dépend **(3)**. Il faut noter sur ce point que des cas spécifiques sont prévus par les différentes législations qui ne sont parfois pas cohérents avec les exigences du droit uniforme **(4)**, il convient de les relever pour montrer la limite de l'influence du droit uniforme. Cette exigence dans la consécration de l'hypothèque favorise alors son contournement par d'autres mécanismes nationaux **(5)** qui sont d'ailleurs contraires au droit uniforme.

1/ L'appropriation privée s'impose au communautarisme dans les pays de l'OHADA : l'exemple du régime de la propriété foncière au Togo

150. L'appropriation privée des immeubles et plus spécifiquement des terres dans les pays de l'OHADA et plus particulièrement au Togo a été une construction progressive **(a)** qui s'est soldée par une organisation légale du foncier dont la portée véritable reste encore déterminer **(b)**.

a/ Une construction progressive

151. La terre comme chose commune. – La terre représente au Togo une véritable richesse ; parmi les biens immeubles marchands, elle est au Togo le bien par excellence. Mais, malheureusement faute d'avoir un régime de propriété foncière efficace, le foncier représente 80% des affaires civiles[370] traitées dans les tribunaux du pays. Ces contentieux fragilisent aussi les sûretés qui ont la terre, bien immeuble, comme assiette.

---

[370] SOSSOU (K. A.), Le droit foncier coutumier face au droit foncier moderne au Togo : cas des Akposso des origines à nos jours, Département d'histoire de l'Université de Lomé-Togo p. 255.

Avant la colonisation, la terre avait un enjeu vital pour les communautés d'habitants et permettait également d'affirmer leurs pouvoir et domination sur les autres peuples. À ce titre, la terre se révélait incessible et inaliénable. Le processus d'appropriation des terres était souvent l'œuvre des conquêtes, parfois au détriment d'un devancier[371], parfois non. La preuve des droits fonciers sur une terre était fonction des noms donnés à des villages ou des noms des ancêtres fondateurs des villages. On peut ainsi par exemple relever selon le Pr SOSSOU, pour les Akposso[372] du Togo « deux moyens couramment utilisés :

– des noms expressifs sont donnés à des villages comme c'est le cas de Klabè-Efoukpa dans l'Amou, (Ouklabè) signifiant au sens propre, la grande population, et surtout (Ofuakpa) ou (Efoukpa) signifiant la forêt vierge. Cette dernière formule montre à merveille que la forêt découverte par le chasseur Akposso n'a jamais été défrichée par un quelconque devancier sur le terrain ;

– le second moyen auquel a recours l'Akposso pour justifier son autochtonie est l'empressement à donner avec précision les noms des ancêtres fondateurs des villages »[373]. La propriété foncière découlait donc de faits historiques. Faits issus de traditions orales car non écrits et se résumant en une phrase comme l'a relevé le Pr Sossou : « la terre appartient aux premiers occupants »[374]. Et cette terre, du fait de son rôle vital, de l'attachement presque spirituel que la communauté avait à son égard[375], n'était pas un bien marchand. Du moins elle n'était pas cessible ni aliénable. Elle se transmettait de génération en génération et ne se vendait pas[376].

152. L'appropriation privée des terres. – En la faveur de la colonisation, le pays colonisateur, la France en l'occurrence, et avant elle l'Allemagne, avait introduit le droit foncier dit moderne au Togo à travers l'esprit du Code civil de 1804. Selon l'article 537 dudit Code, les bénéficiaires de la propriété foncière sont « les particuliers » qui « ont la libre disposition

---

371 SOSSOU (K. A.), Le droit foncier coutumier face au droit foncier moderne au Togo, *op. cit.*, p. 257.

372 « Les Akposso du Togo occupent deux préfectures du Togo, l'Amou et le Wawa avec pour peuples voisins les Akébou au nord, les Ana à l'est, les Ewé au sud et à l'ouest, les Akwamu du Ghana. Ce peuple fait partie de ce que les historiens togolais appellent les plus vieilles souches du peuplement du Togo ». Voir GAYIBOR (N. L.), *Le peuplement du Togo-Etat actuel des connaissances historiques, Lomé, Les Presses de l'UB*, p. 180, (cité par SOSSOU (K. A.), *op. cit.*, p. 257).

373 SOSSOU (K. A.), *op. cit.*, p. 258.

374 SOSSOU (K. A.), *op. cit.*, p. 258.

375 « La terre appartient soit aux divinités, soit aux Rois », SOSSOU, *op. cit.*, p. 258.

376 FERJUS (S.), La mise en valeur du Togo sous le mandat français, Thèse de Doctorat en Droit, Les Presses modernes, Paris 1926, p. 119 : l'auteur a soulevé « le cas des populations d'Agou qui, le 27 août 1898, en réponse à la demande d'achat de terrains par les Allemands, ont répondu que personne ne vend de terrain chez nous », (citée par SOSSOU, *op. cit.*, p. 259).

des biens qui leur appartiennent sous les modifications établies par les lois ». Il s'agit là d'une conception de l'appropriation par attribution d'un bien à une personne juridique[377] reconnue comme telle par la loi. De fait, la conception prônée par le Code civil se heurte à la conception profonde du communautarisme. Les droits fonciers coutumiers encore très présents n'attribuent pas les terres à une personne juridique mais à une collectivité d'autochtones reconnue comme telle par les us et coutumes. Ceci n'était pas sans créer des contentieux puisque c'est le chef de la collectivité ou le collège des anciens représentant la collectivité qui détient normalement le pouvoir d'aliéner des terres ou d'attribuer une partie des terres aux membres de la collectivité, ou simplement de classer une terre incessible et inaliénable du fait d'un lien spirituel. Cette pratique n'a d'ailleurs pas disparu. Cette pratique s'apparentait plus à l'indivision qu'à une appropriation privée. C'est le régime juridique issu de la propriété foncière moderne qui « a transformé les droits coutumiers en titres fonciers définitifs et inattaquables, par la procédure de l'immatriculation[378] ».

Il faut dire que la terre, par l'effet de la colonisation a pris de la valeur, surtout « grâce aux cultures d'exportation[379] » et aux différentes lois, liées d'une part à l'immatriculation des terres et d'autre part à l'appropriation privée, imposées par le colonisateur. La mise en valeur de la terre se faisait par la sollicitation et la valorisation d'une main-d'œuvre abondante. Des personnes extérieures aux autochtones étaient sollicitées par contrats oraux et souvent consensuels. Par cette mise en valeur, la terre revêt rapidement une véritable valeur marchande. Elle se transmettait alors par donation ou par vente.

153. En pratique, les Allemands par exemple, premiers colons, distinguaient deux catégories de terres : les terres dites non inscrites, celles qui appartenaient aux collectivités locales, et les terres dites non occupées et vacantes[380]. Sur la première catégorie, c'est-à-dire les terres non inscrites, l'administration reconnaissait aux autochtones un droit d'usage provisoire[381]. La propriété n'était dans ce cas acquise qu'à l'immatriculation de la parcelle réellement occupée et mise en valeur. En ce qui concerne la deuxième catégorie, c'est-à-dire les terres non occupées et vacantes, l'administration coloniale les classait comme une propriété du fisc[382]. Dans tous les cas, l'administration coloniale se

---

[377] LE BRIS (E.), LE ROY (E.) et PAUL MATHIEU, L'appropriation de la terre en Afrique noire, éd. Karthala, Paris 1991, p. 16.
[378] *Ibidem*, p. 17.
[379] SOSSOU, *op. cit.*, p. 260.
[380] SOSSOU, *op. cit.*, p. 264.
[381] Ibidem.
[382] Ibidem.

réservait le droit d'attribuer les terres sans prise en compte des droits coutumiers. Cette pratique allait d'une part à l'encontre de l'ordre coutumier établi et d'autre part se révélerait être source de nombreux contentieux après l'époque coloniale.

Ce qui caractérisait fortement ce nouveau régime foncier était sans doute l'instauration de « la libre transmission, par héritage, don ou vente des droits d'usage des autochtones sur leurs terres. Cette libre transmission était autorisée, d'une part entre les autochtones d'une même région ou localité, et, d'autre part entre autochtones et étrangers, indigènes (autochtones) ou non, à la région ou à la localité[383] ». Cette conception nouvelle de l'appropriation met en avant une appropriation privative et individuelle des terres par le biais de l'immatriculation, et surtout reconnue à une personne juridique[384].

À la suite des Allemands, les Français chargés d'administrer le Togo-Allemand ont instauré un nouveau régime foncier. Plusieurs législations ont donc vu le jour appliquant plus ou moins fidèlement le droit foncier d'inspiration allemande. Elles étaient tout de même basées sur un décret pris par la France à l'endroit de ses colonies. Il faut peut-être ajouter que les deux pays sont issus d'une tradition juridique assez proche. Il s'agit du décret du 24 juillet 1906 portant organisation du régime de la propriété foncière dans les colonies et territoires relevant du gouvernement général de l'AOF (Afrique occidentale française). « Le 23 décembre 1922, fut pris en faveur du Togo un décret rendant applicable le décret de 1906 et abrogeant la législation allemande[385] ». La propriété foncière qui en découle est de conception française et correspond à un droit absolu, perpétuel et exclusif. On peut constater qu'en pratique, ce nouveau régime est « resté lettre morte[386] ». La pénétration véritable du nouveau régime foncier français en milieu traditionnel togolais était très limitée. De fait, plusieurs parcelles de terrain n'ont pas été immatriculées et ce jusqu'à ce jour.

b/ L'organisation légale du foncier

154. L'avènement d'un nouveau Code foncier. – Après l'indépendance intervenue le 27 avril 1960, la question foncière a été véritablement abordée par l'État togolais le 6 février 1974. Les législations sur la matière étaient une suite logique de la conception issue du Code civil français de 1804 et le prolongement du décret de 1906. Un inventaire rigoureux à l'échelle nationale devait permettre de délimiter chaque parcelle de terrain. L'esprit de la réforme devait permettre d'être en

[383] *Ibidem,* p. 265.
[384] Aptitude à être titulaire de droits et de devoirs.
[385] *Ibidem,* p. 266.
[386] *Ibidem,* p. 269.

accord avec le droit coutumier et d'octroyer aux autochtones un droit foncier coutumier ayant la même valeur que le titre foncier et un droit de propriété garanti à toute personne pouvant se prévaloir d'un droit coutumier sur des terres exploitées[387]. La propriété foncière était ainsi reconnue sur des fonds de terres mises en valeur ou exploitées ou encore « sur lesquelles il existe une emprise permanente individuelle ou collective[388] », les droits de propriété pouvant s'éteindre par la non-exploitation de la terre. Cependant, selon un professeur de droit spécialiste de la question foncière au Togo cité par le Pr SOSSOU dans son article sur « *le droit foncier coutumier au Togo* », « *90% des litiges fonciers sont réglés dans les tribunaux du pays sur la base des règles coutumières et du Code civil français et non de la réforme agrofoncière du gouvernement togolais de 1974* [389] ». Ceci qui montre clairement que cette réforme n'a pas atteint le but recherché, ou doit-on dire elle n'a pas suffisamment pris en compte la complexité des coutumes traditionnelles en milieu traditionnel togolais. Un nouveau Code foncier issu de la loi n° 2018-005 du 14 juin 2018 est entré en vigueur par publication au Journal Officiel de la République togolaise afin d'édicter des lois qui sont le reflet de la réalité des Togolais. Il prévoit à titre d'exemple une procédure d'immatriculation collective qui doit faciliter la reconnaissance administrative des terres dont la propriété est issue des coutumes traditionnelles. Son article 161 dispose que « *Tout transfert de droit de propriété immobilière en zone urbaine, périurbaine ou rurale est subordonné, sous peine de nullité absolue du contrat, à l'immatriculation qui en est l'objet* » et « *toute vente immobilière doit être précédée de l'immatriculation du fonds de terre ou de l'immeuble qui en est l'objet*[390] ». Pour rendre les transactions immobilières plus sûres l'article 163 du même Code exige que « *[Soient] constatés par acte notarié : 1- tous faits, conventions ou sentences ayant pour effet de constituer, transmettre, déclarer, modifier ou éteindre un droit réel immobilier, d'en changer le titulaire ou les conditions d'existence ; 2- tous baux d'immeubles excédant (03) années ; 3- toute quittance ou cession d'une somme équivalente à plus d'une année de loyer ou de fermage non échu* ». Ces mesures sont destinées à permettre la sécurisation des transactions foncières au Togo très souvent gangrénées par des conflits incessants. Le fait de mettre le notaire au cœur de la transaction immobilière est également un gage de sécurité juridique.

---

[387] SOSSOU, *op. cit.*, p. 271.

[388] DECKON (K. F.), *Togo : les trois propriétés foncières à l'heure de la codification du droit foncier*, https://www.republiquetogolaise.com/social/1303-444-togo-un-nouveau-code-foncier-et-domanial-en-cours-d-elaboration.

[389] *Ibidem*, p. 271.

[390] Art. 162 du nouveau Code foncier du Togo, 2018.

155. La preuve des droits fonciers. – Il faut à ce titre retenir de tout ce qui précède que la preuve des droits fonciers au Togo se fait soit par l'immatriculation du terrain concrétisée par l'obtention du titre foncier[391], soit « *pour les terres non immatriculées : par la constatation des droits coutumiers ; l'acte notarié ; le certificat administratif ; les actes délivrés lors des opérations de lotissement ou de remembrement ; les avis d'impositions ; l'aveu ; le serment ; les présomptions ; le témoignage ; le procès-verbal de règlement amiable délivré par l'autorité traditionnelle ; les décisions judiciaires ayant acquis la force de chose jugée*[392] ». Ces dernières sont souvent source de contentieux puisque dépourvues de titre foncier. Malheureusement, elles représentent plus de la moitié des terres exploitables et marchandes du Togo. Et, dans ces vastes terres se trouvent des parcelles qui par le droit coutumier appartiennent aux autochtones mais, pour le droit foncier sont considérées comme un domaine foncier national ou public et parfois même domaine privé de l'État et des collectivités locales. Ces deux régimes coexistent avec souvent la prépondérance du droit coutumier sur le droit foncier moderne, ce qui crée souvent des contentieux lors des ventes par des autochtones des parcelles dont ils n'ont légalement pas la propriété ou qu'ils délimitent de façon anarchique. Puisque, faut-il le rappeler ces autochtones n'ont parfois que le droit d'usage sur les parcelles qu'ils exploitent selon le droit foncier moderne, mais pensent-ils en avoir la libre disposition selon le droit coutumier.

Seuls ceux qui ont fait immatriculer leurs parcelles et obtenu un titre foncier sont à l'abri des déboires liés aux contentieux de la propriété foncière. Le titre foncier permet de sécuriser les transactions immobilières et rend efficaces les garanties qui portent sur ces biens immeubles. Ce dysfonctionnement prouve la défaillance de l'État togolais qui n'a pas su avec rigueur amener les populations à poursuivre le processus d'immatriculation jusqu'à son terme. Mais fort heureusement les tribunaux ont toujours réglé avec les moyens dont ils disposent ces contentieux liés à la propriété foncière.

156. Le titre foncier. – Le titre foncier est un document administratif qui se rattache à un fonds de terre ou plus généralement à un immeuble[393]. Il marque donc la propriété d'une personne sur un immeuble. À ce propos, le titre foncier dans le droit positif togolais a plusieurs fois été déclaré intangible et inattaquable. La Cour Suprême du Togo, la plus haute juridiction du pays, a rappelé le 17 novembre 2005 que : « *le titre foncier, une fois établi, devient au terme du décret du 24 juillet 1906 définitif et inattaquable et constitue de ce fait le point de départ unique de tous les*

[391] Art. 665 du nouveau Code foncier du Togo, 2018.
[392] Art. 665 du nouveau Code foncier du Togo, 2018.
[393] CORNU (G.), Vocabulaire juridique, Association H. CAPITANT, *op. cit.*.

droits réels existant sur l'immeuble. Nul ne saurait obliger le juge de fond à procéder à des vérifications de faits qui sont des mesures d'instruction laissées à sa libre appréciation dès lors que leurs résultats ne sauraient, quelle que soit leur efficacité, combattre l'intangibilité du titre foncier et sa force probante[394] ». Ce caractère absolu a été rappelé par le nouveau Code foncier à travers l'article 256 qui dispose que « *Le titre foncier est définitif, intangible et inattaquable, sauf en cas de fraude ou d'erreur. Il constitue, devant les juridictions, le point de départ unique de tous les droits réels existant sur l'immeuble au moment de l'immatriculation* ». Mais, la pratique a montré que ce n'est pas aussi simple. L'hypothèque risque d'être moins efficace si sa réalisation se heurte à des contestations liées à son assiette. Le législateur se doit alors de mettre en place un corps de règles à même de mettre le créancier en confiance, préserver et renforcer ses droits. C'est finalement pour préserver efficacement les droits du créancier hypothécaire et protéger la propriété du constituant que le droit uniforme exige que seuls les immeubles présents et immatriculés puissent faire l'objet d'une hypothèque. L'obtention du titre foncier signifie justement que la procédure d'immatriculation est arrivée à son terme.

2/ La procédure d'immatriculation des immeubles au Togo : gage d'une bonne identification

157. Un certain nombre de conditions sont à respecter avant la réquisition de l'immatriculation **(a)**. Une fois ces conditions remplies, l'immatriculation est faite au livre foncier **(b)**.

a/ Les conditions préalables à l'immatriculation

158. La procédure d'immatriculation relève actuellement du nouveau Code foncier en vigueur depuis le 14 juin 2018. Elle est une procédure très fastidieuse et coûteuse pour la grande majorité des Togolais qui n'ont déjà pas culturellement une forte appétence pour l'immatriculation de leurs immeubles. Son coût et sa lourdeur justifient l'absence de l'immatriculation des biens immobiliers au Togo. Ceci constitue également un frein à l'accès au crédit. L'article 161 du nouveau Code foncier dispose clairement que « *tout transfert de droit de propriété immobilière en zone urbaine, périurbaine ou rurale est subordonné, sous peine de nullité absolue du contrat, à l'immatriculation de l'immeuble qui en est l'objet* ».

En ce qui concerne la procédure d'immatriculation, il faut dans un premier temps faire la preuve de ses droits sur l'immeuble objet de la demande. Faire ensuite une demande d'obtention du plan visé par le cadastre établi par un géomètre agréé, communément appelé « le plan à

---

[394] Cour Sup. Togo, 11 nov. 2005, n° 34/2005.

trois tampons » afin de délimiter les bornes du fonds de terre. Il faudra procéder après le bornage du terrain au dépôt ou à l'enregistrement de sa demande au guichet foncier unique auprès des services cadastraux, notamment à la Division des Affaires Domaniales et Cadastrales qui fera les vérifications nécessaires notamment l'évaluation définitive du fonds de terre à l'instant T de la demande, suivi de la publication de l'enregistrement de la demande au Journal Officiel de la République togolaise. Si aucune contestation n'est soulevée et la procédure menée à son terme, le conservateur de la propriété foncière procède à l'immatriculation de l'immeuble sur les livres fonciers.

159. La preuve des droits fonciers en l'absence de titre foncier. – En règle générale, la propriété est soit individuelle soit collective et s'acquiert selon l'article 151 du nouveau Code foncier du Togo par succession, donation, vente ou par échange. Elle peut également s'acquérir « par accession ou incorporation[395] et par prescription acquisitive »[396]. Les cas de propriété collective sont légion au Togo où les immeubles sont détenus en grande partie par des communautés villageoises suivant des règles du droit coutumier ou par des héritiers à la suite d'une succession. Ces cas sont ceux qui se révèlent les plus conflictuels outre la problématique de plus en plus récurrente des ventes multiples favorisées par l'absence d'immatriculation desdits immeubles avant leur vente, qui se font également très souvent par acte sous seing privé et donc dépourvues de contrôle de l'autorité publique. L'autorité publique a recourt à trois documents faisant la preuve de la propriété sur un immeuble : une décision de justice ayant acquis la force de chose jugée. L'acte notarié et le certificat administratif délivré par la mairie ou la préfecture. Cette pluralité de preuves démontre une réalité que l'avènement du Code moderne ne peut annihiler, même si ce dernier prône de faire constater par acte notarié « tous faits, conventions ou sentences ayant pour effet de constituer, transmettre, déclarer, modifier ou éteindre un droit réel immobilier, d'en changer le titulaire ou les conditions d'existence[397] (…) ». Cette réalité est qu'il coexiste au Togo deux types de propriétés : d'une part les propriétés dites modernes, issues du décret du 24 juillet 1906 et de l'ordonnance du 6 février 1974 ; tous deux abolis par le décret du 14 juin 2018 qui instituent comme l'affirme le Pr DECKON[398] « un droit absolu, collectif et perpétuel ». La portée de cette propriété moderne demeure à travers le nouveau Code foncier. D'autre part, les propriétés

---

[395] Art. 172 Code Foncier du Togo : « L'accession est l'extension légale du droit de propriété sur une chose corporelle, à tout ce qu'elle produit et à tout ce qui s'unit ou s'incorpore à elle ».
[396] Art. 152 du Code foncier du Togo.
[397] Art. 163 du Code foncier du Togo, *op. cit.*.
[398] DECKON (K. F.), Togo : les trois propriétés foncières à l'heure de la codification du droit foncier, op. cit..

dites coutumières appartenant à des collectivités de famille ou villageoises et qui instituent une propriété collective. Cette dernière a été prise en compte dans le nouveau Code foncier aux articles 250 à 253. Dans la pratique, le certificat administratif comme tout acte de propriété établi sous seing privé est par la suite confirmé soit, en justice soit, par notaire afin de l'authentifier et lui conférer une plus grande efficacité.

À cette fin, le droit de propriété foncière peut être délivré par le maire, à tout requérant sur demande individuelle ou collective, assisté par les Commissions de Gestion Foncière[399] (CoGef) qui ont une mission consultative et qui assistent ce dernier dans la gestion des questions foncières. Le maire dresse ainsi un certificat administratif sous la forme d'un livret[400] et qui vaut titre de propriété jusqu'à preuve du contraire. La preuve de cette propriété est libre et peut être apportée par témoignage, serment, aveu, procès-verbal de règlement amiable délivré par l'autorité traditionnelle, décision de justice ou tout autre moyen pouvant faire la preuve de cette propriété. Pour donner raison à la Cour d'appel du Togo qui s'est prononcée sur un litige opposant deux communautés qui se réclamaient toutes propriétaires d'un immeuble d'une superficie de 119ha 89a 33ca sis à Aflao Akato-Avoémé dans la préfecture du Golfe, la Cour suprême a estimé que c'est à bon droit que la Cour d'appel s'est prononcée en faveur des défendeurs au pourvoi étant entendu « qu'il est constant comme consigné dans le procès-verbal de transport que l'ancêtre des appelants (défendeurs au pourvoi) est arrivé sur les lieux peu avant la colonisation ; qu'il y a implanté un fétiche "LEGBA" il y a plus d'un siècle et que ses descendants ont complanté le domaine de cocotiers âgés de plus de 50 ans, de tecks et de palmiers à huile ; que les intimés (demandeurs au pourvoi) n'ont pas de fétiche sur les lieux et que les cocotiers par eux plantés dans les environs du cimetière datent des années 1980-1990, dates aux alentours desquelles les demandeurs au pourvoi ont sollicité et obtenu l'autorisation d'inhumer leurs morts en ces lieux après avoir été, suite à un incident, interdits d'inhumer désormais leurs morts à Aképé dans la préfecture de l'Avé d'où ils sont originaires et où ils avaient jusque-là enterré leurs morts ; qu'aussi leurs plants sont plus jeunes que ceux des défendeurs[401] ». De la sorte, « la Cour ayant pu déduire de ces éléments constants l'emprise réelle des lieux par première occupation des défendeurs, il ne saurait lui être fait grief ».

---

[399] De création récente du nouveau Code foncier de 2018 ces commissions sont de deux ordres comme le dispose l'article 30 du Code foncier : en milieu rural, la commission de la commune dispose de démembrements dénommés, Section villageoise de Gestion Foncière (SVGF) et en milieu urbain Section de Gestion Foncière de Quartier (SGFQ).

[400] Art. 628 et s. du nouveau Code foncier.

[401] Cour suprême du Togo, Ch. Judiciaire, 17 avril 2014, n° 25/14, *Bull. des arrêts de la Cour suprême,* n° 2-2015.

160. Le bornage provisoire du fonds de terre. – Selon l'article 218 du nouveau Code foncier : « Préalablement à toute demande d'immatriculation, l'immeuble non clôturé doit être, par les soins du propriétaire, déterminé quant à ses limites au moyen de bornes en maçonnerie placée à chacun des sommets du polygone formé par le terrain ; ces bornes mesurant au moins quinze centimètres de hauteur au-dessus du sol et quinze centimètres de côté, doivent adhérer à un socle également en maçonnerie de quarante-cinq centimètres de côté sur trente centimètres de hauteur au minimum. Les bornes sont figurées sur le plan indiqué à l'article 220-7 du présent Code ». Le bornage a pour intérêt de prévenir les ventes multiples et celles des parcelles du domaine public. Il permet en outre de constituer une preuve des droits fonciers sur une parcelle de terrain. Il mentionne à titre indicatif le propriétaire de la parcelle et l'origine du droit de propriété du requérant. De façon pratique, il a toujours été fait jusqu'à l'avènement du nouveau Code foncier selon « une formalité dite des trois tampons ». Un géomètre agréé est dans un premier temps chargé de confirmer le plan provisoire contenu dans l'acte de propriété ou d'établir le bornage. Ensuite, le Directeur de l'urbanisme et de l'habitat (DGUH) appose sa signature si le terrain est urbain ou situé en zone urbaine. S'il est situé en zone rurale, la confirmation sera du ressort du Directeur de l'Aménagement et de l'Équipement rural. Le visa final est donné par le Directeur des affaires domaniales et cadastrales. Son rôle est de procéder au contrôle et à la vérification des calculs et visas précédents puis de contresigner le plan définitif.

Le nouveau Code foncier exige dorénavant pour la demande d'immatriculation « un plan provisoire de l'immeuble rigoureusement exact, établi à une échelle compatible avec son étendue et son occupation par un géomètre agréé[402] ». Ce dernier doit figurer dans la déclaration établie par le requérant et adressée au conservateur de la propriété foncière.

161. La réquisition d'immatriculation adressée au conservateur de la propriété foncière. – Il s'agit d'une déclaration établie en langue française adressée au conservateur de la propriété foncière et facilitée par un dépôt au Guichet foncier unique. Le législateur togolais à travers le nouveau Code foncier a facilité la procédure d'immatriculation en créant un guichet foncier unique pour la réception et le traitement des demandes d'immatriculation. Le but recherché est de rendre la procédure le plus simple possible, rapide et moins coûteuse pour les requérants à l'immatriculation. Ce guichet unique permet également de réduire les intervenants afin de lutter contre la corruption. À ce titre, « *tout requérant d'immatriculation doit remettre au conservateur de la propriété foncière,*

[402] Art. 220 du nouveau Code foncier.

qui lui en donne récépissé, une déclaration établie en langue française, signée de lui ou d'un mandataire spécial et contenant : 1- ses nom, prénoms, qualités, domicile et son état civil ; 2- une élection de domicile dans une localité du Togo où se trouve situé l'immeuble à immatriculer ; 3- la description de l'immeuble, ainsi que des constructions et plantations qui s'y trouvent, avec indication de sa situation, de sa contenance, de ses limites tenants et aboutissants, et, s'il y a lieu, du nom sous lequel il est connu ; 4- l'estimation de sa valeur locative ou du revenu dont il est susceptible ; 5- l'estimation de sa valeur vénale, avec rappel des prix de vente dont il a été l'objet dans les dix dernières années, ou de la dernière seulement, si cette vente remonte à plus de dix ans ; 6- le détail des droits réels et des baux de plus de trois années afférents à l'immeuble avec mention des nom, prénoms et domiciles des ayants droit, et, le cas échéant, de ceux du subrogé tuteur des mineurs ou interdits dont il peut avoir la tutelle ; 7- la réquisition au conservateur de la propriété foncière de procéder à l'immatriculation de l'immeuble décrit. Si le requérant ne peut ou ne sait signer, le conservateur certifie le fait au bas de la déclaration qu'il signe en son lieu et place. À l'appui de la déclaration, qui prend le nom de réquisition, le requérant dépose l'expédition de l'acte d'acquisition et/ou tous les actes publics constitutifs de différents droits énumérés dans ladite réquisition, à savoir : la traduction en langue française, par un interprète assermenté, de ceux desdits actes et contrats qui seraient rédigés en une langue étrangère ; un plan provisoire de l'immeuble rigoureusement exact, établi à une échelle compatible avec son étendue et son occupation par un géomètre agréé. Un décret pris en application du présent code crée et organise le Guichet foncier unique ». Le conservateur procède à la réception de la réquisition à tout contrôle utile au traitement de la demande. Il s'assure en conséquence que les titres produits ou invoqués soient établis dans les formes prescrites par la législation applicable tant au propriétaire qu'à la propriété[403].

La réquisition d'immatriculation peut également être faite par des personnes morales de droit public ou de droit privé ou encore des collectivités familiales. Ces dernières bénéficient à travers les articles 250 à 253 du Code foncier d'un régime spécial aménagé pour permettre une immatriculation collective : « *Cette procédure est engagée, par une demande adressée au conservateur de la propriété foncière du lieu de situation des immeubles*[404] ».

403 Art. 221 du nouveau Code foncier du Togo.
404 Art. 252 du nouveau Code foncier du Togo.

b/ L'immatriculation de l'immeuble

162. **La publication préventive de la demande d'immatriculation.** – La publication de la demande d'immatriculation au Journal Officiel (J.O.) qui est un journal d'annonces légales avec indication du titre de propriété des requérants ainsi que la référence du bornage permet d'alerter les tiers sur la demande en cours. Ils pourront ainsi faire valoir leurs droits sur l'immeuble à immatriculer. Ainsi, une fois la procédure terminée, le titre foncier délivré sera opposable à tous. Conformément à l'article 224 du nouveau Code foncier, la publication est faite à la diligence du conservateur. Ce dernier se charge également d'adresser au greffe du Tribunal de Première Instance dans le ressort duquel est situé l'immeuble une demande aux fins d'affichage d'un extrait de la publication de la demande d'immatriculation au Journal Officiel. Elle est conservée pendant une période de trois mois. Il s'ensuit une série de publications dans la commune du lieu de situation de l'immeuble à immatriculer. Cette publication est faite par le maire de la commune ou le préfet de la localité où est situé l'immeuble à immatriculer. Celui-ci reçoit du conservateur un placard complété par l'inscription de la mention relative à l'affichage afin de procéder « sans retard à la publication de la demande dans les lieux d'usage et à l'affichage du document lui-même à la porte de la résidence du représentant de l'autorité de qui relève immédiatement la région, à la résidence du chef de canton, du chef de village, du lieu de situation de l'immeuble[405] ». La date de la publication de la demande d'immatriculation en l'auditoire du greffe du Tribunal est notifiée aux requérants à l'immatriculation. Il s'agit d'une notification à personne ou au domicile réel[406]. Toutes les demandes en opposition à l'immatriculation sont à présenter dans les trois mois prévus pour l'affichage de la demande en l'auditoire du Tribunal[407].

163. **Le bornage contradictoire de l'immeuble à immatriculer.** – Le conservateur de la propriété foncière fait procéder si aucune contestation n'est faite ou si elle a été levée au bornage contradictoire de l'immeuble à immatriculer. Il faut faire observer qu'avant l'entrée en vigueur du nouveau Code foncier, le requérant devait faire procéder au bornage de son immeuble en respectant la fameuse procédure des trois tampons ; ils sont donnés par la direction des affaires domaniales et cadastrales, après quoi la procédure d'immatriculation pouvait suivre son cours. Le plan visé est demandé parmi les pièces à fournir pour la demande d'immatriculation. Le nouveau Code foncier n'exige qu'un plan

[405] Art. 225 du nouveau Code foncier du Togo.
[406] Art. 224 et s. du nouveau Code foncier du Togo.
[407] Elles peuvent concerner l'étendue du droit de propriété du requérant ou les limites de l'immeuble (v. art. 227 et s. du nouveau Code foncier du Togo).

provisoire à l'appui de la demande d'immatriculation. Le bornage contradictoire devant être procédé à la demande du conservateur et effectué par un géomètre assermenté comme le dispose l'article 231 du nouveau Code foncier. Cette simplification n'est pas moins efficace et est à saluer dans la mesure où le bornage définitif n'est effectué qu'après toutes les vérifications légales de l'administration domaniale et cadastrale. Les litiges en seront plutôt très réduits. À l'issue du bornage contradictoire de l'immeuble, un procès-verbal de bornage définitif est délivré au requérant.

164. **L'immatriculation de l'immeuble et son inscription sur le livre foncier.** – Le livre foncier est le registre public qui recense les immeubles immatriculés. L'inscription sur ce livre foncier conditionne l'établissement du titre foncier dont copie est remise au propriétaire et un certificat d'inscription aux titulaires de droits réels susceptibles de cession. Le titre foncier délivré est définitif, intangible et inattaquable, sauf en cas de fraude ou d'erreur. Il constitue le point de départ unique de tous les droits réels existant sur l'immeuble au moment de l'immatriculation[408]. C'est justement la raison pour laquelle le droit de l'OHADA exige pour la constitution de l'hypothèque que l'immeuble sur lequel elle porte soit immatriculé. C'est une exigence de sécurité juridique et de protection du constituant.

Toutefois, l'immatriculation des immeubles n'est faite que par une faible partie des propriétaires de droits réels immobiliers dans la plupart des pays de l'OHADA. La corruption, les conflits coutumiers et successoraux, le manque de moyens sont souvent à l'origine de la non-immatriculation des immeubles. Ce patrimoine immobilier se trouve donc exclu du crédit hypothécaire pour absence de titre foncier. Mais, ils ne sont pas pour autant exclus du crédit immobilier puisque des voies de contournement de l'hypothèque de l'OHADA ont été développées par les acteurs économiques des pays membres dont le Togo pour accorder des prêts immobiliers. C'est le cas de la dation en paiement sous condition suspensive issue de la loi n° 88-02 du 20 avril 1988 complétée et modifiée par la loi n° 89-30 du 28 novembre 1989 qui n'exige pas à peine de nullité l'immatriculation de l'immeuble. Bien que le droit de l'OHADA portant organisation des sûretés ait dès son entrée en vigueur abrogé toutes les dispositions contraires de droit interne, antérieures ou postérieures[409], pour cause de l'exigence protectrice du droit de

---

[408] Art. 256 du nouveau Code foncier du Togo.

[409] Art. 10 du Traité de l'OHADA, Juriscope 2016 « Les actes uniformes sont directement applicables et obligatoires dans les États parties, nonobstant toute disposition contraire de droit interne, antérieure ou postérieure » ; V. également l'article 4 de l'AUS de 2010 qui dispose que « (…) Sauf disposition contraire du présent acte uniforme, les seules sûretés réelles valablement constituées sont celles qui sont réglées par cet acte (…) ».

l'hypothèque, la pratique a continué à avoir recours à la loi togolaise sur la dation en paiement sous condition suspensive.

3/ L'absence d'immatriculation et la promesse d'hypothèque

165. La promesse d'hypothèque est l'engagement que prend une personne de contracter une obligation ou d'accomplir un acte. Elle est à ce titre un acte de volonté unilatérale dont il résulte un engagement unilatéral, uniquement à la charge du promettant[410]. Dans la pratique, elle sert surtout de garantie « hasardeuse » quand le bien devant garantir l'obligation du débiteur fait défaut. Pour plusieurs raisons, allant d'un bien dont le débiteur ou le constituant de la garantie n'en est pas encore propriétaire, à un bien qui ne remplit pas les conditions requises pour la constitution de la garantie souhaitée, comme l'absence d'immatriculation dans la plupart des pays de l'espace OHADA. Le constituant s'engage alors *in futurum* à contracter ou constituer la garantie au profit du créancier une fois que la condition attendue est réalisée. Elle n'est pas à confondre avec l'hypothèque sur un bien futur dans la mesure où cette dernière remplit les conditions de validité de l'hypothèque mais ne produit ses effets que lors de l'entrée du bien dans le patrimoine du débiteur. L'hypothèque sur un bien futur se révèle être une exception à l'article 192 du nouvel AUS qui dispose que « seuls les immeubles présents et immatriculés peuvent faire l'objet d'une hypothèque ». L'article 203 du même acte uniforme donne alors trois exceptions à l'interdiction : « *1°) celui qui ne possède pas d'immeubles présents et libres ou qui n'en possède pas en quantité suffisante pour la sûreté de la créance peut consentir que chacun de ceux qu'il acquerra par la suite sera affecté au paiement de celle-ci au fur et à mesure de leur acquisition ; 2°) celui dont l'immeuble présent assujetti à l'hypothèque a péri ou subi des dégradations telles qu'il est devenu insuffisant pour la sûreté de la créance le peut pareillement, sans préjudice du droit pour le créancier de poursuivre dès à présent son remboursement ; 3°) celui qui possède un droit réel lui permettant de construire à son profit sur le fonds d'autrui, sur le domaine public ou sur le domaine national peut hypothéquer les bâtiments et ouvrages dont la construction est commencée ou simplement projetée ; en cas de destruction de ceux-ci, l'hypothèque est reportée de plein droit sur les nouvelles constructions édifiées au même emplacement* ». Le contrat d'hypothèque peut ainsi être formé avec les éléments permettant d'identifier suffisamment le bien qui fera partie du patrimoine du constituant et qui sera en ce moment-là seulement l'assiette de la garantie. Cette innovation du nouvel AUS est surtout appréciable eu égard à l'évolution et à la modernisation du crédit d'une part, puis aux moyens technologiques permettant une meilleure

---

[410] CORNU (G.), Vocabulaire juridique, Association H. CAPITANT, *op. cit.*.

sécurisation des transactions économiques d'autre part. Cependant, outre les exceptions de l'article 203, il faut noter que sur le fondement de l'article 194 du nouvel AUS, l'hypothèque conventionnelle consentie sur un droit réel non régulièrement inscrit reste valable et constitue une hypothèque conditionnelle dans la mesure où le droit du constituant est lui-même soumis à la condition de l'inscription au livre foncier[411].

Promesse d'hypothèque et hypothèque sur bien futur ont toutefois les mêmes causes de caducité puisque leur efficacité est subordonnée à l'existence du bien objet de la garantie. Cependant, la promesse d'hypothèque serait moins efficace juridiquement que l'hypothèque sur bien futur puisque la promesse d'hypothèque est par nature un acte consensuel ; elle n'est pas une hypothèque au sens juridique du terme et ne se résume qu'à une obligation de faire qui se résout par des dommages et intérêts. MICHEL MATHIEU parlera « d'une vraie fausse garantie[412] ». Elle ne peut conduire à la constitution d'une hypothèque que sur un accord renouvelé du constituant[413]. Le devoir de conseil du notaire dans ce cas se résume à informer suffisamment les parties sur la fragilité de cette garantie. Dans ce sens, pour rejeter le pourvoi formé contre l'arrêt des juges du fond, la Cour de cassation a considéré : « qu'au vu des conseils qu'aurait pu donner l'intermédiaire lors de la rédaction de l'acte sous seing privé, les juges de la Cour d'appel ont à juste titre retenu que si la mission du notaire avait été limitée à l'authentification des conventions que les parties avaient directement arrêtées entre elles, il était établi que dans le cas d'espèce, celui-ci avait observé le devoir de conseil qui subsistait dans le cadre de cette authentification en appelant l'attention du créancier sur la faiblesse des garanties acceptées, entre autres la promesse d'affectation hypothécaire d'un immeuble faisant l'objet d'une promesse d'achat signée par le débiteur, non encore levée à la date du prêt mais dont le délai de réalisation était verbalement accordé ; le promettant n'ayant pas encore fourni les pièces nécessaires à la rédaction de l'acte de vente ».[414]

---

[411] CCJA, 2e ch., arrêt du 8 févr. 2018, n° 025/2018, aff. COULOUD Yao H. c/ BICICI : « Dès lors, c'est à bon droit que l'action en nullité formée par un constituant qui invoquait le défaut d'inscription du fait de sa faute au livre foncier a été rejetée ».

[412] MICHEL MATHIEU, *Une vraie fausse garantie : La promesse d'affectation hypothécaire*, *Rev. dr. bancaire* 1992.48 ; DELEBECQUE (P.) et SIMLER (P.), *De la portée d'une promesse d'hypothèque*, *RDI* 1992, p. 348 « L'hypothèque est un contrat solennel et par conséquent la promesse d'hypothèque qui n'est qu'un acte consensuel, ne peut valoir hypothèque ».

[413] Cass. 3e civ., France, 29 mai 2002, D 2002, *act. Jurispr.* 2119; *D.* 2003, 1024, note AZAVANT; *idid. Somm.* 1286, obs. JOBARD-BACHELIER, *JCP E* 2003, n° 15, obs. DELEBECQUE (note CABRILLAC (M.), MOULY (C.), CABRILLAC (S.), et PETEL (P.), *op. cit.*, p. 688).

[414] Cass. 1re civ., France, 10 juin 1997, 95-14767, *B* .1997, I, n° 197, p. 131.

4/ Cas spécifiques

166. Cas spécifiques : les droits réels démembrés, l'indivision et les incohérences de certains droits nationaux. – L'AUS de 1997 prévoyait expressément, outre l'hypothèque sur le droit réel immobilier par excellence qui est le droit de propriété, l'hypothèque sur l'usufruit, le droit de superficie, le bail emphytéotique ou le bail à construction, qui sont des droits réels démembrés[415]. La constitution d'une hypothèque sur ces types de droits est moins efficace que sur le droit de propriété ; la raison est que les titulaires de ces droits, soumis à condition, résolution, ou rescision régulièrement publiées ne peuvent consentir qu'une hypothèque soumise aux mêmes conditions, résolutions ou rescisions[416]. Ils ne bénéficient pas d'une pleine propriété sur le bien immobilier à garantir d'où la faiblesse de cette garantie. Le nouvel article 194 de l'AUS de 2010 conserve les mêmes dispositions. La loi nationale des différents pays membres de l'OHADA relative à l'organisation du domaine foncier admet la constitution de l'hypothèque sur ces droits, parfois de façon bien ambiguë. En Côte d'Ivoire, « la loi de 1998 relative au domaine foncier rural prévoit que les certificats fonciers délivrés sur les terres du domaine coutumier peuvent donner lieu à immatriculation[417] ». Ces certificats sont en réalité des baux à construction, bien connus dans le milieu rural en Côte d'Ivoire. Selon l'article 17 de cette loi, ces certificats peuvent être cédés en tout ou en partie par acte authentique par l'autorité administrative. Ce qui implicitement révèle la possibilité de les hypothéquer. Ces constructions sont en pratique souvent financées par des prêts hypothécaires.

167. L'exemple du « permis d'occuper » du droit interne malien est très édifiant puisque cette disposition semble à l'analyse contraire au droit OHADA comme le développe si bien Ousseynou SOW dans son ouvrage relatif à la « *Sécurisation des engagements bancaires dans les États parties au traité de l'OHADA* [418]». Ce permis d'occuper est mis en place par une Ordonnance[419] relative au domaine foncier rural et domanial. L'article 60 de cette Ordonnance définit le permis d'occuper comme un acte administratif par lequel « *une concession urbaine ou rurale à usage d'habitation est accordée par la puissance publique, le concédant, à une personne appelée le concessionnaire de jouir, à titre provisoire, de*

---

[415] Art. 122 de l'AUS de 1997.

[416] Art. 121 de l'AUS de 1997.

[417] V. pour plus de développements sur la question, la thèse de MIENDJIEM (I.L.), La situation des occupants du domaine national, Université de Yaoundé 2 Soa, 2008. (Note citée par KALIEU ELONGO, Droit et pratique des sûretés réelles OHADA, *op. cit.*, p. 32 et 33).

[418] SOW (O.), Sécurisation des engagements bancaires dans les États parties au traité de l'OHADA, Nouvelles Éditions Numériques Africaines (NENA), 2010, p. 276 et s..

[419] Ordonnance n° 00-027/PRM du 22 mars 2000 portant Code domanial et foncier au Mali.

l'usage d'un terrain pour le mettre en valeur selon les conditions prévues dans l'acte de concession et le cahier des charges éventuellement y annexé ». De fait, ce droit d'usage et d'habitation peut selon le cahier des charges être soumis à une condition suspensive de construction ou de mise en valeur du terrain en question. Cet acte est un titre provisoire qui ne concède pas la propriété sur le terrain à exploiter, comme l'énonce l'article 61 de la même Ordonnance qui fait du permis d'occuper « un meuble pouvant être inscrit au livre foncier ». Il dispose que « *la concession urbaine ou rurale à usage d'habitation confère au bénéficiaire un droit de superficie sur un terrain à l'exclusion de tout droit de propriété ; le droit de superficie conféré par la concession urbaine ou rurale à usage d'habitation est réputé meuble ; il peut être inscrit au livre foncier* ». Quant à l'article 63 alinéa 1 et 2, il énonce la possibilité de mettre en gage ce droit de superficie ainsi que les constructions réalisées sur le terrain en ces termes : « *1°/ Le droit de superficie conféré par la concession urbaine ou rurale à usage d'habitation ainsi que les constructions réalisées sur le terrain, pourront être mis en gage. La mise en gage sera constatée par acte authentique dont expédition sera conservée par l'autorité administrative concédante. Mention de cette mise en gage sera faite sur la concession urbaine ou rurale à usage d'habitation et sa copie ainsi que sur le registre des concessions urbaines ou rurales à usage d'habitation tenu par ladite autorité ; 2°/ Si l'attributaire ne satisfait pas à ses engagements vis-à-vis du créancier, celui-ci pourra faire jouer la garantie selon les règles générales de réalisation de gage* ».

Ces dispositions inspirent plusieurs observations conformément au droit positif de l'OHADA sur l'AUS de 1997 et même de 2010. Premièrement, le droit d'usage et d'habitation est un démembrement du droit réel de propriété, droit réel principal. Ce n'est pas un droit pouvant faire l'objet d'une sûreté dans la mesure où il n'est pas cessible par son titulaire. Cette solution est constante dans la jurisprudence de la Cour de cassation française, toujours d'actualité dans la plupart des pays de l'OHADA comme au Mali sur ces questions. Il a ainsi été jugé que « le droit d'usage et d'habitation est au même titre que l'usufruit, un démembrement du droit de propriété donnant à son titulaire, pour ses besoins et ceux de sa famille, un droit de jouissance limité à l'usage et à l'habitation[420] ». Le droit de superficie par contre est susceptible d'hypothèque comme le précise l'article 2531 du Code civil et même par l'article 119 de l'AUS de 1997 ou 192 de l'AUS de 2010. Il est donc cessible. Ce droit de superficie est intrinsèquement lié au terrain sur lequel il porte d'où le régime d'inscription obligatoire sur le livre foncier. Dans ce cas, le droit de superficie est un droit immobilier qui ne peut

[420] Cass. 3e civ., France, 7 juill. 2016, n° 15-10.278, Légifrance.

conformément au droit positif de l'OHADA faire l'objet que d'une hypothèque. Or, la loi interne malienne répute « meuble » le permis d'occuper, qui est un droit de superficie susceptible d'une inscription au livre foncier. De plus, elle permet puisqu'étant un meuble qu'il puisse servir d'assiette pour la constitution du gage selon une forme qui prêterait plutôt à la constitution d'une hypothèque, c'est-à-dire par acte notarié. On est face à une sûreté qui manifestement est contraire au droit positif de l'OHADA notamment les dispositions de l'article 44 et suivants de l'AUS de 1997 puis 92 et suivants du nouvel AUS relatives au gage qui dans l'espace OHADA a pour assiette des meubles, corporels depuis l'AUS de 2010. L'AUS n'ayant pas légiféré sur le gage immobilier, ce gage spécial du droit interne malien est contraire aux dispositions actuelles du droit uniforme de l'OHADA qui est un droit supranational de par son Traité fondateur. La CCJA s'est prononcée sur une affaire similaire et a eu l'occasion de rappeler que : « *Les constructions ou impenses érigées sur une parcelle objet d'un permis d'habiter constituent un immeuble. Or, un immeuble n'est susceptible que d'hypothèque et ne peut être donné en gage, l'AUS n'ayant pas prévu de gage immobilier. Par conséquent, la procédure d'adjudication initiée sur la base du gage consenti sur les constructions érigées sur ladite parcelle objet du permis d'habiter est nulle*[421] ».

168. Concernant les copropriétaires d'un immeuble indivis, ils pouvaient également constituer ensemble une hypothèque sur leur bien commun ; cette hypothèque selon l'article 127 alinéa 2 « *conserve ses effets quel que soit, ultérieurement, le résultat de la licitation ou du partage* ». Le législateur prévoyait ici expressément l'hypothèque consentie par tous les copropriétaires sur un immeuble indivis mais n'excluait pas pour autant celle d'un seul des copropriétaires. Dans ce dernier cas, sous l'empire de l'ancien acte uniforme, un copropriétaire qui donnait en hypothèque tout ou partie de l'immeuble indivis sans l'accord des autres ne verrait cette hypothèque produire ses effets que lors du partage ou de la licitation, si « à l'issue du partage, l'immeuble ou la parcelle affectée à l'hypothèque lui revenait[422] ou encore si ce dernier était alloti du prix de licitation ». Dans le cas contraire, s'il n'était pas alloti de la parcelle hypothéquée, l'hypothèque perdait ses effets et devait être déclarée nulle. Le consentement de tous les indivisaires étant nécessaire pour valider le contrat et faire produire à l'hypothèque tous ses effets. Le législateur créait en cela un vide juridique sur la possibilité pour un copropriétaire d'affecter l'immeuble indivis en hypothèque ou seulement sur une quote-part. Cette pratique est d'ailleurs courante et fait souvent l'objet de vifs

[421] CCJA, 3e ch., arrêt n° 022/2016, 25 févr. 2016, Aff. BOA-Bénin c/ Sté BRAMAF SARL, M. Zakariyaou SEFOU.
[422] KALIEU ELONGO (Y.), *op. cit.*, p. 34.

contentieux dans les pays de l'OHADA. Ce vide a été comblé en la faveur de l'article 194 alinéa 2 et 3 du nouvel acte uniforme. Mieux écrit et plus clair, il dispose que « *(...) 2° L'hypothèque d'un immeuble indivis conserve son effet quel que soit le résultat du partage, si elle a été consentie par tous les indivisaires. Dans le cas contraire, elle ne conserve son effet que dans la mesure où l'indivisaire qui l'a consentie est, lors du partage, alloti de l'immeuble indivis ou, lorsque l'immeuble est licité à un tiers, si cet indivisaire est alloti du prix de la licitation ; 3° L'hypothèque d'une quote-part dans un ou plusieurs immeubles indivis ne conserve son effet que dans la mesure où l'indivisaire qui l'a consentie est, lors du partage, alloti du ou de ces immeubles indivis. Elle le conserve alors dans toute la mesure de cet allotissement, sans être limitée à la quote-part qui appartenait à l'indivisaire qui l'a consentie ; lorsque l'immeuble est licité à un tiers, elle le conserve également si cet indivisaire est alloti du prix de la licitation* ». Ceci conforte la jurisprudence qui avait déjà pris le pas sur la législation qui n'était pas claire sur le sujet. Il a été jugé notamment le 2 janvier 2003 par la Cour d'appel de Dakar[423] que « l'hypothèque d'un immeuble indivis, consentie par certains des coïndivisaires, ne peut fonder valablement un jugement de première instance ordonnant la vente de l'immeuble sur demande du créancier impayé de ces coïndivisaires. La Cour d'appel, saisie par le coïndivisaire n'ayant pas consenti d'hypothèque sur sa part, infirme ce jugement et annule la vente[424] ».

5/ Le contournement de l'hypothèque du droit de l'OHADA par l'utilisation de la dation en paiement sous condition suspensive du droit togolais

169. L'article 32 de la loi togolaise n° 88-02 du 20 avril 1988 modifié par la loi n° 89-30 du 28 novembre 1989[425] a longtemps, avant l'implantation du droit OHADA, été utilisé dans la pratique bancaire pour faciliter la prise d'une sûreté sur les immeubles. L'absence de rigueur dans son formalisme de constitution et surtout ses conditions de réalisation faisaient son succès auprès des banques. Sans s'étaler sur les conditions de réalisation, si l'utilisation de cet article dans la pratique bancaire pour la constitution d'une sûreté immobilière est légale eu égard au droit national togolais **(a)**, la sûreté constituée n'en demeure pas moins contraire au droit uniforme **(b)**. Elle tombe alors sous le coup du principe de supranationalité des actes uniformes.

---

[423] CA Dakar, ch. civ. et com., arrêt du 2 janv. 2003 : Ohadata J-03-148.

[424] V. notes et commentaires sous l'article 194 du nouvel AUS.

[425] Loi n° 89-30 du 28 novembre 1989 complétant et modifiant la loi n° 88-2 du 20 avril 1988 instituant une procédure simplifiée de recouvrement des créances civiles et commerciales.

a/ Contexte

170. Une sûreté de droit national. – Entrée en vigueur le 10 janvier 1990, la loi de 1989 modifiant l'article 32 de la loi de 1988 stipule en son article 7 que « *1- Le débiteur peut, en sûreté du remboursement d'une somme d'argent, offrir au créancier en dation en paiement sous condition suspensive de défaut de paiement un droit dont il est titulaire sur un bien meuble ou immeuble en vertu d'un titre authentique ou privé ; 2- La dation en paiement sous condition suspensive doit à peine de nullité être constatée par acte authentique ou sous seing privé dûment enregistré ; 3- L'acte ainsi dressé est publié, à des fins d'opposabilité aux tiers, lorsque le bien affecté en dation en paiement est soumis à une forme spéciale de publicité ; (...)* ». Il en ressort sans l'ombre d'aucun doute que le droit national togolais fait de la dation en paiement sous condition suspensive une sûreté réelle immobilière ayant pour assiette un droit immobilier comme l'attestent plusieurs décisions de justice rendues en la matière[426]. Sa constitution n'exige pas l'immatriculation de l'immeuble assiette de la sûreté comme c'est le cas pour l'hypothèque du droit de l'OHADA. Cependant, dans la pratique, les institutions bancaires l'exigent. Pour être valable, sa constitution doit respecter des conditions de forme et de fond. La condition de forme est relative à la constitution de la dation en paiement sous condition suspensive par acte authentique ou sous seing privé dûment enregistré. Cette condition de forme n'est pas à première vue de nature à faire privilégier la dation en paiement sous condition suspensive du droit togolais à l'hypothèque du droit de l'OHADA. La préférence viendrait plutôt des conditions de fond, c'est-à-dire celles relatives à l'assiette de cette sûreté et surtout des modalités de réalisation, mais cette préférence on le verra se heurte aussi à la souplesse des nouvelles modalités de réalisation de l'hypothèque du droit OHADA. Le débiteur peut pour sûreté du remboursement d'une somme d'argent offrir au créancier un droit dont il est titulaire sur un immeuble en vertu d'un titre authentique ou privé. La présentation d'un titre authentique ou privé selon les cas suffit à remplir les conditions relatives à l'assiette de cette garantie. Le titre privé peut être un certificat administratif ou tout titre par lequel le débiteur peut prouver qu'il est

---

[426] CA Lomé (Togo), 10 déc. 2014, n° 333/14, aff. Union togolaise de Banque (UTB) SA c/ Sieur ABIDI Kalénoun, inédit : « Attendu que l'appelante sollicite qu'il plaise à la Cour de céans constater que par les différentes conventions de compte courant qui la lient à la MAGECOP Sarl-U, le sieur ABIDI s'est porté caution solidaire et indivise puis caution réelle hypothécaire de ladite société en donnant en dation en paiement trois de ses immeubles objets respectivement du titre foncier n° 33522/RT, du titre n° 33164/RT, du titre n° 33735/RT […] ; la seule défaillance du débiteur principal à exécuter ses obligations à l'égard de l'UTB suffit à mettre en œuvre à son égard la garantie par lui souscrite[…] ».

titulaire d'un droit sur un immeuble. Ce peut être également un titre coutumier.

171. Les titres privés peuvent toutefois être source de nombreux contentieux, aussi, les acteurs économiques préfèrent-ils recourir à l'acte authentique pour les contrats de prêt et exigent le plus souvent le titre foncier comme titre de propriété. La constitution de la dation en paiement sous condition suspensive est ainsi insérée dans des contrats comportant des clauses complexes et des garanties multiples[427]. À titre d'exemple, dans un même contrat, on peut retrouver une clause relative à la promesse d'hypothèque lorsque l'immeuble n'est pas immatriculé et une autre relative à la dation en paiement sous condition suspensive. On peut également y trouver l'hypothèque et la dation en paiement sous condition suspensive, la réalisation de cette dernière étant préférée à celle de l'hypothèque reconnue pour être une procédure de réalisation complexe et dont l'issue est incertaine même lorsque l'immeuble est immatriculé. L'hypothèque définitive n'est conclue qu'une fois la procédure d'immatriculation terminée et le titre foncier délivré. Pendant l'opération de garantie, si le défaut de paiement intervient alors même que l'hypothèque n'a pas été conclue, le créancier pourra se reporter sur la réalisation de la dation en paiement sous condition suspensive puisque l'inexécution de la promesse d'hypothèque ne peut se résoudre que par des dommages et intérêts. C'est de la sorte que les banques élaboraient la plupart des contrats de prêts immobiliers au Togo afin de contourner l'exigence d'immatriculation imposée par le droit OHADA pour la constitution de l'hypothèque, et surtout sa réalisation très contraignante.

b/ L'inefficacité de la substitution de l'hypothèque du droit de l'OHADA par la dation en paiement sous condition suspensive du droit national togolais

172. La supranationalité des actes uniformes. – Cette inefficacité a avant tout un caractère purement légal et a pour fondement la supranationalité des Actes uniformes par rapport au droit national des États parties. Le caractère supranational des AU sur le droit interne est assuré par

---

[427] CA Lomé (Togo), 23 décembre 2015, n° 437/2015, Sté JO'S International SARL, dame J. S. épouse O. c/ Banque Sahélo Sahélienne pour l'Investissement et le Commerce (BSIC), inédit : « (…) Madame S. J. épouse O. est propriétaire d'un immeuble bâti sis Lomé Tokoin Wuiti, objet du titre foncier n° 19637 RT ; qu'elle poursuivait les travaux de finition de son immeuble quand elle fut approchée par la BSIC Togo qui lui a fait comprendre qu'elle était intéressée par l'immeuble et qu'elle souhaiterait prendre un local dans ledit immeuble pour ouvrir son agence ; *la BSIC a proposé faire un prêt à dame S. J. épouse O. pour achever les travaux et que les loyers devraient servir à payer le prêt ; qu'en garantie du prêt obtenu, une hypothèque a été inscrite sur l'immeuble, objet du titre foncier n° 19637 RT ; qu'en plus de l'hypothèque, une dation en paiement sous condition suspensive a été offerte à la BSIC Togo SA dont les conditions de réalisation ont été clairement définies* (…) ».

l'article 10 du Traité de l'OHADA qui dispose que les Actes Uniformes (AU) sont applicables et obligatoires dans les États parties nonobstant toutes dispositions contraires de droit interne, antérieures ou postérieures. Il s'agit d'une disposition de droit communautaire qui assure une efficacité pure et simple du droit uniforme. En effet, cet article permet la supériorité ou la primauté des AU par rapport aux lois internes des États membres, abrogeant de fait par leur effet direct les dispositions de droit interne qui leur sont contraires. L'effet direct qui résulte de la lecture de cet article impose « aux autorités des États membres d'interpréter tout le droit national en conformité avec les actes uniformes et, le cas échéant, de réparer les conséquences dommageables de leur irrespect[428] ». Ces AU « s'imposent non seulement aux États mais aussi régissent directement la situation juridique des particuliers[429] ». À ce titre, l'Acte uniforme portant organisation des sûretés a une portée supranationale et s'impose aux États membres dès son entrée en vigueur. Il ressort de ces développements que les dispositions contenues dans les matières harmonisées sont les seules dispositions devant être appliquées pour les matières qu'elles couvrent sauf disposition contraire, et ce depuis l'avènement du droit OHADA. Ce constat est conforté par les dispositions de l'article 4 du nouvel AUS qui instaure un *numerus clausus* des sûretés réelles quand il dispose que « *Sauf disposition contraire du présent acte uniforme, les seules sûretés réelles valablement constituées sont celles qui sont régies par cet acte (...)* ». Le principe est donc posé et toutes les dispositions de droit national qui sont contraires aux actes harmonisés doivent être abrogées ; il est même de la responsabilité des praticiens et surtout des juges de veiller au respect des normes communautaires.

Dans ce sens, la dation en paiement sous condition suspensive du droit togolais qui organise une garantie immobilière de droit national contraire à celle codifiée par l'AUS doit être abrogée[430]. Dans le strict respect de l'AUS, cette sûreté est inefficace, n'a aucune existence légale et ne peut

---

[428] Voir les observations sur l'article 10 du Traité, in Code OHADA, p. 37.

[429] SAWADOGO (F. M.), « La problématique de la cohabitation des ordres juridiques OHADA, UEMOA, CEDEAO », La mise en cohérence des processus d'intégration économique et juridique, Colloque Ouagadougou, 8-9-10 janv. 2007. (Citée dans les observations sous l'art. 10 du Traité de l'OHADA).

[430] C'est à tort que les juges du fond au Togo estiment que « le législateur communautaire, en dépit de l'organisation des procédures de recouvrement et des voies d'exécution faite dans l'Acte Uniforme portant organisation des Procédures Simplifiées de Recouvrement et des Voies d'Exécution (AUVE) n'a pas légiféré sur la question de la dation en paiement qui est laissée aux législations nationales des États parties ; qu'en occurrence au Togo, c'est bien la loi n° 88-02 du 20 avril 1988 modifiée par la loi n° 89-30 du 28 novembre 1989 qui continue de régir les questions relatives à la dation en paiement ; cette loi étant toujours en vigueur au Togo, elle se doit légitimement d'être appliquée dans tous les cas ressortant de son domaine d'application » CA Lomé (Togo), 23 décembre 2015, n° 437/2015, Sté JO'S International SARL, dame J. S. épouse O. c/ Banque Sahélo Sahélienne pour l'Investissement et le Commerce (BSIC), inédit.

servir de garantie dans l'espace OHADA depuis l'avènement de l'AUS. Cette dation en paiement sous condition suspensive ne peut également pas être assimilée à la dation en paiement du droit français organisée par le Code civil français de 1804 en son article 1243 toujours d'application dans la plupart des pays de l'OHADA. En effet, la dation en paiement prévue et organisée par le Code civil français est un mode instantané de paiement qui éteint immédiatement, une fois conclue, la dette du débiteur. « Elle permet en effet, d'éteindre une obligation, non pas par son exécution exactement comme convenu au contrat, mais par une autre prestation qu'accepte le créancier, de la part du débiteur[431] ». Alors que, dans le cas de la dation en paiement sous condition suspensive organisée par le droit togolais, la clause relative à cette dation est convenue entre les parties dans une convention de prêt comme une garantie qui tire son essence de la loi togolaise du 20 avril 1988 modifiée par la loi n° 89-30 du 28 novembre 1989 qui fait de la dation en paiement sous condition suspensive une garantie[432]. Elle ne peut à ce titre être assimilée à la dation en paiement du Code civil français. Son utilisation par la pratique des affaires au Togo pendant de longues années après l'avènement de l'OHADA est de nature à fragiliser l'hypothèque de l'OHADA qui se veut par son formalisme rigoureux, protectrice du débiteur ou du constituant ; plus encore, l'exigence d'immatriculation limite les contentieux et fait de l'hypothèque une garantie sûre pour les créanciers.

173. C'est dans ce sens que les juges de la CCJA dans leur rôle de régulateurs de la jurisprudence dans l'espace OHADA ont jugé dans un arrêt « retentissant » le 22 février 2018 « *qu'aucune sûreté non prévue par l'Acte uniforme portant organisation des sûretés ne peut être valablement constituée dans les États parties à l'OHADA (...) si elle n'est pas prévue par l'Acte uniforme (...)* »[433]. Les juges togolais ont été obligés de se conformer à cet arrêt de principe dans une décision du 26 juin 2018 en jugeant que : « *Attendu donc que la dation en paiement sous condition suspensive utilisée comme garantie pour le paiement d'une créance est une forme de sûreté non reconnue par l'OHADA ; que*

---

[431] HILIM (G. T.), Retour sur le caractère inopérant des dispositions nationales contraires aux actes uniformes de l'OHADA, Revue togolaise de droit des affaires et d'arbitrage (RTDAA), n° 17, janv. 2019, p. 81 : « L'on est en droit de s'interroger encore sur l'intérêt du législateur de 1988 à envisager ce mode de paiement indirect comme une sûreté quand on sait que depuis ses origines en droit français la dation en paiement n'est pas une sûreté, mais un simple mode de paiement ».
[432] CA Lomé (Togo), 23 décembre 2015, n° 437/2015, *op. cit.*.
[433] CCJA, 22 fév. 2018, *op. cit.. ;* HILIM (G. T.), *Retour sur le caractère inopérant des dispositions nationales contraires aux actes uniformes de l'OHADA, op. cit.*, p. 83 : « Cette rigueur jurisprudentielle constante, quoiqu'aboutissant parfois à des décisions surprenantes, donne de plus en plus de voix au droit Ohada et a le mérite d'être soutenue afin de parvenir à l'uniformisation recherchée du droit des affaires en Afrique ».

même si dans un passé récent, cette pratique régie par la loi n° 89-30 du 28 novembre 1989 (complétant et modifiant la loi n° 88-02 instituant une procédure simplifiée de recouvrement des créances civiles et commerciales) avait cours tant dans les conventions de crédit que dans les juridictions nationales, sa censure par la haute juridiction de l'espace OHADA emporte caducité de toutes les conventions portant dation en paiement sous condition suspensive ». Dans ce cas, cette sûreté n'existant pas juridiquement dans l'AUS, sa constitution et partant sa réalisation ne peuvent techniquement être poursuivies.

B/ LE PRINCIPE DE SPECIALITE QUANT A LA CREANCE GARANTIE

174. Les évolutions récentes droit français qui a inspiré l'introduction de ce principe dans le droit uniforme de l'OHADA montrent qu'il ne s'agit pas d'un principe figé **(1)**. Le droit OHADA s'en est donc inspiré aussi bien dans l'AUS de 1997 que dans celui de 2010 **(2)**.

1/ L'héritage du droit français

175. Un principe non figé : contenu. – L'hypothèque telle que conçue par le législateur français est une sûreté qui repose sur la possibilité d'offrir successivement le même bien en garantie de plusieurs créances. L'hypothèque est à ce titre une sûreté sans dépossession dont l'assiette est laissée à la disposition du constituant. Son efficacité pour le créancier repose finalement sur le rang que lui confère l'inscription de sa sûreté. La question se pose alors de savoir la créance sur laquelle elle peut porter. D'où la prohibition prévue par le législateur qui fait de l'hypothèque une sûreté spéciale, ne pouvant se constituer que sur certaines créances spécifiques. En réalité, cette prohibition protège le constituant afin que son bien ne serve uniquement que la garantie donnée au créancier sur l'exécution d'une obligation déterminée. Il est donc fait interdiction au créancier d'affecter sa sûreté à une créance autre que celle pour laquelle l'hypothèque lui a été donnée. De plus, l'hypothèque doit être constituée pour un montant maximal connu, qui n'est autre que le capital, prévu dans l'acte constitutif. La volonté du législateur de protéger le constituant en obligeant les parties à la consignation de leurs volontés dans un acte notarié est ainsi renforcée par l'exigent respect du principe de spécialité. Pour ce faire, il faut que la créance garantie puisse être déterminée et son montant ou capital inscrit à date « T » au moment de la signature de l'acte et connu de toutes les parties ; la preuve se faisant par l'acte authentique.

176. Cette protection orientée au profit du constituant est toutefois remise en cause par le Pr Ph. DUPICHOT quand il affirme que « l'octroi par le constituant d'une sûreté réelle sur ses biens n'est ni un acte anormal, ni un acte grave, contrairement à l'opinion reçue[434] ». On peut en douter vu les conséquences que le constituant peut encourir surtout sur son patrimoine si la sûreté devait être réalisée. Comme l'assiette de l'hypothèque, la créance garantie devait donc être présente et ne souffrir d'aucune incertitude[435]. L'article 2132 du Code civil de 1804 énonçait que « l'hypothèque conventionnelle n'est valable qu'autant que la somme pour laquelle elle est consentie, est certaine et déterminée par l'acte : si la créance résultant de l'obligation est conditionnelle pour son existence, ou indéterminée dans sa valeur, le créancier ne pourra requérir l'inscription dont il sera parlé ci-après, que jusqu'à concurrence d'une valeur estimable par lui déclarée expressément, et que le débiteur aura droit de faire réduire, s'il y a lieu ». La conditionnalité de la créance compte tenu de son existence même est l'embryon de ce que sera dans la réforme du droit des sûretés de 2006, en France, l'hypothèque sur bien futur. Une évolution qu'on peut qualifier être sur la voie de la modernité tant elle était inévitable pour ne pas être un frein à l'économie et à l'octroi du crédit. L'article 2421 du Code civil français issu de la réforme illumine par sa clarté quand il dispose que « *l'hypothèque peut être consentie pour sûreté d'une ou plusieurs créances, présentes ou futures. Si elles sont futures, elles doivent être déterminables* ». La déterminabilité de la créance pourrait finalement être la source des contentieux. L'hypothèse évoquée par l'article est très certainement celle de la possibilité de mentionner dans l'acte constitutif des éléments exprimables et non évasifs, permettant de suffisamment quantifier cette créance. Aussi, sous l'exigence de la détermination de la créance garantie se dévoile l'obligation de préciser la cause de la créance. Il a été jugé qu'« en vertu du principe de la spécialité de l'hypothèque quant à la créance garantie, une partie ne saurait se prévaloir de l'inscription prise à la suite d'un précédent jugement lui reconnaissant, en réparation d'un préjudice subi, une créance qui a été intégralement payée, pour garantir une autre créance née d'un second jugement, ni s'opposer à la mainlevée de la première hypothèque et à la radiation de l'inscription prise[436] ».

La protection du constituant par la mention du capital garanti s'étend également aux accessoires et aux intérêts de la créance puisque l'hypothèque s'y étend naturellement comme l'énonce l'alinéa 2 de l'article 2423 issu de la réforme de 2006. La durée de l'hypothèque est également impactée par cette protection comme l'atteste l'énoncé de

---

[434] DUPICHOT (Ph.), Le pouvoir des volontés individuelles en droit des sûretés, 2003, Paris, éd. Panthéon Assas, préf. Grimaldi M., n° 559 et s., p. 443 et s., 574 notamment. (Note LAURENT- BONNE (N.) et TISSEYRE (S.), Le formalisme : sources et technique en droit privé positif, LGDJ, p. 119.

[435] Cass. civ., France, 6 févr. 1939, D. 1939, I, p. 53, note Plassard (J.) ; S. 1941, I, p. 145, note Rodière (R.).

[436] Cass. 3e civ., France, 25 oct. 1976, n° 75-10.823, Légifrance.

l'alinéa 3 de l'article 2423 en ces termes : « lorsque l'hypothèque est consentie pour sûreté d'une ou plusieurs créances futures et pour une durée indéterminée, le constituant peut à tout moment la résilier sauf pour lui à respecter un préavis de trois mois. Une fois résiliée, elle ne demeure que pour la garantie des créances nées antérieurement ».

177. Dans le sens de l'assouplissement du principe de spécialité quant à la créance garantie le législateur français a introduit dans la réforme du 23 mars 2006 au sein de l'article 2422 du Code civil la possibilité de rendre l'hypothèque rechargeable. Ses deux premiers alinéas disposent que « [1°)] *L'hypothèque peut être ultérieurement affectée à la garantie de créances autres que celles mentionnées par l'acte constitutif pourvu que celui-ci le prévoie expressément* ; [2°)] *Le constituant peut alors l'offrir en garantie, dans la limite de la somme prévue dans l'acte constitutif et mentionnée à l'article 2423, non seulement au créancier originaire, mais aussi à un nouveau créancier encore que le premier n'ait pas été payé* ». Les avantages de cette possibilité de recharger l'acte d'hypothèque originel conclu pour une dette présente[437] sont évidents d'une part en termes de coûts de l'acte d'hypothèque et d'autre part dans la constitution d'une réserve de crédit pour le constituant qui peut également s'ouvrir à d'autres crédits donnés par d'autres créanciers tout en utilisant le même acte. Le rechargement est inséré dans l'acte de constitution originaire et matérialise la possibilité de recharger l'hypothèque pour « d'autres créances, par hypothèse futures, non nécessairement déterminées ni déterminables[438] » et marque sa différence avec l'originalité de l'hypothèque sur créances futures. Mais, les craintes liées au surendettement ont eu raison de cette innovation puisque la loi Hamon du 17 mars 2014 a abrogé[439] les dispositions de cet article 2422 du Code civil ainsi que celles insérées dans le Code de la consommation à savoir les articles L. 313-14[440], L. 313-14-1 et L. 313-14-2. Il faut dire que cette clause de rechargement n'a pas véritablement eu l'effet recherché même si les avantages étaient réels[441]. Elle est néanmoins réapparue en la faveur de la loi du 20 décembre 2014 relative à la simplification de la vie des entreprises « mais uniquement dans un cadre

[437] AYNÈS (L.), CROCQ (P.), Les sûretés-La publicité foncière, *op. cit.*, p. 312.

[438] AYNÈS (L.), CROCQ (P.), Les sûretés-La publicité foncière, *op. cit.*

[439] GIJSBERS (C.), Requiem pour l'hypothèque rechargeable, RDLC mars 2104, n° 113, p. 28.

[440] Art. L. 313-14 du Code français de la consommation : « Le fait pour le prêteur d'accorder un prêt garanti par une hypothèque rechargeable sans saisir l'emprunteur d'une offre préalable de crédit accompagnée d'un document satisfaisant aux conditions fixées par l'article L. 313-14-1 est puni d'une amende de 3 750 euros. [...] ». (Abrogé par la loi du 17 mars 2014).

[441] LEGEAIS (D.), Sûretés et garanties du crédit, *op. cit.*, p. 375 : « L'innovation n'est pas seulement conceptuelle. Il s'agit de renouveler le rôle de l'hypothèque et de l'immeuble comme support de crédit. L'immeuble apparaît comme réserve de crédit dont dispose le propriétaire. C'est ce dernier qui a l'initiative et qui a intérêt à la convention de rechargement ».

professionnel[442] ». L'alinéa 1er du nouvel article 2422 dispose que « *l'hypothèque constituée à des fins professionnelles par une personne physique ou morale peut être ultérieurement affectée à la garantie de créances professionnelles autres que celles mentionnées dans l'acte constitutif pourvu que celui-ci le prévoie expressément* ». Même si certains auteurs prônent son élargissement au-delà du cadre professionnel parce que « c'est le crédit et non la sûreté qui le garantit qui génère de l'endettement[443] », il n'en demeure pas moins que cette possibilité offerte au débiteur de limiter les coûts de constitution de l'hypothèque peut aussi avoir un effet incitatif avec pour conséquence la facilité d'endettement. La prudence des rédacteurs de la loi du 20 décembre 2014 n'est pas négligeable. L'avant-projet[444] de réforme du droit des sûretés proposé par la Commission Grimaldi propose pourtant de revenir à l'ancienne version et donc d'étendre la clause de rechargement à toutes les créances dans l'article 2428 du Code civil.

178. La cause de la créance garantie. – Elle se révèle généralement dans la pratique sous la formule « pour prêt consenti » pour exprimer l'origine de la créance qui fait l'objet de la constitution de l'hypothèque. La mention de la cause est exigée dans les conditions de validité de l'hypothèque puisque le notaire instrumentaire doit mentionner dans l'acte constitutif, le capital garanti à hauteur d'une somme déterminée. En mentionnant cette somme, il ne peut ignorer l'exigence expresse du législateur d'évoquer l'origine de la créance garantie ou même l'évocation presque « naturelle » de l'origine de cette créance, ne serait-ce que pour éviter de garantir une créance dont l'origine est douteuse ou contraire à l'ordre public et aux bonnes mœurs. Encourt donc la nullité absolue l'acte qui ne respectera pas toutes les mentions de fond et de forme requises par le législateur pour la constitution de l'hypothèque.

2/ L'appropriation du principe de spécialité par le droit de l'OHADA

179. Dès l'AUS de 1997. – L'hypothèque conventionnelle doit selon les dispositions de l'article 127 alinéa 2 de l'AUS de 97 « être consentie pour la garantie de créances individualisées par leur origine et leur cause, représentant une somme déterminée et portée à la connaissance des tiers par l'inscription de l'acte [...] ». Il en ressort très aisément que la créance garantie doit pouvoir être déterminée et non déterminable. L'AUS de 1997 ne reconnaît pas l'hypothèque sur une créance future. La prohibition y est accrue puisque l'article énonce bien le caractère individualisé de la somme qui au demeurant doit être déterminée. Il

[442] PELLIER (J.-D.), La réforme du droit des sûretés est en marche ! D. actualité, 29 juin 2020.
[443] Ibidem.
[444] Avant-projet de réforme, Association Henri Capitant, 2017, *op. cit.*

évoque également clairement et de façon expresse la mention de l'origine et la cause de la créance contrairement au Code civil de 1804 qui ne l'évoquait qu'implicitement. Toutefois, n'est-il pas redondant d'avoir dans le même article l'évocation de l'origine et la cause de la créance ? Ces deux notions sont-elles antagonistes ? La cause est définie par le dictionnaire « le Petit Robert » comme l'origine de la créance. Elle peut être issue d'un prêt, d'un contrat de vente, d'une condamnation à payer une somme d'argent. L'article aurait pu tout simplement remplacer la conjonction de coordination « et » par « ou » pour éviter la recherche simultanée pour une même créance de sa cause et de son origine, des notions qui renvoient à la même signification.

180. La réforme de l'AUS de 2010. – Elle a opéré bien heureusement cette modification. La mention de la cause ou de l'origine de la créance a été tout simplement effacée du nouveau texte. Le législateur a estimé qu'il n'était point nécessaire d'évoquer l'exigence de la mention de la cause de la créance garantie tant elle s'induit naturellement lors de la constitution de la garantie. L'article 204 issu de la réforme dispose que « *l'hypothèque conventionnelle doit être consentie pour une somme déterminée ou au moins déterminable en principal et portée à la connaissance des tiers par l'inscription de l'acte (...)* ». Elle consacre également comme en droit français la possibilité de consentir une hypothèque sur une ou plusieurs créances futures à condition que la somme représentant la créance soit déterminable. Par contre, est-il intéressant pour le droit OHADA de consacrer l'hypothèque rechargeable ? On pourrait répondre par l'affirmative si les conditions de transparence sont réunies. Mais, en l'état actuel de l'absorption très limitée du nouveau droit des sûretés réelles, nous pensons qu'il ne serait pas opportun de s'engager dans une telle entreprise.

PARAGRAPHE 3 : LE REGIME DE CAUTIONNEMENT REEL DANS LE DROIT OHADA

181. Il a longtemps prévalu au sein de la doctrine et de la jurisprudence française un flou quant au régime à attribuer à l'affectation d'un bien par une personne autre que le débiteur principal à la garantie d'une obligation souscrite par celui-ci. L'intérêt de la question résidait dans la reconnaissance ou non d'un engagement personnel de la personne qui s'engage pour autrui et de l'application des règles très protectrices du cautionnement personnel à la sûreté ainsi constituée. Après un flou entretenu pendant des années autant par la jurisprudence que par la doctrine et lié à une interprétation des dispositions, elles-mêmes ambiguës sur la question, le droit français a d'abord à travers la jurisprudence tranché le débat, puis la réforme du droit des sûretés réelles a abondé dans son sens **(A)**.

N'ayant pas consacré une plus grande attention à ces dispositions qui ne brillaient pas particulièrement par leur clarté, le législateur OHADA les a introduites dans les mêmes conditions que le droit français dans l'AUS de 1997, avant semble-t-il de prendre position dans le nouvel AUS par sa consécration dans les dispositions relatives au cautionnement. Dans ce contexte, la CCJA a finalement décidé de se rapprocher de la conception adoptée par les juges français, en faveur du régime des sûretés réelles **(B)**.

Pour autant, en droit français, cette conception semble toujours ne pas faire l'unanimité au sein de la doctrine, d'autant plus que le législateur hésiterait à appliquer son propre choix au vu de certains cas. Il en résulte alors une résurgence de la question pour une conception qui prendrait en compte l'engagement personnel du constituant de la sûreté réelle pour autrui **(C)**.

A/ LE FLOU ENTRETENU EN DROIT FRANÇAIS SUR LE REGIME DU CAUTIONNEMENT REEL

182. L'ambiguïté des textes a eu raison de l'interprétation aussi bien de la doctrine que de la jurisprudence **(1)**. Cette dernière s'est finalement démarquée par un positionnement ferme **(2)** dans une décision érigée en arrêt de principe.

1/ La recherche d'un régime adéquat

183. La mésentente entre la doctrine et la jurisprudence française. – Plusieurs situations peuvent se présenter lors de la constitution du cautionnement réel. L'engagement de la caution peut être exclusivement personnel, à celui-ci, la caution peut également s'engager réellement sur un ou plusieurs de ses biens, c'est-à-dire que le créancier peut se faire payer sur tout élément du patrimoine de la caution et, en outre renforcer ce cautionnement par un bien spécial qu'il affecte à la garantie de l'obligation principale. Le créancier bénéficie alors pour se payer de l'ensemble du patrimoine de la caution et d'une sûreté réelle sur l'un de ses biens, on est en face de deux sûretés, personnelle et réelle ou encore d'une pure sûreté personnelle contre-garantie par une sûreté réelle[445]. Ce double engagement ne souffre souvent d'aucune ambiguïté.

184. La caution peut également s'engager personnellement et réellement tout en limitant son engagement personnel à la valeur du bien spécial

---

[445] SIMLER (Ph.), Cautionnement : garanties autonomes-garanties indemnitaires, 4e éd., Lexis Nexis, 2008, n° 20 ; CROCQ (P.), Le cautionnement réel n'est qu'une pure sûreté réelle : la première chambre civile de la Cour de cassation persiste et précise sa jurisprudence ! RTD civ. 2000. 366.

consenti. La sûreté ainsi constituée est mixte contrairement au premier et l'engagement personnel est assorti d'une sûreté réelle qui est la garantie et la mesure de l'engagement du tiers constituant[446]. Cette forme d'engagement est celle dont l'interprétation a longtemps divisé la doctrine et la jurisprudence en France. Quelle est donc la nature de cet engagement ? L'enjeu est l'application des règles protectrices du cautionnement. En l'absence d'engagement personnel exprès, le tiers qui s'engage sur l'un de ses biens à garantir l'obligation du débiteur s'engage-t-il personnellement mais dans la limite de la valeur du bien donné en garantie ou ne s'engage-t-il que *propter rem* ? Dans plusieurs arrêts, la première Chambre civile de la Cour de cassation française a réaffirmé une position unitaire de la nature juridique du cautionnement réel en ne permettant pas l'application à ce type de sûreté des règles du cautionnement personnel. Notamment le 4 mai 1999 en ces termes : « *Vu les articles 2015 et 2124 du Code civil, le cautionnement réel, fourni par celui qui consent la constitution d'une hypothèque conventionnelle pour garantir le remboursement de la dette d'un tiers, est une sûreté réelle. Il s'ensuit que le créancier est fondé, en cas de déchéance du terme du débiteur principal, à se prévaloir de l'exigibilité de la créance pour mettre en œuvre cette sûreté*[447] ». Et, il n'est dans ce cas pas possible pour le créancier de saisir d'autres biens que l'immeuble hypothéqué par la caution[448]. Cette conception unitaire a été réaffirmée par cette même

[446] Ibidem.

[447] Cass., 1re civ., France, 4 mai 1999, *D.* 2000, Jur. p. 302, *RTD civ.* 1999, p. 880, obs. CROCQ (P.) ; V. également Civ. 1re, France, 13 mai 1998, *RTD civ.* 1999. 152 et s., *Bull. civ.* I, n° 172; *JCP* éd. N1998, p. 1667, note PIEDELIÈVRE (S.); *JCP* 1999, I, n° 116, obs. SIMLER (P.); *D.* 1998, IR, p. 208; THERY (P.), *RDI.* 1999. 450 : « La Cour y voit exclusivement une sûreté réelle… La sûreté est consentie sur les biens d'une personne étrangère à la dette ; il n'existe donc aucun engagement personnel de la part des cautions, il serait limité à la valeur du bien. Si la réalisation de la sûreté ne suffit pas à désintéresser entièrement le créancier, il ne conserve aucun droit de poursuite pour le surplus faute d'engagement personnel » ; CROCQ (P.), *RTD civ.* 1999. 880 : « Si le cautionnement réel est analysé comme une sûreté réelle pour autrui, sans engagement personnel du constituant, l'argument fondé sur la dualité de liens obligatoires ne peut plus être invoqué et, en raison du caractère accessoire de la sûreté, la caution réelle doit se voir opposer la déchéance du terme prévue par l'article 160 de la loi du 25 janvier 1985 ». Voir également, la décision de la Première Chambre Civile de la Cour de cassation française en date du 13 mai 1998 qui estime qu'en l'absence d'un engagement personnel de la caution réelle, l'acte de cautionnement ne peut être soumis à l'exigence de la mention manuscrite posée à l'article 1326 du Code civil de 1804. La Cour a ainsi estimé que « *s'agissant d'un cautionnement réel, en l'occurrence un nantissement de valeurs mobilières non assorti d'un engagement personnel, les dispositions de l'article 1326 du Code civil ne sont pas applicables* » Cass. 1re civ., France, 13 mai 1998, Bull. civ. I, n° 172 ; *RD bancaire et bourse,* 1998. 149 et s. obs. M. Contamine-Raynaud.

[448] Cass. 1re civ., France, 28 avril 1998, *JCP* 1999, I, n° 116.

Chambre les 1er [449]et 29 février 2000[450]. Il en ressort que le cautionnement ne se présume pas et que, « en l'absence de tout engagement personnel, la caution réelle ne peut être tenue que sur le bien grevé, uniquement en tant qu'elle est propriétaire de ce bien et seulement tant que celui-ci demeure grevé[451] ». La Chambre commerciale de la Cour de cassation française a aussi un temps, dans quelques décisions, adhéré à cette conception, notamment dans les arrêts du 20 juin 1995[452] et 12 mai 1998[453].

Mais une partie de la doctrine y voit toujours une modalité du cautionnement[454] et privilégie une conception mixte du cautionnement réel. La Cour de cassation s'est parfois aussi positionnée en faveur de cette conception dans sa jurisprudence, se détournant de la conception unitaire qu'elle avait elle-même entre-temps magnifiée. Dans trois arrêts du 15 mai 2002[455], la première Chambre civile de la Cour de cassation a appliqué au cautionnement réel les règles du cautionnement personnel, notamment en soumettant le cautionnement réel à l'article 1415 du Code civil dans le cas d'un engagement consenti par un époux sur des biens communs sans le consentement exprès de l'autre conjoint. La Cour a

---

[449] « La cautionnement réel, fourni par celui qui consent la constitution d'une hypothèque pour garantir le remboursement de la dette d'un tiers, est une sûreté réelle et non pas un cautionnement personnel, de sorte que les dispositions de l'article 48 de la loi du 1er mars 1984 ne lui sont pas applicables », Cass. 1re civ., France, 1 février 2000, *Bull. civ.*, I, n° 33 ; D. 2000, AJ, p. 143, obs. FADDOUL (J.) ; D. 2001, Somm. p. 694, obs. AYNES (L.); *RTD civ.* 2000, p. 366, obs. CROCQ (P.), et p. 652, obs. CHAMPAUD (C.) et DANET (D.); *RTD com.* 2000, p. 426, obs. CABRILLAC (M.); *Defrénois* 2000, p. 831, obs. PIEDELIÈVRE.

[450] Le cautionnement personnel ne se présume pas et « le cautionnement réel fourni par celui qui consent la constitution d'une hypothèque conventionnelle pour garantir le remboursement de la dette d'un tiers, est une sûreté réelle ; que l'étendue d'un réel engagement réel est limitée à la valeur du bien hypothéqué », Cass. 1re civ., France, 29 février 2000, *Bull. civ.* I, n° 69 ; *D.* 2000, *AJ* p. 164, obs. FADDOUL (J.), Jur. p. 829, note BONNET (V.), et somm. p. 394, obs. PIEDELIÈVRE (S.) ; D. 2001, somm. p. 694, obs. AYNES (L.), *RTD civ.* 2000, p. 366, obs. CROCQ (P.); *JCP* 2000, I, 257, n° 1, obs. SIMLER (P.).

[451] CROCQ (P.), Le cautionnement réel n'est qu'une pure sûreté réelle : la première Chambre Civile de la Cour de cassation persiste et précise sa jurisprudence ! RTD civ., *op. cit.*.

[452] « Le cautionnement ne se présume pas, un cautionnement réel imprécis ne peut être analysé en un engagement personnel illimité contre-garanti par une sûreté réelle », Cass. com., France, 20 juin 1995, *JCP* 1995, éd. GEI 515, n° 3, obs. SIMLER (Ph.).

[453] Cass. com., France, 12 mai 1998, *Bull. civ.* IV, n° 151 ; RD bancaire et bourse, 1998.150 et s., obs. CONTAMINE-RAYNAUD (M.), « [En l'absence du bien garanti], plus aucun bien ne garantissait l'engagement de la caution de telle sorte qu'aucune poursuite contre celle-ci n'était possible » alors que selon le Pr CROCQ, la caution réelle demeurerait tenue à titre chirographaire si la qualification de sûreté mixte avait été admise.

[454] THERY (P.), *RDI.* 1999. 450, *op. cit.*, « Quoique réalisée par la constitution d'une sûreté réelle, la garantie n'en demeure pas moins une variété de cautionnement parce que le constituant, s'il doit payer, éteint la dette d'autrui »; CROCQ (P.), *RTD civ.* 1999. 880 : « Le cautionnement réel doit être analysé comme un engagement personnel de caution assorti d'une sûreté réelle sur un bien qui en constitue, à la fois la garantie et la mesure ».

[455] Cass. 1re civ., France, 15 mai 2002, D. 2002, Jur. p. 1780 ; *RTD civ* 2002, p. 546.

décidé que par l'effet de cet article, l'acte pouvait être déclaré inopposable aux biens communs de sorte que seul sera tenu l'époux qui a constitué le cautionnement réel et ce, sur ses biens propres et revenus dans la double limite du montant de la somme garantie et de la valeur des biens engagés. Le créancier pourra ainsi saisir un bien autre que celui garanti initialement. Une partie de la doctrine a estimé que cet arrêt déformait la volonté du constituant qui « en affectant tel bien particulier à la dette d'un tiers, avait clairement manifesté son intention de cantonner son engagement pour autrui à ce bien[456] ». Mais elle n'écarte pas pour autant la conception mixte qui au mieux doit être tempérée selon les termes de C. GIJSBERS. Pour lui « qu'on le veuille ou non, [le] patrimoine [du constituant] est grevé d'une dette même si, contrairement au cautionnement classique, celle-ci n'est assortie que d'un droit de poursuite conventionnellement limité au bien affecté[457] ». La Chambre commerciale de la Cour de cassation avait adopté ce raisonnement dans son arrêt du 27 octobre 1998[458] : « le créancier bénéficiaire d'un cautionnement réel ou personnel dispose à l'égard de la caution d'un droit de créance, en cas de défaillance du débiteur principal, ce droit étant limité aux biens affectés à la garantie de l'engagement, s'agissant d'un cautionnement réel » ; elle se rapproche de celle de la Chambre civile sauf qu'elle a limité l'engagement de la caution réelle au bien donné en garantie.

2/ La recherche d'un consensus

185. Un débat tranché en droit français ? – Réaffirmant la conception unitaire du cautionnement réel, la Chambre mixte de la Cour de cassation française a dans un important arrêt du 2 décembre 2005 tranché le débat et fait du cautionnement réel une pure sûreté réelle en ces termes : « *Mais attendu qu'une sûreté réelle consentie pour garantir la dette d'un tiers n'impliquant aucun engagement personnel à satisfaire à l'obligation*

---

[456] Voir à ce propos la thèse de GIJSBERS (C.), Sûreté réelles et droit des biens., Thèse, préf. M. Grimaldi, éd. Economica, p. 70.

[457] Ibidem.

[458] Cass. com., France, 27 octobre 1998, *Bull. civ.* IV, n° 160, Defrénois 1999, art. 36944, p. 280, obs. PIEDELIVRE ; *RDI* 1995, p. 295, note THÉRY (P.) ; *JCP G.* 1999, I, 103, n° 10, obs. CABRILLAC (M.), *RTD civ.* 1999, p. 153, obs. CROCQ (P.), D. 1999, somm. p. 187, obs. HONORAT, *RTD com.* 1999, p. 499, obs. MARTIN-SERF, *JCP G.* 1999, I, 116, n° 1, obs. SIMLER (P.); GRIMALDI (M.) sous Cass. com., France, 13 nov. 2002, *RDC* 2003, p. 170 s. : « *lorsqu'une personne gage ou hypothèque l'un de ses biens en garantie de la dette d'un tiers, il est permis de penser que c'est ce bien-là, à l'exclusion de tout autre, qu'elle accepte d'engager, et donc que, dans son esprit, ce bien délimite son obligation, non pas seulement en valeur, mais aussi en nature. C'est qu'en effet, un bien ne se définit pas seulement par sa valeur, mais aussi, et même d'abord, par son identité physique, et que, par conséquent, celui qui désigne tel de ses biens en garantie doit être réputé s'obliger propter rem seulement ».* (Note tirée de la thèse de GIJSBERS, p. 70).

d'autrui et n'étant pas dès lors un cautionnement, lequel ne se présume pas, la cour d'appel a exactement retenu que l'article 1415 du Code civil n'était pas applicable au nantissement donné par [un tiers][459] ». Cette décision a depuis été confirmée autant par la première Chambre civile de la Cour de cassation dans un arrêt du 7 février 2006[460] que par la Chambre commerciale de la Cour de cassation dans son arrêt du 21 février 2006[461]. Cette conception unitaire a finalement été transposée par le législateur français dans sa réforme du droit des sûretés du 23 mars 2006 à travers l'article 2334 du Code civil qui précise que « *le créancier n'a d'action que sur le bien affecté en garantie ». Le constituant ne souscrit à cet effet aucun engagement personnel* ».

B/ LA DIVERGENCE ENTRE LE LEGISLATEUR OHADA ET LA CCJA

186. À l'analyse des textes, il ne fait aucun doute que le législateur OHADA conçoive le régime du cautionnement réel d'abord à la lumière des dispositions du cautionnement personnel **(1)**. Cependant, force est de constater que la CCJA a pris ses distances par rapport à cette conception **(2)**.

1/ L'influence des dispositions du cautionnement personnel

187. Un fondement textuel flou. – Le cautionnement réel a agité la doctrine et la jurisprudence en France jusqu'à la réforme de 2006. Puisque le droit OHADA s'inspire du droit français, ce débat a été également transposé en droit OHADA en la faveur de l'ancien article 12 alinéa 1 de l'AUS de 1997 sur les modalités du cautionnement qui dispose que : « *La caution peut garantir son engagement en consentant une sûreté réelle sur un ou plusieurs de ses biens. Elle peut également limiter son engagement à la valeur de la réalisation du ou des biens sur lesquels elle a consenti une telle sûreté* » ; et l'article 47 alinéa 2 de l'AUS de 1997 de rajouter en matière de gage que « *le constituant du gage peut être le débiteur ou un tiers ; dans ce cas, le tiers est tenu comme une caution réelle* ».

188. Consécration de la conception mixte par le législateur OHADA ? – Tout porte à croire que le législateur OHADA privilégie quant à lui la conception mixte du cautionnement réel. Il a toujours eu pour ambition de rendre les sûretés réelles très efficaces en préservant les droits du créancier souvent au détriment de ceux du débiteur. Une partie de la doctrine au sein de l'OHADA considère que le bien garanti permet de

---

[459] Cass. ch. Mixte, 2 décembre 2005, n° 7 ; D. 2005, p. 61, obs. AVENA-ROBARDET ; D. 2006, p. 733, note AYNÈS (L.), Defrénois 2006, art. 38469, obs. CHAMPENOIS (G.), CCC 2006, comm. 61, obs. LEVENEUR (L.) ; *JCP G.* 2005, II, n° 10183, note SIMLER (P.).

[460] Cass. 1re civ., France, 7 février 2006, D. 2006, AJ, p. 574.

[461] Cass. com., France, 21 février 2006, D. 2006, AJ, p. 716.

consolider davantage le cautionnement personnel sous-jacent[462]. Les tenants de cette conception en droit OHADA se fondaient sur l'article 12 de l'AUS de 1997 qui disposait que « *la caution peut garantir son engagement en constituant une sûreté réelle sur un ou plusieurs de ses biens. Elle peut également limiter son engagement à la valeur de réalisation du ou des biens sur lesquels elle a consenti une telle sûreté* ». Inséré dans les dispositions relatives aux modalités du cautionnement personnel, on estimait que l'engagement du constituant ne devait pas se limiter au bien garanti, puisque selon les textes ce dernier aurait conforté son obligation personnelle avec l'apport d'un bien selon les conditions qu'il pose. De plus, sans autre précision, le législateur préconisait aussi que l'engagement était celui d'une caution réelle selon les dispositions de l'article 47 alinéa 2 de l'AUS de 1997 relatif aux sûretés réelles. Le cautionnement réel serait donc conçu en droit OHADA comme un engagement personnel assorti d'une sûreté réelle sur un bien qui peut constituer à la fois la garantie de cet engagement et la mesure de celui-ci[463] et en l'absence de ce bien, selon les cas, le créancier conserverait les poursuites sur d'autres biens du constituant dans la limite de la valeur du bien garanti, ceci à titre chirographaire[464]. Ce régime semblait flou d'autant que le cautionnement doit être exprès.

189. En la faveur de la récente réforme du droit des sûretés de 2010, le législateur OHADA a supprimé au chapitre consacré aux sûretés réelles la référence à la caution réelle et l'a évoquée uniquement dans celui prévu au cautionnement. L'article 22 de l'AUS de 2010 relatif au cautionnement dispose que : « 1°) *La caution peut garantir son engagement en consentant une sûreté réelle sur un ou plusieurs de ses biens ; 2°) Elle peut également limiter son engagement à la valeur de la réalisation du ou des biens sur lesquels elle a consenti une telle sûreté* ». Cette réforme a été interprétée comme une consécration claire de la conception mixte du cautionnement réel et que le législateur entendait par ces dispositions consacrées uniquement dans le cautionnement soumettre cet engagement aux règles du cautionnement personnel. Alors qu'à la lecture du texte, il en ressort deux situations bien distinctes. Il faut retenir que, outre la première hypothèse de l'article 22 alinéa 1 dans laquelle la caution renforce le cautionnement souscrit par une sûreté

---

[462] ATANGANA-MALONGUE (M.-T.), *Le cautionnement réel dans l'acte uniforme OHADA*, *Penant*, 120 (872) Juil.-sept. 2010, p. 282.

[463] *Ibidem*, p. 282 ; le créancier doit donc assurer son obligation d'information de façon spontanée à l'égard de la caution réelle ; « ainsi un comportement dolosif du créancier à l'égard de la caution réelle profane suffit à entraîner la sanction du vice de consentement et donc la nullité de la garantie » CCJA, arrêt n° 29 du 15 juillet 2004, Juris OHADA, n° 3/04, p. 35 (citée par ATANGANA-MALONGUE (M.-T.), *Le cautionnement réel dans l'acte uniforme OHADA*, *op. cit.*, p. 299).

[464] CROCQ (P.), *RTD civ.* 1999. 880.

réelle, le législateur présente une seconde hypothèse dans laquelle la caution serait tenue personnellement à la dette dans la limite de la valeur de réalisation du ou des biens sur lesquels elle a consenti une telle sûreté. Dans ce dernier cas, on décèle bien une sûreté unique, un engagement principal et personnel limité à la valeur du bien engagé. L'engagement de la caution réelle devant être exprès, il s'agit dans le premier alinéa d'une pure sûreté personnelle contre-garantie par une sûreté réelle et dans le second alinéa d'un cautionnement limité à la valeur du bien garanti. C'est ce que semble indiquer le législateur puisqu'il évoque expressément « la caution », en prenant en compte son identité particulière[465]. Toutefois, dans ce dernier cas, comment régler l'épineuse question de la constitution de la sûreté et même plus tard de sa réalisation ? De l'esprit des textes, elle devrait respecter les règles de constitution du cautionnement.

Mais, la réalité rattrape les limites de cette conception en raison de l'affectation des biens qu'on ne peut raisonnablement pas nier. En cela, la conception unitaire du cautionnement réel devrait peut-être « être préférée[466] » à la conception mixte ? Il faut dire que rien n'empêcherait aussi les parties d'insérer des clauses relatives à un engagement personnel du constituant dans leur contrat[467] du moment où cet engagement est exprès. L'application du régime de la sûreté réelle constituée fait alors sens tout en lui soumettant certaines règles du cautionnement pour respecter l'identité de la personne qui s'oblige[468].

---

[465] Exemple des décisions privilégiant la conception mixte : TPI de première classe de Lomé (Togo), 20 janvier 2012, M. HALAOUI c/ BSIC-Togo SA, inédit ; V. également des décisions rendues sur la base de la loi togolaise relative à la dation en paiement sous conditions suspensives de défaut de paiement : CA Lomé, 27 janvier 2017, Sté ÉTOILE DU GOLFE c/ ECOBANK-TOGO SA, inédit ; CA Lomé, 21 nov. 2016, Sté ECOBANK Togo SA c/ Sieur GAGOU Kossivi, inédit ; TPI de première classe de Lomé (Togo), 4 mars 2015, Sté Interafricaine de Banque (SIAB-Togo) c/ Monsieur Dossah J., M. Osséni A., inédit ; TPI de première classe de Lomé (Togo), 4 nov. 2011, Les Établissements Manu-Brillance c/ Banque Régionale de Solidarité Togo SA (BRS Togo SA), inédit ; TPI de première classe de Dapaong (Togo), 15 décembre 2014, Union Togolaise de Banque (UTB) c/ Association TIMPAC, inédit ; CA Lomé, 10 déc. 2014, Union Togolaise de Banque (UTB) c/ Sieur ABIDI Kalénou, inédit.

[466] LEGEAIS (D.), Sûretés et garanties du crédit, 9e éd. LGDJ, 2013, p. 64.

[467] Cass. 1re civ., France, 7 fév. 2006, *RD bancaire et fin.* Mars-avril 2005, comm. 61, obs. D. L. ; Cass. com., France, 7 mars 2006, *RD bancaire et fin.* Mai-juin 2006, comm. 101, obs. D. L. ; *JCP E* 2006, I, 2824, n° 1, obs. SIMLER (Ph.).

[468] BOURASSIN (M.), *Exclusion critique du bénéfice de subrogation du régime des sûretés réelles pour autrui, op. cit.,* : « Cette exclusion du bénéficie dit de subrogation [...] nie, d'une part le caractère hybride des sûretés réelles constituées par un tiers et occulte le trait essentiel aux sûretés personnelles qu'elles présentent incontestablement, celui de l'absence d'identité du débiteur et du constituant de la garantie. Il est vrai que tous les aspects du régime de la sûreté ne sont pas concernés par cette spécificité. Tel est le cas des formalités de constitution ou des prérogatives du créancier, qui méritent d'être soumises au droit des sûretés réelles en ce qu'elles mettent en cause la technique qui leur est propre, à savoir l'affectation ou la cession d'un bien

2/ L'avis de la CCJA

190. Une position unitaire. – La CCJA lève finalement le doute sur la question et prend parti pour la conception unitaire dans son arrêt du 27 octobre 2016. Contrairement à l'interprétation qu'on pouvait faire de l'alinéa 2 du nouvel article 22 de l'AUS de 2010, les juges de la CCJA ont consacré le 27 octobre 2016 la conception unitaire du cautionnement réel. Le terme cautionnement réel devient alors impropre pour désigner l'engagement d'un tiers à garantir la dette d'autrui sur un de ses biens. Le terme « sûreté réelle pour autrui » serait *a priori* plus adapté si l'on se base uniquement sur cette décision puisqu'il s'agit d'une pure sûreté réelle. La Cour considère en effet que « *l'acte par lequel une personne se constitue caution hypothécaire en affectant en hypothèque un immeuble pour garantir un engagement est une sûreté réelle et non un cautionnement*[469] ».

En l'espèce, par un acte notarié en date du 10 novembre 2005, la BCS et la SOMAPRE, représentées par leurs représentants légaux, signaient une convention de compte courant à la garantie de l'exécution de laquelle monsieur Abdoulaye H. CISSE se constituait caution hypothécaire par l'affectation en hypothèque de premier rang, d'un immeuble sis à Banankoro, objet du titre foncier n° 912 de KATI, d'une superficie totale de 3 ha 20. À la clôture de la convention de compte courant qui dégageait un solde débiteur, la BCS entreprenait la réalisation de l'hypothèque en servant un commandement aux fins de saisie immobilière. Abdoulaye CISSE s'opposant à cette réalisation assignait en annulation du cautionnement la SOMAPRE-SARL, la BCS et maître B. SOW devant le tribunal de commerce de Bamako. Par jugement n° 255 du 21 mai 2008, le tribunal rejetait cette demande. La Cour d'appel, le 17 février 2010 rendait un arrêt confirmatif. Il se pourvoit devant la CCJA et invoque la violation par l'arrêt attaqué de l'article 4 alinéa 3 de l'AUS et estime qu'étant illettré, il aurait dû être assisté de deux témoins dans la rédaction de l'acte de cautionnement. En réponse, les juges de la CCJA excluent l'application des règles du cautionnement personnel au cautionnement réel en ces termes : « *Mais attendu que l'article 4 alinéa 3 de [l'AUS], dont la violation est invoquée, traite de la formation du cautionnement, sûreté personnelle, alors qu'en l'espèce la sûreté dont la réalisation est entreprise est une sûreté réelle ; que cet article ne pouvant*

---

en garantie d'une créance. Dans d'autres hypothèses, la personne du constituant de la sûreté est au contraire déterminante et devrait influer sur le régime de la sûreté réelle pour autrui. On songe en particulier à celles qui intéressent les suites de la réalisation de la sûreté […] À l'instar d'une caution personnelle, le constituant d'une sûreté réelle pour autrui devrait disposer de recours à l'encontre du débiteur principal et pouvoir invoquer les règles qui confortent l'efficacité de ces recours, dont l'exception de défaut de subrogation fait partie ».

[469] CCJA, 27 oct. 2016, n° 158/2016, *juriAfrica, Légiafrica.*

s'appliquer à la sûreté réelle[...]». La Jurisprudence française avait elle aussi abordé dans ce sens, excluant l'exigence de la mention manuscrite posée à l'article 1326 du Code civil au cautionnement réel[470].

Cette décision tranche, a priori, le débat sur la nature du cautionnement réel dans l'espace OHADA, qui doit dorénavant être considéré comme une sûreté réelle et doit être conforme au régime de la sûreté réelle constituée. Mais, il n'en demeure pas moins que la sûreté réelle n'a pas été constituée par le débiteur lui-même. Cette décision fait-elle en réalité jurisprudence de principe ? En acceptant de garantir la dette d'autrui, son identité particulière ne devrait-elle pas être prise en compte ? À cette fin, les seules règles des sûretés réelles ne peuvent suffire à régir cette sûreté. Pour preuve, la règle posée par l'article 14 alinéa 2 de l'AUS de 2010 peut protéger le constituant de la sûreté pour autrui. Il dispose que « *la caution qui ne sait ou ne peut écrire doit se faire assister de deux témoins qui certifient, dans l'acte de cautionnement, son identité et sa présence, en outre, que la nature et les effets de l'acte lui ont été précisés. La présence des témoins certificateurs dispense la caution de l'accomplissement des formalités [liées à l'exigence de la mention manuscrite]*». Elle lui permet de se rendre compte de la gravité de l'acte qu'il pose et de ces conséquences sur son patrimoine. Toutefois, dans le cadre de la constitution d'une sûreté hypothécaire pour autrui par acte notarié, la présence des témoins certificateurs peut s'avérer redondante ou peu efficace[471] en raison du rôle du notaire.

Il faut pourtant se rendre à l'évidence puisque dans une décision récente la CCJA a estimé que : « C'est l'assiette de la garantie qui détermine la qualification et le régime juridique applicable à une sûreté. Lorsque l'assiette d'une sûreté est un bien immeuble, les terminologies usitées par les parties ne déterminent pas la nature encore moins le régime applicable à la sûreté. Ainsi, il n'y a pas lieu de confondre le cautionnement, sûreté engageant personnellement la caution, et l'hypothèque, sûreté réelle conférant un droit de suite sur le bien

---

470 Cass. 1re civ., France, 13 mai 1998, *Bull. civ.* I, n° 172 ; *RD bancaire et bourse*, 1998.149 et s. obs. Contamine-Raymond ; *RTD civ.* 1999.152 et s. ; Banque, n° 597, nov. 1998.76, note Guillot (J.-L.) ; *JCP* 1998 éd. N. 1667, note Piedelièvre ; V. également sur l'indivisibilité du gage, article 114 de l'AUS de 2010 et sur l'absence de bénéfices de division et de discussion à l'égard de la caution réelle, Cass. 1re civ., France, 21 juin 1979, *Bull. civ.* I, n° 236 ; Banque, 1979.274, obs. MARTIN (L.) ; civ. 1re, Fance, 6 mars 1979, *Bull. civ.* I, n° 78, *JCP* 1979, éd. GII.19140, Concl. GULPHE ; *Defrénois*, 1980.590, obs. AUBERT (J.-L.).

471 Sur le rôle des témoins certificateurs lorsque le constituant est une personne illettrée, voir la thèse de DIBANGUE (G.), La recherche de l'équilibre contractuel dans le cautionnement, regards croisés entre le droit français et le droit OHADA, Thèse, Préf. P. Rubellin, éd. *L'Harmattan*, 2017, p. 129. Le rôle de ces témoins peut s'avérer indispensable pour le constituant illettré qui ne comprend pas souvent la portée de son engagement ; leur présence peut ou doit également être requise auprès de la caution réelle.

spécialement affecté à la garantie d'une obligation. C'est à ce titre qu'a été cassé l'arrêt d'appel qui fonde sa décision sur le cautionnement, dans une cause concernant en réalité une convention d'hypothèque, alors justement que le juge doit respecter les litiges conformément au droit qui leur est applicable, sans tenir uniquement compte des terminologies usitées par les parties[472] ».

C/ LES RAISONS DE LA RESURGENCE DU DEBAT

191. La protection du constituant qui s'engage pour un tiers. – En droit français par exemple, l'adoption de la conception unitaire du cautionnement réel ne permet pas au constituant de la sûreté réelle pour autrui de bénéficier de la protection qu'apporte le Code de la consommation à la caution. Il a ainsi été démontré que le cautionnement réel « ne peut pas être disproportionné puisqu'il ne peut pas excéder le patrimoine de la caution réelle[473] » et la caution réelle ne bénéficierait pas des obligations d'informations et de mise en garde[474], ni du bénéfice de subrogation[475]. Le risque encouru par la caution réelle dépourvue de la protection qu'aurait pu lui apporter le Code de la consommation en vertu d'une obligation personnelle à éteindre la dette d'autrui ne doit pas être minimisé. Si la caution réelle peut bénéficier d'une mise en garde en matière d'hypothèque par le notaire, il n'en est pas de même en matière

---

[472] CCJA, 1re ch., arrêt n° 142/2019, 25 avril 2019, Aff. Sté Guaranty Trust Bank Côte d'Ivoire c/ M. DRAMERA Hassana. Note Code OHADA, *JURIAFRICA* 2020.

[473] CROCQ (P.), *La sûreté réelle pour autrui est nécessairement proportionnée aux facultés de celui qui la consent*, *RTD Civ.*, 2008, p. 700 ; Cass. 1re civ., France, 7 mai 2008, n° 07-11.692, *D.* 2008. 2036 s., note PIEDELIÈVRE ; *Dr. et patr.* oct. 2008. 95, obs. AYNÈS et DUPICHOT ; Banque et Droit, n° 120, juill.-août 2008. 41 s., obs. JACOB (F.) ; *RD banc. Fin.* Sept.-oct. 2008. 36, obs. LEGEAIS (D.); adde : M.-E. MATHIEU, *Brefs propos sur la disparition du cautionnement hypothécaire*, *RD banc. Fin.* Juill.-août 2008. 31 s.

[474] LEGEAIS (D.), Sûretés et garanties du crédit, *op. cit.*, p. 66 ; Cass. com., France, 24 mars 2009, pourvoi n° 08-13.034, arrêt n° 290 FS-P+B+I, D. 2009. AJ. 943, obs. V. Avena-Robardet ; LEGEAIS (D.), *Cautionnement. Absence de devoir de mise en garde en présence d'une sûreté réelle consentie pour autrui*, *RTD Com.* 2009, p. 425.

[475] Cass. 3e civ., France, 12 avril 2018, n° 17-17542, ECLI :FR : CCASS :2018 :C300359, M. Y c/ Sté Rubis Avignon-Rubis matériaux, *Bull.* 2018, III, n° 46, *op. cit.* : « Mais attendu qu'ayant relevé… que la sûreté réelle consentie par M. Y… pour garantir la dette de la société SGC, laquelle n'impliquait aucun engagement personnel à satisfaire à l'obligation d'autrui, n'était pas un cautionnement, de sorte que l'article 2314 du Code civil n'était pas applicable ». Voir les observations de BOURASSIN (M.), *Exclusion critique du bénéfice de subrogation du régime des sûretés réelles pour autrui, Gaz. Pal., Lextenso*, 2018, p. 71. HAL-01797636 : « L'arrêt du 12 avril 2018 et, plus généralement, la jurisprudence refusant d'appliquer des règles identiques aux diverses sûretés fournies par des tiers détonnent avec les nombreux textes qui, depuis une dizaine d'années, s'attachent à la qualité de tiers du constituant de la sûreté, et transcendent la nature personnelle ou réelle de celle-ci : […] en matière de procédures collectives, les ordonnances du 18 décembre 2008 et du 12 mars 2014 ont aligné les droits des personnes « ayant affecté ou cédé un bien en garantie » de la dette de l'entreprise en difficulté sur ceux des garants personnels […] ».

de gage. Le contrat peut être conclu sous seing privé. À ce titre, il conviendrait d'imaginer une conception élargie ou renouvelée du devoir de mise en garde qui prendrait en compte « le risque de non-remboursement du crédit par le débiteur principal[476] » comme le suggère le Pr LEGEAIS et non le caractère limité de son engagement.

En droit OHADA, ce risque est encore plus accru puisque le législateur OHADA, à la différence du législateur français, ne prévoit pas souvent des mécanismes de protections préventives des cautions personnes physiques[477]. Le constituant de la sûreté réelle pour autrui devrait bénéficier des règles « liées à l'engagement pour autrui ». Elle peut également être protégée contre un créancier qui le priverait du bénéfice de subrogation réelle prévu par l'article 94 de l'AUS de 2010.

192. Résurgence de la question en droit français. – En France, bien que le législateur ait pris position de façon claire, une partie de la doctrine relance le débat. Il appartient donc à la jurisprudence de se positionner également de façon ferme ou décider au cas par cas. Dans sa thèse par exemple, C. GIJSBERS énonce les critiques de l'analyse unitaire du cautionnement réel et démontre que le régime juridique de cette sûreté fait toujours débat. Il estime que le cautionnement réel a une dimension qui recèle une figure juridique tout à fait « étrangère aux pures sûretés réelles qui est d'être un acte d'endettement pour autrui[478] ». Il serait donc plus raisonnable pour lui de privilégier une conception mixte tempérée du cautionnement réel[479]. Puisque, même pour « la Cour de cassation française, il est difficile d'admettre que le cautionnement réel ne soit qu'une pure sûreté réelle constituée pour garantir la dette d'autrui sans qu'aucun engagement personnel ne soit pris par la caution réelle[480] ». Cette analyse avait déjà fait l'objet d'une décision de la Chambre commerciale de la Cour de cassation française en date du

---

476 LEGEAIS (D.), *RTD Com.* 2009, *op. cit.*.

477 Voir en ce sens, DIBANGUE (G.), La recherche de l'équilibre contractuel dans le cautionnement, regards croisés entre le droit français et le droit OHADA, th., éd. L'Harmattan, préf. RUBELLIN (p.), 2017.

478 V. les développements de GIJSBERS dans sa thèse, *op. cit.* p. 69, « Contrairement au propriétaire qui consent une sûreté réelle pour lui-même, la caution réelle s'expose à supporter un passif qui lui est étranger, serait-ce sur un seul de ses biens » ; voir également BOURASSIN (M.), *Exclusion critique du bénéfice de subrogation du régime des sûretés réelles pour autrui, op. cit.*

479 Il cite à l'appui de sa théorie CABRILLAC (M.), MOULY (C.), CABRILLAC (S.) et PÉTEL (P.), Droit des sociétés, *op. cit.*, n° 399, p. 281 : « Pour notre part, nous sommes attachés à la conception d'un engagement personnel car il nous paraît dérogatoire aux mécanismes généraux du droit des obligations qu'une personne soit amenée à payer et à s'exposer à la saisie d'un de ses biens sans qu'elle ait pris un tel engagement à l'égard de celui qui peut la contraindre au paiement ».

480 Cass. 1re civ., France, 12 janv. 2012, *Bull. civ.* I, n° 2; *D.* 2012, som. p. 212/ CROCQ (P.), *RTD civ.* 2012, p. 348.

27 octobre 1998 par laquelle la Cour estimait que « le créancier bénéficiaire d'un cautionnement réel ou personnel, dispose à l'égard de la caution d'un droit de créance en cas de défaillance du débiteur principal, ce droit étant limité aux biens affectés à la garantie de l'engagement, s'agissant d'un cautionnement réel[481] ».

Mais, certains auteurs ont au contraire estimé que la théorie de l'obligation réelle pourrait permettre de privilégier la conception unitaire. GINOSSAR dans sa théorie de l'obligation réelle montre que les sûretés réelles ne font naître à l'égard du créancier qu'une obligation réelle, le possesseur n'est point obligé lui-même à titre personnel et ses autres biens demeurent libres[482]. Cette position est aussi affirmée par la Chambre commerciale de la Cour de cassation le 21 février 2006 en ce qu'elle considère que le constituant d'une sûreté réelle pour autrui est tenu d'un engagement réel envers le créancier de la sûreté réelle[483]. Il n'est tenu que par le bien, de sorte que si celui-ci disparaît, il ne sera tenu de rien[484]. Même s'il semble que le débat reste ouvert quant à la portée d'un tel engagement, la jurisprudence semble être plus favorable à la conception unitaire, qui de loin n'est pas en adéquation avec « l'exigence de déclaration dans la procédure collective contre la caution réelle[485] ».

193. Les propositions de la Commission GRIMALDI. – Il est important ici de préciser que le nouvel avant-projet de réforme du droit des sûretés initié en France et mis au point par la Commission GRIMALDI[486]

---

[481] Cass. Com., 27 oct. 1998, *Bull. Civ.* IV, n° 160; *Defrénois* 1999, art. 36944, p. 280, obs. S. PIEDELIÈVRE; *RDI* 1995, p. 295, note P. THÉRY; JCP G. 1999, I, 103, n° 10, obs. M. CABRILLAC, *RTD civ.* 1999, p. 153, obs. P. COCQ, D. 1999, *somm.*, p. 187, obs. A. HONORAT, *RTD com.* 1999, p. 499, obs. A. MARTIN-SERF, *JCP G.* 1999, I, 116, n° 1, obs. P. SIMLER.

[482] GIJSBERS, th., *op. cit.,* p. 148.

[483] Cass. com., France, 21 février 2006, D. 2006, AJ p. 716, obs. AVENA-ROBARDET (V.) ; voir également les commentaires de BONNET (V.), Le cautionnement réel n'était réellement pas un cautionnement *: «* En faisant référence à la notion d'engagement réel, la Chambre commerciale semble admettre une conception large de la notion [d'obligation réelle, ce faisant], le constituant n'a à sa charge qu'une seule obligation, celle de laisser le créancier saisir son bien en cas de défaillance du débiteur. Mais, il s'en trouve déchargé s'il le cède à un tiers auquel l'obligation se trouve alors transmise », voir l'article BONNET (V.), *Le cautionnement réel est-il réellement un cautionnement ?* note sous Cass. 1re civ., France, 4 mai 1999, D. 2000, I, p. 302.

[484] REVEL (J.), La garantie de la dette d'autrui et le droit du régime matrimonial, D. 2006, p. 1309.

[485] SIMLER (P.), note sous Cass. com., 27 oct. 1998, *op. cit.*.

[486] Pour le texte de l'avant-projet, http ://www.henricapitant.org/travaux/legislatifs-nationaux/avant-projet-de-reforme-du-droit-des-suretes. Voir également, GRIMALDI (D.), MAZEAUD (D.) et DUPICHOT (Ph.), *Présentation d'un avant-projet de réforme des sûretés*, D. 2017, p. 1717 ; Colloque du 24 octobre 2017 organisé par l'Association Henri Capitant et la Fédération bancaire française- « *Vers une réforme du droit des sûretés* » : Rapport de synthèse par Pierre CROCQ.

propose de revenir sur une conception mixte dans le nouvel article 2291 du Code civil en ces termes : « *Le cautionnement réel est une sûreté réelle constituée pour garantir la dette d'autrui. Le créancier n'a d'action que sur le bien qui en forme l'objet* » et le nouvel article 2324 du Code civil : « *La sûreté réelle conventionnelle peut être consentie par le débiteur ou, comme il est prévu à l'article 2291, par un tiers* ». Cet article 2291 précise clairement que le constituant de la sûreté réelle garantit « la dette d'autrui » et loue indirectement les mérites de la décision de la Chambre commerciale de la Cour de cassation française en date du 27 octobre 1998. Il serait *a priori* en adéquation avec l'exigence de déclaration dans la procédure collective contre la caution réelle. Dans ce cas, si le bien donné en garantie venait à disparaître, le constituant ne serait tenu de rien. C'est la conception mixte tempérée comme le proposait GIJSBERS. Moins efficace tout de même pour le créancier que celle proposée par le Pr CROCQ pour qui la caution réelle demeurerait tenue à titre chirographaire[487]. Pour aller plus loin dans la conception mixte tempérée, l'avant-projet propose de faire bénéficier à la caution réelle tous les avantages liés à la protection de la caution ordinaire. Il s'agit là de lui faire bénéficier de quelques dispositions propres à la caution ordinaire en ce qui concerne particulièrement le devoir l'alerte sur l'étendue de l'engagement du débiteur principal. Il peut s'agir alors de renforcer ses droits avec le bénéfice de subrogation, le devoir de mise en garde et le devoir d'information. Des droits qui *a priori* liés à sa qualité de « caution » si tant est que le terme soit approprié ou à son engagement pour autrui.

194. On peut également être sceptique dans l'espace OHADA sur le bien-fondé de la conception unitaire, pour la recherche d'une véritable protection du constituant de la sûreté réelle pour autrui. Il est important de se poser cette question en raison d'un grand nombre de personnes illettrées qui se portent cautions des engagements d'autrui. C'est également en raison des risques qu'elles peuvent courir que le législateur OHADA a cru bon de renforcer l'engagement de la caution par la présence des témoins certificateurs qui jouent souvent plus qu'un rôle de témoin, ils accompagnent le constituant dans tout le processus d'engagement. Reconnaître une conception mixte au cautionnement réel serait permettre l'application de certaines règles du cautionnement personnel dans la constitution de la sûreté pour autrui, lesquelles règles protègent souvent les constituants comme la présence des témoins certificateurs et les alertent sur l'étendue de l'endettement du débiteur principal tout au long de l'opération de garantie. Pour ces raisons, on

---

[487] CROCQ (P.), *RTD civ.* 1999. 880.

prêcherait assurément pour une conception mixte tempérée dans l'espace OHADA.

SECTION 2 : LA PUBLICITE COMME CONDITION D'OPPOSABILITE DE L'HYPOTHEQUE AUX TIERS

195. Contexte. – Le lien existant entre l'hypothèque du droit français et celle du droit de l'OHADA trouve sa source dans le Code civil de 1804, ce dernier hérité pour partie de la pratique juridique observée depuis l'ère romaine et surtout dans l'ancien droit français. De fait, si le régime hypothécaire français a semble-t-il pris naissance dans l'ancien droit français et n'a semble-t-il pas subi une grande influence du droit romain[488], le régime hypothécaire du droit de l'OHADA qui a quant à lui pris naissance dans le droit français en prenant pour modèle le Code civil de 1804 tirerait pour ainsi dire, pour partie, sa source de l'ancien droit français. Ce qui est un paradoxe tant les cultures juridiques des deux espaces semblent être à première vue opposées. Mais en même temps si proches puisque le droit français a croisé la route de la plupart des pays de l'OHADA pour ne plus jamais les quitter, régissant la quasi-totalité des sociétés qui l'ont adopté. On observe alors aujourd'hui dans bien des domaines une superposition de législation dans ces pays, entre le droit interne des États d'inspiration civiliste et le droit de l'OHADA qui brille par ses multiples inspirations juridiques. Le droit des sûretés réelles n'échappe pas à cette superposition. Pendant longtemps, le débiteur gagnait la confiance du créancier en lui donnant son bien, lequel pouvait être gardé par le créancier si celui-ci ne s'exécutait pas. La dépossession du débiteur protégeait ainsi la valeur de l'assiette de la garantie puisque le créancier, étant mis en possession ne se libérait du bien qu'une fois entièrement payé et ne souffrait d'aucune concurrence sur le même bien d'avec les autres créanciers de son débiteur. La dépossession visait avant tout à soustraire le bien donné en garantie au créancier du patrimoine apparent du débiteur pour ne pas qu'il serve à d'autres fins. Une manière très efficace de préserver le bien ou la garantie pour le seul profit du créancier mis en possession tout en évitant les convoitises des autres créanciers.

196. De la sorte, prévoir une sûreté comme c'est le cas de l'hypothèque qui laisserait le bien garanti entre les mains du débiteur donc hors du contrôle du créancier serait de nature à lui faire perdre confiance dans l'opération de garantie. Il lui serait alors difficile de connaître le passif qui grève le bien de son débiteur. Ce faisant, ce bien serait également à la portée des convoitises des autres créanciers. Dans l'ancien droit français par

---

[488] V. sur ce point PIEDELIÈVRE (S.), *Hypothèque*, *RDI* mars 2014.

exemple comme l'a rapporté le Pr S. PIEDELIÈVRE, le créancier pouvait compter sur les notaires qui connaissaient bien leurs clients et pouvaient utilement les renseigner sur le passif hypothécaire de leur emprunteur. Ce procédé présentait des lacunes dans la mesure où il ne pouvait prospérer qu'à une petite échelle. L'organisation d'une inscription généralisée et obligatoire pour alerter les tiers des mutations des droits réels sur un immeuble devait permettre de corriger ces lacunes et attribuer un ordre d'inscription des titulaires des droits réels immobiliers. L'inscription devait alors assurer la préservation des droits de chaque titulaire de droit réel. Les lois du 9 messidor an III et du 11 brumaire an VII ont esquissé en France, dans l'ancien droit, une organisation de la publicité hypothécaire qui sera par la suite institutionnalisée, organisée, et réadaptée par le Code civil de 1804. Ce dernier servira de base à l'élaboration dans les colonies françaises du décret de l'Afrique Occidentale Française (AOF) de 1906. Au Togo, l'application de ce décret intervenait le 24 juillet 1906 à la suite du placement du Togo sous mandat de la France. Ce décret a ainsi introduit au Togo comme le droit allemand avant lui l'organisation de la publicité foncière. Elle est devenue une nécessité avec la mise en place de l'appropriation privée des terres afin d'éviter les litiges et assurer une traçabilité fiable des mutations des droits réels sur les immeubles immatriculés. Prétextant de la modernité des nouvelles dispositions issues du droit colonial, la plupart des textes adoptés en matière foncière et domaniale depuis les indépendances ont maintenu en vigueur les dispositions relatives aux sûretés réelles immobilières et à la publication des droits réels. Au Togo, les différentes réformes du Code foncier notamment celle de 1974 et récemment de 2018 n'ont pas organisé un régime substantiellement différent de celui du décret de 1906. La base est commune. L'article 52 du nouveau Code foncier du Togo énonce justement que « *les droits réels immobiliers soumis au régime du nouveau Code foncier ne conservent et ne produisent effet à l'égard des tiers qu'autant qu'ils ont été rendus publics dans les formes, conditions et limites réglées par le nouveau Code foncier, sans préjudice des droits et actions réciproques des parties pour l'exécution de leurs conventions* ».

Il faut alors pour assurer une bonne efficacité de l'hypothèque, construire et organiser une bonne publicité des droits réels immobiliers et par conséquent des hypothèques **(Paragraphe 1)**. Le cadre légal et les effets de cette publicité pour la protection des droits du créancier sont organisés par le droit OHADA **(Paragraphe 2)**.

PARAGRAPHE 1 : LA CONSTRUCTION D'UN REGIME DE PUBLICITE FIABLE A TRAVERS LA PUBLICITE DES DROITS REELS IMMOBILIERS

197. La publicité a pour fonction principale d'avertir, de porter une information à la connaissance d'un public. En matière immobilière, comme l'écrivait J. LEVY « l'histoire [a] montré que l'hypothèque implique [au même titre que l'organisation du foncier] une organisation de la publicité des constitutions et mutations de droits réels immobiliers[489] ». Dans le cadre de l'hypothèque, elle sert donc à sécuriser les droits de chaque créancier en les portant à la connaissance des tiers. Cette fonction est prévue dans leur intérêt exclusif et sert également la sécurité juridique. Son impact dans l'opération de garantie n'est perceptible qu'à l'égard des tiers. L'article 52 du nouveau Code foncier du Togo énonce d'ailleurs que cette publicité se fait sans préjudice des droits et actions réciproques des parties pour l'exécution de leurs conventions. De fait, la validité de l'hypothèque ne dépend pas de sa publicité qui n'est requise qu'à peine d'inopposabilité aux tiers. L'hypothèque demeure alors entre les parties dès que ses conditions de validité sont réunies. La publicité n'assure qu'une seule fonction principale, celle de permettre l'efficacité de l'hypothèque à l'égard des tiers[490], « elle vivifie l'hypothèque[491] ». Comme l'écrit justement le Pr CROCQ, « la publicité est destinée aux tiers, par opposition aux parties à l'acte qui, par hypothèse, le connaissent[492] ». L'hypothèque étant un droit réel immobilier accessoire, l'organisation de sa publicité est subordonnée au régime juridique de la publicité des droits réels immobiliers. Cette organisation est dévolue à chaque État partie. L'organisation efficace de la publicité des hypothèques dépend alors de celle des droits réels immobiliers. La conséquence est l'exercice par le créancier du droit de suite que sa sûreté lui confère afin de préserver ses droits sur la valeur du bien garanti. Il faut alors pour l'efficacité du droit

---

489 LEVY (J.-Ph.), *Coup d'œil historique d'ensemble sur les sûretés réelles*, RHD (néerlandaise), 1987, p. 257-266 : « L'Égypte hellénistique et plusieurs cités grecques ont connu une telle organisation, rudimentaire (les horoi, bornes plantées en terre ou écriteaux gravés sur les murs d'une maison), puis plus élaborée (Bibliothèque des acquisitions, véritable service public de l'enregistrement des mutations). Au contraire, les Romains n'ont connu aucun système de publicité foncière ; l'hypothèque n'est pas inconnue, mais son régime est très imparfait. (Note tirée de CROCQ (P.) et AYNÈS (L.), Les sûretés, la publicité foncière, LGDJ 2013, *op. cit.*, p. 289).

490 MAZEAUD, CHABAS, PICOD, Leçons de droit civil, t. 3, 1er vol. : Sûreté. Publicité foncière, 7e éd., 1999, Montchrestien, n° 388 ; PIEDELIÈVRE (S.), La publicité foncière, 1re éd., 2000, LGDJ, n° 257 ; PICOD, Droit des sûretés, 2e éd., 2011, PUF, n° 315.

491 PLANIOL et RIPERT par BECQUÉ, Traité pratique de droit civil français, t. 12, 2e éd., 1953, LGDJ, n° 758.

492 CROCQ (P.) et AYNÈS (L.), Les sûretés, la publicité foncière, *op. cit.*, p. 291.

de suite que cette publicité soit bien organisée **(A)** dans chaque État partie. Aussi, ces droits sont-ils garantis par le service de la conservation de la propriété et des droits fonciers qui par un travail administratif très rigoureux devrait assurer la fiabilité et la pérennité de tout le système de crédit hypothécaire **(B).**

A/ LE DROIT DE SUITE DU CREANCIER HYPOTHECAIRE AU CŒUR DE CETTE CONSTRUCTION

198. La publicité des droits réels immobiliers a pour principal intérêt pour le créancier d'avoir la possibilité de suivre les déplacements de l'immeuble hypothéqué et de pouvoir aussi opposer son droit aux tiers. M. CABRILLAC affirmait que « les sûretés assorties d'un droit de suite efficace ont pour assiette des biens dont l'attache est assez fixe et l'usage suffisamment notoire pour que le créancier puisse les retrouver au moment voulu[493] ». La publicité doit donc assurer une bonne divulgation de l'information au public. Une bonne publicité rend efficace le droit de suite du créancier hypothécaire. *A contrario,* une publicité mal organisée rend inefficace son droit de suite. C'est malheureusement ce dernier constat que l'on peut faire dans plusieurs pays de l'OHADA, le Togo n'y fait pas exception **(1).** Cette mauvaise traçabilité des droits réels immobiliers ne facilite pas la constitution des hypothèques. L'échec de cette organisation de la publicité des droits réels immobiliers oblige alors à une refonte du système depuis la base **(2).**

1/ L'inefficacité du régime de publicité foncière actuelle au Togo

199. On note une dépendance de la publicité des hypothèques au régime de la publicité des droits réels immobiliers. L'hypothèque est une sûreté réelle et à ce titre, comme toutes les sûretés, elle a un caractère accessoire. Elle suit le régime de la créance à laquelle elle se greffe. La créance en elle-même n'existe que par l'affectation du bien immobilier à la garantie de l'obligation souscrite, lequel immeuble ne peut servir à l'opération de garantie que s'il est dûment immatriculé. L'immatriculation, depuis les décrets fonciers applicables aux colonies de l'Afrique Occidentale Française[494], requiert la publication sur les livres fonciers de tous les droits réels immobiliers qui s'y rapportent. Cette publicité sert à opposer les droits réels immobiliers aux tiers. Elle concerne les droits réels immobiliers dits principaux tels que : le droit de propriété, l'usufruit, les droits d'usage et d'habitation, l'emphytéose, le droit de superficie. De la

[493] CABRILLAC (M.), La protection du créancier dans les sûretés mobilières, conventionnelles sans dépossession, Thèse, recueil Sirey 1954, p. 133.

[494] Article 1 et s. du Décret du 26 juillet 1932 portant réorganisation du régime de la propriété foncière en Afrique Occidentale Française. V. également le décret du 24 juillet 1906 applicable aux colonies de l'Afrique Occidentale Française et le décret du 23 décembre 1922 rendant applicable au Togo le décret du 24 juillet 1906.

sorte, toutes les sûretés portant sur un droit réel immobilier doivent à peine d'inopposabilité aux tiers faire l'objet d'une publicité dans les mêmes termes que la publicité foncière. L'hypothèque étant une sûreté pouvant porter sur un droit réel immobilier, sa publicité est nécessaire dans les mêmes termes que la publicité foncière. Son caractère accessoire la rend tout de même dépendante de l'efficacité de la publicité foncière et des droits réels immobiliers en général qui la précèdent, laquelle commence par l'immatriculation qui est le point unique de départ de tous les droits réels existant sur l'immeuble[495]. L'immatriculation révèle alors l'immeuble aux tiers par l'effet de la publicité et les droits qui le grèvent. Ainsi, tous les droits réels futurs de toutes sortes sur l'immeuble ayant fait l'objet de l'immatriculation feront l'objet également d'une mention spéciale sur le livre foncier. Comme l'a rapporté Yves MARGUERAT sur l'exemple du Togo : « les hypothèques prises et levées sont renseignées à droite de la mention relative au propriétaire initial de l'immeuble immatriculé et ses éventuels successeurs[496] ». L'organisation de la publicité des droits réels immobiliers au Togo a été influencée successivement par les modèles allemand et français **(a)**. L'adaptation de ces modèles aux réalités coutumières ne s'est pas faite sans encombre. Malgré l'avènement du nouveau Code foncier et domanial du 14 juin 2018 la situation n'a guère changé **(b)**.

a/ La succession des régimes mal adaptés pour l'organisation du foncier au Togo

200. L'appropriation par les pays de l'OHADA dont le Togo du système foncier européen s'est faite sans égard à leur adaptation locale. D'abord allemand puis français **(a-1)**, ce dernier système d'inspiration française a été par la suite entièrement adopté **(a-2)** sans réellement produire les effets recherchés **(a-3)**.

a-1/ La naissance de la publicité des droits réels immobiliers au Togo

201. Du « Grunbuch » au système français. – L'exemple du Togo est significatif en la matière puisqu'il a connu une première organisation des droits réels immobiliers à la manière allemande dite « Grunbuch » puis a ensuite connu une autre organisation d'inspiration française.

La publicité des droits réels immobiliers n'est pas une institution propre dans l'organisation de la plupart des sociétés africaines. Le Togo n'y fait pas exception. Tout au long de son histoire, il s'est doté malgré

[495] C. Sup. du Togo, 11 nov. 2005, *op. cit.*.

[496] MARGUERAT (Y.), Le livre foncier : l'exemple du Togo, in Le Bris Émile éd. Le Roy E., éd. Mathieu P., *L'appropriation de la terre en Afrique noire : manuel d'analyse de décision et de gestion foncières*, Karthala 1991, p.261- 266. V.http://horizon.documentation.ird.fr/exldoc/pleins_textes/pleins_textes_7/b_fdi_03_04/37470.pdf).

lui de deux législations qui modernisèrent son droit en le faisant passer d'un droit essentiellement coutumier à un droit d'emprunt dit moderne. Jusqu'à la colonisation allemande qui a duré trente (30) ans de 1884 à 1914, le Togo ne connaissait pas la propriété privée immobilière. Les droits immobiliers étaient collectifs et se transmettaient en héritage. La doctrine n'a malheureusement pas beaucoup documenté les pratiques juridiques au Togo avant 1884, de sorte que les seules pratiques juridiques ayant traversé l'histoire sont celles relatives à la colonisation allemande et au mandat français sur le Togo.

Le droit allemand applicable au Togo a introduit l'appropriation privée du sol et a organisé dans le même temps la publicité des droits réels immobiliers afin d'éviter les conflits entre les titulaires de droits concurrents. C'était alors l'entrée du droit européen civiliste dit moderne au Togo. Cette ouverture à l'appropriation individuelle des terres a marqué un bouleversement sans précédent dans la vie des Togolais. Comme l'a écrit l'urbaniste El Hadji Mohamed DIOP dans sa « *note sur la situation foncière au centre-ville de Lomé*[497] » présentée en mai 1983 au colloque de Bobo Dioulasso en Haute-Volta consacré à l'examen des pratiques foncières locales dans la production et la reproduction de l'espace en Afrique noire : « l'introduction du droit foncier européen, en même temps qu'elle a bouleversé les structures préexistantes, a permis de légaliser, par le biais d'une transcription, les appropriations individuelles du sol. Ce qui constituait une entorse aux principes du mode de gestion collective issus des tenures foncières coutumières, et fondés sur l'inaliénabilité des terres ». La terre constituait et constitue d'ailleurs encore un véritable patrimoine foncier dans la conception du Togolais, ce patrimoine était jalousement préservé au sein de la collectivité villageoise. L'attachement à la terre était et reste viscéral puisque lié à la culture ancestrale. L'individualisation de la propriété devait ainsi être très encadrée d'où la mise en place, en même temps que l'organisation du cadastre, de la publicité foncière. L'inscription des droits immobiliers se faisait au Grundbuch. Le Grundbuch ou livre foncier en droit allemand est un registre sur lequel étaient répertoriés tous les immeubles ayant fait l'objet d'un plan cadastral. Étaient par exemple renseignés : la situation géographique de l'immeuble ; sa désignation ; sa surface ; l'utilisation qui en était faite ; le nom du propriétaire de l'immeuble ; les droits actifs sur la propriété comme les servitudes et les droits passifs comme les hypothèques. Il en était ainsi jusqu'en 1914 quand le Togo fut placé sous

---

[497] DIOP (E. H. M.), Note sur la situation foncière au centre-ville de Lomé, *in* colloque de Bobo Dioulasso en Haute-Volta consacré à l'examen des pratiques foncières locales dans la production et la reproduction de l'espace en Afrique noire, Centre ORSTOM de Lomé, mai 1983.

mandat de la France à l'issue de la défaite de l'Allemagne contre les alliés lors de la Première Guerre mondiale.

Le mandat de la France sur le Togo devait alors permettre l'abrogation du droit allemand et l'application du droit français, notamment du Code civil de 1804, au Togo. Ce passage du droit allemand au droit français a été entériné par le décret du 23 décembre 1922 rendant applicable au Togo le décret du 24 juillet 1906 portant organisation du régime de la propriété foncière dans les colonies d'Afrique Occidentale Française (AOF). Le décret du 26 juillet 1932 intervenait quelques années après pour réorganiser le régime de la propriété foncière en AOF. Le décret de 1922 a également réglé le sort des immeubles déjà inscrits au Grundbuch. La nouvelle administration a poursuivi l'organisation foncière déjà enclenchée puisque peu différente de la sienne mais l'a tout de même réadaptée au système français. La reconnaissance foncière se faisait désormais par la procédure de l'immatriculation qui avait pour objet d'inscrire les immeubles sur le livre foncier afin de protéger les droits du propriétaire inscrit. La nouvelle administration reconnut la propriété collective « indigène » en la réglementant, même si elle ne présentait pas tous les caractères de la propriété privée telle qu'elle existe en France. Ainsi, par souci de rendre opposable aux tiers la propriété collective, ses détenteurs devaient-ils obligatoirement manifester leur volonté de détenir un titre de propriété foncière dit titre régulier, par lequel l'administration coloniale reconnaissait leur propriété sur une parcelle de terrain occupée sans titre. On pouvait ainsi lire dans la section 2 intitulée « *droit coutumier indigène* » du décret du 26 juillet 1932 portant réorganisation du régime de la propriété foncière en Afrique Occidentale Française notamment en son article 83 que « *l'administration locale reconnaissait la propriété indigène* ». Cette propriété déterminait les formes dans lesquelles les terrains vagues pouvaient être concédés et accordait aux indigènes possesseurs de terres, d'après les coutumes locales, la faculté de demander des titres réguliers de concession. Sans ces titres réguliers, leur occupation était précaire aussi bien aux yeux de l'administration locale que des tiers. Pour peu qu'une personne revendiquât sa propriété sur le bout de terre n'ayant pas fait l'objet d'une immatriculation, un conflit éclatait. Entre deux personnes ayant les mêmes droits, le conflit était résolu en faveur de celle qui faisait la preuve de l'antériorité de ses droits réels sur l'immeuble querellé. Mais, entre des personnes ayant des droits différents, un titre régulier et un titre précaire de possession par exemple, c'est le titulaire du titre régulier qui l'emportait[498]. L'inscription

[498] Le décret de 1906, comme d'ailleurs la réforme de 1932, excluait la prescription acquisitive. De la sorte, tant que le possesseur d'un terrain n'avait pas fait établir un titre régulier, sa possession était menacée. On pouvait ainsi lire dans le décret de 1932 la référence à la décision du tribunal de première instance de Dakar du 20 mai 1911, Dar., 1911, IH, 245 : « Il résulte des dispositions de l'article 57 du décret de 1932 qu'en enlevant à la possession sa principale

des droits réels immobiliers au livre foncier dans le but d'obtenir un titre régulier était devenue le moyen le plus sûr de préserver ses droits fonciers. D'ailleurs, le décret de 1932 qui a rendu la législation française, notamment le Code civil de 1804, applicable au Togo a prévu en son article 21 que « *les droits réels immobiliers [comme la propriété des biens immeubles ; l'usufruit des mêmes biens ; les droits d'usage et d'habitation ; l'emphytéose ; le droit de superficie ; les servitudes et services fonciers ; l'antichrèse ; les privilèges et hypothèques] ne se conservent et ne produisent effet à l'égard des tiers qu'autant qu'ils ont été rendus publics dans les formes, conditions et limites réglées au présent décret, sans préjudice des droits et actions réciproques des parties pour l'exécution de leurs conventions* ». La publicité concerne alors tous les actes juridiques affectant l'immeuble aux fins de préserver le crédit hypothécaire. Le décret a rendu obligatoire la publicité des actes qui affectent la valeur de l'immeuble dans l'intérêt des créanciers pour leur permettre de connaître le passif qui grève l'immeuble de leur débiteur, mais également la publicité des mutations opérées sur l'immeuble comme les successions. Ces dernières sont nécessaires à titre déclaratif mais n'affectent pas les droits des créanciers inscrits. L'organisation de cette publicité est tout compte fait cohérente puisqu'elle englobe tous les actes impactant un immeuble[499]. Le Pr CROCQ disait à juste titre que « la publicité est un centre de renseignement sur toutes les circonstances juridiques devant de nature affecter l'immeuble[500] ».

a-2/ L'appropriation de la législation d'inspiration française au Togo

202. Une difficile première adaptation. – Après l'indépendance du 27 avril 1960, les nouvelles autorités togolaises se sont réapproprié le décret français de 1906 avant de le toiletter des années après à travers l'Ordonnance du 6 février 1974. Les anciennes autorités togolaises avaient mis en place une organisation « dite moderne » du foncier pendant plusieurs années avant l'indépendance du Togo. Durant cette période, plusieurs titres réguliers avaient été octroyés conformément aux différentes législations en vigueur et portés à la connaissance des tiers. À l'indépendance, il a été tout simplement décidé de reconduire ce décret foncier de 1906. Ce qui pouvait être déroutant pour certains dans la

conséquence de droit, à savoir la prescription acquisitive, ce droit a supprimé la possession par autrui d'un immeuble immatriculé. Aucun fait de possession, même exercé en vertu d'un acte administratif, ne peut être invoqué à l'encontre du bénéficiaire d'un titre régulier. Ce dernier peut obliger les détenteurs de l'immeuble à vider les lieux, à supprimer les constructions édifiées et peut même obtenir des dommages-intérêts s'il a subi un préjudice du fait de leur occupation ».

499 Chapitre 2 du décret de 1932 intitulé « publication des droits réels ».

500 CROCQ (P.) et AYNÈS (L.), Les sûretés, la publicité foncière, *op. cit.*, p. 293.

mesure où ce décret était une pure continuation du droit français, notamment dans l'utilisation du Code civil de 1804. Il a fallu attendre l'Ordonnance du 6 février 1974 pour que les nouvelles autorités mettent en place une nouvelle organisation dite réforme agrofoncière, qui dans le fond n'a pas opéré un changement substantiel de forme et de fond du décret de 1906, à quelques exceptions près.

Pour l'essentiel, ce décret reconnaît deux modes d'accès à la propriété immobilière : un mode d'accès coutumier assorti d'une condition extinctive et un mode d'accès moderne. Cette garantie est codifiée dans l'article 2 de l'Ordonnance du 6 février 1974 en ces termes : « *L'État garantit le droit de propriété aux individus et aux collectivités possédant un titre foncier délivré conformément à la loi. L'État garantit également le droit de propriété à toute personne ou collectivité pouvant se prévaloir d'un droit coutumier sur les terres exploitées* ». Cet article marque la volonté des nouvelles autorités togolaises de respecter les coutumes locales tout en introduisant le droit moderne dans les habitudes de tous afin de permettre une meilleure gestion des terres. Il peut sembler surprenant que l'article mette l'accent sur la mise en valeur des terres exploitées comme condition d'accès à la propriété. En l'absence d'une mise en valeur, le possesseur d'une terre perdrait son droit de propriété. Mais, cette disposition s'explique aisément surtout dans un contexte d'appropriation des terres par la règle coutumière du premier occupant, par lequel depuis des siècles, des personnes ayant en commun les mêmes valeurs et organisées en collectivités villageoises se sont arrogé de grands espaces aussi bien à titre d'habitation, de subsistance que pour les besoins religieux. L'État, dans son organisation moderne européenne telle que greffée en Afrique noire s'accommodait très peu de ce type d'appropriation. De plus, il fallait que ce dernier puisse dans l'intérêt général préserver certains espaces et se réserver des domaines dits nationaux pour la mise en place de projets visant l'intérêt général. Ces aménagements étaient nécessaires pour l'affirmation de l'autorité du nouvel État qui se voulait moderne. Mais, ils ne pouvaient également se faire sans heurter frontalement les habitudes coutumières des populations qui n'ont jamais connu une autre organisation que la leur avant l'implantation de façon contraignante du droit dit moderne. Jusqu'à cette implantation, la propriété collectivité était le seul mode d'organisation foncière. Comme l'explique Guy Adjété KOUASSIGAN : « Dans cette propriété collective, chaque membre avait un droit de culture sur une parcelle de la terre familiale pour la subsistance ». Elle devait ainsi être mise en valeur pour les besoins de la collectivité. C'est pour cela que la propriété soumise à la prescription extinctive de l'Ordonnance de 1974 n'était pour FOLI[501] pas contraire à la coutume qui prévalait au Togo. Pour lui, « la terre n'est considérée comme appropriée que si elle est cultivée (…) ; dans la coutume, l'élément "travail" était par excellence le mode d'acquisition de la terre ». Cette coutume a été en quelque sorte transposée dans l'Ordonnance de 1974 avec la condition qu'elle soit respectée et qu'elle permette la cohésion entre l'organisation moderne et l'organisation coutumière, la première viendrait compléter la deuxième. Pour autant, les espaces qui n'étaient pas mis en valeur avaient vocation à tomber dans le domaine national.

a-3/ L'espoir suscité par la réforme du foncier du 6 février 1974

203. Les désillusions. – On peut certes observer une organisation de la publicité des droits réels *a priori* moderne puisqu'inspirée du décret foncier de 1906 mais en réalité, elle est très mal ficelée. Structurée de la même façon que le décret foncier de 1906, l'Ordonnance de 1974 se voulait moderne puisqu'elle reprenait l'organisation de la publicité foncière telle qu'édictée par ledit décret. Sauf que les règles ou dispositions organisant la publicité ne permettent pas par le seul fait de leur codification l'efficacité de la publicité foncière. L'efficacité de la publicité foncière est fonction du respect des règles édictées, et surtout de la bonne tenue du livre foncier. Il faut faire remarquer que le droit dit moderne d'inspiration civiliste n'a jamais vraiment pénétré l'intérieur des terres par absence véritable d'une organisation étatique structurée ; peut-être aussi par négligence coupable et surtout par la corruption parfois généralisée. L'État a entrepris par le décret de 1974 la mise en place d'un domaine national dans l'intérêt de tous. L'article 31 dudit décret rappelait que « *les collectivités gardent sur l'ensemble des terres composant le domaine foncier national leurs droits d'usage traditionnels, chasse, cueillette, parcours, pâturage (...) tant que l'exercice de ces droits n'est pas incompatible avec la nouvelle destination que leur aura donnée l'État* ». L'État se doit alors de préserver et veiller au respect de la destination qui est faite des terres qui entrent dans le domaine national et surtout s'assurer que les règles codifiées soient respectées de tous, par lui y compris. Au lieu de cela, le fonctionnement du cadastre est en lui-même en grande partie limité à la capitale, et est peu fiable. De plus, en milieu rural surtout, la diffusion des titres de propriété est très limitée, puisque l'État y est souvent absent tout simplement. Plus encore, les terres ancestrales héritées de génération en génération n'ont pas fait l'objet de l'immatriculation. Une grande partie des transactions immobilières se fait de façon occulte, à tel point

---

501 FOLI (M.), *La réforme agrofoncière et le droit coutumier au Togo*, in « *Enjeux fonciers en Afrique Noire* », Émile Le Bris, Étienne Le Roy, François Leimdorfer, Paris, Karthala, 1982. (Citée par ALINON Koffi Olulumazo).

que les conflits sont nombreux. Pour souligner l'ambiguïté de la législation foncière surtout en milieu urbain, ALINON Koffi[502] déclarait que « acquérir un terrain à Lomé [la capitale] équivaut à acquérir un procès ». Des ventes du domaine national sont courantes et font parfois l'objet d'une immatriculation en toute illégalité dans la mesure où les contrôles ne sont pas rigoureux. Le livre foncier tenu en papier en lui-même est souvent dans un état ne permettant guère la célérité de la publicité qui est sa fonction. La plupart des propriétaires de fonds de terres ne font immatriculer leurs terres que pour des besoins spécifiques. De vastes étendues de terre transmises souvent par héritage font l'objet de plusieurs ventes, de façon morcelée et anarchique. La raison de ce dysfonctionnement pourrait s'expliquer par le très faible contrôle de l'État sur le sol aussi bien urbain que rural. Il en résulte que l'action de l'État sur le foncier en général est excessivement défaillante et favorise le non-respect des textes et les conflits entre propriétaires de droits concurrents.

b/ L'avènement du nouveau Code foncier et domanial du 14 juin 2018 : une attente

204. La loi n° 2018-005 du 14 juin 2018 portant nouveau Code foncier et domanial et le quasi-*statu quo.* – La persistance des ventes multiples d'immeubles et la fragilité du régime foncier togolais dans son ensemble impactent négativement le crédit hypothécaire et démontrent que la pratique a du mal à se moderniser. À la question de savoir si le nouveau Code foncier va amorcer une prise en main véritable du problème par l'État, la réponse n'est pas si simple. D'une part, elle opère des changements notables pour la sécurisation des transactions et mutations immobilières au moyen des actes de notoriété, en préconisant leur publicité à peine d'inopposabilité aux tiers tout en créant un guichet foncier unique afin de faciliter les formalités, d'autre part, elle ne règle pas le problème dans sa globalité puisque l'organisation du foncier est depuis l'indépendance viciée et aucune mise à plat n'a été faite pour solutionner une fois pour toutes le problème du foncier au Togo. D'où le *statu quo* que nous constatons depuis l'entrée en vigueur de ce nouveau Code foncier puisque même sans la publication des statistiques sur le sujet, les praticiens du droit s'accordent sur le fait que les contentieux liés au foncier représentent plus de la moitié des litiges portés devant les juridictions togolaises. Ces litiges font peser sur le climat des affaires et plus particulièrement sur le crédit hypothécaire un sentiment de méfiance de la part des institutions financières qui ne peut permettre l'éclosion souhaitée du crédit hypothécaire.

---

[502] ALINON (K. O.), *Sécuriser les droits fonciers pour combattre la désertification : le cas du Nord Togo*, V. catalogue en ligne « la bibliothèque populaire du développement ».

205. L'inadéquation du régime de publicité foncière actuel au Togo. – Il est important ici de comparer le régime français de publicité foncière à celui du droit allemand qui à notre avis serait peut-être plus adapté à la situation actuelle du Togo.

Le régime français de publicité foncière sur lequel s'implante la publicité foncière au Togo est un régime déclaratif. Cela s'explique par le fait que la publicité ne joue aucun rôle dans les rapports entre les parties et dans le transfert de la propriété[503]. En effet, le transfert de la propriété est parfait entre les parties dès la signature du contrat et dans le respect des formalités prescrites en matière immobilière. La publicité n'a d'effet qu'à l'égard des tiers. Il appartient ainsi aux parties, surtout à l'acquéreur d'initier la publicité de son bien pour préserver sa sûreté. La propriété de l'aliénateur peut toujours être contestée puisqu'il s'agit d'un contrat. Il faut dire que l'inscription du droit réel immobilier au livre foncier est enregistrée sans contrôle préalable de la régularité de fond des actes à publier. Le contrôle est plutôt axé sur la régularité formelle des actes à publier[504]. La publicité protège l'acquéreur non contre le cocontractant mais contre les tiers qui pourraient avoir sur le même immeuble des droits concurrents. Elle n'est donc pas obligatoire mais nécessaire, et permet aux tiers de contester ou non l'inscription qui est faite ou l'acte qui la précède. L'efficacité d'un tel régime repose en partie sur la bonne tenue du registre ou livre foncier et surtout à la mise en place en amont par l'administration publique d'un cadastre rigoureux répertoriant tous les lots et titres de propriété de l'espace privé aliénable. Sans ce travail rigoureux effectué en amont, la publicité risque d'être moins efficace puisque les transactions immobilières qui les précèdent seraient susceptibles d'être contestées. Cette situation est récurrente au Togo.

A contrario, le régime mis en place par le droit allemand est à l'opposé de celui du droit français. Le droit allemand met le Livre foncier au cœur des transactions immobilières. Comme l'évoque justement le Pr CROCQ « le livre foncier est placé sous l'autorité d'un juge, qui garantit l'exactitude des mentions, parce ce qu'il a le pouvoir de contrôler la régularité des actes à publier[505] ». La publicité est donc un élément essentiel du transfert de propriété puisque n'est propriétaire que celui qui figure sur les registres du livre foncier, lui-même fondé sur l'identification des immeubles. Dans pareil cas, la propriété est difficilement contestable. Il s'agit à ce titre d'un régime de publicité réelle puisque ce sont les immeubles qui sont mis en avant et non les propriétaires. Le fait pour un juge de garantir l'exactitude des mentions

---

503 CROCQ (P.) et AYNÈS (L.), Les sûretés, la publicité foncière, *op. cit.*, p. 294.
504 Ibidem.
505 CROCQ (P.) et AYNÈS (L.), Les sûretés, la publicité foncière, *op. cit.*.

inscrites au livre foncier limite les contentieux. La validité des transactions y est contrôlée.

2/ Pour une solution de fond aux problèmes du foncier au Togo.

206. Tout d'abord, il convient de préciser qu'à l'heure où nous écrivons ces lignes le nouveau Code foncier peine à éclore. En effet, il faut encore qu'un Décret d'application permette à l'administration publique de le mettre réellement en pratique. Il faudra encore attendre que l'administration l'intègre réellement et en fasse un outil privilégié afin de mettre fin aux nombreux litiges liés au foncier. Ce manque d'effectivité de la norme elle-même pèse négativement sur l'efficacité de l'hypothèque.

Par ailleurs, dans le fond, deux propositions peuvent être envisagées. D'une part, d'ordre législatif, par l'adoption du régime allemand qui mettrait le livre foncier au cœur des transactions immobilières ; de la sorte, aucune transaction ne serait valide sans un contrôle de la régularité de l'acte à publier. Ce contrôle peut être opéré par un juge saisi sur simple requête, ce serait alors le début de la formalité d'immatriculation. Notons que les juges opèrent déjà ce contrôle dans certains pays de l'OHADA comme au Togo notamment, mais sur requête introduite par l'acquéreur du bien immobilier qui souhaite consolider son achat. Il faudrait le rendre obligatoire. Pour ne pas engorger encore plus l'appareil judiciaire, le notaire ayant instrumenté l'acte peut se voir confier cette responsabilité et effectuer les formalités requises pour l'immatriculation de l'immeuble. La publicité deviendrait obligatoire pour la validité de toute transaction immobilière. De la même façon, il serait efficace de prévoir qu'aucun bien immeuble ne puisse faire l'objet d'une transaction immobilière s'il n'a pas préalablement été immatriculé.

La deuxième proposition est inspirée des recommandations de ALINON Koffi Olulumazo qui nous semblent importantes. Il préconisait l'élaboration du cadastre inspiré du modèle ivoirien. En effet comme il l'explique, « ce cadastre recensera la situation foncière actuelle, en constatant, sans les modifier, les droits à la terre résultant d'accords entre villages, familles et éventuellement individus voisins. Les droits seront exprimés par les intéressés (...) devant une équipe d'enquêteurs ou une commission foncière[506] ». Il rajoute, et c'est sans doute très important « qu'on devra prêter attention à ne pas mettre l'accent sur la finalité fiscale du cadastre dès les premières phases de l'élaboration du document ».

---

[506] Voir GUYON (G.), « Programme foncier ivoirien – objectifs généraux de l'opération », in Faut-il se préoccuper des questions foncières ? jusqu'où et comment ? Caisse Centrale de Coopération Économique, Notes et Études N° 21, janvier 1989. (Citée par ALINON Koffi Olulumazo).

Pour finir, toutes ces propositions doivent s'accompagner d'abord d'un travail de fond pour répertorier toutes les terres ; pour cela le cadastre jouera un rôle central. Ensuite, la mise en place d'un cadastre informatisé permettra de faire un suivi plus rigoureux du déplacement des immeubles. Le livre foncier doit pouvoir être consultable facilement sur simple demande à coût très réduit afin de faciliter et la publicité foncière et la publicité hypothécaire qui en découle. L'article 721 du nouveau Code foncier et domanial du Togo peut également servir de fondement pour l'engagement de cette réforme.

B/ L'ORGANISATION ADMINISTRATIVE DE L'INSCRIPTION DES HYPOTHEQUES AUX LIVRES FONCIERS : L'EXEMPLE DU TOGO

207. La réquisition de l'inscription de l'acte d'hypothèque doit être adressée au conservateur de la propriété foncière suivant la formalité prévue par le nouveau Code foncier, laquelle est prévue à la section première du deuxième chapitre intitulé « De la publication des droits réels ». L'organisation de cette inscription est essentiellement traditionnelle, c'est-à-dire qu'elle se fait sur un support papier. Ce type d'enregistrement, quoiqu'efficace, si les registres sont bien tenus, ne permet qu'une relative célérité de l'ensemble du dispositif. Cependant, un registre informatisé se révèle être à l'ère du digital le meilleur outil pour préserver et porter l'inscription à la connaissance des tiers ou du plus grand nombre. Ce n'est qu'une fois les formalités d'inscription terminées que l'inscription est opposable à tous.

L'inscription nécessite la réunion d'un certain nombre de conditions pour sa recevabilité **(1)**. Une fois les conditions remplies, l'inscription est faite aux livres fonciers **(2)**.

1/ Les conditions de recevabilité de l'inscription de l'hypothèque par le conservateur des hypothèques

208. Il s'agit aussi bien des conditions liées à l'acte à inscrire **(a)** que celles liées au requérant à l'inscription **(b)**.

a/ Les conditions liées à l'acte à inscrire

209. Le choix d'un acte notarié. – L'article 205 du nouvel AUS laisse le choix pour la constitution de l'hypothèque entre l'acte authentique et l'acte sous seing privé dressé suivant un modèle agréé par la conservation de la propriété foncière. En conformité avec cette disposition, le législateur togolais a fait le choix de l'acte notarié à travers l'article 163 du nouveau Code foncier en rendant obligatoire l'acte notarié pour les conventions ayant pour effet de constituer, transmettre, déclarer, modifier ou éteindre un droit réel immobilier. Cette exigence est ainsi logiquement rappelée et maintenue à l'article 281 sur la publication des droits réels ; il dispose très justement que : « *Tous actes, conventions ou sentences, ayant pour objet de constituer, transmettre, déclarer, modifier ou éteindre un droit réel immobilier, d'en changer le titulaire ou les conditions d'existence (...), doivent, en vue de l'inscription, être constatés par acte notarié* ». Ce choix a un double objectif : donner une date certaine à l'acte pour permettre de situer les parties ainsi que les tiers sur la date de la transmission du droit réel au créancier d'une part et d'autre part, permettre par cette solennité une meilleure efficacité de l'acte. Cette efficacité a trait au double degré de vérification opérée avant la réquisition de l'inscription, d'abord dans la rédaction de l'acte par le notaire qui assure son efficacité juridique puis par le conservateur de la propriété foncière qui est le garant de l'exactitude des mentions inscrites dans l'acte et reproduit aux livres fonciers. Cette condition ne vaut pas en cas d'apport de biens ou de droits immobiliers à une société. Il a été prévu à cet effet que « *les délibérations des assemblées générales rendant cet apport définitif peuvent être établies en la forme habituelle, à condition que copies en soient déposées, sans reconnaissance d'écriture et de signature, aux minutes d'un notaire pour pouvoir être, par les soins de ce dernier, publiées à la conservation foncière en même temps que l'acte notarié constatant l'apport* [507]».

Engage donc sa responsabilité, le conservateur de la propriété foncière qui procède à l'inscription d'un acte qui n'est pas établi sous la forme notariée.

210. Le contenu de l'acte d'hypothèque à inscrire. – Le contenu de l'acte est essentiel à l'identification des parties à l'opération de garantie ainsi qu'à celle du bien dont l'inscription est requise. L'acte doit ainsi contenir « *(...) 1 – l'énonciation conforme aux actes de l'état civil pour les individus, des nom, prénoms, profession et domicile ou aux actes constitutifs, pour les sociétés et autres institutions jouissant de la personnalité civile, des nom ou raison sociale, nature et siège, des parties contractantes ; 2 – l'indication de la capacité des contractants et de la qualité en laquelle ils agissent, appuyée de déclarations précises en ce qui concerne l'état civil ; 3 – la désignation par le numéro du titre foncier de l'immeuble que doit affecter l'inscription* ». L'inscription ayant un caractère déclaratif, il appartient aux parties et surtout au notaire, en amont, de s'assurer de l'exactitude des informations transcrites dans l'acte en vue de l'inscription. L'inscription n'est alors qu'une pure transcription de la volonté des parties aux livres fonciers. C'est l'information transcrite qui sera opposable aux tiers. Engage donc sa responsabilité lorsqu'il accomplit, en vertu d'un mandat donné par une

[507] Art. 281 al. 2 du nouveau Code foncier du Togo.

banque, l'inscription du privilège de prêteur de deniers sur la seule part du coïndivisaire emprunteur, le notaire qui, dans l'acte de garantie, précisait expressément que l'inscription concernait l'entier immeuble et que les parties, coïndivisaires, en étaient informées[508]. Pour la Cour, « *du fait de cette inscription, la banque avait, à l'égard des tiers, la qualité de créancier personnel du coïndivisaire emprunteur* [509]». Il faut noter que le numéro du titre foncier de l'immeuble que doit affecter l'inscription ne peut être obtenu que si l'immeuble est dûment immatriculé. Ce qui exclut a priori l'inscription définitive d'un immeuble non immatriculé ou en cours d'immatriculation.

Une fois l'inscription établie, toutes les mutations de nature à affecter l'assiette de la garantie, quand bien même elles n'impacteraient pas la valeur du bien, doivent être constatées par écrit. La constatation des mutations opérées par décès est faite selon l'article 283 du nouveau Code foncier du Togo (CFT) « *dans les intitulés d'inventaires ou, à défaut, au moyen d'actes de notoriété contenant : 1- l'énonciation conforme aux actes civils pour les individus, des nom, prénoms, profession et domicile ou aux actes constitutifs, pour les sociétés et autres institutions jouissant de la personnalité civile, des nom ou raison sociale, nature et siège du défunt et des héritiers naturels ou institués ; 2- l'indication, en ce qui concerne le défunt, s'il y a lieu, de sa capacité absolue ou relative de disposer par testament ; en ce qui concerne les héritiers et légataires, de leur capacité de recevoir par testament et, dans tous les cas, de leurs droits exclusifs à l'hérédité ; 3- la désignation par les numéros des titres fonciers des immeubles transmis ; 4- les actes de notoriété autres que ceux d'état civil sont établis par un notaire avec s'il y a lieu en annexe le jugement d'hérédité rendu par le tribunal du statut personnel du défunt* ». Par contre « *pour tous autres faits constitutifs, transmissifs, modificatifs ou extinctifs de droits réels ainsi que pour toutes sentences ayant mêmes effets, la constatation écrite est fournie par les actes des juges et, s'il y a lieu, par les pièces de procédures judiciaires ou extrajudiciaires, lesquelles doivent indiquer, en les désignant par numéros de titres fonciers, les immeubles grevés, transmis ou libérés*[510] ».

b/ Les conditions liées à la réquisition de l'inscription

211. L'indifférence de la qualité du requérant à l'inscription. – La demande d'inscription peut être faite par « *toute personne qui produit les pièces dont le dépôt est prescrit*[511] » à l'article 276 du nouveau Code foncier. Toutes les parties à l'opération de garantie ou leur représentant

---

508 Cass. 1re civ., France, 9 janvier 2019, *Bull. civ.* n° 3, 17-27.411, ECLI :FR : CCASS :2019 :C100003.

509 Cass. 1re civ., France, 9 janvier 2019, *op. cit.*.

510 Art. 284 du NCFT.

511 Art. 285 du NCFT.

peuvent ainsi requérir l'inscription. La seule condition posée par le législateur étant que « *l'acte (...) sur lequel elle est basée émane du titulaire d'une inscription antérieure régulière et qu'aucune inscription postérieure à celle-là ne s'oppose à l'exercice du nouveau droit invoqué*[512] ». Cette dernière est liée à la titularité du bien sur lequel porte l'inscription. Le titulaire d'une inscription antérieure est celui qui a acquis, de par l'inscription aux livres fonciers, un droit réel sur un bien immobilier. Il peut ainsi être le propriétaire du bien ou un simple usufruitier. Les parties doivent alors prévoir dans leur convention le requérant devant s'acquitter de cette obligation qui peut être soit le débiteur soit le créancier. Elle peut également être faite par le notaire qui a instrumenté l'acte. Il engage alors sa responsabilité en cas de faute ayant entraîné une perte ou une diminution de la garantie souscrite.

Le requérant à la demande d'inscription doit également se munir « s'il s'agit de mutations contractuelles et de convention en général : a- d'une expédition des actes et des décisions prévues à l'article 281 ; b- d'un original établi en sus du nombre exigé par la loi, pour les actes sous signatures privées ; c- de l'écrit prévu à l'article 282 du présent Code ; d- de la copie du ou des titres fonciers d'un ou des immeubles intéressés ; e- spécialement, s'il s'agit de la modification ou de l'extinction d'un droit réel grevant l'immeuble, du certificat d'inscription relatif à ce droit (…)[513] ».

212. L'absence de délai pour la réquisition de l'inscription. – Le législateur n'a prévu aucun délai au-delà duquel l'inscription ne serait plus valable. Elle est donc laissée à la discrétion des parties. Toutefois, il est dans l'intérêt du créancier que l'inscription se fasse rapidement ou dans les meilleurs délais puisque l'ordre des inscriptions en matière d'hypothèque détermine le rang de priorité des créanciers. L'article 289 du Code foncier dispose en ce sens que : « *L'ordre des inscriptions, en matière d'hypothèque, règle le rang de priorité des créanciers* ». La date de l'inscription permet de départager les créanciers. Pour deux inscriptions opérées à la même date, la priorité sera accordée au créancier ayant inscrit en premier. L'inscription est libre et de droit lorsque l'acte d'hypothèque est régulier.

Des causes d'indisponibilité peuvent toutefois empêcher l'inscription comme celles énumérées par l'article 287 du Code foncier à savoir : « *(...) des clauses des contrats de mariage, soit des dispositifs des jugements portant déclaration de faillite ou de liquidation judiciaire, soit de tous autres actes ou contrats* ».

---

512 Ibidem.

513 Art. 290 du NCFT.

2/ Dépôt de la réquisition et inscription proprement dite aux livres fonciers

213. La preuve du dépôt de la demande d'inscription. – Au dépôt de la demande d'inscription, le conservateur remet au déposant, s'il le souhaite ou le « demande », « une reconnaissance contenant le détail des pièces déposées et relatant la date de dépôt[514] ». Cette reconnaissance qui n'est que l'attestation de dépôt est un document indispensable qui fait produire, à compter de sa date, ses effets à l'hypothèque. Certes, ce dépôt n'est pas synonyme de la recevabilité de la demande puisqu'il appartient encore au conservateur de la valider. Mais, il s'agit d'une étape importante dans le sens où c'est à cette date que l'inscription sera considérée comme avoir été faite, une fois qu'elle aura été jugée recevable par le conservateur. C'est à ce titre que le déposant doit obligatoirement demander la preuve ou l'attestation de dépôt qui fera foi en cas de conflit avec un autre créancier. Une inscription de ce dépôt est déférée dans un fichier *ad hoc* le temps des vérifications opérées par le conservateur. L'inscription définitive n'est établie qu'à la suite de ces vérifications **(a)**. Il convient alors que le registre soit tenu dans les conditions à en permettre la célérité. Il faut reconnaître à ce titre que le registre papier ne répond pas à cette exigence de célérité et de transparence **(b)**.

a/ Les vérifications préalables à l'inscription par le conservateur

214. Une nécessité. – Deux formes de vérifications sont nécessaires : la vérification liée aux parties à l'acte et celle qui concerne l'immeuble sur lequel porte l'inscription.

Il est indispensable à l'efficacité de l'inscription que le conservateur procède aux vérifications que la loi lui impose afin de renseigner les bonnes informations aux livres fonciers et surtout éviter toutes situations de fraude aux droits du constituant ou même des autres créanciers inscrits ou non. Avant de déférer à la demande d'inscription, l'article 293 du Code foncier exige que « *le conservateur procède à la vérification des pièces déposées et s'assure : 1- de l'identité des parties ; 2- de leur capacité ; 3- de l'inscription au titre foncier du droit du disposant ; 4- de la disponibilité de l'immeuble ; 5- de la régularité de l'acte au point de sa forme extérieure* ». Chaque point de sa mission est détaillé par le législateur. Ainsi, en ce qui concerne « l'identité des parties », elle est garantie pour les actes publics par l'intervention du magistrat ou de l'officier ministériel rédacteur. L'hypothèque conventionnelle doit en ce sens être rédigée sous la forme notariée, la vérification du conservateur n'inclut donc pas les conditions de fond pour la validité de l'acte. Au contraire, la responsabilité incombe à l'officier ministériel rédacteur de

[514] Art. 292 du NCFT.

garantir l'efficacité juridique de l'acte qu'il a rédigé. Aux conditions relatives à l'identité des parties à l'acte doivent s'ajouter les vérifications liées à leur capacité, les parties doivent pouvoir produire des justifications liées à cette capacité[515] : mandat, production des pièces d'identité, justificatif d'un acte de propriété ou tout document administratif justifiant de l'aptitude à exercer ou conclure un acte juridique.

Le rang accordé au créancier après l'inscription dépend des inscriptions antérieures grevées sur l'immeuble. Ainsi, le premier rang sera-t-il accordé à un créancier si aucune inscription ne grevait l'immeuble au moment de ladite inscription. Cette inscription conserve les droits du créancier sans qu'aucune inscription ultérieure ne vienne l'infirmer. Il en est de même de l'inscription au titre foncier du droit du disposant qui ne peut être déformé par aucune inscription ultérieure, alors même que cette dernière ne figurait pas encore sur la copie du titre. À chaque inscription d'hypothèque correspond un rang attribué par ordre de dépôt ; l'hypothèque étant un droit réel accessoire, son inscription se greffe sur un droit réel principal déjà existant et inscrit sur le titre foncier. Le droit du créancier inscrit est alors conservé jusqu'à la radiation. Et à chaque inscription, le conservateur doit s'acquitter du même rituel en procédant rigoureusement aux vérifications que la loi lui impose. Avant de déférer à l'inscription, il s'assure également que l'immeuble sur lequel porte l'inscription a été immatriculé. Son contrôle se limite également à la régularité extérieure du titre foncier de l'immeuble produit à l'appui de la demande d'inscription. Les vérifications faites, le conservateur doit refuser l'inscription si les éléments essentiels pour sa validité ne sont pas réunis[516]. Il refuse alors la formalité et restitue au requérant les pièces déposées, revêtues d'un visa en y joignant une déclaration écrite, dont il conserve minute et par laquelle il fait connaître les causes de son refus. Il engage sa responsabilité dans le cas contraire. Il doit par exemple refuser l'inscription si l'immeuble sur lequel porte l'inscription n'est pas immatriculé, même s'il est en cours d'immatriculation ; « *l'inscription n'en peut être opérée qu'après l'établissement du titre foncier*[517] ».

Toutefois, le législateur de l'OHADA permet « au bénéficiaire du droit à inscrire, pour rang et rendre ledit droit opposable aux tiers, d'effectuer, sans attendre l'achèvement de la procédure, le dépôt à la conservation des pièces prescrites ; ce dépôt est mentionné au registre des oppositions, et au jour de l'immatriculation, reporté, avec rappel de sa date, au registre des dépôts, au rang qui lui est assigné par le premier enregistrement ». Cette disposition est intéressante pour la préservation

[515] Art. 296 du NCFT.
[516] Art. 299 du NCFT.
[517] Art. 304 du NCFT.

des droits du bénéficiaire d'une promesse d'hypothèque ou d'une hypothèque sur bien futur lorsque l'immeuble est en cours d'immatriculation ou n'est pas encore répertorié dans le patrimoine du constituant. Cette inscription est donc faite à titre conservatoire, elle devient caduque en l'absence de l'immatriculation de l'immeuble ou si le bien convoité par le constituant ne lui a pas été attribué ou cédé. La préservation des droits du créancier à titre conservatoire est également faite dans le cadre d'une hypothèque garantissant un prêt à court terme. Si l'inscription de cette hypothèque est différée, une expédition de l'acte d'hypothèque ainsi qu'une copie du titre foncier sont remises au créancier qui en effectue le « dépôt à la conservation en faisant défense, par écrit, au conservateur de déférer à aucune réquisition d'inscription au préjudice de son droit, dans un délai qui ne peut être supérieur à quatre-vingt-dix (90) jours ». « Ce dépôt valable pour ledit délai comme opposition est inscrit à sa date au registre des dépôts, et mention provisoire en est faite sur le titre foncier, dans le cadre réservé à cet effet. Exceptionnellement, cette mention n'est pas reproduite sur la copie du titre foncier. Si, dans le cours du délai de validité de l'opposition, une nouvelle inscription vient à être requise, le conservateur procède préalablement à l'inscription de l'hypothèque différée, qui prend rang du jour de dépôt pour opposition ; dans le cas contraire, à l'expiration du délai de quatre-vingt-dix jours, le créancier est tenu de retirer les pièces ou de requérir l'inscription régulière de son droit, qui a cessé d'être garanti par le dépôt pour opposition[518] ».

215. L'inscription proprement dite aux livres fonciers n'est donc faite que si le conservateur a la conviction d'avoir fait toutes les vérifications nécessaires. La demande d'inscription est alors jugée régulière et valide. L'apposition de l'inscription sur le livre foncier comporte « *(...), 1- la constatation au registre ad hoc du dépôt effectué par le requérant de l'inscription ; 2- la rédaction de bordereaux analytiques rappelant, outre les dispositions inhérentes à la nature du contrat déposé, toutes autres dispositions accessoires soumises à la publicité ; 3- a. s'il s'agit d'un acte constitutif d'une charge ou d'un droit réel ou transmissif de propriété, la mention sommaire, à la suite du titre foncier, de la charge ou d'un droit constitué ou des mutations opérées ; (...), 4- la reproduction des mêmes mentions ou radiation sur la ou les copies du titre foncier et l'annexion à chacune d'un duplicata du bordereau analytique correspondant ; 5- l'établissement d'un certificat d'inscription au nom du titulaire du nouveau droit ou l'annulation du certificat d'inscription précédemment établi au nom du titulaire du droit éteint* ». L'efficacité de l'inscription tient d'une part à la mention de

---

[518] Art. 307 du NCFT.

l'hypothèque au livre foncier et d'autre part au report de cette mention sur le titre foncier du constituant. De la sorte, toute personne en possession de ce titre ne pourrait ignorer la charge qui grève l'immeuble. Une notification doit également être faite par le conservateur aux détenteurs des copies et certificats d'inscription. Cette « *notification est faite administrativement, par l'intermédiaire des administrateurs, des maires et des chefs traditionnels, qui en retirent un récépissé et l'adressent à l'auteur de la notification* »[519]. L'inscription sur un droit réel démembré suit les mêmes formes prévues pour l'inscription du droit réel du véritable propriétaire. Toutefois, « *d'une part, un duplicata supplémentaire du bordereau analytique est annexé au certificat d'inscription détenu par le titulaire du droit réel grevé, d'autre part, la mention sommaire au feuillet foncier est accompagnée d'une référence à la mention antérieure qui constate le démembrement, enfin, la même mention sommaire est reproduite, en forme d'annotation marginale, tant sur le certificat d'inscription déjà visé que sur les duplicata du bordereau analytique de l'acte qui opère le démembrement* [520]».

216. L'inscription ne doit pas être faite au préjudice des droits des titulaires des droits réels. Les personnes dont les droits auraient été lésés par une inscription peuvent en demander la modification ou l'annulation[521], « *mais, ces modifications ou annulations, sauf dans le cas où elles sont la conséquence d'une réserve mentionnée au titre foncier, ne peuvent préjudicier aux tiers de bonne foi*[522] ». Afin de préserver les droits du titulaire du droit réel, « *toute demande tendant à obtenir la modification ou l'annulation d'une inscription peut faire l'objet d'une mention sommaire préventive, dite prénotation, sur le titre foncier, avant d'être portée devant le tribunal ; cette prénotation doit être autorisée par ordonnance du président du tribunal, rendue sur requête, à charge de lui en référer. La prénotation faite, la validité des inscriptions ultérieures est subordonnée à la décision judiciaire ; à défaut de prénotation, le jugement n'a d'effet à l'égard des tiers que du jour où il est inscrit*[523] ».

b/ La recherche de la célérité et la transparence dans l'inscription au registre public

217. L'efficacité relative du registre papier pour l'inscription de l'hypothèque. – Depuis des milliers d'années, les êtres humains ont senti le besoin de conserver des traces de leur passage sur terre en apposant des inscriptions sur différents supports. Des grottes aux parchemins puis

[519] Art. 248 du NCFT.
[520] Art. 302 du NCFT.
[521] Art. 309 du NCFT.
[522] Art. 309 du NCFT.
[523] Art. 310 du NCFT.

aux livres ou registres de toutes sortes prenant des formes variées mais qui ne sont qu'une compilation de papiers superposés à des fins bien précises. Ces registres bien qu'en support papier ont traversé le temps et nous renseignent toujours et davantage sur notre passé. Leur relative fragilité n'est pas remise en question mais des techniques de conservation permettent actuellement de les conserver aussi longtemps que nécessaire.

Les livres fonciers jouent le même rôle. Ils permettent la collecte d'informations précieuses sur les immeubles et toutes les mutations qui s'y opèrent depuis leur immatriculation. Ainsi, renseignent-ils suffisamment les tiers sur les immeubles bâtis ou non, sur leur propriétaire ainsi que sur leur disponibilité, c'est-à-dire sur les inscriptions de toute nature qui grèvent l'immeuble. On ne saurait dire que le registre papier n'est pas efficace pour la conservation des droits des créanciers du moment où une collecte rigoureuse est faite et qu'une consultation est rendue possible à toute personne qui en fait la demande. Mais, force est de reconnaître que sa portée est limitée, sa consultation n'est pas aisée, sa compilation est limitée et il ne permet pas la célérité tant voulue par le monde des affaires. Les pays de l'OHADA ont une particulière sensibilité pour la question dans la mesure où les livres fonciers les mieux tenus sont souvent ceux des capitales. Et encore, parfois, mal entretenus ces registres sont difficilement consultables. De plus, en dehors des capitales, les services de l'État sont parfois absents par manque de moyens, voire inexistants. Et même si on en trouve, les justiciables, n'étant pas habitués ou assez sensibilisés sur l'importance de l'immatriculation des immeubles, ne ressentent pas vraiment le besoin de s'acquitter d'un tel enregistrement. Finalement, le problème est à prendre dans sa globalité et non pas seulement à la bonne tenue ou au support des livres fonciers. Il faut tout de même noter qu'à l'ère du digital, la préférence serait portée sur l'informatisation de ce registre afin de collecter le plus grand nombre d'informations, traitées avec facilité et rapidité et offrant un accès à tout moment sans discontinuer. Ses avantages sont nombreux mais faudrait-il déjà que les informations soient collectées en amont par l'immatriculation des immeubles avant de penser à l'inscription des hypothèques. La réalité pratique de la dématérialisation renferme la mobilisation de coûts énormes, aussi bien humains que financiers. La plupart des États de l'OHADA n'ont pas les moyens de cette dématérialisation. Aussi, la transition devra-t-elle être mesurée et se faire à pas de tortue mais de façon maîtrisée et déterminée.

PARAGRAPHE 2 : LE CADRE LEGAL DE LA PUBLICITE DE L'HYPOTHEQUE DANS LE DROIT OHADA ET SES EFFETS A L'EGARD DU CREANCIER

218. L'AUS donne un cadre légal à la publicité des hypothèques **(A)** et en tire les effets à l'égard des parties, mais principalement à l'égard du créancier **(B)**.

A/ CADRE LEGAL

219. L'exigence du droit OHADA et la dépendance aux droits nationaux des pays membres. – Le droit de l'OHADA avait pour principal objectif d'assainir le climat juridique dans les pays membres et favoriser l'investissement par la mise en place d'un droit des affaires harmonisé, simple, moderne et adapté à la situation de leurs économies[524]. L'élaboration de ce droit a mis en lumière les limites de l'harmonisation ou doit-on dire de l'uniformisation entreprise par l'instance législative de l'OHADA. Au rang des limites se trouvent bien évidemment les règles liées au foncier qui peuvent se révéler très complexes à uniformiser tant elles présentent des spécificités d'un pays à un autre. Il a donc été décidé par l'instance législative de l'OHADA de laisser à chaque pays membre la liberté d'organiser comme il l'entend le foncier ainsi que les règles et formalités de publicité liées aux droits réels immobiliers. Pour ce faire, le droit OHADA renvoie systématiquement en ce qui concerne les points ci-dessus mentionnés au droit national organisant le foncier, notamment le Code foncier des différents pays membres. L'efficacité du droit OHADA sur ces matières est donc aussi fonction de l'efficacité du droit national organisant le foncier. Le droit de l'OHADA en ce qui concerne l'AUS se réserve seulement le droit d'organiser le cadre général dans lequel s'inscrit l'efficacité de l'hypothèque, notamment de l'hypothèque conventionnelle en ce qui nous intéresse particulièrement pour le sujet traité.

On peut ainsi lire à l'article 119 de l'AUS de 1997 que : « Seuls les immeubles immatriculés peuvent faire l'objet d'une hypothèque, sous réserve des textes particuliers autorisant l'inscription provisoire d'un droit réel au cours de la procédure d'immatriculation, à charge d'en opérer l'inscription définitive après l'établissement du titre foncier.

Peuvent faire l'objet d'une hypothèque :

1°) les fonds bâtis ou non bâtis et leurs améliorations ou constructions survenues, à l'exclusion des meubles qui en constituent l'accessoire ;

2°) les droits réels immobiliers régulièrement inscrits selon les règles du régime foncier ».

---

[524] Art. 1er du Traité de Port-Louis.

L'article 122 de l'AUS de 1997 dispose également que : « Tout acte conventionnel ou judiciaire constitutif d'hypothèque doit être inscrit au livre foncier conformément aux règles de la publicité foncière prévues à cet effet. L'inscription confère au créancier un droit dont l'étendue est définie par la loi nationale de chaque État partie et les énonciations du titre foncier [...] ».

220. Cette prééminence du droit national a été retranscrite dans l'AUS de 2010. On peut également à titre d'exemple noter les mêmes dispositions aux articles 192 et 195 de l'AUS de 2010 tels que prévus dans les dispositions générales sur les hypothèques. L'article 206 du même Acte uniforme organisant l'hypothèque conventionnelle prévoit également que « *tant que l'inscription n'est pas faite, l'acte d'hypothèque est inopposable aux tiers et constitue, entre les parties, une promesse synallagmatique qui les oblige à procéder à la publicité* ». Une publicité organisée par chaque État partie selon son droit interne. Le renvoi aux règles édictées par l'État partie où est situé le bien immeuble domine la constitution de l'hypothèque et subordonne son efficacité à celle des règles nationales. L'inefficacité de ces règles impacte tout autant l'efficacité du droit OHADA.

B/ LES EFFETS A L'EGARD DU CREANCIER

221. L'inscription a pour conséquence principale l'attribution d'un rang de priorité au créancier inscrit sur la valeur du bien garanti **(1)**. Il est alors protégé dans ses droits en ce que ce rang lui permet d'être payé par préférence par rapport aux autres créanciers. Le bien garanti porte alors le poids de l'inscription pour une durée limitée dans le temps. Les effets de l'inscription ne sont efficaces que si l'inscription est toujours valable et n'a pas expiré **(2)**.

1/ L'attribution d'un rang de priorité au créancier

222. Un droit préférentiel pour le créancier – L'analyse de l'article 206 du nouvel AUS démontre la volonté du législateur de l'OHADA de faire de la publicité une formalité essentielle qui parfait l'hypothèque. Il dispose que : « *Tant que l'inscription n'est pas faite, l'acte d'hypothèque est inopposable aux tiers et constitue, entre les parties, une promesse synallagmatique qui les oblige à procéder à la publicité* ». Elle protège le titulaire du droit dont la publicité est requise. Tel que rédigé, l'article 206 de l'AUS ne se prête à aucune confusion sur l'intention du législateur de faire de la publicité une formalité en l'absence de laquelle l'hypothèque serait dépourvue d'une réelle efficacité. Elle n'aurait dans ce cas d'effet qu'entre les parties. Or, une sûreté réelle n'a de raison d'être que si elle permet réellement au créancier un paiement préférentiel sur le bien affecté en garantie. La préférence viendrait justement de ce que les droits du créancier soient préservés à l'égard des tiers au contrat de garantie, pas entre les parties elles-mêmes. De fait, il incombe aux parties pour assurer cette préférence de porter la sûreté réelle à la connaissance des tiers en matérialisant le droit à préserver. Tel est le souhait du législateur OHADA. La nature du bien immobilier oblige à cette précaution et à cette matérialisation. C'est pour cela que l'absence d'inscription serait de nature à rendre inefficace l'hypothèque et obligerait les parties à la réaliser. Aussi, l'hypothèque existerait indépendamment de la publicité qui en est faite, mais serait inopposable aux tiers et dépourvue somme toute d'effet réel. Un rapprochement peut être fait avec la promesse synallagmatique de vente. Cette promesse vaut contrat lorsque le seul consentement des parties suffit à le former. Mais, elle ne vaut pas contrat lorsque celui-ci nécessite l'accomplissement d'une formalité particulière, c'est le cas des contrats solennels. Dans ce dernier cas, l'inexécution de la promesse ne peut se résoudre que par des dommages et intérêts puisqu'il s'agit d'une obligation de faire, les parties s'étant engagées au respect d'une certaine formalité. En ce qui concerne l'article 206, il faut distinguer l'acte lui-même, en tant que contrat entre le constituant et le créancier d'une part, de ces effets entre les parties et d'autre part de l'accomplissement de la publicité en tant que formalité essentielle à l'efficacité de l'acte constitué. De la même façon, l'absence de la publicité, qui est une formalité essentielle sur laquelle les deux parties au contrat d'hypothèque s'engagent, pourrait être de nature à se résoudre par des dommages et intérêts si le non-accomplissement de cette formalité était imputable au débiteur.

223. Pour cela, il nous faut interroger l'article 205 du nouvel AUS qui laisse aux États membres le choix entre la constitution de l'hypothèque par acte authentique établi par le notaire ou par acte sous seing privé dressé suivant un modèle agréé. Le respect de ces conditions de forme suffit à valider l'acte entre les parties, qu'il soit un acte authentique ou sous seing privé. L'inscription de l'acte d'hypothèque confère au créancier un rang établi par ordre d'inscription sur le registre affecté à cet effet dans chaque pays membre de l'OHADA. Cette inscription permet la préservation des droits du créancier et oppose l'hypothèque ainsi constituée aux tiers surtout aux ayants cause du constituant. Comme l'énonce l'alinéa 2 de l'article 195 du nouvel AUS « *l'hypothèque régulièrement publiée prend rang du jour de l'inscription [...]* ». Toutefois, cet acte s'affaiblit et devient moins efficace lorsqu'il n'est pas inscrit conformément aux règles de publicité édictées par l'État partie. La publicité devient alors une formalité essentielle à l'efficacité de l'hypothèque mais n'en est pas une condition de validité. Ainsi, la publicité est-elle une obligation de faire dont l'inexécution peut être sanctionnée par des dommages et intérêts pour la perte au créancier du bénéfice du rang qui lui aurait permis d'avoir un droit préférentiel sur la valeur du bien hypothéqué. On ne peut forcer le constituant à s'exécuter puisque cette condition existe indépendamment de la validité de l'acte lui-même. Le créancier peut alors lui-même requérir cette inscription. Le législateur prévoit également l'hypothèque différée à l'article 207 du nouvel AUS qui dispose que : « *La publication de l'hypothèque conventionnelle garantissant un prêt à court terme peut être différée pendant un délai maximum de quatre-vingt-dix jours sans que le créancier perde le rang qui lui est acquis* ». La loi n'impose donc aucun délai pour l'inscription de l'hypothèque. Le Pr CROCQ considère à juste titre que « *l'inscription [de l'hypothèque ne] constitue pour le créancier [qu']un élément de sécurité dans la mesure où elle vise à informer les tiers de l'existence antérieure de droits au profit du créancier*[525] ».

Dans la pratique, il appartient au créancier de subordonner le décaissement du crédit à l'accomplissement de la formalité d'inscription. Quitte au constituant à demander la radiation en cas d'inexécution par le créancier de son obligation de mise à disposition du crédit. La publicité n'est en général assortie d'aucun délai[526].

224. Sur ce point, les juges de la CCJA ont pu considérer dans un arrêt rendu le 23 avril 2014 que l'inscription même tardive n'entraîne pas la perte du droit du créancier. Il ressort de cet arrêt que, suivant convention de compte courant notariée en date du 5 décembre 2006 entre la banque AT et les Établissements (Ets) AK, la banque a accordé auxdits Établissements plusieurs facilités de caisse. Pour sûreté et garantie du remboursement en principal, intérêts, commissions, frais et accessoires de toutes les sommes dont les Établissements AK pourraient être débiteurs envers la banque AT, monsieur A.-B. intervenant audit acte en sa qualité de constituant, a déclaré affecter et hypothéquer spécialement et volontairement au premier rang, jusqu'à concurrence de la somme de 120 000 000 FCFA, au profit de ladite banque, l'immeuble objet du titre foncier n° 21.946 RT. Cette déclaration a été acceptée pour la banque par son Directeur général habilité d'alors, monsieur G. W. Après une mise en demeure notifiée par exploit d'huissier et demeurée infructueuse, la banque AT a procédé le 29 septembre 2009 à la clôture du compte courant qui présentait un solde débiteur de 117 931 684 FCFA et a notifié la clôture avec le solde le 30 septembre 2009 à la débitrice principale ainsi qu'à la caution hypothécaire monsieur A.-B. (…) La banque AT a fait servir aux Établissements AK par exploit en date du 4 mai 2010 un

[525] CROCQ (P.) et AYNÈS (L.), Les sûretés, la publicité foncière, *op. cit.*, p. 286.
[526] CCJA, Ass. Plén., arrêt n°106/2014, 4 nov. 2014, Aff. AMITY BANK CAMEROON c/ Ets. SATRA EXPRESS VOYAGE : « Bien que le nantissement ne produise effet qu'à compter de l'inscription au RCCM, cette formalité n'est enfermée dans aucun délai dont le non-respect entraînerait la nullité du nantissement convenu ».

commandement valant saisie immobilière. Par exploit en date du 14 mai 2010, le sieur A.-B. a fait citer à comparaître par devant le Président du Tribunal de Lomé, en sa qualité de juge de l'urgence, la banque AT aux fins d'annulation du commandement valant saisie immobilière. Sur Ordonnance[527] du 9 juillet 2010, le Tribunal de Première Instance de première Classe de Lomé a déclaré « *nul et de nuls effets le commandement valant saisie immobilière du 4 mai 2010, a ordonné la radiation pure et simple de l'hypothèque parce que prise hors délai et la restitution du titre foncier au requérant* ». En appel, la banque AT (...) déclarait que « *l'hypothèque inscrite par l'appelante ne l'a pas été hors délai puisqu'aux termes de l'article 130 ancien de l'Acte uniforme sur les sûretés, l'inscription de l'hypothèque garantissant un prêt à court terme peut être différée jusqu'à 90 jours soit trois mois sans que le créancier perde son rang (...)* ». Selon l'arrêt[528] du 4 octobre 2011 de la Cour d'appel de Lomé, et en application de l'article 123 mentionné par le requérant, « *le certificat d'inscription dont se prévaut l'appelante est intervenu hors délai, que dès lors l'inscription est réputée non prise ; que la conséquence est que la banque n'a pas qualité de créancier hypothécaire* ». Les juges de droit devaient alors se prononcer sur la question de savoir si une inscription faite hors délai, donc tardive pouvait faire perdre au créancier hypothécaire son privilège et devenir un simple créancier chirographaire. En réponse, les juges de la CCJA ont estimé à bon droit sur une juste interprétation de l'article 123 de l'ancien Acte uniforme organisant les sûretés qu'il « *ressort de l'article 123 de l'Acte uniforme portant organisation des sûretés que l'inscription conserve le droit du créancier jusqu'à la date fixée par la convention ou la décision de justice ; son effet cesse si elle n'est pas renouvelée avant l'expiration de ce délai pour une durée déterminée ; qu'il y a lieu de déduire de cette disposition que même une inscription faite hors délai, donc tardive, n'entraîne pas la perte du droit du créancier, lequel ne perd que son rang de créancier privilégié ; qu'il ne ressort nulle part des pièces du dossier de la procédure qu'une autre inscription hypothécaire sur l'immeuble litigieux ait été faite par un autre créancier ; qu'enfin, suivant la convention des parties, l'inscription hypothécaire est maintenue jusqu'au complet paiement du solde du compte qui était débiteur de 117 931 684 FCFA*[529] ».

---

[527] TPI de Prem. Classe de Lomé (Togo), 9 juillet 2010, Banque AT c/ Les Établissements AK, n° 0589/2010, inédit.

[528] CA Lomé (Togo), 4 oct. 2011, Banque AT c/ Les Établissements AK, n° 180/2011, inédit.

[529] CCJA Abidjan (Côte d'Ivoire), 23 avril 2014, Banque AT c/ Les Établissements AK, n° 059/2014, inédit ; v. également TPI Yaoundé – centre administratif, Ordonnance n° 632/C du 2 juin 2002 : Ohadata J-04-413 : « Le fait pour un créancier hypothécaire de ne pas renouveler son hypothèque en temps utile n'entraîne la perte de la sûreté que si l'un des événements entraînant l'arrêt du cours des inscriptions est intervenu avant ce renouvellement

2/ La cessation des effets de l'inscription

225. La péremption de l'hypothèque. – Le privilège donné au créancier par l'effet de l'inscription de sa sûreté ne dure pas indéfiniment. Ainsi, finalement comme la dette, elle a une durée de validité. Cet article retranscrit également la finalité protectrice et sécuritaire de la publicité de l'hypothèque pour la préservation des droits du créancier inscrit. Cette protection ne lui est accordée que pour un certain temps, déterminé par la loi. L'article 196 dispose que « *l'inscription a une durée déterminée et conserve le droit du créancier jusqu'à une date devant être fixée par la convention ou la décision de justice dans la limite de trente ans au jour de la formalité, sauf disposition contraire d'une loi nationale. Son effet cesse si elle n'est pas renouvelée avant l'expiration de ce délai, pour une durée déterminée. Il en va de même lorsque l'hypothèque a été constituée pour une durée indéterminée* ». Il s'ensuit qu'à défaut du paiement complet de la créance due en principal, accessoires et intérêts, le créancier ne peut conserver son privilège que si son hypothèque est toujours inscrite. Il le perd en cas de non-renouvellement. Son droit ne pouvant être conservé indéfiniment. L'acte d'hypothèque doit ainsi préciser expressément la durée de l'hypothèque qui ne saurait excéder trente ans au jour de la formalité, sauf disposition contraire d'une loi nationale. Son renouvellement ne peut également pas être indéterminé. Toutefois, il est à noter que les parties ne peuvent prévoir une durée inférieure à celle de l'acte constitué pour une durée bien précise. Lorsqu'elle est constituée pour une durée indéterminée, les parties peuvent prévoir une durée plus courte qui ne saurait excéder trente ans au jour de la formalité, sauf disposition contraire d'une loi nationale. À l'expiration de ce délai, le renouvellement est acquis au créancier de plein droit tant que l'obligation principale garantie demeure[530].

226. La radiation de l'hypothèque. – L'hypothèque perd ses effets soit par péremption soit par radiation. La péremption est la perte ou l'anéantissement d'un droit après un certain délai. Si elle n'est pas renouvelée à l'expiration du délai imparti, elle est considérée comme étant périmée et fait perdre à l'hypothèque ses effets à l'égard des tiers. Il s'agit donc de la perte du privilège qui permet au créancier de se prévaloir d'un droit de préférence sur la valeur du bien hypothéqué[531]. Une fois expirée, l'inscription peut toujours être renouvelée tant que l'obligation garantie n'est pas éteinte, mais ce renouvellement ne permet

---

tardif. Le débiteur ne peut, dès lors, obtenir la mainlevée de l'hypothèque et la restitution du titre foncier. Le juge des référés est compétent pour ordonner, suite à la péremption de l'inscription, le renouvellement de celle-ci tant que l'immeuble est encore entre les mains du débiteur ».

[530] TPI Yaoundé – centre administratif, Ordonnance n° 632/C du 2 juin 2002, *op. cit.*.

[531] CROCQ (P.) et AYNÈS (L.), Les sûretés, la publicité foncière, *op. cit.*.

pas au créancier de reprendre le rang qu'il avait avant l'expiration de l'inscription initiale sauf si aucun créancier n'était auparavant inscrit sur le bien. L'hypothèque demeure donc entre les parties même si elle n'a pas été renouvelée, ainsi le créancier ne peut être empêché de renouveler son inscription au-delà de la période de validité. Cette péremption ne doit pas être confondue avec la radiation pure et simple de l'inscription qui est la suppression d'une inscription hypothécaire opérée au moyen d'une mention en marge par le conservateur des hypothèques, en vertu soit du consentement du créancier, ayant capacité à cet effet, soit d'une décision judiciaire[532]. Elle est donc réalisée par une simple mention en marge de l'inscription et prive celle-ci d'effet, c'est-à-dire qu'elle n'est tout simplement plus opposable aux tiers. Elle intervient lorsque le créancier perd sa sûreté. La radiation affecte l'hypothèque et fait perdre au créancier son droit de suite et de préférence. La procédure de radiation est prévue selon les règles de publicité de l'État partie où est situé le bien grevé[533]. Plusieurs causes peuvent être à l'origine de la radiation de l'hypothèque. Elles sont énumérées de façon exhaustive par l'alinéa 2 de l'article 201 du nouvel AUS et liées à l'extinction de l'hypothèque ; sont prévues par cet article les causes suivantes : « *l'extinction de l'obligation principale ; la renonciation du créancier à l'hypothèque ; la péremption de l'inscription attestée, sous sa responsabilité, par le conservateur du registre de la publicité immobilière, cette attestation devant mentionner qu'aucune prorogation ou nouvelle inscription n'affecte la péremption ; la purge des hypothèques résultant du procès-verbal de l'adjudication sur expropriation forcée et du paiement ou de la consignation de l'indemnité définitive d'expropriation pour cause d'utilité publique* ».

[532] CORNU (G.), Vocabulaire juridique, Association H. CAPITANT, *op. cit.*.
[533] Article 202 de l'AUS de 2010.

CONCLUSION DU CHAPITRE 1

227. Il convient de remettre la nouvelle loi portant nouveau Code foncier à la place qui lui est réservée aujourd'hui dans la pratique. Attendue depuis des années, cette loi enfin publiée au Journal Officiel est une avancée majeure dans l'organisation du foncier au Togo. Toutefois, pour sa parfaite utilisation, il faut encore dans la pratique mettre en place un cadre organisationnel et opérationnel adapté permettant de mettre en application les dispositions de ce nouveau Code foncier et domanial. C'est là aussi un aspect non négligeable de l'efficacité des sûretés réelles dans l'espace OHADA. En effet, pour une pleine efficacité de l'hypothèque, il faut que les normes mises en place an niveau national soient effectives et bien appliquées afin que les renvois opérés par les Actes Uniformes aux droits nationaux permettent réellement de rendre les sûretés de l'OHADA pleinement efficaces. Les praticiens du droit, les administrations publiques et les justiciables doivent aussi s'imprégner des normes qui participent à l'efficacité de l'hypothèque. Il s'agit d'un ensemble, d'un tout difficile à dissocier les uns des autres. La publicité foncière demeure comme nous l'avons démontré le pilier de l'efficacité des hypothèques et conditionne sa parfaite réalisation. Le manque d'effectivité de la norme ne permet pas la réalisation de l'objectif d'efficacité visé par le législateur OHADA. Les nombreux contentieux liés au foncier dans la plupart des pays de l'OHADA montrent la réalité et l'ampleur du problème et appellent à une prise de conscience généralisée pour mettre en place surtout au niveau national les solutions adéquates, qui ne viendront pas seulement de la consécration de normes dites modernes. Le suivi dans l'exécution effective de ces normes doit être accru et rigoureux sans quoi, l'hypothèque qui reste la sûreté la plus pratiquée de la zone OHADA risque de perdre de sa superbe.

CHAPITRE 2 : LA RECHERCHE DE L'EFFICACITE DES SURETES MOBILIERES PAR LA PUBLICITE

228. L'attractivité des sûretés réelles conventionnelles classiques est au cœur de cette construction. L'évolution souhaitée pour le droit des garanties est celle qui rendrait efficaces les sûretés sans imposer une contrainte ou une gêne excessive au débiteur sur ses biens ou encore le priverait de l'utilisation de ses biens. Cette attractivité s'oppose alors à toute idée d'appropriation de l'objet garanti. Cette évolution prendrait également en compte les attentes du créancier au cours de l'opération de garantie pour la préservation de ses droits. Le droit des sûretés tend inexorablement vers cette finalité, à cet équilibre qui ne peut être trouvé que dans la convention des parties. Le contrat tient alors plus que jamais une place centrale dans l'opération de garantie. La création par le législateur des sûretés réelles sans dépossession visait et vise encore d'ailleurs le développement de l'activité du débiteur en lui permettant d'avoir recours au crédit sans impacter cette activité. De la sorte, l'économie générée par son activité lui permettrait de rembourser le créancier sans normalement solliciter la valeur du bien garanti. Le bien garanti devient alors normalement un élément passif du remboursement mais un élément actif de la solvabilité du débiteur et n'est sollicité que si le débiteur a failli dans l'exécution de l'obligation principale.

229. Toute la difficulté réside alors d'une part dans l'aménagement du contrat de garantie pour permettre au constituant de générer l'économie suffisante au remboursement du crédit et d'autre part dans la préservation de la valeur intrinsèque du bien garanti pour permettre au créancier de se l'approprier efficacement en cas de défaillance du débiteur. Sur ce postulat, la conceptualisation des sûretés réelles mobilières sans dépossession du droit OHADA s'apparente à l'hypothèque immobilière. Leur efficacité est intimement liée à la publicité qui en est faite. Mais, le législateur n'en tire pas toutes les conséquences comme c'est le cas par exemple dans le droit québécois par la consécration d'une hypothèque mobilière. La culture et les sources des sûretés réelles mobilières de l'OHADA s'opposent à cette consécration. L'hétérogénéité des sûretés mobilières est ainsi maintenue. L'absence de la dépossession a toutefois pour avantage la préservation de la réserve de crédit du constituant. Elle lui donne les outils juridiques nécessaires pour lui assurer une utilisation paisible du bien garanti tout en offrant au créancier par la perfection de la publicité au RCCM la garantie efficace de ses droits sur ledit bien. L'objectif visé en alignant le régime juridique de l'hypothèque mobilière sur celui des immeubles est d'arriver à proposer des sûretés mobilières aussi efficaces que l'hypothèque. Mais, la nature même de ces meubles n'est-elle pas un frein à l'efficacité recherchée ? La possession du bien par le constituant ne met-elle pas le créancier en danger ? Le contrat est de fait l'instrument juridique et conventionnel approprié pour atteindre l'objectif recherché et pallier les craintes et réticences rencontrées dans la pratique et liées à la nature « volatile » ou non fixe des meubles. L'absence d'emprise réelle sur le bien garanti constitue alors un risque pour le créancier. Pour ce faire, son droit réel de garantie doit « se manifester de façon suffisante pour que la présomption [de bonne foi qui pèse sur le possesseur du bien[534]] soit renversée et que cette possession soit *a priori* considérée comme entachée de mauvaise foi ». Ainsi, son droit réel de garantie serait efficace.

Le bien garanti étant resté entre les mains du débiteur, la protection des droits du créancier doit se faire à l'égard du constituant resté en possession du bien garanti et des tiers. Le contrat de garantie doit alors s'atteler à situer les obligations du constituant en vue de la préservation de l'assiette de la garantie **(Section 1)**. La publicité quant à elle préserve efficacement les droits du créancier à l'égard des tiers. Mais, la réalité n'est pas si simple en raison la difficile localisation de certains meubles **(Section 2)**.

SECTION 1 : UN FORMALISME RIGOUREUX NECESSAIRE A LA CONSTITUTION DE LA SURETE POUR SITUER LES OBLIGATIONS DU CONSTITUANT SUR LE BIEN GARANTI

230. Les prérogatives du constituant sur le bien garanti sont normalement les prérogatives du titulaire d'un droit réel principal. La propriété comme l'affirment François Terré et Philippe Simler « permet à son titulaire d'exercer sur la chose la plénitude des prérogatives d'une personne sur une chose, la *plena in re potesta* »[535]. Cette toute-puissance que lui donne son droit de propriété se dévoile alors à travers le droit d'user, de jouir et de disposer de la chose. Elle se traduit aussi dans l'article 544 du Code civil français : « La propriété est le droit de jouir et de disposer des choses de la manière la plus absolue […] ».

---

[534] CABRILLAC (M.), La protection du créancier dans les sûretés mobilières, conventionnelles sans dépossession, thèse, recueil Sirey 1954, p. 29.
[535] TERRÉ (F.) et SIMLER (F.), Droit civil, Les biens, 9e éd. 2014, Dalloz, p. 131-132.

231. Ainsi, pour pouvoir jouir de tous les attributs du bien comme un propriétaire, le titulaire du droit réel principal doit en avoir la possession. Cette notion, « extension du domaine de la propriété[536] » recouvre aussi bien les meubles corporels que les meubles incorporels. Nous n'allons pas ici revenir sur les différentes thèses qui sont pour ou contre la possession des meubles incorporels dans la mesure où il a été largement démontré qu'il était possible de lier possession et meuble incorporel. L'obstacle résidait dans la matérialité de la possession. Toutefois, s'il est admis que la possession appréhende aussi les meubles incorporels, cette possession reste en réalité moins efficace que la possession des meubles corporels et le disqualifie presque à l'égard de ceux-ci. Cette possession n'en déplaise à certains auteurs, ne peut se comparer ou avoir les mêmes caractères que la possession des meubles corporels. Tous les deux ne peuvent alors être soumis à une même forme de protection. Cependant, le problème ne se pose pas dans l'hypothèse ici développée puisque le constituant n'a pas été dessaisi du bien garanti au profit du créancier. Son droit de propriété légitime les prérogatives qu'il a sur son bien. Aussi, l'affectation de son bien à la garantie d'une obligation sans qu'il en soit dessaisissement l'oblige à observer un certain nombre d'obligations pour ne pas en altérer la substance. Le contrat de garantie règle alors les détails des obligations qui lui incombent pour la préservation de l'assiette de la sûreté dans l'intérêt des créanciers **(Paragraphe 1)**. Il en découle que du fait de l'absence de dessaisissement, l'utilisation par le constituant du bien garanti est encadrée par le contrat et sa responsabilité pénale peut être engagée s'il n'est pas honnête vis-à-vis de ses engagements envers le créancier **(paragraphe 2)**.

PARAGRAPHE 1 : L'ENCADREMENT CONTRACTUEL DES OBLIGATIONS DU CONSTITUANT SUR LE BIEN GARANTI

232. Si la dépossession permet d'éviter que le constituant exerce sur le bien garanti les prérogatives d'un *verus dominus,* l'absence de dessaisissement ne l'empêche normalement pas d'exercer les droits qui lui sont attachés. Toutefois, pour ne pas altérer l'objet de la sûreté et donc sa valeur, ses prérogatives peuvent être restreintes. Il pèse alors généralement sur lui une obligation de garde et de conservation afin de préserver la valeur du bien garanti. S'il est autorisé à l'aliéner, le contrat doit prévoir les conditions de son remplacement pour que le créancier conserve la protection qui lui est due pour la couverture de l'obligation garantie. Ces obligations sont classiquement celles d'un constituant vis-à-vis des biens corporels garantis **(A)**. Elles ont aussi été adaptées aux

[536] TERRÉ (F.) et SIMLER (F.), Droit civil, Les biens, *op. cit.* , p. 160.

meubles incorporels **(B)**. La nature des meubles rend difficile le suivi de l'exécution de ces obligations.

A/ SUR LES MEUBLES CORPORELS GARANTIS

233. Les obligations du constituant resté en possession du bien garanti sont déterminées d'un commun accord par les parties dans le but d'équilibrer leurs différents intérêts. L'obligation du respect de l'écrit du contrat à titre de validité requise par le législateur dans le nouvel AUS facilite la connaissance et le respect de ces obligations **(1)**. Elles sont soigneusement énumérées dans le contrat **(2)**.

1/ L'écrit comme seule condition de validité

234. L'effort de clarté du nouvel AUS. – La sûreté réelle par excellence pour les meubles corporels dans l'espace OHADA est le gage. Il est une sûreté classique ayant traditionnellement pour critère d'efficacité la dépossession du constituant. Avec l'AUS de 1997, le gage se murait donc logiquement dans la dépossession du constituant. Il ne pouvait être considéré comme constitué en l'absence de la remise de la chose au créancier gagiste. La possession de son bien lui étant retirée au profit du créancier, le constituant en perdait l'utilité tout au long de l'opération de garantie. Seuls les nantissements pouvaient être constitués sans dépossession. Le gage se différenciait ainsi du nantissement par la dépossession ou l'absence de dépossession. L'AUS prévoyait alors en dehors des nantissements sur meubles incorporels, des nantissements de matériel professionnel, des véhicules automobiles, des stocks de matières premières et de marchandises sur fond de *numerus clausus*. Ces biens meubles assiettes du nantissement étaient nécessaires à l'activité du débiteur ou du constituant. Il était donc inconcevable de l'en priver. Il fallait en sus répondre à un besoin de financement de l'activité du débiteur sans le priver de l'utilité du matériel objet du financement. La doctrine a pu ainsi soutenir « qu'une garantie qui implique la privation de l'utilité du bien pour le débiteur est antiéconomique[537] ». Cette conception ne prend pas en compte l'unique intérêt du créancier dans l'opération de garantie mais recherche l'équilibre des intérêts en permettant à chaque partie d'y trouver son compte.

235. Il a donc fallu un changement de paradigme pour admettre que le gage pouvait être constitué sans dépossession. Ce fut l'œuvre de la réforme de 2010. La nouvelle définition du gage a amorcé ce changement. L'article 92 de l'Acte uniforme du 15 décembre 2010 portant organisation des sûretés[538] définit le gage comme « *un contrat par lequel*

---

[537] CROCQ (P.), Propriété et garantie, Thèse, sous la direction de M. BOBERT, p. 279.
[538] JO OHADA, n° 22, 15/02/11.

le constituant accorde à un créancier le droit de se faire payer par préférence sur un bien meuble corporel ou un ensemble de biens meubles corporels, présents ou futurs ». Le nouveau gage porte ainsi uniquement sur les biens corporels et accorde au créancier un droit préférentiel. L'exigence de la dépossession disparaît. Le gage devient un contrat solennel constitué par écrit. L'écrit étant la seule condition de validité de la sûreté. Par le changement de la nature même de cette sûreté, les parties peuvent faire le choix de la constitution d'un gage de meuble corporel sans dépossession. Il s'agit pour les parties d'encadrer conventionnellement l'opération de garantie. L'efficacité de cette garantie est d'abord fonction du respect par les parties des obligations contractuelles. Le législateur a prévu le cadre légal de cette entente à laquelle les parties doivent se référer.

236. **Une possession avantageuse pour le débiteur ou le constituant.** – La possession matérielle ou réelle qui lui confère normalement les droits les plus étendus sur son bien trouve ses limites dans le contrat de garantie dont le but essentiel est la préservation des intérêts du créancier gagiste. La possession du meuble corporel par le constituant du gage est l'exercice d'une maîtrise de fait sur ce bien. Elle s'analyse en la maîtrise de son corpus. Il bénéficie ainsi des attributs que son droit réel lui confère. Il s'agit de disposer normalement et pleinement du bien en sa possession. Il en conserve ainsi naturellement les utilités. Il en découle par ailleurs que la possession lui permet d'utiliser, percevoir les fruits ou d'aliéner le bien, la présence du créancier est normalement indifférente si le contrat de garantie ne s'y oppose pas. Toutefois, cette possession est de nature à fragiliser la sûreté, d'où le peu de confiance des créanciers dans les sûretés sans dépossession. Les craintes concernent la diminution de la valeur de l'objet de la sûreté, son aliénation sans que le créancier puisse le suivre entre des mains tierces et sa perte ou sa détérioration pour diverses raisons ; autant de risques qui ne permettront pas au créancier s'ils surviennent d'appréhender l'objet de la sûreté au moment voulu. Le contrat de garantie détermine ainsi les limites relatives à la libre disposition du bien garanti par le constituant.

2/ La teneur des obligations du constituant

237. L'usage des meubles corporels garantis par le constituant est encadré dans le sens de la préservation de la substance du gage du créancier **(a)**. Des règles particulières régissent alors le maintien de sa valeur et encadrent les risques de perte et de détérioration **(b)**.

a/ L'usage des meubles corporels garantis par le constituant

238. **Une nécessité soigneusement encadrée.** – L'utilisation du bien par définition amenuise sa valeur, or la sûreté affectée au créancier ne peut

éventuellement couvrir les pertes patrimoniales que si la valeur de son objet est préservée tout au long du contrat de garantie et ce jusqu'au dénouement de l'opération. Le créancier n'a alors aucun intérêt à autoriser l'utilisation du bien par le constituant. Sauf que l'objectif premier des sûretés sans dépossession est de permettre justement l'utilisation du bien par le constituant. De plus, très souvent dans la pratique les contraintes liées à la conservation du bien par le créancier le dissuadent et l'orientent vers une sûreté sans dépossession. L'économie générée par cette utilisation devrait normalement servir le crédit. Aussi, selon la nature du meuble corporel, le contrat peut prévoir différents mécanismes de préservation de la valeur du bien affecté en garantie. Plusieurs cas peuvent être envisagés en ce qui concerne l'usage des meubles corporels : la libre utilisation du bien garanti ; la libre utilisation du bien garanti à charge de reconstituer la même quantité de choses équivalentes lorsque le bien gagé se consomme par l'usage ; la limitation pure et simple de l'usage du bien par le constituant. Il faut distinguer en cela les corps certains des choses fongibles.

239. L'obligation de conservation du bien garanti. – Il pèse sur le constituant resté en possession une obligation de conservation du bien garanti qui a pour conséquence la préservation de sa valeur tout au long de l'opération de garantie. Cette obligation est la même en présence d'un corps certain ou d'un bien fongible. Il convient d'éclaircir par une simple définition la différence entre un corps certain et un bien fongible. Un corps certain est « une chose corporelle déterminée dans sa matérialité, spécifiée dans son individualité[539] ». C'est dire qu'il s'agit d'un bien unique en son genre, qui se distingue par son individualité. Sa nature même en fait normalement un bien unique, différent des autres biens fussent-ils de même nature et donc un bien qui n'existe pas en série[540]. Son utilisation aura inévitablement pour conséquence de réduire sa valeur intrinsèque même si le bien demeure matériellement. Le risque pour le créancier est encore plus grand si le bien venait à disparaître en le privant de la substance ou de l'objet de sa sûreté. Contrairement aux corps certains, les choses fongibles sont des biens interchangeables, ils « peuvent se remplacer indifféremment les uns les autres, faire *fonction* les uns des autres, dans les paiements et les restitutions[541] ». On ne les considère donc pas dans leur individualité même s'il est possible de leur faire changer de nature. Par leur nature interchangeable, on pourrait croire que le créancier court un risque moins grand du moment où d'autres biens du constituant de même nature, de même qualité et quantité peuvent reconstituer la sûreté. Mais, le risque demeure parce

[539] Vocabulaire juridique, *op. cit.*, p. 157.
[540] CARBONNIER (J.), Droit civil, Les biens, 19e éd. Refondue, *PUF* 1958, p. 96
[541] CARBONNIER (J.), *op. cit.*, p. 96.

qu'il est lié à la nature même des meubles, qui ne font pas l'objet pour leur aliénation d'un enregistrement administratif ou d'une quelconque publicité.

Le législateur OHADA fait ainsi peser sur le constituant resté en possession du bien gagé, corps certain ou chose fongible, une obligation de conservation. Le corollaire de cette obligation étant l'utilisation du bien en bon père de famille. C'est l'article 108 de l'AUS de 2010 qui impose cette obligation et oblige le constituant à assurer le bien contre les risques de perte et de détérioration totale ou partielle. Les parties peuvent convenir qu'une partie des fruits issus de l'utilisation du bien soit versée au créancier. Dans ce cas, l'OHADA prévoit à l'article 103 de l'AUS que le créancier doit les imputer sur ce qui lui est dû en intérêts ou, à défaut, sur le capital de la dette. Afin de maintenir la valeur de la sûreté, les parties peuvent également convenir de la subrogation, en cours d'exécution du contrat, de la chose gagée par une autre chose[542] ou faire un complément de gage. Le défaut de conservation du bien garanti n'est pas sans conséquence et est assorti de la déchéance du terme de la dette garantie selon les termes de l'article 109 de l'AUS. Les mêmes sanctions sont reprises à l'article 110 de l'AUS pour le défaut de conservation des biens fongibles.

Par ailleurs, le législateur n'interdit pas l'aliénation du bien resté en possession. Il évoque très justement le maintien de la valeur de l'objet de la sûreté. Pour un corps certain, il faut que l'objet demeure matériellement en possession du constituant pour que sa valeur soit susceptible d'être préservée. Dans ce cas un tel gage ne peut être efficace pour le créancier que s'il a la possibilité de suivre ledit bien dans quelques mains qu'il se trouve. *A contrario*, le maintien de la valeur des biens fongibles est opéré par la reconstitution de la même quantité de choses équivalentes lorsque le bien gagé se consomme par l'usage. Le législateur permet alors au créancier d'exercer un contrôle matériel sur la réalité de cette reconstitution. L'article 110 de l'AUS de 2010 prévoit en son alinéa 2 que « *Le créancier peut, à tout moment et aux frais du débiteur, obtenir du constituant ou du tiers convenu un état de l'ensemble des biens gagés ainsi que la comptabilité de toutes les opérations le concernant. Si la constitution de la sûreté a donné lieu à l'émission d'un bordereau de gage de stocks, l'établissement domiciliataire du bordereau a également ce pouvoir* ». On peut tout de même regretter que cette disposition n'ait pas donné plus de détails sur les contrôles pouvant être effectués dans le temps. Il appartient ainsi aux parties de le déterminer dans le contrat de garantie. Elles peuvent aménager ce contrôle tout en se gardant d'exercer une gêne sur l'activité du débiteur. Il est à craindre que ce contrôle ne fasse peser sur les constituants plus de frais qu'ils ne supportent déjà.

[542] Art. 94 al. 1 de l'AUS de 2010.

Toutefois, ce contrôle reste un élément important de l'efficacité de la sûreté affectée au créancier, qui peut également brandir la déchéance du terme en cas de réticence du constituant.

240. La pratique a finalement démontré, comme l'évoquait déjà à son époque M. CRABRILLAC dans sa thèse, que si le contrôle opéré par le créancier et la sanction de la déchéance du terme constituent un moyen de protection non négligeable, il est par ailleurs insuffisant « puisque mis en œuvre que tardivement[543] ». Il rajoute à juste titre qu'« il présente l'inconvénient de se heurter à l'hostilité des emprunteurs qui redoutent toute immixtion dans leurs affaires et la divulgation de leurs situations débitrices. Il est néanmoins permis de penser que l'évolution d'une telle mentalité et surtout l'aménagement par la pratique d'une forme de contrôle à la fois souple et fréquent pourraient donner une relative sécurité au créancier[544] ». Cette affirmation est d'autant plus vraie que dans les pays de l'OHADA la méfiance des créanciers est grande. À cela s'ajoute le manque de structure appropriée pour opérer ce genre de contrôle. Créer des services dédiés à cette activité dans les banques serait aussi en notre sens exagéré et coûteux. Autant de paramètres à prendre en compte et qui risquent d'augmenter la note du constituant lors de l'octroi du crédit. Aussi ce qui est constaté dans la pratique des affaires dans l'espace OHADA, freinant l'éclosion des sûretés sans dépossession c'est le manque de confiance vis-à-vis des débiteurs qui manquent parfois d'honnêteté. Il faut donc en tout état de cause mettre en place des structures étatiques ou non qui auront pour vocation d'opérer ces contrôles pour une meilleure gestion des gages de meubles corporels sans dépossession.

b/ La couverture des risques

241. Le cas particulier de la perte ou de la détérioration de la chose gagée. – En pareil cas, il s'opère un report de la sûreté sur l'indemnité d'assurance. Ce qui permet une efficace préservation des droits du créancier jusqu'au dénouement de l'opération de garantie. La perte ou la détérioration partielle ou totale de la chose gagée entraînent par voie de conséquence la disparition de la chose gagée ou la diminution de sa valeur. Dans les deux cas, la couverture du crédit est menacée et le créancier ne peut se permettre de courir un tel risque. De plus, le bien gagé étant resté en la possession du constituant, le contrat de garantie fait peser sur lui une obligation de conservation qui l'oblige à préserver et maintenir la valeur de la chose gagée jusqu'au dénouement de l'opération de garantie. Par ailleurs, le constituant ne peut prévoir jusqu'au

---

543 CABRILLAC (M.), Thèse, *op. cit.*, p. 351.

544 *Ibidem*, p. 352.

dénouement de l'opération ce qui pourrait advenir du meuble en sa possession dont il a toujours la propriété. En droit civil, les risques suivent la propriété et le constituant qui a et la propriété et la possession du bien gagé doit se prémunir contre tout événement de nature à impacter significativement la valeur du bien qu'il a donné en garantie. Le corollaire de cette obligation est la prise d'une assurance par le constituant pour se préserver contre tout risque de perte ou de détérioration de la chose gagée. En fait, le contrat de garantie l'impose puisque le bien est resté entre les mains du constituant et ce pour rendre la garantie efficace.

Dans le droit français, des dispositions légales assurent ce report dans l'intérêt du créancier. L'article 2372 du Code civil prévoit que « Le droit de propriété se reporte sur [...] l'indemnité d'assurance subrogée au bien » et l'article L. 121-13 du Code des assurances dispose que « *Les indemnités dues par suite d'assurance contre l'incendie, contre la grêle, contre la mortalité du bétail, ou les autres risques, sont attribuées sans qu'il y ait besoin de délégation expresse, aux créanciers privilégiés ou hypothécaires, suivant leur rang* ». Cette règle générale vaut également en matière d'hypothèque puisque les alinéas 3 et 4 du même article prévoient qu'« *il en est de même des indemnités dues en cas de sinistre par le locataire ou par le voisin par application des articles 1733 et 1240 du Code civil. En cas d'assurance du risque locatif ou du recours du voisin, l'assureur ne peut payer à un autre que le propriétaire de l'objet loué, le voisin ou le tiers subrogé à leurs droits, tout ou partie de la somme due, tant que lesdits propriétaires, voisin ou tiers subrogé n'ont pas été désintéressés des conséquences du sinistre, jusqu'à concurrence de ladite somme* ».

Le droit OHADA n'ayant pas légiféré sur la matière de l'assurance, le Code de la Conférence Interafricaine des Marchés de l'Assurance (CIMA)[545] qui est un Traité engageant la plupart des pays de l'OHADA règle la question des droits des créanciers sur l'indemnité d'assurance. Son article 43 alinéas 1 et 2 dispose justement comme en droit français que : « *1. Les indemnités dues par suite d'assurance sont attribuées, sans qu'il y ait besoin de délégation expresse, aux créanciers privilégiés ou hypothécaires, suivant leur rang ; 2. Néanmoins, les paiements faits de bonne foi avant opposition sont valables* ».

242. Le jeu de la subrogation réelle justifie en notre sens, comme pour la majorité de la doctrine, le report de la sûreté consentie sans dépossession sur l'indemnité d'assurance. Il faut y voir pour une écrasante partie de la

[545] Le Traité instituant le Code CIMA du 10 juillet 1992 a été signé par la plupart des pays de l'OHADA et s'impose aux États signataires : Bénin, Burkina Faso, Cameroun, Centrafrique, Côte d'Ivoire, Gabon, Guinée-Bissau, Guinée Équatoriale, Mali, Niger, Sénégal, Tchad et Togo.

doctrine « une conséquence de la nature même de la sûreté réelle, droit assis sur une valeur qui doit permettre au titulaire de l'appréhender lorsqu'elle apparaît sous une forme quelconque, fût-ce accidentellement, et tel est bien le cas de la somme due par l'assureur même si elle est réduite par une stipulation de la police[546] ». L'indemnité d'assurance versée permet surtout de préserver la valeur du bien sujet à un péril de nature à impacter significativement sa valeur. C'est dans ce sens et seulement celui-là que l'assurance a été prise. Le lien réel qui existe entre le créancier et le bien, ou du moins sur sa valeur, se reporte de droit sur l'indemnité d'assurance. Il s'agit en réalité d'une technique qui permet au créancier de conserver ses droits sur l'indemnité d'assurance puisque ceux-ci sont menacés par la perte ou la détérioration du bien affecté en garantie. De la sorte, cette technique assure la pérennisation du droit réel de garantie du créancier et rend efficace sa sûreté. Ce principe général est affirmé par l'alinéa 2 de l'article 108 du nouvel AUS qui prévoit que « *lorsque le constituant est resté en possession du bien gagé, il doit le conserver en bon père de famille et, notamment l'assurer contre les risques de perte et de détérioration totale ou partielle* ». Les effets de la sûreté sont donc naturellement reportés sur l'indemnité versée. Se pose alors la question de la garde de l'indemnité d'assurance. Il convient d'un commun accord des parties, même si le législateur ne s'y prononce pas, que cette indemnité serve le crédit. Mais, accorder cette indemnité au créancier avant le dénouement de l'opération de garantie serait une forme de paiement par anticipation. La garantie devant servir en cas de défaillance du débiteur et tout en respectant les modes de réalisation de la sûreté prise. Les parties peuvent donc convenir de déposer cette somme sur un compte bloqué au nom du constituant ou au nom du créancier si c'est lui qui reçoit l'indemnité comme l'affirme l'article 43 du Code CIMA. L'opération ainsi effectuée emportera non les effets de la sûreté initialement consentie mais ceux du nantissement de créance ou du transfert fiduciaire de somme d'argent selon le cas envisagé par les parties. Les parties peuvent également décider de substituer un autre bien à celui qui a péri. Dans ce cas, le créancier devra s'assurer au préalable de son rang pour conserver ses privilèges ou du moins avoir un meilleur rang par rapport à d'autres créanciers s'il y en a.

B/ SUR LES MEUBLES INCORPORELS GARANTIS

243. Contrairement au législateur français qui n'a pas consacré un même régime pour les nantissements de meubles incorporels, le législateur OHADA fidèle au *numerus clausus* déjà présent dans l'AUS de 1997 a

---

[546] CABRILLAC (M.), MOULY (C.), CABRILLAC (S.), PETEL (P.), *op. cit.*, p. 810; V. également, BOURASSIN (M.), BREMOND (V.), JOBARD-BACHELLIER (M.-N.), Droit des sûretés, 5e éd., SIREY, 2016.

quant à lui fait de ce nantissement un régime unique **(1).** Il n'a toutefois pas réussi à concevoir un droit commun du nantissement pour tous les biens incorporels. Son identité est toutefois en construction, par opposition à celle du gage de meubles corporels. Aussi, observe-t-on des particularités selon le meuble incorporel consacré. C'est le cas de la créance **(2)** et dans une moindre mesure du compte bancaire **(3).** Mais aussi les droits sociaux, les valeurs mobilières et les comptes de titres financiers **(4).** Sans oublier les droits des propriétés intellectuelles **(5)** et le fonds de commerce **(6).** Les différentes spécificités de ces biens ont rendu presque impossible la mise en place d'un régime commun du nantissement des meubles incorporels. Elles ne constituent pas pour autant un frein au respect des obligations du constituant dans le sens de la préservation des droits du créancier sur la valeur du bien garanti.

1/ La construction d'un régime unique pour tous les nantissements

244. La construction de ce régime commun qui fédère tous les nantissements de meubles incorporels est perceptible dans la volonté du législateur OHADA de consacrer des textes simples dont la compréhension et le régime sont faciles. Dans cette optique, il a prévu dans le nouvel AUS de faire de l'écrit la seule condition de validité du nantissement de meubles incorporels. Ainsi, les parties sont libres de déterminer les obligations contractuelles en vue de l'efficacité de la sûreté constituée. Mais, leur liberté contractuelle est limitée par le *numerus clausus* qu'il maintient comme c'était déjà le cas dans l'ancien AUS **(a).** La consécration du nantissement de meubles incorporels s'est alors accompagnée de la mise en place de règles communes **(b).**

a/ Une construction autour de l'écrit et du *numerus clausus*

245. Meubles incorporels et *numerus clausus* dans l'AUS. – Les meubles incorporels ont un statut particulier dans le droit des sûretés de l'OHADA. Ils peuvent faire l'objet d'un nantissement dans des conditions encadrées et bien déterminées par l'AUS. Les parties au contrat ont très peu de liberté dans la constitution de cette garantie. Contrairement à l'AUS de 1997, celui de 2010 arbore une définition du nantissement dès le premier article qui lui est consacré, ceci pour marquer sa différence avec le droit commun du gage de meubles corporels. Cette différence est aussi bien marquée dans l'appellation « *nantissement de meubles incorporels* » que dans son régime. L'article 125 de l'AUS de 2010 définit le nantissement comme « *l'affectation d'un bien meuble incorporel ou d'un ensemble de biens meubles incorporels, présents ou futurs, en garantie d'une ou plusieurs créances, présentes ou futures, à condition que celles-ci soient déterminées ou déterminables. Il est* *conventionnel ou judiciaire* ». Cette définition marque ainsi définitivement la différence entre le gage et le nantissement, avec la possibilité de constituer le nantissement sur des biens et des créances futurs. Dans l'AUS de 1997, le critère indispensable de la dépossession du constituant était l'élément juridique qui les distinguait. La réforme de 2010 va mettre l'accent sur un critère objectif qui est l'assiette de la garantie et non sur le critère subjectif de la dépossession ou de l'absence de dépossession du constituant de la garantie.

Fidèle au *numerus clausus* qu'il arborait déjà dans l'AUS de 1997, le législateur donne une liste de meubles incorporels pouvant faire l'objet d'un nantissement. L'article 126 du nouvel AUS énumère lesdits biens de la manière suivante : « *peuvent notamment être nantis : les créances ; le compte bancaire ; les droits d'associés, les valeurs mobilières et le compte de titres financiers ; le fonds de commerce ; les droits de propriété intellectuelle*[547] ». Ce *numerus clausus* est hérité du droit français et porte sur les sûretés réelles. Ces sûretés sont des mécanismes de garantie par excellence et présentent des particularismes nationaux[548] au regard de leur impact sur les biens des personnes et donc sur l'économie des États. Le *numerus clausus* est un mécanisme juridique permettant d'exercer un contrôle sur les privilèges accordés par les débiteurs sur leur bien. Ces privilèges ayant la lourde conséquence de créer un déséquilibre significatif entre les créanciers. Ce déséquilibre est créé par le droit réel attaché au privilège octroyé au créancier par le débiteur sur son bien. De la sorte, la liberté pour le propriétaire d'un bien d'octroyer un privilège à son créancier est freinée par le législateur OHADA en ce qui concerne le nantissement des meubles incorporels.

246. À la lumière du nouvel AUS, des voix se sont élevées dans la doctrine pour exprimer l'ouverture qu'aurait faite le législateur en introduisant l'adverbe « notamment » dans l'article 126. Sa présence marquerait un assouplissement du *numerus clausus* des nantissements dans l'AUS de 2010[549]. C'est ce que soutient le Pr CROCQ qui tire les conséquences de l'introduction de cet adverbe par le souci du législateur d'assouplir le *numerus clausus* des sûretés réelles du nouvel article 4 de l'AUS appliqué au nantissement. De la sorte, pour lui, puisque le nouvel AUS n'interdit pas la constitution des nantissements sur les biens incorporels autres que ceux cités dans l'article 126 du nouvel AUS, il crée deux régimes spéciaux de nantissement. D'une part, il est possible de créer des nantissements spéciaux ne relevant pas de l'article 4 du nouvel AUS. Ceux-ci peuvent faire l'objet d'une législation particulière sans respecter

---

[547] Art. 126 de l'AUS de 2010.

[548] NEMEDEU (R.), *OHADA : de l'harmonisation à l'unification du droit des affaires en Afrique*, in Intervention au CRDP (faculté de droit de Nancy) le 19 janvier 2005, p.5.

[549] Voir note sous l'article 126 de l'AUS de 2010.

les dispositions de l'AUS. D'autre part, il est également possible de créer « *des biens existants ou futurs dont le nantissement ne fait pas l'objet de dispositions spéciales dans le nouvel AUS et qui ne relèvent pas (et ne relèveront pas) non plus des secteurs exclus de l'article 4 du nouvel AUS*[550] ». Il poursuit son raisonnement par des exemples précis liés à la dernière catégorie de régimes spéciaux citée. Selon lui, « *au titre de ces régimes spéciaux, on peut citer, dans le droit actuel des pays membres de l'OHADA, le nantissement des marchés publics, la garantie donnée sur des titres miniers ou pétroliers, le nantissement des assurances*[551] ». Ce sont des garanties spéciales qui existent dans les États membres de l'OHADA sans remettre en cause la règle de la non-contrariété à l'AUS[552]. Mais, leur codification révèle parfois une grande contradiction avec la philosophie de l'AUS. C'est l'exemple du Code minier du Cameroun[553] qui autorise la constitution d'un nantissement sur un bien meuble corporel, ce qui est contraire à la définition du nantissement de meubles incorporels du nouvel AUS. L'article 20-1 dudit Code minier dispose que « *tout droit portant sur un titre minier peut donner lieu à toute forme de transaction, notamment la cession, la transmission, le nantissement et le gage* ». L'avis du Pr Crocq est également partagé par le Pr ISSA-SAYEGH dans son commentaire de l'article 126 du nouvel AUS. Il voit dans l'absence d'exhaustivité la possibilité de constituer des nantissements sur d'autres biens incorporels comme sur les marchés publics[554].

Il serait vraiment souhaitable d'assouplir ce *numerus clausus* et nous partageons amplement l'avis de la doctrine qui va dans ce sens. Toutefois, faut-il le préciser, cette analyse qui se veut avant-gardiste et qui soutient l'assouplissement du *numerus clausus* ne va-t-elle pas à l'encontre de la nouvelle philosophie de l'AUS qui prévoit justement, à titre d'exemple au niveau du gage de meubles corporels un régime de droit commun renforcé par des dispositions particulières certes mais pas par des régimes spéciaux comme dans l'esprit de l'ancien AUS ? Il est donc permis d'émettre quelques doutes sur cet assouplissement du *numerus clausus* des nantissements de meubles incorporels d'autant plus que l'AUS n'institue pas de droit commun du nantissement qui serait la base à la constitution de tous les nantissements. Les seuls nantissements que l'AUS reconnaît, et une décision récente de la CCJA y reste

550 BLACK YONDO (L.), BRIZOUA-BI (M.), FILLE LAMBIE (O.) et autres, dir. Pr Crocq, *op. cit.*, p. 226.

551 Ibidem.

552 Ibidem.

553 Code minier du Cameroun, L. n° 001-2001 du 16 avr. 2001 (citée par BLACK YONDO (L.), BRIZOUA-BI (M.), FILLE LAMBIE (O.) et autres, dir. Pr Crocq, *op. cit*, p. 226).

554 Code OHADA (Code vert), Juriscope 2016, commentaire article 126 AUS, p.132.

favorable[555], sont ceux prévus et régis par le nouvel AUS. Il appartiendra à ces mêmes juges d'éclairer nos lanternes. Du reste, ces biens incorporels restés en la possession du constituant échappent-ils totalement à l'emprise du créancier ? Comment le contrat de garantie, à l'instar des meubles corporels, peut-il aider à préserver les droits du créancier sur de tels biens dont la nature même s'oppose à toute emprise matérielle ? On peut faire ressortir des règles communes ainsi que des règles particulières pour la préservation des droits du créancier sur les biens incorporels restés en la possession du constituant tout au long de l'opération de garantie.

247. **La nécessité de l'écrit pour la validité des nantissements.** L'efficacité du nantissement des meubles incorporels tient aussi et surtout en amont en l'existence de l'écrit requis à peine de nullité pour la détermination de l'assiette de la garantie, auquel il faut ajouter une rigueur particulière quant au respect de son contenu pour la conformité avec le principe de spécialité. Cette exigence de forme et de fond se veut protectrice des intérêts non seulement du créancier nanti dans sa relation avec le constituant resté en possession mais joue aussi un rôle prépondérant dans l'opposabilité de l'acte aux tiers. L'écrit permet ainsi de déterminer l'assiette de la garantie et de donner date certaine au nantissement. C'est surtout un moyen de preuve efficace. Toutefois, si la condition commune de validité des nantissements de meubles incorporels réside dans le respect scrupuleux de l'écrit et de son contenu, une particularité est tout de même à observer selon le bien en présence et les conditions de préservation par le constituant de la valeur du bien garanti.

b/ Des règles communes dans le respect de la nature intrinsèque des meubles incorporels

248. **La prise en compte de la réalité objective de la nature des biens incorporels.** – L'AUS de 1997 a fait l'erreur de s'aligner sur le Code civil de 1804 qui réglementait la sûreté portant sur certains meubles incorporels comme des gages. Le régime juridique du gage leur était transposé. Il fallait alors procéder par la théorie de l'incorporation, permettant de matérialiser le bien incorporel dans un titre en total mépris de sa véritable nature pour pouvoir lui appliquer le régime juridique du gage jugé très efficace en raison de la dépossession du constituant et de son emprise matérielle sur le bien garanti. Cette simplification ou adaptation hasardeuse s'expliquait par le fait que le Code civil de 1804 n'avait pas été dépoussiéré en profondeur depuis sa création. Il véhiculait alors des concepts anciens qui n'étaient plus en phase avec la modernité. La multiplication des meubles incorporels obligeait le législateur,

[555] CCJA, 22 fév. 2018, *op. cit.*.

français surtout, « à instituer de multiples régimes particuliers adaptés aux différentes catégories de meubles incorporels[556] ». Ce qui n'était au demeurant pas conforme à la réalité objective de ces biens. La doctrine a aussi entretenu la confusion[557].

249. Le législateur OHADA a voulu à la mise en place de l'AUS de 1997 éviter cette approximation en instituant un numerus clausus pour les nantissements mais en gardant la même conception sur le gage et le nantissement558 comme en droit français. Il a ainsi manqué l'occasion de créer un régime commun aux meubles incorporels. « Il en est résulté une dispersion des règles à la mesure de l'hétérogénéité des biens qui en font l'objet559 », ceci en dehors du cadre légal de l'OHADA, dans le droit interne des États membres. L'AUS de 1997 avait brillé par cette dispersion en appliquant à titre d'exemple le régime du gage à la créance de sommes d'argent. Ces approximations restent nombreuses dans le droit interne des États membres.

La réforme du droit des sûretés survenue en 2006 en France a essayé de clarifier le régime juridique des sûretés portant sur les biens incorporels mais n'est pas allée au bout de la réflexion. Elle a créé deux régimes de droit commun. Un premier régime applicable aux créances de sommes d'argent et un deuxième régime réservé aux meubles incorporels autres que des créances de sommes d'argent. La réforme manque alors l'occasion de créer un droit commun du nantissement de meubles incorporels. L'avant-projet de réforme entrepris dès 2017 propose

---

[556] CABRILLAC (M.), MOULY (C.), CABRILLAC (S.), PETEL (P.), *op. cit.*, p. 589.

[557] QUINCARLET dans sa thèse sur « *la notion de gage en droit français* » est le premier à émettre l'analyse selon laquelle ce qui poserait problème sur la notion de « gage sur les biens incorporels » serait simplement lié au transfert de la possession. Mais il exclut malheureusement les biens incorporels de la sphère des droits réels. Voir QUINCARLET (S.), La notion de gage en droit français, thèse, Bordeaux 1937. Le droit de gage portant sur les biens incorporels, en l'occurrence sur une créance, sera finalement reconnu comme un véritable droit réel, voir en ce sens ROGIER (S.), De la mise en gage des créances en droit français, Th. Paris, ROUSSEAU (A.), 1929 Cité par MESTRE (J.), PUTMAN (E.) et BILLIAU (M.), Traité de droit civil, Droit spécial des sûretés réelles, LGDJ 1996, p.182 ; Pour GUILLOUARD, « le nantissement est un contrat de garantie, qui a pour objet d'assurer au créancier le remboursement de sa créance en lui donnant la possession d'un bien de son débiteur, ou d'un tiers », le mot nantissement selon lui viendrait du mot saxon « *nam* » qui signifie prise de gage. Voir GUILLOUARD (L.), Traité du nantissement et du droit de rétention, 1895, n° 1 et n° 16, p.16. (Citée par MESTRE (J.), PUTMAN (E.) et BILLIAU (M.), Traité de droit civil, Droit spécial des sûretés réelles, LGDJ 1996, p.178).

[558] Le Contrat réel pour le gage appliqué aux meubles corporel et incorporel et le nantissement qui n'est autre qu'un gage spécial, donc une absence totale d'un régime propre.

[559] V. note cité par CABRILLAC (M.), MOULY (C.), CABRILLAC (S.), PETEL (P.), *op. cit.*, p. 589 : VIVANT (M.), « *L'immatérialité en sûreté* », in Mél. M. CABRILLAC, Dalloz-Litec, 1999, 405 et s. ; LISANTI-KALCZINSKI (C.), Les sûretés conventionnelles sur meubles incorporels, Litec, 2001, Préf. F. PÉROCHON ; LEGEAIS (D.), *Les garanties conventionnelles sur créances*, Economica, 1986, avant-propos J. STOUFFLET, Préf. P. RÉMY.

quelques améliorations sans créer un véritable droit commun du nantissement des meubles incorporels[560].

Le législateur de l'OHADA s'inspirant de la réforme de 2006 en France a fait un toilettage de son droit des sûretés en décembre 2010 créant à l'opposé de son homologue français un régime juridique avec des traits communs applicable à un nombre limité de meubles incorporels. C'est dire à quel point il est aujourd'hui difficile vu la grande diversité des meubles incorporels d'envisager un régime commun élargi à l'ensemble de ces biens[561]. La prudence est toujours de mise dans l'espace OHADA où l'on observe encore une faible dynamique à l'égard des biens incorporels. La préservation des droits du créancier devrait-elle alors se faire au cas par cas, en fonction du bien incorporel garanti ?

250. **Le trait commun de tous les nantissements de meubles incorporels en droit OHADA.** – Contrairement au droit français qui a créé lors de la grande réforme des sûretés en 2006 deux régimes de nantissement marqués par l'absence de dépossession du constituant dans le cadre du nantissement des créances de sommes d'argent et l'alignement des autres nantissements sur le régime du gage avec pour conséquence le choix des parties entre la dépossession et l'absence de dépossession du constituant, le législateur OHADA a opté pour un régime uniforme. La possession est en droit OHADA une notion attachée au bien corporel, de la sorte elle n'est envisagée d'une façon claire qu'à l'égard des biens corporels susceptibles de tradition, donc liée *a priori* uniquement au gage de meubles corporels. Partant de là, le nantissement ne pouvant désormais avoir pour assiette que les meubles incorporels, il allait de soi qu'il ne pouvait être constitué que sans la dépossession du constituant. La théorie de l'incorporation permettant de mettre le bien incorporel en la possession du créancier serait ainsi rejetée par le législateur OHADA. Le législateur crée alors un régime unique pour tous les nantissements de meubles incorporels prévus dans l'AUS[562].

---

[560] Il a été proposé par la Commission GRIMALDI une amélioration du régime du nantissement de créance : « a. Harmonisation du régime du nantissement avec le nouveau droit des obligations : preuve de la date de l'acte, opposabilité des exceptions par le débiteur de la créance nantie ; b. Détermination du sort des sommes payées par le débiteur de la créance nantie avant l'échéance ; c. Affirmation du droit exclusif nanti sur la créance affectée en garantie ». GRIMALDI (M.) MAZEAUD (D.) et DUPICHOT (P.), *Présentation d'un avant-projet de réforme des sûretés, D.* 2017. 171.

[561] LISANTI (C.), « Le nantissement des meubles incorporels : une sûreté d'un genre pluriel ? » in CABRILLAC (S.), ALBIGES (C.), LISANTI (C.), Évolution des sûretés réelles : regards croisés université notariat, Litec, 2007, p. 53 et s., spéc. p. 57.

[562] Nous émettons toutefois des réserves sur cette analyse puisque le législateur a prévu et institué le transfert fiduciaire de somme d'argent qui est une sûreté prévue avec dépossession dans le nouvel AUS. Il est prévu à son article 87 que « 1. *Le transfert fiduciaire d'une somme d'argent est la convention par laquelle un constituant cède des fonds en garantie de l'exécution d'une obligation.* 2. *Ces fonds doivent être inscrits sur un compte bloqué, ouvert au nom du*

251. L'indispensable maintien de la valeur du bien garanti. – L'immatérialité des meubles incorporels restés en la possession du constituant n'est pas un frein au respect par lui de l'obligation de conservation pour la préservation des droits du créancier. L'obligation de conservation n'a pas la même teneur à l'égard des meubles corporels et incorporels. Si elle peut facilement être rattachée à une chose qu'on possède matériellement, elle n'en est pas moins rattachée également à tout bien ayant une valeur économique, et affecté à la garantie de l'obligation du débiteur. L'obligation de conservation serait ainsi rattachée à la valeur du bien garanti. C'est cette valeur qui doit être préservée tout au long de l'opération de garantie. On arrive ainsi aisément à lier aux biens incorporels des concepts *a priori* purement dévolus aux biens corporels. On admet facilement qu'on peut être possesseur d'un bien incorporel, à l'instar des créances[563], sans que cette possession ait entièrement les mêmes attributs qu'une possession de meuble corporel. La valeur est donc le « dénominateur commun » aux deux biens, corporels et incorporels. Elle détermine le consentement du créancier à l'opération de garantie. Il incombe donc au constituant resté en possession du bien incorporel garanti de préserver la valeur dudit bien tout au long de l'opération. Si le créancier ne peut faire obstacle à la cession du bien garanti, son droit reste tout de même attaché au bien tant que sa valeur n'est pas dévoilée et tant que la créance n'est pas totalement payée. Son droit de suite doit en cela être efficace pour lui assurer une meilleure préservation de ses intérêts en cas de défaillance du débiteur principal.

2/ La particularité du nantissement de créance

252. Le contenu de l'acte. – Cette particularité est essentiellement liée à la nature de la créance, bien incorporel non assujetti à un enregistrement particulier pour sa circulation. Comment arriver à préserver les droits du créancier et à conserver la valeur d'un bien dont l'existence même est liée à la bonne gestion d'un poste client, à l'honnêteté du débiteur cédé et à sa santé financière ? La détermination de la créance nantie et les modalités de son paiement sont au cœur de la préoccupation du créancier

---

créancier de cette obligation, dans les livres d'un établissement de crédit habilité à les recevoir » L'assiette de cette sûreté est une somme d'argent qui peut être une monnaie scripturale, donc un bien incorporel. Cette sûreté à elle seule suffit à remettre en cause la *summa divisio* gage et nantissement qui n'est donc pas parfaite.

[563] TERRÉ (F.), SIMLER (P.), Les biens, Dalloz, 9e éd., *op. cit.*, p. 53 ; PIÉDELIÈVRE (A.), « Le matériel et l'immatériel : Essai d'approche de la notion de bien », in Les aspects du droit privé en fin du XXe siècle Mélanges en l'honneur de (Michel de Juglart), 1986, p. 55 s. ; *L'évolution contemporaine du droit des biens*, Troisièmes journées René Savatier, 1990, éd. 1991, spéc. sur les « nouveaux biens », p. 155 s..

nanti. L'attribution effective à de la créance nantie à la défaillance du débiteur principal est l'objectif visé pour l'efficacité de cette sûreté.

253. L'article 50 de l'AUS de 1997 disposait que : « le débiteur qui met en gage sa créance contre un tiers dénommé doit remettre au créancier gagiste son titre de créance et signifier à son propre débiteur le transfert de sa créance à titre pignoratif ; à défaut, le créancier gagiste peut procéder à cette signification ». L'AUS de 1997 liait ainsi l'efficacité de cette sûreté à la remise du titre de créance entre les mains du créancier et la signification de ce transfert au débiteur cédé. Malgré la dépossession opérée par la remise du titre au créancier, ce type de gage n'était pas aussi efficace que le droit commun du gage portant sur des meubles corporels. Ceci s'explique, nous l'avions développé, essentiellement par le fait que ce n'est pas la créance elle-même dans sa réalité objective qui fait l'objet de la dépossession par ce procédé mais le titre qui la représente, ce dernier n'étant qu'un moyen de preuve. La créance demeurait en la possession du débiteur cédé, qui sans signification se libérait entre les mains de son créancier[564]. Par ce procédé, le créancier ne pouvait réellement avoir d'emprise sur la créance et surtout n'avait pas d'exclusivité lors de l'ouverture d'une procédure collective contre le débiteur cédé. C'est donc la signification de la sûreté au débiteur cédé et non la dépossession qui faisait l'efficacité de cette sûreté. Il s'agissait d'une dépossession fictive, non réelle, et la dépossession fictive n'avait donc qu'une faible efficacité à l'égard des tiers. Il ne pouvait dans tous les cas en être autrement vu la nature de la créance de sommes d'argent. Nul aménagement du contrat n'aurait abouti à rendre cette sûreté dont l'assiette demeure entre les mains du débiteur cédé efficace si ce n'est comme le prévoit l'AUS le fait de notifier à ce dernier le contrat de garantie. Les parties peuvent également prévoir elles-mêmes au vu de l'échéance de la créance nantie, la procédure à suivre pour le paiement entre les mains du créancier nanti. L'AUS de 1997 a manqué de précision et de clarté sur ces points. Le renforcement du régime juridique de cette sûreté était nécessaire vu que son assiette n'est pas sous l'emprise ou le contrôle du créancier, qu'elle était exposée aux aléas des procédures collectives et que son fait générateur n'ait aucunement lié au rapport d'obligation qui existe entre

[564] La signification comme formalité devant suppléer la tradition était admise déjà par Pothier et validée par la Cour des Aides du 18 mars 1739. Voir en ce sens les notes de MESTRE (J.), PUTMAN (E.) et BILLIAU (M.), Traité de droit civil, *op. cit* p. 179 ; GUILLOUARD (L.), Traités du nantissement et du droit de rétention, *Pedone*, 1895, n° 111, p. 116 et s. ; Il semble que des décisions antérieures aient admis le principe du gage des dettes actives, v. P.-E. AVRIL, Principes et caractères juridiques de la constitution du gage sur les meubles incorporels, th, Grenoble, 1898, p. 7, note 1 ; R. HARDEL, Étude de la notion de dessaisissement en matière de gage en droit français, thèse, *Sirey*, 1932, Paris, p. 20, citant un arrêt du parlement de Paris du 9 juillet 1968 ; Le droit romain avait, semble-t-il, admis dans son dernier état, le gage des créances, v. S. ROGIER, Th. précitée, p. 15-16 ».

les parties au contrat de garantie. Cette sûreté ne peut être efficace par la dépossession fictive et surtout en étant occulte. Toutefois, il faut nuancer cette affirmation puisque bon nombre d'entreprises pour des raisons liées à leur image et à la concurrence ont tout intérêt à ce que cette sûreté soit occulte ; il appartient aux parties de prévoir les termes de leurs engagements dans la limite de ce que le législateur autorise.

254. De la sorte, pour rectifier cette inefficacité, la réforme de 2010 a misé sur une absence de dépossession avec la publicité de l'acte sur un registre public pour plus d'efficacité. Ce mécanisme a permis d'ouvrir le nantissement de créance aux créances futures puisque la condition de la dépossession ne conditionne plus sa validité. L'obligation essentielle du maintien de la valeur du bien nanti repose ici plus que jamais sur le débiteur cédé. Toutefois, cette obligation en matière de créance se transforme pourrait-on dire dans la capacité du débiteur cédé à payer la créance à l'échéance entre les mains du créancier si celui-ci s'est conformé aux formalités prévues à l'article 132 du nouvel AUS. En effet, pour les créances, comme l'affirme le Pr CROCQ « la valeur saute aux yeux » si bien que sa fonction principale est d'être libératoire, c'est-à-dire qu'elle doit être remise ou payée au créancier. C'est à cette fin que les créances nanties et garanties doivent être clairement déterminées dans l'acte de nantissement ; c'est aussi et surtout le respect du principe de spécialité des sûretés réelles. L'article 127 du nouvel AUS dispose en ce sens que : « *À peine de nullité, le nantissement de créance doit être constaté dans un écrit contenant la désignation des créances garanties et des créances nanties ou, si elles sont futures, les éléments de nature à permettre leur individualisation tels que l'indication du débiteur, le lieu de paiement, le montant des créances ou leur évaluation et leur échéance*[565] ». La désignation des créances nanties et des créances garanties est donc cruciale dans le dénouement de l'opération puisque l'échéance de la créance nantie peut être antérieure ou postérieure à celle de la créance garantie. Lorsque le nantissement porte sur une créance future, le créancier n'aura des droits sur cette créance qu'à sa naissance, c'est-à-dire dès l'entrée dans son patrimoine. Ce peut être par exemple des créances de loyers à venir. La date de leur échéance conditionne alors inexorablement l'efficacité du nantissement constitué, lequel prend effet dès sa conclusion entre les parties, quelle que soit la date de naissance, d'échéance ou d'exigibilité de la créance nantie[566].

L'identification des créances est impérative, d'autant plus que les parties ont la possibilité de nantir un nombre illimité de créances, même futures, à condition qu'elles soient identifiables. En indiquant les éléments permettant leur identification comme « l'indication du débiteur,

---

[565] Art. 127 de l'AUS de 2010.

[566] Art. 131 du nouvel AUS.

le lieu de paiement, le montant des créances ou leur évaluation et, s'il y a lieu, leur échéance[567] ». Les parties devront également prévoir dans l'acte de constitution les conditions de conservation par le créancier nanti des sommes reçues auprès du débiteur cédé lorsque l'échéance de la créance nantie est antérieure à celle de la créance garantie.

On notera également la particularité de la créance comme assiette d'une garantie dans ce nouvel AUS par la possibilité pour les parties de prévoir que le nantissement de créance puisse également porter sur une fraction de créance, sauf si elle est indivisible[568] ou encore d'étendre le nantissement aux accessoires de la créance[569] nantie, à moins que les parties n'en conviennent autrement[570]. Les parties sont dès lors libres d'aménager le contrat de garantie à leur convenance dans la limite des règles d'ordre public.

255. L'opposabilité du nantissement de créance au débiteur cédé. – Le nantissement de créance est efficace par sa notification au débiteur cédé ou par son intervention à l'acte. La notification ou l'intervention du débiteur cédé à l'acte se substituent donc efficacement à la dépossession, inadaptée pour ce type de bien. Cette efficacité réside en tout état de cause dans la possibilité ouverte par le législateur au profit du créancier à l'article 132 du nouvel AUS qui dispose clairement que : « *Pour être opposable au débiteur de la créance nantie, le nantissement de créance doit lui être notifié par écrit ou ce dernier doit intervenir à l'acte* ». La notification joue ici sur le paiement de la créance et ne saurait en aucun cas être assimilée à la dépossession jugée impropre aux meubles incorporels[571]. Elle permet d'imposer au débiteur cédé le paiement de la créance entre les mains du créancier nanti et uniquement entre ses mains. Il se crée alors un rapport d'exclusivité à l'égard du créancier. Mais, cette option n'est pas requise à peine de nullité ; elle est laissée au choix des parties. « *À défaut, seul le constituant reçoit valablement paiement de la*

---

567 L'art. 2356 du Code civil donne également cette liste qui n'est pas exhaustive et s'enrichira en fonction de la créance et des besoins pour une bonne identification des créances nanties et garanties dans l'intérêt surtout du créancier.

568 Art. 129 de l'AUS de 2010.

569 Pour un développement de la notion d'accessoire, voir CABRILLAC (M.), Les accessoires de la créance, *in* Études A. Weill, Dalloz-Litec, 1983, p. 107 (citée par BLACK YONDO (L.), BRIZOUA-BI (M.), FILLE LAMBIE (O.) et autres, dir. Pr Crocq, *op. cit.*, p. 231).

570 *Ibidem*, art. 130.

571 GIJSBERS (C.), Thèse, *op. cit.*, p. 622 : « Ainsi, quoique la majorité des auteurs professent aujourd'hui le contraire, on pourrait estimer que cette notification ne confère pas de droit de rétention contrairement à la dépossession dans le gage de meuble corporel. En outre, le dessaisissement du constituant n'est pas total dans la mesure où, même après la notification, il conserve le droit d'agir contre le constituant afin qu'il s'exécute entre les mains du bénéficiaire du nantissement ». V. également JULIENNE (M.), Thèse, *op. cit.*, p. 12-13 : « Or, s'il continue de pouvoir ainsi exercer son droit, on ne peut pas dire du titulaire de la créance qu'il s'en est dépossédé au sens propre ». Note GIJSBERS, Thèse, p. 622.

créance, à charge d'en verser le montant au créancier nanti [...] ». Si les parties optent pour le choix de la notification, le débiteur cédé qui se libère entre les mains de son créancier tombera sous le coup de l'adage « *qui paye mal, paye deux fois* ». Toute la force de la notification réside dans cet adage et la peur de payer deux fois devrait pousser le débiteur cédé à bien s'exécuter. Le cédant abandonne par le consentement à cette notification les prérogatives que sa qualité de créancier lui donne au profit du créancier nanti. Cette opération n'est opposable qu'entre les parties.

3/ La particularité du nantissement de compte bancaire

256. La détermination de l'assiette de ce nantissement. – Solde créditeur éventuel puisque le solde espéré et qui doit faire l'objet du nantissement devrait être une créance sur le banquier teneur du compte, débiteur cédé, au jour de la réalisation de la sûreté sous réserve des opérations en cours[572]. Il s'agira du solde provisoire ou définitif au jour de la réalisation de la sûreté. Il s'agit donc d'une variante du nantissement de créance avec quelques spécificités liées à la nature du compte bancaire, instrument comptable grevant la monnaie scripturale[573], géré par une banque ou une institution financière. Cette qualification est d'ailleurs évoquée dès l'article 136 de l'AUS qui affirme sans ambiguïté que les règles qui régissent le nantissement de créance s'appliquent également au nantissement de compte bancaire[574]. Le régime du nantissement de créance devrait naturellement s'appliquer puisqu'il est au demeurant le régime de droit commun des sûretés sur les créances de sommes d'argent. Il ne pouvait en être ainsi sous l'empire de l'AUS de 1997 en raison de l'application du régime du gage. D'ailleurs, l'AUS de 1997 ne prévoyait pas le nantissement de compte bancaire. Ce dernier était par contre très utilisé dans les milieux bancaires avec l'appellation de gage d'espèces sous des formes différentes, plus ou moins rattachées au régime du gage

---

572 Voir l'art. 137 du nouvel AUS : « Lorsque le nantissement porte sur un compte bancaire, la créance nantie s'entend du solde créditeur, provisoire ou définitif, au jour de la réalisation de la sûreté, sous réserve de la régularisation des opérations en cours, selon les modalités prévues par l'acte uniforme portant organisation des procédures simplifiées de recouvrement et des voies d'exécution en matière de saisie-attribution des créances pratiquées entre les mains d'un établissement de crédit [...].

573 Le législateur a plus créé un nantissement de créance qu'un nantissement de monnaie scripturale ; lequel était au demeurant attendu mais a vu le jour dans le nouvel AUS sous la forme du transfert fiduciaire d'une somme d'argent. Le nouvel AUS n'a pas suivi sur cette matière la proposition du projet de réforme GRIMALDI en France qui a élaboré un nantissement de monnaie scripturale constitué par l'affectation des fonds inscrits sur un compte bloqué ouvert au nom du constituant par un établissement habilité à les recevoir.

574 Art. 136 de l'AUS de 2010 : « Le nantissement de compte bancaire est un nantissement de créance. Les règles qui régissent celui-ci sont applicables, sous réserve des dispositions de la présente section ».

avec dépossession. La création du nantissement de compte bancaire et la clarté de son régime par rapport au nantissement de créance d'une part puis la création du transfert fiduciaire d'une somme d'argent d'autre part contribuent fortement à la sécurité juridique et à une meilleure utilisation de la créance comme assiette de garantie dans l'espace OHADA. Et surtout à l'abandon du régime du gage d'espèces au profit d'autres sûretés sur la monnaie, plus efficaces comme le transfert fiduciaire d'une somme d'argent. La difficulté réside alors pour le créancier cédant dans le maintien d'un solde créditeur suffisant tout au long de l'opération de garantie pour pouvoir désintéresser le créancier au moment de l'appel de la garantie. Il appartient aux parties de prévoir dans l'acte de nantissement les conditions du maintien de ce solde créditeur et le concours du débiteur cédé pour le respect des engagements contractuels dans le but d'assurer l'efficacité de la garantie.

257. Le rôle du banquier teneur du compte dans l'efficacité du nantissement de compte bancaire. – En tant que gestionnaire du compte bancaire du constituant, le banquier a ici un rôle actif dans l'efficacité de la sûreté. Comme dans le cas du nantissement de créance, lorsque les conditions sont réunies, il a l'obligation de respecter ou se conformer au contrat qui lie le constituant et le créancier bénéficiaire s'il est intervenu à l'acte ou si ce dernier lui a été notifié. Il est le garant de la bonne marche de ce qui a été convenu entre les parties, lui-même endossant éventuellement le rôle du débiteur du créancier nanti. À ce titre, il a à l'égard du créancier nanti une obligation d'information sur la conformité de la gestion du compte nanti par rapport au contrat de nantissement, ce sur la base de l'article 1147 ancien du Code civil devenu 1231-1 du Code civil par la réforme du droit des contrats du 10 février 2016[575] qui sanctionne l'inexécution contractuelle.

Le législateur OHADA fait alors preuve d'une grande souplesse pour ce nantissement en invitant les parties elles-mêmes à organiser le fonctionnement du compte nanti. Ainsi comme le prévoit l'article 138 du nouvel AUS : « *Les parties peuvent convenir des conditions dans lesquelles le constituant pourra continuer à disposer des sommes inscrites sur le compte nanti* ». Comme le rappelle également le Pr D.

---

[575] La réforme du droit des contrats du 10 février 2016 en France n'est pas applicable dans l'espace OHADA. L'ancien article 1147 du Code civil reste donc toujours applicable. Cet article sanctionne l'inexécution contractuelle : « Le débiteur est condamné s'il y a lieu, au paiement de dommages et intérêts soit à raison de l'inexécution de l'obligation, soit à raison du retard dans l'exécution, toutes les fois qu'il ne justifie pas que l'inexécution provient d'une cause étrangère qui ne peut lui être imputée, encore qu'il n'y ait aucune mauvaise foi de sa part ». Voir aussi le nouvel article 1231-1 du Code civil :« Le débiteur est condamné s'il y a lieu, au paiement de dommages et intérêts soit à raison de l'inexécution de l'obligation, soit à raison du retard dans l'exécution, s'il ne justifie pas que l'exécution a été empêchée par la force majeure ».

LEGEAIS « le débiteur peut s'engager à ne pas clôturer le compte nanti et à détenir à tout moment dans ce compte un solde créditeur au moins égal à l'encours. Si le compte a été clôturé lorsque le créancier entend mettre en œuvre sa sûreté, la responsabilité contractuelle du débiteur peut être engagée[576] ». Elles peuvent également prévoir que le débiteur ne consentira aucun prélèvement obligatoire sans l'autorisation du créancier ou simplement de bloquer le compte en n'y autorisant que des flux entrants. Autant de possibilités qu'il appartient aux parties de mentionner expressément dans l'acte constitutif et qui participent à l'efficacité de cette garantie. Mais, vu le droit d'usage laissé au constituant sur le compte nanti, il semble difficile de ne lui imposer que des flux entrants sur le compte. L'utilisation du compte nanti autant pour des flux entrants que sortants permet la survie de son activité. Un équilibre doit être trouvé par les parties. La mise en place d'une clause d'arrosage serait à prévoir.

En cela, il est évident que le banquier, qui est aux yeux du législateur le débiteur cédé, doit s'assurer du respect des obligations contractuelles afin qu'un solde minimum égal au moins à l'encours subsiste dans le compte tout au long de l'opération de garantie. Le législateur ne détaille en aucun cas le rôle et la responsabilité du banquier lorsque l'acte lui est opposable de sorte qu'il faille se référer comme il l'a prévu à l'article 136 du nouvel AUS au régime juridique du nantissement de créance. De fait, si l'acte lui est opposable selon les termes de l'article 132 qui trouve son fondement dans le régime de droit commun du nantissement de créance, le manquement à ses obligations engage tout simplement sa responsabilité contractuelle. N'engage donc pas sa responsabilité, la banque qui fait droit à une saisie-attribution sur un compte ouvert dans ses livres dans la mesure où le compte en question ne faisait l'objet d'aucun nantissement au moment de la saisie pratiquée577. Sur ce point, le nouvel AUS a le mérite d'avoir mis en place un régime clair sur lequel la pratique peut se baser dans le cadre du nantissement de créance de droit commun en général mais également dans ces différentes spécificités.

4/ La particularité du nantissement des droits d'associés, valeurs mobilières et du compte de titres financiers

258. La consécration légale du nantissement des droits d'associés et valeurs mobilières montre l'attachement du législateur à faciliter l'ouverture du crédit aux entreprises en mettant en avant tous leurs atouts. Elle s'est accompagnée par une meilleure valorisation des valeurs mobilières à travers leur dématérialisation et par leur intégration dans la notion plus vaste de « titres financiers ». Cette dématérialisation n'est pas sans poser

[576] CA Pôle 5, ch. 5, 20 décembre 2012, *JCP E* 2013,1314 (citée par D. LEGEAIS, Sûreté et garanties du crédit, *op. cit.*, p. 355.
[577] CA Abidjan, 1re ch. com., 31 oct. 2019, n° 413/2019, Légiafrica.

quelques soucis de cohérence dans le nouvel AUS, entre la création d'un nouveau nantissement de compte de titres financiers et par le maintien du nantissement des droits d'associés et valeurs mobilières.

Il convient de relever ces incohérences et les limites de cette dématérialisation en opposant l'assiette des deux sûretés à savoir : les droits d'associés et les valeurs mobilières d'une part **(a)**, les titres financiers d'autre part **(b)**.

a/ Les droits d'associés et les valeurs mobilières

259. Des titres sociaux liant les personnes morales. – L'AUS de 2010 pose à l'article 145 le principe selon lequel « Les droits d'associés et valeurs mobilières des sociétés commerciales et ceux cessibles de toute autre personne morale assujettie à l'immatriculation au registre du commerce et du crédit mobilier peuvent faire l'objet d'un nantissement conventionnel […] ». Il en ressort que seuls les droits d'associés et valeurs mobilières des personnes morales assujetties à l'immatriculation au RCCM peuvent faire l'objet d'un nantissement. La convention des parties doit être matérialisée par un écrit comportant des mentions obligatoires à peine de nullité. Comme pour les autres formes de nantissement, l'écrit à lui seul suffit à rendre valide le nantissement des droits d'associés et valeurs mobilières. La condition supplémentaire de l'enregistrement de l'acte prévue sous l'ancien AUS par l'article 65 n'a pas été reprise par le nouveau régime, ce qui allège d'autant plus les formalités de constitution de cette garantie. Toutefois, cette souplesse n'atténue en rien l'impératif respect des mentions obligatoires requises à peine de nullité pour l'efficacité de cette garantie prévue par l'article 141 en quatre points à savoir : « la désignation du créancier, du débiteur et du constituant du nantissement si celui-ci n'est pas le débiteur ; le siège social et le numéro d'immatriculation au registre du commerce et du crédit mobilier de la personne morale émettrice des droits d'associés et valeurs mobilières ; le nombre ou le moyen de déterminer celui-ci et, le cas échéant, les numéros des titres nantis ; les éléments permettant l'individualisation de la créance garantie tels que son montant ou son évaluation, sa durée et son échéance ».

260. En sus, il faut noter que les droits d'associés et valeurs mobilières sont des titres sociaux émis par une société. D'où il ressort que leur fonctionnement est régi par l'Acte uniforme relatif au droit des sociétés commerciales et du groupement d'intérêt économique (AUSCGIE). D'ailleurs, l'AUS ne manque pas de le préciser à l'article 143 en mentionnant la formule « *sous réserve des dispositions spéciales relatives au droit des sociétés commerciales et des personnes morales concernées […]* ». C'est dire qu'au regard de sa constitution, l'efficacité du nantissement des droits d'associés et valeurs mobilières dépend également des formalités particulières que cet Acte uniforme pourrait prévoir. L'article 143 prévoit à titre général la « possibilité » de notifier ou signifier le nantissement à la société commerciale ou à la personne morale émettrice des droits d'associés et valeurs mobilières ou des titres constatant les droits des associés. Cette disposition de l'AUS n'a pas un caractère impératif ou obligatoire. Toutefois, les articles 772 alinéa 2 et 3 et 773 de l'AUSCGIE prévoient des formalités particulières d'information et d'autorisation adressées à la personne morale. Des formalités requises cette fois-ci à peine d'inopposabilité du nantissement à la personne morale. On peut regretter l'imprécision de ces dispositions sur l'auteur de la signification ou de la notification. Mais, cela voudrait tout simplement dire que l'information à la société émettrice est laissée à la discrétion des parties. Notons aussi que le contrat de garantie est conclu dans l'intérêt exclusif du créancier qui plus que le constituant a intérêt à ce que les formalités de constitution soient respectées. L'information prévue à l'endroit de la société émettrice permet également entre autres la préservation desdits droits dans l'intérêt du créancier nanti. La société émettrice est donc la garante de l'efficacité de tout le dispositif.

Dans le silence des textes, il appartient au créancier de veiller pour l'efficacité de sa garantie à l'accomplissement effectif de ces formalités prévues soit à peine de nullité soit à peine d'inopposabilité. C'est le cas devrait-on dire de la formalité de signification ou de notification du projet de nantissement des droits d'associés et valeurs mobilières à la société émettrice. À ce titre, nous pensons que c'est à tort que le Tribunal de première classe de Lomé agissant en audience des référés a cru bon d'affirmer que : « Attendu que s'agissant du défaut d'obtention de l'agrément préalable à la constitution du nantissement [d'actions], il ressort des termes de l'article 773 de l'Acte uniforme sur le droit des sociétés commerciales et du groupement d'intérêt économique et de son commentaire que c'est à l'actionnaire qui entend faire le nantissement de ses actions au profit d'un tiers qui doit obligatoirement informer la société du projet de nantissement [...][578] ». L'article 773 de l'AUSCGIE n'a pas abondé en ce sens. Au mieux, c'est lorsqu'un droit de préemption est prévu par les statuts que l'alinéa 2 de l'article 771-3 dispose que : « *Dans le cas où une clause de préemption est stipulée dans les statuts, toute cession d'actions réalisée en violation du droit de préemption est nulle* ». Et dans ce sens-là, l'actionnaire qui entend céder toutes ou une partie de ses actions est tenu de notifier à un ou plusieurs autres

[578] Tribunal de première Instance de première Classe de Lomé, Ordonn. du 18 juin 2009, n° 0506/09, Compagnie Financière de l'Ouest Africaine (CFOA) c/ Banque Atlantique Togo, inédit.

actionnaires cette cession afin qu'ils puissent exercer leur droit de préemption[579].

261. De plus, même si *in fine* le nantissement vise une cession des actions, son régime est différent de la vente ordinaire. L'article 144 de l'AUS de 2010 a prévu les droits que confère le nantissement au créancier au rang desquels « le droit de percevoir les fruits des droits sociaux et des valeurs mobilières nanties si les parties en sont convenues ». Ce droit a suscité le commentaire du Pr ISSA-SAYEGH pour qui « [Cette prérogative] met en avant l'intérêt qu'a le créancier de notifier le nantissement à la personne morale émettrice pour que celle-ci veille à son observation ». Il appartient donc au créancier bénéficiaire d'une garantie de veiller à son efficacité. La raison d'être de la formalité d'agrément est de protéger l'intérêt de la société ainsi que des associés, c'est pour cela que l'article 771-1-1 de l'AUSCGIE de 2014 dispose que « *Toute cession d'actions réalisée en violation d'une clause d'agrément est nulle* ». Cette nullité étant au demeurant relative et non absolue. Et l'alinéa 3 de l'article 772 du même Acte uniforme de renchérir qu'« *À défaut de consentement préalable donné par la société, le transfert de propriété d'actions intervenant dans le cadre de la réalisation d'un nantissement est soumis à l'agrément de celle-ci* ». Cet article introduit une souplesse ou un aménagement dans la réalisation du nantissement dans l'intérêt du créancier. Elle a été introduite en la faveur de la réforme du droit des sociétés de 2014 et prévoit un consentement préalable au projet de nantissement comme sous l'ancien régime[580] mais à défaut, exige dans le nouveau régime, le consentement pour le transfert de propriété des actions nanties dans le cadre de la réalisation dudit nantissement. De la sorte, le défaut de consentement préalable peut être corrigé au moment de la réalisation du nantissement.

C'est dire d'une manière ou d'une autre que l'agrément de la société est nécessaire à la pleine efficacité de ce nantissement puisqu'au final le transfert de propriété des actions nanties ne pourra se faire qu'après agrément de la société émettrice. La lecture combinée de tous ces articles conduit à éveiller le créancier sur la prudence à avoir lors de la constitution de sa garantie et surtout qu'il lui incombe de veiller à ce que sa garantie soit préservée de tout vice. Les formalités prescrites à peine de nullité ou d'inopposabilité, si elles sont respectées, assureront dans tous les cas une information suffisante de la personne morale émettrice des droits d'associés et valeurs mobilières pour que le nantissement entrepris lui soit opposable et qu'elle puisse agir en connaissance de cause pour la préservation des droits du créancier nanti.

[579] Art. 771-2 de l'AUSCGIE de 2014.

[580] Sous l'ancien régime, si la société ne donnait pas son agrément préalable le projet de nantissement ne pouvait pas prospérer.

262. Ces formalités particulières sont prévues pour les parts sociales à l'article 322 de l'AUSCGIE qui exige le consentement de la société au projet de nantissement. Les autres associés doivent avoir consenti au projet qui peut avoir pour conséquence d'intégrer le cessionnaire au rang d'associé. La soumission du projet de nantissement au consentement des associés se fait par notification ou signification dudit projet à la société émettrice. Le défaut de consentement rend le nantissement inopposable à la société. L'article rappelle justement que « *1- Lorsque la société donne son consentement à un projet de nantissement de parts sociales, dans les conditions prévues pour la cession de parts à des tiers, ce consentement emporte agrément du cessionnaire en cas de réalisation forcée des parts sociales régulièrement nanties, à moins que la société ne préfère, après la cession, racheter sans délai lesdites parts en vue de réduire son capital ; 2- Pour l'application de l'alinéa ci-dessus et pour être opposable aux tiers, le nantissement des parts est constaté par un acte notarié ou par acte sous seing privé signifié à la société et publié au registre du commerce et du crédit mobilier* ».

En ce qui concerne les valeurs mobilières, le projet de nantissement est soumis aux organes compétents de la société émettrice. L'article 772 alinéa 2 dispose en ce sens que : « *Le projet de nantissement d'actions n'est opposable à la société que s'il a été agréé par l'organe désigné à cet effet par les statuts pour accorder l'agrément à la transmission des actions* ». Et l'article 773 d'ajouter : « *1- Le projet de nantissement doit avoir été préalablement adressé à la société par tout moyen permettant d'établir sa réception effective par le destinataire et indiquant les nom, prénoms et le nombre d'actions devant être nanties ; 2- L'accord résulte soit d'une acceptation du nantissement communiqué dans les mêmes formes que la demande d'agrément du nantissement, soit du défaut de réponse dans le délai de trois (3) mois à compter de la demande* ».

b/ La dématérialisation et l'exigence ou non d'inscrire les titres financiers en compte

263. La réforme de l'AUSCGIE du 30 janvier 2014 a eu un impact indéniable sur le nantissement des droits d'associés et valeurs mobilières ainsi que sur le nantissement du compte de titre financier. L'obligation de dématérialisation des titres financiers est à la base de cet impact sur le droit des sûretés réelles. Les valeurs mobilières étant des titres financiers, le recours au régime du nantissement des droits d'associés et valeurs mobilières est-il encore justifié ? Il convient de relever le processus de dématérialisation entrepris en droit français **(b-1)** pour le rapprocher à l'exemple du droit OHADA **(b-2)**. Ceci permettra de comprendre que la coexistence de ces deux nantissements portant sur les valeurs mobilières et les titres financiers n'a aucun intérêt à notre avis, ni aucune pertinence **(b-3)**. Il faut plutôt que les États œuvrent réellement à la dématérialisation effective des valeurs mobilières ainsi que des autres titres financiers. Dans ce cas, la dématérialisation permettra une réelle efficacité du nantissement des titres financiers comme le prévoit le législateur OHADA dès leur constitution **(b-4)**.

b-1/ L'exemple du droit français

264. Contexte et précision des notions. – La modernisation du marché financier a conduit les pouvoirs publics en France d'abord, dès les années 1970[581], et bien plus tard dans la zone OHADA à opter pour la dématérialisation des titres.

En France, comme le rapporte Marcel RONCIN[582], un rapport présenté au ministre de l'Économie « formulait des propositions de dématérialisation selon deux axes : la simplification du régime des titres [devait se faire par la disparition] des différents modes de détention des titres au profit d'une inscription en compte chez l'émetteur ou chez un intermédiaire, la réforme devant aboutir à une dématérialisation des valeurs mobilières. La mise en place d'un marché continu informatisé et unifié, alimenté par des ordres dont le routage et les réponses devaient être automatisés, et d'un marché d'options négociables »[583]. De fait, l'inscription des valeurs mobilières en compte est le point central de la dématérialisation des titres. Cette inscription doit concerner un type particulier de titres, c'est-à-dire les valeurs mobilières. La loi du 30 décembre 1981[584] disposait en son article 94 alinéa 2 que « *les valeurs mobilières émises en territoire français à la législation française, quelle que soit leur forme, doivent être inscrites en comptes tenus par la personne morale émettrice ou par un intermédiaire habilité* »[585]. Le processus très chronologique de la dématérialisation des titres en France s'est poursuivi par la substitution progressive de la notion d'instruments financiers à celle de valeurs mobilières.

L'Ordonnance du 24 juin 2004[586] range ainsi en France les valeurs mobilières en trois ensembles : sont des valeurs mobilières, les titres émis par des personnes morales, publiques ou privées, transmissibles par inscription en compte ou tradition, qui confèrent des droits identiques par

---

[581] RONCIN (M.), *De la dématérialisation française des titres aux réformes européennes, Rev. Banque et Droit,* hors-série, juin 2015, p. 3 « Le souci de renforcer les fonds propres des entreprises françaises par le développement de l'actionnariat a conduit les pouvoirs publics, à la fin des années 1970, à prôner la modernisation du marché financier. Une première loi, sur l'orientation de l'épargne vers le financement des entreprises, est votée le 13 juillet 1978 ».

[582] Président de l'AFTI (Association Française des professionnels des titres).

[583] RONCIN (M.), *op. cit.*, p. 3.

[584] Loi de finances pour 1982 n° 81-1160 du 30 décembre 1981.

[585] RONCIN (M.), *op. cit.*, p. 4 : « La mise en œuvre effective est intervenue le 5 novembre 1984 ».

[586] Ordonnance n° 2004-604 du 24 juin 2004 portant réforme des valeurs mobilières émises par les sociétés commerciales.

catégorie et donnent accès, directement ou indirectement, à une quotité du capital de la personne morale émettrice ou un droit de créance général sur son patrimoine. Sont également des valeurs mobilières les parts de fonds communs de placement et de fonds communs de créance[587]. Le nouvel article L. 211-1[588] inclura finalement les valeurs mobilières dans les titres financiers, eux-mêmes faisant partie du grand ensemble des instruments financiers que « sont les titres financiers et les contrats financiers [...] ». Selon cet article[589] « I. – *Les instruments financiers sont les titres financiers et les contrats financiers. II. – Les titres financiers sont : 1. Les titres de capital émis par les sociétés par actions ; 2. Les titres de créance ; 3. Les parts ou actions d'organismes de placement collectif. III. – Les contrats financiers, également dénommés « instruments financiers à terme », sont les contrats à terme qui figurent sur une liste fixée par décret. IV. – Les effets de commerce et les bons de caisse ne sont pas des instruments financiers* ». L'article L. 228-1 du Code de commerce renvoie également la définition des valeurs mobilières à cet article du Code monétaire et financier. De la sorte, les valeurs mobilières sont et font partie des titres financiers malgré le maintien de cette dénomination dans le Code de commerce[590].

Ces définitions précisent pour ainsi dire en droit français l'assiette du nantissement de comptes-titres dénommé « nantissement de comptes-titres et de titres financiers »[591]. Les valeurs mobilières étant englouties par les titres financiers, le nantissement porte naturellement sur l'intitulé de titres financiers. Il faut toutefois noter qu'en vertu de l'obligation d'inscription en compte des titres financiers, ce nantissement « n'est réalisé tant entre les parties qu'à l'égard de la personne morale émettrice et des tiers, [que] par une déclaration signée par le titulaire du compte [...] ». L'assiette de ce nantissement porte donc sur un compte, à l'instar du compte bancaire, représentant « une universalité contenant des titres financiers et le cas échéant, des sommes en toute monnaie, tirées de ces titres[592] ». Il peut porter sur un compte spécial ou « sur certains titres financiers identifiés, lesquels sont réputés constituer le compte nanti[593] ».

---

[587] Art. L 211-2 du Code monétaire et financier.

[588] Ordonnance n° 2009-15 du 8 janvier 2009.

[589] À jour de l'Ordonnance n° 2016-520 du 28 avril 2016

[590] Voir MERVILLE (A. D.), Droit des marchés financiers, 3e éd., Gualino, 2017, p. 21 (note citée par KALIEU ELONGO (Y. R.), *À la recherche du particularisme du nantissement de compte de titres financiers en droit OHADA, RTSJ*, janvier-juin 2015, n° 7, p. 4) ; art. L. 211-2 du Code mon. et fin..

[591] Intitulé modifié par l'ordonnance n° 2017-1674 du 8 décembre 2017.

[592] Voir commentaire sous l'art. L. 211-20 du Code mon. et fin. (France).

[593] BIAIS (A.), *Nantissement de « compte-titres » ou « titres financiers » ? Analyse critique et propositions d'évolution*, article consulté sur internet le vendredi, 13 sept. 2019 à 16h37 (https://consultation.avocat.fr/userfiles/files/38398/20160621-abi-nantissement-de-compte-titres-38398-170105-1642.pdf).

L'article L. 211-20 du Code monétaire et financier institue donc à juste titre un compte nanti qu'il soit spécial ou réputé comme tel : « *Le compte nanti prend la forme d'un compte spécial ouvert au nom du titulaire et tenu par un intermédiaire mentionné à l'article L. 211-3[...] ; À défaut d'un compte spécial, sont réputés constituer le compte nanti les titres financiers mentionnés au premier alinéa, ainsi que les sommes en toute monnaie ayant fait l'objet d'une identification à cet effet par un procédé informatisé* ». Le droit de l'OHADA prendra exemple sur ces réformes intervenues en droit français et les adaptera dans son droit positif.

b-2/ L'impact de la réforme de l'AUSCGIE du 30 janvier 2014 sur le régime juridique du nantissement des droits d'associés et valeurs mobilières de l'AUS du 15 décembre 2010

265. Contexte. – En droit de l'OHADA, avant la réforme de l'AUSCGIE du 30 janvier 2014 qui a rendu obligatoire, quelle que soit leur forme, l'inscription des valeurs mobilières en compte au nom de leur propriétaire[594], l'AUSCGIE originel de 1997 évoquait déjà la notion de titres mais plus précisément celle de « titres sociaux » émis par une société en contrepartie des apports faits par les associés. Ces titres représentent les droits des associés et sont dénommés actions dans les sociétés par actions et parts sociales dans les autres sociétés[595]. L'AUSCGIE connaissait et réglementait également, sans toutefois les définir, les valeurs mobilières qui sont des titres négociables ; l'article 744 disposait en ce sens que « Les sociétés anonymes émettent des valeurs mobilières dont la forme, le régime et les caractéristiques sont énumérés au présent titre. *[...]* ». De fait, naturellement, le législateur OHADA prévoyait et organisait l'utilisation de ces titres en sûretés sous réserve des dispositions spéciales de l'AUSCGIE de 1997. Justement, en ce qui concerne les actions, l'article 764 de cet acte uniforme distinguait celles émises par les sociétés ne faisant pas appel public à l'épargne de celles émises par les sociétés faisant appel public à l'épargne. Seules les actions émises par les sociétés faisant appel public à l'épargne, qu'elles soient nominatives ou au porteur, pouvaient être représentées par une inscription dans un compte ouvert au nom de leur propriétaire. L'inscription en compte n'était donc pas obligatoire sous l'ancien régime et était réservée uniquement pour les actions émises par les sociétés faisant appel public à l'épargne.

Cette configuration a été maintenue sous le nouveau régime de l'AUS de 2010 pour le nantissement des droits d'associés et valeurs mobilières

---

594 Art. 744-1 de l'AUSCGIE de 2014 : « Les valeurs mobilières, quelle que soit leur forme, doivent être inscrites en compte au nom de leur propriétaire. Elles se transmettent par virement de compte à compte. [...] ».
595 Art. 51 de l'AUS de 1997.

jusqu'à l'avènement de l'AUSCGIE de 2014. Aussi avant cette réforme donc, puisque l'inscription des valeurs mobilières en compte n'était qu'une option dévolue aux seules sociétés faisant appel public à l'épargne, leur nantissement devait-il se faire selon les dispositions spéciales de l'article 747 de l'ancien AUSCGIE. Il disposait que « *[...] la constitution en gage de valeurs mobilières inscrites en compte est réalisée tant à l'égard de la personne morale émettrice qu'à l'égard des tiers, par une déclaration datée et signée par le titulaire. [...]* ». Autrement, si l'inscription en compte n'était pas privilégiée, la constitution se ferait par simple tradition comme le précise l'alinéa 1 de l'ancien article 764 de l'AUSCGIE. On serait alors sous le régime d'un gage de valeurs mobilières.

266. Consécration. – La réforme de l'AUSCGIE du 30 janvier 2014 est donc au cœur de la consécration de la dématérialisation des valeurs mobilières dans l'espace OHADA. Elle vise une obligation d'inscription en compte des valeurs mobilières et des autres titres financiers pour l'efficacité du nantissement des titres financiers. Il est important de noter d'emblée que la réforme va intégrer la notion de titres financiers sans pour autant la définir. Ce qui est pour le moins regrettable vu l'enjeu financier que l'intégration de cette notion suscite. Comme l'a fait remarquer la Pr KALIEU ELONGO, les principaux textes qui régissent les marchés financiers[596] de la zone OHADA ne définissent pas non plus les titres[597]. Il faut donc malheureusement se référer encore au droit français pour plus de détails. Un peu comme les récentes réformes intervenues en droit français, en droit OHADA la notion de titres financiers va subtilement absorber celle des « valeurs mobilières ». Nous employons l'adverbe « subtilement » dans la mesure où le législateur OHADA s'est gardé d'employer un seul terme pour désigner les titres financiers. L'accent est donc mis sur les titres particuliers que constituent les valeurs mobilières. Il a donc laissé subsister le terme « valeurs mobilières », comme le droit français l'a fait dans le Code de commerce, mais qu'il assimile toutefois à un titre financier. Le nouvel article 744 dispose à cette fin que « *Les sociétés anonymes émettent des valeurs mobilières ainsi que d'autres titres financiers. [...], les valeurs mobilières émises par les sociétés anonymes comprennent : les titres de*

[596] On en dénombre trois dans la zone OHADA : la Bourse Régionale des Valeurs Mobilières (BRVM) pour les huit États membres de l'UEMOA à savoir le Bénin, le Burkina Faso, la Côte d'Ivoire, la Guinée-Bissau, le Mali, le Niger, le Sénégal et le Togo ; la Bourse camerounaise des valeurs mobilières (Douala Stock Exchange) pour le marché financier camerounais et la Bourse des valeurs mobilières de l'Afrique Centrale (BVMAC) pour les États membres de la CEMAC.

[597] Pour plus de détails V. KALIEU ELONGO (Y. R.), À la recherche du particularisme du nantissement de compte de titres financiers en droit OHADA, *op. cit.*, p. 6.

capital ; les titres de créance autres que les titres du marché monétaire. [...] ».

Par cette réforme, il consacre également la dématérialisation des valeurs mobilières comme l'indique l'article 744-1 quand il dispose que « *Les valeurs mobilières, quelle que soit leur forme, doivent être inscrites en compte au nom de leur propriétaire. Elles se transmettent par virement de compte à compte. [...]* ». La dématérialisation ou l'inscription des valeurs mobilières n'est donc plus une option dans l'espace OHADA. Elle est obligatoire pour toutes les valeurs mobilières, quelle que soit leur forme. Et, conformément à l'article 747 du nouvel AUSCGIE le nouveau nantissement des valeurs mobilières est « constitué conformément aux dispositions de l'acte uniforme portant organisation des sûretés »[598]. Le nouvel AUSCGIE renvoie donc aux dispositions de l'AUS de 2010 pour la constitution du nantissement des valeurs mobilières devant impérativement être inscrites en compte. Or, l'AUS a laissé subsister le nantissement des droits d'associés et valeurs mobilières à côté du nouveau nantissement de compte de titres financiers. Ce renvoi suscite débats et incompréhensions.

267. Pour la Pr KALIEU ELONGO, « cette nouvelle rédaction de l'article 747 de l'AUSC mérite d'être élucidée. D'une part, en faisant un renvoi aux dispositions de l'AUS pour ce qui est de la constitution du nantissement, le texte se met en conformité avec le droit positif. Ceci exprime bien le fait que toutes les sûretés organisées en droit OHADA sont régies par un seul texte qui est l'AUS. Faute de précisions données à l'article 747, les dispositions de l'AUS auxquelles il est fait renvoi sont celles relatives au nantissement de compte de titres financiers. [...]. Cela semble évident dès lors que les valeurs mobilières constituent, pour l'instant, les seuls titres énumérés expressément dans la catégorie des titres financiers qui doivent être inscrits en compte[599] ». Nous partageons entièrement cette argumentation et estimons que les dispositions de l'AUS de 2010 relatives au nantissement des droits d'associés et valeurs mobilières ne peuvent plus être retenues pour la constitution du nantissement des valeurs mobilières dès l'entrée en vigueur de l'AUSCGIE de 2014. Devant obligatoirement être inscrites dans un compte comme d'ailleurs les autres titres financiers, les valeurs mobilières étant considérées par le nouvel AUSCGIE comme des titres financiers, leur constitution doit se faire conformément aux dispositions relatives au nantissement de comptes de titres financiers prévues aux articles 146 à 155 de l'AUS de

[598] Art. 747 nouveau de l'AUSCGIE de 2014. Le renvoi du nouvel AUSCGIE à l'AUS montre finalement que seules les sûretés constituées au sein de l'AUS sont celles régies par l'OHADA.
[599] KALIEU ELONGO (Y. R.), À la recherche du particularisme du nantissement de compte de titres financiers en droit OHADA, *op. cit.*.

2010. La réforme de l'AUSCGIE oblige donc à faire cette lecture[600] et à opter raisonnablement pour le nantissement de comptes de titres financiers en ce qui concerne les valeurs mobilières et les autres titres financiers émis par les sociétés anonymes.

D'ailleurs les articles 146 et 147 de l'AUS de 2010 sont édifiants. L'article 146 définit le nantissement d'un compte de titres financiers comme « *la convention par laquelle le constituant affecte en garantie d'une obligation l'ensemble des valeurs mobilières et autres titres financiers figurant dans ce compte* » et l'article 147 dispose que « *le nantissement de comptes de titres financiers est constitué, tant entre les parties qu'à l'égard de la personne morale émettrice et des tiers, par une déclaration datée et signée par le titulaire du compte [...]* ». Cette dernière disposition était celle privilégiée par l'ancien article 747 pour les sociétés faisant appel public à l'épargne ayant opté pour l'inscription en compte des valeurs mobilières. Elle a donc simplement été confinée dans l'article 147 du nouvel AUS pour plus d'efficacité aussi bien de la norme elle-même que du nantissement qu'elle organise.

b-3/ Les limites du processus entrepris

268. Une effectivité encore recherchée. – Les lenteurs au sein des États et même des acteurs de la finance quant à la mise en place de la dématérialisation tant souhaitée par l'OHADA ont pour conséquences l'ineffectivité de la dématérialisation des valeurs mobilières dans certains États membres de l'OHADA et par ricochet l'ineffectivité du nantissement de comptes de titres financiers. Cette exigence de dématérialisation promue par l'OHADA doit être poursuivie par des actes concrets dans la pratique des affaires dans les différents États de l'OHADA pour d'une part l'effectivité de la norme et d'autre part l'efficacité de la constitution du nantissement portant sur ce bien. Force est de constater que les différents acteurs du secteur des finances sont à la traîne et depuis 2014 peu d'entre eux ont fait le pas de la dématérialisation des valeurs mobilières ; peu d'États ont vraiment mis en place des modalités de dématérialisation sur lesquelles les entreprises peuvent se baser. Les premières modalités de dématérialisation des valeurs mobilières ont été émises au Cameroun par la loi 2014/007 qui définit en son article premier cette dématérialisation qui est un processus individuel et interne aux entreprises [601] comme « *une opération de*

---

[600] « Il faudrait considérer que les dispositions actuelles du nantissement des droits d'associés et valeurs mobilières ne s'appliquent plus qu'aux droits d'associés, ce qui serait la conséquence logique de l'obligation d'inscription en compte du droit des sociétés ». KALIEU ELONGO (Y. R.), À la recherche du particularisme du nantissement de compte de titres financiers en droit OHADA, *op. cit.*, p. 9.

[601] Voir également MARLY (P.) et LECAT (J.-J.), OHADA, République Démocratique du Congo, Sénégal, Cameroun, CMS Bureau Francis Lefebvre, www.cms.law Au Cameroun,

substitution des certificats physiques des titres, par l'inscription en compte des titres sous forme électronique ». Comme l'atteste le bilan fait[602] par la Caisse Autonome d'Amortissement (CAA) qui est l'une des dépositaires centraux des valeurs mobilières au Cameroun, au 30 avril 2019, seulement 292 attestations de dématérialisation ont été enregistrées dont 134 seulement ont été retirées ». Selon l'article publié par le cabinet d'avocats CHAZAI et Partners, « selon la CCA ce score très faible s'explique par le manque de communication sur les avantages de la dématérialisation notamment l'augmentation des mouvements de capitaux nationaux et transfrontaliers, ainsi que la réduction des coûts d'émission et de traitements des opérations de titres. En outre, il faut également relever le défaut de culture sur la détention des titres de valeurs mobilières ». Le délai légal fixé par l'État du Cameroun pour cette dématérialisation était le 23 avril 2019 mais cette date a été prorogée au 30 juin 2019. Les entreprises qui ne s'y conforment pas encourent des sanctions comme la suspension de tous les droits attachés à ces titres à compter du 24 avril 2018 et la mise en vente des droits correspondant à ces titres à partir du 24 avril 2019 à défaut de régularisation avant la date fixée[603]. Ceci montre bien que même si l'OHADA fixe le cap général des dispositions efficaces à mettre en place pour faciliter la vie des affaires, il appartient encore aux États de mettre en place le cadre légal pour en faciliter la mise en œuvre effective. C'est le cas de la dématérialisation où l'OHADA à travers l'AUSC initie la dématérialisation sans prévoir les modalités de sa mise en œuvre réelle. Il appartient alors aux États d'être réactifs et prévoir cette modalité. Ces freins rendent ineffective la norme édictée par l'OHADA ou du moins ils limitent sa portée réelle. Dans le cas où un État ne prendrait pas les dispositions nécessaires à cette dématérialisation, il va sans dire que les entreprises auront du mal à

« l'inscription en compte des valeurs mobilières s'impose (notamment) aux sociétés émettrices qui devraient donc en informer leurs actionnaires dont l'identité est connue et qui sont en pratique, dans la majorité des cas, titulaires de certificats nominatifs ainsi que ceux, le cas échéant, qui sont titulaires de titres au porteur en informant ces derniers par avis publié dans un journal d'annonces légales de la dématérialisation et qu'ils doivent, en conséquence, déposer leurs titres pour être inscrits en compte en tant que titres nominatifs ».

602 Article Cabinets d'avocats Chazai et Partners du 14 octobre 2019 sur la dématérialisation des valeurs mobilières au Cameroun, LinkedIn : « Le 23 avril 2014, le Président de la République du Cameroun a promulgué la loi 2014/007 fixant les modalités de dématérialisation des valeurs mobilières au Cameroun. (…) La procédure de dématérialisation se décline en trois principales étapes : l'émetteur ou le teneur de compte-conservateur procède à l'inscription en compte et délivre au propriétaire, à son mandataire ou au détenteur des valeurs mobilières, une attestation indiquant les caractéristiques et le nombre de titres détenus ; dès leur inscription en compte, les valeurs mobilières et leurs caractéristiques sont centralisées auprès du dépositaire central ; le Dépositaire central est chargé de la conservation, de la coordination, du contrôle et de la supervision des opérations de dématérialisations des valeurs mobilières ».

603 MARLY (P.) et LECAT (J.-J.), OHADA, République Démocratique du Congo, Sénégal, Cameroun, *op. cit.*.

appliquer l'article 744-1 de l'AUSCGIE. Si elle n'est donc pas effective, seul le nantissement des droits d'associés et valeurs mobilières sera pris en compte si l'assiette du nantissement porte sur les valeurs mobilières non dématérialisées. Avec bien sûr une autre conséquence légale sur l'efficacité de ce type de nantissement.

b-4/ La constitution et les obligations du débiteur dans le nantissement du compte de titres financiers

269. Les conditions de validité. – Elle est subordonnée à la déclaration datée et signée par le titulaire du compte : une grande différence avec le nantissement sur les valeurs mobilières. L'article 147 du nouvel AUS subordonne l'efficacité et la validité du nantissement de compte de titres financiers à un écrit qui constitue la déclaration de nantissement datée et signée par le titulaire du compte et contenant à peine de nullité des mentions obligatoires. Il dispose que : « *Le nantissement de comptes de titres financiers est constitué, tant entre les parties qu'à l'égard de la personne morale émettrice et des tiers, par une déclaration datée et signée par le titulaire du compte. La déclaration constitutive du nantissement comporte, à peine de nullité, les mentions suivantes : 1°) la désignation du créancier, du débiteur et du constituant du nantissement ; 2°) le nombre et la nature des titres financiers formant l'assiette initiale du nantissement ; 3°) les éléments permettant l'individualisation de la créance garantie tels que son montant ou son évaluation, sa durée et son échéance ; 4°) les éléments d'identification du compte spécial nanti* ». L'AUS utilise ainsi les mêmes conditions de validité que le nantissement de compte de titres financiers du droit français. En ce sens, la chambre commerciale de la Cour de cassation française a rappelé le 23 janvier 2019 que le nantissement de compte de titres financiers[604] ne peut être « réalisé [...] entre les parties » que par « une déclaration [de nantissement] signée par le titulaire du compte [et comportant] les énonciations » codifiées à l'article D. 211-10 du Code monétaire et financier[605].

270. Un nantissement sans dépossession. – Ce nantissement est comme évoqué issu de la réforme du droit des sûretés du 15 décembre 2010 et fait partie intégrante de l'AUS de 2010. Il a pour assiette le compte de titres financiers étant comme en droit français « une universalité contenant des titres financiers et le cas échéant, des sommes en toute monnaie, tirées de ces titres[606] ». Le compte de titres financiers est défini

[604] Anciennement gage de compte d'instruments financiers.
[605] Cass. com., France, 23 janvier 2019, AJ contrat 2019, p. 195 ; v. aussi commentaires de LAISNEY (L. J.), D. 2019, n° 16-20.582 ; Cass. com., France, 20 juin 2018, AJ contrat 2018, p. 439, LAISNEY (L. J.), D. 2018.
[606] Commentaire sous l'art. L. 211-20 du Code mon. et fin., *op. cit.*.

comme « un compte constatant le dépôt en banque, chez un agent de change ou dans un établissement financier, de valeurs mobilières sur lesquelles le dépositaire exerce sa surveillance, à charge de restituer les valeurs mêmes qui ont été déposées ou celles qui restent après exécution des opérations de vente et d'achat[607] ». De ces définitions, il ressort que c'est le fonctionnement du compte en lui-même qui guide l'efficacité de ce nantissement. Le teneur du compte joue à cet effet un rôle crucial dans la préservation des droits du créancier bénéficiaire, comme pour le régime du nantissement du compte bancaire. C'est également pour cela que le législateur repose l'efficacité de ce nantissement sur la déclaration de nantissement du titulaire du compte. Le consentement du titulaire du compte à la constitution du nantissement est important. La déclaration liera les parties au teneur du compte de titres financiers et plus encore puisqu'elle est réputée lier les tiers comme le précise l'article 147 de l'AUS de 2010. Toutefois, comme l'affirme le Pr P. CROCQ, « dans la pratique, le constituant et le bénéficiaire signent généralement une convention portant nantissement de compte de titres financiers prévoyant, notamment, les modalités de mise en place, de fonctionnement du compte nanti et de réalisation de la sûreté. Cette convention comporte, en annexe, le projet de déclaration de nantissement en forme convenue qui sera, par la suite ou concomitamment, signée par le titulaire du compte de titres financiers concerné[608] ».

Au contraire du droit français qui avait nourri avant la réforme du 2 juillet 1996 une controverse sur le régime de ce nantissement[609], entre dépossession ou absence de dépossession en raison de la déclaration du nantissement, le droit OHADA a été clair sur son régime. Ce nantissement figure donc dans le nouvel AUS dans le chapitre relatif aux nantissements de meubles incorporels dont le régime juridique est rattaché à l'absence de dépossession du constituant. Il en ressort que les titres inscrits dans le compte peuvent être utilisés par le constituant conformément au contrat de garantie. Toutefois, ce régime emprunte pour beaucoup les techniques de l'entiercement[610] puisque l'efficacité de la sûreté repose sur le teneur du compte qui en a en réalité la possession pendant l'opération de garantie.

---

607 CORNU (G.), Vocabulaire juridique, 9e éd. 2011, *op. cit.*.

608 BLACK YONDO (L.), BRIZOUA-BI (M.), FILLE LAMBIE (O.) et autres, dir. Pr Crocq, *op. cit.*, p. 247.

609 Depuis cette réforme, la déclaration du constituant est la seule condition de validité du nantissement de compte de titres financiers. Avant cette réforme, puisque les formalités n'emportaient pas validité du nantissement, pour la chambre commerciale de la Cour de cassation française, « seul importe le fait que des valeurs mobilières aient été entiercées ». Voir cass. com., France, 7 mars 1995, *Bull. civ.* IV, n° 73, Defrénois 95, art. 36091, n° 2, n. Hovasse.

610 AYNÈS (L.) et CROCQ (P.), Les sûretés, La publicité foncière, *op. cit.*, p. 260.

271. Le garant de l'efficacité du nantissement du compte de titres financiers. – Comme pour toutes les sûretés sans dépossession, le compte de titres financiers nanti reste au nom du propriétaire des titres qui en a « faussement la possession » par la seule volonté du législateur. De fait, étant resté en possession de ses titres le constituant est censé les utiliser à sa guise. Sauf que le contrat de garantie limite ses prérogatives et érige le teneur du compte en garde-fou ou en garant de la préservation des droits du créancier nanti. Le teneur du compte peut être la société émettrice ou un intermédiaire financier[611]. D'ailleurs, la déclaration du titulaire du compte suffit à rendre la sûreté opposable aux tiers. Comme si l'on était dans une forme de dépossession ou même d'un entiercement. Le rôle du teneur du compte nanti s'avère alors déterminant. Il est défini par le législateur à l'article 151 du nouvel AUS qui dispose que « *le créancier nanti définit avec le titulaire du compte nanti les conditions dans lesquelles ce dernier peut disposer des titres financiers et des sommes en toute monnaie figurant dans le compte. [...] Lorsque n'étant pas le teneur du compte nanti, le créancier nanti a autorisé le titulaire du compte à disposer des valeurs mobilières et des sommes en toute monnaie figurant dans le compte nanti, le titulaire du compte et le créancier nanti informent par écrit le teneur de compte des conditions de cette disposition. Le teneur de compte ne peut déroger aux instructions reçues sans l'accord du créancier nanti* ». Pour que le teneur du compte assure pleinement son rôle de garant de la préservation des droits du créancier nanti, il doit avoir été informé s'il n'est pas le créancier pour que les règles du contrat lui soient opposables. Comme pour le nantissement de créance ou de compte bancaire, le teneur de compte doit avoir participé à l'acte ou en être notifié. De la sorte, la déclaration de nantissement lui sera opposable avec pour mission d'être le garant du bon fonctionnement du compte nanti dans l'intérêt des parties.

Le créancier a en outre la possibilité d'opérer des contrôles réguliers par une simple demande d'attestation adressée au teneur du compte sur l'inventaire des titres financiers et sommes, en toute monnaie, inscrites à la date de délivrance de ladite attestation. La régularité des demandes n'a pas été précisée, ce qui renvoie les parties à la prévoir dans leur convention, ou à prévoir la délivrance de cette attestation à chaque fois que le créancier en sentira le besoin.

272. La préservation de la consistance du nantissement du compte de titres financiers. – Il ressort de l'article 148 du nouvel AUS que l'assiette du nantissement de compte de titres financiers est composée « *[...] des titres financiers admis initialement au crédit du compte, ceux qui leur sont substitués ou les complètent de quelque manière que ce soit*

[611] Art. 149 du nouvel AUS.

ainsi que leurs fruits et produits [...]. Les titres financiers et les sommes en toute monnaie inscrites au crédit du compte nanti postérieurement à la date de la déclaration constitutive du nantissement sont réputés avoir été remis à la date de ladite déclaration. [...] ». Cet article élargit l'assiette du nantissement qui ne se compose pas uniquement des titres financiers. Toutefois, il appartient aux parties de décider du fonctionnement du compte comme le prévoit l'article 151 afin de préserver une valeur raisonnable à la couverture de l'obligation principale. Il en ressort surtout que ce compte dit spécial, comme le nomme l'article 149 du nouvel AUS, doit avoir un fonctionnement normal, c'est-à-dire un compte nanti dont le but n'est pas de handicaper le constituant dans son activité. La mise en place du compte spécial en lui-même permet le contrôle par le créancier sur la spécialité de sa garantie. Le Pr CROCQ dira utilement que « l'ouverture du compte spécial est un préalable à la matérialisation de l'assiette du nantissement et permet également d'isoler les titres et sommes nantis des autres éléments du patrimoine du titulaire du compte[612] ». L'assiette de la garantie est une source de richesse pour le débiteur, c'est pour cela que le législateur lui permet d'user du compte nanti tout en préservant la valeur de la garantie affectée au créancier. Ce dernier avec le concours du teneur de compte est à ce titre en mesure d'exercer un contrôle direct sur celui-ci afin de préserver ses droits et surtout la valeur de sa garantie. Ainsi, le constituant a le droit de substituer d'autres titres à ceux initialement présents dans le compte, de les compléter de quelque manière que ce soit ainsi que leurs fruits et produits. Cette faculté sous-tend alors une fongibilité des titres.

5/ La particularité du nantissement des droits de propriété intellectuelle

273. Sans définir les propriétés intellectuelles, le nouvel AUS les a introduites dans la liste des biens pouvant être nantis. L'article 156 mentionne d'ailleurs ces biens auxquels le nouvel AUS fait référence à savoir : les brevets d'invention, les marques de fabrique et de commerce, les dessins et modèles. Ces nouveaux biens reposent sur une forte construction de l'esprit. Comme le dirait J.-C. GALLOUX, « l'acte créatif est au cœur de la propriété intellectuelle[613] ». L'enjeu est alors d'affirmer sa propriété sur de telles œuvres. Ce que le droit de propriété intellectuelle

---

[612] BLACK YONDO (L.), BRIZOUA-BI (M.), FILLE LAMBIE (O.) et autres, dir. Pr Crocq, *op. cit.*, p. 248.

[613] J.-C. Galloux, Qu'est-ce que la propriété intellectuelle ? Droits de propriété intellectuelle – *Liber amicorum G. Bonet, Litec 2010, coll. IRPI, t. 36, p. 199* (note citée par BINCTIN (N.), Droit de la propriété intellectuelle – Droit d'auteur, brevet, droits voisins, marque, dessins et modèles, 3e éd., LGDJ, 2014, p. 21).

appréhende, ce n'est pas tant l'aboutissement de l'œuvre qui peut se matérialiser sur tout type de support, physique[614] ou non, mais surtout le processus unique de création voire la technicité. Ce qui génère un droit de la personne à l'origine de cette création sur le résultat obtenu, qui est un bien issu de la création humaine. En ce sens, BINCTIN affirme qu'« *un bien intellectuel est une chose issue de l'imagination humaine dans l'exercice d'une activité créative susceptible d'appropriation indépendamment de tout support*[615] ». L'objet du droit de propriété intellectuelle est donc une chose incorporelle[616]. Les droits du titulaire portent sur une œuvre de l'esprit indépendamment de tout support. Cette œuvre doit être issue d'une création[617] et non d'une idée comme le fait remarquer BINCTIN quand il montre que la frontière est « ténue[618] » entre idée et création. Il affirme que, « *les idées ne proviennent pas nécessairement d'une activité créatrice volontaire, sont fortuites et insuffisamment formalisées pour pouvoir constituer un bien*[619] ». Le constituant qui entend nantir un bien intellectuel doit apporter les éléments permettant de déterminer les droits qu'il apporte en garantie. Il doit donc être titulaire des droits sur le bien intellectuel qu'il nantit. Mais, les biens intellectuels ont une nature qui empêche toute appropriation durable au profit d'une seule personne[620]. Cette nature particulière peut parfois être un frein pour la constitution de certains droits de propriété intellectuelle.

C'est dans ce sens que le droit des sûretés de l'OHADA appréhende les droits de propriété intellectuelle **(a)**. Étant des biens incorporels, ces droits font l'objet des mêmes obligations à l'égard des constituants pour la préservation de la valeur de l'assiette garantie restée en sa possession. Cette assiette est toutefois prévue de manière restrictive par le législateur OHADA **(b)**. Elle présente également une particularité qui est d'être organisée par l'OAPI, qui en assure l'existence et les éléments de nature

[614] BINCTIN (N.), Droit de la propriété intellectuelle, *op. cit.,* p. 25.
[615] BINCTIN (N.), Droit de la propriété intellectuelle, *op. cit.,* p. 30.
[616] Comme le dirait M. Passa qui affirme que « l'objet du droit de propriété industrielle est la chose incorporelle – invention, apparence d'un produit, signe distinctif de produits ou services déterminés – sur laquelle il porte », v. PASSA (J.), Traité de droit de la propriété industrielle, t. 1, 2e éd. LGDJ, 2009, n° 132 et s. (citée par BINCTIN (N.), Droit de la propriété intellectuelle, *op. cit.,* p. 29) ; V. BENABOU (V.-L.), *Pourquoi une œuvre de l'esprit est immatérielle, RLDI,* n° 1, janv. 2005, étude p. 53.
[617] Pour Bry, la création est une « composition, l'expression de la pensée, la façon de comprendre l'idée, de lui donner une forme, un ton, une couleur, voilà ce qui constitue le propre de l'auteur », BRY, Traité de la propriété industrielle, littéraire et artistique, 3e éd., SIREY, 1914, p. 556 (citée par BINCTIN, *op. cit.*, p. 33).
[618] BINCTIN (N.), Droit de la propriété intellectuelle, *op. cit.,* p. 32 ; V. également LUCAS (A.), *Prop. Intell.,* n° 3, avr. 2002, chron. « Droit d'auteur et droits voisins », n° 1, p. 45 ; TGI Paris, 14 juin 2002, *CCE* 2002, comm. 113, note C. Caron, au sujet d'une méthode boursière.
[619] BINCTIN (N.), Droit de la propriété intellectuelle, *op. cit.,* p. 32.
[620] ROUBIER (P.), Le droit de la propriété intellectuelle, t. 1, Sirey, 1952, n° 21, p. 94.

à rendre efficace la préservation des droits du créancier **(c)**. Même si cette organisation est le socle des droits de propriété intellectuelle, elle travaille en harmonie avec l'OHADA et ne devrait pas prendre le dessus sur les dispositions consacrées par cette dernière.

a/ L'appréhension des droits de propriété intellectuelle par le droit des sûretés réelles de l'OHADA

274. La reconnaissance de la propriété ou des droits sur les biens intellectuels. – Cette reconnaissance est un préalable à l'efficacité du nantissement des droits de propriété intellectuelle, qui se matérialise par la protection juridique de l'œuvre opposable *erga omnes*. Il a été affirmé par une partie de la doctrine en droit français que « *l'efficacité des propriétés intellectuelles tend à démontrer grâce aux moyens de défense des biens par le biais de la contrefaçon [que ce sont des biens dont leur titulaire peut se prévaloir pour une durée illimitée]. L'appropriation durable par une seule personne est la conséquence première des pouvoirs du possesseur : tant qu'il conserve le secret de sa création, il peut en jouir seul, pour une durée illimitée* ». Mais ce n'est pas si simple. La jouissance d'une telle création est subordonnée à son exploitation sous toutes ses formes. C'est ce qui en donne d'ailleurs la valeur patrimoniale qui intéresse le créancier. Sauf que l'exploitation d'un bien intellectuel par son créateur impose d'une certaine façon son usage par le public. Le créateur ne peut donc pas user du bien à titre exclusif comme le propriétaire d'une voiture. S'il le garde pour lui à titre exclusif, il risque de n'en tirer aucun bénéfice. Ce qui voudrait dire pour une partie de la doctrine que le créateur d'une œuvre de l'esprit ne peut en être le propriétaire exclusif au sens de l'article 544 du Code civil toujours applicable dans la plupart des pays de l'OHADA. La conséquence de cette propriété est la protection du droit privatif accordé au propriétaire du bien. Cet article reconnaît au propriétaire d'un bien les trois célèbres attributs que sont l'*usus*, le *fructus* et l'*abusus*. Or, si l'*usus* fait défaut, le droit de propriété n'est pas absolu. De fait, pour ROUBIER « *dès lors que la création est livrée au public, le titulaire des droits renonce à s'en réserver l'usage. Tout un chacun, en ayant accès à cette création, du fait de sa diffusion serait donc en mesure d'en jouir*[621] ». Desbois renchérit en affirmant que « *le propriétaire d'une terre en use à son gré, pour le profit et l'agrément, et il est seul à en user : au contraire, si l'œuvre de l'esprit donne prise à un droit de caractère patrimonial, à partir du moment où l'écrivain en a décidé la diffusion, par voie de reproduction ou d'exécution, loin de s'en réserver jalousement l'usage, c'est en contrepartie de la publication, qui en communique à autrui la jouissance,*

---

[621] ROUBIER (P.), Le droit de la propriété intellectuelle, *op. cit.* (Cité par LARONZE B., *L'usufruit des droits de propriété intellectuelle*, *PUAM* 2006, p. 34 et 35).

qu'il exerce son droit exclusif et perçoit des redevances ». C'est dire que la jouissance exclusive, c'est-à-dire par une seule personne, telle que décrite par l'article 544 du Code civil n'est pas la même en droit de la propriété intellectuelle. La jouissance d'une œuvre de l'esprit n'est profitable à son titulaire que lorsqu'il en partage l'usage et donc la jouissance. D'ailleurs, Foyer et Vivant font remarquer que « *chacune des propriétés intellectuelles connues est née d'un besoin social propre et d'un état particulier de développement*[622] ». Les biens intellectuels ont à ce titre une dimension sociale et rendent meilleure la vie des populations. Toutefois, il ne serait pas de bon augure de priver les créateurs et inventeurs de l'utilité économique de leur création, au risque de rendre la recherche moins attractive[623]. C'est pourquoi le législateur impose en contrepartie de la divulgation de la création une limitation de la propriété intellectuelle[624] dans le temps. Ainsi, le créateur ou l'inventeur peut partager son œuvre, en faire profiter la société tout en jouissant à titre exclusif des retombées économiques liées à son exploitation. Tout le débat se cristallise donc autour des retombées économiques et qui a le droit d'en profiter à titre exclusif.

275. Il faut avouer que les opposants à la propriété au sens de l'article 544 du Code civil tiennent des arguments assez convaincants tirés du défaut d'exclusivité de l'usus et de perpétuité propre à la propriété intellectuelle. Or il est démontré que le régime de la propriété ordinaire permet aussi bien une jouissance exclusive que non exclusive du même bien et connaît des cas de propriété temporaire, l'exemple du droit de superficie[625]. Mais, cette jouissance est-elle la même que celle de la propriété intellectuelle ? Jourdain fait également remarquer que « *le caractère temporaire des droits du brevet, limité à vingt ans, ou de l'auteur d'œuvres littéraires ou artistiques et de ses héritiers, ne constitue pas une objection dirimante* ». De plus, tant que l'inventeur conserve le secret de sa création, il peut en jouir seul, pour une durée illimitée. Donc la différence entre le droit de propriété et la propriété intellectuelle ne serait pas proprement marquée par l'usage du bien. De la sorte, pour les tenants de l'assimilation du droit de propriété à la propriété intellectuelle, la propriété intellectuelle est un véritable droit réel de propriété. On serait alors en présence d'une multiplicité de régimes d'appropriation mais « *le noyau dur de la propriété reste le même*[626] ». DIDEROT dira que : « *L'auteur est*

---

[622] FOYER (J.) et VIVANT (M.), Le droit des brevets, *PUF*, 1991, p. 10 (cité par BINCTIN (N.), Droit de la propriété intellectuelle – Droit d'auteur, brevet, droits voisins, marque, dessins et modèles, LGDJ 5e éd, p. 44).

[623] BINCTIN (N.), Droit de la propriété intellectuelle, 5e éd., *op. cit,* ,p. 44.

[624] Ibidem

[625] LARONZE (B.), L'usufruit des droits de propriété intellectuelle, op. cit., p. 41.

[626] BINCTIN (N.), Droit de la propriété intellectuelle, 5e éd., *op. cit,* ,p. 43.

propriétaire de son œuvre ou alors personne n'est maître de son bien[627] ». Pour POUILLET et RAYNARD, le droit d'auteur est un véritable droit de propriété[628]. Il ne faut donc pas cloisonner la propriété de l'article 544 du Code civil dans des limites strictes et rigides.

276. Au vu de ces controverses, même si nous ne partageons pas la thèse d'un droit de propriété qui serait pluriel mais plutôt d'une interprétation moins restrictive de l'article 544 du Code civil, il est permis d'émettre des réserves par rapport à l'assimilation de la propriété ordinaire à la propriété intellectuelle. Cette dernière se manifeste efficacement non par l'exclusivité de l'*usus* mais par la volonté unique du propriétaire de l'œuvre de partager sa création et de jouir seul des retombées économiques qu'elle génère. Toutefois, la thèse de la pluralité semble faire son chemin, Carbonnier « à l'instar de Josserand, semble y souscrire[629] ». Pour lui « c'est déjà en soi une erreur, pour la sociologie, que d'étudier le droit de propriété en général. Sociologiquement, la propriété n'existe pas, il n'existe que des propriétés diverses, autant que de catégories de choses et de personnes, toutes les variables y compris la quantitative, devant être combinées[630] ». Ripert renchérit dans le même sens et propose d'user « des propriétés tant elles sont différentes les unes des autres ». Il écrit que « *ce siècle est dominé par l'idée de propriété. S'il est traversé de tant de revendications, c'est que les non-possédants aspirent à devenir des possédants. Tous les droits privatifs prennent la dénomination et la forme juridique du droit de propriété... Peut-on en présence de formes nouvelles parler encore du droit de propriété ? N'est-il pas plus juste de dire en usant du pluriel, les propriétés tant elles sont différentes les unes des autres*[631] » ?

277. La doctrine reste donc profondément divisée sur le sujet. Ce débat ennuierait presque un pauvre créancier à la recherche d'un bien, ayant une valeur patrimoniale, pour garantir le prêt qu'il octroie et qu'il voudrait efficace en cas de défaillance de son débiteur. C'est dire que ce

---

627 Cité par COLOMBET (C.), Propriété littéraire et artistique et droits voisins, 8e éd. Dalloz, 1997, n° 17, p. 12. (Extrait de LARONZE B., L'usufruit des droits de propriété intellectuelle, *op. cit.*).

628 POUILLET (E.), Traité théorique et pratique de la propriété littéraire et artistique et du droit de représentation, 3e éd. 1908, Paris « le droit d'auteur (...) est un véritable droit de propriété » ; RAYNARD (J.), Droit d'auteur et conflits de lois, Essai sur la nature juridique du droit d'auteur, Bibliothèque de droit de l'entreprise, n° 337-371-335-372, Litec 1990. (Cités par LARONZE B., L'usufruit des droits de propriété intellectuelle, *op. cit.*, p. 47).

629 CARBONNIER (j.), Flexible droit, pour une sociologie du droit sans rigueur, 10e éd. LGDJ, 2001, p. 361 (note LARONZE B., L'usufruit des droits de propriété intellectuelle, *op. cit.*, p. 40).

630 CARBONNIER (j.), Flexible droit, pour une sociologie du droit sans rigueur, *op. cit.*.

631 RIPERT (G.), Les forces créatrices du droit, LGDJ 1955, n° 83 et 84, p. 298 et 210 (note LARONZE B., L'usufruit des droits de propriété intellectuelle, *op. cit.*, p. 39).

débat serait presque théorique à ses yeux même si son importance pratique est réelle. Au final, le plus important pour lui est de savoir si le constituant est titulaire des droits sur le ou les biens intellectuels qu'il affecte en garantie de son obligation ou de celle du débiteur principal et surtout si ces biens ont encore une valeur suffisante pour couvrir la durée du crédit. Ce dernier devra alors faire la preuve de la titularité de ses droits sur le bien intellectuel.

278. Alors, ce qu'appréhende véritablement le droit des sûretés c'est la protection du créancier à travers celle des droits des titulaires des biens intellectuels. La propriété intellectuelle aurait plus pour objet les droits sur la création que la chose ou la création en elle-même[632]. Cette dernière échappant en quelque sorte à son créateur dès sa diffusion. Le monopole d'exploitation de la création serait à ce titre la contrepartie de sa divulgation. Ce raisonnement est tenu par les auteurs comme MOUSSERON, RAYNARD, FOYER et VIVANT. Pour eux, « *l'auteur ou l'inventeur n'a évidemment pas la prétention de se réserver l'accès intellectuel à la création qu'il a divulguée, mais seulement l'accès juridique, c'est-à-dire la possibilité d'exploiter cette création*[633] ». Le pouvoir exclusif du créateur ou de l'inventeur ne réside pas dans la création elle-même mais dans l'exploitation de celle-ci puisque la réalité est que « *le créateur ne peut empêcher l'accès à la création, dès lors que celle-ci est diffusée ; en revanche, il peut interdire toute exploitation c'est-à-dire toute mise en œuvre des droits car ces droits lui sont réservés de manière exclusive*[634] ». Comme le fait remarquer LARONZE[635] « *le titulaire des droits n'est pas le seul à profiter de la création mais il est le seul à pouvoir jouir des prérogatives juridiques qui lui sont reconnues*[636] ». De la sorte, seul le titulaire du droit d'exploitation exclusif sur la création est en mesure de nantir ses droits, fussent-ils temporaires. La création est utilisée par le public mais le droit d'exploitation pécuniaire est dévolu au titulaire du droit qui en jouit à titre exclusif. Ce monopole d'exploitation étant lui-même temporaire. Mais, ce caractère temporaire n'a pas le même régime pour tous les biens intellectuels. En droit français, les brevets d'invention ont une durée d'exploitation exclusive de vingt ans[637]. Le droit d'auteur est quant à lui protégé durant la vie de l'auteur et pendant soixante-dix ans après son

[632] LARONZE B., L'usufruit des droits de propriété intellectuelle, op. cit., p. 38.
[633] FOYER (J.) et VIVANT (M.), *Le droit des brevets, PUF*, 1991, *op. cit.*, pp. 265 et 266 (note LARONZE B., L'usufruit des droits de propriété intellectuelle, *op. cit.* p. 38).
[634] LARONZE B., L'usufruit des droits de propriété intellectuelle, op. cit., p. 38.
[635] Qui est au demeurant contre l'idée de l'assimilation de la propriété ordinaire à la propriété intellectuelle.
[636] LARONZE B., L'usufruit des droits de propriété intellectuelle, op. cit., p. 38.
[637] Art. L. 611-2 du CPI français.

décès[638]. Les marques quant à elles sont protégées pendant dix ans indéfiniment renouvelables[639]. L'exclusivité que connaît l'exploitant est subordonnée à la durée légale d'exploitation de l'œuvre[640]. Ce monopole disparaît si son droit n'est pas renouvelé.

279. La reconnaissance du droit de propriété sur un bien intellectuel est d'abord l'apanage du créateur de l'œuvre lui-même. Par cette reconnaissance, le législateur protège l'exploitation exclusive de la création. Il faut que le créateur ou l'inventeur ait conscience d'avoir créé une chose pour pouvoir affirmer son droit et ensuite se l'approprier. La possession et la revendication de l'œuvre procèdent alors de cette prise de conscience[641]. Pour BINCTIN, « *la conscience ou l'intention se concrétise lors de l'appropriation plus qu'au moment de la création*[642] ». L'appropriation se matérialise pour ainsi dire par la protection juridique demandée et apportée à l'œuvre. Laquelle est généralement initiée par le créateur de l'œuvre qui entend bénéficier de la protection juridique que lui accorde le législateur. Le support du bien intellectuel étant indépendant à cette appropriation. Toutefois, un bien intellectuel n'a de valeur que s'il est exploité, s'il a une valeur économique, c'est aussi et surtout ce que recherche le créancier dans l'opération de nantissement. Là, le support, comme « mode de transmission[643] » de l'œuvre ou du bien intellectuel gagne une place prépondérante.

b/ L'assiette du nantissement des droits de propriété intellectuelle dans l'AUS

280. Une consécration restrictive. – Un *numerus clausus* réduirait-il la capacité de financement des titulaires de ces droits ? Comme en droit français, l'espace OHADA connaît une législation qui protège les droits des titulaires des biens intellectuels. Mais, cette législation n'a pas été harmonisée par l'organe législatif de l'OHADA. Il ne s'agit donc pas d'une matière harmonisée propre à l'OHADA. Le régime juridique qui leur est dévolu est à rechercher dans l'ordre juridique interne des différents États membres. Ces derniers ont adhéré au Traité de l'Organisation Africaine de la Propriété Intellectuelle (OAPI) qui organise et réglemente l'appropriation et la transmission des biens intellectuels dans les pays membres. Issu de l'Accord de Bangui (Centrafrique), ce Traité a vu le jour le 2 mars 1977[644]. Il classe les

[638] Art. L. 123-1 du CPI français.

[639] Art. L. 712-1 alinéa 2 du CPI français.

[640] LARONZE B., L'usufruit des droits de propriété intellectuelle, *op. cit.*, p. 88.

[641] BINCTIN (N.), Droit de la propriété intellectuelle, *op. cit.*, p. 33.

[642] BINCTIN (N.), *op. cit.*, p. 33.

[643] BINCTIN (N.), *op. cit.*, p. 34.

[644] L'accord de Bangui instituant l'OAPI a été révisé le 24 février 1999. Il compte tous les pays de l'OHADA en plus de la Mauritanie. On peut y citer, la Mauritanie, le Bénin, le Burkina

propriétés intellectuelles en deux catégories : d'une part la propriété littéraire et artistique et d'autre part la propriété industrielle. Les droits de la propriété littéraire et artistique comprennent les droits d'auteur (droits des artistes musiciens, des auteurs de romans, des auteurs d'œuvres cinématographiques...) et les droits voisins (droits des artistes interprètes et exécutants, des producteurs de phonogrammes ou de vidéogrammes...)[645]. Les droits de la propriété industrielle portent respectivement sur les créations industrielles (inventions, modèles d'utilité, dessins ou modèles industriels, obtentions végétales) et les signes distinctifs (marques, noms commerciaux et les indications géographiques)[646].

281. Le droit des sûretés de l'OHADA appréhende et réglemente le nantissement portant sur les droits de propriété intellectuelle de façon autonome seulement depuis la réforme du 15 décembre 2010. De façon autonome puisque les biens intellectuels pouvaient constitués l'assiette facultative du nantissement du fonds de commerce comme le prévoyait déjà sous l'ancien AUS l'article 69 qui dispose que « 1. *Le nantissement du fonds de commerce porte sur la clientèle, l'enseigne, le nom commercial, le droit au bail commercial et les licences d'exploitation ; 2. Il peut porter, aussi, sur les autres éléments incorporels du fonds de commerce tels que les brevets d'invention, marques de fabrique et de commerce, dessins et modèles et autres droits de la propriété intellectuelle ainsi que sur le matériel* (...) ». Ce nantissement autonome est défini comme « *la convention par laquelle le constituant affecte en garantie d'une obligation tout ou partie de ses droits de propriété intellectuelle existants ou futurs, tels que des brevets d'invention, des marques de fabrique et de commerce, des dessins et modèles*. (...) »[647]. Il ne peut donc porter que sur les droits portant sur les biens intellectuels nommés par l'article 156 du nouvel AUS ci-dessus et « ne s'étend pas, sauf convention contraire des parties, aux accessoires et aux fruits résultant de l'exploitation du droit de propriété intellectuelle objet du nantissement[648] ». Cette dernière disposition est compréhensible tant la richesse que procurent pour l'essentiel les créations de l'esprit est tirée de leur exploitation. Toutefois, il appartient aux parties d'inscrire dans leur contrat si elles décident d'en disposer autrement.

L'AUS occulte ainsi toute une bonne partie des biens intellectuels à l'instar des droits portant sur les biens littéraires et artistiques

---

Faso, le Cameroun, la Centrafrique, le Congo, la Côte d'Ivoire, le Gabon, le Mali, le Niger, la Guinée-Bissau, la Guinée, la Guinée Équatoriale, le Tchad et le Togo.

[645] V. site officiel de l'OAPI.

[646] Ibidem.

[647] Art. 156 du nouvel AUS.

[648] Art. 159 du nouvel AUS.

susceptibles d'être garantis, et avec eux une grande capacité de financement par le crédit. Il est dommage de se limiter seulement à de tels biens. Les droits d'auteur peuvent autant mobiliser le financement que les droits industriels que semble privilégier le droit OHADA. L'introduction des biens intellectuels comme assiette de garantie dans l'espace OHADA est finalement bien timide. Il faut espérer une plus grande ouverture lors d'une prochaine révision de l'AUS. Toutefois, on note dans les dispositions de l'OAPI la possibilité de gager les droits de propriété intellectuelle en contradiction avec les dispositions de l'OHADA. Ces deux dispositions issues de différents Traités sont à cheval dans l'ordre interne des pays de l'OHADA et tiennent lieu de loi nationale pour chacun des États parties à ces Traités.

c/ L'impact de l'OAPI sur l'efficacité de la sûreté régie par l'OHADA

282. L'OHADA et l'OAPI sur les sûretés réelles. – Dérogatoires au droit commun national des pays membres, toutes les dispositions de l'OAPI ne sont pas pour autant applicables dans les pays de l'OHADA. En ce sens les dispositions de l'OAPI qui sont contraires à celles des Actes uniformes sont inapplicables dans les pays qui sont parties au traité de Port-Louis. On fait souvent remarquer dans l'espace OHADA que les pays qui sont parties au traité de Port-Louis ont dans leur Ordre juridique des Accords communautaires et/ou internationaux dont les dispositions sont parfois contradictoires. Il faut pour la sécurité juridique penser à une profonde harmonisation de tout le système juridique de ces États afin d'y voir plus clair. L'exemple de l'OAPI et de l'OHADA principalement sur la matière des sûretés n'est pas un cas isolé. L'efficacité de la norme juridique dépend aussi de sa clarté. Il faudrait alors mettre en place un Code qui rassemblerait toutes ces matières à l'image du Code civil français et aller au-delà de sa conception initiale. Toutefois, il faut préciser que des concertations sont souvent faites entre ces deux institutions sous-régionales afin de prévenir les conflits de normes et de compétences[649]. La dernière en date a débouché sur la signature le 9 mai 2016 à Yaoundé d'un Accord de coopération entre ces deux institutions. C'est dire que les normes prévues et instituées par elles doivent s'imbriquer et ne peuvent être contraires. L'OAPI ouvre ainsi la voie à la possibilité de gager les biens intellectuels qu'elle protège par écrit sous peine de nullité[650] alors que l'OHADA institue des nantissements. Deux régimes bien distincts au regard du nouvel AUS. Il

[649] V. site officiel de l'OHADA.

[650] V. pour les brevets l'article 33 de l'annexe 1 du Traité révisé de l'OAPI ; pour les marques de produits et services, voir l'article 26 de l'annexe 3 ; pour les dessins et modèles voir l'article 20 de l'annexe 4.

faut néanmoins préciser que depuis l'avènement de l'OHADA par le Traité de Port-Louis signé le 17 octobre 1993 et entré en vigueur le 17 octobre 1993, lui-même révisé le 17 octobre 2008 à Québec, seules les sûretés réelles régies par l'AUS du 17 avril 1997 et révisé le 15 décembre 2010 sont susceptibles d'être utilisées à des fins de garantie dans cet espace. L'AUS instituant un *numerus clausus* des sûretés réelles, seuls les biens qu'il nomme sont susceptibles d'être utilisés à des fins de garantie. Le régime de constitution et de réalisation de ces sûretés est le seul à trouver valablement application dans l'espace OHADA. L'alinéa 2 de l'article 4 de l'AUS de 2010 dispose dans ce sens que : « *Sauf disposition contraire du présent acte uniforme, les seules sûretés réelles valablement constituées sont celles qui sont régies par cet acte. (...)* ». Les dispositions de l'OHADA sur les sûretés réelles prévalent ainsi sur celles de l'OAPI qui lui sont contraires conformément à l'article 10 du Traité[651] de Port-Louis. La constitution des sûretés ayant pour assiette des biens intellectuels doit être régie par les articles 156 à 161 de l'AUS de 2010. Et comme le prévoit l'article 157 : « *À peine de nullité, le nantissement des droits de propriété intellectuelle doit être constaté dans un écrit contenant les mentions suivantes : 1°) la désignation du créancier, du débiteur et du constituant du nantissement si celui-ci n'est pas le débiteur ; 2°) les éléments identifiant ou permettant de déterminer les droits apportés en garantie ; 3°) les éléments permettant l'individualisation de la créance garantie tels que son montant ou son évaluation, sa durée et son échéance* ». Comme pour les autres biens incorporels, les biens intellectuels n'échappent pas à la rigueur des textes pour une utilisation à des fins de garantie. Constitués sans la dépossession des titulaires des droits sur lesquels ils portent, la rigueur des textes offre une sécurité aussi bien pour les parties et au-delà pour les tiers, surtout quand il sera question de leur opposer le contrat de garantie.

283. La preuve du droit d'exploitation exclusif d'un bien intellectuel. – La protection des droits d'exploitation exclusifs est faite par l'enregistrement du bien intellectuel auprès de l'OAPI qui en est la garante. La tenue d'un registre central[652] par l'OAPI avec consultation libre par toute personne permet d'autant plus l'efficacité des différents nantissements qui portent sur les biens intellectuels puisque chaque

---

[651] Art. 10 du Traité de Port-Louis : « Les actes uniformes sont directement applicables et obligatoires dans les États parties, nonobstant toute disposition contraire de droit interne, antérieure ou postérieure ».

[652] Section II, art. 16 de l'OAPI révisé « 1) L'Organisation tient pour l'ensemble des États membres, un registre spécial des brevets, un registre spécial des modèles d'utilité, un registre spécial des marques de produits ou de services, un registre spécial des dessins et modèles industriels (...), dans lesquels sont portées les inscriptions prescrites par le présent Accord » ; 2) Toute personne peut consulter les registres et en obtenir des extraits, aux conditions prévues dans le règlement d'application ».

enregistrement permet d'attribuer un numéro d'ordre unique au bien enregistré, lequel permet son identification et le rend unique et individuel. En pratique, cette protection passe essentiellement par une procédure d'enregistrement de l'œuvre auprès de l'institution habilitée à cet effet au niveau national, communautaire voire international. Dans l'espace OAPI, la reconnaissance des droits portant sur les biens intellectuels est réalisée par le dépôt administratif d'une demande visant à reconnaître la création et à la protéger afin de permettre au créateur de jouir à titre exclusif des retombées liées à l'exploitation de sa création. Cette demande est déposée au relais national de l'OAPI dans les États parties, précisément dans les ministères chargés de l'industrie. Un titre de propriété est alors délivré au déposant qui le protège pendant toute la durée de l'exploitation exclusive. Passé ce délai, on dit que la création tombe dans le domaine public. Sa valeur est alors aux yeux du créancier moins attractive pour son créateur, voire quasi nulle.

284. Dans le droit de propriété industrielle, le brevet ou brevet d'invention est le titre délivré à l'inventeur pour protéger ses droits pendant vingt ans sur une invention nouvelle impliquant une activité inventive et susceptible d'application industrielle. Un certificat d'addition obéissant aux mêmes critères de forme et de fond que le brevet peut être délivré pour protéger les changements, perfectionnements ou additions apportés à un brevet par le breveté ou ses ayants droit pendant toute la durée de vie du brevet. Un registre spécial des brevets est tenu par l'OAPI et centralise tous les droits protégeant la propriété industrielle ainsi que les licences d'exploitation accordées par le titulaire d'un brevet à des tiers. Le contrat de licence devant être, comme le brevet, inscrit au registre spécial des brevets et n'a « d'effet envers les tiers qu'après [cette publication] [653]». La durée de la licence « ne peut être supérieure à celle du brevet[654] ».

285. Un dessin ou un modèle est pour l'OAPI l'aspect ornemental ou esthétique d'un objet industriel, lequel peut résider dans la forme, dans la composition ou dans la couleur de l'objet qui doit lui-même être susceptible d'une reproduction par des procédés industriels ou artisanaux. Le dessin est « *un assemblage de lignes ou de couleurs*[655] » et le modèle « *toute forme plastique associée ou non à des lignes ou des couleurs, pourvu que cet assemblage ou forme donne une apparence spéciale à un produit industriel ou artisanal et puisse servir de type pour la fabrication d'un produit industriel ou artisanal*[656] ». Au dépôt de la demande d'enregistrement, si l'examen de la demande est concluant, un

[653] Annexe 1, art. 36, section V du Traité de l'OAPI révisé portant sur la transmission, la cession des brevets et des licences contractuelles.
[654] Annexe 1, art. 36 du Traité de l'OAPI révisé, *op. cit.*.
[655] Annexe IV, art. 1 du Traité de l'OAPI révisé.
[656] Annexe IV, art. 1 du Traité de l'OAPI révisé.

arrêté d'enregistrement d'un dessin ou modèle est délivré au déposant et produit ses effets pendant cinq ans à compter de la date de dépôt de la demande. Cette protection qu'offre l'arrêté d'enregistrement peut être prolongée pendant deux périodes de 5 ans consécutives. Un registre spécial des dessins ou modèles est tenu par l'OAPI pour l'inscription voire la traçabilité de tous les actes affectant la vie juridique du dessin ou modèle tels que la cession du dessin ou modèle, la concession de licence, le changement de nom du propriétaire du dessin ou modèle et tous actes impactant la vie du dessin ou du modèle. Le nouvel AUS appréhende comme assiette du nantissement des droits de propriété intellectuelle, aussi bien les dessins et modèles industriels qu'artisanaux puisque ces deux biens ont été cités par son article 156 sans aucune précision ou restriction.

286. Quant à la marque de produits ou de services, elle est un signe visible utilisé ou que l'on se propose d'utiliser pour distinguer les produits ou services d'une entreprise quelconque de ceux de ses concurrents[657]. Elle peut être individuelle ou collective. La protection d'une marque est reconnue par l'arrêté d'enregistrement d'une marque et produit ses effets pendant dix ans[658] à compter de la date de dépôt de la demande. Cette protection peut être conservée sans limitation de durée par des renouvellements successifs pouvant être effectués tous les dix ans, dans l'année du dixième anniversaire[659]. Une inscription au registre spécial des marques est requise pour tous changements affectant la vie juridique de la marque, tels que : la cession de la marque, la concession de licence, le changement de nom du propriétaire de la marque et bien d'autres changements impactant la vie de la marque. Ce registre à l'image du code foncier pour les immeubles permet une efficace traçabilité de la vie juridique de la marque. Ceci permet une prise de garantie sur ce type de bien en toute confiance. L'OHADA permet la prise de nantissement uniquement sur les marques de fabrique et de commerce[660].

287. Au vu des dispositions de l'OAPI et surtout de la rigueur dans l'enregistrement des biens intellectuels et surtout des recours et sanctions prévus par les textes y afférents, l'OAPI crée un rapport de certitude entre le bien intellectuel, son exploitation ainsi que le titulaire des droits exclusifs sur cette exploitation. Cette certitude est source de confiance pour le créancier.

---

[657] Annexe 3, art. 2 du Traité de l'OAPI révisé.

[658] Annexe 3, art. 19 du Traité de l'OAPI révisé.

[659] V. site officiel de l'OAPI. V. www.oapi.int.

[660] Art. 156 du nouvel AUS.

6/ La particularité du nantissement de fonds de commerce

288. L'utilisation du fonds de commerce comme assiette d'une sûreté est liée à la prise en compte de sa valeur. L'exploitation du fonds de commerce est alors à la base de son efficacité et aussi de sa capacité à générer une richesse suffisante à la préservation des droits du créancier. Cette exploitation fait l'objet d'un encadrement particulier qui concourt à l'efficacité de cette sûreté. Aussi, le développement du crédit adossé à l'exploitation d'un fonds de commerce ne peut être profitable que dans la mesure où le constituant bénéficie de cet encadrement spécifique lié à l'exploitation du fonds. C'est dire que ce bien n'a donc d'intérêt pour le créancier que s'il est exploité **(a)**. Ce n'est malheureusement pas le cas de la plupart des petits exploitants de fonds de commerce dans les pays de la zone OHADA **(b).**

a/ Une assiette liée à l'exploitation qui en est faite

289. Contexte. – Le fonds de commerce est un bien dont l'importance et la valeur commerciale en font pour le commerçant une réserve de crédit pour accroître son activité[661]. Le droit des sûretés l'appréhende naturellement en réglementant sa mise en garantie. Même si le fonds de commerce n'a pas été défini par le droit français, le droit OHADA a quant à lui fait un effort de définition qui le différencie du droit français qui l'inspire. L'article 103 de l'ancien AUS et l'article 135 du nouvel AUS le définissent comme « *un ensemble de moyens qui permettent au commerçant d'attirer et de conserver une clientèle* ». Il regroupe des éléments mobiliers, corporels et incorporels. Le fonds de commerce par son contenu dont la « délimitation manque de précision[662] » est une universalité de fait « c'est-à-dire qu'il est composé d'une pluralité de biens distincts et autonomes entre eux[663] », soumis à des régimes différents selon leur nature ; ces éléments conservent « leur individualité, leur valeur économique propre et peuvent être cédés isolément sans porter atteinte à l'ensemble[664] ». Le fonds de commerce est donc un

[661] Inspiré du droit français qui organisait le nantissement du fonds de commerce depuis le siècle dernier comme le rappel le Pr D. LEGEAIS, Droit commercial et des affaires, Sirey 22e éd., 2015, p. 134 : « Jusqu'en 1898, le commerçant se heurtait à des difficultés pour obtenir du crédit en donnant son fonds en garantie. L'hypothèque n'était pas possible puisque le fonds de commerce n'est pas un immeuble. Le gage aurait exigé la remise du fonds aux créanciers ; on l'évitait en pratique par une remise symbolique portant sur le titre d'acquisition et le titre de bail, mais aucune publicité n'en avertissait les autres créanciers. Une première loi de 1898 organisa cette publicité ; elle fut remplacée par la loi du 17 mars 1909 qui a permis de constituer sur le fonds de commerce un nantissement sans dépossession grâce à une publicité inspirée de celle des hypothèques ».

[662] Commentaires, nouvel AUDCG Titre II sur le fonds de commerce, Code OHADA, p. 135.

[663] Ibidem.

[664] Ibidem.

ensemble non homogène porté par une même finalité, celle de conserver la clientèle et pérenniser l'activité commerciale du commerçant. Sa valeur est liée à son contenu, aux éléments qui le composent. La clientèle étant pour la doctrine dominante aussi bien pour la jurisprudence française et de l'OHADA l'un des éléments principaux du fonds voire sa finalité. Mais, le fonds ne peut être réduit à elle. Si le fonds de commerce se compose uniquement d'éléments corporels, les biens immeubles bien qu'ils concourent également au maintien de la clientèle ou de l'activité commerciale dans son ensemble n'en font pas partie. Les éléments mobiliers du fonds peuvent comme un bloc homogène, et c'est ce que nous étudions, être conventionnellement donnés en garantie par le propriétaire du fonds. Le fonds est lui-même un meuble incorporel composé d'autant d'éléments corporels qu'incorporels. Le droit des sûretés de l'OHADA appréhende essentiellement ses éléments incorporels dont la clientèle et l'enseigne ou le nom commercial sont obligatoires à la constitution de la garantie et dans une moindre mesure, c'est-à-dire de façon facultative, d'autres éléments incorporels et corporels conventionnellement choisis par les parties pour accroître la valeur du fonds et donc de la garantie accordée. C'est de cela qu'il s'agit en réalité, de la valeur du fonds et des éléments qu'il contient pour son efficacité surtout économique. C'est le principal enjeu de cette garantie, comme pour les autres biens incorporels d'ailleurs, la délimitation de l'assiette de la garantie, la preuve de la constitution du contrat de garantie qui réaffirme le principe de spécialité des sûretés réelles et bien entendu l'opposabilité de ce contrat aux tiers sont au cœur de l'efficacité de ces garanties.

Toutefois, tous les biens meubles liés à l'exploitation du fonds ne rentrent pas dans l'assiette du nantissement. C'est l'exemple des marchandises destinées à la vente, des créances et des contrats affectés ou relatifs à l'exploitation du fonds. Ces éléments d'actifs sont susceptibles de tourner au cours du cycle d'exploitation du fonds. Ils constituent des actifs circulants qui peuvent être monétisés à moins d'un an.

290. L'assiette du nantissement de fonds de commerce. – L'article 162 du nouvel AUS définit le nantissement du fonds de commerce comme « *la convention par laquelle le constituant affecte en garantie d'une obligation, les éléments incorporels constitutifs du fonds de commerce à savoir la clientèle et l'enseigne ou le nom commercial* ». Sans surprise, les éléments obligatoires ci-dessus cités sont ceux nécessaires à l'identification du fonds et à son attachement territorial par la clientèle. Le législateur fait obligation aux parties de rajouter dans leur contrat de garantie outre ces éléments et ce à peine de nullité « la désignation du créancier, du débiteur et du constituant du nantissement si celui-ci n'est pas le débiteur ; la désignation précise et le siège du fonds et, s'il y a lieu, de ses succursales ; les éléments permettant l'individualisation de la créance garantie tels que son montant ou son évaluation, sa durée et son échéance[665] ». L'écrit revêt ici comme dans toutes les autres sûretés une importance capitale puisqu'il est la seule condition de validité retenue. De fait, le fonds demeurant entre les mains du constituant, il est plus qu'important que tous les éléments prévus par l'article 163 figurent au contrat, qui fait office de preuve de la constitution de la garantie.

291. L'extension de son assiette. – C'est sans doute une faculté importante et surtout une grande liberté introduite par le législateur[666] et qui permet aux parties d'adapter le contenu du fonds à la créance garantie. Le contenu du fonds de commerce n'est pas figé. Tout au long de son exploitation, il peut prendre comme perdre de la valeur. À ce titre, les parties peuvent convenir d'étendre le nantissement « aux autres éléments incorporels du fonds de commerce tels que le droit au bail commercial, les licences d'exploitation, les brevets d'invention, marques de fabrique et de commerce, dessins et modèles et autres droits de la propriété intellectuelle. Il peut également être étendu au matériel professionnel[667] ». Cette extension doit faire l'objet d'une clause spéciale désignant les éléments engagés[668]. Les parties peuvent donc compte tenu de l'obligation garantie et de l'exigence de couverture à due concurrence faire rentrer ou sortir des éléments du fonds. Puisque l'exploitation du fonds lui fait prendre ou perdre de la valeur, il faut également que les parties adaptent leur contrat afin de maintenir une valeur suffisante à la couverture de l'obligation garantie. La perte de valeur du fonds peut être due à un changement d'activité, à la vente des éléments du fonds, au déplacement du fonds ou encore à sa mise en location-gérance. Dans ces cas, le créancier doit en être informé sous peine de déchéance du terme s'il y a diminution de sa sûreté[669]. En matière de location-gérance par exemple, le locataire gérant, même s'il s'est acquitté de l'obligation de publicité pour l'exploitation autonome du fonds, ne peut céder ses droits sans l'autorisation du propriétaire puisqu'il s'agit d'un contrat empreint d'un fort principe *d'intuitu personae,* et n'étant pas propriétaire du fonds il ne peut le mettre en nantissement. Dans ce cas, il est soumis à un régime d'autorisation du bailleur du fonds.

292. La qualité de commerçant reconnue à l'exploitant du fonds. – La reconnaissance légale d'une activité commerciale à travers l'exploitation d'un fonds de commerce donne à l'exploitant des avantages

[665] Art. 163 du nouvel AUS.
[666] Cette extension était déjà d'actualité dans l'AUDCG de 1997.
[667] Art. 162 al2 du nouvel AUS.
[668] Art. 162 al3 du nouvel AUS.
[669] Art. 175 du nouvel AUS.

considérables. Cette reconnaissance légale lui permet de bénéficier de la protection due à sa qualité de commerçant. Cette protection est légale et découle directement de l'inscription ou de l'immatriculation du commerçant au registre du commerce et du crédit mobilier[670]. Cette immatriculation oblige le commerçant à s'acquitter des obligations liées à sa qualité telles que la tenue d'une trésorerie, l'obligation de tenir tous les livres de commerce conformément aux dispositions de l'Acte uniforme relatif à l'harmonisation des comptabilités des entreprises[671]. Ces obligations inscrivent également le commerçant dans une démarche de transparence de nature à mettre les tiers en confiance. Il s'agit donc d'un gage de sécurité juridique de l'ensemble des activités commerciales. C'est à ce titre que résolument, l'efficacité du nantissement du fonds de commerce dépend également en amont de la bonne tenue du RCCM qui collecte toutes les informations sur les commerçants et qui pourrait intéresser les créanciers.

b/ Fonds de commerce, crédit et secteur informel

293. L'entreprenant et l'accès au crédit dans l'espace OHADA. – Il s'agit ici d'attirer l'attention sur les difficultés d'accès au crédit pour les exploitants d'un « petit » fonds de commerce, souvent dans le secteur informel des pays de l'espace OHADA. Pourtant, l'entreprenant ayant une activité commerciale dans l'espace OHADA bénéficie d'un statut particulier lui permettant de sortir du secteur informel, d'entrer dans la légalité commerciale et donc potentiellement d'avoir plus facilement accès au crédit. Mais le faible engouement concernant ce statut, en plus des taux usuraires des crédits, réduit les efforts à néant.

294. Le secteur informel prend une grande part de l'activité économique dans l'espace OHADA[672]. Si ce secteur représente plus de 50% du PIB des États de l'espace OHADA, c'est que les fonds de commerce déclarés ne sont pas légion. Il faut donc une législation qui absorbe ces activités qui n'ont pour la plupart pas une très grande valeur économique, quoiqu'il faille avoir accès au crédit pour agrandir son activité. La reconnaissance du statut de commerçant par le législateur et les obligations qui y sont attachées pour permettre leur protection facilitent les ouvertures de crédit aux commerçants. Les donneurs de crédits arrivent à s'appuyer sur des législations qui leur permettent de protéger leurs investissements. L'AUDCG, l'AUS et l'AUSCGIE rendent finalement possibles ces

---

[670] Art. 35 de l'AUDCG, 2010.

[671] Art. 13 de l'AUDCG, 2010.

[672] Les études statistiques sur le sujet souvent produites dans les rapports *doing business* sont formelles. Le pourcentage du secteur informel sur le PIB des États de la zone OHADA est élevé, plus de 50% ; à titre d'exemple, en 2012 ce pourcentage était de 70% du PIB pour le Bénin.

investissements et développent l'activité commerciale dans toute la zone. Toutefois, il faut noter que la part importante du secteur informel dans les pays de l'OHADA n'incite pas véritablement les acteurs du crédit que sont souvent et traditionnellement les banques à s'engager dans de telles opérations. D'où le faible recours des commerçants pour ce type de nantissement. N'étant pas immatriculés au RCCM, leur activité n'est pas empreinte de la transparence voulue et qui permet l'accès au crédit. Ceci laisse le champ libre à d'autres acteurs comme les institutions de microfinances qui elles prêtent sans prendre le fonds de commerce pour garantie, c'est-à-dire sans passer par l'outil légal et efficace qu'offre le nantissement de fonds de commerce de l'AUS. Même s'il faut le reconnaître, c'est l'exploitation du fonds, petite soit sa valeur, qui permet au débiteur de rembourser son prêt.

295. C'est le rôle du nouveau statut créé par l'OHADA et adapté aux entrepreneurs. Les petits commerçants si l'on veut bien les nommer. L'acquisition de ce statut particulier dit statut de l'entreprenant est aisé si l'exploitant respecte les conditions énumérées par l'Acte uniforme portant organisation et harmonisation des comptabilités des entreprises. Le nouvel AUDCG définit en son article 30 l'entreprenant comme « *un entrepreneur individuel, personne physique qui, sur simple déclaration prévue dans le présent acte uniforme, exerce une activité professionnelle civile, commerciale, artisanale ou agricole* ». Ce statut est censé accroître l'accès au crédit des petits commerçants et les sortir du secteur informel. C'est pour cela que les formalités d'accès à ce statut sont épurées. Une déclaration sans frais avec réception d'un numéro d'enregistrement[673] avant le début de l'activité[674], la fourniture de pièces justificatives[675], le tout pour bénéficier de la protection et de certaines règles applicables au commerçant. À ces avantages s'ajoutent des obligations *a minima* comme la tenue au jour le jour d'un livre journal spécial mentionnant chronologiquement l'origine et le montant de ses ressources[676] et l'obligation pour « l'entreprenant qui exerce des activités de vente de marchandises, d'objets, de fournitures et denrées ou de fourniture de logement [de] tenir un registre, récapitulé par année, présentant le détail des achats et précisant leur mode de règlement et les références des pièces justificatives, lesquelles doivent être conservées »[677]. Il s'agit donc des obligations allégées par rapport à celles

[673] Art. 64 du nouvel AUDCG « Le numéro de déclaration d'activité est personnel ; nul ne peut être déclaré comme entreprenant à plusieurs registres ou sous plusieurs numéros à un même registre (…).
[674] Art. 62 du nouvel AUDCG.
[675] Art. 63 du nouvel AUDCG.
[676] Art. 31 du nouvel AUDCG.
[677] Art. 32 du nouvel AUDCG.

des commerçants qui eux sont soumis à l'obligation d'immatriculation au RCCM, contrairement aux entreprenants qui sont soumis à une simple obligation de déclaration[678]. L'exploitation d'une activité commerciale par l'entreprenant en toute légalité devrait lui ouvrir l'accès au crédit. Mais, force est de constater que depuis son entrée en vigueur, ce statut ne suscite pas l'engouement du public visé. Au-delà des limites législatives ou conceptuelles évoquées par la doctrine, il faut évoquer le manque de vision économique efficace et profonde des différents États. La mise en place d'une législation efficace et favorable à la migration des différents acteurs du secteur informel au secteur formel ne suffit pas à elle seule pour opérer ce changement. Il faut créer des incitations économiques pour permettre une réelle migration et favoriser réellement le basculement des petits commerçants dans le secteur formel.

PARAGRAPHE 2 : LA PROTECTION DES DROITS DU CREANCIER APPREHENDEE PAR LE DROIT PENAL

296. Plusieurs mécanismes contractuels protègent le créancier et rendent efficace sa sûreté comme par exemple l'écrit de l'acte de garantie, la dépossession du constituant du bien garanti, la publicité de l'acte de garantie sur un registre, la propriété, la déchéance du terme pour ne citer que ceux-là. Ces mécanismes sont souvent mis en œuvre pour la protection du créancier, donneur de crédit, cocontractant dans sa relation « intime » avec le débiteur. Ce qu'appréhende le droit pénal, c'est bien sûr aussi la protection du créancier et la sauvegarde des intérêts du débiteur mais plus largement la protection de la société, l'intérêt général, la sécurité juridique, pas seulement dans une relation contractuelle restrictive mais dans les relations d'affaires en général, le lien et l'impact de ces relations dans la société prise dans sa globalité, la loyauté et dans une grande mesure la transparence dans les affaires. C'est un signal fort envoyé dans le monde des affaires pour rendre les transactions plus saines que possible. Le droit pénal a donc mis en place une incrimination qui punit le fait pour un débiteur, un emprunteur ou un tiers donneur de gage, de détruire ou de détourner l'objet constitué en gage. Cette infraction telle que présentée renvoie à l'idée que la personne coupable du détournement porte atteinte au bien qu'il a lui-même donné en garantie à un créancier. Un acte délictueux de nature à porter préjudice au créancier en le privant de sa sûreté ; le créancier perd ainsi le bien qui aurait pu par sa valeur

[678] Comme le présente le commentaire sous le titre III consacré à la déclaration d'activité de l'entreprenant au RCCM « L'entreprenant n'a pas la qualité de commerçant. (…) La déclaration d'activité suppose l'affirmation d'une situation de fait, d'un choix et la volonté de porter ce choix ou cette situation à la connaissance d'autrui. Dans le cas de l'entreprenant, il déclare qu'il est entrepreneur et que son entreprise est de petite taille ». Commentaires SANTOS (A. P.) et AGBENOTO (K. M.), Code vert OHADA, p. 273.

combler la perte subie en cas de défaillance du débiteur principal, cette perte étant dans ce cas atténuée par l'amende prononcée à l'encontre du constituant de la garantie. Initialement prévue pour les sûretés avec dépossession donc pour le gage[679], elle a été étendue naturellement aux sûretés sans dépossession qui trouvent un large écho auprès des acteurs économiques. Dans l'espace OHADA, aucun acte uniforme ne porte sur le droit pénal mais l'article 5 alinéa 2 du Traité de l'OHADA dispose que « *Les actes uniformes peuvent inclure des dispositions d'incrimination pénale. Les États parties s'engagent à déterminer les sanctions pénales encourues* ». Il s'opère alors une répartition des compétences entre l'OHADA et les législateurs nationaux. Il faut également rappeler que si l'incrimination est prévue au niveau « communautaire » pour ce délit, les modalités de sa constitution ne sont pas détaillées, un renvoi est donc fait au droit pénal national des différents États parties en ce qui concerne ses éléments constitutifs **(A)** ainsi que sa répression **(B)**. Cette incrimination est punie depuis une décennie par la législation[680] française qui inspire la plupart des pays de l'OHADA comme l'attestent les décisions du 13 mars 1909[681] et du 23 janvier 1936[682]. Nous prendrons exemple sur la législation du Togo qui a révisé son Code pénal[683] le 24 novembre 2015 pour l'adapter aux différentes conventions internationales qu'il a signées.

A/ LES ELEMENTS CONSTITUTIFS DU DELIT DE DETOURNEMENT DE « CHOSE GAGEE »

297. Le délit pénal est généralement constitué à la réunion de deux éléments que sont l'élément matériel et l'élément intentionnel. Mais, au préalable, il faut faire la preuve de la constitution effective de la sûreté. À ce titre, l'écrit étant la seule condition de validité des sûretés réelles conventionnelles depuis l'AUS de 2010, s'il fait défaut le délit de détournement ne sera pas constitué puisque la sûreté elle-même ne sera pas valide.

---

[679] Le délit de détournement du gage avec dépossession se justifiait « par le fait que le débiteur qui reprenait la chose entre les mains du créancier reprenait sa propre chose, le délit se rapprochait plus du vol que de l'abus de confiance ». www.cours-de-droit.net

[680] Art. 314-5 et 6 du Code pénal français « Le fait, par un débiteur, un emprunteur ou un tiers donneur de gage, de détruire ou de détourner l'objet constitué en gage est puni de trois ans d'emprisonnement et de 375 000 euros d'amende. La tentative de l'infraction prévue au présent article est punie des mêmes peines ».

[681] Cass. crim., France, 13 mars 1909, DP 1911.1.159 ; 25 juillet 1912 : DP 1913.1.123 sur la vente d'un élément isolé du fonds de commerce, par exemple le matériel.

[682] Vente d'une licence de débit de boissons, voir Aix-en-Provence, 23 janv. 1936 : *Rev. fonds de comm.* 1936.182.

[683] JORT portant nouveau Code pénal du 24 novembre 2015, numéro spécial, p. 1-153 qui abroge le Code pénal du 13 août 1980.

298. La nécessité de la constitution effective de la sûreté par écrit. – L'écrit est dans le nouvel AUS le premier critère d'efficacité des sûretés réelles. Il est la formalité par laquelle le contrat de garantie prend vie. Son importance est telle qu'il conditionne la validité des sûretés réelles sous l'AUS de 2010. Sans la rédaction du contrat de garantie par écrit, la sûreté constituée est nulle. En ce qui concerne le nantissement de créance par exemple, l'article 127 de l'AUS dispose clairement qu'« *À peine de nullité, le nantissement de créance doit être constaté dans un écrit (...)* ». L'article 140 de l'AUS en fait de même en ce qui concerne le nantissement des droits d'associés et valeurs mobilières, l'article 147 pour le nantissement de comptes de titres financiers, l'article 157 pour le nantissement des droits de propriété intellectuelle, l'article 163 pour le nantissement du fonds de commerce, l'article 96 pour le gage, l'article 88 pour le transfert fiduciaire de sommes d'argent, pour ne citer que celles-là. Toutes les sûretés réelles conventionnelles régies par l'AUS de 2010 se prouvent donc par l'acte écrit de la convention de garantie. C'est cet acte qui atteste de la constitution de la garantie et oblige le débiteur surtout au respect de l'exécution de son obligation envers le créancier. Les parties inscrivent expressément dans ce contrat la condition d'opposabilité de la sûreté aux tiers, laquelle est la publicité du contrat, c'est-à-dire que les parties peuvent décider de la détention du bien par le constituant et opter par exemple pour une inscription de la sûreté au RCCM ou elles peuvent décider de la possession du bien par le créancier et donc de la dépossession du constituant. Ce mode d'opposabilité de la sûreté aux tiers sera au cœur du *modus operandi* du délit puisqu'il permettra de le comprendre. Mais la matérialisation du délit est liée à la constitution effective de la sûreté et au moyen de preuve par l'écrit de l'acte. Donc, l'acte permet au débiteur d'être averti sur l'existence des obligations qu'il entraîne. Dans ce sens, il a été jugé par la chambre criminelle de la Cour de cassation française que « la nullité encourue pour le cas où une formalité de publicité qui n'a pour objectif que d'aviser les tiers de la garantie n'aurait pas été accomplie à temps est sans effet dans les rapports entre le créancier et le débiteur ; les poursuites exercées prennent leur source non dans le contrat lui-même mais dans le délit de détournement frauduleux d'une chose faisant l'objet du contrat, quelle que soit la validité de ce contrat[684] ». Le débiteur est donc tenu des obligations qui lui incombent du seul fait de l'existence du contrat de garantie. Ce qui compte c'est le moment où l'acte délictueux a été commis et l'essentiel est que l'auteur ait détourné le bien contre les intérêts du créancier.

---

[684] Cass. crim., France, 24 juillet 1963, *Bulletin criminel* 1963, n° 263, *Légifrance*.

299. L'objet et les actes de l'élément matériel. – L'élément matériel est celui qui caractérise l'infraction, qui la concrétise. L'objet de l'élément matériel est donc le bien sur lequel porte l'acte délictueux. Il s'agit du bien donné en gage. Ce gage doit s'entendre comme l'objet donné en garantie, qui peut être toutes les sûretés régies par l'AUS. Ce bien est déterminé par le contrat de garantie.

Les actes du délit de détournement de chose gagée sont au sens de l'article 441 du nouveau Code pénal du Togo constitués par « le détournement » de la chose gagée. Il s'agit en réalité du résultat du comportement délictueux qui porte atteinte aux droits de la victime de l'infraction. Le détournement selon cet article 441 est le fait de détruire, d'altérer, de ne pas restituer, de s'approprier ou de faire obstacle aux droits de la victime de l'infraction. Le comportement délictueux vise donc à porter atteinte à l'objet donné en garantie dans le but de diminuer sa valeur ou de le faire disparaître purement et simplement pour que la victime de l'infraction ne puisse pas en profiter lors de l'appel de la garantie. Il s'agit par exemple : de déplacer le fonds de commerce sans en aviser le créancier, ou de vendre un élément du fonds, dont la conséquence serait de diminuer la valeur du fonds ; il s'agit également de laisser par manque de soin un matériel et outillage ou de détruire intentionnellement l'objet de la sûreté ou quand le détenteur du bien objet de la garantie l'utilise alors que le contrat interdit toute utilisation. Ne constitue par contre pas ce délit la destruction accidentelle du bien gagé ou quand le bien par sa nature menace de périr. Ces cas sont prévus et réglés par l'AUS qui prévoit la prise d'une assurance. Lorsque la chose « gagée » est restée entre les mains du débiteur, il a sauf stipulation contraire la liberté de la céder, le créancier ayant en contrepartie un droit de suite qui lui permet de suivre le bien dans n'importe quelle main. À propos du fonds de commerce, la chambre criminelle de la Cour de cassation française a eu le 6 janvier 1966 à se prononcer sur la vente du fonds de commerce sans le consentement du créancier, elle répondait alors en ces termes : « *Attendu, cependant que l'article 400 alinéa 5 du Code pénal ne punit que la destruction ou le détournement d'objets à titre de gage ; qu'aucune disposition de la loi du 17 mars 1909 sur la vente et le nantissement des fonds de commerce n'interdit la vente d'un fonds de commerce nanti ; que, seule, la vente d'objets distraits du fonds de commerce nanti peut constituer le délit de l'article 400 alinéa 5*[685] ». La chambre criminelle de la Cour de cassation française est constante sur la qualification de ce délit. Plus récemment, elle a jugé « *qu'en effet, d'une part, l'indisponibilité des biens gagés par une société, placée ultérieurement en redressement judiciaire, s'impose au repreneur de celle-ci dans le cadre d'un plan de cession lui donnant la qualité de*

---

685 Cass. crim., France, 6 janvier 1966, pourvoi n° 64-92298, *Bull.*, *Légifrance*.

débiteur du créancier gagiste et, d'autre part, le paiement, postérieur au détournement du gage, ne fait pas disparaître le délit de détournement et le préjudice en résultant, celui-ci ne se confondant pas avec la créance préexistante[686] ». Le délit est bien constitué au moment de sa commission.

300. Le sujet de l'infraction. – L'infraction peut être commise par le débiteur ou le créancier, le détournement doit avoir sa source dans le contrat et être matérialisé par le comportement frauduleux, c'est-à-dire s'il y a eu un acte de nature à compromettre l'existence de l'objet donné en garantie ou à empêcher sa mise en œuvre. L'article 441 du nouveau Code pénal togolais cite le débiteur[687], l'emprunteur ou le tiers donneur de gage ou détenteur de gage ou même le créancier[688] qui détourne le bien gagé au lieu de le restituer au constituant.

301. L'intention de porter atteinte aux droits du créancier. – Le délit de détournement de chose gagée est constitué par la réunion de l'élément matériel et de l'élément intentionnel. Ce dernier implique la volonté en connaissance de cause du débiteur de porter atteinte aux droits du créancier. Il est perceptible eu égard au comportement délictueux et à son résultat qui démontrent finalement que le débiteur a eu conscience au moment de l'acte qu'il portait préjudice au créancier. La qualification du délit est ainsi matérialisée à la réunion des deux éléments. Le prononcé des dommages et intérêts vient couvrir le préjudice subi par le créancier.

B/ LA REPRESSION DU DELIT DE DETOURNEMENT DE « CHOSE GAGEE »

302. L'article 442 du nouveau Code pénal du Togo punit « toute personne coupable de détournement de gage d'une peine d'emprisonnement d'un an à trois ans et d'une amende d'un million à trois millions de francs CFA ou de l'une de ces deux peines ». Toute incrimination sans sanction est vaine. La sanction d'un délit est dissuasive et normalement amène son auteur à ne pas récidiver voire permet de dissuader toute personne à ne pas commettre l'impensable comme on le dit. Toutefois, l'effet recherché pour l'efficacité des sûretés réelles n'est pas tant l'effet dissuasif de cette sanction même si elle compte pour beaucoup et participe à inciter le débiteur à exécuter sa prestation, mais plutôt l'amende constituant la sanction pécuniaire. La couverture du préjudice par la sanction pécuniaire permet au créancier de couvrir une partie de la perte

[686] Cass. crim., France, 16 mai 2001, *Bull. crim.* 2001 n° 125, p. 381.

[687] Art. 441 al. 1 : « Le détournement de gage est le fait pour un emprunteur ou un tiers donneur de gage ou détenteur de gage, de détruire, d'altérer, de ne pas restituer, de s'approprier ou de faire obstacle aux droits de créancier sur l'objet constitué en gage ».

[688] Art. 441 al.3 : « Le détournement de gage est le fait par un créancier bénéficiaire du gage, de détruire, d'altérer, de ne pas restituer, de s'approprier ou de faire obstacle aux droits du débiteur sur l'objet gagé ou nanti ».

patrimoniale subie et c'est le sens que nous lui cherchons. Moindre soit-elle, elle permet au créancier qui a perdu le bien garanti par la faute du débiteur de soulager sa peine. Cela ne voudrait pas dire que l'obligation garantie est éteinte. Loin de là, le créancier pourra poursuivre l'exécution de l'obligation garantie en cas de défaillance du débiteur principal puisque son patrimoine est le gage commun des créanciers. Il pourra aussi prendre une sûreté judiciaire sur les biens du débiteur.

SECTION 2 : L'OPPOSABILITE DES SURETES MOBILIERES AUX TIERS PAR LA PUBLICITE

303. La généralisation de la publicité des sûretés mobilières. – Hypothèque mobilière ou pas, tel est l'enjeu de notre temps en matière de protection des droits du créancier bénéficiaire d'une sûreté mobilière. Moderne dans le sens où pour mobiliser de plus en plus de crédits, le choix est fait dans le sens de l'octroi d'une sûreté sans la dépossession du constituant. Il faut alors trouver le meilleur moyen pour protéger les intérêts du créancier sur ces meubles qui échappent à son emprise. La publicité sur un registre public est alors recommandée pour assurer la préservation des droits du créancier. Prenant en compte la réforme du droit des sûretés en France de 2006 et les recommandations de l'Unidroit et la Cnudci, le droit OHADA a fait le choix de sa généralisation. Son utilisation a été amorcée dans l'AUS de 1997 et s'est poursuivie de façon bien plus accrue dans l'AUS de 2010. L'exemple du droit québécois qui a consacré l'hypothèque mobilière montre l'intérêt de l'utilisation de ce critère pour l'efficacité les sûretés mobilières. On est toutefois encore loin du régime unique que ce droit a consacré et pour lequel de profonds changements ont été nécessaires dans l'ossature même du droit des sûretés réelles québécois. Ce modèle peut-il convenir à l'avenir au droit OHADA ? La question mérite d'être posée d'autant que ces réformes en droit québécois ont été possibles par une réforme de fond du Code civil français applicable au Québec **(Paragraphe préliminaire)**.

En droit OHADA, le législateur n'a pas été au bout de sa logique. Toutes les sûretés mobilières classiques ne font pas l'objet d'une publicité au RCCM pour leur opposabilité aux tiers. Le nantissement de compte de titres financiers est la seule sûreté réelle traditionnelle sans dépossession qui n'est pas opposable aux tiers par la publicité. Le législateur lui attribue plutôt le droit de rétention qui est un effet propre aux sûretés avec dépossession, dont le gage de meubles corporels est le seul dépositaire naturel. Son efficacité en est totalement bouleversée. Il nous faut alors étudier séparément ces deux catégories de sûretés. D'une part, les sûretés mobilières traditionnelles faisant l'objet d'une publicité pour leur opposabilité aux tiers **(Paragraphe 1)** et d'autre part, l'incohérence et l'inadéquation de l'utilisation du droit de rétention comme effet du nantissement de compte de titres financiers **(Paragraphe 2)**. La cohérence de l'ensemble du régime des sûretés mobilières sans dépossession commande à une généralisation de la publicité pour toutes les sûretés mobilières sans dépossession.

PARAGRAPHE PRELIMINAIRE : L'HYPOTHEQUE MOBILIERE DU NOUVEAU DROIT QUEBECOIS : UN MODELE POUR LE DROIT OHADA ?

304. Le droit OHADA des sûretés réelles a indéniablement été influencé par plusieurs systèmes juridiques contemporains dont celui du nouveau droit québécois, lui-même d'inspiration civiliste. Il nous a semblé intéressant d'évoquer les points particuliers qui font l'efficacité du nouveau droit québécois des sûretés réelles. Il paraît encore plus opportun d'analyser l'évolution récente de ce droit car il s'est beaucoup et radicalement distancé du droit français des sûretés réelles par ses choix, surtout pour l'efficacité des sûretés réelles mobilières. L'étude brève de ce droit, c'est-à-dire essentiellement sur le point de l'efficacité des sûretés mobilières, permettra de mettre en lumière les points essentiels et légitimera les choix législatifs du législateur OHADA sur la publicité.

305. Il est aujourd'hui admis par une partie de la doctrine que le droit québécois des sûretés réelles peut être un modèle de référence. Il a acquis ses « lettres de noblesse » en procédant à une refonte de son droit des sûretés réelles pour des raisons que nous évoquerons **(A).** Le point central de cette réforme a été la consécration dans le nouveau Code civil québécois de l'hypothèque mobilière inspirée du droit américain **(B).** Le droit OHADA étant foncièrement plus proche du droit français, le nouveau droit québécois se distingue alors autant du droit français que du droit de l'OHADA.

A/ LE DROIT QUEBECOIS DES SURETES REELLES : UNE RUPTURE AVEC LE DROIT FRANÇAIS

306. Contexte. – Le Code civil français de 1866 établissait jusqu'à l'avènement du Code civil québécois le droit commun des sûretés réelles au Québec[689]. Il faut rappeler que la pénétration du Code civil français au Québec est historique et liée à l'influence française dans cette province du Canada. Cette influence du Code civil français est la même dans l'espace OHADA. Le Québec est donc parmi les dix provinces canadiennes, la seule qui utilise un Code civil français[690]. Il avait donc

---

[689] AUGER (J.), *Problèmes actuels de sûretés réelles*, in article de la revue juridique Thémis, éd. Thémis – Faculté de droit (Université de Montréal), p.624.
[690] Ibidem.

hérité d'un droit français des sûretés réelles hétéroclite. En plus, à côté du Code civil français, et dans une optique d'adaptation sans cesse de la loi aux réalités qu'elle régit, se dressaient des lois spéciales québécoises accompagnant « l'épanouissement » des sûretés réelles mobilières. Selon le ministère de la Justice, « *depuis 1845 le système d'enregistrement québécois n'avait pas fait l'objet d'une révision en profondeur. Plus encore, le Québec, contrairement aux autres provinces canadiennes, n'avait pas de registre de droits mobiliers*[691] ». Tous ces manquements seront plus tard à la base de la réforme du Code civil français appliqué au Québec.

307. C'est par une loi de 1955 que la révision du Code civil français appliqué au Québec a été introduite. Elle sera remplacée par une autre de 1960 portant projet de Code civil québécois. Il s'agissait d'adapter l'ancien Code civil français aux réalités québécoises. Le nouveau Code civil du Québec a été après plusieurs travaux parlementaires adopté le 18 décembre 1991. Il renferme dans le livre sixième les dispositions applicables aux sûretés réelles, en distinguant « *les priorités des hypothèques* » et consacre une nouvelle *summa divisio* des sûretés réelles en opposition à celle du droit français qui oppose « *les privilèges aux hypothèques* ». Les priorités sont des causes légitimes de préférence d'origine légale et ne font l'objet d'aucune publicité, elles ne confèrent ni droit de suite ni droit de préférence ; les hypothèques sont aussi bien mobilières qu'immobilières et sont soumises à une publicité qui peut prendre plusieurs formes. « Les diverses sûretés réelles qui affectent des meubles sont consolidées en un seul régime, celui de l'hypothèque mobilière[692] ». Les anciennes dispositions du droit français, régies pour une large part toujours par le droit OHADA, telles que les privilèges, le gage, le nantissement sans dépossession, la cession de créances et la cession de biens en stock ont été abrogées. En lieu et place le nouveau droit québécois institue les hypothèques. Ces transformations radicales n'ont été possibles que par la mise en place d'un Code civil québécois adapté à l'objectif visé par le législateur québécois.

308. La création d'une nouvelle cause légitime de préférence pour les sûretés mobilières. – Le droit des sûretés réelles québécois a définitivement marqué sa différence par rapport au droit français sur les dispositions concernant les sûretés mobilières. Les sûretés mobilières sont regroupées sous l'appellation « hypothèques mobilières ». Elles ont pour assiette des biens meubles corporel et incorporel, peuvent être

---

[691] Voir sur l'historique législatif de la réforme des sûretés, Manuel québécois de l'inscription et de la consultation des droits personnels et réels mobiliers, 18 Oct. 2012, p.1.

[692] Manuel québécois de l'inscription et de la consultation des droits personnels et réels mobiliers, *op. cit.*.

constituées avec ou sans dépossession du constituant de la sûreté et confèrent au bénéficiaire un droit de suite et un droit de préférence. Elles font l'objet d'une publicité institutionnalisée avec des conséquences significatives sur leur efficacité.

B/ LA PUBLICITE GENERALISEE DES SURETES MOBILIERES : L'HYPOTHEQUE MOBILIERE AU QUEBEC

309. La publicité institutionnalisée des sûretés mobilières en droit québécois se fait sur un registre spécial prévu à cet effet. Il s'agit du registre des droits personnels et réels mobiliers. Les informations y sont centralisées. Ce registre est dématérialisé, ce qui le rend facilement consultable et augmente la sécurité des transactions. Mais le volume des données devant être enregistrées qui concernent autant les créanciers, les débiteurs que les biens garantis, oblige à mettre en place un registre très élaboré. Il doit cependant aussi être très coûteux à mettre en place, sans oublier la formation d'un personnel aguerri à son utilisation. Ce registre est donc au cœur de l'efficacité du nouveau droit des sûretés réelles au Québec. Sa défaillance pourrait annihiler l'efficacité des sûretés réelles voulue par le législateur québécois.

310. Un registre centralisé comme gage d'une efficacité moderne et pérenne des sûretés réelles. – L'hypothèque mobilière peut se constituer avec ou sans dépossession avec pour point commun son efficacité par inscription sur un registre spécial. Elle est constituée avec dépossession selon l'article 2702 du Code civil du Québec *« par la remise du bien ou du titre au créancier, ou si le bien est déjà entre ses mains, par le maintien de la détention, du consentement du constituant, afin de garantir sa créance »*. La nature corporelle ou incorporelle du bien est à ce titre indifférente quant à la condition d'opposabilité du bien aux tiers. Elle est publiée selon l'article 2703 du même Code par « *la détention du bien ou du titre qu'exerce le créancier, et elle ne le demeure que si la détention est continue* ». Ce système se démarque encore du droit français par l'article 2707 du même Code qui dispose que « *l'hypothèque mobilière avec dépossession peut-être, postérieurement à sa constitution, publiée par inscription, pourvu qu'il n'y ait pas interruption de publicité* ».

311. Les biens incorporels peuvent également être constitués avec ou sans dépossession du constituant de la sûreté. C'est par exemple le cas des créances. Selon l'article 2710 du Code civil du Québec « *l'hypothèque mobilière qui grève une créance que détient le constituant contre un tiers, ou une universalité de créances, peut être constituée avec ou sans dépossession »*. Elle est rendue opposable aux débiteurs des créances de la même manière qu'une cession de créance et fait l'objet d'une publicité au registre approprié même lorsqu'elle est constituée avec dépossession.

312. Les conséquences de l'hypothèque mobilière sur la protection du créancier mis en possession du bien garanti. – La généralisation de la publicité par inscription sur un registre centralisé des sûretés mobilières avec ou sans dépossession a eu pour conséquence, afin de rendre cohérent l'ensemble de la réforme, la suppression de l'adage « *en fait de meuble, possession vaut titre* » qui protège la possession d'un meuble corporel par un créancier de bonne foi. La protection du créancier par cet adage ne se justifiait plus avec l'instauration d'une inscription généralisée à titre de publicité. Il ne s'agit plus dans ce cas d'une possession de fait, l'enregistrement sur un registre public enlève à l'adage tout intérêt. Il fut remplacé par l'instauration du droit de suite dans le cadre de l'hypothèque mobilière avec ou sans dépossession, justifiant également l'abandon de l'adage « *les meubles n'ont pas de suite par hypothèque*[693] ». Avec la publicité, le droit de suite du créancier bénéficiaire d'une hypothèque mobilière devient très efficace et ne peut être affaibli par une quelconque revendication. L'article 2706 du Code civil du Québec permet alors « au créancier qui est empêché d'exercer sa détention de revendiquer le bien de celui qui le détient, à moins que l'empêchement ne résulte de l'exercice, par un autre créancier de ses droits hypothécaires ou d'une procédure de saisie-exécution ». La lettre de cet article est édifiante et préserve de tout contentieux inutile. En effet, le créancier hypothécaire empêché dans sa détention peut revendiquer le bien entre des mains tierces. Par contre, il ne peut le revendiquer lorsque l'empêchement résulte du fait d'un autre créancier hypothécaire ou d'un créancier saisissant. Dans ce cas il ne lui reste qu'à brandir son droit de préférence pour partager le produit de la vente du bien garanti[694].

---

[693] Il faut replacer l'adage dans son contexte historique. Il naît bien avant la réforme de 2006 en droit français et dans un contexte où la doctrine soutenait mordicus la dépossession du constituant comme critère d'efficacité par excellence du gage, renforcée par la protection incarnée par l'article 2279 du Code civil. Par cet adage le législateur véhicule l'idée selon laquelle il serait difficile pour le créancier gagiste de suivre la circulation ou le transfert des meubles entre des mains tierces ; même si une sûreté est, on le verra par la suite dans le Code civil français, constituée sans dépossession le manque de publicité affaiblissait le droit de suite au profit de la protection de la possession du tiers de bonne foi par l'article 2279 devenu 2276 du Code civil français. Le créancier qui voulait alors avoir un rang préférable pour sa sûreté mobilière devait la constituer avec dépossession. En la faveur de la réforme de 2006 et l'avènement des sûretés sans dépossession avec inscription sur un registre en droit français, le droit de suite du créancier gagiste s'est renforcé. Mais cette inscription n'est malheureusement pas généralisée à toutes les sûretés mobilières, du moins sans dépossession.

[694] Québec (Sous-ministre du Revenu) c. Meubles J.T. inc., 1994 R.D.F.Q. 243 (C.Q.) ; Matériaux J.L. Gauthier inc. C. Cantine Chez Claudia, 1998, n° AZ-98031434 (C.Q.) ; Socomec Industriel inc. c. Plasti-Systèmes inc., 2000, n° AZ-50079236 (C.Q.), (cité par BEN ADIBA (A.), Les sûretés mobilières sur les biens incorporels - proposition pour une rénovation du système des sûretés mobilières sur les biens incorporels en France et au Québec, Thèse de doctorat, *op. cit.*).

313. Un modèle intéressant mais inadapté pour le droit OHADA. – L'OHADA ne s'aligne pas du tout sur la législation québécoise. Son droit des sûretés réelles est toujours profondément marqué par une pluralité de sûretés avec des dispositions propres et parfois une particularité liée à la nature du bien garanti qui influence les dispositions qui le régissent. De plus, l'absence d'un Code civil propre aux différents États membres et des dispositions parfois désuètes atténuent l'efficacité des sûretés en cas de renvois de l'AUS au droit national. Toutefois, le droit OHADA se rapproche du nouveau droit québécois par l'importance donnée à la publicité sur registre pour l'opposabilité de la plupart des sûretés mobilières tant à l'égard des sûretés basées sur la propriété que sur les sûretés traditionnelles sans dépossession. On peut en toute légitimité encourager ce processus et inciter au recours systématique de la publicité sur registre en matière de sûreté mobilière pour accroître la protection du créancier et limiter les contentieux.

PARAGRAPHE 1 : LES SURETES MOBILIERES CLASSIQUES DU DROIT OHADA OPPOSABLES AUX TIERS PAR LA PUBLICITE ET LEURS EFFETS A L'EGARD DES CREANCIERS

314. L'avantage tiré de la publicité au RCCM est essentiellement l'opposabilité de la sûreté aux tiers. L'inscription de la sûreté a pour conséquence la possibilité pour le créancier d'avoir un droit de suite efficace pour la préservation de ses droits sur le bien garanti et surtout, un rang de priorité sur le partage de la valeur dudit bien. Dans l'organisation de cette publicité, il faut regretter la tardive mise en place de l'informatisation du RCCM dans tous les États parties de l'OHADA **(A)**. En ce qui concerne la publicité proprement dite et ses effets à l'égard des créanciers, il faut distinguer d'une part celle des sûretés mobilières ayant pour assiette des meubles corporels **(B)** de celles ayant pour assiette des meubles incorporels **(C)**.

A/ LA NECESSITE D'UNE INFORMATISATION HARMONIEUSE DES RCCM DANS L'ESPACE OHADA

315. Le RCCM comme support de « l'information économique[695] destinée aux tiers dans toute la zone OHADA. – Le RCCM oscille en réalité dans l'espace OHADA entre le registre papier et le registre électronique. Il faut dire que l'OHADA depuis la signature de son Traité fondateur a pour objectif selon l'article premier du Traité « l'harmonisation du droit des affaires dans les États parties par l'élaboration et l'adoption de règles,

[695] Note sous le Titre IV de l'AUSC relatif « au contentieux relatif au registre du commerce et du crédit mobilier », Code vert OHADA, Juriscope 2016, p. 275.

modernes et adaptées à la situation de leurs économies (…)[696] ». Le RCCM est né de cet objectif et a une « mission générale de collecte, de conservation et de diffusion de l'information économique en vue d'assurer la transparence et la loyauté nécessaires au développement des activités économiques[697] ». Au rang des missions qui lui sont assignées se trouve la satisfaction « aux exigences de sécurité, de célérité, de transparence et de loyauté nécessaires au développement des activités économiques[698] ». Ces missions ne peuvent être remplies avec une grande satisfaction qu'avec la mise en place d'un registre informatisé, au demeurant conforme avec la modernité. Cette exigence de conformité à la modernité n'est pas toujours respectée, du moins dans la pratique de l'application des Actes uniformes au niveau des États parties. C'est le cas de la pratique de la publicité au RCCM. Il faut dire que l'OHADA laisse le choix aux États entre un fichier papier et un fichier électronique[699]. Pour le fichier électronique, « *un comité technique de normalisation des procédures électroniques institué au sein de l'OHADA est chargé de la normalisation des procédures effectuées au moyen de documents et de transmissions électroniques*[700] », comité créé par le Conseil des Ministres par le Règlement n° 02/2010/CM/OHADA[701]. Bien des années après l'adoption des Actes uniformes, le logiciel permettant l'informatisation du RCCM est déployé dans des pays « pilotes » dont le Togo. Des formations, dont la première en date s'est déroulée en septembre 2019, sont alors organisées sous la direction du Tribunal du commerce de Lomé pour permettre aux différents acteurs concernés de prendre connaissance de l'outil. Il faut aussi rappeler que ce processus n'aurait jamais vu le jour sans la mise en place de la réglementation des systèmes de paiement[702] le 19 septembre 2002 par l'UEMOA dans les États membres. Cette réforme a pour objectif de mettre en place « des systèmes de paiement efficaces et modernes permettant : la fluidité des échanges ; la réduction des coûts des transactions ; une mobilisation rapide des ressources financières

---

696 Art. 1er du Traité de Port-Louis révisé le 17 octobre 2008 et entré en vigueur le 21 mars 2010.

697 Note sous le Titre IV de l'AUSC relatif « au contentieux relatif au registre du commerce et du crédit mobilier », Code vert OHADA, Juriscope 2016, p. 33.

698 Art. 34 du nouvel AUSC.

699 Art. 80 de l'AUSC relatif aux principes généraux de l'utilisation des procédures électroniques.

700 Art. 81 de l'AUSC relatif aux principes généraux de l'utilisation des procédures électroniques.

701 Règlement n° 02/2010/CM/OHADA portant création, attribution, organisation et fonctionnement du comité technique de normalisation des procédures électroniques.

702 Règlement n° 15/2002/CM/UEMOA relatif aux systèmes de paiement dans les États membres de l'Union économique et monétaire ouest-africaine qui a mis en place un système d'informatisation en matière bancaire et financière. V. note Code vert, Juriscope 2016, p. 78.

intérieures et régionales[703] ». La mise en place tardive mais actuelle de ces dispositions va dans le sens d'une meilleure gestion du registre du commerce et du crédit mobilier et permettra assurément l'efficacité de toutes les sûretés mobilières. Sans la mise en place de ces systèmes de paiement, le RCCM informatisé ne serait qu'un château de paille, surtout que les pays de l'OHADA brillent par un taux très faible de bancarisation avec un accès parfois réduit ou inexistant à l'internet sur certains territoires. Autant de facteurs qui réduisent l'efficacité tant souhaitée des sûretés réelles sans dépossession dans l'ensemble des États de l'OHADA.

B/ LA PUBLICITE DES SURETES MOBILIERES TRADITIONNELLES AYANT POUR ASSIETTE UN MEUBLE CORPOREL ET SES EFFETS A L'EGARD DES CREANCIERS

316. L'importance de la publicité pour les meubles corporels constitués sans dépossession **(1)** ne fait pas oublier la relative faiblesse des effets de cette publicité à l'égard du créancier par rapport aux effets de la dépossession. C'est pourquoi le législateur français a quant à lui fait le choix de renforcer les effets du gage sans dépossession par un droit de rétention fictif au profit du créancier gagiste sans dépossession. Face aux limites constatées sur l'efficacité de ce droit en comparaison au droit de rétention matérielle, le législateur OHADA n'a pas suivi son homologue français **(2)**.

1/ L'importance de la publicité pour les meubles corporels constitués sans dépossession.

317. L'absence de cette emprise ou de la mainmise matérielle sur les biens corporels garantis restés en la possession du constituant justifie la publicité au RCCM afin de permettre au créancier de préserver efficacement ses droits sur le bien garanti. Il appartient alors au RCCM d'être un outil efficace de publicité pour la préservation des droits du créancier. En matière de meuble garanti sans dépossession, c'est-à-dire un meuble resté en la possession du constituant tout au long de l'opération de garantie, le créancier se retrouve démuni dans la mesure où il n'a pas sur le bien garanti une mainmise réelle. De plus, la sûreté ne s'oppose pas à la cession du bien garanti sauf clause contraire. De fait, le créancier doit pouvoir suivre le bien qui lui a été affecté à titre de garantie dans les différentes mains entre lesquelles il passe surtout si le contrat ne prévoit pas la substitution du bien garanti en cas de cession. C'est donc par le mécanisme du droit de suite et par l'attribution du rang de priorité que le législateur lui attribue que le créancier préserve ses droits sur le

[703] Source, site officiel de le BCEAO ; Voir également dans la zone CEMAC, le règlement COBAC R-2005/02 relatif aux établissements de monnaie électronique.

bien garanti pour que sa valeur lui demeure à titre préférentiel. Le droit de suite lui permet alors de saisir le bien ou de l'appréhender où qu'il se trouve afin d'affirmer son droit réel de garantie. Ce droit de suite se substitue à la possession réelle ou matérielle qui est l'affirmation active du droit réel de garantie. Cependant, les biens mobiliers corporels ont une localisation très instable, d'où il suit qu'il est difficile au créancier d'exercer convenablement et efficacement son droit de suite sur de tels biens. C'était la raison d'être de la maxime « les meubles n'ont pas de suite par hypothèque ». La localisation peu stable des biens corporels était à la base de la moindre efficacité des sûretés mobilières sur biens corporels. De la sorte, pour éviter cette fragilité, le contrat de garantie va tout simplement interdire l'aliénation du bien garanti au nom du principe du maintien de la sûreté et surtout de sa valeur durant l'opération de garantie. Les biens corporels qui bénéficient d'une localisation plus ou moins stable ont de fait un droit de suite plus efficace et permettent au créancier d'affirmer plus sereinement son emprise par le droit de suite[704]. Ce droit de suite se confronte aussi à la protection de la possession de la personne qui détient le bien gagé ; celui-ci l'emporte s'il est un sous-acquéreur de bonne foi et succombe lorsqu'il est l'ayant droit du constituant. Ce dernier étant supposé de mauvaise foi en raison de son lien avec le constituant.

2/ Distance avec le droit français sur les effets du gage de meubles corporels sans dépossession

318. Absence du droit de rétention fictif dans les effets du gage sans dépossession du droit OHADA. – Le droit commun du gage institué par le droit OHADA en la faveur de la réforme de 2010 est opposable aux tiers soit par sa publicité au RCCM soit par la remise du bien entre les mains du créancier ou d'un tiers convenu[705]. Dans le cas du gage sans dépossession, la publicité devrait se faire par l'inscription de la sûreté au RCCM et ne peut être radiée ou le bien restitué qu'après paiement intégral de la dette garantie en principal, intérêt et autres accessoires[706]. Tout gage constitué sans dépossession doit observer cette publicité pour son opposabilité aux tiers. L'article 97 du nouvel AUS dispose que : « *Le contrat de gage est opposable aux tiers, soit par l'inscription au registre*

---

[704] MESTRE (J.), PUTMAN (E.) et BILLIAU (M.), *op. cit.*, p. 117 : « À côté de sûretés dotées, comme les privilèges sur créance d'un simple substitut du droit de suite, il en est d'autres auxquelles la jurisprudence ou la loi reconnaissent un droit de suite complet (hypothèques mobilières, nantissement du fonds de commerce, nantissement des films) en raison de la facilité de les localiser et d'organiser une publicité qui protège les intérêts des tiers tout en ne faisant pas dépendre les droits du créancier d'une technique « rustique » comme celles de la possession ou de la rétention, pouvoirs de fait érigés au rang des situations juridiquement protégées ».

[705] Art. 97 du nouvel AUS.

[706] Art. 98 du nouvel AUS.

du commerce et du crédit mobilier soit par la remise du bien gagé entre les mains du créancier gagiste ou d'un tiers convenu entre les parties ; lorsque le gage a été régulièrement publié, les ayants cause à titre particulier du constituant ne peuvent être regardés comme des possesseurs de bonne foi et le créancier gagiste peut exercer son droit de suite à leur encontre ». L'absence de la publicité n'a pas d'impact sur la validité du gage constitué, le contrat demeure donc entre les parties mais n'est pas opposable aux tiers. Elle emporte surtout la possibilité pour le débiteur de faire inscrire plusieurs sûretés sur le même bien puisque celui-ci est resté entre les mains du constituant. L'inscription renseigne alors suffisamment les tiers et assure au créancier la protection qui lui revient. De la sorte, elle écarte la protection de l'article 2279 du Code civil à l'égard des ayants cause à titre particulier du constituant. Toutefois, l'article 2279 du Code civil va protéger efficacement le sous-acquéreur contre le gagiste puisqu'il n'a aucun rapport direct avec celui-ci. Le droit de suite n'est donc pas efficace de façon absolue comme le droit de rétention du gagiste mis en possession. Elle permet néanmoins au créancier d'avoir un rang de priorité sur la valeur du bien garanti.

319. En cas de gage successif publié sur le même bien « le rang des créanciers est déterminé par l'ordre de leur inscription[707] ». Et « lorsqu'un bien donné en gage sans dépossession fait ultérieurement l'objet d'un gage avec dépossession, le droit de préférence du créancier gagiste antérieur est opposable au créancier gagiste postérieur lorsqu'il a été régulièrement publié et nonobstant le droit de rétention de ce dernier[708] ». La protection assurée par l'inscription au registre est donc efficace selon l'antériorité de l'inscription par rapport à d'autres créanciers.

La date de l'inscription détermine alors le point de départ de l'opposabilité. Mais, en réalité cette opposabilité ne rend pas le droit de suite très efficace en raison de la localisation instable des meubles corporels ; si le constituant venait à vendre le bien garanti, il serait difficile pour le créancier de le suivre entre des mains tierces, et c'est tout l'enjeu de l'absence de dépossession du bien garanti. L'efficacité du droit de suite est en cela au cœur de l'effectivité du gage sans dépossession. À cela, le droit français dans la loi de modernisation de l'économie n° 2008-776 du 4 août 2008 « a consacré un droit de rétention à tous les gages sans dépossession ». Sans doute pour renforcer les droits du créancier et équilibrer les deux nouveaux gages, avec ou sans dépossession. Le législateur français se rend bien compte de la fragilité des sûretés mobilières sans dépossession mais le droit de rétention fictive ne peut être la solution à leur renforcement. Cette rétention fictive montre ses faiblesses lors de l'ouverture d'une procédure collective contre le

[707] Art. 107 du nouvel AUS.
[708] Art. 107 du nouvel AUS.

constituant au contraire de la rétention matérielle qui est très efficace. Le droit OHADA s'est alors distancé du droit français sur ce point en n'adoptant pas de disposition autorisant la rétention fictive.

320. **Les meubles corporels garantis sans dépossession dont la publicité est parfaite.** – Lorsqu'ils sont assujettis à une autorisation de circulation, le gage des véhicules automobiles fait en réalité obstacle à l'adage « *les meubles n'ont pas de suite par hypothèque* ». Avant la réforme de 1997, la mise en sûreté de ce bien était régie par les dispositions du nantissement, des articles 91 à 99 de l'ancien AUS. Le véhicule automobile étant un bien qui nécessite une mise en circulation, son régime est contrôlé et il est soumis à des dispositions particulières avant sa mise en circulation et tout au long de son utilisation. Du moins ceux pour lesquels une telle autorisation est requise. Ce contrôle administratif favorise une certaine stabilité de ce bien malgré son maintien entre les mains du constituant. Une stabilité qui n'est pourtant pas réelle dans les faits comme pour un immeuble, c'est pourquoi on parle de localisation fictive[709]. Mais elle est suffisante pour organiser un droit de suite. En effet, le législateur oblige de tels biens à un enregistrement administratif avant sa mise en circulation. De la sorte, même si le véhicule en lui-même est susceptible d'être déplacé, sa vie juridique n'est sujette à aucune opacité. Et nul ne peut également ignorer à quel titre le possesseur l'a acquis ou l'utilise. Il suffit de se reporter auprès de l'autorité administrative compétente ou interroger la carte grise du véhicule. Le régime de la publicité de ce bien n'a pas substantiellement changé avec la réforme de l'AUS. La réforme a mis en place un droit commun pour la constitution du gage avec quelques dispositions particulières en ce qui concerne le véhicule automobile. Ce dernier est réputé gage et est soumis aux dispositions du droit commun du gage de meubles corporels. Afin d'organiser une opposabilité efficace aux tiers, ce « *gage doit être mentionné sur le titre administratif portant autorisation de circuler et immatriculation*[710] ». Ainsi normalement aucun acquéreur ne peut estimer avoir acquis le véhicule de bonne foi sauf si cette mention a été omise ou n'a pas été inscrite sur le titre administratif[711]. Faisons remarquer que si le législateur semble obliger les parties à inscrire la mention « gage » sur le titre administratif du véhicule, son absence n'a tout de même pas de

[709] AYNÈS (L.) et CROCQ (P.), Les sûretés, la publicité foncière, *op. cit.*, p. 250.

[710] Art. 119 du nouvel AUS.

[711] En droit français, l'avant-projet de réforme du droit des sûretés de la Commission Grimaldi (2017) propose également l'intégration de ce gage dans le droit commun du gage de meubles corporels tout en indiquant le souhait d'une modernisation de ses modalités d'inscription. Elle propose pour l'heure un nouvel alinéa 2 à l'article 2338 du Code civil en ces termes : « *[Lorsque le gage] porte sur un véhicule terrestre à moteur ou une remorque immatriculés, le gage est opposable aux tiers par la déclaration qui en est faite à l'autorité administrative dans les conditions fixées par le décret en Conseil d'État* ».

conséquence sur la validité ou l'opposabilité du gage dûment inscrit au RCCM. Ce qui est bien dommage mais il s'agit d'une précaution supplémentaire qu'offre le législateur au créancier, il a la liberté de convenir de l'inscription de cette mention en accord avec le débiteur. L'essentiel est que les parties s'en tiennent pour l'opposabilité aux tiers du gage de véhicule automobile à l'article 97 du nouvel AUS portant réglementation du droit commun du gage. L'enregistrement du gage au RCCM rend finalement cette sûreté constituée sans dépossession très efficace en raison du droit de suite qui s'y rattache et qui protège les droits du créancier. Ce droit étant renforcé par l'inscription du gage sur le document administratif autorisant la mise en circulation du véhicule automobile.

321. La fragilité du gage des véhicules automobiles. – Si l'inscription au RCCM doublée de l'inscription du gage sur le document administratif autorisant la mise en circulation confère un droit de suite efficace au créancier, il n'en demeure pas moins que le véhicule automobile par sa nature présente un risque de crédit pour le créancier. En effet, dès sa mise en circulation, le véhicule perd de sa valeur ; alors que l'objectif du créancier est le maintien de la valeur de sa sûreté jusqu'au dénouement de l'opération de garantie et la possibilité de se payer sur sa valeur en cas de défaillance. Si la valeur du véhicule diminue par le seul fait de sa mise en circulation, le créancier court le risque d'avoir une sûreté dont la valeur intrinsèque sera quasi nulle en cas de défaillance du débiteur principal. Donc la mise en circulation constitue un risque pour le créancier et fragilise sa sûreté. Le risque de dépréciation est grand et est mesurable dès la mise en circulation.

322. Efficacité et fongibilité du gage des stocks. – Même si la localisation stable des stocks est très discutable en raison de leur nature fongible et l'autorisation de vendre reçue par le constituant, l'efficacité d'une telle sûreté peut passer par la consignation du prix de vente auprès de l'établissement domiciliataire des stocks avant leur livraison. Le gage de stocks semble en effet être le gage sans dépossession dont l'efficacité repose sur sa nature fongible et sur le choix des parties en ce qui concerne son opposabilité aux tiers. Ce choix était inexistant dans l'ancien AUS. En effet, le débiteur resté en possession conserve le droit de vendre les stocks gagés comme le ferait tout constituant d'un gage sans dépossession si le contrat de garantie l'y autorise. De fait, le droit de suite du créancier devrait être assuré par le bordereau à lui remis par le débiteur par voie d'endossement après inscription de la sûreté au RCCM conformément au droit commun du gage. Ce bordereau atteste de ses droits ; le droit de suite est efficace dans ce cas si le créancier n'autorise pas la vente des stocks, qui doivent alors être tenus séparés des choses de même nature et qualité détenues par le constituant. Le refus d'aliéner est toutefois souvent peu probable dans la pratique. Si le créancier a autorisé l'aliénation des stocks, le législateur fait obligation au constituant de consigner le prix de vente des stocks auprès de l'établissement domiciliataire avant leur livraison[712]. Avec l'autorisation d'aliéner, le droit de suite du créancier est fragilisé, voire inexistant puisque « cette autorisation d'aliéner vaut renonciation du droit de suite de la part du créancier[713] ». Ses droits, notamment le droit de préférence, sont néanmoins protégés par l'obligation de faire domicilier le prix de vente des stocks dans un établissement domiciliataire, et surtout l'obligation de renouvellement du stock gagé qui est la conséquence de l'autorisation d'aliéner l'assiette de la sûreté. Il peut aussi se protéger en faisant intervenir au contrat un tiers convenu, un professionnel de la gestion des stocks gagés, qui sera chargé de contrôler l'exécution de l'obligation du constituant ; sa mission sera déterminée par le contrat de garantie. La pratique a par exemple mis en place une dépossession gérée par un tiers convenu sans déplacement physique des stocks des entrepôts du constituant. Là, le contrôle du créancier est plus accru et plus efficace.

C/ LA PUBLICITE DES SURETES MOBILIERES TRADITIONNELLES AYANT POUR ASSIETTE DES MEUBLES INCORPORELS ET SES EFFETS A L'EGARD DES CREANCIERS

323. Des effets communs à tous les nantissements de meubles incorporels. – Les sûretés mobilières traditionnelles ayant pour assiette des meubles incorporels ont pour point commun avec les meubles corporels d'avoir la même procédure d'inscription au RCCM. En effet, l'inscription est la même pour toutes les sûretés et les effets attachés à cette inscription sont également les mêmes. C'est-à-dire qu'elle permet l'opposabilité de la sûreté aux tiers en permettant un droit de suite efficace et l'attribution d'un rang de priorité sur la valeur du bien garanti au titulaire de la sûreté. Les biens incorporels bénéficient toutefois par rapport aux biens corporels d'un droit de suite plus efficace compte tenu de leur nature. Le législateur prévoit ou exige pour la plupart de ces biens le respect de certaines formalités préalables ou additionnelles à l'inscription au RCCM. L'efficacité de l'inscription en dépend. La plupart des sûretés mobilières traditionnelles ayant les biens incorporels pour assiette sont donc opposables aux tiers par leur inscription au RCCM. C'est le cas : du nantissement de créance et de compte bancaire qui sont opposables aux tiers selon l'article 131 du nouvel AUS par son inscription au RCCM ; ou de l'opposabilité aux tiers du nantissement des droits d'associés et valeurs mobilières régie par l'article 143 alinéa 1 du

---

[712] Art. 124 du nouvel AUS.
[713] Art. 102 du nouvel AUS.

nouvel AUS ; de l'article 160 du nouvel AUS pour le nantissement des droits de propriété intellectuelle ; et de l'article 165 alinéa 1 du nouvel AUS pour le nantissement du fonds de commerce. Il faut également noter que, lorsque le nantissement de fonds de commerce porte sur les droits de propriété intellectuelle « *il doit, en dehors de l'inscription de la sûreté du créancier au RCCM être satisfait aux règles de publicité prévues pour les actes affectant la titularité des droits de propriété intellectuelle et aux règles de l'AUS relatives au nantissement du matériel faisant partie d'un fonds de commerce*[714] ». Cette publicité rend compte de l'individualisation des droits d'un titulaire d'une œuvre de l'esprit. De plus, lorsque « le fonds faisant l'objet d'un nantissement de fonds de commerce comprend une ou des succursales, les inscriptions prévues aux articles 164 à 167 de l'AUS doivent être prises au RCCM où est principalement immatriculé le fonds ». Ces inscriptions assurent une localisation du moins fictive à ces biens incorporels.

324. La particularité des droits de propriété intellectuelle. – Le législateur fait obligation, en outre de satisfaire à l'inscription au RCCM de s'acquitter aux règles de publicité prévues par la réglementation applicable en matière de propriété intellectuelle lorsque le nantissement a pour objet un droit inscrit sur l'un des registres régis par cette réglementation[715]. Ces deux publicités rendent efficace le droit de suite des droits de propriété intellectuelle nantis.

325. La particularité du fonds de commerce nanti. – En raison de la nature du fonds de commerce, son droit de suite est particulièrement efficace pour le créancier nanti puisque son déplacement et même son aliénation sont contrôlés. En effet, l'exploitation légale d'un fonds de commerce est conditionnée à l'inscription du commerçant au RCCM. Elle est faite au RCCM du lieu d'exploitation du fonds. Cette inscription rend compte également de la localisation du fonds. Cette localisation est pour le moins fixe puisque le fonds est souvent exploité dans un local qui a une localisation fixe, ou dans un périmètre connu. Le législateur entend ainsi protéger le créancier nanti en obligeant l'exploitant à l'informer de tout événement de nature à impacter la valeur du fonds. De même lorsque le nantissement comprend le droit au bail « *le bailleur de l'immeuble dans lequel est exploité le fonds doit recevoir notification du bordereau d'inscription ou de la modification de l'inscription initiale. À défaut, le créancier nanti ne peut se prévaloir des dispositions de l'article 176* » de l'AUS qui dispose que « *le bailleur qui entend poursuivre la réalisation du bail de l'immeuble dans lequel est exploité un fonds de commerce grevé d'inscription doit notifier sa demande aux créanciers inscrits par*

[714] Art. 170 du nouvel AUS.
[715] Art. 160 al. 3 du nouvel AUS.

acte extrajudiciaire (...) ». Ceci implique donc que le bailleur ait eu connaissance en amont du nantissement inscrit par acte extrajudiciaire, et favorise surtout l'information du créancier et entretien son droit de suite. Aussi tout déplacement[716] ou vente[717] du fonds ne peuvent-ils se faire sans une notification au créancier nanti. L'article 175 du nouvel AUS dispose à cet effet qu'« *En cas de déplacement du fonds, le propriétaire doit, quinze jours au moins à l'avance, notifier aux créanciers inscrits par acte extrajudiciaire, son intention de déplacer le fonds en indiquant le nouvel emplacement qu'il entend lui fixer* ». Tout déplacement fait sans notification régulière est sanctionné par la déchéance du terme pour le débiteur. Mais lorsqu'il a consenti au déplacement du fonds, « *le créancier conserve sa sûreté s'il fait mentionner son accord, dans le même délai, en marge de l'inscription initiale*[718] » et « *si le fonds est transféré dans un autre État partie, l'inscription initiale, à la demande du créancier inscrit, est reportée sur le registre du commerce et du crédit mobilier où est transféré le fonds*[719] ».

Si le fonds de commerce paraît efficace par son inscription au RCCM, il n'en demeure pas moins un bien dont la fragilité n'est perceptible qu'en cas de défaillance du débiteur principal. En effet, si le débiteur principal est le propriétaire du fonds, sa défaillance est souvent synonyme d'une dégradation du fonds et donc de sa perte de valeur, le créancier n'en tirera souvent que des miettes. Sauf si le fonds regorge d'éléments qui ont encore plus ou moins de façon isolée une valeur. Si par contre le fonds appartient à un tiers qui l'affecte à la garantie de l'obligation du débiteur principal sous le régime des sûretés réelles pour autrui, la défaillance du débiteur principal n'est souvent pas synonyme de la perte de valeur du fonds nanti.

326. La particularité du nantissement de créance. – Comme indiqué, le nantissement de créance est opposable aux tiers par sa publicité au RCCM dans l'espace OHADA. Cette formalité ajoutée à celle de l'opposabilité du nantissement au débiteur cédé rend très efficace ce nantissement pour le créancier nanti. Outre l'efficacité du droit de suite, le droit de préférence attribué par l'octroi d'un rang de priorité se transforme en un droit exclusif au paiement qui sécurise fortement les droits du créancier. Les conséquences de ce droit exclusif et de cette opposabilité se ressentent plus intensément lorsque le débiteur cédé est

---

[716] Art. 175 du nouvel AUS.

[717] Art. 173 du nouvel AUS qui dispose que « Toute vente amiable ou judiciaire de fonds de commerce ou de l'un de ses éléments ne peut avoir lieu sans production par le vendeur ou l'auxiliaire de justice chargé de la vente, d'un état des inscriptions prises sur le fonds ».

[718] Art. 175 al. 4 du nouvel AUS.

[719] Art. 175 al. 5 du nouvel AUS.

confronté à une saisie ou lorsque s'ouvre à l'encontre du débiteur principal de la créance garantie une procédure collective. La publicité prévue en droit OHADA pour l'opposabilité aux tiers du nantissement de créance a alors un impact sur la réalisation de cette sûreté. Cet impact est finalement différent de ce que prévoit le droit français qui a fait le choix d'un nantissement de créance occulte opposable aux tiers à la date de l'acte et opposable au débiteur de la créance nantie par notification ou sa participation à l'acte[720].

PARAGRAPHE 2 : L'INADEQUATION DE L'UTILISATION DU DROIT DE RETENTION COMME EFFET DU NANTISSEMENT DE COMPTE DE TITRES FINANCIERS

327. L'utilisation du droit de rétention comme l'un des effets du nantissement de compte de titres financiers résulte de la possibilité de créer une gêne ou un blocage efficace du compte nanti. Elle est rendue possible en droit OHADA comme effet sur les meubles incorporels par la nouvelle définition du droit de rétention **(A)**. Toutefois, en raison du régime du nantissement du compte de titres financiers qui est un nantissement sans dépossession de meubles incorporels avec droit d'aliénation de son assiette, le droit de rétention est inadapté pour la préservation des droits du créancier **(B)**. De plus, son utilisation semble exagérée et contre-productive au vu de la constitution de ce nantissement qui traduit déjà à l'égard du créancier une protection suffisante à travers le droit exclusif au paiement dont il bénéficie et qui est la conséquence de la déclaration de nantissement au teneur de compte.

A/ UNE UTILISATION RENDUE POSSIBLE PAR LA DECLARATION DE NANTISSEMENT A L'ETABLISSEMENT TENEUR DU COMPTE

328. Un contrôle exercé par le teneur du compte. – Lorsque les titres financiers dématérialisés sont transférés sur un compte spécial, le titulaire du compte reste le propriétaire de ses titres et devrait en avoir la libre disposition dans la limite de ce que prévoit le contrat de garantie. Cette limite vise en réalité la préservation des droits du créancier sur les titres. L'intérêt du créancier peut être préservé par l'obligation de couverture suffisante de l'obligation garantie malgré l'utilisation des titres par le constituant. Le contrôle de la bonne utilisation de ces titres dans le respect des engagements contractuels est assuré par la personne morale ou l'intermédiaire financier teneur du compte. Celui-ci permet alors au créancier, lorsque la déclaration de nantissement lui est signifiée, d'avoir

[720] Art. 2362 du Code civil français.

une emprise réelle sur le fonctionnement du compte comme l'attestent les articles 147 alinéa 1[721] et 151 alinéas 1et 2 du nouvel AUS[722]. Il se doit donc de respecter les clauses définies au contrat de garantie, c'est-à-dire que le teneur du compte ne peut « déroger aux instructions reçues sans l'accord du créancier nanti ». Ce qui fait de lui le garant de l'efficacité de la sûreté, et assure l'exercice effectif du droit exclusif du créancier sur les titres garantis. Ceci s'explique par le fait que le teneur du compte instruise les transactions sur le compte dans l'intérêt exclusif du créancier. La déclaration de nantissement qui lui est signifiée peut alors être comparée aux formalités d'opposabilité du nantissement de créance au débiteur cédé. Dans cette sûreté, l'opposabilité du nantissement au débiteur cédé crée au profit du créancier un droit exclusif au paiement. Comme pour le nantissement de créance, le tiers ici le teneur de compte a la lourde responsabilité de la préservation de ce droit. Il engage sa responsabilité en cas de manquement à ses obligations[723].

329. Le droit de rétention applicable aux meubles incorporels. – La nouvelle définition du droit de rétention par le nouvel AUS ouvre la possibilité d'exercer un droit de rétention sur un meuble incorporel. L'article 67 de cet AUS dispose que : « *Le créancier qui détient légitimement un bien mobilier de son débiteur [..]* ». Cette détention doit alors créer une gêne suffisante et un blocage de sorte à empêcher une utilisation normale du bien par le débiteur. Toutefois, à l'analyse de l'ensemble de l'AUS, on s'aperçoit que le législateur ne fait pas systématiquement du droit de rétention un effet de toutes les sûretés. Son utilisation comme effet des sûretés réelles est donc prévue de façon expresse. C'est le cas en matière de gage de meubles corporels et aussi du nantissement de compte de titres financiers. Dans ces deux cas, le droit de rétention peut effectivement s'exercer de façon efficace. Mais, dans le

[721] Art. 147 alinéa 1 du nouvel AUS : « Le nantissement de compte de titres financiers est constitué, tant entre les parties qu'à l'égard de la personne morale émettrice et des tiers, par une déclaration datée et signée par le titulaire du compte ».

[722] Art. 151 du nouvel AUS : « Le créancier nanti définit avec le titulaire du compte nanti les conditions dans lesquelles ce dernier peut disposer des titres financiers et des sommes en toute monnaie figurant dans le compte. [...] Lorsque n'étant pas le teneur du compte nanti, le créancier nanti a autorisé le titulaire du compte à disposer des valeurs mobilières et des sommes en toute monnaie figurant dans le compte nanti, le titulaire du compte et le créancier nanti informent par écrit le teneur de compte des conditions de cette disposition. Le teneur de compte ne peut déroger aux instructions reçues sans l'accord du créancier nanti ».

[723] Il est soutenu que le teneur du compte tient sa mission de la loi, ce qui en fait un tiers obligé et sa responsabilité ne peut qu'être délictuelle en cas de manquement. Voir BECKER (B.-O.), *Le droit de rétention dans le gage de compte d'instruments financiers*, http://mja-assas.fr/. Mais, nous disons que le fonctionnement du compte dépend bien du contrat, c'est-à-dire de la déclaration de nantissement. C'est le contrat de garantie qui détermine les obligations du teneur du compte au-delà de ce que la loi prévoit. Les parties ont donc la faculté de prévoir ces obligations. Le teneur du compte peut aussi participer à l'acte ou être notifié.

premier, l'exemple du gage de meubles corporels, la sûreté est constituée avec dépossession et rend ainsi la rétention très efficace. Son régime s'oppose normalement à l'utilisation du bien par le constituant sauf convention contraire. Ce bien ne constitue plus alors un élément de richesse pour le constituant pendant l'opération de garantie. On peut alors légitimement s'interroger sur l'intérêt de l'utilisation du droit de rétention comme effet du nantissement du compte de titres financiers dans la mesure où le régime de cette sûreté est favorable à une utilisation des titres malgré la constitution de la garantie. Et alors même que par l'effet de la déclaration de nantissement au teneur de compte, la sûreté est censée déjà à notre avis procurer au créancier un droit exclusif au paiement. L'utilisation du droit de rétention risque plutôt d'être une entrave à la bonne utilisation des titres d'une part et n'avantage en rien d'autre part le créancier qui une fois son droit de rétention exercé perd de fait son droit d'agir comme en matière de gage.

B/ UN EFFET INADEQUAT AU VU DU REGIME CONSACRE

330. Compte tenu de la nature de l'assiette du nantissement de compte de titres financiers et surtout, en raison du droit d'utilisation et d'aliénation du bien garanti par le constituant, le droit de rétention paraît inadapté et inutile comme effet de ce nantissement **(1)**. Il s'ensuit qu'il serait plutôt souhaitable et plus cohérent pour harmoniser le régime d'ensemble des sûretés mobilières sans dépossession, de consacrer la publicité comme critère d'opposabilité et d'efficacité de ce nantissement à l'égard des tiers **(2)**.

1/ Inutilité du droit de rétention comme effet du nantissement de compte de titres financiers

331. Un nantissement consacré sans dépossession. – Le droit de rétention comme critère d'efficacité du nantissement de compte de titres financiers est comme évoqué contraire au régime consacré pour l'effectivité de cette sûreté. Un simple comparatif avec le nantissement de créance suffit normalement à déduire de sa constitution un effet pour le moins efficace à l'égard du créancier. Pour autant, le législateur OHADA n'a pas fait par exemple du droit de rétention un effet du nantissement de créance ou de compte bancaire ou même des autres nantissements. L'efficacité du nantissement de créance est fonction de l'opposabilité de la sûreté au débiteur cédé. Cette efficacité se déduit également aisément dans le nantissement du compte de titres financiers par l'obligation de déclaration du nantissement au teneur de compte. La déclaration de nantissement emporte à l'égard du créancier un droit exclusif qu'il peut exercer sur la valeur des titres et des sommes en toute monnaie figurant au compte. Il n'était alors nullement besoin de faire usage du droit de rétention comme effet de ce nantissement[724]. De plus, l'absence de publicité pour l'opposabilité aux tiers de ce nantissement semble incohérente au vu de la généralisation par le législateur de la publicité à toutes les sûretés mobilières traditionnelles sans dépossession. Cette publicité aurait été comme en droit français absente ou inexistante pour l'opposabilité aux tiers du nantissement de créance qu'on n'aurait pas été surpris que le nantissement du compte de titres financiers soit « constitué, tant entre les parties qu'à l'égard de la personne morale émettrice et des tiers, par la déclaration datée et signée par le titulaire du compte ». L'absence de publicité au RCCM ne fait en réalité pas entorse à l'efficacité de ce nantissement vis-à-vis du créancier mais, à l'égard des tiers, elle va à contre-courant de l'effort d'affinement et de transparence de l'ensemble du régime des sûretés mobilières sans dépossession entrepris par le législateur OHADA à travers l'AUS de 2010. La publicité devrait alors logiquement être prévue pour l'opposabilité aux tiers de ce nantissement au même titre que les autres sûretés mobilières sans dépossession. Aussi, pour les détracteurs de l'utilisation du droit de rétention aux biens incorporels, une confusion peut s'installer quant à la nature des valeurs mobilières qui pour certains serait corporelle[725], alors que sa nature incorporelle ne fait en réalité aucun doute.

332. L'incohérence du blocage du compte. – Il est de la nature même de ce compte d'être un élément de richesse pour son titulaire et de lui permettre une utilisation certes en conformité avec le contrat de garantie mais aussi dans son intérêt et pour le maintien de son activité. Le droit de rétention risque d'être une entrave pour le titulaire du compte dans la gestion optimale de titres qui peuvent être délicats à manœuvrer sur un marché en perpétuel changement. Les parties peuvent néanmoins convenir d'une limite de couverture sans pour autant que le créancier ait ce pouvoir de blocage. Les titres financiers sont des instruments financiers soumis aux aléas du marché financier et nécessitent une gestion réactive. Le droit de rétention semble à notre avis à contre-courant de ce besoin de réactivité. Son utilisation comme effet du nantissement du compte de titres

[724] DERRIDA (F.), « *La « dématérialisation » du droit de rétention* », in Mélanges offerts à M. le Professeur Pierre VOIRIN, *LGDJ* 1966, p. 177 s., n° 10, p. 187 : « (…) Rien d'autre qu'une détention matérielle ne peut engendrer cette union entre le créancier et la chose, qui est caractéristique du droit de rétention (…) ». Note FAVRE-ROCHEX (C.), Thèse, *op. cit.*, p. 210 ; LEGEAIS (D.), « *Quel avenir pour le droit de rétention* ? » *in* Les sûretés réelles en quête de droit commun, *RDBF* 2016, n° 1, doss. 2 : « Aujourd'hui, il devient difficile de justifier tout à la fois le bénéfice du droit de rétention à certains créanciers plus qu'à d'autres et les différences de régime entre droits de rétention » ; LEGEAIS (D.), *Procédures collectives et sûretés réelles : quelques vœux pour la réforme à venir, RPC 2018, n° 4, doss. 21, n° 4 : «* Pourquoi accorder la première place au droit de rétention au prix de contorsions théoriques difficilement justifiables *? ».*

[725] MARTIN (D.-R.), De la nature corporelle des valeurs mobilières, D. 1996, chr. P. 47.

financiers résulte d'une conception traditionaliste de la préservation des droits du créancier qui passerait obligatoirement par une exclusivité fondée sur la rétention du bien garanti. Alors qu'à l'analyse du régime de cette sûreté, le teneur de compte, considéré à juste titre comme un tiers convenu ou réputé l'être[726] selon une partie de la doctrine[727], permet par son rôle la préservation du droit exclusif du créancier sur les titres. La déclaration de nantissement remplace alors la dépossession avec son corollaire efficace qui est le droit de rétention et dont les effets risqueraient de paralyser tous les titres inscrits dans ledit compte. Avec pour conséquence l'impossibilité de constituer d'autres nantissements. L'autorisation d'utiliser les titres et de les aliéner est donc incompatible avec l'attribution du droit de rétention au créancier.

2/ La publicité comme rempart au droit de rétention

333. L'harmonisation des effets des nantissements de meubles incorporels. – La crainte du législateur est de consacrer une sûreté qui protège mal le créancier, dans la mesure où il n'y a pas d'entrave à l'aliénation des titres financiers garantis. Mais, étant donné que la déclaration de nantissement consent naturellement l'effet exclusif des droits du créancier sur la valeur des titres en cas de défaillance du débiteur, n'était-il pas plus rassurant et par souci de transparence d'opter pour la publicité pour l'opposabilité de ce nantissement aux tiers ? On nous objectera que le titulaire des titres n'a en réalité pas intérêt à dévoiler à ses partenaires commerciaux que les titres sont nantis. Mais, rien ne permet aussi de soutenir que la pratique ne se ferait pas à l'idée que la transparence vaut mieux que des sûretés occultes. La publicité serait ainsi mieux adaptée **(a)** pour ce type de sûreté. Pour pousser encore plus loin la réflexion, quelle serait la pertinence de l'utilisation de la *blockchain* dans l'espace OHADA ? **(b)**

a/ Une utilisation plus cohérente

334. Il faut dire que l'opportunité de l'exercice d'un tel droit de rétention est encore discutée. Si son efficacité n'est pas remise en cause, il réduirait tout de même la capacité du constituant de faire un nantissement successif sur le compte. C'est ce qu'affirme une partie de la doctrine qui pense que « le droit de rétention étant indivisible, le premier créancier aurait le droit de s'opposer à l'affectation des biens et à leur réalisation

---

[726] V. Cass. com., France, 7 mars 1995, *Bull. civ.* IV, n° 73 ; *JCP E.* 1995, II, 695.

[727] FASQUELLE (D.), *Le nantissement des valeurs mobilières, RTD com.* Janv.-mars 1995, n° 48. Voir également les analyses de BECKER (B.-O.), *Le droit de rétention dans le gage de compte d'instruments financiers*, http://mja-assas.fr/ qui ne partage pas l'assimilation du teneur de compte à un tiers convenu mais plutôt « à un tiers obligé » en raison du caractère non contractuel de sa mission », p. 32.

tant qu'il n'est pas entièrement désintéressé[728] ». Il a également été démontré que « l'une des critiques adressées au nantissement de valeurs mobilières avant la réforme de 1996 [en France] était précisément de geler les actifs gagés et d'empêcher par voie de conséquence une gestion efficiente du portefeuille du constituant ». Le législateur OHADA ne pouvait raisonnablement ignorer ces limites. Le pouvoir de blocage sur le compte serait total et permettrait au créancier qui en est bénéficiaire de protéger sa sûreté. Or, un blocage ne peut s'effectuer alors que le constituant continue à aliéner les titres ou à constituer d'autres nantissements sauf à effectuer le blocage sur un certain nombre de titres inscrits dans le compte, représentant la valeur de couverture suffisante pour la garantie de l'obligation principale. De sorte qu'au-delà de cette valeur, les autres titres pourraient être nantis. C'est dans ce sens que le droit de rétention peut être profitable aux créanciers sans être une gêne insurmontable pour le constituant. Il appartiendra au contrat de garantie de prévoir cette valeur de couverture. Faute de précision, tous les titres inscrits sur le compte pourraient subir ce blocage[729]. Et même si « la loi elle-même admet que le pouvoir de disposer, laissé par le créancier au constituant, n'est pas incompatible avec le droit de rétention reconnu [au créancier en toute hypothèse] [730]», il n'en demeure pas moins que ce pouvoir de blocage risque dans les faits de constituer une gêne contraire à la finalité de cette sûreté.

335. La solution est alors dans la préservation des droits du créancier par la publicité avec l'attribution d'un rang de priorité et non par l'usage systématique du droit de rétention. En droit québécois, BEN ADIBA écrivait dans sa thèse que « la dépossession n'a pas pu survivre jusque dans les effets du gage. Elle n'emporte ni droit de rétention, ni protection possessoire qui est assurée, à raison, par le mécanisme du droit de suite[731]. [...], ce constat conforte l'idée que le gage n'est pas un modèle adéquat pour la prise de garantie sur les biens incorporels[732] ». Partant de ce constat, le législateur OHADA devrait poursuivre l'effort d'affinement de la technique des sûretés mobilières sans dépossession en prônant l'inscription systématique au RCCM pour leur opposabilité aux tiers. Il n'est donc pas pertinent de suivre le droit français sur l'utilisation du droit de rétention comme effet du nantissement du compte de titres financiers.

---

[728] LEGEAIS (D.), Gage de compte d'instruments financiers, Rev. Dr. banc., nov.-déc. 1997, n° 64.

[729] L'article 148 alinéa 2 du nouvel AUS précise aussi que « Les titres financiers et les sommes en toute monnaie inscrites au crédit du compte nanti postérieurement à la date de la déclaration constitutive sont réputés avoir été remis à la date de ladite déclaration ».

[730] AYNÈS (L.) et CROCQ (P.), Les sûretés, la publicité foncière, *op. cit.*, p. 270.

[731] Art. 2700 du Code civil du Québec.

[732] BEN ADIBA (A.), Les sûretés mobilières sur les biens incorporels, propositions pour une rénovation du système des sûretés mobilières en France et au Québec, Thèse, *op. cit.*, p. 156.

b/ L'utilisation de la *blockchain*

336. Quelle pertinence dans l'espace OHADA ? – Il serait intéressant de suivre l'évolution de l'utilisation en France de la *blockchain* comme support pour l'inscription et le nantissement des titres financiers. Cette nouvelle technologie déployée dans le monde dès 2009, appréhendée par le droit français et qualifiée par l'article L. 223-12 du Code monétaire et financier issu de l'ordonnance du 28 avril 2016[733] de Dispositif d'Enregistrement Électronique Partagé (DEEP), peut servir de support à l'inscription des titres financiers et à leur nantissement. L'alinéa 2 de l'article L. 211-7 du Code monétaire et financier donne en droit français le choix à l'émetteur des titres financiers qui ne sont pas admis aux opérations d'un dépositaire central de les inscrire, au nom du propriétaire des titres soit dans un compte-titres tenu par l'émetteur soit, sur décision de l'émetteur, dans un dispositif d'enregistrement électronique partagé. L'utilisation de ce dispositif a plusieurs avantages. Utilisée principalement comme registre dans le cadre du nantissement, elle permet par exemple comme l'écrit le Pr LEGEAIS « la gestion de données. [...] La donnée devient traçable, consultable à distance et auditable par les parties prenantes autorisées[734] ». L'intérêt des partisans de cette technologie est surtout la suppression des « tiers de confiance, à commencer par les institutions financières, présentées comme des intermédiaires sources de coûts inutiles facilement remplaçables par des machines plus fiables et rendant de meilleurs services[735] ». Cette idéologie est contraire à l'esprit même de la création de l'espace OHADA, qui comprend la Conférence des Chefs d'État et de Gouvernement, le Conseil des ministres. Il est alors difficile d'œuvrer à écarter les représentants et symboles de ces intermédiaires dans les législations consacrées. De plus, pour introduire l'utilisation d'une telle technologie pour faciliter ne serait-ce que le nantissement des titres dans cet espace, elle devra être spécifiquement prévue par le législateur OHADA. Elle permettra alors aux parties de s'affranchir des règles de constitution de ce type de nantissement pour une adaptation au nouveau support sans compromettre pour autant les principes de base. Toutefois,

---

[733] Ordonnance n° 2016-520 du 28 avril 2016 permettant l'inscription dans un DEEP de l'émission et la cession de minibons. Ou encore l'ordonnance du 8 décembre 2017 qui élargit cette possibilité aux titres financiers non admis aux opérations d'un dépositaire central ou livrés dans un système de règlement-livraison. Voir sur la question BARBAN (P.), *Réglementation : Dernière pierre au régime des titres financiers et minibons sur blockchain, Revue Banque, Chronique droit financier,* en ligne le 9 avril 2019.

[734] LEGEAIS (D.), *Blockchain* et actifs numériques, LexisNexis, 2019, p. 2.

[735] *Ibidem*, p. 4. V également MAGNIER (V.) et BARBAN (P.) [Dir.], *Blockchain et droit des sociétés*, Dalloz 2019, p. 18 : « Une seconde question, majeure elle aussi, est relative à celle de l'avènement d'un monde sans intermédiaire. L'on sait que là est l'objectif ultime de la *blockchain,* supprimer toute intermédiation avec, en point de mire, la disparition des États ».

l'introduction de cette technologie obligera le législateur à adapter les règles relatives au droit des contrats aux nouvelles exigences de la formation des contrats en matière électronique. Faute d'avoir un Acte uniforme sur le droit des contrats, il est difficile de prévoir en l'état actuel du droit des contrats dans les différents États de l'OHADA une célérité dans la prise en compte de cette nouvelle technologie. Même si le législateur OHADA renvoyait au droit national la mise en place des règles relatives à l'utilisation d'une telle technologie, une refonte en profondeur du droit des obligations et des contrats serait à prévoir[736].

Ainsi, pour l'essentiel, dans le droit français, la constitution de ce nantissement ne se fait pas à travers un compte qui abrite une universalité de titres, mais, porte directement sur des titres individualisés par le procédé du *topage*[737]. Dans ce cas, seuls les titres identifiés sont saisis par ce nantissement avec bien entendu pour principale difficulté leur identification et la connaissance par les parties que le nantissement ne couvre que les titres spécifiés dans la déclaration de nantissement. Il est toujours possible d'envisager une clause d'arrosage automatique des titres[738] puisque le nantissement ne s'oppose pas à leur aliénation. Les règles de réalisation en seront également bouleversées mais plus facilitées puisqu'elles seraient automatisées, voire automatiques par programmation. *Quid* alors des règles actuelles relatives à la réalisation de ce nantissement ? Maxime Julienne propose des hypothèses suivant un recours à un *smart contract*[739]. Mais, il est évident que le législateur

---

[736] Voir sur ce point, l'avant-projet d'Acte uniforme OHADA sur le droit des contrats (mai 2006) et le projet de texte uniforme portant droit général des obligations dans l'espace OHADA ; ISSA SAYEGH (J.), POUGOUÉ (P. G.) et SAWADOGO (F. M.), Fondation pour le droit continental, 15 avril 2015.

[737] Procédé informatique permettant d'identifier les titres. Pour l'individualisation des titres, voir Art. 211-14-1 et s. du Code mon. et fin.

[738] BARBAN (P.), Réglementation : Dernière pierre au régime des titres financiers et minibons sur blockchain, op. cit., p. 3.

[739] JULIENNE (M.), « Le nantissement de titres financiers inscrits en *blockchain* », in MAGNIER (V.) et BARBAN (P.) [Dir.], Blockchain et droit des sociétés, Dalloz 2019, p 57 : Une « modification [instantanée] des données relatives aux titres grevés pour indiquer l'extinction du nantissement ». « Mais, si l'idée paraît simple en son principe, sa mise en œuvre supposerait à tout le moins que le paiement soit relaté d'une manière ou d'une autre dans la *blockchain*, sans quoi le *smart contract* ne se mettrait jamais en œuvre[…]. La défaillance du débiteur entraînera quant à elle la vente forcée des titres ou leur attribution au créancier. Mais, la réalisation des sûretés, bien qu'elle tende à se libéraliser, ne s'en trouve pas pour autant réduite à un processus purement mécanique. La vente forcée de titres non négociés sur un marché réglementé doit ainsi être précédée d'une « simple signification » délivrée par un huissier de justice (Art. L. 521-3 C. com). Cette formalité peut certes intervenir sous forme électronique pour peu que le destinataire y consente (Art. 662-1 C. pr. Civ.), mais le créancier devra tout de même en prendre l'initiative, et il paraît difficile d'imaginer une signification électronique prérédigée en *blockchain* en vue d'un envoi différé. Le bénéficiaire du nantissement pourrait encore se tourner vers le pacte commissoire. On dit parfois que celui-ci opère de plein droit en cas de défaillance, ce dont le *smart contract* rendrait compte en opérant

n'ayant pas prévu spécifiquement la possibilité de ce dénouement, plusieurs zones d'ombres subsistent et appellent à la plus grande prudence.

Les règles de constitution, de fonctionnement et de réalisation automatisées de ce nantissement seront programmées par *smart contracts*, c'est-à-dire « des logiciels donnant des instructions automatisées[740] ». Ce qui pose toutefois quelques difficultés au plan juridique, par exemple sur la valeur probante de l'inscription des titres sur ce support[741]. Les questions portant sur « l'assurance de l'enregistrement et de l'intégrité des transactions[742] ». *Quid* également de la protection des données ? Même si la plupart des pays de l'espace OHADA ont aujourd'hui adopté des lois sur la protection des données[743], leur effectivité est encore faible et la protection réelle qu'elles offrent est encore précaire. *Quid* également de la création des différents DEEP dans l'espace OHADA ou non et de leur gestion publique ou privée et de l'application des textes de l'OHADA ? Le chemin paraît encore long pour l'application de cette technologie dans le droit des sûretés réelles de l'espace OHADA, même si elle peut constituer un formidable outil pour certaines opérations encadrées et uniquement pour certains opérateurs capables de cerner les risques d'une telle utilisation.

CONCLUSION DU CHAPITRE 2

337. L'efficacité des sûretés mobilières passe en grande partie avec le nouvel AUS par l'inscription de la sûreté au Registre du Commerce et du Crédit mobilier (RCCM). Le défi de ce registre est assurément sa capacité à

---

immédiatement le transfert des titres nantis, mais le procédé risque d'achopper sur l'exigence d'une évaluation par expert à défaut de « cotation officielle du bien sur un marché organisé (Art. 2348, al. 2 C. civ.) ». *Sur ce dernier point, c'est-à-dire le pacte commissoire, il est évident que notre position sur le sujet est contraire à une réalisation automatique ou immédiate. Le créancier, même titulaire d'une propriété-garantie, ne pourrait en cas de défaillance du débiteur se soustraire aux règles liées à l'obtention d'un titre exécutoire. La position que nous défendons est celle de la cohérence dans le régime de toutes les sûretés réelles y compris dans la phase de réalisation (Nous soulignons).*

740 LEGEAIS (D.), *Blockchain* et actifs numériques, *op. cit.*.

741 Sur la question, voir LEGEAIS (D.), *Blockchain* et actifs numériques, *op. cit.* : « La portée probatoire de la *blockchain* est un élément clé de son régime. En effet, c'est la fonction de preuve absolue qui est recherchée aujourd'hui par beaucoup d'utilisateurs potentiels. La *blockchain*, dans sa fonction de registre, doit en effet permettre de prouver la date d'un dépôt, la véracité d'une information inscrite même si elle a été hachée et qu'il n'existe donc qu'une empreinte numérique. […] Il est en l'état difficile de prédire comment un juge recevra ce type de preuve. Les incertitudes en la matière menacent le développement de la technologie ».

742 LEGEAIS (D.), *Blockchain* et actifs numériques, *op. cit.*, p. 116.

743 Voir par exemple, Loi togolaise n° 2019-014 du 29 octobre 2019 relative à la protection des données à caractère personnel. En Côte d'Ivoire, Loi n° 2013-450 du 19 juin 2013 portant protection de données à caractère personnel.

recueillir l'information et à en permettre la consultation en temps voulu afin de permettre la célérité chère au législateur OHADA. Ce défi ne sera relevé que si l'informatisation de ce registre est menée à son terme avec des interconnexions avec le fichier régional. Le modèle d'efficacité choisi est en cela ambitieux mais visionnaire en ce que la publicité par une inscription à un registre public, informatisé et accessible est l'avenir de l'efficacité des sûretés réelles. S'il tend à se rapprocher de l'hypothèque mobilière du droit québécois et se détache peu à peu du modèle français, il reste tout de même à cheval entre les deux. Il faut aussi dans le même sens qu'en matière immobilière le registre foncier permette de hisser l'inscription des hypothèques à la place que lui réserve le législateur OHADA dans l'efficacité de l'hypothèque. Hélas, ce travail ô combien important ne peut se faire d'abord qu'au niveau national dans chaque État partie. Le droit OHADA adapte donc les différents modèles qui l'inspirent pour l'efficacité des sûretés à son propre droit et à la réalité économique de ses États membres. Un réel effort reste à faire pour que ce droit soit conforme aux exigences voulues et réponde efficacement à la réalité de la pratique des affaires dans ces États.

CONCLUSION DU TITRE 2 ET DE LA PREMIERE PARTIE

338. L'efficacité des sûretés réelles conventionnelles dans la phase de constitution de la garantie est primordiale à la réussite de son exécution forcée lorsque le débiteur principal est défaillant. L'enjeu pour le créancier est de préserver ses droits sur la valeur du bien garanti tant que la créance demeure impayée. Le législateur met alors à sa disposition un corps de règles oscillant entre le blocage total ou non des utilités du bien garanti et l'utilisation de la propriété à titre de garantie. Cette dernière a fait l'objet d'une consécration qui ne permet pas de déceler dans l'objectif réel du législateur OHADA l'intention d'octroyer la pleine propriété du bien garanti au créancier pendant l'opération de garantie. Nous avons pourtant déduit de l'analyse des textes et surtout de l'intention du créancier que cette utilisation se faisait à titre de garantie. Comme le rappelle très justement SÉJEAN-CHAZAL dans sa thèse : « L'exclusivisme du droit de propriété ne doit pas être confondu avec la quête d'exclusivité de désintéressement du droit des sûretés[744] ». Ces analyses sont inspirées du droit français et, même si certains auteurs sont favorables à l'octroi au créancier de la pleine propriété réduite à certaines prérogatives, d'autres, dont les analyses ont beaucoup influencé cette thèse sont plutôt favorables à une utilisation de la propriété-garantie. Cette dernière conception aurait pour finalité une harmonisation du droit des sûretés réelles et lui donnerait une certaine cohérence conceptuelle et

[744] SÉJEAN-CHAZAL (C.), Thèse, *op. cit.*, p. 500.

une sécurité juridique pratique. On peut regretter que la pratique ne s'approprie pas encore suffisamment ces nouvelles sûretés qui dans la plupart des pays de l'OHADA manquent d'effectivité, ce qui ne nous permet pas d'analyser en profondeur au regard de la jurisprudence leur efficacité au regard du droit OHADA dans son sens strict, pratique et non conceptuel. Si des décisions en la matière existent, elles sont peut-être rendues par les juridictions du fond dans chaque État membre et n'arrivent pas jusqu'à la CCJA. D'où l'intérêt de rendre accessibles également les décisions rendues par les juridictions du fond pour une meilleure appréciation de la jurisprudence dans l'espace OHADA.

Au-delà de la propriété utilisée à titre de garantie consacrée par le nouvel AUS du 15 décembre 2010, le toilettage des sûretés réelles conventionnelles traditionnelles pour les rendre plus attractives a permis certes de rendre leur constitution plus claire mais l'effort d'affinement de la technique juridique est encore à parfaire. Nous avons à l'idée quelques exemples d'incohérence des textes : le droit de rétention qualifié de sûreté réelle mobilière mais qui ne fait plus l'objet du droit d'agir reconnu au créancier rétenteur comme le prévoyait l'AUS de 1997 ; la reconnaissance au créancier nanti titulaire du nantissement de compte de titres financiers d'un droit de rétention sur des titres qui ne sont pas des biens corporels ; le maintien du nantissement des valeurs mobilières aux côtés du nantissement d'un compte de titres financiers, alors que le nouvel AUSCGIE du 30 janvier 2014 préconisait la dématérialisation des valeurs mobilières et autres titres financiers doit faire l'objet d'un avis de la CCJA ; l'utilisation du nantissement des droits d'associés et valeurs mobilières est-elle alors à privilégier lorsque les valeurs mobilières n'ont pas encore fait l'objet d'une dématérialisation ? Il est évident que l'effectivité du nantissement d'un compte de titres financiers soit subordonnée à la dématérialisation de ces valeurs mobilières et autres titres financiers ; quel regard porter également sur le cautionnement réel dans l'espace OHADA ? Et *quid* de la pertinence de la constitution des gages d'espèces avec la consécration du transfert fiduciaire d'une somme d'argent ?

Le choix des critères d'efficacité lors de la constitution des sûretés réelles dépend alors de l'objectif poursuivi par les parties. Bien que l'intérêt unilatéral du créancier semble prendre le dessus dans la constitution de la garantie, on ne peut raisonnablement pas occulter les intérêts du débiteur ou du constituant selon les cas et pour qui l'utilisation du bien garanti revêt parfois une importance capitale pour la poursuite de son activité. Aussi, le législateur a-t-il réorganisé la constitution des sûretés réelles conventionnelles de sorte à marquer une différence de régime entre les sûretés mais surtout à essayer d'équilibrer les intérêts des parties. Il faut pour finir admettre au vu des textes que la protection du créancier dans les sûretés réelles conventionnelles reste prépondérante dans l'espace OHADA.

DEUXIEME PARTIE : L'EFFICACITE RECHERCHEE DANS LA MISE EN ŒUVRE DE LA SURETE

339. Mettre en œuvre une sûreté c'est mettre en place des moyens ou actions dans le but d'exercer ses droits sur la valeur de son assiette. La prise d'une garantie consiste à se couvrir réellement contre le risque de crédit qui pourrait en découler. C'est le risque qu'un emprunteur ne rembourse pas tout ou partie de son crédit aux échéances convenues dans le contrat de garantie. En constituant la sûreté, le créancier se prépare aussi à la mettre en œuvre. C'est pour cela que le temps de la constitution de la garantie est important et conditionne dans une large mesure l'efficacité de la mise en œuvre de la garantie obtenue. Ce risque est la défaillance du débiteur, elle est l'élément déclencheur de la mise en œuvre de la sûreté. Plus le créancier attend moins il a de chances de recouvrer son prêt et il court le risque de perdre aussi sa sûreté. Cette défaillance peut lui occasionner une perte patrimoniale. La sûreté réelle est une garantie accessoire qui couvre l'obligation principale du débiteur, elle crée un lien direct et réel entre le créancier et le bien garanti. Elle lui permet alors en cas de défaillance du débiteur de se payer sur la valeur du bien garanti. Il convient donc pour le créancier dans un premier temps de faire la preuve de cette défaillance et de son ampleur, ceci découle du caractère accessoire de la sûreté réelle. Elle ne peut être mise en œuvre que si l'obligation qu'elle couvre n'est pas exécutée. Cette défaillance peut être analysée dans deux hypothèses : soit elle est passagère et sans conséquence sur la santé financière du débiteur qui est toujours *in bonis,* soit elle est de nature à conduire le débiteur à une cessation de paiement, d'où l'intérêt de l'ouverture d'une procédure collective qui risque de retarder le créancier dans le recouvrement de sa créance, puisque le droit des procédures collectives agit sur le droit individuel des créanciers à la réalisation de leur sûreté. La défaillance peut à ce titre être aussi bien conjoncturelle que structurelle. Les critères d'efficacité relevés lors de la constitution des sûretés réelles réagissent alors différemment pour protéger les droits du créancier sur le bien garanti dans les deux cas de défaillance. La réforme de l'AUS de 1997 opérée le 15 décembre 2010 a été l'occasion pour le législateur de l'OHADA d'uniformiser les modes de réalisation des sûretés réelles en les rendant également plus simples et plus souples.

À la vente forcée **(Titre 1)** toujours aussi complexe et coûteuse qui met les créanciers munis de sûretés réelles en situation d'exercer leur droit de priorité, s'est rajoutée l'attribution en propriété **(Titre 2)**, efficace par la situation d'exclusivité qu'elle est censée procurer sur la valeur du bien garanti et qui peut être exercée judiciairement ou conventionnellement. La volonté affichée est de permettre aux parties de choisir le mode de réalisation qui leur convient le plus ou de rendre optimale la réalisation de leur sûreté et permettre surtout une rapidité d'exécution.

Titre 1 : La réalisation de la sûreté résultant d'une vente forcée
Titre 2 : La reconnaissance du droit à l'attribution

TITRE 1 : LA REALISATION DE LA SURETE RESULTANT D'UNE VENTE FORCEE

340. En raison du caractère accessoire de la sûreté réelle, le créancier ne peut mettre en jeu sa garantie qu'en cas de défaillance du débiteur de l'obligation principale garantie. La défaillance du débiteur de l'obligation principale déclenche ainsi la mise en jeu de la garantie. Elle est « le fait pour le débiteur de faire défaut, ou de manquer même momentanément à ses engagements contractuels[745] ». Dans la pratique, la défaillance se manifeste par le non-paiement de la créance à l'échéance ou par des impayés d'échéances du crédit qui alertent le créancier sur la situation financière du débiteur. Cette défaillance n'est pas synonyme de l'insolvabilité du débiteur de l'obligation garantie même si elle peut être un signe précurseur. Mais, elle suffit à permettre une perte patrimoniale au créancier qui se verra dans l'obligation d'exercer ses droits sur le bien garanti. La vente du bien garanti a traditionnellement été au cœur de l'exécution forcée des sûretés réelles dès que la contrainte par corps n'était plus possible pour des raisons liées au respect et à la protection des droits de l'homme **(Chapitre 1)**. Elle ouvre alors la voie à la revendication d'autres droits concurrents sur la valeur du bien garanti puisqu'il est de principe que les biens du débiteur sont le gage commun de ses créanciers. Le créancier poursuivant ne peut ainsi profiter à lui seul du produit de la vente. De la vente forcée immobilière à la vente forcée mobilière, la différence de régime est marquée même si certaines dispositions permettant l'efficacité de ce mode d'exécution forcée sont similaires. Ainsi, ce mode d'exécution porte par sa procédure essentiellement judiciaire une complexité et une lourdeur qui ne favorisent pas parfois la célérité dans l'exécution forcée des sûretés réelles voulue par le créancier. Pour autant, elle favorise la distribution du produit de la vente du bien garanti entre les créanciers concurrents ayant participé à cette procédure **(Chapitre 2)**.

<u>Chapitre 1</u> : L'exécution forcée perfectionnée par la vente du bien garanti

<u>Chapitre 2</u> : Une procédure favorisant la distribution du produit de la vente entre créanciers concurrents

[745] Vocabulaire juridique, *op. cit.*, p. 305.

CHAPITRE 1 : L'EXECUTION FORCEE PERFECTIONNEE PAR LA VENTE DU BIEN GREVE

341. L'exécution forcée est une procédure entreprise par le créancier et exercée sur les biens du débiteur qui ne s'est pas acquitté de son obligation de paiement. Anciennement, il n'était pas autorisé à s'exécuter par la vente du bien et devait le conserver jusqu'au complet paiement[746] ou pouvait en disposer pour percevoir les fruits ou encore le garder à titre de paiement[747]. Le droit de vendre[748] fut postérieurement associé aux prérogatives du créancier titulaire de sûreté afin qu'il puisse se payer sur la valeur du bien garanti et éviter qu'il attende indéfiniment que son débiteur daigne le payer. Il sera plus tard associé au droit commun de l'exécution. Le débiteur n'ayant pas volontairement exécuté son obligation vis-à-vis de son créancier oblige ce dernier à opter pour cette voie de droit afin d'obtenir le paiement de ce qui lui est dû. Ce droit peut être exercé par quiconque, attesté comme créancier du débiteur. L'exécution forcée par le droit commun de la vente ne crée donc pas de monopole à l'égard d'un quelconque créancier. Tous les créanciers sont égaux face au déclenchement de l'exécution forcée et obéissent aux mêmes règles. Dans le droit français de l'exécution qui inspire aussi le droit OHADA de l'exécution, les procédures civiles d'exécution renferment des dispositions légales que le créancier utilise pour faire valoir ses droits à l'exécution forcée. Le contenu de ce Code pour l'essentiel modifié par la loi n° 91-650 du 9 juillet 1991 portant réforme des procédures civiles d'exécution, a inspiré en grande partie l'Acte uniforme portant organisation des procédures simplifiées de recouvrement et des voies d'exécution (AUVE) de l'OHADA issu de sa codification du 1er juin 1998. Ce dernier institue la vente forcée comme « le mode principal » voire le « droit commun » de l'exécution forcée des obligations **(Section 1)** avec pour conséquence que le produit de la vente se partage entre les créanciers du débiteur qui se sont fait connaître. Le droit des sûretés réelles fait ainsi naturellement appel à ces règles d'exécution forcée sur le bien garanti. Toutefois, lorsque s'ouvre contre

---

[746] SÉJEAN-CHAZAL (C.), Thèse, *op. cit.*, p. 49-50 : « Au moment de l'apparition du *pignus*, il était inenvisageable que le créancier gagiste pût vendre le bien. Seul le propriétaire de la chose – débiteur ou fiduciaire – détenait le droit d'en disposer. Le détenteur – qu'il soit gagiste, dépositaire… – qui aurait souhaité vendre le bien à lui remis aurait commis un vol, ou *furtum*. Le créancier en était réduit au simple exercice d'un droit de rétention, une attente passive ».

[747] *Ibidem* : « Cherchant à rendre le *pignus* plus efficace, les parties lui ont d'abord adjoint un pacte d'antichrèse, grâce auquel le créancier avait le droit de percevoir les fruits produits par la chose retenue et de les imputer sur le remboursement… Les parties à un contrat de gage prirent alors l'habitude d'insérer une stipulation autorisant le créancier à disposer du bien ».

[748] *Ibidem,* p. 51 : « Cette possibilité concrète d'être remboursée sur la valeur du bien grâce au droit de vendre procure au créancier gagiste un avantage de taille, une situation privilégiée ».

le débiteur une procédure collective, les créanciers voient leur droit individuel à l'exécution forcée restreint et tout paiement leur est refusé **(Section 2)** au nom de la discipline collective.

Section 1 : La vente forcée en tant que droit commun de l'exécution forcée

Section 2 : La soumission de la vente forcée aux règles des procédures collectives

SECTION 1 : LA VENTE FORCEE EN TANT QUE DROIT COMMUN DE L'EXECUTION FORCEE

342. Les liens entre l'exécution forcée et la vente **(Paragraphe 1)** sont historiques et marquent l'exercice efficace d'un pouvoir de contrainte du créancier sur les biens de son débiteur lorsque ce dernier est défaillant. Ce lien est si étroit que l'exécution forcée peine à se détacher de la vente forcée et à se réinventer. La vente apparaît ainsi comme le mode d'exécution forcée par excellence qui permet au créancier d'exercer ses droits sur la valeur des biens vendus **(Paragraphe 2)**.

PARAGRAPHE 1 : EXECUTION FORCEE ET VENTE FORCEE : UN LIEN TRADITIONNEL

343. La vente forcée est résolument entrée dans les modes de réalisation des sûretés réelles comme un mode traditionnel d'exécution forcée **(A)** afin de permettre au créancier un accès direct à la valeur du bien à lui garanti. Elle fait l'objet traditionnellement d'un encadrement judiciaire dont la finalité est la recherche du juste prix **(B)**.

A/ LE DROIT D'EXECUTION FORCEE DES CREANCIERS SUR LES BIENS DU DEBITEUR

344. Issu légalement du droit de gage général, les créanciers ont la possibilité de saisir les biens de leur débiteur, de les vendre pour se payer sur leur prix[749]. Ce droit légitime l'exercice d'une contrainte sur les biens du débiteur dans la mesure où ce dernier ne consent pas en réalité à l'exécution volontaire **(1)**. Il n'est donc pas associé à la décision ou au choix du créancier relatif à l'engagement de l'exécution forcée. Lequel est un choix libre et individuel **(2)**.

---

[749] Art. 2285 du C. civ. (Ord. du 23 mars 2006) : « Les biens du débiteur sont le gage commun de ses créanciers ; et le prix s'en distribue entre eux par contributions, à moins qu'il n'y ait entre les créanciers des causes légitimes de préférence ».

1/ Un droit exercé par la contrainte

345. L'affirmation de la contrainte sur les biens du débiteur. – Le créancier qui poursuit l'exécution d'une obligation se voit doté par le législateur d'un pouvoir de contrainte pour obliger son débiteur à s'exécuter. Cette contrainte s'est progressivement déplacée, d'une contrainte par corps exercée sur la personne du débiteur à une contrainte matérielle exercée sur ses biens. Les biens du débiteur sont ainsi le gage commun de ses créanciers. Cette contrainte exercée sur les biens s'est aussi amplement développée grâce à l'expansion des sûretés et particulièrement des sûretés réelles[750]. Le débiteur était obligé de transférer temporairement la propriété de son bien au créancier à titre de fiducie (*fiducia*) et le perdait même physiquement[751]. Ce procédé favorisait une contrainte sur le bien garanti et un accaparement individuel de sa valeur. Les mécanismes de constitution se sont progressivement assouplis et tournés vers une constitution sans déplacement du bien[752] mais l'assiette de la sûreté faisait l'objet d'une appropriation démesurée. La contrainte exercée sur les biens du débiteur autorise ainsi le créancier à utiliser contre lui « des procédures de nature à vaincre sa résistance[753] ». Le titulaire d'une sûreté réelle utilise ce pouvoir de contrainte lorsque son débiteur est défaillant. La défaillance du débiteur est alors l'élément qui déclenche la mise en œuvre de l'exécution forcée sur ses biens. Le Code civil français de 1804 à travers l'article 2284 théorise ce droit à l'exécution sur les biens du débiteur : « Quiconque s'est obligé personnellement est tenu de remplir son engagement sur tous ses biens

---

[750] PICOD (Y.), Droit des sûretés, PUF 2e éd., Paris, 2008, p. 260 ; V. égal. À titre illustratif M. MARTIALIS xxv., Cum rogo te nummos sine pignore, 'non habeo' inquis ; Idem, si pro me spondet agellus, habes : Quod mihi non credis veteri, Telesine, sodali, credis coliculis arboribusque meis. / Quand je veux t'emprunter de l'argent sans gage, ''je n'en ai point'' me dis-tu. Mais si mon petit domaine me sert de garant, tu en as. Ce que tu refuses, Ô Telesinus, à moi ton ancien ami, tu l'accordes à mes sillons et à mes arbres. (Tirée de, PELLECCHI Luigi in Peut-on se passer de l'économie ? Les juristes romains et le problème des sûretés réelles, conférence sur l'histoire du droit à l'Université Paris Descartes, p. 2).

[751] GACHASSIN-LAFITE, Étude sur le *Pignus* en droit romain – sur le gage commercial et les warrants en droit français, thèse Faculté de droit de Bordeaux, 1872 (source gallica.bnf.fr/Bibliothèque nationale de France). Dans sa thèse sur « l'étude du *pignus* en droit romain », Léon GACHASSIN-LAFITE expliquait que le « mot *pignus* s'appliquait d'une manière générale à toute les garanties réelles données par un débiteur à son créancier. Il comprend non seulement le gage mais l'hypothèque.

[752] PICOD (Y.), *op. cit.* : « À Rome, pour éviter les inconvénients du dessaisissement, le créancier laissait parfois la chose gagée entre les mains du constituant à titre précaire. Cette pratique, combinée avec les usages des provinces grecques de l'empire est sans doute à l'origine du gage sans déplacement ».

[753] ARTZ (J.-F.), *Action-Libération des actions*, *Répertoire des sûretés*, juin 2002 (actualisation, oct. 2019).

mobiliers et immobiliers, présents et à venir[754] ». Ce droit est ainsi rattaché à la créance du créancier sur son débiteur. Principe fondamental du droit à l'exécution, même si le créancier se voit doté d'un privilège spécial sur un bien déterminé du débiteur, rien ne l'empêche de poursuivre l'exécution de sa créance sur l'ensemble du patrimoine de son débiteur. Si ce n'est le respect du principe de subsidiarité qui oblige le créancier titulaire d'une sûreté réelle à poursuivre d'abord l'exécution sur le bien garanti avant de se reporter sur les autres biens du patrimoine lorsque la valeur du bien garanti a été insuffisante pour le désintéresser. Les sûretés réelles ont noué alors un lien étroit sur la valeur du bien garanti et l'exécution forcée s'exerce sur les biens garantis dans le but de faire apparaître leur valeur d'échange ou valeur économique lorsque leur débiteur a failli[755]. La vente forcée est ainsi devenue dans le droit positif français, et plus tard dans le droit OHADA, la procédure de droit commun permettant un accès direct à cette valeur. Elle reçoit ainsi dans « la pratique le nom d'exécution forcée[756] ». L'assimilation presque automatique voire naturelle de la vente forcée à l'exécution forcée est donc liée à cette finalité qui est de faire apparaître la valeur économique du bien pour permettre aux créanciers de se payer sur le prix de la vente[757]. Elle est d'ailleurs reprise dans l'AUS de 1997 comme procédure de droit commun pour la réalisation des sûretés réelles et maintenue dans la réforme du 15 décembre 2010.

346. L'évolution de la perception de la contrainte. – L'hégémonie des biens matériels dans le Code civil français de 1804 et la consécration qui en est faite explique la prééminence des dispositions relatives à l'exécution forcée des biens matériels dans le Code de procédures civiles d'exécution. Tout naturellement, cette prééminence se reporte dans l'Acte uniforme portant organisation des procédures simplifiées de

---

754 SÉJEAN-CHAZAL (C.), La réalisation de la sûreté, Thèse, Préf. M. Grimaldi, *Dalloz* 2019 : « Le droit de gage général est un droit sur une universalité de biens » ; ROLAND (V. H.) et BOYER (L.), Adages du droit français, 3e éd. Litec, 1992, p. 758 s. ; THÉRY (Ph.), « Saisissabilité et limites », *10e anniversaire de la Loi du 9 juillet 1991 sur la réforme des procédures civiles d'exécution*, colloque du 9 juillet 2001, EJT 2002.

755 CHAUVEAU (V. M.), « Classification nouvelle des droits réels et personnels », Extrait de *La revue critique de législation et de jurisprudence, LGDJ*, 1931, p. 65 : « L'hypothèque, les privilèges n'ont plus pour objet « l'utilisation matérielle » de la chose. Ils s'exercent sur la valeur économique c'est-à-dire sur la somme d'argent provenant de la vente des choses soumises au privilège ou à l'hypothèque ». Cité par SÉJEAN-CHAZAL (C.), Thèse, *op. cit.*, p. 34.

756 ARTZ (J. F.), *op. cit.*, n° 347.

757 BUGNET (M.), Œuvres de Pothier, Plon Cosse et Marchal, 2e éd., 1861, t. IX, n° 1, p. 423 ; V. aussi t. V, n° 24, p. 400 : « Le droit qu'acquiert le créancier dans la chose qui lui est donnée en nantissement [le droit de détenir la chose par devers lui pour sûreté de sa créance], en renferme un second, celui de faire vendre, pour se payer, sur le prix, de ce qui lui est dû ». Cité par SÉJEAN-CHAZAL (C.), Thèse, *op. cit.*, p. 34.

recouvrement et des voies d'exécution (AUVE). Toutefois, cette hégémonie s'amenuise au fur et à mesure que les biens immatériels prennent de la valeur et de l'importance dans les transactions commerciales. La constatation du recul de l'importance en valeur des biens matériels au profit des biens immatériels se perçoit le plus dans la matière des sûretés réelles. Le droit des sûretés à la faveur de la possibilité de constituer des garanties sans dépossession s'est ouvert aux biens immatériels ou incorporels. Mais, si cette prise en compte est salutaire et visible de plus en plus à travers le Code civil, elle est pourtant à la traîne dans la mise en place des règles nécessaires à l'exécution forcée sur ces biens. Le droit OHADA de l'exécution cristallise également cette lenteur. De la contrainte matérielle exercée sur les biens corporels à la contrainte immatérielle exercée sur les biens incorporels, le pouvoir du créancier devrait s'exercer efficacement et indifféremment par « l'indisponibilité juridique qui affecte directement les droits du propriétaire[758] » lorsque le créancier déclenche son droit à l'exécution forcée. Cette indisponibilité peut finalement être matérielle et juridique ou seulement juridique pour se détacher de la nature du bien. Plus souvent encore, la contrainte matérielle précède la contrainte juridique qui se veut immatérielle et peut s'exercer indifféremment sur les biens matériels et immatériels[759]. Finalement, « les formes que peut prendre la contrainte importent moins que le phénomène en lui-même : toute saisie aboutit nécessairement à une emprise plus ou moins énergique sur les droits du débiteur à des fins privées[760] ». La valeur du bien ne pourra néanmoins pas satisfaire le seul créancier usant de la contrainte sauf si elle n'aboutit pas à la vente du bien. Ainsi, l'exécution forcée sur les biens du débiteur porte dans son régime la procédure de saisie destinée à mettre la main sur ses biens dans le but de les rendre indisponibles, de sorte qu'il ne puisse les subtiliser de son patrimoine. La saisie est alors une procédure inhérente à l'exécution forcée et la renforce. L'indisponibilité matérielle est par conséquent de nature à rendre encore plus énergique la contrainte opérée et souvent déclenchée par la saisie et n'est possible qu'à l'égard des biens corporels. D'où l'intérêt pour le législateur de trouver un encadrement adéquat pour l'efficacité de la saisie des biens immatériels qui ne peut être efficace que par une indisponibilité juridique. Tel est également le défi pour le législateur OHADA.

---

758 THÉRY (Ph.), Voies d'exécution, Répertoire de droit international, Janv. 2013, n° 20.

759 La distinction des deux notions n'est donc pas convaincante selon THÉRY (Ph.), *Voies d'exécution, Répertoire de droit international, op. cit.*, n° 21.

760 THÉRY (Ph.), Voies d'exécution, Répertoire de droit international op. cit., n° 21.

2/ La liberté des créanciers au déclenchement de l'exécution forcée

347. Un droit individuel. – Le créancier titulaire d'une sûreté réelle bénéficie d'un privilège sur la valeur du bien garanti et non d'un monopole sur l'exécution forcée sur ce bien. En effet « le droit de saisir n'appartient qu'aux créanciers. [...] Mais, ce n'est le privilège d'aucun d'eux[761] ». Il revient au créancier lorsque son débiteur est défaillant de déclencher cette exécution. L'absence de monopole est la résultante de l'égalité des créanciers à l'exécution forcée et à leur droit commun sur le patrimoine du débiteur. Pour GARSONNET et CEZAR-BRU : « [...] Tous ont le patrimoine du débiteur pour gage ; tous peuvent saisir les biens qui le composent, les faire vendre et se payer sur le prix. Ceux qui ont un droit de privilège ou d'hypothèque le feront valoir lors de la distribution du prix ; ceux qui ont un droit de rétention pourront défendre à l'adjudicataire de l'objet qui y est soumis de se mettre en possession avant de les avoir désintéressés »[762]. Ce faisant, la vente forcée peut être déclenchée par n'importe quel créancier, chirographaire comme titulaire d'une sûreté. La seule différence étant que le titulaire d'une sûreté bénéficie d'un privilège sur le partage du prix de la vente. Ce n'est qu'en ce moment qu'il affirme son droit spécial de préférence[763]. Il n'a de même aucune prétention au monopole sur la valeur du bien mais affirme plutôt une préférence sur sa valeur. L'exécution forcée par la vente assure ainsi une égalité de principe du droit de poursuite pour tous les créanciers[764]. L'article 245 de l'AUVE dispose ainsi que : « *En cas de pluralité de saisies, le produit de la vente est réparti entre les créanciers qui ont procédé à une saisie avant la vente* ». Ce principe général de l'exécution forcée est assuré par le droit OHADA de l'exécution. L'article 91 de l'AUVE relatif à la saisie-vente des meubles corporels assure par exemple cette égalité lorsqu'il dispose que : « *Tout créancier muni d'un titre exécutoire constatant une créance liquide et exigible peut [...], faire procéder à la saisie et à la vente des biens corporels appartenant à son débiteur [...]* ». Il suffit donc qu'il soit muni d'un titre exécutoire

---

761 GARSONNET (E.) et CÉZAR-BRU (C.), Traité théorique et pratique de procédure civile et commerciale, t. IV, 3e éd. Sirey, 1912, p. 119.

762 GARSONNET (E.) et CÉZAR-BRU (C.), Traité théorique et pratique de procédure civile et commerciale, *op. cit.*, Cité par SÉJEAN-CHAZAL (C.), Thèse, *op. cit.*, p. 63.

763 PLANIOL (V. M.), RIPERT (G.) et BECQUÉ (E.), Traité pratique de droit civil français, t. XIII, 2e éd. LGDJ, 1953, n° 905, p. 167 : « Tout créancier [...] peut exercer l'action hypothécaire, même celui qui, en raison de son rang, ne peut pas espérer une collocation en ordre utile sur le prix de l'immeuble. Le créancier premier en rang ne pourrait pas s'opposer à ce que l'expropriation de l'immeuble hypothéqué soit pratiquée par d'autres créanciers, sous prétexte que ceux-ci ne viendraient pas en rang utile dans l'ordre et que la poursuite serait frustrative ».

764 SÉJEAN-CHAZAL (C.), Thèse, *op. cit.*, n° 47, p. 63.

constatant une créance liquide et exigible. Les mêmes exigences sont prévues en matière immobilière[765].

348. Le créancier poursuivant et l'absence de monopole dans la poursuite de la vente forcée. – L'exécution forcée entreprise par un créancier poursuivant n'écarte pas les autres créanciers de l'intérêt qu'ils peuvent aussi avoir sur la valeur du bien qui fait l'objet de l'exécution forcée. D'autres créanciers « remplissant les mêmes conditions pour déclencher une voie d'exécution » peuvent aussi se joindre à la procédure[766]. Cette égalité devant la poursuite de l'exécution se traduit également dans le droit OHADA de l'exécution[767].

349. Le caractère accessoire de la réalisation des sûretés réelles. – L'effet direct que procure une sûreté réelle sur le bien garanti donne un avantage considérable au créancier qui en est muni. Le droit à l'exécution sur le bien garanti est toutefois un droit accessoire en raison du caractère accessoire du droit réel de garantie sur lequel elle se fonde. Le législateur lui impose le respect de la mise en cause du débiteur principal avant d'initier l'exécution sur le bien garanti si ce dernier est défaillant. La défaillance du débiteur principal déclenche alors le droit à l'exécution forcée sur le bien garanti. Le seul avantage tiré de la sûreté réelle étant perceptible lorsque se dévoile la valeur du bien garanti ; là, le créancier privilégié affirme son droit réel de garantie pour se faire payer avant les autres créanciers, s'il arrive bien sûr à les primer.

350. La mise en œuvre de l'exécution forcée. – Le titre exécutoire est le passeport au déclenchement de l'exécution forcée. Sauf quelques cas dérogatoires, en matière commerciale, le législateur français[768] qui inspire le législateur OHADA, impose au créancier d'être muni d'un titre exécutoire avant le déclenchement d'une exécution forcée. L'article 2 de la loi 91-650 du 9 juillet 1991 dispose à cet effet que : « *Le créancier muni d'un titre exécutoire constatant une créance liquide et exigible peut en poursuivre l'exécution forcée sur les biens de son débiteur dans les conditions propres à chaque mesure d'exécution* ». La vente forcée ne peut donc se faire sans titre exécutoire. Ce principe fondamental de l'exécution forcée se traduit également dans l'AUVE à travers l'article 91 en matière mobilière et 247 en matière immobilière ; ayant

---

765 Art. 247 de l'AUVE.

766 SÉJEAN-CHAZAL (C.), Thèse, *op. cit.*, n° 47, n° 44, p. 59.

767 Art. 91 al 2 de l'AUVE : « Tout créancier remplissant les mêmes conditions peut se joindre aux opérations de saisie par voie d'opposition ».

768 Art. L. 521-3 al. 1 du Code de commerce (art. 93 ancien) sur le gage commercial : « À défaut de paiement à l'échéance, le créancier peut faire procéder à la vente publique des objets donnés en gage huit jours après une simple signification faite au débiteur et au tiers bailleur de gage, s'il y en a un, et selon les modalités prévues par le présent article, sans que la convention puisse y déroger ». V. les développements de SÉJEAN-CHAZAL (C) sur le sujet, thèse, p. 81 et s.

unifié le droit des sûretés dans un seul Acte uniforme, le droit OHADA ne connaît pas comme en droit français des cas dérogatoires qui simplifient l'exécution forcée sans titre exécutoire en dehors des cas prévus par l'AUS. Ce titre constate la réunion des caractères de la créance au cœur de l'exécution forcée et permet son encadrement. La poursuite de l'exécution forcée peut également avoir lieu en vertu d'un titre exécutoire par provision, ou pour une créance en espèces non liquide ; mais, l'adjudication ne peut être effectuée que sur un titre définitivement exécutoire et après la liquidation. À ce titre, la mise en demeure qui est « l'acte par lequel le créancier entend se plaindre de façon solennelle du fait que, à l'échéance stipulée, le débiteur n'a pas exécuté son obligation[769] » n'est pas suffisante pour engager une exécution forcée ; même si elle constitue un préalable nécessaire pour le créancier qui entend réclamer l'exécution d'une obligation. L'article 1139 du Code civil précise que « seule l'échéance du terme n'emporte pas mise en demeure », sauf disposition contraire des parties. Le titre exécutoire vise également à freiner ou à éviter que le créancier se lance dans une exécution privée, en méconnaissance des règles protectrices à l'égard du débiteur qui subit l'exécution sur ses biens. L'exigence de l'obtention d'un titre exécutoire est donc une condition de fond dont le non-respect entraîne la nullité des actes de poursuite. Il est le fondement aux poursuites.

B/ LE CONTROLE JUDICIAIRE DE L'EXECUTION FORCEE

351. Un contrôle nécessaire et centralisé. – La vente forcée étant une mesure d'exécution forcée, elle est soumise au contrôle du juge dans sa mise en œuvre. La centralisation du contentieux de l'exécution dans l'espace OHADA ressort des dispositions de l'article 49 de l'AUVE. Il dispose que : « *La juridiction compétente pour statuer sur tout litige ou toute demande est le Président de la juridiction statuant en matière d'urgence ou le magistrat délégué par lui* ». Cet article a donné lieu à plusieurs interprétations et plusieurs contentieux dans l'espace OHADA. Les contentieux les plus vifs venaient du Cameroun où certaines juridictions estimaient que le « juge des référés ordinaire » n'est pas compétent pour statuer sur le contentieux de l'exécution, ce qui n'est pas, [à leur avis], l'expression de la volonté du législateur communautaire[770]. La jurisprudence est restée quant à elle constante sur l'interprétation de cet article. Le juge de l'exécution désigné alors par le législateur OHADA est le Président de la juridiction statuant en matière d'urgence. Ainsi posé, dans chaque État partie, le Président de la juridiction statuant en

[769] TESTU (F. A.), Sort du contrat violé, Dalloz référence contrats d'affaires, ch. 111, 2010.
[770] CCJA, arrêt n° 01/2008 du 27 mars 2008, *in GD-CCJA*, p. 381, note M. TIMTCHUENG, Le contentieux de l'exécution et des saisies dans le nouveau droit OHADA.

matière d'urgence devenait de fait le juge de l'exécution. Il appartenait alors à chaque État partie de soumettre les litiges relevant de l'article 49 au Président de la juridiction statuant en matière d'urgence. La procédure des référés a ainsi été identifiée comme la procédure d'urgence par excellence et est introduite auprès du juge dit du provisoire et de l'urgence ; ce juge est pour la CCJA le Président du Tribunal de première instance[771]. Le Président du Tribunal de première instance, qui est juge des référés mais aussi juge de l'exécution suivant les cas, est donc juge de l'urgence[772], et exerce à ce titre une compétence exclusive pour statuer sur les litiges et les demandes relatives à une mesure d'exécution forcée.

352. **La CCJA et la régulation de la jurisprudence OHADA.** – Tout contentieux relatif à l'interprétation et à l'application des actes uniformes est réglé selon l'article 13 du Traité de l'OHADA[773] « en première instance et en appel par les juridictions des États parties ». Il en ressort une compétence des juridictions nationales du fond sur tout contentieux relatif à l'application des Actes uniformes. Ces contentieux sont portés en cassation devant la Cour Commune de Justice et d'Arbitrage (CCJA) qui assure l'interprétation et l'application communes du Traité ainsi que des règlements pris pour son application, des Actes uniformes et des décisions. Elle est ainsi la plus haute juridiction de l'espace OHADA et régule la jurisprudence dans les matières harmonisées[774]. Saisie par voie du recours en cassation, la CCJA se prononce sur les décisions rendues par les juridictions d'appel des États parties dans toutes les affaires soulevant des questions relatives à l'application des Actes uniformes[775]. Elle se prononce dans les mêmes conditions sur les décisions non susceptibles d'appel rendues par toute juridiction des États parties dans les mêmes contentieux. À la différence des autres hautes juridictions de cassation, elle a une compétence toute particulière qui fait d'elle une juridiction d'exception. En cas de cassation, elle peut statuer sur le fond afin de mettre fin au litige, il s'agit de son droit à l'évocation[776] qui lui

[771] CCJA, arrêt n° 007/2003 du 24 avril 2003, CI-Télécom devenue Côte d'Ivoire Télécom c/ société publistar : Ohadata J-03-193 ; CCJA, arrêt n° 011/2003 du 19 juin 2003, Mcck et Sck c/ Loteny Télécom : Rec. CCJA n° 1, 2003, p. 32, Ohadata J-04-107 ; CCJA, arrêt n° 039/2005 du 2 juin 2005, Drabo B. et a. c/ Touré M. : GD-CCJA, p. 587, obs. J. Fomeuteu ; Ohadata J-06-15.

[772] CA Lomé, arrêt n° 22/007 du 17 juill. 2007, Soeximex c/ Bictogo Moumini, société Côte d'Ivoire fruits SA : Ohadata J-10-168.

[773] Dans sa version révisée de 2008.

[774] Art. 14 al. 1 du Traité de l'OHADA.

[775] Art. 14 al. 3 du Traité de l'OHADA.

[776] Art. 14 al. 5 du Traité de l'OHADA : « statuant sans renvoi en tant que « troisième degré de juridiction, la CCJA unifie la jurisprudence en se posant comme le supérieur hiérarchique des juridictions nationales ». V. comm. Code OHADA. V. églm. CCJA, arrêt n° 008/2002, 21 mars 2002 : Ohadata J-02-163 ; CCJA, arrêt n° 012/2002, 18 avril 2002 : Ohadata J-02-65 ; CCJA, arrêt n° 007/2002, 21 mars 2002 : Ohadata J-02-162.

permet de statuer sur le fond du litige sans renvoi. Une compétence qui lui permet parfois d'harmoniser de façon efficace la jurisprudence dans l'espace OHADA. À ce titre, il importe, vu le rôle central qu'elle joue, de soulever la résistance de certaines juridictions nationales de cassation qui n'hésitent pas à statuer à tort, lorsqu'elles sont saisies des contentieux qui relèvent normalement de la compétence de la CCJA[777]. La défiance de ces juridictions peut constituer une entrave à l'exécution des sûretés réelles ou tout simplement au respect des dispositions uniformisées. C'est pourquoi la CCJA n'hésite pas, de façon énergique, à déclarer nulle et non avenue toute décision rendue par les juridictions nationales de cassation qui méconnaîtrait sa compétence. Juge de sa propre compétence, il appartient à la partie qui, après avoir soulevé l'incompétence d'une juridiction nationale statuant en cassation, estime que cette juridiction a dans un litige la concernant méconnu la compétence de la CCJA, de saisir cette dernière dans un délai de deux mois à compter de la notification de la décision contestée[778]. Dans un tel cas, s'il est « manifeste que l'affaire soulève des questions relatives à l'application de l'Acte uniforme portant organisation des sûretés, même si les moyens de cassation sont tirés de l'omission de statuer et du défaut de base légale », la CCJA n'hésite pas à conclure que « la Cour Suprême a méconnu la compétence de la CCJA faisant encourir l'annulation à sa décision conformément aux dispositions de l'article 18 du Traité[779] ». Il faut rajouter que le rôle de régulation de la jurisprudence de la CCJA est également menacé par le coût financier que représente la saisine et le déroulement de l'instance devant cette juridiction implantée à Abidjan en Côte d'Ivoire. Bien souvent, par manque de moyens, les justiciables abandonnent les poursuites après la décision rendue en appel et ne les poursuivent pas en cassation craignant le coût colossal de la procédure, qui se rajoute aux frais d'avocats dans lesquels sont compris les déplacements dans un pays tiers pour faire entendre sa cause. Il importe

---

[777] C. sup. Congo, avis, 1er oct. 1998 : Penant 2002, p. 171, note P. Moudoudou : « Selon la Cour suprême du Congo, les articles 14 alinéa 3 et 4 et 16, 18, 20, 25 alinéa 2 du Traité encourent le grief de ne pas être conformes *[à la constitution]*… cas la fonction de juger, qu'elle soit exercée par les juridictions de première instance ou d'appel ou par la Cour suprême, est une fonction constitutionnelle en même temps qu'elle est l'expression de la souveraineté et de l'indépendance nationales… Le pouvoir de rendre exécutoire sur le territoire national une décision juridictionnelle rendue par une juridiction étrangère ou une sentence arbitrale (leur) appartient et procède également de la souveraineté et de l'indépendance nationales » ; Cons. Const. Sénégal, 16 déc. 1993 : Penant 1998, p. 225, note A. Sall ; C. const. Bénin, 30 juin 1994 : cité *in* B. Boumakani, « Le juge interne et le droit OHADA », p.149 ; C. supr. Côte d'Ivoire, arrêt n° 122, 4 mars 2004 : *Actualités juridiques* n° 49, 2005, p. 218 ; Ohadata J-05-351 ; C. supr. Côte d'Ivoire, arrêt n° 447, 8 juill. 2004 : *Actualités juridiques*, n° 49, 2005, p. 223 ; Ohadata J-05-354.

[778] Art. 18 du Traité de l'OHADA.

[779] CCJA, arrêt du 1er mars 2018, n° 050/2018, Société GTA-C2A/IARDT c/ Société Afriland First Bank, SGI Togo SA et Société SITEL, inédit.

alors de trouver à l'heure du digital un moyen plus souple pour toute la procédure auprès de cette haute juridiction et de prendre en compte les moyens souvent bien dérisoires des justiciables de l'espace OHADA.

PARAGRAPHE 2 : EXECUTION FORCEE ET ACCES A LA VALEUR DU BIEN GARANTI

353. La vente forcée joue bien le rôle qui lui est dévolu de permettre un accès direct à la valeur du bien garanti que pourrait se partager les créanciers **(A)**. Toutefois, il semble bien qu'elle ait fait son temps et ne satisfait plus à l'exigence de célérité au cœur de la réalisation des sûretés réelles conventionnelles **(B)**.

A/ UN ACCES DIRECT A LA VALEUR DU BIEN GARANTI

354. La finalité pécuniaire de l'exécution forcée des sûretés réelles. – La vente du bien garanti a pour objectif de dévoiler la valeur du bien garanti et son partage par les créanciers. Elle a ainsi une finalité purement pécuniaire puisque ce que veulent les créanciers c'est se payer sur la valeur d'échange ou économique du bien[780]. Ils n'ont normalement aucune prétention à devenir propriétaires du bien garanti. Le prix de la vente est ainsi partagé entre le créancier poursuivant et les autres créanciers ayant des droits concurrents sur le bien vendu. Cette finalité traditionnelle de l'exécution forcée traduit la confiance des créanciers dans ce mode d'exécution qui leur permet efficacement de rentrer dans leur fonds. Aussi, la sûreté réelle ne peut objectivement être efficace que si la valeur souhaitée du bien garanti sert efficacement à couvrir la perte générée par la défaillance du débiteur. L'extinction normale de l'obligation principale garantie ne peut alors pas permettre de mesurer cette efficacité même si elle est satisfactoire pour le créancier. L'efficacité étant la réponse à un objectif, la sûreté réelle ne peut permettre d'assurer l'objectif attendu par sa constitution que si elle est effectivement exécutée et si par cette exécution le créancier couvre ses pertes en totalité ou en partie. Son « pouvoir de vendre est [ainsi] l'attribut primordial du droit de gage général. C'est à travers l'exercice de cet attribut que le créancier parvient à obtenir la compensation de l'impayé dont il est victime[781] ».

355. Vente forcée et accès direct au partage de la valeur du bien garanti. – La constitution d'une sûreté réelle ne met pas le créancier qui en est bénéficiaire en situation d'exclusivité sur la valeur du bien garanti une fois que celle-ci est dévoilée. Il ne peut prétendre à la valeur du bien qu'à

---

[780] GIJSBERS (C.), Thèse, *op. cit.*.

[781] ZÉNATI-CASTAING (F.) et REVET (T.), *Cours de droit civil. Obligations. Régime*, n° 77, p. 154.

concurrence de sa créance. Aussi bien l'assiette de la garantie que les autres biens du débiteur sont le gage commun de tous ses créanciers. Même si l'expression a fait l'objet de beaucoup de critiques au sein de la doctrine française sur son assimilation au gage en tant qu'une sûreté réelle, il n'est pas contesté que l'expression présente l'avantage de figer les droits des créanciers sur le patrimoine de leur débiteur. Un patrimoine fait de biens meubles et immeubles qui constitue la richesse de son titulaire[782]. Il a été ainsi soutenu que cette exécution sur un ou plusieurs biens du patrimoine du débiteur n'était qu'une exécution par substitution[783] à l'exécution principale à laquelle le débiteur a failli. L'obligation principale n'étant pas exécutée, le créancier s'en remet à sa garantie pour éviter la perte patrimoniale. À ce titre, il est vrai que lorsque l'obligation principale attendue est une somme d'argent, l'exécution forcée par la vente du bien garanti se substitue efficacement à celle-ci pour peu que le créancier reçoive la totalité de ce qui est attendu. La vente forcée opère donc naturellement l'attente placée dans la constitution de la sûreté, de la sorte, « la caractéristique essentielle de la réalisation de la valeur par les procédures civiles d'exécution est de permettre la transformation des éléments non monétaires du patrimoine en monnaie. [...] Les procédures civiles d'exécution permettent la vente forcée du bien afin que le créancier se paye sur le prix ainsi obtenu ». Le lien entre la vente forcée et l'exécution forcée des sûretés réelles découlerait alors du droit de gage général des créanciers qui est le fondement de l'exécution forcée sur les biens du débiteur défaillant, comme le soutient C. SÉJEAN-CHAZAL dans sa thèse[784]. De ce fait, tous les créanciers peuvent se prévaloir d'un droit sur le produit de la vente du bien garanti, même si ce bien fait l'objet d'un privilège spécial. En effet, le prix issu de la vente est distribué par privilège et préférence[785], ou entre les créanciers d'un même rang, par contribution. Le prix de vente du bien garanti ne peut donc appartenir à un seul créancier en présence de créanciers concurrents, sauf s'ils n'ont pas des droits concurrents et que ce prix ne suffit pas à tous les désintéresser. Face à un créancier

782 V. sur la question SÉJEAN-CHAZAL (C.), Thèse, *op. cit.*, p. 36 ; WITZ (C.), *Droit de gage général*, J.-Cl. Cic. Code, art. 2284 et 2285 (màj. Mars 2016), n° 55 ;

783 THÉRY (Ph.), La notion d'exécution forcée, in L'exécution, IEJ de l'Université Jean Moulin-Lyon, Actes du XXIIIe colloque des IEJ des 19 et 20 novembre 1999, L'Harmattan, 2001, p. 14 : « Lorsque la prestation convenue consiste à verser une somme d'argent, le créancier obtient ce qu'il attend aussi bien du paiement que de l'exécution forcée. Surtout, lorsque la prestation est d'une autre nature, n'est-ce pas le droit substantiel qui gouverne cette possible substitution d'un objet à un autre ? » ; CAYROL (N.), *Droit de l'exécution, LGDJ*, Précis Domat, 2e éd., 2016, n° 386, p. 209 : « Cette forme d'exécution est indirecte parce que le créancier poursuit autre chose que ce qui lui est dû. Cela est vrai quelle que soit la nature de la créance inexécutée ». Notes, SÉJEAN-CHAZAL (C.), Thèse, *op. cit.*, p. 31.

784 SÉJEAN-CHAZAL (C.), Thèse, *op. cit.*, p. 34.

785 Cass. 1re civ., France, 3 juill. 2008, n° 06-19.487, *Légifrance*.

chirographaire, le créancier hypothécaire par exemple bénéficie d'un avantage certain sur le partage du prix de vente de l'immeuble. Cet avantage est le même pour tous les titulaires de sûretés réelles[786]. L'apparition du prix ou de la valeur du bien garanti est ainsi synonyme de partage. Ceci n'est une réalité que parce que le partage est possible et se fait sur le prix de vente du bien garanti. Le principe d'égalité des créanciers trouve ainsi ses limites dans le partage du prix de vente du bien garanti en raison des causes légitimes de préférence dont sont titulaires les créanciers. L'efficacité des sûretés réelles est visible en ce moment-là, lors du partage du produit de la vente où les créanciers munis de leurs sûretés réelles revendiquent un avantage particulier sur la valeur du bien.

B/ L'ASSOUPLISSEMENT DE L'EXECUTION FORCEE PAR LA CREATION DES MODES D'EXECUTION FORCEE ALTERNATIFS

356. La recherche de la simplicité dans la réalisation des sûretés réelles conventionnelles. – La vente forcée n'est finalement qu'un mode traditionnel d'exécution forcée applicable aux sûretés réelles et permettant au créancier d'avoir accès à la valeur du bien garanti. Malheureusement, elle a longtemps été érigée par le législateur en un modèle pour l'exécution forcée en général et par ricochet pour l'exécution forcée des sûretés réelles. C'est pour cela que les textes portant sur l'exécution forcée lui sont consacrés aveuglément, ce qui ne laisse que peu de place à d'autres modes de plus en plus plébiscités pour leur simplicité et leur rapidité, qui tirent de toute façon leur source du droit des obligations. Les lacunes du droit actuel de l'exécution forcée sont alors perceptibles autant dans le droit français, et la thèse de C. SÉJEAN-CHAZAL sur « la réalisation de la sûreté » les démontre assez clairement, que dans l'AUVE du droit OHADA. L'évolution contemporaine de ce droit a mené l'exécution forcée vers des mécanismes plus rapides, qui créent un accaparement direct du bien du débiteur sans attendre sa conversion en valeur, au risque de dérégler la machine parfaitement huilée de l'exécution forcée traditionnelle. Mais, *in fine*, on se rend bien compte que le créancier ne peut s'accaparer les biens de son débiteur sans en connaître la valeur. L'équilibre de n'importe quel mode d'exécution forcée oblige alors à mettre en place un minimum de règles qui protègent toutes les parties, surtout la partie la plus faible. C'est dans cette optique que l'attribution judiciaire a été également consacrée, au côté de la vente forcée, comme mode

---

[786] DE RAVEL D'ESCLAPON (Th.), Fonds de commerce, Répertoire de droit commercial, octobre 2016 (màj. 2019), n° 836 : « Le droit de préférence permet au vendeur d'être, sur le prix de vente du fonds, colloqué par préférence à tous créanciers chirographaires de l'acquéreur et de primer, également, tout créancier nanti du chef de l'acquéreur ».

d'exécution forcée des sûretés réelles tout comme plus récemment l'attribution conventionnelle.

357. Ces deux modes d'exécution forcée donnent non pas un accès direct à la valeur du bien mais un accès différé puisque l'accès direct est fait au bien lui-même pris dans sa plus simple nature. Il n'en demeure pas moins, que l'attribution en propriété est une exécution en valeur puisque cette valeur du bien intéresse le créancier, même dans l'exécution par attribution. La preuve en est l'obligation de soumettre cette attribution à l'évaluation du bien pour en connaître la valeur. Ces nouveaux modes d'exécution forcée permettent aussi l'exercice efficace d'un pouvoir de contrainte sur les biens du débiteur. Tout mécanisme permettant ainsi l'exercice de cette contrainte, avec pour finalité de substituer à l'exécution normale une exécution par substitution contre la volonté du débiteur, est un mode d'exécution forcée. L'attribution en propriété permet ainsi cet accès à la valeur du bien, un accès indirect, mais un droit exclusif sur la propriété du bien pris dans sa plus simple nature. Son caractère forcé est lié à sa mise en œuvre qui ne se produit qu'en cas de défaillance du débiteur, une condition préalable également à la vente forcée. Même l'attribution conventionnelle qui paraît être pour certains auteurs une « convention permettant de se soustraire aux voies d'exécution[787] » semble ne pas faire aujourd'hui l'unanimité, tant l'attribution en propriété et les voies d'exécution sont liées. Ce qui fait dire à un auteur que « les modes alternatifs de réalisation [sont] des voies d'exécution nouvelle génération[788] ». Sa mise en œuvre montre le caractère forcé de l'opération puisque si le débiteur a la possibilité de l'empêcher, il le ferait pour les mêmes raisons que dans la vente forcée. Le débiteur subit alors la contrainte judiciaire[789] et même conventionnelle de l'attribution en propriété. Comme le soulève C. SÉJEAN-CHAZAL dans sa brillante thèse : « La manifestation de la volonté du débiteur ne doit pas tromper. Certes, de manière préventive, les parties se sont entendues pour octroyer au créancier un mode alternatif d'exécution forcée. Mais, le pacte pourra être mis en œuvre du seul fait de la défaillance du débiteur, et surtout, sans aucune nouvelle manifestation de volonté de la part du débiteur postérieurement à l'inexécution[790] ». De la sorte, « il s'agit d'une

[787] THÉRY (Ph.), La place des procédures civiles d'exécution, *op. cit.*, p. 5.

[788] Note SÉJEAN-CHAZAL (C.), Thèse, *op. cit.*, n° 131, p. 180.

[789] MIGNOT (M.), *La consécration de l'hypothèque judiciaire sans la saisissabilité*, note sous Cass. com., France, 11 juin 2014, *Gaz. Pal.* 17 juill. 2014, n° 198, p. 10. Note SÉJEAN-CHAZAL (C.), Thèse, *op. cit.*, p. 172.

[790] SÉJEAN-CHAZAL (C.), Thèse, *op. cit.*, p. 173 ; DESDEVISES (V. Y.), L'exécution négociée avant l'obtention du titre exécutoire, in Le droit de l'exécution forcée : entre mythe et réalité, EJT, coll. Droit et procédures, 2007, n° 182, p. 114 ; BOTREL (V. E.), Les conventions relatives à l'exécution forcée, Contribution à l'étude de la notion d'exécution forcée, thèse, Nantes, 2011, n° 164, p. 202 : « Par la réalisation du pacte, la qualité de propriétaire du bien est

véritable expropriation mais dont l'origine est privée[791] ». Dans le cas du pacte commissoire donc, le créancier a toujours comme dans les autres modes d'exécution le choix de déclencher son pouvoir de contrainte sur le bien garanti comme ne pas le déclencher. C'est lui qui décide et fournit « les armes » mises à sa disposition par le législateur pour assurer l'exécution forcée de sa garantie. Le choix lui appartient et le « sort[792] [du débiteur] » est entre ses mains. Parmi les choix dont il dispose se trouve le pacte commissoire dont il ne peut faire usage que si le débiteur l'avait préalablement consenti. À ce titre, l'attribution en propriété s'avère être un mode d'exécution efficace puisqu'il permet d'éviter la complexité de la vente judiciaire. Le fait pour le législateur français des voies d'exécution, qui inspire le législateur OHADA, de n'avoir pas réglementé ce mode d'exécution des sûretés réelles n'est pas un argument suffisant[793] pour l'écarter des modes d'exécution au même titre que la vente forcée et ne pas le soumettre aux mêmes règles protectrices[794] préalables à l'exécution forcée prévues en matière de vente. L'erreur du législateur OHADA a aussi été de ne pas avoir pris ses distances par rapport au droit français de l'exécution et ne pas avoir suffisamment pris en compte ces nouveaux modes d'exécution forcée dans l'AUVE. Il faut

---

retirée au débiteur du fait de sa défaillance. Ce transfert de propriété [...] provient non pas d'une volonté expresse du débiteur mais bien du non-respect de ses engagements » ; GIJSBERS (C.), thèse, op. cit., p. 210 : « Si la conclusion du pacte commissoire est évidemment volontaire, son dénouement, lui, n'a rien d'une exécution librement consentie. Il n'en irait autrement que si la décision de transférer la propriété était postérieure à la défaillance du débiteur, ce qui n'est assurément pas le cas du pacte commissoire ».

791 BOTREL (V. E.), Les conventions relatives à l'exécution forcée, Contribution à l'étude de la notion d'exécution forcée, Thèse, *op. cit.*.

792 DOLS-MAGNEVILLE (M.), La réalisation des sûretés réelles, Thèse, Toulouse, dir. Macorig-Venier, 2013, p. 81. Note SÉJEAN-CHAZAL (C.), Thèse, *op. cit.*.

793 Pour une interprétation moins stricte des procédures civiles d'exécution en France. V. SÉJEAN-CHAZAL (C.), Thèse, *op. cit.*, p. 177 : « Le domaine du droit à l'exécution est plus large que celui des procédures civiles d'exécution en ce qu'il englobe également les procédures publiques d'exécution ainsi que les procédures d'incitation à l'exécution. [...] L'absence de disposition relative aux attributions judiciaire et conventionnelle dans le Code [des procédures civiles d'exécution] ne peut donc fonder le rejet de la qualification de voie d'exécution ».

794 CUIF (P.-F.), *L'attribution judiciaire de l'immeuble hypothéqué : spécificité et efficacité*, *RLDC*, mars 2010, n° 3742, p. 26 : « Il n'est pourtant pas certain que l'on puisse ainsi définitivement réduire l'attribution judiciaire à une simple mesure d'exécution. À l'analyse, même si elle en produit les mêmes effets, elle s'en différencie nettement : en effet, l'attribution judiciaire, contrairement aux voies d'exécution, n'exige pas du créancier qu'il se prévale d'un titre exécutoire ». / Pour l'argument contraire V. SÉJEAN-CHAZAL (C.), qui dans sa thèse explique fort bien que l'exigence du titre exécutoire ne soit pas nécessaire pour engager l'attribution judiciaire parce que la procédure porte en elle-même les caractéristiques nécessaires que renferme un titre exécutoire dont la finalité principale est la vérification de la créance sur laquelle le créancier fonde l'exécution forcée. *A contrario*, dans l'attribution conventionnelle, cette vérification n'est pas faite, ce qui oblige le créancier à se munir d'un titre exécutoire avant sa mise en œuvre.

considérer que ces modes alternatifs à la vente forcée ont juste des finalités différentes. Mais, ils ont les mêmes effets et « sont des modes de paiement forcé[795] ».

SECTION 2 : LA SOUMISSION DE LA VENTE FORCEE AUX REGLES DES PROCEDURES COLLECTIVES

358. L'atteinte à la satisfaction individuelle des créanciers[796]. – L'ouverture d'une procédure collective contre un débiteur soumet les créanciers à des règles dérogatoires du droit commun. Les règles de la procédure collective s'imposent alors aux parties, surtout aux créanciers qui voient leur droit individuel à l'exécution forcée restreint, dans l'intérêt de la procédure en cours. L'interdiction des poursuites individuelles, principe fondamental du droit des entreprises en difficulté, issue du droit français des entreprises en difficulté et consacrée dans l'AUPC du 10 avril 1998 puis dans sa réforme du 15 décembre 2010 **(Paragraphe 1)**, est au cœur du dispositif juridique des procédures collectives avec pour objectif d'instaurer une apparente discipline collective. Elle a pour conséquence directe d'éviter de réduire l'actif disponible du débiteur en difficulté pour qu'il profite à tous ses créanciers. De fait, il est également interdit au débiteur en difficulté de payer tout créancier à compter de l'ouverture de la procédure collective **(Paragraphe 2).** Il en résulte une réelle atteinte portée à l'efficacité des sûretés réelles lors de l'ouverture d'une procédure collective.

PARAGRAPHE 1 : LA CONSECRATION LEGALE DE L'INTERDICTION DES POURSUITES INDIVIDUELLES DANS L'ESPACE OHADA DES ENTREPRISES EN DIFFICULTE

359. L'intérêt de suspendre les poursuites individuelles à l'ouverture d'une procédure collective contre le débiteur procède du besoin de connaître son passif, sauvegarder si possible son activité dans l'intérêt collectif tant des créanciers, du débiteur lui-même que pour la préservation d'un ordre public économique **(A).** C'est à ce titre que le législateur OHADA a entrepris cette interdiction pour toute mesure d'exécution dont la vente forcée **(B)**.

---

[795] MESTRE (J.), PUTMAN (E.) et BILLIAU (M.), Traité de droit civil, Droit commun des sûretés réelles, dir. J. GHESTIN, *LGDJ*, 1996, n° 499, p. 454. Note SÉJEAN-CHAZAL (C.), Thèse, *op. cit.*.

[796] LE CORRE (P.-M.), L'invincibilité du droit de rétention dans les procédures collectives de paiement, D. 2001, p. 2815.

A/ LA PRESERVATION DE L'ACTIVITE DU DEBITEUR

360. Le droit des entreprises en difficulté dans l'espace OHADA s'est progressivement adapté **(2)** aux besoins économique et social des pays membres avec en miroir le droit français des entreprises en difficulté **(1).**

1/ Une évolution de la doctrine du droit de la faillite, en France

361. L'intérêt supérieur du débiteur défaillant. – En France, le droit des procédures collectives s'oppose frontalement aux règles de droit commun et redessine les droits d'accès des créanciers au patrimoine du débiteur défaillant. La cause en est que les objectifs sont différents selon que le débiteur est *in bonis* ou qu'il est confronté à une procédure collective. Trois objectifs principaux motivent le législateur dans la mise en place des règles qui régissent les procédures collectives : la réhabilitation des entreprises viables et la liquidation rapide des entités non viables ; la maximisation des montants recouvrés par les créanciers sur la base de la valeur du marché du patrimoine de l'entreprise débitrice ; l'établissement d'un ordre précis de paiement des créances garanties ou non garanties[797]. L'évolution du traitement des difficultés rencontrées par les débiteurs, personnes physiques commerçantes[798] puis plus globalement exerçant une activité professionnelle et les personnes morales de droit privé, s'est faite d'une gestion punitive de la faillite[799] axée principalement sur la faute du dirigeant social[800] à une gestion plus

---

[797] Analyse économique du droit qui prend en compte aussi bien les intérêts du débiteur et des créanciers que les intérêts de la société. V. Code OHADA *Juriscope* 2016, Code vert, notes du Pr F. M. SAWADOGO.

[798] Jugée antérieurement aux réformes de mars 1984 et janvier 1985 très sévèrement. La doctrine était que sa défaillance pouvait avoir des répercussions économiques et sociales en chaîne. « Au contraire, le débiteur civil est inexpérimenté. Sa défaillance a peu de répercussions économiques et sociales ». SAINT-ALARY-HOUIN (C.), Droit des entreprises en difficulté, 9e éd., *LGDJ – Lextenso* 2014.

[799] Les dispositions relatives à la faillite du débiteur commerçant étaient « jusqu'aux réformes réalisées par les lois du 1er mars 1984 et du 25 janvier 1985 […] principalement axées sur le règlement [des créanciers] » SAINT-ALARY-HOUIN (C.), Droit des entreprises en difficulté, *Ibidem* ; du même auteur « Et donc avant la loi du 13 Juillet 1967, le traitement des difficultés des entreprises était un « traitement de la dette […], car le débiteur défaillant compromet le crédit, âme du commerçant » p. 16 ; ESCARRA (J.), Cours de droit commercial, Sirey, 1952, n° 1466 : « Le commerce repose essentiellement sur le crédit et c'est le crédit qui exige qu'en cas de défaillance d'un commerçant, les intérêts de ses créanciers soient protégés d'une façon plus énergique que les intérêts des créanciers civils ». Note SAINT-ALARY-HOUIN (C.), Droit des entreprises en difficulté, *Ibidem.*

[800] SAINT-ALARY-HOUIN (C.), Droit des entreprises en difficulté, *Ibidem* : « […] Le banc du commerçant est rompu (banqueroute) quand il a failli au paiement. Il faut saisir ses biens pour protéger le crédit et éviter des défaillances en chaîne. La faillite est donc un droit du paiement présentant un caractère répressif marqué car il est nécessaire de punir celui qui compromet le crédit. Elle poursuit une double fonction de règlement des créances et d'assainissement du commerce ».

axée sur « le maintien de l'activité et des restructurations économiques[801] ». La doctrine selon laquelle la faillite du débiteur était liée à sa mauvaise gestion, justifiant une procédure visant le blocage de son patrimoine et le paiement des créanciers succombe à la réalité socio-économique du XXe siècle. Une réalité où la faillite était plus liée à un changement de paradigme économique qui laissait certains secteurs d'activité sur la paille, obligés de laisser place à des activités en conformité avec l'évolution industrielle[802]. Il était alors impératif pour l'État de trouver une solution adéquate à ces faillites en boucle qui menaçaient les emplois, le crédit, et donc l'ordre économique. De fait, le droit de la faillite était tombé en disgrâce face au droit des entreprises en difficulté au nom de la « raison d'État[803] », et « le paiement du créancier [a laissé place] à la sauvegarde de l'entreprise et de l'emploi[804] ». Cette dynamique s'est poursuivie par l'adoption des textes proclamant la prééminence du sauvetage de l'entreprise en difficulté sur l'exigence de paiement immédiat des créanciers, notamment : la loi du 13 juillet 1967[805], celle du 25 janvier 1985[806], du 10 juin 1994[807], du 26 juillet 2005 relative à la sauvegarde des entreprises[808], du 18 décembre 2008[809], sans oublier celle du 12 mars 2014[810] et les différents textes pris par le gouvernement français en vue de limiter l'impact du virus covid-19[811] sur l'économie nationale. En grande partie,

[801] SAINT-ALARY-HOUIN (C.), Droit des entreprises en difficulté, *op. cit.*, p. 11.
[802] Ibidem.
[803] CHAMPAUD (Cl.), La place des intérêts publics dans les procédures collectives, PU Lille, 1978, p. 113. Note SAINT-ALARY-HOUIN (C.), Droit des entreprises en difficulté, *Ibidem.*
[804] SAINT-ALARY-HOUIN (C.), Droit des entreprises en difficulté, *Ibidem.*
[805] N° 67-563 du 13 juillet 1967 sur le règlement judiciaire, la liquidation des biens, la faillite personnelle et les banqueroutes.
[806] N° 85-98 du 25 janvier 1985 relative au redressement et à la liquidation judiciaires des entreprises.
[807] N° 94-475 du 10 juin 1994 relative à la prévention et au traitement des difficultés des entreprises.
[808] N° 2005-845 du 26 juillet 2005 de sauvegarde des entreprises.
[809] N° 2008-1345 du 18 décembre 2008 portant réforme du droit des entreprises en difficulté.
[810] N° 2014-326 du 12 mars 2014 portant réforme de la prévention des difficultés des entreprises et des procédures collectives.
[811] Ordonnance n° 2020-316 du 25 mars 2020 relative au paiement des loyers, des factures d'eau, de gaz et d'électricité afférents aux locaux professionnels ; Ordonnance n° 2020-317 du 25 mars 2020 portant création d'un fonds de solidarité à destination des entreprises/Décret n° 2020-371 du 30 mars 2020, Décret n° 2020-394 du 2 avril 2020 modifiant le Décret n° 2020-371 du 30 mars 2020, Décret n° 2020-433 du 16 avril 2020 modifiant le Décret n° 2020-371 du 30 mars 2020, Décret n° 2020-552 du 12 mai 2020 modifiant le Décret n° 2020-371 du 30 mars 2020 ; Ordonnance n° 2020-341 du 27 mars 2020 portant adaptation des règles relatives aux difficultés des entreprises/Décret n° 2020-378 du 31 mars 2020 relatif au paiement des loyers, des factures d'eau, de gaz et d'électricité afférents aux locaux professionnels des entreprises ; Ordonnance n° 2020-596 du 20 mai 2020 portant adaptation des règles relatives aux difficultés des entreprises. Pour ne citer que ces quelques textes qui montrent l'importance attachée dans

ces textes sont conçus pour donner la priorité à la sauvegarde de l'entreprise en difficulté et se substituent aux voies d'exécution individuelles afin de privilégier un traitement collectif de l'endettement du débiteur. Ce faisant, les créanciers munis de sûretés réelles voient aussi leurs privilèges s'incliner face aux règles des procédures collectives et participent malgré eux à l'effort de redressement de l'entreprise qui a failli. N'étant plus maîtres de leur destin, c'est-à-dire se soumettant aux aléas des différentes procédures, les sûretés réelles semblent être moins efficaces pour leurs titulaires qui avaient justement souscrit à ces sûretés pour être payés en cas de défaillance de leur débiteur. Les sûretés réelles par les privilèges octroyés aux créanciers s'opposaient naturellement par leur finalité même à l'objectif de sauvegarde et de préservation de l'activité du débiteur. Elles ont donc été fortement instrumentalisées[812] jusqu'à la réforme du 10 juin 1994[813] qui a assoupli leur sort, mais seulement dans le cadre de la liquidation de l'entreprise qui a failli. À partir de 1994, les différents textes adoptés ont tenté de rééquilibrer les intérêts en présence mais force est de constater qu'ils ont plutôt déséquilibré les intérêts des parties, surtout des créanciers. La loi de sauvegarde de 2005 a porté le coup de grâce en rompant l'égalité des créanciers par la distinction du sort des créanciers antérieurs et des créanciers postérieurs à l'ouverture de la procédure collective. Elle est faite dans le souci de réserver une plus grande place à l'anticipation des difficultés des entreprises et un traitement de faveur aux créanciers qui participent malgré le risque à aider le débiteur défaillant à se relever[814]. Cette absence d'égalité s'est poursuivie par la création des sûretés fondées sur l'exclusivité.

2/ La prise en compte de cette évolution dans l'espace OHADA

362. De l'AUPC de 1998 à l'AUPC de 2015. – Prenant inspiration sur la France et l'évolution de son droit spécial relatif au traitement des

---

nos sociétés modernes à la préservation de l'activité des entreprises qui subissent des difficultés de nature à compromettre la cohésion économique et sociale.

[812] Le Pr Dupichot parle même de « *jeu de massacre* » en évoquant le sort des sûretés réelles dans les différentes procédures collectives. V. DUPICHOT (Ph.), *Efficience économique du droit des sûretés réelles*, 16 avril 2010, LPA, n° 76, p. 7, spéc. n° 3.

[813] Loi n° 94-475 du 10 juin 1994 relative à la prévention et au traitement des difficultés des entreprises.

[814] CROZE (H.), Loi de sauvegarde des entreprises, Procédure de sauvegarde, Procédures déc. 2005, p. 8, n° 41 et s. ; JAZOTTES (G.), Les innovations de la procédure de sauvegarde et de redressement judiciaire, Rev. proc. coll. 2005, p. 358 ; REY (P.), De la sauvegarde des entreprises, JCP E 2005, 1513 ; PÉTEL (Ph.), Le nouveau droit des entreprises en difficulté, JCP E 2005, p. 1509 ; SAINT-ALARY-HOUIN (C.), Propos introductifs sur la loi de sauvegarde des entreprises, Rev. proc. coll., 2005, p. 342 : « Il ne s'agit donc pas de revenir à une conception purement patrimoniale de la matière en la réduisant à des procédures d'exécution, telles que les comportait l'ancien « droit des faillites ».

difficultés des entreprises, le droit OHADA lors de l'adoption de l'AUPC d'avril 1998 n'a laissé que peu de répit aux sûretés réelles. Les procédures collectives consacrées n'avaient pas pour objectif essentiel la vente des biens du débiteur pour désintéresser ses créanciers. Sa consécration était plus proche des dispositions de la loi française du 10 juin 1994, lui-même intégrant les dispositions de la loi de 1985. L'intitulé de l'Acte uniforme parle alors de lui-même puisqu'il s'agit d'organiser les procédures collectives et d'apurer le passif du débiteur défaillant, et non pas de vendre ses biens, de désintéresser les créanciers et faire disparaître son activité. La vision de sauvegarde de l'activité avait prédominé dans l'adoption de cet Acte uniforme originel qui visait « à réaliser un rééquilibrage entre la volonté de redresser les entreprises et celle de préserver les intérêts des créanciers, spécialement ceux titulaires de sûretés spéciales[815] ». Mais, l'Acte uniforme de 1998 n'avait pas réussi à atteindre ses objectifs[816] de sauvegarde des entreprises en difficulté en raison des délais relativement longs, des méandres de la justice des pays membres, des procédures qui ne permettaient pas aux parties de s'engager dans un processus amiable convenable et précoce pour éviter la cessation des paiements[817]. Pour finir, les procédures de liquidation étaient systématiquement ouvertes et ne permettaient pas toujours de satisfaire à l'objectif de célérité voulu par le législateur. De fait, que les créanciers soient titulaires de privilèges ou pas, le résultat était finalement le même puisqu'il y avait très peu d'actif à liquider voire souvent inexistant. Ou quand il y en avait, il était absorbé par les frais de la procédure. Il était donc devenu urgent d'opérer des réformes.

L'AUPC de 2015 avait ainsi pour objectif de privilégier la sauvegarde de l'activité du débiteur en lui donnant la possibilité de s'engager dans des procédures préventives, plus souples et plus adaptées à sa situation. Le législateur OHADA a ainsi en plus du règlement préventif introduit la conciliation qui sont tous deux des procédures préventives aux difficultés

---

[815] Commentaires du Pr F. M. SAWADOGO, Code OHADA, Code vert, *Juriscope* 2014.

[816] SAWADOGO (F. M.), Les procédures de prévention dans l'AUPC révisé : La conciliation et le règlement préventif, in Modernisation de l'Acte uniforme sur les procédures collectives de l'OHADA, Revue Droit et patrimoine, N° 253, déc. 2015, p. 32 : « Les créanciers dans l'espace OHADA doivent attendre, en moyenne, trente-huit mois pour être payés ; [ils] ne recouvrent approximativement que 14% de leurs créances en souffrance ; en outre, les coûts d'application des procédures de l'AUPC représentent 21,56% de la valeur du patrimoine de chaque entreprise liquidée ; une part trop importante de l'actif du débiteur est donc absorbée par les coûts ou frais de recouvrement, avec une pointe de 60% pour le Tchad, 34 % pour le Cameroun, 29% pour la République démocratique du Congo et 18% pour la Côte d'Ivoire » ; V. également Banque mondiale, Rapport Doing Business 2014.

[817] SAWADOGO (F. M.), *Les procédures de prévention dans l'AUPC révisé, op. cit.* : « Quant au sauvetage de l'entreprise par la voie des procédures collectives *lato sensu*, il intervient tellement rarement qu'un auteur, certainement désabusé, a écrit : d'une manière générale, les entreprises qui parviennent à se redresser par la voie des procédures collectives *lato sensu* sont rares ».

rencontrées par le débiteur. Outre les procédures préventives, les procédures curatives comme le redressement judiciaire et la liquidation des biens sont aussi consacrées d'une manière plus énergique et soucieuse de l'équilibre des intérêts des parties, entre l'intérêt de sauvetage du débiteur et le désintéressement des créanciers. Leur consécration est heureuse dans la mesure où des précisions ont été apportées[818], autant sur les délais, les caractères et conditions de chaque procédure, le renforcement du traitement égalitaire[819] des créanciers et l'adaptation du nouveau droit des sûretés réelles de l'AUS au nouvel AUPC. Les procédures collectives du droit OHADA concernent également depuis le nouvel AUPC les débiteurs exerçant une activité professionnelle indépendante et libérale (art. 1-1 du nouvel AUPC) et non plus uniquement les commerçants personnes physiques et morales ainsi que les personnes morales de droit privé non commerçantes ; sans oublier les entreprises publiques ayant la forme d'une personne morale de droit privé.

Le nouveau droit des entreprises en difficulté de l'OHADA intègre ainsi plusieurs règles et des avancées remarquables du droit positif et de la jurisprudence du droit français.

B/ UNE INTERDICTION SUR LE FONDEMENT DE L'EGALITE DES CREANCIERS

363. L'interdiction des poursuites individuelles vise avant tout à permettre une meilleure évaluation du passif du débiteur en difficulté et éviter que les créanciers affolés ne se ruent tous sur ce dernier pour obtenir le paiement de leurs créances **(1).** Ils doivent alors se soumettre à l'organisation spéciale des différentes procédures collectives qui ne poursuivent pas les mêmes objectifs **(2)**.

1/ La soumission des créanciers pour éviter le prix de la course

364. Égalité et restriction des droits des créanciers munis de sûretés réelles. – En France, il est évident aujourd'hui que le principe d'égalité qui est l'un des piliers du droit des procédures collectives[820], loin d'être

[818] Voir sur la question, le numéro spécial de la Revue Droit et Patrimoine sur la « Modernisation de l'Acte uniforme sur les procédures collectives de l'OHADA », N° 253, déc. 2015.

[819] CROCQ (P.), Des créanciers et des contractants mieux protégés, in Modernisation de l'Acte uniforme sur les procédures collectives de l'OHADA, Revue Droit et patrimoine, N° 253, déc. 2015, p. 59 et s.

[820] Principe d'ordre public reconnu par la Cour de cassation française, Cass, Req., 13 juill. 1910, Journ. Faill., p. 385 ; V. égal. Cass. com., France, 19 avril 1985, *Bull.* n° 120.

un mythe[821], est victime du besoin croissant d'efficacité des sûretés réelles[822]. Dès l'origine du principe « on a voulu éviter que le paiement des créanciers ne soit le prix de la course entre des créanciers chirographaires[823] ». Ce besoin d'efficacité des sûretés réelles est exacerbé par la nouvelle doctrine de sauvegarde [824] de l'entreprise en difficulté, initiée par le législateur qui donne une plus grande importance aux créanciers postérieurs au jugement d'ouverture qu'aux créanciers qui lui sont antérieurs. Le droit OHADA évolue dans les mêmes proportions[825] même s'il n'évoque pas expressément le terme d'égalité des créanciers. La lecture des différentes dispositions de l'AUPC de 1998 et surtout de 2015 est marquée par une rupture d'égalité des créanciers[826]. De fait, le désir des créanciers antérieurs d'éviter la discipline collective n'a jamais été aussi grand. Mais, l'efficacité des sûretés réelles s'oppose-t-elle vraiment au principe d'égalité des créanciers dans les procédures collectives qui voudrait les soumettre à une discipline collective[827] ? Il semble que non.

---

[821] VASSEUR (M.), Le principe de l'égalité des créanciers chirographaires dans la faillite, thèse, Paris 1947 ; COUDERT (J.-L.), *Dans les procédures collectives, l'égalité des créanciers est-elle un mythe ou une réalité* ? CPA, 26 août 1992 R.

[822] Comme le rappelle le Pr Derrida : « Face à la multiplication des sûretés contractuelles ou légales, à la panoplie des moyens offerts aux créanciers pour rompre l'égalité, telle l'institution de la clause de réserve de propriété, on ne peut plus regarder la règle de l'égalité des créanciers comme un principe sacralisé dans l'intérêt moderne des procédures collectives ». Cité par DELMOTE (Ph.), « *L'égalité des créanciers dans les procédures collectives* », in *L'égalité*, Rapport de la Cour de cassation, 2003, La documentation française, p. 106 s..
(https://www.courdecassation.fr/publications_26/rapport_annuel_36/rapport_2003_37/deuxieme_partie_tudes_documents_40/tudes_theme_egalite_42/procedures_collectives_6254.html)

[823] NEMEDEU (R.), Le principe d'égalité des créanciers : vers une double mutation conceptuelle, RTD com. 2008, p. 241.

[824] Depuis les lois de 1985 et poursuivies par la loi de sauvegarde de 2005 ; DELMOTE (Ph.), *L'égalité des créanciers dans les procédures collectives, op. cit.* : « La loi du 25 janvier 1985, qui a fait du redressement et de la sauvegarde de l'entreprise une priorité, a relégué le paiement des créanciers au second plan, privé ceux-ci du pouvoir qu'ils détenaient par l'entremise du vote du concordat et supprimé l'institution de la masse. La procédure collective n'est plus conçue comme une voie d'exécution générale ayant pour but premier la réalisation des biens du débiteur et la distribution du prix. Pour reprendre la formule de Balzac, il ne s'agit plus de "dépecer" le débiteur ! Du même coup, à l'affaiblissement du rôle des créanciers dans la législation sur l'entreprise en difficulté répond l'évanouissement du principe d'égalité. »

[825] KANTÉ (A.), Réflexion sur le principe de l'égalité entre les créanciers dans le droit des procédures collectives d'apurement du passif OHADA, EDJA, n° 56.

[826] NGONO NKOA (V. C.), L'égalité des créanciers dans les procédures collectives internationales – Étude comparative du droit OHADA et européen, Revue internationale de droit comparé, 2015, p. 781 (p. 779-794) ; CROCQ (P.), Des créanciers et des contractants mieux protégés, op. cit..

[827] La discipline collective est la réponse formelle du législateur au principe d'égalité des créanciers qui font face à l'ouverture d'une procédure collective contre leur débiteur défaillant. On peut comme le relate NEMEDEU (R.), remonter au droit romain qui avait instauré la procédure de *vindictio bonorum* qui permettait aux créanciers de saisir le patrimoine de leur débiteur « le céder en bloc et se partager les fruits. [...] Pour ce faire, les créanciers se

L'article 2093[828] devenu 2285 du Code civil français porte en lui les limites de cette égalité lorsqu'il évoque « les causes légitimes de préférence ». Donc, tant que certains créanciers auront certains privilèges, tous les créanciers ne pourront jamais être égaux pour le partage des biens du débiteur défaillant. Le principe d'égalité ne s'oppose donc pas dans son sens originel aux causes légitimes de préférence. De la même façon, l'efficacité des sûretés réelles ne s'oppose pas à l'égalité des créanciers puisque cette égalité ne concerne que les créanciers chirographaires. Plutôt, c'est l'instrumentalisation de ce principe par le législateur en faveur de la sauvegarde de l'activité du débiteur qui influe sur l'efficacité des sûretés réelles. C'est pourquoi on ne peut pas à proprement parler de remise en cause du principe d'égalité lorsque le Conseil constitutionnel français estime que « le principe d'égalité n'interdit pas que le législateur traite de manière différente des situations différentes, ni même de créer de dérogations à l'égalité si elles sont justifiées[829] ». Il ne s'agit que de la réinterprétation du principe pour le rendre fidèle au sens que lui donnait jadis le législateur de 1804, en cela, « les biens du débiteur sont le gage commun de ses créanciers [chirographaires] et le prix s'en distribue entre eux par contribution, à moins qu'il n'y ait entre les créanciers des causes légitimes de préférence[830] ». Cette règle de l'égalité des créanciers chirographaires[831] a pour conséquence que le prix des biens du débiteur se distribue entre ses créanciers par contribution. Ce partage succombe en présence de créanciers munis de sûretés réelles. Alors se pose la question du partage des biens lorsque le débiteur est confronté à une procédure collective. Ce qui suppose de connaître l'étendue de son passif.

365. **La soumission des créanciers antérieurs à l'ouverture de la procédure collective.** – En réalité, puisque c'est sur le partage du prix des biens que se situe le plus la rupture d'égalité entre les créanciers, rien ne s'oppose à la soumission des créanciers munis de sûretés réelles aux règles dérogatoires des procédures collectives si ces règles conservent leur privilège. L'entorse importante à leur droit serait l'interdiction qui leur est faite de poursuivre l'exécution forcée sur les biens du débiteur, laquelle peut se comprendre au nom d'un intérêt supposé collectif. Mais, force est de constater que les règles des procédures collectives instrumentalisent d'une façon inégalitaire les sûretés réelles pour la

---

réunissaient en syndicat et agissaient au nom de l'intérêt commun ». NEMEDEU (R.), Le principe d'égalité des créanciers : vers une double mutation conceptuelle, *op. cit.*

828 Toujours applicable dans la plupart des pays de l'OHADA et qui est également le pilier de la matière dans l'espace OHADA.

829 C. Const., France, 6 févr. 2015, n° 2014-447, Légifrance.

830 Art. 2093 du Code civil devenu 2285.

831 Pour emprunter la formule du nouvel article L. 643-7 du Code de commerce français.

préservation de l'activité du débiteur, ce qui oblige les sûretés réelles à se réinventer et à résister à ces règles. Les exemples sont légion comme le gage avec dépossession puis les propriétés-sûretés. Le contenu réel du principe d'égalité entre les créanciers semble alors se cantonner durablement dans l'interdiction des poursuites individuelles[832] « visant à saisir les biens du débiteur en vue de leur réalisation[833] » et dans l'interdiction des paiements « des créanciers du débiteur aussi longtemps qu'il n'y a pas entre eux une cause légitime de préférence[834] ». Il faut donc considérer que la règle de l'interdiction des poursuites individuelles ne vise en réalité que « les créanciers de sommes d'argent pour une cause antérieure à l'ouverture de la procédure collective[835] ». L'entorse à l'exécution forcée du droit commun vise ainsi la préservation de la situation du débiteur au jour du jugement d'ouverture afin de statuer sur les suites à donner à la procédure. Cette entorse devrait alors normalement toucher toutes les voies d'exécution sans distinction et marquer une nette différence entre le besoin de préserver les sûretés grevées sur les biens du débiteur et la pertinence de l'engagement immédiat de leur droit à l'exécution forcée.

366. Les causes légitimes de préférence ne pouvant traditionnellement et de façon efficace servir leur titulaire que sur le prix des biens qui leur sont affectés à titre spécial, la soumission totale de ces créanciers aux règles dérogatoires des procédures collectives retarde l'exécution forcée de leur sûreté et affecte temporairement leur efficacité. Toutefois, une différence de traitement aurait pour conséquence de réduire effectivement l'égalité des créanciers recherchée par le législateur à l'ouverture de la procédure collective[836] et indispensable à la connaissance de la consistance réelle du passif du débiteur. Alors, tous les créanciers, chirographaires comme munis de sûretés réelles dont la créance est antérieure à l'ouverture de la procédure collective seraient soumis à une discipline collective d'arrêt

---

[832] DELMOTE (Ph.), *L'égalité des créanciers dans les procédures collectives, op. cit. :* « La suspension des poursuites individuelles, dont le principe est posé par l'article L. 621-40 du Code de commerce français, est une règle traditionnelle du droit des procédures collectives ; avant la réforme de 1985, on avait coutume de dire que cette règle était le corollaire de l'existence de la masse des créanciers et exprimait le caractère égalitaire de la procédure. Du fait de la disparition de la masse, certains auteurs ont soutenu que cette règle ne pourrait plus être inspirée par l'idée d'égalité et que son domaine se réduirait à la période d'observation. Toutefois, il n'apparaît pas que la disparition de la masse ait privé la suspension des poursuites individuelles de son fondement et de sa force ».

[833] NGONO NKOA (V. C.), L'égalité des créanciers dans les procédures collectives internationales – Étude comparative du droit OHADA et européen, Revue internationale de droit comparé, 2015, p. 781 (p. 779-794).

[834] NGONO NKOA (V. C.), *Ibidem.*

[835] DELMOTE (Ph.), *op. cit.*.

[836] Les procédures préventives de traitement des difficultés ne mettent souvent pas les créanciers dans une discipline collective.

des poursuites individuelles et de paiement, et à l'obligation de déclaration des créances au passif de la procédure collective. Ces règles comme le rappelle Ph. DELMOTE, « transcende[nt] le caractère privilégié ou chirographaire des créances et concerne[nt] alors l'ensemble des créanciers antérieurs. L'égalité des créanciers, qui s'exprime à travers cette discipline collective, a une utilité fonctionnelle, celle de mener à bonne fin la procédure collective conçue ici comme une voie d'exécution générale[837] ». Mais, une fois le passif connu, il s'avère d'ailleurs difficile de traiter d'une manière égalitaire tous les créanciers[838]. L'efficacité des sûretés réelles est alors instrumentalisée entre le besoin de continuation de l'activité du débiteur dans l'intérêt collectif et l'impossibilité manifeste de faire survivre cette activité. Il en ressort que « seuls les créanciers placés dans la même situation doivent être traités de manière égalitaire[839] ». Dans ce contexte, dans le souci de moderniser le droit des entreprises en difficulté et d'éviter le plus possible la cessation des paiements voire la liquidation des entreprises en difficulté, le législateur OHADA n'a pas cessé d'instrumentaliser les sûretés réelles et de restreindre l'exécution forcée au profit de la réalisation effective de son objectif.

2/ Une soumission consacrée selon l'objectif poursuivi

367. L'objectif poursuivi diffère selon la procédure engagée, entre les procédures préventives à la cessation des paiements **(a)** et les procédures curatives, c'est-à-dire celles engagées quand le débiteur en difficulté connaît des difficultés qui semblent insurmontables en raison de la cessation des paiements **(b)**.

a/ Cas des procédures préventives à la cessation des paiements

368. Règlement préventif et vente forcée. – L'espace OHADA disposait originellement, comme procédure préventive à l'aggravation des difficultés du débiteur, du règlement préventif consacré dès l'adoption de l'AUPC de 1998. Il a été reconduit dans l'AUPC de 2015 et consacré de façon plus attractive et équilibrée compte tenu des intérêts divergents des différentes parties. Il est destiné à éviter la cessation des paiements ou la cessation d'activité de l'entreprise qui connaît des difficultés et permet

---

837 DELMOTE (Ph.), « L'égalité des créanciers dans les procédures collectives », op. cit., p. 106 s ; THÉRY (Ph.), L'incidence d'une procédure collective sur les procédures civiles d'exécution, Droit et procédures, mai-juin 2002, p. 140 s. ; SÉJEAN-CHAZAL (C.), Thèse, op. cit., p. 62.

838 La discipline collective sera plus perceptible dans le cadre de l'élaboration d'un plan de continuation de l'activité du débiteur. Il en ressort plus globalement que la continuation de l'activité est le facteur déterminant qui fait survivre l'égalité des créanciers.

839 NGONO NKOA (V. C.), *Ibidem*, p. 781.

l'apurement de son passif au moyen d'un concordat préventif[840]. Même si les difficultés rencontrées semblent ne pas être importantes au point de mener le débiteur à une cessation des paiements, la prise en compte précoce des difficultés permet au débiteur de continuer à honorer ses engagements. N'étant alors pas en état de cessation des paiements, rien ne justifie *a priori* d'imposer aux créanciers des règles qui diminuent leur droit à l'exécution vis-à-vis de leur débiteur. De fait, c'est toujours avec amertume[841] que les créanciers apprennent l'ouverture de la procédure de règlement préventif qui les oblige au demeurant dès sa décision d'ouverture à suspendre à l'encontre du débiteur toutes poursuites individuelles tendant à obtenir le paiement des créances nées antérieurement à ladite décision, pour une durée de trois mois qui peut être prorogée une fois, pour un mois[842]. Cette suspension concerne aussi bien « les voies d'exécution que les mesures conservatoires, y compris toute mesure d'exécution extrajudiciaire[843] ». Le législateur vise ainsi toutes les mesures tendant à obtenir l'exécution forcée ou amiable d'une créance. L'interdiction des poursuites individuelles vise aussi bien les créanciers chirographaires que ceux munis de sûretés réelles[844], lesquelles

---

[840] Voir définition du règlement préventif art. 6 du nouvel AUPC et 2-1 de l'ancien. Les procédures collectives du droit OHADA concernent également depuis le nouvel AUPC les débiteurs exerçant une activité professionnelle indépendante et libérale (art. 1-1 du nouvel AUPC) et non plus uniquement les commerçants personnes physiques et morales ainsi que les personnes morales de droit privé non commerçantes ; sans oublier les entreprises publiques ayant la forme d'une personne morale de droit privé.

[841] Elle vient du fait qu'en majorité, même s'il est possible que la requête aux fins d'ouverture du règlement préventif soit introduite conjointement par le débiteur et quelques-uns de ses créanciers, en réalité seul le débiteur connaît sa situation financière et est en mesure de mesurer sur le court ou long terme ses capacités financières ; dans ce contexte, en pratique il est plus courant que la requête soit introduite par le débiteur seul, qui avant le nouvel AUPC abusait de son droit au règlement préventif pour éviter de subir les poursuites de ses créanciers. Le nouvel AUPC y met fin normalement par le fait que la procédure prenne fin de plein droit (art. 9 al. 7 du nouvel AUPC) et ne sera plus soumise aux aléas de la procédure ou de l'administration judiciaire. De fait, cette procédure qui de par l'absence de cessation des paiements ne devait pas être une procédure collective au sens *stricto sensu* l'est finalement par la volonté même du législateur de privilégier la sauvegarde des entreprises en difficulté en leur donnant des outils de protection précoces afin de faire face à une trésorerie qui se dégringole. Les créanciers sont alors soumis à une discipline collective à l'ouverture de cette procédure. Toutefois, cette discipline collective semble ne pas avoir été la même pour tous les créanciers à l'instar des créanciers munis des propriétés-sûretés ; ce qui est regrettable et devrait alors remettre en cause le caractère collectif de cette procédure.

[842] Art. 9 al. 1 du nouvel AUPC pour la suspension des poursuites individuelles. L'AUPC de 1998 préconisait pour le règlement préventif une durée de deux mois, prorogeable une fois d'un mois.

[843] Art. 9 al. 2 du nouvel AUPC.

[844] Elle concerne tous les créanciers et non pas seulement ceux visés par la requête du débiteur comme l'indiquait l'ancien article 5 al. 2 : « *La requête est adressée au Président de la juridiction compétente et déposée au greffe de cette juridiction contre récépissé. Elle indique les créances pour lesquelles le débiteur demande la suspension des poursuites individuelles* ».

sont énumérées par l'article 9 alinéa 3 du nouvel AUPC contrairement aux anciens textes. Ce nouvel article énumère ainsi : le privilège général, le privilège mobilier spécial, le gage, le nantissement ou l'hypothèque à l'exception des créances de salaires et d'aliments. La vente forcée, voie d'exécution par excellence, est ainsi soumise à cette interdiction. Les créanciers munis des sûretés réelles traditionnelles énumérées sont, de fait, privés de la possibilité d'exécuter leur sûreté par cette voie d'exécution. Et concrètement, on remarque bien l'absence des propriétés-sûretés dans cette énumération qui nous paraît regrettable mais que nous aborderons plus loin et de façon globale dans le titre 2.

369. Cette règle interdit alors le déclenchement de toute voie d'exécution ainsi que sa poursuite à la date du jugement d'ouverture. De la sorte, elle devient caduque lorsqu'elle a commencé avant la décision d'ouverture mais « n'a pas encore produit d'effet définitif[845] ». L'adjudication ayant un caractère définitif, elle fait sortir le bien vendu du patrimoine du débiteur et est opposable à la procédure collective. L'adjudication n'emporte un caractère définitif en droit OHADA et par conséquent le transfert de propriété en matière immobilière que par la décision judiciaire ou le procès-verbal d'adjudication établi par le notaire après paiement du prix de la vente[846]. Et en matière mobilière, par le procès-verbal de la vente établi par l'agent chargé de la vente[847]. Mais, en matière immobilière, « à défaut d'avoir été publié avant le jugement d'ouverture, le jugement d'adjudication est inopposable à la procédure collective[848] ».

---

[845] Note sous l'article 9 du nouvel AUPC ; CA de Zinder (Niger), arrêt n° 40/bis, 27 juillet 2007, Ohadata J-09-171 ; KONATE (M. I.), Guide des procédures collectives d'apurement du passif en droit OHADA, *LGDJ*, p. 55.

[846] Art. 290 al. 2 et 4 de l'AUVE ; en droit français, v. Cass. com., France, 4 mars 2014, n° 13-10534, Légifrance ; BJE 2014.155, note Le Mesle : « Il résulte des articles L. 622-21, II, du Code de commerce dans sa rédaction issue de l'ordonnance du 18 décembre 2008, 2208 du Code civil dans sa rédaction antérieure à l'ordonnance du 19 décembre 2011, et 94 et 99 du décret du 27 juillet 2006, qu'en l'absence d'adjudication définitive de l'immeuble avant le jugement d'ouverture de redressement judiciaire du saisi, la procédure de saisie immobilière en cours à son encontre est arrêtée ». *La portée de cette décision est la même pour le règlement préventif du droit OHADA* lorsque survient une procédure des surenchères avant l'ouverture de la procédure collective. Pour la décision citée : « Si l'adjudication a pour effet d'emporter transfert de propriété de l'immeuble du patrimoine du débiteur saisi dans le patrimoine de l'adjudicataire, toutefois, le seul exercice d'une faculté de surenchère emporte anéantissement rétroactif de la première adjudication, de sorte que jusqu'à ce qu'une nouvelle adjudication soit prononcée, l'immeuble est réputé être demeuré dans le patrimoine du débiteur saisi » *et incorporé dans la procédure collective (nous soulignons).*

[847] Art. 127 de l'AUVE.

[848] Cass. com., France, 11 févr. 2014, n° 12-19722, *Légifrance* ; art. 294 de l'AUVE : « Lorsque l'adjudication est devenue définitive, une expédition de la décision judiciaire ou du procès-verbal d'adjudication établi par le notaire est déposée à la conservation foncière aux fins d'inscription.
L'adjudicataire est tenu d'effectuer cette formalité dans les deux mois sous peine de revente sur folle enchère ».

370. La restriction aux droits individuels des créanciers est également accentuée dans le nouvel AUPC puisque « les personnes physiques coobligées ou ayant consenti une sûreté personnelle ou ayant affecté ou cédé un bien en garantie peuvent se prévaloir[849] » de l'arrêt des poursuites individuelles contre le débiteur principal et qui leur profite.

La préservation de l'activité du débiteur qui semble déjà connaître des difficultés de nature à le mener vers une cessation d'activité est au cœur de cette procédure et permet de traiter précocement ses difficultés. C'est pourquoi l'interdiction des voies d'exécution s'applique aussi aux créanciers munis de sûretés dont « la réalisation peut compromettre le redressement ou l'assainissement de l'entreprise s'il aboutit à la saisie et à la vente d'un ou de plusieurs biens indispensables à la poursuite de l'activité[850] » du débiteur. Le règlement préventif accroît ainsi la protection du débiteur en difficulté et diminue les droits à l'exécution de ses créanciers.

371. Procédure de conciliation[851] et vente forcée. – Contrairement au règlement préventif où le jugement d'ouverture arrête de plein droit toutes les poursuites individuelles des créanciers chirographaires et munis de sûretés réelles cités par le législateur, la conciliation comme son nom l'indique est une procédure consensuelle et confidentielle qui vise à éviter la cessation des paiements. À ce titre, étant consensuelle, elle est plus à l'initiative du débiteur[852] qui sollicite un accord confidentiel avec des créanciers de son choix afin d'anticiper l'aggravation des difficultés auxquelles il est confronté et procéder rapidement à sa restructuration financière. Elle ne concerne pas tous les créanciers mais uniquement ceux qui sont appelés aux négociations et ne fait normalement pas de cette procédure une authentique procédure collective. Logiquement, elle n'entraîne pas non plus contrairement au règlement préventif l'arrêt des poursuites individuelles dès son ouverture. De fait, les principaux créanciers et contractants appelés à la table des négociations par le débiteur sont ceux qui sont susceptibles de subir l'interdiction des poursuites soit lors des négociations à la demande de débiteur[853] soit lors de l'exécution de l'accord de conciliation. Les

---

849 Art. 9 al. 5 du nouvel AUPC ; v. en droit français,

850 KONATE (M. I.), Guide des procédures collectives d'apurement du passif en droit OHADA, *op. cit.*.

851 La consécration de la conciliation dans l'espace OHADA s'est faite à travers l'AUPC de 2015 et constitue la deuxième procédure préventive en vigueur dans l'espace OHADA. Très souple, elle permet au débiteur d'entamer des négociations confidentielles aves ses principaux créanciers afin de prévenir l'aggravation de ses difficultés financières. V. les articles 5-1 et suivants du nouvel AUPC.

852 Même si le législateur vise une saisine conjointe avec un ou plusieurs de ses créanciers. V. Art. 5-2 du nouvel AUPC.

853 Art. 5-7 du nouvel AUPC.

autres créanciers conservent leur droit de poursuite individuelle. Les créances de ces derniers peuvent être *a priori* honorées puisqu'ils n'ont pas été appelés à l'accord de conciliation[854]. L'article 5-12 alinéa 1 du nouvel AUPC dispose à ce sujet que : « *Pendant la durée de son exécution, l'accord interrompt ou interdit toute action en justice et arrête ou interdit toute poursuite individuelle, tant sur les meubles que les immeubles du débiteur, dans le but d'obtenir le paiement des créances qui en font l'objet. L'accord interrompt, pour la même durée, les délais impartis aux créanciers parties à l'accord à peine de déchéance ou de résolution des droits afférents aux créanciers mentionnés par l'accord* ». De même, contrairement au règlement préventif qui étend les restrictions aux droits des créanciers seulement aux personnes physiques, la conciliation va plus loin et vise les personnes physiques et morales[855] dans l'article 5-12 alinéa 2 en ces termes : « les personnes ayant consenti une sûreté personnelle ou ayant affecté ou cédé un bien en garantie et les coobligés peuvent se prévaloir des dispositions de l'accord ». N'étant pas une procédure collective et n'étant efficace d'une part que par sa grande discrétion et d'autre part en raison de son délai[856], la conciliation n'était pas une procédure plébiscitée par les États de l'OHADA du fait du « risque d'inégalité entre les créanciers[857] ».

b/ Cas des procédures curatives : caducité de la vente forcée en redressement judiciaire et liquidation des biens

372. L'équilibre entre l'intérêt collectif des créanciers et la nécessité de sauvegarder l'activité du débiteur défaillant est encore plus visible lorsque ce dernier est en état de cessation des paiements[858]. Deux

---

[854] Cass. 3e civ., France, 10 déc. 2008, n° 07-19899, Légifrance, sur le fait que la procédure de conciliation n'entraîne pas de fait l'arrêt des poursuites individuelles et ne fait donc pas échec à l'acquisition de la clause résolutoire prononcée par une ordonnance de référé passée en force de chose jugée.

[855] Bien sûr, il s'agit des cautions personnelles ou réelles qui ont garanti des créances comprises dans l'accord de conciliation.

[856] Art. 5-3 du nouvel AUPC. Un délai court de 4 mois maximum (3 mois prorogeable d'un mois) qui prend fin de plein droit.

[857] SAWADOGO (F. M.), *Les procédures de prévention dans l'AUPC révisé, op. cit.* : « L'avis n° 0001 du 17 juin 2015 de la Cour commune de justice et d'arbitrage (CCJA) a trouvé cette procédure inutile superfétatoire, sans pertinence, considérant qu'elle devait être supprimée » ; COQUELET (M.-L.), Entreprises en difficulté et instruments de paiement et de crédit, 5e éd., Dalloz, 2015 : « L'idée de résoudre les difficultés des entreprises par une négociation privée (et donc amiable) avec les créanciers a longtemps été entourée, en France, d'un voile de suspicion. Cette hostilité s'explique pour l'essentiel par les atteintes que ce mode de négociation porte au principe d'égalité des créanciers ainsi que le risque de fraude ou d'un engagement pris à la légère par le débiteur prêt à tout pour obtenir l'allègement de ses dettes ». Note SAWADOGO (F. M.), *ibidem*, p. 35.

[858] Art. 25 al. 2 du nouvel AUPC : « La cessation des paiements est l'état où le débiteur se trouve dans l'impossibilité de faire face à son passif exigible avec son actif disponible, à

procédures s'opposent alors par leur finalité mais se rapprochent par l'intérêt du législateur de rendre la procédure la plus collective possible : le redressement judiciaire qui est destiné à permettre la poursuite de l'activité de l'entreprise, le maintien de l'emploi et l'apurement du passif[859] et la liquidation des biens qui vise les cas dans lesquels la situation du débiteur est irrémédiablement compromise. Dans ces deux procédures, la recherche de l'équilibre des intérêts créanciers-débiteur n'est pas chose facile **(b-1)**. Ils sont difficiles à concilier. Il est ainsi consacré pour la bonne marche de la procédure des règles qui ont un

---

l'exclusion des situations où les réserves de crédit ou les délais de paiement dont le débiteur bénéficie de la part de ses créanciers lui permettent de faire face à son passif exigible ». La réforme de l'AUPC a permis de préciser davantage la définition de la cessation des paiements au regard de la situation financière globale du débiteur intégrant les possibilités de recours au crédit. V. Rapport sur l'observation des normes et des codes du Burkina Faso (RONC), Insolvabilité et droits des créanciers, juin 2009, p. 42. Note sous l'article 25 du nouvel AUPC. L'ancien article 25 définissait simplement la cessation des paiements par l'impossibilité pour le débiteur de faire face à son passif exigible avec son actif disponible (définition conforme au droit positif français jusqu'à la précision donnée par L. 631-1 al. 1 du Code de commerce issu de l'ordonnance du 18 décembre 2008). V. TSAGUE DONKENG (H.), Le régime de l'insuffisance d'actif en droit OHADA des procédures collectives, Revue de l'ERSUMA, n° 4, 2014, études ; si la cessation des paiements est avérée, la juridiction compétente la prononce même si le débiteur a introduit une procédure préventive CCJA, arrêt du 6 décembre 2011, n° 022/2022, Ohadata J-13-150.

V. à titre de droit comparé, art. L. 631-1 al. 1 du Code de commerce français qui vient préciser la définition donnée par la loi du 26 juillet 2005 à travers l'article L. 620-1 du Code de commerce : « *Il est institué une procédure de redressement judiciaire ouverte à tout débiteur mentionné aux articles L. 631-2 ou L. 631-3 qui, dans l'impossibilité de faire face au passif exigible avec son actif disponible, est en cessation des paiements. Le débiteur qui établit que les réserves de crédit ou les moratoires dont il bénéficie de la part de ses créanciers lui permettent de faire face au passif exigible avec son actif disponible n'est pas en cessation des paiements* ».

Sur le débat doctrinal suscité par la Cour de cassation française (Cass. com., 28 avril 1998, *RJDA* 1998. 733 et s.) sur l'insuffisance du caractère exigible du passif pour caractériser la cessation des paiements qui doit en plus être exigé par le créancier, dès lors qu'il est libre de faire crédit au débiteur. Une conception finalement écartée au profit de la prise en compte du caractère seulement exigible du passif. DELATTRE (C.), *La notion de cessation des paiements de l'article L. 621-1 du Code de commerce : passif exigible ou passif exigé* ? *Gaz. Pal.* 29 janv. 2002, n° C 4871, p. 6 ; Observations de A. LAUDE sur Cass. com., France, 28 avril 1998, *RTD com.* 1999, p. 187 ; DEEN GIBIRILA, *La notion de cessation des paiements, critère de distinction entre la société in bonis et l'entreprise en difficulté*, *Actu-juridique.fr*, publié le 31/07/2018 ; BERTHELOT (G.), *La cessation des paiements : une notion déterminante et perfectible*, *JCP E* 2008, n° 41.2232.

V. Cass. com., France, 27 févr. 2007, n° 06-10.170, *Bull.*, IV, n° 65 ; *D.* 2007, *AJ*, 872, obs. Lienhard ; *JCP E* 2007, 1833, note Roussel Galle ; églm. note sous l'art. 25 du nouvel AUPC ; V. églm. Cass. com., France, 20 mars 2019, n° 17-26602, Légifrance ; sur la prise en compte de la disponibilité immédiate de l'actif : Cass. com., France, 20 mars 2019, n° 17-26416, Légifrance ; sur l'utilisation des concours bancaires : Cass. com., France, 18 mars 2008, n° 06-20510, Légifrance.

[859] Art. L. 631-1 al. 2 du Code de commerce français ; art. 25 et s. du nouvel AUPC.

impact sur l'efficacité des sûretés réelles comme l'arrêt du cours des inscriptions **(b-2)** et aussi des poursuites individuelles **(b-3)**.

b-1/ La difficile recherche de l'équilibre des intérêts

373. Inégalité de traitement des créanciers. – L'article 72 du nouvel AUPC est le fondement de la préservation de l'intérêt collectif recherché au nom de tous les créanciers, du moins, ceux dont la créance est antérieure au jugement d'ouverture. Il dispose que : « *1°) La décision d'ouverture de la procédure de redressement judiciaire ou de liquidation des biens constitue les créanciers en une masse représentée par le syndic qui, seul, agit en son nom et dans l'intérêt collectif et peut l'engager ; 2°) Toutefois, en cas de carence du syndic*[860]*, tout créancier contrôleur peut agir dans l'intérêt collectif [...] ; 3°) La masse*[861] *est constituée par tous les créanciers dont la créance est antérieure à la décision d'ouverture, même si l'exigibilité de cette créance était fixée à une date postérieure à cette décision à condition que cette créance ne soit pas inopposable en vertu des articles 68 et 69 [du nouvel AUPC]* ». À cette fin, puisque l'égalité n'est prévue en principe que pour les créances antérieures au jugement d'ouverture, aucune disposition ne s'oppose à ce que le législateur prévoie des règles de privilège pour certains créanciers lors de l'exécution d'un concordat. Postérieurement à l'ouverture de ces procédures collectives, au nom de l'aide apportée au débiteur en difficulté pour le sauvetage de son activité, « *en cas de conversion d'une procédure de redressement judiciaire en liquidation des biens, les personnes qui avaient consenti dans le concordat de redressement judiciaire un nouvel apport en trésorerie au débiteur en vue d'assurer la poursuite de l'activité de l'entreprise et sa pérennité sont payées par privilège selon les rangs prévus par les articles 166 et 167 [du nouvel AUPC]. Les personnes qui fournissent un nouveau bien ou service en vue*

---

[860] Note sous l'art. 72 du nouvel AUPC : « Au regard de l'inaction fréquente du syndic, une innovation importante introduite lors de la révision a consisté à permettre aux contrôleurs d'agir en ses lieu et place en cas de léthargie sous conditions tatillonnes ».

[861] La loi française du 25 janvier 1985 quant à elle a écarté la notion de masse en raison du désir de sauvegarde de l'activité du débiteur et l'intérêt grandissant porté aux créanciers postérieurs au jugement d'ouverture. Un traitement inégalitaire est finalement réservé aux créanciers selon qu'ils sont chirographaires ou munis de sûretés spéciales, antérieurs ou postérieurs à la procédure collective. Le Pr NEMEDEU évoque une organisation « bicéphale » de la loi n° 2005-845 du 26 juillet 2005 avec des comités dépourvus de la personnalité juridique. Il y a ainsi « les créanciers membres de deux comités : celui des principaux fournisseurs de biens ou de services et celui des établissements de crédit », mais ajoute-t-il « cette organisation bicéphale ne préjuge en rien de la volonté d'organiser les créanciers concernés ici, à l'occasion de l'ouverture de la procédure » ; ensuite « il y a les créanciers hors comités, que sont les obligataires (art. L. 626-32 c. com.) et les autres créanciers non membres des comités (art. L. 626-33 c. com.) ». NEMEDEU (R.), *Le principe d'égalité des créanciers : vers une double mutation conceptuelle*, *op. cit.*, n° 49.

d'assurer la poursuite de l'activité de l'entreprise et sa pérennité bénéficient du même privilège pour le prix de ce bien ou de ce service[862] ». Les mêmes dispositions sur le fameux « new money » sont prévues dans le cadre d'un concordat préventif qui s'est transformé postérieurement en une liquidation des biens[863] ou même dans le cadre d'une procédure de conciliation[864] dans les mêmes conditions et illustrent une rupture d'égalité dont la finalité est de privilégier le sauvetage de l'entreprise en difficulté. Ces dispositions sont inspirées du droit français[865].

b-2/ L'arrêt du cours des inscriptions

374. Une entorse à l'efficacité des sûretés réelles. – Dans l'intérêt des créanciers de la masse, le législateur OHADA n'hésite pas à restreindre les droits de certains créanciers qu'il rend inopposables à la procédure collective. C'est le cas de l'arrêt du cours des inscriptions de toute sûreté mobilière ou immobilière par la décision d'ouverture du redressement judiciaire et de la liquidation des biens[866]. Ces créanciers pourtant munis de sûretés réelles valables[867] voient leurs sûretés privées d'inscription, de l'efficacité à l'égard des tiers et donc de la masse des créanciers. L'évocation de l'arrêt des inscriptions a alors pour conséquence que même si un créancier poursuivait l'inscription de sa sûreté, elle serait considérée comme n'avoir jamais existé et il concerne toutes les sûretés sans distinction. Leur radiation serait demandée par les organes de la procédure. Un tel créancier serait alors considéré comme chirographaire à l'égard des autres créanciers. Toutefois, la question de « la possibilité

862 Art. 33-1 du nouvel AUPC.

863 Art. 11-1 du nouvel AUPC.

864 Art. 5-11 du nouvel AUPC.

865 Arts. L. 611-8 et L. 611-11 du Code de commerce.

866 Art. 73 du nouvel AUPC. À titre de droit comparé, l'arrêt du cours des inscriptions par la décision d'ouverture est une règle issue du système français antérieur à la loi de 1985 et « était une conséquence du dessaisissement du débiteur et de la constitution de la masse. Tout se passait comme si la collectivité des créanciers exerçait une saisie collective sur les biens du débiteur. Ce faisant, la masse devenait un tiers par rapport à celui-ci et pouvait s'opposer à l'inscription de sûretés nouvelles. Plus précisément, le syndic devait inscrire l'hypothèque légale de la masse (*art. 74 al. 3 du nouvel AUPC, nous soulignons*) et toutes les inscriptions postérieures à cette inscription devenaient inopposables à celle-ci. Il s'ensuivait que la sanction de la règle était une inopposabilité et qu'elle ne produisait qu'un effet relatif. [...] Le principe de l'arrêt des inscriptions vise [dans l'hypothèse de la masse] à protéger les créanciers. Il participe ainsi de la dynamique de la sauvegarde en empêchant les créanciers de se garantir après le jugement d'ouverture » : SAINT-ALARY-HOUIN (C.), Droit des entreprises en difficulté, *op. cit.*, p. 447-448 ; V. MACORIG-VENIER (V. F.), Les sûretés sans dépossession dans le redressement et la liquidation judiciaire des entreprises, Th. dactylo., Toulouse, 1992, p. 93 et s. (Cité par SAINT-ALARY-HOUIN (C.), *ibidem)*.

867 À condition qu'elles ne soient pas frappées par la règle de l'inopposabilité de la période suspecte.

matérielle de l'inscription » s'est posée notamment dans la doctrine française. L'inscription doit-elle ou peut-elle être faite malgré le jugement d'ouverture ? Et si elle est faite, doit-elle être rejetée par le conservateur des hypothèques ou en ce qui concerne les meubles par le greffe de la juridiction compétente ? Le principe de l'arrêt des inscriptions suppose pour certains « qu'aucune inscription ne peut plus être requise aussitôt survenu[868] » le jugement d'ouverture. Toute inscription faite alors après le jugement d'ouverture serait dénuée de tout effet. Pour d'autres, matériellement, à compter de cette date, aucune inscription ne peut se faire et le conservateur doit « utilement » la refuser[869]. C'est le dépôt qui doit alors en lui-même être refusé[870]. Mais, il a été soutenu, et cet argument semble être plus crédible, que « le conservateur des hypothèques[871] n'est pas juge de la légalité de l'inscription[872] », son rôle n'est pas de s'opposer à l'inscription[873]. Encore « qu'il est prudent de faire l'inscription surtout que le jugement d'ouverture peut être frappé de voies de recours[874] ». L'inscription ne produisant aucun effet à l'encontre de la masse des créanciers, il appartient au syndic d'en demander la radiation dans l'intérêt de la masse.

375. Il faut tout de même préciser que même si l'arrêt des inscriptions court à la date du jugement d'ouverture, le législateur OHADA exige une publicité de ce jugement au RCCM et conformément aux dispositions organisant la publicité foncière si le débiteur est propriétaire de biens immobiliers[875]. Cette inscription est faite « sans délai[876] » par le greffe de la juridiction compétente et une vérification est faite par le syndic qui doit faire procéder à ces inscriptions dans les meilleurs délais sous sa

---

868 FOURNIER (A.), Inscription postérieure à la naissance de la créance, Répertoire de droit civil-publicité foncière, févr. 2007, n° 382.

869 JEANTIN (M.) et LE CANNU (P.), Droit commercial. Entreprises en difficulté, coll. Précis, 7e éd. *Dalloz*, 2006, n° 404. Note SAINT-ALARY-HOUIN (C.), *ibidem*

870 DAGOT (V. M.), *Publicité foncière et redressement judiciaire*, *JCP* 1986, I, 3262, n° 15 et s.

871 Ou le greffe de la juridiction compétente en matière mobilière pour le RCCM (*nous soulignons*).

872 SAINT-ALARY-HOUIN (C.) et MACORIG-VENIER (F.), *J-Cl. Commercial*, fasc. 2365, 2013, n° 9. Note SAINT-ALARY-HOUIN (C.), *ibidem.*

873 Art. 54 al. 1 du nouvel AUS : « Après avoir vérifié que le formulaire d'inscription comporte bien les mentions obligatoires exigées par l'article 53 du présent acte uniforme, le greffier de la juridiction chargée de la tenue du registre du commerce et du crédit mobilier, ou le responsable de l'organe compétent dans l'État partie, procède immédiatement à l'inscription sur un registre chronologique des dépôts. […] ».

874 LIENHARD (A.), Code des procédures collectives, *Dalloz*, 2011, p. 177 (sous l'art. L. 622-30) ; SÉNÉCHAL (J.-P.), « *La réforme de la liquidation judiciaire* », Colloque CRAJESE, 27 mars 2004, *LPA* 10 juin 2004, p. 43. Note SAINT-ALARY-HOUIN (C.), *ibidem,* n° 726.

875 V. les art. 36, 37 et 38 du nouvel AUPC.

876 Art. 36 al. 1 du nouvel AUPC.

responsabilité. De la sorte, on doit considérer qu'avant ces inscriptions, le conservateur des hypothèques ou le greffier en charge des inscriptions au RCCM n'ont aucun moyen en leur possession pour s'opposer à l'inscription de la sûreté valablement constituée. *A contrario,* une inscription de sûreté postérieure à l'inscription du jugement d'ouverture ne peut prospérer et peut engager la responsabilité du greffier ou du conservateur des hypothèques. Mais comme le dit si bien la Pre C. SAINT-ALARY-HOUIN : « Quoi qu'il en soit, il est bien certain que la sûreté publiée sera inefficace et complètement dépourvue d'effets dès lors que l'inscription intervient après l'ouverture de la procédure. Tout intéressé pourrait en demander la radiation[877] » ; le syndic en l'occurrence ou tout créancier contrôleur en cas de carence de ce dernier. Seule doit être considérée la finalité de cette interdiction, qui intervient uniquement pour les inscriptions nouvelles et non pour les renouvellements d'inscriptions[878].

b-3/ L'interdiction des poursuites individuelles

376. Une extension à toutes les sûretés réelles. – La décision d'ouverture du redressement ou de la liquidation des biens interrompt ou interdit toute action en justice de la part de tous les créanciers composant la masse. Elle arrête ou interdit également toute procédure d'exécution de la part de ces créanciers tant sur les meubles que sur les immeubles[879]. Contrairement au règlement préventif où la suspension des poursuites concernait uniquement les titulaires des sûretés traditionnelles, aucune distinction n'est faite pour le redressement judiciaire et la liquidation des biens lorsque le débiteur est déclaré en cessation des paiements. La suspension concerne alors tous les créanciers, chirographaires comme munis de sûretés traditionnelles ou exclusives. La seule condition étant que la créance soit antérieure à la décision d'ouverture, même si l'exigibilité de cette créance était fixée à une date postérieure à cette décision. Et donc, dans ces conditions, « seules peuvent être poursuivies, les actions qui seraient fondées sur le non-respect d'une obligation de faire, à condition

[877] SAINT-ALARY-HOUIN (C.), *ibidem.*

[878] Cass. Com., 24 avril 1974, D. 1975, p. 107 ; SAINT-ALARY-HOUIN (C.), ibidem : « Quant aux renouvellements d'inscriptions, ils n'aggravent pas la situation de l'entreprise et ne rompent pas l'égalité entre créanciers ». V. égl une décision de la Cour d'appel de Pau sur l'hypothèque judiciaire mais qui est aussi applicable en l'espèce. CA Pau, ch. 1re, 17 avril 1991, société Idm c/ Lalanne Larrieu, note DELEBECQUE (Ph.) et SIMLER (Ph.), RDI. 1992.101, 16 mars 1992 : « La règle de l'arrêt du cours des inscriptions à compter du jugement d'ouverture d'une procédure de redressement judiciaire ne s'applique pas à une inscription d'hypothèque judiciaire, dans la mesure où l'inscription provisoire avait été prise avant le jugement d'ouverture. L'inscription définitive rétroagit et se substitue à l'inscription provisoire. [...] Cette solution ne vaut que dans la mesure où l'inscription provisoire est antérieure à la cessation des paiements et non au seul jugement déclaratif ».

[879] Art. 75 du nouvel AUPC.

[qu'elles n'aient] pas indirectement pour objet de condamner le débiteur au paiement d'une somme d'argent[880] ». Il s'agit là pour le législateur OHADA de mettre l'accent sur l'objectif affiché du redressement de l'entreprise en difficulté au détriment des droits des créanciers. La portée de cette extension aux sûretés portant sur la propriété, sera amplement développée dans la partie réservée à la réalisation des propriétés-sûretés.

Le législateur opère également une extension de l'arrêt des poursuites individuelles à toute mesure de distribution n'ayant pas produit un effet attributif avant le jugement d'ouverture[881]. De la sorte, la vente forcée est ainsi interdite comme à l'ouverture du règlement préventif et doit s'arrêter si elle a commencé avant la décision d'ouverture et n'a produit soit aucun effet définitif soit aucun effet distributif. Ceci implique comme l'écrit le Pr CROCQ « non seulement que la suspension s'applique dans le cas d'un séquestre conventionnel investi avant l'ouverture de la procédure collective d'une mission de distribution de fonds provenant de la vente d'un bien appartenant au débiteur, mais aussi que l'élément de référence pour savoir si une procédure de saisie est ou non suspendue soit désormais la date de répartition du prix de vente entre les créanciers et non plus la date à laquelle le bien saisi est sorti du patrimoine du débiteur[882] ». Deux exceptions qui peuvent être cumulées conduisent à éviter la caducité de l'exécution forcée : que le bien soit sorti du patrimoine du débiteur avant le jugement d'ouverture de la procédure collective et que les fonds aient été distribués avant ledit jugement. En effet, il a plusieurs fois été jugé que « l'arrêt des poursuites individuelles s'applique aux procédures de distribution du prix de vente d'un immeuble n'ayant pas produit un effet attributif avant le jugement d'ouverture d'une procédure collective, que la seule exception au principe de la caducité d'une procédure d'exécution est que les fonds soient sortis du patrimoine du débiteur avant le jugement d'ouverture de la procédure collective, si l'adjudication effectuée avant le jugement d'ouverture de la procédure collective fait sortir l'immeuble du patrimoine du débiteur comme un acte de vente, la créance résultant du prix de vente demeure dans son patrimoine jusqu'à sa distribution[883] ».

La portée de cette suspension ne fait aucun doute dans la mesure où, puisque « la cessation des paiements fait douter d'une réelle possibilité de sauver l'entreprise[884] » en difficulté, au mieux l'arrêt des poursuites de tous les créanciers permettra de sauver l'entreprise en difficulté au moyen

---

880 Art. 75 al. 1 du nouvel AUPC. V. aussi la note sous cet article.

881 Art. 75 al. 2 du nouvel AUPC, inspiré de l'art. L. 622-21-II du Code de commerce français.

882 CROCQ (P.), Des créanciers et des contractants mieux protégés, op. cit., p. 60.

883 CA d'Amiens, ch. 01 sect. 02, 8 nov. 2011, n° 11/01838 Légifrance.

884 CROCQ (P.), Des créanciers et des contractants mieux protégés, op. cit., p. 62.

d'un concordat sérieux[885], au pire la procédure aboutira à la liquidation des biens. L'intérêt ou l'objectif poursuivi étant d'abord le sauvetage de l'entreprise. La finalité de la réforme étant d'équilibrer les intérêts en présence, les poursuites individuelles peuvent aussi reprendre de plein droit à l'expiration des délais de la procédure. Un délai de six mois qui peut être prorogé une fois pour trois mois pour le redressement judiciaire et dix-huit mois prorogeable une seule fois pour six mois pour la liquidation des biens.

377. La restriction au droit de l'exécution des créanciers munis de sûretés réelles s'étend également, mais uniquement en redressement judiciaire, aux actions qu'ils pouvaient engager contre les personnes physiques[886] coobligées ou ayant consenti une sûreté personnelle ou ayant affecté ou cédé un bien à titre de garantie, ce à compter du jugement ouvrant le redressement judiciaire et durant l'exécution du concordat de redressement[887]. Ils ne perdent pas leurs garanties comme le prévoit

---

[885] Pour permettre la réalisation dans des conditions optimales de l'actif du débiteur. Pour cela, afin de donner toutes les chances au sauvetage de l'activité du débiteur, le législateur OHADA a changé le modèle d'appréciation du concordat pour le choix de l'ouverture du redressement judiciaire ou de la liquidation des biens. Dans l'AUPC de 1998, l'article 33 al. 2 disposait que la juridiction compétente « prononce le redressement judiciaire s'il lui apparaît que le débiteur a proposé un concordat sérieux. Dans le cas contraire, elle prononce la liquidation des biens ». Le débiteur étant, conformément à l'ancien article 27 de l'AUPC dans l'obligation de déposer au plus tard dans les quinze jours qui suivent la déclaration de cessation des paiements une offre de concordat. Ce critère du choix de la procédure n'était pas, selon certains auteurs dont le Pr F. M. SAWADOGO, optimal pour déterminer le sérieux de la proposition de concordat faite par le débiteur. Le délai étant excessivement court. C'est pourquoi le nouvel article 27 y remédie en donnant soixante jours au débiteur pour déposer le projet de concordat. Il appartient alors à la juridiction compétente au vu des perspectives de redressement de l'entreprise débitrice, en fonction des possibilités et des modalités d'activités, de l'état du marché et des moyens de financement disponibles de prononcer le redressement ou la liquidation. Il ne doit pas au demeurant se fier uniquement à la proposition du débiteur et peut prononcer le redressement si le projet à des chances sérieuses d'être obtenu (art. 33 du nouvel AUPC). Cette formulation est toutefois vague pour certains auteurs (M. I. KONATÉ, *Guide des procédures collectives d'apurement du passif en droit OHADA*, *op. cit.*). Même si la juridiction a la possibilité d'entendre toute personne dont l'audition lui paraît utile et à désigner un juge du siège ou toute autre personne qu'elle estime qualifiée afin de lui remettre un rapport sur la situation économique et sociale du débiteur » (art. 32 al.2 et 3 du nouvel AUPC). Il s'agit là de donner au juge un grand pouvoir d'appréciation qu'on espère ne sera pas contre-productif.

[886] Seules les personnes physiques font l'objet dans le nouvel AUPC d'une protection accrue de la part du législateur. Les personnes morales quant à elles peuvent être poursuivies et ne bénéficient pas des dispositions du concordat de redressement judiciaire. C'est ce que traduit maladroitement l'article 134 al. 5 du nouvel AUPC : « Le concordat de redressement judiciaire accordé au débiteur principal ou à un coobligé ne profite pas aux autres coobligés ou aux personnes ayant consenti un cautionnement ou affecté ou cédé un bien en garantie » ; à lire avec l'art. 75-1 du nouvel AUPC qui interdit la poursuite du garant personne physique durant l'exécution du concordat de redressement. V. CROCQ (P.), *Des créanciers et des contractants mieux protégés, op. cit.*, p. 64 ; note sous l'art. 134 du nouvel AUPC.

[887] Art. 75-1 du nouvel AUPC.

l'article 134 alinéa 4 du nouvel AUPC, mais « ne peuvent les réaliser qu'en cas d'annulation ou de résolution du concordat de redressement auquel ils ont consenti ou qui leur a été imposé, sans préjudice de leur droit d'agir contre un tiers afin de préserver leurs droits ». Par l'extension de cette restriction à l'exécution du concordat de redressement, le législateur OHADA prolonge la protection du garant personne physique dans le temps et se distingue du législateur français. En effet, ce dernier l'a prévue à l'article L. 622-28 du Code de commerce[888] jusqu'au jugement arrêtant le plan ou prononçant la liquidation. Le législateur OHADA se veut alors protecteur de la caution personne physique au détriment des créanciers, et ceci dans l'objectif que le redressement judiciaire soit une réelle option pour le chef d'entreprise pour le sauvetage de son entreprise.

On remarquera l'absence de dispositions protectrices de la caution personne physique, lors de l'ouverture de la procédure de liquidation des biens où les créanciers n'ont aucune restriction à leur droit à l'exécution. Les cautions personnes physiques ainsi que les cautions personnes morales peuvent être poursuivies dès l'ouverture de la liquidation des biens dès lors que par l'effet de la liquidation, la créance échue ou à échoir devient exigible[889]. Aussi, le créancier n'est-il pas obligé d'attendre l'admission de sa créance à la procédure collective comme l'a rappelé la chambre commerciale de la Cour de cassation française en cassant l'arrêt d'une cour d'appel qui avait cru bon d'exiger du créancier un justificatif de la production de créance au passif de la procédure collective[890]. Par contre, si le débiteur principal est lui-même le constituant de la sûreté réelle, le créancier muni d'une sûreté réelle peut après un délai d'inaction de trois mois du syndic suivant la décision prononçant la liquidation des biens, reprendre son droit de poursuite individuelle et poursuivre la vente forcée du bien affecté à sa garantie

[888] Art. L. 622-28 al. 2 du Code de commerce : « Le jugement d'ouverture suspend jusqu'au jugement arrêtant le plan ou prononçant la liquidation toute action contre les personnes physiques coobligées ou ayant consenti une sûreté personnelle ou ayant affecté ou cédé un bien en garantie [...] ».

[889] Cass. com., France, 13 déc. 2016, n° 14-16037, Légifrance : « Le compte courant d'une société étant clôturé par l'effet de sa liquidation judiciaire, il en résulte que le solde de ce compte, est immédiatement exigible de la caution ; que dès lors, c'est à bon droit que la cour d'appel a jugé que l'adjudication définitive des créances de la banque au passif des procédures collectives des sociétés dont M. X.... a cautionné les obligations, s'impose à celui-ci, qui n'est pas fondé à contester les sommes dont le paiement lui est réclamé ».

[890] Cass. com., France, 17 sept. 2002, n° 00-14190, *Bull. civ.* 2002, IV, n° 123, p. 133: « La décision du juge de la procédure collective rendue dans les rapports entre le créancier et le débiteur principal s'impose à la caution, il n'en demeure pas moins que le créancier peut poursuivre et obtenir la condamnation de la caution devant le juge du cautionnement avant toute déclaration de créance ou, si la déclaration a été faite, avant toute admission, en établissant l'existence et le montant de sa créance selon les règles du droit commun ».

dans les conditions de l'article 149 alinéa 2 et 150 alinéa 3 du nouvel AUPC[891].

PARAGRAPHE 2 : L'INTERDICTION DES PAIEMENTS

378. Érigée au même titre que l'interdiction des poursuites individuelles au rang des règles traditionnelles des procédures collectives[892], l'interdiction des paiements, en tant que l'un des principes assurant l'égalité des créanciers antérieurs au jugement d'ouverture, est consacrée par le législateur OHADA des entreprises en difficulté et limite les pouvoirs du débiteur. Elle vise à éviter qu'un créancier soit favorisé au détriment d'un autre[893] **(A)**. Ce faisant, ne pouvant pas poursuivre le débiteur en exécution forcée et ne pouvant également recevoir aucun paiement à titre volontaire de sa part, ils sont tous invités à produire leur créance afin de déterminer son passif **(B)**.

A/ UNE INTERDICTION NON ABSOLUE, DES SURETES REELLES CONVENTIONNELLES EFFICACES

379. La possession matérielle du bien garanti par le créancier qui s'accompagne par son blocage jusqu'à complet paiement a longtemps joué en sa faveur en raison de l'efficacité de ce blocage qui lui confère une exclusivité pour le paiement de sa créance **(1).** Même si son efficacité est réduite lorsque le bien garanti a antérieurement fait l'objet d'un gage sans dépossession publié, cette faiblesse n'enlève en rien l'efficacité du mécanisme lorsque s'ouvre une procédure collective contre le constituant à moins qu'il soit évincé par le gagiste sans dépossession dans l'hypothèse d'une liquidation des biens. Aussi, l'extension de ce pouvoir de blocage aux biens incorporels peine-t-elle à lui assurer une meilleure efficacité de sa sûreté, même lorsque dans les faits, ce blocage semble produire les mêmes effets de nuisance qu'une rétention matérielle **(2)**.

1/ La rétention efficace du bien garanti

380. Principe. – Par principe, la règle de l'interdiction des paiements est attachée au jugement d'ouverture et concerne toutes les créances nées antérieurement à ce jugement. Lorsque ces paiements interviennent au préjudice des droits des créanciers de la masse[894], ils leur sont inopposables et doivent être réintégrés dans le patrimoine du débiteur[895].

---

[891] Art. 149 al. 2 et 150 al. 3 du nouvel AUPC.

[892] SAINT-ALARY-HOUIN (C.), Droit des entreprises en difficulté, *op. cit.*, p. 430, n° 693.

[893] DELMOTE (Ph.), L'égalité des créanciers dans les procédures collectives, op. cit.,

[894] Art. 68 et 69 du nouvel AUPC.

[895] Elle n'a techniquement de sens que lorsque tous les créanciers y sont visés dans la mesure où le débiteur est en cessation des paiements. Elle n'est donc pas automatique en procédure de conciliation et ne viserait que les créanciers qui y participent.

Sans distinction selon la qualité du créancier, chirographaire ou muni de sûreté, cette interdiction tire son fondement dans la volonté du législateur « d'éviter toute discrimination entre les créanciers antérieurs[896] ». L'arrêt des poursuites et l'interdiction des paiements visent alors à accorder un répit au débiteur[897] qui fait face à des difficultés financières afin qu'au mieux il sauve son activité par le plan de sauvetage ou concordat, au pire que la valeur de ses biens soit répartie entre ses créanciers.

381. Des exceptions. – Outre les mécanismes du droit des obligations comme la compensation[898] entre des dettes connexes, la délégation de créances et les exceptions légales visant les créances alimentaires et le règlement des créances cambiaires[899] et salariales[900], certains créanciers munis de sûretés réelles conventionnelles peuvent également en raison de l'efficacité de leur sûreté recevoir le paiement de leur créance, soit pour le retrait[901] du bien qui en fait l'objet, soit parce que ce paiement ne préjudicie pas aux intérêts de la masse des créanciers. Ces créanciers échappent alors grâce à leur sûreté à la règle de l'interdiction des paiements.

382. Une efficacité basée sur la possession : l'invincibilité du droit de rétention[902]. – L'absence du droit individuel d'agir dès l'ouverture des procédures collectives contraint tout créancier à s'abstenir d'exécuter sa sûreté. Cette règle vaut également pour les créanciers qui sont en possession des biens de leur débiteur à titre de garantie. Cette possession n'octroie en leur faveur aucun avantage en ce qui concerne l'arrêt du droit

---

896 « Ceux-ci, en raison du principe d'égalité, seront payés dans le cadre du plan ou selon la procédure d'ordre dans la liquidation. Cette justification est étendue aux créanciers postérieurs non privilégiés », SAINT-ALARY-HOUIN (C.), Droit des entreprises en difficulté, *op. cit.*, n° 695, p. 432.

897 « Ce principe, parfaitement anticoncurrentiel, favorise le débiteur qui peut, provisoirement oublier ses dettes pour rechercher des mesures de survie de son affaire », SAINT-ALARY-HOUIN (C.), Droit des entreprises en difficulté, *op. cit.*, n° 695.

898 SAINT-ALARY-HOUIN (C.), Droit des entreprises en difficulté, *op. cit.*, n° 701 : « Il faut donc, d'une part, que les créances soient certaines en leur principe, ou du moins vraisemblables "réciproques" et surtout "connexes ". Mais, la jurisprudence n'exige pas qu'elles remplissent les conditions d'exigibilité et de liquidité requises en droit commun. En outre, l'exigence de connexité est d'ailleurs appréciée souplement [...]. C'est ainsi que le paiement par compensation est admis entre des créances et des dettes prenant leur source dans un même compte, ou résultant d'un même contrat, soit que les obligations naissent de la même convention [...], soit que l'une naisse de la formation et l'autre de l'inexécution du contrat ».

899 Art. 69 al. 2 du nouvel AUPC.

900 Art. 95 et 96 du nouvel AUPC.

901 Un retrait sur autorisation du juge-commissaire puisque le débiteur n'en a plus l'usage ni la jouissance ; ou même s'il les a, c'est sous contrôle et autorisation du créancier suivant le contrat de garantie, il n'en a donc pas finalement la maîtrise. Il faut dire que la soustraction efficace de ces biens du patrimoine du débiteur les met à l'abri d'un retrait sans complet paiement de la créance due.

902 LE CORRE (P.-M.), L'invincibilité du droit de rétention dans les procédures collectives de paiement, D. 2001, p. 2815.

individuel d'agir à l'ouverture des procédures collectives[903]. De fait, leur soumission aux restrictions apportées par les règles dérogatoires des procédures collectives devrait être totale. Même la reconstitution de l'actif du débiteur par le syndic ne peut obliger le créancier rétenteur à se dessaisir du bien retenu, sauf si la constitution d'une telle sûreté tombe dans les actes suspects inopposables à la masse des créanciers. À ce titre, un auteur autorisé écrivait que : « le droit de rétention ne connaît qu'une seule technique d'extinction par voie principale, c'est-à-dire le paiement[904] ». Aussi, lorsque le bien est « utile à la continuité de l'activité[905] » du débiteur et « resté en possession[906] » du créancier qui le retient utilement, le syndic peut être autorisé par le juge commissaire à payer ce dernier pour réintégrer ledit bien dans le patrimoine apparent du débiteur, afin qu'il en dispose de nouveau à sa guise pour son activité et sans contrainte. C'est en tout cas ce qui ressort clairement de l'article L. 622-7 du Code de commerce français, de la jurisprudence[907] ainsi que de la doctrine française[908].

383. Sur la question dans le droit de l'OHADA, on peut regretter qu'on ne retrouve pas clairement consacrée dans le nouvel AUPC cette possibilité de retrait dans les procédures collectives[909] autre que la liquidation des biens. On peut tout de même interpréter cette autorisation à la lumière des articles 11 et 23-1[910] du nouvel AUPC dans le cadre d'un règlement préventif. En liquidation des biens notamment, l'article 149 alinéa

---

903 Règlement préventif, redressement judiciaire et liquidation des biens en l'occurrence.

904 LE CORRE (P.-M.), L'invincibilité du droit de rétention dans les procédures collectives de paiement, op. cit.

905 SAINT-ALARY-HOUIN (C.), Droit des entreprises en difficulté, *op. cit.*, n° 590.

906 SAINT-ALARY-HOUIN (C.), Droit des entreprises en difficulté, *ibidem.*

907 T. com., Nancy, 22 mai 1986, *Rev. proc. coll.* 1986, n° 4, p. 59, obs. Mestre (J.) et Delebecque (Ph.); Rouen, 12 mars 1992, *RJDA* 1992, n° 391. Note SAINT-ALARY-HOUIN (C.), Droit des entreprises en difficulté, *op. cit.*, p. 433.

908 SAINT-ALARY-HOUIN (C.), Droit des entreprises en difficulté, *op. cit.* ; CABRILLAC (M.), MOULY (C.), CABRILLAC (S.), PÉTEL (Ph.), Droit des sûretés, *op. cit.*, p. 563 ; LEGEAIS (D.), Sûretés et garanties du crédit, 9e éd., *op. cit.*, n° 715, p. 442 ; PIETÉ (G.), Rétention, *Rép. De droit civil*, Janv. 2010.

909 NJUTAPVOUI (Z.), *Le droit de rétention dans le nouvel acte uniforme portant organisation des sûretés : sûreté active ou passive ? Rev. ERSUMA* : Droit des affaires-pratique professionnelle, n° 6, janv. 2016, Études : « Si un plan de continuation de l'entreprise est adopté, le créancier rétenteur peut continuer d'opposer son refus de restitution au débiteur en difficulté. Si un plan de cession de l'entreprise est adopté, il pourra opposer son refus de restitution au cessionnaire ».

910 « Les décisions du président de la juridiction compétente visées à l'article 11 ci-dessus ne peuvent faire l'objet que d'une opposition devant ladite juridiction dans le délai de huit (8) jours à compter de leur prononcé ».

Art. 11 du nouvel AUPC : « Sauf autorisation motivée du président de la juridiction compétente, la décision d'ouverture du règlement préventif interdit au débiteur, à peine de nullité de droit : de payer, en tout ou en partie, les créances nées antérieurement à la décision d'ouverture ; […] ».

premier permet au syndic sur autorisation du juge commissaire de retirer au profit de la masse, « le gage, le nantissement ou le droit de rétention conventionnel constitué sur un bien du débiteur ». Tous ces articles indiquent donc qu'en redressement judiciaire, cette autorisation peut tout à fait être donnée au syndic sur autorisation du juge commissaire en raison de la poursuite de l'activité et du caractère utile du bien à l'activité du débiteur. L'extension de cette autorisation de paiement au droit de rétention conventionnel est à saluer et est conforme aux nouvelles dispositions de l'AUS. Le législateur semble toutefois ne pas considérer dans cet article le droit de rétention comme un effet du gage autrement, il ne les aurait pas nommés tous les deux.

384. Pour le Pr LEGEAIS, le droit de rétention conventionnel « vise en premier lieu le créancier gagiste avec dépossession et le créancier antichrésiste. Dans ces deux cas, il est inutile de se référer à la connexité puisque le droit de rétention est expressément reconnu à ces créanciers par les dispositions régissant ces sûretés[911] ». De la sorte, on pourrait assimiler naturellement le gage avec dépossession au droit de rétention conventionnel. Toutefois, il est également prouvé que le droit de rétention conventionnel puisse aussi être autonome et ne pas être assimilé au gage avec dépossession[912]. De fait, pourquoi admettre le retrait contre paiement seulement lorsque le droit de rétention est conventionnel ? Est-ce à dire que pour les autres formes de rétention, le retrait contre paiement n'est pas envisageable ? Il nous semble que la formule retenue par le législateur OHADA soit maladroite, et restrictive et n'engloberait pas toutes les formes de rétention qu'il a lui-même consacrées. L'article L. 622-7 du Code de commerce français quant à lui invoque un paiement « pour retirer le gage ou une chose légitimement retenue… ». Cette dernière formulation est plus englobante et plus claire.

L'absence du droit d'agir du gagiste qui fait usage de son droit de rétention empêche une réalisation du bien retenu même en liquidation des biens sauf le cas prévu par l'article 149 alinéa 2[913] du nouvel AUPC. Mais, pour une rétention véritablement autonome non assimilable au gage, en cas d'absence de retrait, il faut considérer que la rétention se prolonge tant que la créance n'est pas entièrement payée. On peut alors vraiment au vu de l'absence d'un dénouement rapide de ce blocage et du rôle véritable du droit de rétention pour les deux parties s'interroger au

---

[911] LEGEAIS (D), Sûretés et garanties du crédit, *op. cit.*, p. 439.

[912] Cass. com., France, 27 mars 2005, *JCP E* 2005, 915, obs. Ph. Delebecque ; *Dr. et patr.* 2005, n° 142, p. 40, note Aynès. Note LEGEAIS (D), Sûretés et garanties du crédit, *op. cit.*, p. 439.

[913] Art. 149 al. 2 du nouvel AUPC : « Si, dans le délai de trois (3) mois suivant la décision prononçant la liquidation des biens, le syndic n'a pas retiré le gage ou le nantissement ou entrepris la procédure de réalisation du gage ou du nantissement, le créancier gagiste ou nanti peut exercer ou reprendre son droit de poursuite individuelle à charge d'en rendre compte au syndic ».

même titre que le Pr LEGEAIS sur l'importance véritable de ce droit qui peut au demeurant être supprimé pour assainir le droit des sûretés réelles dans son entièreté[914].

385. Cette extension du droit de rétention est encore plus discutable à l'égard du « nantissement » consacré dans l'article 149 alinéa 1er sans précision alors qu'il n'est possible qu'à l'égard du nouveau nantissement de compte de titres financiers. Ce dernier étant efficace d'une part dans sa constitution[915] par la seule déclaration du nantissement faite par le constituant, d'autre part et surtout par le droit de rétention[916] reconnu au créancier nanti sur les titres financiers et sommes en toute monnaie figurant au compte nanti. Le nantissement dont fait référence le législateur OHADA semble donc être le nantissement de comptes de titres financiers. Le droit de rétention dont bénéficie le créancier de ce nantissement est opposable à la procédure collective du constituant. La seule déclaration du nantissement signée par le titulaire du compte rend alors valable ce nantissement et lui permet de produire ses effets tant entre les parties qu'à l'égard de la personne morale émettrice et des tiers[917].

2/ Une rétention se réinventant difficilement

386. Il est désormais soutenu par une large majorité de la doctrine que la notification du nantissement de créance au débiteur nanti ou sa participation à l'acte de nantissement rend très efficace ce nantissement à l'égard du créancier, même en procédure collective. En effet, cette formalité « prive le constituant de son droit au paiement alors même que ce dernier reste titulaire de la créance nantie et propriétaire des sommes[918] » qui en forment l'objet. Dans tous les cas de figure, que l'échéance de la créance nantie soit antérieure ou postérieure à celle de la créance garantie, la question de la soumission du nantissement de créance notifié aux règles spéciales des procédures collectives se pose. Mais, le droit au paiement du créancier nanti semble ne pas souffrir de

---

[914] LEGEAIS (D.), *Quel avenir pour le droit de rétention ? Rev. dr. banc. et fin.*, sept. 2014, n° 5.

[915] Art. 147 du nouvel AUS.

[916] Art. 151 al. 1 du nouvel AUS.

[917] Cass. com., France, 20 juin 2018, n° 17-12.559, *D.* 2018 Actu. 1381, note ALBIGES (C.) et PICOD (Y), Nantissement, *Rép. de droit commercial*, oct. 2008 : « Pour déclarer le gage de compte d'instruments financiers inopposable à la procédure collective de la société constituante, une cour d'appel avait retenu que la déclaration de gage n'a pas été notifiée à la société émettrice. En statuant ainsi, alors que la constitution en gage d'un compte d'instruments financiers est réalisée, tant entre les parties qu'à l'égard de la personne morale émettrice et des tiers, par la seule déclaration de gage signée par le titulaire du compte, la cour d'appel a violé l'article L. 431-4, I, du Code monétaire et financier, alors applicable ».

[918] BEN NEPHTALI (J.), Le nantissement de créance et les procédures collectives, Thèse 2019, dir. AYNÈS (A.).

l'ouverture d'une procédure collective contre le cédant si le nantissement a été notifié au débiteur cédé **(a)**. Cependant, qu'en est-il du pouvoir de blocage supposé acquis au titulaire de la créance nantie **(b)** et de sa portée dans le cas spécifique du nantissement de compte bancaire ? **(c)**

a/ Le droit au paiement du créancier titulaire d'un nantissement de créance

387. La Cour de cassation française éclaire sur un premier point qui ne devrait pas souffrir de contestation. Elle estime que « l'interdiction des paiements s'applique aux paiements faits par le débiteur et non par un tiers[919] ». La notification qui permet à un tiers, débiteur cédé, de se libérer entre les mains du créancier permet à ce dernier d'échapper aux règles spéciales des procédures collectives si cette notification intervient avant leur ouverture. Dans ce contexte, il faut considérer que le constituant a également perdu l'usage de cette créance avant l'ouverture de la procédure collective. Cette efficacité a pour fondement le droit des obligations, notamment le mécanisme particulier de la délégation de créance[920].

388. Certains auteurs sont pourtant contre le paiement du créancier après l'ouverture de la procédure collective, sur le fondement de l'interdiction des paiements qui frappe tous les créanciers[921]. Si cette interprétation devait être retenue, elle irait dans le sens de l'égalité des créanciers. Mais, elle serait dans tous les cas trop extensive[922] et non conforme au sens de

---

[919] Cass. com., France, 26 nov. 2002, *RD bancaire et fin.*, 2003, p. 102, n° 77, obs. F. X. LUCAS ; Cass. com., France, 30 mars 2005, *RJDA* 2005, n° 1007, p. 866 ; Cass. com., France, 7 déc. 2004, *Act. proc. coll.* 18 fév. 2005, p. 1, obs. C. SAINT-ALARY-HOUIN. Note SAINT-ALARY-HOUIN (C.), Droit des entreprises en difficulté, *op. cit.* ; JULIENNE (M.), Thèse, *op. cit.* p. 124 : « Chaque fois, le paiement est valablement reçu parce qu'il est réalisé par un tiers, et non par le débiteur soumis à la procédure, or c'est également le cas en matière de nantissement ».

[920] SAINT-ALARY-HOUIN (C.), Droit des entreprises en difficulté, *op. cit.*, n° 702 : « La délégation de créances est l'opération par laquelle le délégant (débiteur) demande au délégué (qui est, en général, son propre débiteur) de payer son créancier le délégataire. Si le délégant est soumis à une procédure collective, la Cour de cassation considère que le paiement du créancier par le délégué est valable parce que l'interdiction des paiements s'applique aux paiements faits par le débiteur et non par un tiers ».

[921] BLOCH (P.), « *Vers un renforcement de la cession de créances à titre de garantie ?* », *in* Mélanges en l'honneur de Daniel Tricot, *Dalloz-Litec*, 2011, p. 3 s, n° 25 : « (…) une telle solution reviendrait à déjouer les objectifs du législateur qui a expressément prévu l'inopposabilité du droit de rétention en cas de procédure de sauvegarde ou de redressement judiciaire ».

[922] DUPICHOT (Ph.), « *Le nantissement* », in Ordonnance du 23 mars 2006 relative aux sûretés : bilan d'une année d'application, *LPA* 2008, n° 63, p. 27, n° 24 *: « De surcroît, on pourrait sans doute soutenir qu'un tel paiement direct devrait échapper à la règle de l'interdiction des paiements des créances antérieures au jugement d'ouverture : cette dernière ne devrait en effet logiquement concerner que le débiteur de la créance garantie en procédure*

l'interdiction qui est consacrée et qui touche normalement le débiteur, non un tiers. De plus, étant une sûreté sur une somme d'argent, le créancier a tout intérêt à notifier sa sûreté avant l'ouverture de la procédure collective pour accroître ses chances d'être payé. La notification relève alors de l'ordre de la préservation de sa sûreté et non de sa réalisation. En le faisant, il agit sur le paiement de la créance fait par un tiers et non directement sur les prérogatives du cédant qui subit les restrictions liées à la procédure collective. Seulement, n'ayant qu'un droit préférentiel, il succombera face à un autre créancier mieux privilégié que lui. Cependant, si les fonds reçus n'ont pas été individualisés, la revendication du créancier privilégié risque de ne pas aboutir. Le droit au paiement exclusif n'est pas en cela la réalisation effective de la sûreté, par attribution directe de l'objet de la créance en paiement, mais il peut être très efficace pour le créancier qui l'exerce. Les deux prérogatives doivent être scrupuleusement dissociées[923]. C'est pour cela que cette notification qui n'agit que sur le droit au paiement direct de la créance ne doit pas être confondue à la publicité qui rend opposable la sûreté aux tiers dans l'espace OHADA, et qui a aussi pour vocation de l'opposer à la procédure collective. Cette analyse est contraire à ce qui prévaut en droit français, où comme l'affirme M. Julienne dans sa thèse : « *Dès sa constitution, les droits du nanti s'imposent aux tiers et peuvent être considérés comme consolidés. Par la notification, le bénéficiaire du nantissement n'acquiert aucun droit supplémentaire, ni ne modifie le statut de la créance, mais se borne à mettre en œuvre du droit que lui confère un acte déjà opposable aux tiers*[924] ».

En droit OHADA, le nantissement de créance n'est opposable aux tiers qu'à compter de son inscription au RCCM[925]. Le législateur affirme pourtant un droit absolu au paiement à l'égard du créancier qui a notifié sa sûreté ou lorsque le débiteur cédé est intervenu à l'acte, même lorsque le paiement n'a pas été poursuivi par lui. Il peut alors s'opérer un conflit entre ces deux prérogatives reconnues au créancier lorsque la publicité fait défaut avant l'ouverture de la procédure collective. L'article 73 du nouvel AUPC prévoyant que « *la décision d'ouverture du redressement judiciaire et de la liquidation des biens arrête le cours des inscriptions de toute sûreté mobilière ou immobilière* ». De la sorte, le créancier qui n'a pas publié avant le jugement d'ouverture perd normalement le

---

collective, sauf à en adopter une interprétation extensive marquée du sceau de la règle de l'égalité des créanciers ».

923 JULIENNE (M.), Thèse, *op. cit.*, p. 123 : « D'un point de vue formel, le paiement direct n'est pas un « pacte », c'est-à-dire une clause adjointe au nantissement, mais une prérogative légalement reconnue au créancier nanti. Et sur le fond, cette qualification ne convainc pas non plus, parce que le droit au paiement direct n'est pas une attribution de la créance en paiement ».

924 JULIENNE (M.), Thèse, *op. cit.*, p. 540.

925 Art. 131 du nouvel AUS.

bénéfice de sa sûreté pendant la procédure collective, mais perd-il son droit exclusif au paiement lorsqu'il a rendu sa sûreté opposable au débiteur cédé ? Il faut croire que le droit exclusif au paiement l'emporte sur la procédure collective puisque seul le créancier reçoit paiement même si ce paiement n'a pas été poursuivi par lui. Mais, recevoir paiement d'une créance à titre exclusif ne donne pas automatiquement un droit exclusif sur l'objet de cette créance. En d'autres termes, le créancier qui reçoit le paiement de la créance nantie[926] peut être évincé par un autre qui a pris soin de publier la sienne. Dans le même sens, le créancier qui n'a pas rendu sa sûreté opposable au débiteur cédé avant la publication du jugement d'ouverture perd cette prérogative. Le paiement sera happé par l'actif de la procédure collective, de sorte que le créancier qui a au moins inscrit son nantissement sera privilégié sur les fonds reçus. Encore faudrait-il qu'il ait valablement déclaré sa créance avec son privilège au passif de la procédure. L'absence de soumission à la procédure collective ne peut être que le fait d'une opposabilité de la sûreté au débiteur cédé avant la publication du jugement d'ouverture. Le rôle de l'inscription en est totalement réduit face au droit exclusif au paiement.

b/ Le pouvoir de blocage du créancier titulaire d'un nantissement de créance opposable au débiteur cédé

389. Même si le contexte est favorable à une assimilation du droit de rétention au blocage du compte **(b-1)**, son utilisation n'en est pas moins mitigée **(b-2)** pour l'efficacité recherchée.

---

[926] Rapprochement avec, Cass. com., France, 26 mai 2010, n° 09-13.388 : « Attendu que pour confirmer le jugement entrepris et rejeter les demandes de la société GOBTP, l'arrêt retient, par motifs adoptés, que cette société a été remboursée du montant de son prêt relais d'un montant de 80 000 000 francs, elle restait créancière de la somme de 5 000 000 francs, qu'elle verse aux débats des justificatifs de la perception des loyers de la part des locataires pour les années 1997 à 1999, pour des montants supérieurs à 5 000 000 francs et qu'elle a reçu par ailleurs la somme de 5 950 000 euros de M. Y…, ès qualités, à la suite de la vente de l'immeuble hypothéqué, de sorte que, même si la société GOBTP est fondée à soutenir que la cession des loyers ne saurait aboutir, aucune faute causale ne pouvant lui être reprochée, cette société ayant été pleinement garantie de ses droits de créancier hypothécaires et de bénéficiaire de cession de loyers ne pouvait être affectée par l'ouverture de la procédure collective, l'action dirigée contre le liquidateur judiciaire ne saurait aboutir, aucune faute causale ne pouvant lui être reprochée, cette société ayant été pleinement garantie de ses droits de créancier hypothécaire et de bénéficiaire de cession de loyers ; Attendu qu'en statuant ainsi, sans répondre aux conclusions par lesquelles la société Auberfi pour un montant de 107 884 094 francs (16 446 824,11 euros), déduction faite des loyers perçus à la date de l'ouverture de la procédure collective, la cour d'appel n'a pas satisfait aux exigences du texte susvisé » ; Bull. civ., IV, n° 94 ; BJE 2011, n° 1, p. 28, obs. HOUIN-BRESSAND (C.) ; RDC 2010, n° 4, p. 1338, obs. AYNÈS (A.) ; RTD com. 2010.601, obs. BOULOC (B.) ; JCP G 2011.226, obs. DELEBECQUE (Ph.) ; RDBF 2010.142, obs. CERCLES (A.), Dr et patrim. 2010, n° 195, p. 96, obs. DUPICHOT (Ph.) ; RTD com. 2010.595, obs. LEGEAIS (D.).

b-1/ Un contexte favorable

390. Les effets de l'opposabilité du nantissement au débiteur cédé. – En droit OHADA, comme le consacre l'article 133 du nouvel AUS[927], après notification ou intervention du débiteur cédé à l'acte, seul le créancier reçoit paiement de l'objet de la créance nantie. Cette formalité est interprétée, nous le disions, comme la manifestation légale d'une exclusivité de paiement à l'égard du créancier. Celle-ci permettrait à ce dernier, même s'il ne possède pas matériellement l'objet de la créance de s'opposer à toute saisie dans le cadre par exemple d'une créance de loyer dont il est l'unique bénéficiaire. Il paralyse par conséquent le droit au paiement du cédant et son droit d'usage. Ce pouvoir de blocage serait alors fondé sur son droit exclusif sur l'objet de la créance. Ce droit exclusif est alors rendu encore plus efficace à l'égard des tiers par la publicité du nantissement au RCCM[928]. Pour être opposable à la procédure collective, cette publicité devrait intervenir avant le jugement d'ouverture ; mais la notification serait encore plus efficace pour le créancier et plus déterminant pour l'efficacité de sa sûreté. Dans ces conditions, la publicité ne protège pas suffisamment à elle seule le créancier puisqu'elle ne lui octroie qu'un droit de préférence[929] sur la créance et soumet alors le nantissement aux règles spéciales de la procédure collective. C'est donc cette notification qui lui octroie l'exclusivité du paiement et donc potentiellement un pouvoir de blocage, qui ne saurait en réalité pas assimilable au véritable droit de rétention.

De la sorte, qu'il possède lui-même ou non l'objet de la créance n'ébranle pas l'efficacité de son droit exclusif qui devrait également jouer dans le cas de la constitution d'un nantissement de compte bancaire. Sur ce dernier, le créancier aurait alors un droit exclusif sur le solde créditeur du compte au jour de la réalisation du nantissement ou au jour du jugement d'ouverture d'une procédure collective. Le droit exclusif au paiement et ses effets sont également soutenus en droit français[930]. Notamment par le Pr L. AYNÈS qui estime que « cette notification, bien qu'elle ne soit pas une condition d'opposabilité aux tiers, devrait

---

927 Inspiré de l'art. 2363 du Code civil français.

928 Art. 131 du nouvel AUS.

929 BEN NEPHTALI (J.), Thèse, *op. cit.*, n° 219 : En droit français où la publicité n'est pas requise pour l'opposabilité du nantissement de créance aux tiers « le créancier qui n'a pas notifié sa sûreté auprès du débiteur nanti subit le concours des autres créanciers. Il peut uniquement bénéficier de son droit de préférence qui est faible. L'usage de la créance nantie est conservé par le constituant placé en procédure collective. Lorsque le débiteur nanti procède au paiement, il le fait auprès du constituant ou des organes de la procédure ».

930 BLACK YONDO (L.), BRIZOUA-BI (M.), FILLE LAMBIE (O.) et autres, dir. Pr CROCQ, *op. cit.*, p. 236 ; AYNÈS (L.), *Le nantissement de créance, entre gage et fiducie*, *Dr. et patr.* 2007, n° 162, p. 66.

intervenir avant une saisie ou l'ouverture d'une procédure collective[931] » et serait suffisant pour protéger le créancier et rendrait « vain le débat sur l'existence d'un droit de rétention[932] ». Ce droit pourrait ainsi justifier à lui seul un potentiel pouvoir de blocage exercé par le créancier.

b-2/ Une assimilation mitigée au droit de rétention dans l'espace OHADA

391. Un droit exclusif au paiement indépendamment du droit de rétention. – Certains auteurs soutiennent que les effets produits par le blocage sont assimilables au droit de rétention. Ce droit serait alors « caractérisé par le fait que le débiteur de la créance ne peut plus payer le constituant ou s'il le fait, s'expose à payer deux fois[933] ». Il est vrai que l'évolution récente de ce droit dans le droit positif français permet de soutenir qu'il puisse avoir pour objet un bien incorporel et être aussi efficace du moment où l'effet de nuisance[934] qu'il produit paralyse efficacement les droits du débiteur. L'admission du droit de rétention au gagiste sans dépossession, au créancier bénéficiaire d'un gage automobile, au créancier bénéficiaire d'un nantissement de créance et la récente définition de la notion de droit de rétention semblent aller dans le sens de « la levée de l'obstacle théorique principal à la reconnaissance de la nature incorporelle de ce droit[935] » comme l'argumente fort bien le Pr D. LEGEAIS.

392. En droit OHADA cette évolution est lente, voire mitigée. Si la définition du droit de rétention a changé[936], intégrant sa nature incorporelle, sa reconnaissance à d'autres sûretés est parcellaire. Elle est reconnue au créancier nanti d'un compte de titres financiers comme en droit français, mais pas expressément au gagiste sans dépossession ni au gagiste d'un véhicule automobile. De fait, doit-on considérer qu'il ne joue que lorsque le législateur le consacre expressément ? Vu les hésitations du législateur OHADA, on est tenté de répondre par l'affirmative. Mais le Pr CROCQ semble avoir un avis contraire. Pour lui : « Si seuls des biens mobiliers sont visés par l'article 67 du nouvel AUS, tous les biens mobiliers le sont et en application de la maxime « *Ubi lex non distinguit* », cela implique

---

[931] AYNÈS (L.), *ibidem.*

[932] Ibidem.

[933] LEGEAIS (D.), Thèse, *op. cit.*, n° 130 ; LISANTI-KALCZYNSKI (C.), Les sûretés conventionnelles sur meubles incorporels, préf. F. Pérochon, *Bibl. dr. ent., Litec*, n° 228, 2001 ; AYNÈS (A.), Thèse, *op. cit.*, n° 92, p. 72 ; GIJSBERS (C.), Thèse, *op. cit.*, p. 296.

[934] LEGEAIS (D.), Thèse, *op. cit.*.

[935] LEGEAIS (D.), sûretés et garanties du crédit, 9e éd., *op. cit.*, p. 353.

[936] Art. 41 de l'AUS de 1997 : « Le créancier qui détient légitimement un bien du débiteur peut le retenir jusqu'à complet paiement de ce qui lui est dû, indépendamment de toute autre sûreté ». Art. 67 du nouvel AUS : « Le créancier qui détient légitimement un bien mobilier de son débiteur peut le retenir jusqu'au complet paiement de ce qui lui est dû, indépendamment de toute autre sûreté [...] ».

que le droit de rétention puisse avoir pour objet aussi bien des biens corporels que des biens incorporels, à condition bien sûr [qu'il soit possible au rétenteur d'exercer sur eux un pouvoir de blocage, car pour retenir, il faut d'abord tenir] ». Son efficacité serait alors liée au pouvoir de blocage et toutes les fois qu'il est possible de l'exercer efficacement et non uniquement à la détention. Il est donc difficile aujourd'hui de le nier totalement. Mais dans quelle proportion le droit OHADA l'intègre-t-il véritablement ? La question reste ouverte et devrait être fixée par la jurisprudence. La cour d'appel d'Abidjan a ainsi jugé qu'il ressort « *de la lecture des articles 136 et 51 de l'AUS que pour être valable le nantissement d'une créance doit être constaté dans un document écrit qui, pour être opposable aux tiers, doit faire l'objet d'inscription à la diligence du créancier. Le nantissement d'un compte bancaire est un nantissement de créance, qui est soumis aux mêmes exigences établies par les articles précités. Ainsi, en l'absence de tout document matérialisant un nantissement, il ne saurait être reproché à une banque le fait qu'elle n'ait pas procédé à son enregistrement, justifiant la raison pour laquelle cette dernière n'a pas considéré indisponible au cours d'une saisie-attribution, le montant en rapport au supposé nantissement*[937] ». Cet arrêt indique implicitement la possibilité de rendre indisponibles les fonds créditeurs d'un compte nanti si le nantissement a été régulièrement constitué et rendu opposable au débiteur saisi ainsi qu'aux tiers. Mais, il a été rendu hors procédure collective. Est-ce à considérer qu'il en serait de même en procédure collective ? La CCJA devrait se prononcer sur la question.

393. D'autres auteurs estiment par contre que ce mécanisme est « trop éloigné de la situation que procure la maîtrise concrète exercée sur une chose matérielle, tout spécialement lorsque ce pouvoir dématérialisé se réduit à une obligation personnelle de ne pas disposer imposée au débiteur[938] ». Et même que « le droit exclusif du créancier nanti n'a pas besoin de l'appui technique du droit de rétention[939] ». Ce droit exclusif au paiement du fait de la notification se suffirait à lui-même pour conférer une efficacité certaine au nantissement de créance, même en procédure collective. Son rapprochement avec la saisie-attribution semble d'ailleurs également peu convaincant en raison de la finalité de cette saisie qui exige l'obtention d'un titre exécutoire et le concours d'un huissier de justice avec pour effet une attribution immédiate des sommes saisies au profit du bénéficiaire. La notification faite par le créancier dans le cadre du nantissement de créance ne lui permet qu'un droit au paiement et non

[937] CA Abidjan, 1re Ch. Com., 31 oct. 2019, n° 413/2019, Légiafrica.
[938] GIJSBERS (C.), Thèse, *op. cit.*, p. 297.
[939] BOUGEROL-PRUD'HOMME (L.), Thèse, *op. cit.*, n° 171, p. 153.

une attribution instantanée des sommes qui en constitueraient l'objet[940]. Elle se ferait au demeurant sans l'obtention d'un titre exécutoire. La publicité au RCCM pour l'opposabilité du nantissement de créance instaurée par le législateur OHADA pour son opposabilité aux tiers renforcerait cette efficacité là où le droit français en fait une sûreté occulte. De ce postulat, en droit OHADA surtout, il semble raisonnable eu égard, d'une part à la formalité d'opposabilité du nantissement de créance aux tiers et d'autre part à son opposabilité au débiteur cédé, de considérer qu'il puisse être opposable à la procédure collective ouverte contre le cédant. Cette opposabilité aurait pour conséquence l'acceptation du paiement accordé au créancier indépendamment de l'ouverture de la procédure collective du cédant, en considération du droit exclusif au paiement du créancier.

c/ Cas spécifique du nantissement de compte bancaire

394. Il faut ici se rendre à l'évidence que même si le nantissement de compte bancaire est un nantissement de créance[941], il n'en est pas moins doté de règles spécifiques qui le différencient du nantissement de créance classique. La preuve en est que malgré l'accomplissement des formalités d'opposabilité aussi bien à l'égard des tiers que du débiteur cédé, ce dernier n'est pas privé de son droit d'usage du compte nanti. De la sorte, il est prévu que les droits du créancier ne s'exercent que sur le solde créditeur du compte qui constitue en réalité la créance nantie. Elle s'entend alors du « *solde créditeur, provisoire ou définitif, au jour de la réalisation de la sûreté, sous réserve de la régularisation des opérations en cours, selon les modalités prévues par l'acte uniforme portant organisation des procédures simplifiées de recouvrement et des voies d'exécution en matière de saisie-attribution des créances pratiquée entre les mains d'un établissement de crédit*[942] ». S'il est alors prévu la possibilité d'une saisie de créance sur le compte nanti, c'est que le créancier ne bénéficie pas *a priori* d'un blocage total du compte. Mais, s'il n'en bénéficie pas et que le droit d'usage du compte par le constituant non plus n'est pas bloqué, alors sa sûreté est vouée à une inefficacité certaine lorsque s'ouvre une procédure collective **(c-1)**. Quelle serait alors la solution à envisager ? **(c-2)**

c-1/ Le droit d'usage du débiteur de la créance garantie

395. Le droit d'usage inhérent au compte bancaire est appréhendé par les règles dérogatoires des procédures collectives en faveur du débiteur en difficulté. Il s'ensuit un refus du blocage du compte **(c-1-1)**. Deux

[940] BEN NEPHTALI (J.), Thèse, *op. cit.*, n° 166.
[941] Art. 136 du nouvel AUS.
[942] Art. 137 al. 1 du nouvel AUS.

décisions de la chambre commerciale de la Cour de cassation française illustrent ce besoin de maintenir l'usage du compte au profit du débiteur en difficulté **(c-1-2)**.

c-1-1/ Un frein au blocage total du compte à l'ouverture d'une procédure collective

396. La possibilité d'un aménagement contractuel. – Comme l'écrit le Pr LEGEAIS, « le débiteur peut s'engager à ne pas clôturer le compte nanti et à détenir à tout moment dans ce compte un solde créditeur au moins égal à l'encours[943] ». Dans ces conditions, un peu comme en matière de gage sans dépossession de choses fongibles, le débiteur devrait assurer la consistance de la sûreté du créancier. Il faut alors considérer qu'un éventuel pouvoir de blocage du créancier puisse s'exercer sur le solde créditeur prévu par les parties et qui doit assurer la consistance de la sûreté. De ce fait, aucune saisie pratiquée sur le compte nanti ne devrait normalement entamer ce solde. Mais, le législateur n'ayant rien prévu, il est tout aussi possible pour les parties de prévoir une clause d'arrosage souple dans laquelle le débiteur s'engage à toujours combler la diminution du solde créditeur du compte. Le blocage ne pouvant s'exercer que s'il y a un risque réel que la sûreté soit vidée de sa substance. Dans ce contexte, en raison du droit d'usage du compte reconnu au débiteur de la créance garantie, seule l'analyse qui sera faite des droits du créancier déterminera l'efficacité de ce nantissement[944]. Et elle ne peut efficacement se mesurer qu'en procédure collective. Pour le Pr LEGEAIS : « Pour faire bénéficier le créancier nanti d'une exclusivité, il est possible de considérer qu'il est bénéficiaire d'un droit de rétention[945] ». Mais, les récentes décisions de la Chambre commerciale de la Cour de cassation française montrent une préférence pour le sauvetage de l'entreprise en difficulté plutôt qu'un blocage du compte par le créancier. C'est du moins la conclusion qu'on peut tirer des décisions du 7 novembre 2018[946] et du 22 janvier 2020[947] rendues par la chambre commerciale de la Cour de cassation française, sur des arguments pour le moins critiquables[948].

---

[943] LEGEAIS (D.), sûretés et garanties du crédit, 9e éd., *op. cit.*, p. 355.
[944] LEGEAIS (D.), sûretés et garanties du crédit, 9e éd., *op. cit.*, *Ibidem.*
[945] Ibidem.
[946] Cass. com., France, 7 nov. 2018, n° 16-25.860, Légifrance.
[947] Cass. com., France, 22 janv. 2020, n° 18-21.647, F-P+B, *Bull.* ; *D.* 2020.212.
[948] GIJSBERS (C.), Le nantissement de compte bancaire à l'épreuve de la procédure collective du constituant (ou comment le créancier se trouve exproprié de sa sûreté …), RTD civ. 2020. 164.

c-1-2/ Le droit exclusif au paiement du créancier nanti sur un compte bancaire à l'épreuve du besoin de sauvetage de l'entreprise en difficulté

397. Analyse des décisions de la chambre commerciale de la Cour de cassation française du 7 novembre 2018 et du 22 janvier 2020. – Dans la première décision qui a donné un coup d'arrêt à l'efficacité du nantissement de compte bancaire en procédure collective, une banque avait consenti un prêt devant financer l'acquisition d'un véhicule utilitaire garanti par un nantissement sur des comptes bancaires ouverts par la société dans ses livres. Après la mise en redressement judiciaire de la société, la banque a fait part au mandataire judiciaire de son refus de maintenir le compte bancaire de la société. Ce à quoi le mandataire judiciaire ayant trouvé un nouveau partenaire bancaire a demandé à la banque d'y transférer les soldes créditeurs des deux comptes bancaires de la société. Il essuya un refus de la banque prêteuse qui se prévaut d'une clause du nantissement du compte pour retenir le solde créditeur tout en déclarant les sommes à échoir au titre des deux prêts. Après une mise en liquidation judiciaire de la société, le liquidateur judiciaire a assigné la banque prêteuse en responsabilité pour avoir retenu abusivement les soldes créditeurs des comptes de la société. Condamnée successivement par les juges du fond, la banque se pourvoit en cassation où la décision ne sera guère différente. Alors, la banque prêteuse avait-elle le pouvoir de bloquer à son seul profit le solde créditeur du compte qui lui a été nanti par la société à l'encontre de laquelle un redressement judiciaire a été ouvert, alors même qu'il n'existait pas à l'ouverture de la procédure collective des échéances impayées ? Aux visas des articles 2287[949] et 2360 alinéa 2[950] du Code civil, les hauts magistrats ont considéré que « les échéances du prêt accordé par la banque étaient régulièrement payées de telle sorte que la déchéance du terme n'était pas intervenue[951] » ; pour en déduire que « la banque ne pouvait pas procéder à la réalisation de la sûreté par la rétention des soldes créditeurs des comptes nantis[952] ». Alors

[949] Art. 2287 du Code civil français : « Les dispositions du présent livre ne font pas obstacle à l'application des règles prévues en cas d'ouverture d'une procédure de sauvetage, de redressement judiciaire ou de liquidation judiciaire ou encore en cas d'ouverture d'une procédure de traitement des situations de surendettement des particuliers ».

[950] Art. 2360 du Code civil français : « Lorsque le nantissement porte sur un compte, la créance nantie s'entend du solde créditeur, provisoire ou définitif, au jour de la réalisation de la sûreté sous réserve de la régularisation des opérations en cours, selon les modalités prévues par les procédures civiles d'exécution.

Sous cette même réserve, au cas d'ouverture d'une procédure de sauvegarde, de redressement judiciaire, de liquidation judiciaire ou d'une procédure de traitement des situations de surendettement des particuliers contre le constituant, les droits du créancier nanti portent sur le solde du compte à la date du jugement d'ouverture ».

[951] Cass. com., France, 7 nov. 2018, n° 16-25.860, *op. cit.*.

[952] Ibidem.

même que la rétention des comptes créditeurs ne constituait pas une réalisation du nantissement mais une préservation efficace des droits du créancier sur les soldes créditeurs des comptes bancaires nantis à la date du jugement d'ouverture. Il semble que les hauts magistrats aient en considération de la nature de l'objet de la créance donné une finalité différente aux dispositions de l'article 2360 du Code civil. Ceci, pour préserver la trésorerie de l'entreprise en difficulté, parce qu'il serait « indécent » pour le créancier d'achever financièrement un débiteur déjà à l'agonie.

C'est dans ce contexte qu'est intervenue, pratiquement pour des faits similaires, la décision du 22 janvier 2020. Le débiteur de la créance garantie placé en redressement judiciaire a également subi le blocage du compte nanti par la banque prêteuse. Cette dernière se prévalant d'une clause du nantissement de créance a isolé sur un compte spécial bloqué à son profit les soldes créditeurs des comptes nantis à la date du jugement d'ouverture de redressement judiciaire contre le débiteur de la créance garantie. Sur les mêmes fondements des articles 2287 et 2360 du Code civil avec à l'appui l'article L. 622-13[953] du Code de commerce, les hauts magistrats ont retenu que : « la clause litigieuse, qui permet à l'organisme prêteur de "séquestrer" les fonds figurant sur les comptes de l'emprunteur, aboutit à l'autoriser, alors même qu'il n'existe encore aucune mensualité impayée ni même aucune créance exigible en raison du différé prévu pour les remboursements, à prélever sur les comptes une partie du capital prêté par voie de compensation et opère comme une réalisation unilatérale du contrat de prêt en contrariété avec les dispositions de l'article L. 622-13 du Code de commerce ».

398. Le Pr GIJSBERS fera alors remarquer sur cette décision, qu'en réalité, l'article 2360 du Code civil, après « avoir rappeler le principe selon lequel la créance sur laquelle s'exerce le nantissement de compte s'entend du solde créditeur au jour de la réalisation de la sûreté, ce texte détermine ce qu'est la créance nantie en cas de procédure collective, en décidant alors qu'elle reste figée au montant que le solde du compte affiche à la date du jugement d'ouverture et sous réserve de la régularisation des opérations en cours[954] ». De la sorte, « la créance représentée par le solde créditeur du compte au jour du jugement

---

[953] Art. L. 622-13-I du Code de commerce français : « Nonobstant toute disposition légale ou toute clause contractuelle, aucune indivisibilité, résiliation ou résolution d'un contrat en cours ne peut résulter du seul fait de l'ouverture d'une procédure de sauvegarde.
Le cocontractant doit remplir ses obligations malgré le défaut d'exécution par le débiteur d'engagements antérieurs au jugement d'ouverture. Le défaut d'exécution de ces engagements n'ouvre droit au profit des créanciers qu'à déclaration au passif ».

[954] GIJSBERS (C.), Le nantissement de compte bancaire à l'épreuve de la procédure collective du constituant, op. cit..

d'ouverture est en quelque sorte gelée au profit du créancier nanti[955] ». Donc, la préservation par le créancier de ses droits sur les soldes créditeurs nantis par leur blocage ne révèle que l'exercice normal d'une prérogative inhérente à la sûreté constituée et ne constitue aucunement « la réalisation de la sûreté » comme le prétendent les hauts magistrats. Mais tout porte à croire que les mêmes causes produisant les mêmes effets, les hauts magistrats sont en train de vider le nantissement de créance de son efficacité pour permettre le sauvetage de l'entreprise en difficulté. Le blocage du compte pourrait conduire l'entreprise en difficulté à la liquidation judiciaire en cas d'impossibilité pour elle de fonctionner faute de fonds disponibles. On est alors tenté de se demander si la décision aurait été la même si les biens en cause étaient des biens corporels. Il ne fait en tout cas aucun doute que les hauts magistrats ont tenté de donner un argument technique à leur décision, non sans mal, puisque la chambre commerciale de la Cour de cassation a déjà jugé le 9 février 2016 au visa de l'article L. 622-13 du Code de commerce que « le prêt consenti par un professionnel du crédit avant l'ouverture du redressement judiciaire de l'emprunteur n'est pas un contrat en cours[956] ». Elle serait bien en mal de considérer cette fois-ci le compte bancaire nanti comme un contrat en cours pour refuser son blocage.

399. On en conclut qu'au-delà de ces maladresses, il se profile une véritable gêne d'accepter le blocage d'un compte bancaire sur lequel le constituant a gardé un droit d'usage, en accord avec le créancier et conformément au régime juridique voulu par le législateur. Les parties n'ont pas entendu créer un gage d'espèces de compte bloqué. Le créancier subirait-il alors les conséquences d'une humanisation des procédures collectives ? Il faut considérer que pour l'heure, le droit de blocage au cœur de l'efficacité du nantissement de compte bancaire succombe au besoin de redressement de l'entreprise en difficulté comme dans un gage sans dépossession. On peut donc admettre que l'utilisation du compte par le constituant neutralise son blocage par le créancier à l'ouverture d'une procédure de sauvetage de l'entreprise en difficulté. Puisque, justement, c'est de la continuité de l'activité dont il s'agit pour donner des chances d'un redressement au débiteur en difficulté. On pourrait alors pour ces raisons, il est vrai, comme le présente le Pr GIJSBERS reconnaître « *au débiteur la liberté d'employer le solde créditeur du compte à la poursuite de l'activité, comme il est libre après tout d'utiliser le meuble grevé d'un*

---

955 SYNVET (H.), Le nantissement de compte, Dr. et part. Juill. 2007. 62 s., spéc. p. 67. Note GIJSBERS (C.), Le nantissement de compte bancaire à l'épreuve de la procédure collective du constituant, op. cit..

956 Cass. com., France, 9 févr. 2016, n° 14-23.229, Légifrance ; V. égl. ROBINEAU (M.) et REJOU-MECHAIN (H.), *La clause de nantissement de compte bancaire à l'épreuve des procédures collectives, lettre des réseaux*, Janv.-févr. 2020.

gage sans dépossession ou l'immeuble hypothéqué ; avec cette différence majeure toutefois que, la monnaie étant consomptible, le créancier est mécaniquement voué à perdre sa sûreté par évaporation de son objet (risque qui n'existe pas pour le créancier hypothécaire ou gagiste)[957] ». Il poursuit en affirmant qu'on peut aussi « *au contraire [admettre] que les sommes nanties doivent être immobilisées dans l'intérêt du créancier, dont on ne voit pas alors pourquoi il ne pourrait pas se les approprier immédiatement en paiement de la totalité de sa créance*[958] ».

Ce dernier argument certes intéressant se heurtera d'une part à l'absence de déchéance du terme qui ne peut intervenir qu'en liquidation. D'autre part, l'interdiction des paiements et des poursuites s'oppose normalement à une appropriation immédiate du solde créditeur séquestré appartenant au débiteur qui ne peut intervenir qu'en liquidation et dans le respect des conditions légales prévues par le droit des procédures collectives. La séquestration des fonds du débiteur sur lesquels il avait un droit d'usage pour la survie de son activité avant l'ouverture de la procédure collective ne peut alors avoir pour finalité que de le condamner à une mort certaine. Il faut alors considérer qu'en raison de l'usage du compte nanti par le débiteur de la créance garantie, les droits exclusifs du créancier s'entendent en réalité en procédure collective du montant que représente le solde créditeur du compte à l'ouverture de la procédure de liquidation judiciaire[959]. À l'ouverture de cette procédure, le créancier nanti pourra demander l'attribution du solde créditeur au risque alors que la sûreté n'ait plus aucune consistance. Un bien triste sort pour cette sûreté. D'où « les difficultés à intégrer le nantissement de compte [actuel] dans les schémas classiques du droit des procédures collectives[960] » comme le fait savoir C. GIJSBERS. Pour l'heure, nous n'avons pas connaissance d'une décision en ce sens qu'aurait prise la CCJA en droit OHADA. On verra alors ce que cette juridiction, la plus haute de l'espace OHADA, fera comme analyse sur les droits du créancier nanti sur un compte bancaire lors de l'ouverture d'une procédure collective.

---

957 GIJSBERS (C.), Le nantissement de compte bancaire à l'épreuve de la procédure collective du constituant, op. cit..

958 SYNVET (H.), *Le nantissement de compte, op. cit.* : « On voit d'ailleurs mal quel serait l'intérêt, du point de vue des finalités du droit des procédures collectives, de retarder le désintéressement du créancier nanti, alors que les sommes figurant au crédit du compte le jour de l'ouverture de la procédure ne peuvent être appréhendées ni par le débiteur, ni par l'administrateur, et ne sont donc pas susceptibles d'alimenter la poursuite de l'activité ». Note GIJSBERS (C.), *Le nantissement de compte bancaire à l'épreuve de la procédure collective du constituant, op. cit..*

959 Liquidation des biens en droit OHADA.

960 GIJSBERS (C.), Le nantissement de compte bancaire à l'épreuve de la procédure collective du constituant, op. cit..

c-2/ Pour une solution à cette inefficacité à l'ouverture d'une procédure collective

400. Si l'utilisation du compte nanti est le problème, la solution serait alors le blocage du compte nanti dès sa constitution. Mais, le nantissement de compte bancaire s'oppose techniquement à cette option. Il faut alors trouver un autre moyen pour rendre plus efficace cette sûreté ou créer plus simplement une véritable sûreté sur la monnaie. Les propositions de la Commission GRIMALDI avant la réforme de 2006 dans l'avant-projet de réforme du droit des sûretés en France allaient dans ce sens. N'ayant pas été retenu, le nantissement de monnaie scripturale pourrait améliorer l'efficacité du régime des sûretés sur la monnaie s'il est adopté lors de la prochaine réforme[961] puisque « l'ouverture d'une procédure d'insolvabilité ou de surendettement contre le constituant ou le débiteur demeure sans effet sur la réalisation [de ce] nantissement ». Ainsi, pour cette Commission : « *Dès lors que ni le constituant ni aucun tiers ne peut retirer les fonds nantis, il est inutile de retarder la réalisation du nantissement. L'ouverture d'une procédure de règlement des difficultés financières contre le constituant n'entrave donc pas le droit au paiement direct reconnu par l'article 2366-7*[962] *[...]* ». Ce blocage serait quand même contraire au besoin de financement de l'activité des entreprises et constituerait de la thésaurisation de fonds qui pourrait servir ladite activité. Un équilibre sain doit alors être trouvé ? Dans le même sens, l'OHADA n'est toutefois pas obligé de suivre le droit français. Il a d'ailleurs consacré une sûreté sur les sommes d'argent efficace par le transfert de propriété à titre de garantie. Le transfert fiduciaire d'une somme d'argent semble répondre en tout point à cette exigence d'efficacité. Mais, il constitue également et malheureusement une forme de thésaurisation des fonds qui pourraient servir l'activité du débiteur.

Une autre proposition faite par le Pr GIJSBERS consiste « en cas de sauvegarde ou de redressement, à laisser le débiteur disposer librement des fonds grevés moyennant la substitution au nantissement de compte d'un privilège de tout premier rang que le créancier, privé de sa sûreté

[961] Présentation par l'association Henri Capitant du nouvel avant-projet de réforme du droit des sûretés, *D.* 2017, p. 1717. Voir les articles 2366-1 et suivants de l'avant-projet intégré au Code civil.

[962] Art. 2366-6 de l'avant-projet intégré au Code civil : « Ni le constituant, ni aucun tiers, ne peut retirer les fonds nantis aussi longtemps que la garantie subsiste », en raison du blocage du compte et de la notification faite à l'établissement teneur de compte lorsque celui-ci n'est pas le créancier nanti ». Art. 2366-7 : « En cas de défaillance du débiteur et huit jours après que celui-ci en a été averti, le créancier peut se faire remettre les fonds nantis dans la limite du montant des créances impayées ».

monétaire, pourrait exercer sur la totalité des actifs vendus en cas de liquidation judiciaire [963] ».

B/ DES PAIEMENTS SOUMIS A L'OBLIGATION PREALABLE DE DECLARATION DES CREANCES

401. L'obligation de déclarer les créances au passif de la procédure collective ouverte contre le débiteur en difficulté est un principe majeur des procédures collectives pour la prise en compte de la créance dans les procédures de répartition et de distribution **(1)**. De fait, l'absence de déclaration des créances peut avoir des conséquences plutôt fâcheuses pour le créancier **(2)** qui a omis de s'acquitter de cette obligation ou ne l'a pas faite dans les délais requis. La sanction de ce défaut de déclaration a évolué dans le bon sens au sein de l'AUPC pour préserver le plus possible les intérêts des créanciers défaillants.

1/ Une obligation de déclaration pour tous les créanciers sous peine de forclusion

402. L'obligation de déclaration des créances est consacrée sans restriction et de façon générale **(a)**. Elle concernerait ainsi tous les créanciers. Elle n'est toutefois pas absolue **(b)**.

a/ Principe

403. La déclaration des créances est définie comme l'acte par lequel le créancier manifeste la volonté d'obtenir le paiement de sa créance dans le cadre de la procédure[964] collective. Si traditionnellement la déclaration de créance est la manifestation de la volonté du créancier de recevoir paiement, en droit français l'ordonnance du 12 mars 2014 a également prévu la possibilité d'une déclaration faite par un tiers sous réserve d'une ratification par le créancier. À ce titre, « l'information du débiteur sur les créanciers est présumée faite par le créancier jusqu'à sa déclaration[965] ». C'est dire que le débiteur est amené à présenter un état des créances et de ses dettes pour permettre à la juridiction compétente de statuer en connaissance de cause sur la procédure adéquate à ouvrir. Cette procédure est avant tout destinée à connaître le passif du débiteur et l'éventualité d'un redressement de sa situation financière. L'état des créances présenté par le débiteur n'exempte pas tous les créanciers antérieurs au jugement d'ouverture de la procédure collective à déclarer leurs créances. Elle vise aussi bien les créanciers chirographaires que les créanciers munis d'une garantie. L'article 78 alinéa 1 du nouvel AUS

---

[963] GIJSBERS (C.), Le nantissement de compte bancaire à l'épreuve de la procédure collective du constituant, op. cit..

[964] SAINT-ALARY-HOUIN (C.), Droit des entreprises en difficulté, *op. cit.*, n° 748, p. 464.

[965] *Ibidem*, p. 465.

dispose à cet effet que : « *À partir de la décision d'ouverture du redressement judiciaire ou de la liquidation des biens et jusqu'à l'expiration d'un délai de soixante (60) jours suivant la deuxième insertion dans un journal d'annonces légales de l'État partie concerné tel que défini à l'article 1-3* [du nouvel AUS], tous les créanciers composant la masse, à l'exception des créanciers d'aliments, doivent, sous peine de forclusion, produire leurs créances auprès du syndic*[966] ». Les créanciers munis de sûreté doivent les préciser dans leur déclaration et fournir « la preuve de leur prétention[967] ». Le syndic doit ainsi avertir les créanciers connus ainsi que ceux dont la sûreté ou le contrat a fait l'objet d'une publicité, d'avoir à produire leurs créances[968] s'ils ne l'ont pas fait dans les quinze jours de la première insertion de la décision d'ouverture dans un journal d'annonces légales de l'État partie concerné. Ceci montre encore une fois que les titulaires de sûretés ne sont pas privés de leur garantie du seul fait de l'ouverture d'une procédure collective.

404. Consacrée uniquement dans les situations d'ouverture des procédures collectives présentant une situation irrémédiablement compromise du débiteur en difficulté, la déclaration des créances n'est ainsi pas nécessaire dans les procédures préventives à la cessation des paiements. Ceci étant, en raison de l'absence de cessation des paiements et de la finalité contractuelle des procédures préventives, dans l'espace OHADA la conciliation et le règlement préventif ne consacrent pas cette procédure de déclaration des créances. Dans la procédure de règlement préventif notamment, le débiteur doit joindre à sa requête « *un état chiffré des créances et des dettes avec indication des noms, qualités et adresses des créanciers et des dates d'échéance ou, à défaut, tout autre document de nature à établir la capacité du débiteur de faire face à son passif exigible avec son actif disponible*[969] ». Ces informations contenues dans les documents obligatoires à fournir par le débiteur suffisent pour l'appréciation que doit faire la juridiction compétente de sa situation. Il y va d'ailleurs de l'intérêt du débiteur, qui risque si les informations sont erronées voire fausses, que la juridiction compétente prononce une liquidation des biens lorsque les négociations en vue du concordat n'aboutissent pas ou révèlent une tout autre réalité[970].

---

[966] Art. 78 al. 1 du nouvel AUPC.

[967] Note sous l'art. 80 du nouvel AUPC.

[968] Art. 79 du nouvel AUPC.

[969] Art. 6-1, 3° du nouvel AUPC.

[970] Sous l'ancien AUPC, la requête présentée au Président de la juridiction compétente indiquait d'ailleurs les créances pour lesquelles le débiteur demande la suspension des poursuites individuelles (Art. 5 al. 2) ; ce qui montrait alors normalement les limites du caractère collectif de cette procédure. Elle a été abandonnée, mais le règlement préventif n'en demeure pas moins une procédure dans laquelle l'accord des créanciers au concordat préventif est nécessaire à sa survie.

b/ Les exceptions

405. Sur la procédure en elle-même, outre les exceptions légales visées à l'alinéa premier de l'article 78 du nouvel AUPC concernant les créances d'aliments[971], l'obligation de déclaration devrait concerner tous les créanciers composant la masse. Mais, il est également des exceptions déduites de la jurisprudence, notamment française et dont l'application n'est pas contestée en droit OHADA concernant les créances antérieures. Nous nous intéresserons particulièrement à celles qui impliquent les titulaires de sûretés réelles conventionnelles. Il s'agit pour l'essentiel d'une part, des procédures qui ont trait « aux créances qui peuvent être recouvrées auprès d'un tiers[972] » et celles qui concernent les créanciers qui « mettent en œuvre leur droit de propriété[973] », d'autre part, de la situation particulière du créancier rétenteur. La situation des créanciers qui mettent en œuvre leur droit de propriété fera plus loin l'objet d'un développement plus global sur la question.

406. En ce qui concerne les créances qui peuvent être recouvrées auprès d'un tiers, l'absence de déclaration à la procédure collective ouverte à l'encontre de ce dernier se justifie par le fait qu'il n'est pas le débiteur de la créance. Il est détenteur ou propriétaire d'un bien sur lequel le créancier fait valoir un droit de suite efficace inhérente à une sûreté antérieurement constituée sur le bien. Dans pareil cas, la jurisprudence considère que l'absence de déclaration des créances ne peut préjudicier au droit du créancier sur ledit bien. En ce sens, l'exercice efficace du droit de suite d'un créancier nanti sur un fonds de commerce justifie qu'il ne déclare pas sa créance au passif de l'acquéreur du fonds qui n'est pas son débiteur. Ainsi, il a été jugé que l'arrêt d'une cour d'appel qui « pour rejeter toutes les demandes de l'UBN envers les consorts X… et ordonner la mainlevée de l'inscription hypothécaire, retient que, par faute d'avoir été déclarée au redressement judiciaire de l'acquéreur du fonds de commerce, la créance de l'UBN envers les époux X… est éteinte et que les cautions sont fondées à lui opposer la décharge de leur garantie[974] » encourt la cassation dans la mesure où, « l'UBN qui n'était pas créancière de la société mise en redressement judiciaire n'était pas tenue de déclarer sa créance pour exercer le droit de suite que lui confère l'article 22 de la loi du 17 mars 1909, devenu l'article L. 143-12 du Code de commerce[975] ». Cette décision est constante dans la jurisprudence de la Cour de cassation française et a d'ailleurs été également retenue en

[971] Et implicitement les créances salariales (art. 95 et 96 du nouvel AUPC).
[972] SAINT-ALARY-HOUIN (C.), Droit des entreprises en difficulté, *op. cit.*, p. 469.
[973] Ibidem.
[974] Cass. com., France, 17 déc. 2002, n° 99-20928, *Bull.* 2002, IV, n° 195, p. 221.
[975] Ibidem.

matière hypothécaire[976]. En raison de son fondement, rien ne s'oppose à ce que la jurisprudence de l'OHADA aille dans le même sens.

407. En ce qui concerne le droit de rétention, la question se pose de savoir s'il est une sûreté ou pas dont le créancier dans sa déclaration des créances doit faire mention ? Ou le blocage dont se prévaut le créancier rétenteur l'exonère-t-il de déclarer sa créance au passif de la procédure collective ? Il n'est pourtant pas contesté que la maîtrise efficace du bien garanti permet au créancier rétenteur d'échapper aux règles spéciales des procédures collectives tant qu'il maintient sa rétention. De fait, tant qu'il n'a pas été totalement payé, le créancier peut exercer son droit de rétention ou droit de blocage qu'il oppose efficacement à la procédure collective. Si on fait toutefois une interprétation stricte de l'article 78 du nouvel AUPC, il ne fait aucun doute que tous les créanciers, dont le créancier rétenteur, doivent déclarer leurs créances et préciser conformément à l'article 80 la sûreté qui les grève. Il s'agirait d'une formalité préalable à la prise en compte de la créance au passif de la procédure collective. En ce qui concerne la mention de la sûreté, des doutes semblent subsister eu égard à la décision de la Chambre commerciale de la Cour de cassation française du 20 mai 1997 qui dénie au droit de rétention sa qualité de sûreté. Dans cette décision la Cour estime que : « *le droit de rétention n'est pas une sûreté et n'est pas assimilable au gage ; que, dès lors que le rétenteur a déclaré au passif sa créance, le liquidateur judiciaire ne peut retirer la chose retenue qu'en payant, avec l'autorisation du juge-commissaire, cette créance ; qu'il peut aussi procéder à sa réalisation, sous la même autorisation, dans les six mois du jugement de liquidation, le droit de rétention du créancier étant de plein droit reporté sur le prix*[977] ». Mais, c'était avant la reconnaissance de ce droit comme sûreté dans la réforme de 2006, sans les conséquences qui s'y attachent. Le droit d'agir du créancier qui en est bénéficiaire reste interdit. De la sorte, si pour certains auteurs « le créancier peut continuer d'apposer son droit de rétention à la procédure en l'absence de déclaration de la créance elle-même[978] », d'autres

---

[976] Cass. com., France, 11 juin 2002, *Bull.* 2002, IV, n° 103, p. 111; *RTD com.* 2003, obs. A. Martin-Serf; LPA 29 juin. 2003, p. 15, note M. Sénéchal ; *JCP E* 2002, I, 113, n° 6, obs. M. Cabrillac : en l'espèce, le créancier hypothécaire avait fait vendre l'immeuble et l'adjudicataire a été mis en liquidation judiciaire avant d'avoir payé le prix d'adjudication. Puis, le liquidateur vendit l'immeuble de gré à gré mais refusa de colloquer le créancier hypothécaire qui n'avait pas déclaré. La Cour de cassation estima que « le créancier hypothécaire des emprunts exerçant son droit de suite et de préférence devait être colloqué sans avoir à déclarer sa créance ». Note SAINT-ALARY-HOUIN (C.), Droit des entreprises en difficulté, *op. cit.*.

[977] Cass. com., France, 20 mai 1997, *Bull.* 1997, IV, n° 141, p. 126.

[978] LEGEAIS (D.), *op. cit.*, p. 442 ; V. aussi ZEPI (S.), Le sort des créanciers titulaires de garanties réelles dans le droit des procédures collectives, Thèse Nice-Sophia Antipolis, 2004, n° 1282, p. 515 : « Le droit de rétention n'est pas une sûreté et n'est pas assimilable au gage. Et, en déniant au droit de rétention la qualité de sûreté et en posant l'autonomie de celui-ci, la

appellent à la prudence et pensent que dans le doute, il serait plus opportun de déclarer sa créance en n'omettant pas de déclarer les garanties qui s'y rattachent[979].

De la même façon, dans le droit OHADA, nous conseillerons également par prudence de déclarer la créance même s'il s'agit d'un droit de rétention[980].

2/ La sanction du défaut de déclaration des créances en temps utile

408. De la sévérité à la souplesse de l'AUPC. – Sous l'ancien régime, le défaut de production des créances dans les délais fixés par l'ancien article 78 de l'AUPC originel rendait inopposable la créance forclose à la procédure collective. Dans le cas particulier du redressement judiciaire, ces créances étaient tout simplement éteintes, sauf clause de retour à meilleure fortune et sous réserve des remises concordataires[981]. Il était tout de même possible d'éviter ces conséquences pour le moins fâcheuses pour le créancier en introduisant une action en relevé de forclusion auprès du juge-commissaire tant que l'état des créances n'a pas été arrêté et déposé au greffe de la juridiction compétente. Le relevé de forclusion ne peut alors prospérer que si le créancier défaillant démontre que la défaillance n'est pas de son fait[982]. Cette particulière

---

cour suggère les effets sur la déclaration de créance du débiteur. Par ailleurs, l'article L. 622-15 (anc. art. L. 621-44) du Code commerce prévoit que la déclaration de créance précise la nature du privilège ou de la sûreté dont la créance est éventuellement assortie. [...] Les juges ayant décidé que le droit de rétention n'est pas une sûreté, l'article L. 622-15 est donc inapplicable et c'est pourquoi le créancier rétenteur est soumis aux mêmes formes de déclaration de créance que le créancier chirographaire et sans qu'il soit requis qu'il précise l'existence du droit de rétention sur le bien ». V. aussi note BOHOUSSOU (K. S.), Réflexion critique sur l'efficacité des sûretés réelles en droit OHADA : proposition en vue d'une réforme du droit des sûretés réelles, Thèse, Université de Bordeaux, dir. D. POHE, 2015, n° 626 et 627, p. 266 : « Même allégée, la déclaration de créance est une formalité à respecter, car si le créancier n'a pas à préciser la nature de son privilège, pour autant, il faut qu'il fasse connaître sa qualité de créancier à la procédure ; à défaut, il pourrait devenir un rétenteur illégitime ».

[979] BOUGEROL-PRUD'HOMME (L.), Thèse, *op. cit.*, p. 432.

[980] SAINT-ALARY-HOUIN (C.), *op. cit.*, p. 469: « D'une manière générale, il est d'ailleurs plus prudent de déclarer, en cas d'hésitation ».

[981] Art. 83 de l'ancien AUPC : « À défaut de production dans les délais prévus par les articles 78 et 79 [de l'AUPC], les défaillants ne peuvent être relevés de leur forclusion par décision motivée du juge-commissaire que tant que l'état des créances n'a pas été arrêté et déposé dans les conditions prévues à l'article 86 et s'ils démontrent que leur défaillance n'est pas due à leur fait.
En cas de redressement judiciaire, la forclusion éteint les créances, sauf clause de retour à meilleure fortune et sous réserve des remises concordataires. [...] ».

[982] TRHC Dakar, 8 avril 2005, n° 847, Projet forestier communautaire et de protection de l'environnement, dit PROFOCOPE c/ Aliou Faye et Abdoulaye Dramé, liquidateur de la Nationale d'Assurances ès qualités, qui rejette une demande de relevé de forclusion au motif que la preuve exigée par l'article 83, à savoir que les défaillants doivent démontrer que leur

sévérité de la sanction du défaut de production de la créance dans la procédure de redressement judiciaire dénote avec l'inopposabilité de la créance en liquidation pour les distributions et répartitions[983]. Cette différence de traitement a des conséquences sur le recours du créancier contre la caution.

La sanction du défaut de déclaration des créances a évolué dans le droit OHADA **(b)** par inspiration des nouvelles orientations du droit français **(a)**.

a/ Dans le droit français

409. En droit français, avant la loi du 1er janvier 2006, le défaut de déclaration des créances emportait l'extinction des créances principales non déclarées[984]. Les cautions usaient alors de cette extinction pour se libérer de leur engagement. Sur ce point, la jurisprudence française dominante considérait l'extinction de la créance principale comme une exception inhérente à la dette[985], permettant ainsi à la caution d'être libérée de son engagement[986]. Il importait « peu que le créancier bénéficiaire du cautionnement n'ait pas été avisé d'avoir à déclarer sa créance[987] ». Le

---

défaillance n'est pas due à leur propre fait, n'est pas rapportée. Note sous l'art. 83 de l'ancien AUPC.

[983] Note sous art. 83 de l'ancien AUPC : « Le défaut de production dans les délais produit des conséquences fâcheuses pour les créanciers, surtout en l'absence de relevé de forclusion. La non-production des créances dans les délais entraîne des conséquences graves puisque les créances concernées vont être ignorées par la procédure. Dans le cas particulier du redressement judiciaire, les créances concernées sont éteintes ».

[984] Art. 53 al. 3 de la loi du 25 janvier 1985 (art. L. 621-46 al. 4 du Code de commerce) : « Les créances qui n'ont pas été déclarées et n'ont pas donné lieu à relevé de forclusion sont éteintes ».

[985] Art. 2036 du Code civil (actuel art. 2313) : « La caution peut opposer au créancier toutes les exceptions qui appartiennent au débiteur principal, et qui sont inhérentes à la dette ; mais elle ne peut opposer les exceptions qui sont purement personnelles au débiteur ».

[986] Cass. com., France, 17 juil. 1990, n° 89-13439 ; *Bull* 1990, IV, n° 214, p. 147 : « Attendu que la société Locavéhi reproche au jugement d'avoir statué comme il l'a fait, alors, selon le pourvoi, que si, aux termes de l'article 43, alinéa 3, de la loi du 25 janvier 1985, les créances à l'encontre du débiteur en liquidation qui n'ont pas été déclarées sont éteintes, il n'en est pas de même de la créance à l'encontre de la caution et que celle-ci subsiste, quand bien même le créancier n'aurait pas produit à la faillite, de sorte que le tribunal de commerce a violé les dispositions de l'article 53, alinéa 3, de la loi du 25 janvier 1985 ;
Mais attendu que l'extinction de la créance en application de l'article 53, alinéa 3, de la loi du 25 janvier 1985 est une exception inhérente à la dette et que, conformément à l'article 2036 du Code civil, la caution peut l'opposer au créancier ; que le moyen n'est pas fondé » ; V. aussi Cass. com., 17 juil. 1990, n° 88-15630 ; *Bull.* 1990, IV, n° 214, p. 147 ; Cass. com., France, 6 déc. 1994, *D.* 1990, 454, note Honorat (A.).

[987] Cass. com., France, 30 janvier 2007, n° 05-13751 ; *Bull.* 2007, IV, n° 15, p. 16 ; *D.* 2007, 508 : « Mais attendu que si la forclusion n'est pas opposable au créancier titulaire d'un contrat de crédit-bail publié dès lors qu'il n'a pas été averti personnellement d'avoir à déclarer sa créance, celui-ci reste néanmoins tenu de le faire pour agir contre la caution » ; Cass. com., France, 11 juin 1996, *JCP E* 1997, 631, n° 7 obs. Ph. Delebecque ; Cass. com., France,

recouvrement des poursuites individuelles à la clôture de la procédure était également lié à la « non-extinction de la créance[988] ». Cette sanction a été critiquée au point d'être qualifiée par un auteur comme « une expropriation sans utilité publique[989] ». L'extinction des créances était alors injuste pour un certain nombre d'auteurs eu égard au fait que « c'est au moment où le débiteur est défaillant que le créancier doit pouvoir se retourner contre les garants[990] ». Prenant en compte ces nombreuses critiques, des précisions ont été apportées par la loi du 26 juillet 2005 et l'ordonnance du 18 décembre 2008[991] qui ont conduit à un assouplissement de la sanction du défaut de déclaration des créances à travers l'article L. 622-26 alinéa 2 du Code de commerce. Cet article dispose que : « *Les créances non déclarées régulièrement dans ces délais sont inopposables au débiteur pendant l'exécution du plan et après cette exécution lorsque les engagements énoncés dans le plan ou décidés par le tribunal ont été tenus. Pendant l'exécution du plan, elles sont également inopposables aux personnes physiques coobligées ou ayant consenti une sûreté personnelle ou ayant affecté ou cédé un bien en garantie* ». La sanction est alors réduite à l'inopposabilité de la créance non déclarée à la procédure collective ouverte contre le débiteur pendant l'exécution du plan[992], mais ne pourrait profiter à la caution dès l'adoption du plan de redressement[993].

Ce changement de la sanction n'a pas freiné pour autant l'attitude consumériste des juges français qui, même s'ils admettent « qu'il résulte des dispositions de l'article L. 622-26 du Code de commerce, que la défaillance du créancier [a pour effet] d'exclure son titulaire des répartitions et dividendes, [et donc] ne constitue pas une exception

---

18 janvier 2000, *RJDA* 2001, somm. 695, obs. L. Aynès. Note LEGEAIS (D.), Sûretés et garanties du crédit, *op. cit.*, n° 255, p. 188 et 189.

[988] Cass. com., France, 15 fév. 2005, *RJDA* 2005, n° 730. Note SAINT-ALARY-HOUIN (C.), *op. cit.*, p. 493.

[989] MOULY (Chr.), *La situation des créanciers antérieurs*, *RJ com.*, n° spéc. 1987, p. 152. Note SAINT-ALARY-HOUIN (C.), *op. cit.*, p. 495 : « Il résulte des débats préparatoires que l'abandon de la sanction de l'extinction s'explique par les exigences de la Convention européenne des droits de l'homme interdisant de priver un créancier de ses sûretés ce qui est la conséquence de l'extinction ».

[990] SAINT-ALARY-HOUIN (C.), *op. cit.*

[991] SAINT-ALARY-HOUIN (C.), *op. cit.*, p. 494 : « L'ordonnance du 18 décembre 2008 a précisé que les créances non déclarées étaient inopposables au débiteur pendant l'exécution du plan

[992] SAINT-ALARY-HOUIN (C.), *op. cit.*, p. 495: « Cela semble signifier que le créancier non déclarant est "hors procédure". N'ayant pas fait reconnaître sa créance, il ne participe pas au règlement du passif, c'est-à-dire dans la sauvegarde et le redressement judiciaire aux distributions prévues par le plan et, dans la liquidation judiciaire, aux répartitions effectuées à la suite de la réalisation de l'actif. Il est, en fait, déchu du droit de participer à la procédure puisque, n'ayant pas déclaré, il n'est pas reconnu comme créancier figurant au passif ».

[993] LEGEAIS (D.), Sûretés et garanties du crédit, *op. cit.*, n° 255, p. 189.

inhérente à la dette, susceptible d'être opposée par la caution, pour se soustraire à son engagement », concluent à ce que la caution puisse se décharger de son obligation si « cette dernière avait pu tirer un avantage effectif du droit d'être admise dans les répartitions et dividendes, susceptible de lui être transmis par subrogation[994] ». Un tort de plus porté aux créanciers qui subissent de plus en plus la restriction de leur droit. Il suffit que la caution fasse la preuve de la perte d'un avantage qu'elle aurait eu en raison du bénéfice de subrogation, peu importe finalement qu'elle ait une garantie ou non[995].

b/ Dans le droit OHADA

410. Pour l'OHADA qui vise à promouvoir l'efficacité des sûretés réelles, cet objectif était loin d'être respecté par l'extinction de la créance pour défaut de déclaration des créances à la procédure de redressement judiciaire. En effet, le fait d'éteindre une créance sur le seul fait qu'elle ne serait pas déclarée était contraire à l'objectif poursuivi voire constituait une sanction excessive et inutile d'autant que pour la même défaillance, le créancier ne participait juste pas à la répartition en liquidation des biens. Le nouvel AUPC a vite fait d'harmoniser cette sanction dans le nouvel article 83 alinéa 1 qui dispose que : « *Les créanciers qui n'ont pas produit dans les délais et aux conditions prévus aux articles 78 à 80 et qui n'ont pas été relevés de forclusion ne sont pas admis dans les répartitions et dividendes. Leurs créances sont inopposables à la masse et au débiteur pendant la procédure de redressement judiciaire ou de liquidation des biens, y compris durant la période d'exécution du concordat de redressement judiciaire* ». La portée de ce changement est aussi bien perceptible à l'égard du débiteur en difficulté que des garants.

En ce qui concerne les garants personnes physiques ayant consenti une sûreté personnelle ou ayant affecté ou cédé un bien en garantie, ils profitent déjà de la règle de l'arrêt des poursuites pendant la procédure de redressement judiciaire et ce jusqu'à l'exécution du concordat de redressement[996]. Ce n'est qu'à la fin de l'exécution du concordat ou en cas de résolution qu'ils pourront être poursuivis, ce qui est peu probable

[994] Cass. com., France, 12 juillet 2011, n° 09-71113, *Bull.* 2011, IV, n° 118 ; *Gaz. Pal.* 7/8 oct. 2011, 17256, obs. P.-M. Le Corre ; *RTD civ.* 2011, 782, obs. P. Crocq ; *RLDA* sept. 2011, n° 63, p. 21, note I. D. M. ; *RLDA* cot. 2011, p. 25, obs. J.-L. Vallens ; *Dr. et patr.* hebdo août 2011, n° 841, p. 1, obs. P. P. Dans cet arrêt, les cautions n'ont pas été déchargées de leur obligation puisqu'elles n'auraient pas été de toute façon désintéressées dans la mesure où les créanciers chirographaires ne l'ont pas été.

[995] Cass. com., France, 19 février 2013, n° 11-28423, *Bull.* 2013, IV, n° 26 ; obs. A. Lienhard, *Dict. perm. diff. entr.*, mars 2013, p. 7, obs. M. Dizel, *BRDA* 5/13, n° 8.

[996] LEGEAIS (D.), Sûretés et garanties du crédit, *op. cit.*, n° 255, p. 189 : « La solution ne profite pas à la caution en cas de plan de redressement » *en droit français* (*nous soulignons*).

si l'exécution est menée correctement à terme[997]. Pendant la liquidation des biens, seul le débiteur est protégé jusqu'à sa clôture. Les garants personnes physiques ou non peuvent ainsi être poursuivis. Il en va de même à l'égard du débiteur qui à la clôture de la liquidation des biens, lorsque tous les actifs n'ont pas pu être réalisés, peut être poursuivi par les créanciers qui recouvrent l'exercice des poursuites individuelles ; y compris le créancier forclos. Mais, en cas de clôture pour insuffisance d'actif, le législateur OHADA a décidé que les créanciers ne recouvrent pas de fait l'exercice des poursuites individuelles. Sauf dans les cas donnés par l'article 174 alinéa 1[998] du nouvel AUPC qui permet la reprise des poursuites individuelles par les garants de la dette d'autrui ou coobligé qui ont payé au lieu et place du débiteur. Il en est de même des créanciers admis ou non dans les conditions énumérées par l'article 174 alinéa 2 du nouvel AUPC[999] qui dispose que : « *Par exception, tous les créanciers admis ou non, recouvrent leurs droits de poursuite individuelle : en cas de prononcé de la faillite personnelle du débiteur ; en cas de condamnation du débiteur en banqueroute ; si la juridiction compétente constate une fraude du débiteur à l'égard d'un ou plusieurs créanciers ; si le débiteur ou la personne morale dont il a été le dirigeant a été soumis à une procédure de liquidation des biens clôturée pour insuffisance d'actif moins de cinq (5) ans avant l'ouverture de celle à laquelle il est soumis ; si la procédure est une liquidation des biens prononcée à l'encontre du dirigeant condamné en comblement de passif ; si la procédure collective a été ouverte par application de l'article 189 de l'AUPC* ».

411. La possibilité offerte aux créanciers de recouvrer les poursuites individuelles s'est faite dans des cas réservés, en prenant en compte l'intérêt légitime de la mise en place d'une telle poursuite. Le Pr SAWADOGO estime à ce propos qu'elle permet « d'une part de promouvoir la seconde chance, d'autre part le prononcé d'une sanction notamment entraînerait automatiquement la reprise des poursuites individuelles contre le débiteur[1000] ». Un équilibre à trouver entre le besoin de permettre la reprise d'une activité professionnelle par le débiteur qui a subi une procédure collective et l'intérêt des créanciers qui

[997] SAINT-ALARY-HOUIN (C.), *op. cit.*, p. 497 : « Les poursuites sont, en effet, suspendues contre ces personnes physiques pendant la période d'observation, le demeurent pendant l'exécution du plan et définitivement à la clôture de celui-ci en cas d'exécution ».

[998] « [...] la décision de clôture pour insuffisance d'actif ne fait pas recouvrer aux créanciers l'exercice individuel de leurs actions contre le débiteur, sauf si la créance résulte d'une condamnation pénale du débiteur ou de droits attachés à la personne du créancier. Le garant de la dette d'autrui ou le coobligé qui a payé au lieu et place du débiteur recouvre l'exercice de ses droits de poursuite contre ce dernier ».

[999] V. en droit français l'article L. 643-11 du Code de commerce.

[1000] Note sous l'article 174 du nouvel AUPC.

n'ont pas été totalement désintéressés. L'OHADA semble résolue à permettre la reprise rapide d'une activité professionnelle par le débiteur quitte à limiter les droits des créanciers. Cette solution ne vaut normalement pas en cas de redressement si le concordat a été mené à bien jusqu'à son terme. Le créancier défaillant qui n'a pas produit sa créance pourrait être également autorisé à poursuivre le débiteur qui a recouvré une meilleure santé financière. Comme l'affirme la Pre C. SAINT-ALARY-HOUIN : « Par hypothèse, le créancier n'a pas déclaré et n'a pas exercé de poursuite. Il n'est jamais rentré dans la procédure »[1001] de sorte que se justifie la reprise de son droit de poursuite individuelle.

CONCLUSION DU CHAPITRE 1

412. On voit bien que l'objectif poursuivi par le législateur OHADA de permettre l'efficacité des sûretés réelles, surtout des sûretés réelles traditionnelles afin de les rendre plus attractives, se heurte à un autre objectif qu'il s'est fixé et qui est celui de permettre le redressement d'un plus grand nombre d'entreprises dans la zone OHADA. L'équilibre n'est pourtant pas encore trouvé, mais le reflet traditionnel du droit de l'exécution forcée sur les biens du débiteur présente une finalité collective qui n'est plus à prouver. Il s'agit de pouvoir désintéresser un grand nombre de créanciers avec l'actif disponible du débiteur. La vente forcée y participe activement. Toutefois, sa mise en œuvre effective révèle souvent des difficultés structurelles qui font détourner les créanciers de son utilisation afin de se donner une meilleure chance de recouvrer leur créance, voire de sauver leur sûreté.

[1001] SAINT-ALARY-HOUIN (C.), *op. cit.*, p. 496: « Notons qu'il a été jugé que le créancier qui n'a pas déclaré, sa créance étant éteinte, ne peut se prévaloir de l'ancien article 169, al. 2 de la loi du 25 janv. 1985 permettant la reprise des poursuites (cass. com., France, 14 nov. 2000, *RJDA* 2/01, n° 192). N'étant plus éteinte, par *a contrario,* le droit de poursuite pourrait renaître ».

CHAPITRE 2 : UNE PROCEDURE FAVORISANT LA DISTRIBUTION DU PRODUIT DE LA VENTE ENTRE CREANCIERS CONCURRENTS

413. La procédure de vente forcée vise à organiser, une fois la défaillance du débiteur principal constatée, la vente du bien donné en garantie sous le contrôle du juge afin d'en avoir le meilleur prix. Souvent lorsque le bien est resté en la possession du constituant, il est souvent nécessaire de le saisir afin de l'immobiliser, le rendre indisponible pour éviter son détournement et en préserver la valeur qui sera distribuée une fois la vente survenue entre les créanciers selon leur rang. Mais, la distribution du produit de la vente dépend aussi et surtout de la nature des sûretés prises sur le bien. Tous les créanciers n'étant pas logés à la même enseigne lors du partage. On note alors une inégalité de traitement des créanciers qui est à l'image de la diversité des sûretés qui existent dans l'environnement juridique actuel dans l'espace OHADA, lesquelles tiennent leur source principale du droit positif français. Si la vente est considérée comme un mode traditionnel de réalisation des garanties, elle n'en constitue pas moins une procédure invasive et coûteuse, à laquelle n'adhèrent malheureusement pas souvent les débiteurs saisis, surtout en matière immobilière. C'est la raison pour laquelle le législateur de l'OHADA a introduit, en matière mobilière, comme l'a fait le législateur français avant lui, une procédure de vente volontaire ou amiable préalable à la vente forcée faite par le débiteur à sa demande et sous contrôle judiciaire. Cette initiative aurait dû s'étendre en matière immobilière. L'objectif est de rendre la vente du bien donné en garantie moins invasive, rapide, d'y faire adhérer le constituant saisi afin qu'il ait confiance dans l'opération et surtout dans la recherche du meilleur prix de vente de son bien. La procédure de vente est organisée par l'AUVE qui distingue la vente immobilière **(Section 1)** de la vente mobilière **(Section 2)**. La première est jugée très sophistiquée et complexe en raison de la nature particulière de l'immeuble. La seconde, moins complexe, ne fait pourtant pas l'objet d'une attention particulière de la part du législateur qui n'a prévu que partiellement des procédures d'exécution forcée capables de régir et d'organiser la vente ou la saisie-vente de tous les meubles. Il s'ensuit pour ces biens, une diversité de procédures selon la nature du meuble objet de l'exécution forcée. Ceci crée un vide juridique qu'il serait nécessaire de combler, surtout à l'égard des meubles incorporels.

<u>Section 1</u> : La complexité de la procédure de vente forcée en matière immobilière

<u>Section 2</u> : La relative simplicité de la procédure de vente forcée en matière mobilière

SECTION 1 : LA COMPLEXITE DE LA PROCEDURE DE VENTE FORCEE EN MATIERE IMMOBILIERE

414. L'organisation de l'exécution forcée en matière immobilière dépend en grande partie de l'appareil judiciaire. Celui-ci met à disposition les moyens nécessaires permettant aux parties de mener à bien la vente forcée de l'immeuble hypothéqué ainsi que la prise en charge des nombreuses contestations qui en découlent. Malheureusement, en plus de l'absence de célérité dans la prise en charge de ces contentieux, la procédure en elle-même prévue par l'AUVE est complexe, avec à chaque étape des règles d'ordre public à respecter. Elles sont certes protectrices aussi bien du constituant et des créanciers inscrits mais permettent tout de même de rendre la procédure complexe et lourde dans son ensemble pour finalement aboutir au juste prix de vente du bien garanti **(Paragraphe 1)**. Cette complexité rallonge d'autant plus les délais de la vente forcée, ce qui n'est pas toujours de bon augure pour les créanciers. Elle reste quand même la procédure la plus utilisée en raison de la confiance que placent les parties dans la justice étatique qui inspire confiance dans la recherche du meilleur prix de vente du bien. De la constitution de l'hypothèque à sa réalisation par vente forcée, le créancier peut trouver le temps long surtout après la défaillance du débiteur, il court alors un risque patrimonial. Le droit de suite que sa sûreté lui attribue est heureusement de nature à apaiser ses craintes et assure dans une grande mesure l'efficacité de l'hypothèque lorsqu'elle fait l'objet d'une publicité bien organisée. Il est donc au cœur de l'efficacité de l'hypothèque et justifie la mise en place d'une procédure de purge une fois que la valeur du bien est attribuée au créancier, une procédure sans laquelle le bien resterait grevé au détriment des nouveaux acquéreurs **(Paragraphe 2)**.

PARAGRAPHE 1 : LA RECHERCHE DU JUSTE PRIX

415. La vente forcée judiciaire des immeubles par la procédure de saisie immobilière du droit OHADA a pour modèle la saisie immobilière du droit français. Ce dernier a évolué ces dernières années dans le sens de la simplification de cette procédure en la rendant plus rapide dans le temps, en créant les conditions du juste équilibre entre les parties et en facilitant la vente judiciaire du bien hypothéqué. Le juge garde le contrôle dans toutes les phases de la procédure afin d'éviter le déséquilibre des forces entre créanciers saisissants, débiteur et créanciers inscrits. La réforme de la loi du 2 juin 1841 qui simplifie la procédure de saisie immobilière[1002] par l'ordonnance n° 2006-461 du 21 avril 2006 réformant la saisie

---

[1002] Plusieurs autres lois ont simplifié cette procédure comme la loi du 2 juin 1881 qui limite la durée de la procédure à 10 ans, de la publication de la saisie à l'adjudication, à peine de caducité.

immobilière et le décret n° 2006-936 du 27 juillet 2006 avec leur toilettage par les décrets des 23 décembre 2006 et 12 février 2009 ont permis de favoriser en France la recherche du meilleur prix lors de la vente de l'immeuble comme finalité de la saisie-vente. Ceci, en créant les conditions du respect du principe de loyauté qui doit exister entre les parties tout au long de la procédure. Le droit OHADA s'inscrit naturellement dans cette logique dont l'objectif est la non-spoliation de l'immeuble du constituant de l'hypothèque afin de permettre par sa vente une juste répartition de sa valeur entre les parties **(A)**. Pour atteindre cet objectif, le législateur OHADA a mis en place une procédure de saisie immobilière dont la finalité principale est de mettre le bien hypothéqué entre les mains de la justice pour être vendu et distribué le prix dans l'intérêt de tous **(B)**. La Cour de cassation française a d'ailleurs estimé en ce sens que « la saisie immobilière et la distribution du prix constituent les deux phases d'une même procédure[1003] ».

A/ L'INTERET D'EVITER LA SPOLIATION DE L'IMMEUBLE HYPOTHEQUE

416. La nécessité d'éviter les entraves à la fixation du juste prix. – Plusieurs intérêts sont en jeu lorsque le débiteur affecte son immeuble à la garantie d'une obligation, surtout en présence de plusieurs créanciers. L'intérêt du débiteur est de pouvoir payer tous ses créanciers avec la valeur de l'immeuble. Les créanciers, eux, espèrent être payés sans concours ou de façon préférentielle. Il se joue alors une bataille d'intérêts qui peut être préjudiciable au débiteur qui est déjà en position de faiblesse du fait de sa qualité de débiteur. Le législateur entend donc protéger les intérêts de chaque partie afin de créer un équilibre par le fait de la loi et surtout générer une confiance suffisante des acteurs économiques en créant les conditions nécessaires au maintien des relations économiques. L'immeuble s'avère être au cœur des préoccupations du législateur dans la mesure où il fait l'objet le plus souvent de garantie et constitue bien souvent, hélas, la seule grande richesse du constituant. Il est source de richesse. Dans toutes sociétés, il constitue souvent la richesse primaire, encore plus dans les sociétés africaines ; il peut constituer un terrain bâti ou non bâti, être à usage commercial, d'habitation ou même utilisé à des fins alimentaires, et être source de subsistance. Il occupe ainsi une place centrale dans la cohésion sociale. Il a de fait une valeur particulière qui en fait un objet de convoitise, d'où la méfiance du législateur et

---

[1003] Cass., avis, 16 mai 2008, n° 0800002, P : *BICC* 15 sept. 2008, p. 9, *rapp. Sommer*, p. 10, concl. Maynial, p. 30 ; R. 2008, 407 ; D. actu. 6 juin 2008, obs. Dargent ; D. 2008, AJ 1631 ; JCP 2008, II, 10134, note Laporte ; *Dr. et pr.* 2008, 285, note Leborgne ; Procédures 2008, n° 212, note Laporte ; Dr. et pr. 11/2008, 101, obs. Crocq ; sur la demande d'avis : TGI Nanterre, 10 janvier 2008 : D. 2008, Pan. 1167 ; V. aussi Cass. civ., France, 5 mai 2011. Note sous l'article L. 311-1 du CPC d'exécution (France).

l'encadrement qu'il lui assure par la publicité foncière. Naturellement, il a traditionnellement soumis son aliénation à des conditions strictes et particulières sous le contrôle du juge. « *La nécessité de préserver ces divers intérêts explique l'existence des nombreuses formalités qui s'imposent au créancier saisissant et qui font de la saisie immobilière une procédure longue et complexe, même en l'absence d'incidents*[1004] ».

417. Le juge en tant que régulateur de la procédure de saisie immobilière. – La volonté du législateur était d'assurer une circulation sécurisée des capitaux et des biens. Animé par le principe de précaution, le législateur a doté le juge d'un pouvoir immense de contrôle de la procédure de vente immobilière puisque toute la procédure se fait sous son contrôle, de l'orientation à l'adjudication. Il gère également les incidents rencontrés au cours de la procédure. Son rôle est double : éviter la spoliation de l'immeuble et permettre que sa vente profite aux créanciers dans le respect des règles édictées par le législateur. L'indisponibilité du bien par la saisie qui en est faite rend compte de ce que la valeur du bien saisi réponde du passif du débiteur. Cette indisponibilité sous contrôle judiciaire protège l'immeuble qui est le gage commun des créanciers. Toutefois, son rôle est de plus en plus contesté, du moins, par la lourdeur de la procédure et le rôle de l'appareil judiciaire dans son ensemble. Il s'agit par exemple de la longueur des délais, une gestion administrative lente et de nombreux incidents qui retardent encore plus la vente. Les acteurs économiques aspirent à une procédure plus simple, moins longue et moins exigeante. Le droit français a ainsi introduit pour une plus grande confiance du constituant dans la recherche du meilleur prix, la vente amiable sur autorisation judiciaire. Elle devrait répondre à plus d'équilibre entre les parties et se fera par le biais des notaires. Elle se fait toutefois sous le contrôle du juge qui fixe un prix en dessous duquel la vente ne pourra se faire. De plus, le désir d'aller encore plus vite a influencé le législateur français et plus tard le législateur OHADA dans le choix d'autres modes de réalisation de l'hypothèque immobilière par la reconnaissance des attributions judiciaire et conventionnelle. Ces dernières font néanmoins l'objet d'un aménagement plus restrictif de la part du législateur en ce qui concerne les personnes physiques et leur lieu d'habitation. Les incidents liés à ces deux nouveaux modes de réalisation sont déférés devant le juge pour y être discutés. Le rôle du juge tend donc progressivement à se réduire face au désir de simplification et de rapidité de plus en plus affirmé des acteurs économiques. En ce qui concerne les États de l'OHADA, il faut encore encourager les réformes allant dans le sens de la recherche de la célérité et la modernisation de l'appareil

[1004] Note, Code vert OHADA, p. 1079.

judiciaire pour permettre aux acteurs concernés de jouer pleinement leur rôle dans l'efficacité des sûretés réelles.

Aussi, les textes de l'AUVE renvoient-ils le plus souvent aux lois internes sur l'organisation judiciaire d'où il suit que ces textes doivent être à même de répondre aux attentes liées à la mise en place des actes uniformes. La combinaison des deux législations complexifie parfois les décisions judiciaires. Fort heureusement, la CCJA a compris l'enjeu de l'intégration de ces textes dans la prise des décisions. Ainsi, comme le soulignent les commentaires dans l'AUVE « *beaucoup d'arrêts de cette juridiction sont maintenant rendus en application des lois nationales. La CCJA a eu à appliquer le Code de procédure civile ivoirien pour apprécier la régularité de la signification d'un acte d'appel et la recevabilité dudit appel*[1005]*.[...] Il arrive aussi que la CCJA fasse application du droit de la famille en se prononçant sur les rapports entre époux pour tirer les effets, en matière de saisie immobilière, d'une indivision post-communautaire*[1006] »[1007].

418. Interdiction de la clause de voie parée. – Cette clause autorise la vente de l'immeuble par le créancier sans recours aux règles légales prévues par les voies d'exécution. L'article 198[1008] de l'AUS rend impossible et nulle l'introduction d'une telle clause dans le contrat d'hypothèque. Le risque est que ce dernier soumette l'immeuble du constituant à une vente qui ne serait pas dans son intérêt[1009], c'est-à-dire sans se soucier de vendre au meilleur prix. Cette interdiction vise la protection des intérêts du constituant et maintien l'équilibre entre les parties. Pourtant, une infime

---

1005 CCJA, 1re ch., arrêt n° 030/2010 du 29 avril 2010, thales security systemes sas c/ Me O. Kattier, Juris Ohada 2010, n° 3, p. 49 ; Ohadata J-12-50. « De la même manière, pour rejeter un pourvoi reprochant à la cour d'appel judiciaire de Port-Gentil d'avoir statué « *ultra petita* » et d'avoir violé les articles 49 et 63 in fine de l'AUVE, ainsi que les articles 575 et 576 du Code de procédure civil du Gabon, en ordonnant la suppression d'une astreinte comminatoire alors que l'appelant ne l'avait pas sollicité et que seul le président du tribunal de première instance statuant en matière d'urgence pouvait en connaître, la CCJA a retenu que l'ordonnance qui condamnait à l'astreinte était susceptible d'appel et que le juge d'appel était tenu, par l'effet dévolutif de l'appel, de rejuger en fait et en droit la décision déféré, ce qui l'autorisait à supprimer l'astreinte et constituait une forme de réformation, ce que réclamait l'appelant », CCJA, arrêt n° 016/2009 du 16 avril 2009, Salam Majed Daoud c/ société gabonnaise de crédit automobile dite sogaka : *Rec. CCJA* n° 13, 2009, p. 60 ; Ohadata J-10-65. (Note AUVE, Code vert OHADA, *Juriscope* 2016, p. 974).

1006 CCJA, arrêt n° 025/2008 du 30 avril 2008, société générale de banques en Côte d'Ivoire dite SGBCI c/ Konan K. C. : GD-CCJA, p. 405, obs. V. Akomdja Avon ; Ohadata J-09-317.

1007 Note DIOUF (N.), AUVE Code vert OHADA, Juriscope 2016, p. 974.

1008 Art. 198 du nouvel AUS : « À moins qu'il ne poursuive la vente du bien hypothéqué selon les modalités prévues par les règles de la saisie immobilière, auxquelles la convention d'hypothèque ne peut déroger (…) ».

1009 DUPICHOT (Ph.), Le pouvoir des volontés individuelles en droit des sûretés, Thèse, *op. cit.*, n° 729, p. 547.

partie de la doctrine semble favorable[1010] à sa consécration au même titre que le pacte commissoire tout en lui apportant l'encadrement nécessaire.

Le droit français soucieux de rendre la vente plus rapide et moins invasive pour le constituant a intégré dans le processus de vente forcée de l'immeuble saisi, la possibilité pour ce dernier de demander une vente amiable sous contrôle judiciaire avant la vente aux enchères. Ceci lui permet, lorsqu'il n'a pas réussi à vendre son bien, de participer de façon apaisée à la vente aux enchères. Les deux parties sortent donc gagnantes du processus et y trouvent leur compte. Cette vente est autorisée en droit français par l'article R322-17 du Code des procédures civiles d'exécution[1011] sur diligence du débiteur auprès du juge de l'exécution qui fixe un prix en dessous duquel le bien ne peut être vendu. Si elle est acceptée, cette autorisation emporte suspension de la procédure d'exécution pendant le temps imparti au débiteur pour vendre le bien. La procédure reprendra si le juge constate que le débiteur n'a pas vendu le bien ou n'a fourni aucun effort en ce sens[1012]. L'interdiction de la clause de voie parée vise l'équilibre entre les parties et la recherche véritable et objective du meilleur prix de vente de l'immeuble hypothéqué par d'autres moyens. C'est pourquoi d'autres mécanismes sont proposés par le législateur comme celui de la vente amiable sur autorisation judiciaire donnée au débiteur pour la recherche objective de ce meilleur prix, sous le contrôle du juge.

B/ LA VENTE PAR SAISIE : UNE PROCEDURE D'ORDRE PUBLIC

419. La procédure de saisie immobilière est une voie d'exécution traditionnelle des sûretés réelles qui a pour finalité la saisie de l'immeuble hypothéqué pour le mettre sous main de justice. Il s'agit ainsi d'une procédure essentiellement judiciaire introduite par le créancier

[1010] SÉJEAN-CHAZAL (C.), Thèse, *op. cit.*, n° 60, p. 84 ; n° 258, p. 320 : « La prohibition actuelle de la clause de voie parée est effectivement d'autant plus incompréhensible que cette clause avait toujours paru liée au pacte commissoire. Celui-ci étant désormais encadré et autorisé, l'on s'étonne qu'il n'en aille pas de même pour la *via parata*. De plus, une telle modification irait dans le sens du développement de la place donnée aux volontés individuelles dans le processus d'exécution forcée ».

[1011] Art. R. 322-17 du CPC d'exécution issu du Décret n° 2012-783 du 30 mai 2012 : « La demande du débiteur aux fins d'autorisation de la vente amiable de l'immeuble ainsi que les actes consécutifs à cette vente ont dispensé du ministère d'avocat. Cette demande peut être formulée verbalement à l'audience d'orientation ». Viole donc cette disposition la Cour d'appel qui « pour débouter Mmes X de leurs contestations et demandes, et ordonner la vente forcée des biens visés au commandement, retient que le juge de l'exécution n'était pas régulièrement saisi de la demande d'autorisation de vente amiable qui avait été formulée oralement à l'audience d'orientation par l'avocat des consorts X » Cass. 2e civ., France, 7 avril 2016, n° 15-14856, *Légifrance*.

[1012] Cass. 2e civ., France, 23 octobre 2008, *Légifrance*.

saisissant pour contraindre le débiteur à la vente forcée de son bien. Ce faisant, il est dessaisi de force de ses droits sur son bien et subit la procédure de vente forcée **(1)**. La lourdeur de cette vente forcée, son coût, ses délais à rallonge et sa complexité en font une procédure pour laquelle les créanciers sont sceptiques. Les débiteurs n'y adhèrent pas non plus vu le dessaisissement dont ils font l'objet et ils ne digèrent de toute façon pas leur situation de défaillance. C'est pour cela que le droit français a introduit dans son droit positif une procédure de vente volontaire que le constituant peut demander et qui lui permet de participer d'une certaine manière à cette procédure **(2)**. Le droit OHADA doit y trouver un nouveau souffle.

1/ Une vente forcée subie par le constituant

420. La saisie de l'immeuble hypothéqué est une procédure indispensable **(a)** à l'efficacité de la vente forcée judiciaire. Elle gèle les droits du constituant et permet au créancier d'engager avec sérénité la vente de l'immeuble sous contrôle judiciaire **(b)**.

a/ La saisie préalable à la mise en vente

421. Les règles de la saisie immobilière sont d'ordre public **(a-1)**. Il en résulte que leur respect est obligatoire sous peine de nullité. Cette procédure est engagée sur la base d'un titre exécutoire **(a-2)** qui justifie l'engagement de l'exécution forcée qui débute par la saisie de l'immeuble **(a-3)**. Cependant, la situation particulière de l'immeuble peut parfois être un frein à cette saisie. C'est le cas lorsque l'immeuble fait l'objet d'une indivision **(a-4)**.

a-1/ Le caractère d'ordre public de la procédure de saisie immobilière

422. Les dispositions de l'AUVE en matière immobilière. – En raison de la possession de l'immeuble par le constituant, la vente judiciaire est initiée par la procédure de saisie immobilière de l'AUVE et se poursuit par les dispositions du même acte uniforme jusqu'à la vente par adjudication de l'immeuble hypothéqué. L'article 246 de l'AUVE a ainsi un caractère d'ordre public dans la mesure où il dispose que : « *Le créancier ne peut faire vendre les immeubles appartenant à son débiteur qu'en respectant les formalités prescrites par les dispositions qui suivent. Toute convention contraire est nulle* ». De fait, toute interprétation des textes de l'AUVE sur la saisie immobilière contraire à leur caractère d'ordre public est interdite et nulle. La CCJA a ainsi considéré qu'une « *Cour d'appel méconnaît de telles dispositions en déclarant valable une vente de gré à gré opérée par un créancier en vertu d'une convention de prêt* *comportant une telle clause*[1013] ». Il en est de même d'un arrêt de la Cour d'appel de Niamey qui fait remarquer « *qu'il y a lieu d'annuler la vente de l'immeuble effectuée par le créancier en vertu d'un pouvoir spécial de vendre de gré à gré que le débiteur avait accordé*[1014] ». Le préalable à cette saisie est l'obtention d'un titre exécutoire à la lumière de l'article 247 de l'AUVE qui dispose que : « *La vente forcée d'immeuble ne peut être poursuivie qu'en vertu d'un titre exécutoire constatant une créance liquide et exigible. La poursuite peut également avoir lieu en vertu d'un titre exécutoire par provision, ou pour une créance en espèces non liquidée ; mais l'adjudication ne peut être effectuée que sur un titre définitivement exécutoire et après la liquidation* ». Ces règles permettent au demeurant d'assainir l'environnement des affaires dans l'espace OHADA dans le but d'atteindre l'objectif de sécurisation des transactions que s'est fixé le législateur et donner confiance aux créanciers sur la solidité des règles codifiées. Les juges jouent le jeu et n'hésitent pas, même s'ils ne sont pas saisis directement sur la violation d'une de ces règles, à se prononcer afin de rappeler que les règles d'ordre public sont d'application stricte. La jurisprudence de la CCJA est constante en la matière. Elle a ainsi dans un arrêt du 26 février 2009 estimé que : « *Il est de principe que le juge tranche le litige conformément aux règles de droit qui lui sont applicables alors même que l'application de ces dispositions n'aurait pas été expressément requise par les parties. En l'espèce, ayant constaté que l'immeuble hypothéqué, objet d'un commandement initial valant saisie réelle prescrit par la procédure de saisie immobilière réglementée par l'AUVE, n'avait pas été licité conformément aux modalités fixées par ladite procédure mais en définitive suivant une convention de vente de gré à gré signée par les deux parties postérieurement à l'octroi du prêt fait par la créancière au débiteur, dans ces circonstances, requis par ce dernier de prononcer la nullité du commandement susévoqué pour violation de l'article 254 de l'Acte uniforme précité, c'est à bon droit que les juges d'appel, bien que saisis pour statuer uniquement sur la régularité dudit commandement, ont implicitement relevé la nullité de la vente de gré à gré de l'immeuble hypothéqué en se fondant sur la violation, en la cause, de l'article 246 du même Acte uniforme qui annule toute convention subséquente de ce genre contraire aux dispositions d'ordre public dudit article ; il suit*

[1013] Dans cet arrêt le débiteur a donné pouvoir au créancier de procéder à une telle vente de l'immeuble de gré à gré postérieurement à la convention. Voir CCJA, arrêt n° 009/2012 du 8 mars 2012 : *Rec. CCJA* n° 18, 2012, p. 145 ; Ohadata J-14-157 cassant et annulant l'arrêt attaqué. Voir également CA Niamey, arrêt n° 117 du 2 mai 2006 : Ohadata j-10-233. Note DIOUF (N.), AUVE Code vert OHADA, *Juriscope* 2016, p. 1081.

[1014] CA Niamey, ch. civ., arrêt n° 79 du 19 avril 2004, Y.K. c/ B.I. et N.C. : Ohadata J-05-182, obs. M. Brou KOUAKOU. Note DIOUF (N.), AUVE Code vert OHADA, *Juriscope* 2016, p. 974. Note DIOUF (N.), AUVE Code vert OHADA, *Juriscope* 2016, p. 1080.

qu'en décidant comme il l'a fait, l'arrêt attaqué n'encourt pas les reproches visés au moyen, lequel doit de ce fait être rejeté comme étant non fondé[1015] ».

a-2/ Le « passeport » à l'engagement de l'exécution forcée

423. Titre exécutoire et force probante de l'acte notarié. – L'exigence posée par l'AUVE pour la vente forcée d'immeuble qui ne peut être poursuivie qu'en vertu d'un titre exécutoire constatant une créance liquide et exigible est souvent remplie par le contrat d'hypothèque en ce qu'il est souvent constaté par un acte authentique. L'article 33 de l'AUVE en son point quatre (4°) considère les actes notariés revêtus de la formule exécutoire comme des titres exécutoires. Ainsi, le contrat d'hypothèque constitué par acte notarié revêtu de la formule exécutoire est-il un titre exécutoire dont le créancier peut faire usage pour engager la vente forcée de l'immeuble hypothéqué. Cet acte le dispense alors d'avoir à engager une procédure d'obtention d'un titre exécutoire avant d'engager l'exécution forcée. Dans la plupart des États de l'OHADA, le contrat d'hypothèque n'est valable entre les parties qu'à la condition d'être constitué par acte notarié même si l'AUS prévoit également la possibilité d'une constitution « *par acte sous seing privé dressé suivant un modèle agréé par la conservation de la propriété foncière*[1016] ». L'acte notarié revêtu de la formule exécutoire bien que simplifiant l'engagement de l'exécution forcée est parfois source de contentieux en ce qui concerne sa force probante. Même si comme le précise l'article 33, pour être un titre exécutoire l'acte notarié doit être revêtu de la formule exécutoire, cet acte peut ne pas remplir les caractères ou qualités de la créance nécessaires à l'exécution forcée, c'est-à-dire constater une créance certaine, liquide et exigible. Comme l'écrit R. PERROT : « *Il ne suffit pas de brandir l'un des titres énumérés par l'article 3[de la loi française de n° 91-650 du 9 juillet 1991, art. L. 111-3 du CPCE sur les titres exécutoires], pour se dire en mesure de procéder sans désemparer à une mesure d'exécution forcée ; encore faut-il que ce titre réunisse toutes les conditions requises pour avoir force exécutoire*[1017] ».

L'acte notarié ne dispense pas de la réunion des caractères que doit avoir la créance dont l'exécution forcée est poursuivie[1018]. Cette exigence

[1015] CCJA, arrêt n° 007/2009 du 26 février 2009, Banque Islamique du Niger pour le commerce et l'industrie dite BINCI c/ Abdoulaye Bady Bouya : *Rec CCJA* n° 13, janv.-juin 2009, p. 48.
[1016] Art. 205 du nouvel AUS.
[1017] PERROT (R.), Le titre exécutoire et son actualité jurisprudentielle, LPA 22 déc. 1999, n° 254, n° 2.
[1018] SÉJEAN-CHAZAL (C.), Thèse, *op. cit.*, n° 53, p. 76 : « Les mesures d'exécution sont déclenchées non pas sur le fondement de la sûreté, mais sur celui de l'obligation inexécutée ; c'est ce qui justifie que le titre exécutoire doive constater la créance, liquide et exigible, cause de la saisie ».

peut être *a priori* réunie si l'acte est conforme aux mentions exigées dans l'acte par l'article 204 concernant la détermination de la somme ou au moins des éléments permettant de la déterminer en principal. Mais la force probante de cet acte authentique ne fait foi de son contenu que pour les éléments constatés et vérifiés par le notaire[1019] lors de la rédaction de l'acte et la force exécutoire de cet acte ne vaut en réalité que dans les limites de ce qu'a constaté et vérifié ledit notaire[1020]. Pour M. DAGOT[1021], « *la caractéristique de cette situation résulte du rôle du notaire, limité à la rédaction de l'acte, et qui n'intervient nullement au stade de la créance* ». Il est donc possible de rapporter la preuve du caractère non probant de l'acte par la procédure d'inscription de faux, ce qui est toujours une action difficile à mener.

Dans l'espace OHADA, il appartient à chaque État partie de déterminer les conditions requises pour qu'un acte notarié soit revêtu de la formule exécutoire. En droit français, l'article 1317 du Code civil prévoit que l'acte authentique est « *celui qui a été reçu par officiers publics ayant le droit d'instrumenter dans le lieu où l'acte a été rédigé, et avec les solennités requises* ». Et, tout acte notarié fait foi, donc a force probante sur ce que le notaire a pu constater et vérifier jusqu'à inscription de faux. Tout compte fait, le prêt hypothécaire constitué par acte notarié réunissant les conditions requises et mentionnant la créance garantie vaut titre exécutoire, peut servir de fondement à une exécution forcée et en facilite d'ailleurs la mise en œuvre.

a-3/ La saisie de l'immeuble hypothéqué

424. Le commandement de payer valant saisie de l'immeuble hypothéqué. – La saisie immobilière permet au créancier d'exercer son droit de suite sur l'immeuble hypothéqué resté en la possession du constituant pour le placer entre les mains de la justice. Elle rend alors indisponible le bien et gèle les pouvoirs du constituant ou du tiers détenteur. Il s'agit d'une sécurité juridique pour le créancier qui ne peut pas exercer un blocage matériel de l'immeuble comme on le ferait pour un meuble corporel. La saisie le rassure alors de pouvoir mener à terme la procédure, sans craindre que l'immeuble ne soit subtilisé du patrimoine du débiteur. À peine de nullité, toute poursuite en vente forcée d'immeubles doit être précédée d'un commandement aux fins de saisie et doit à peine de nullité être signifiée au débiteur[1022] et le cas échéant au tiers détenteur de

[1019] SÉJEAN-CHAZAL (C.), Thèse, *op. cit.*, p. 77 : « L'officier public, dans sa mission de rédaction d'une convention d'hypothèque, n'est pas tenu de vérifier les allégations des parties quant à la créance garantie qui peut, elle, avoir été conclue par acte sous seing privé ».
[1020] SÉJEAN-CHAZAL (C.), Thèse, *op. cit.*, p. 77.
[1021] DAGOT (M.), La force exécutoire de l'acte notarié, LPA 6 janvier 1993, n° 68.
[1022] Sur la signification du commandement et ses conditions, voir les articles 254 à 258 de l'AUVE.

l'immeuble et contenir des mentions obligatoires prévues par l'article 254 de l'AUVE. Aussi, lorsque l'immeuble est détenu par un tiers, il lui est fait sommation soit de payer l'intégralité de la dette en principal et intérêts, soit de délaisser l'immeuble hypothéqué, soit enfin de subir la procédure d'expropriation[1023]. Ce dernier ne peut ainsi selon la décision de la deuxième chambre civile de la Cour de cassation du 19 février 2015[1024] se prévaloir de la prescription de la créance principale pour demander la mainlevée du commandement de payer valant saisie, rejetant ainsi le moyen selon lequel « *le créancier qui exerce l'action hypothécaire ne saurait avoir plus de droits contre le tiers détenteur que contre le débiteur principal ; il en résulte que le tiers détenteur est recevable à opposer au créancier poursuivant les exceptions qui auraient appartenu au débiteur s'il était resté propriétaire de l'immeuble et peut notamment à ce titre invoquer la prescription de la créance garantie*[1025] ». Une décision regrettable à laquelle la commission Grimaldi propose dans l'avant-projet de réforme de septembre 2017 de revenir à travers l'alinéa 2 de l'article 2470 proposé pour que le tiers acquéreur qui n'est pas personnellement obligé à la dette puisse « *comme le pourrait une caution, opposer au créancier les exceptions relatives à la créance garantie* ». Un texte qui protège quelque peu le tiers acquéreur qui n'est pas personnellement tenu à la dette et évite qu'il ne soit injustement exproprié. Il serait intéressant que ce texte soit également prévu dans le droit OHADA ou ses effets consacrés par la CCJA.

425. Le commandement ne peut être signifié si l'immeuble dont la vente est poursuivie n'est pas immatriculé. L'AUVE est à ce titre conforme aux dispositions de l'AUS qui exigent l'immatriculation de l'immeuble à hypothéquer. Dans le même sens, l'immeuble non immatriculé ne peut être vendu. Selon l'article 253 de l'AUVE : « *Si les immeubles devant faire l'objet de la poursuite ne sont pas immatriculés et si la législation nationale prévoit une telle immatriculation, le créancier est tenu de requérir l'immatriculation à la conservation foncière après y avoir été autorisé par décision du président de la juridiction compétente de la situation des biens, rendue sur requête et non susceptible de recours. À peine de nullité, le commandement (...) ne peut être signifié qu'après le dépôt de la réquisition d'immatriculation et la vente ne peut avoir lieu*

[1023] Art. 255 al. 1 de l'AUVE ; voir art. 2463 du Code civil français.

[1024] Cass. 2e civ., France, 19 févr. 2015, n° 13-27.691, *D. actualité*, 3 mars 2015, obs. Avena-Roberdet : « Mais attendu qu'en application de l'article 2463 du Code civil, le tiers détenteur qui ne remplit pas les formalités pour purger sa propriété est tenu, ou de payer, ou de délaisser l'immeuble ; qu'ayant relevé que M. X... était recherché en sa qualité de tiers détenteur du bien immobilier, débiteur du droit de suite, la cour d'appel a retenu à bon droit qu'il n'était pas fondé à se prévaloir de la prescription de la créance principale à l'appui de sa demande de mainlevée du commandement de payer valant saisie ».

[1025] Cass. 2e civ., France, 19 févr. 2015, n° 13-27.691, *op. cit.*

qu'après la délivrance du titre foncier ». Le commandement de payer vise avant tout à prévenir le constituant de la menace de la saisie de l'immeuble donné en garantie dans la mesure où le débiteur de l'obligation garantie est défaillant. Le commandement doit alors contenir les informations nécessaires sur les parties, la dette impayée, le titre qui confère le droit de saisie et l'avertissement que, faute de payer dans les vingt jours, le commandement pourra être transcrit à la conservation foncière et vaudra saisie à partir de sa publication[1026]. L'absence de l'une des mentions obligatoires devant figurer dans le commandement de payer rend nulle la saisie. En ce sens, il a été jugé par la cour d'appel du Littoral (Cameroun) que « *l'huissier instrumentaire doit soit joindre à son commandement la copie du titre exécutoire, soit reproduire le titre exécutoire qu'il est censé détenir, ce qui exclut l'exploitation et l'utilisation de la simple photocopie du titre exécutoire pour l'établissement du commandement aux fins de saisie immobilière*[1027] ».

426. L'efficacité de la saisie à compter de l'inscription du commandement de payer. – Le commandement de payer qui respecte toutes les mentions obligatoires régies par l'article 254 de l'AUVE est efficace par sa publication à la conservation de la propriété foncière[1028]. Le conservateur de la propriété foncière est l'agent administratif garant de l'inscription des droits réels immobiliers. Toutes les formalités concernant les droits réels sur un immeuble doivent être transcrites par lui à la conservation de la propriété foncière et figurer au livre foncier. La publication doit alors se faire dans un délai donné à peine de forclusion. De la sorte, « si un commandement n'a pas été déposé au bureau de la conservation foncière ou à l'autorité administrative concernée dans les trois mois de sa signification, puis effectivement publié, le créancier ne peut reprendre les poursuites qu'en les réitérant[1029] ». La cour d'appel du Littoral a dans ce sens « *donné gain de cause à un saisi qui a soutenu que, s'il s'est écoulé plus de trois mois entre le commandement et sa publication au bureau de la conservation foncière, ce commandement est frappé de péremption, ce qui obligerait le saisissant à le réitérer avant de reprendre les poursuites,*

[1026] Les six mentions obligatoires devant figurer dans le commandement ont été précisées à l'article 254 de l'AUVE.

[1027] CA Littoral, arrêt n° 109/C du 1er août 2008, compagnie africaine pour le commerce international au Cameroun dite CACIC SA c/ société Afriland First Bank SA : Ohadata j-10-263. Note DIOUF (N.), AUVE Code vert OHADA, Juriscope 2016, p. 1085.

[1028] Art. 259 de l'AUVE : L'huissier ou l'agent d'exécution fait viser l'original du commandement par le conservateur de la propriété foncière à qui copie est remise pour la publication.
Lorsque la poursuite s'exerce sur les impenses réalisées par le débiteur sur un terrain dont il n'est pas propriétaire mais qui lui a été affecté par une décision d'une autorité administrative, les formalités prévues à l'alinéa précédent sont accomplies par ladite autorité. (…).

[1029] Art. 259 al. 3 de l'AUVE.

de telle sorte que l'omission d'une telle formalité entraîne l'irrégularité des actes subséquents et la nullité de toute la procédure [1030]».

La force de cette publication est donc le dessaisissement du constituant de son bien et l'opposabilité de la saisie aux tiers. Cette saisie prospère et est efficace pour le créancier qui n'a pas l'immeuble en sa possession par la paralysie des droits du constituant et le refus du conservateur d'opérer toute nouvelle inscription. Les droits sont comme figés dès l'instant où la publication est actée afin de préserver les intérêts des créanciers inscrits et saisissants[1031]. C'est ce que traduit justement l'article 262 de l'AUVE qui dispose que : « *En cas de non-paiement, le commandement vaut saisie à compter de son inscription. L'immeuble et ses revenus sont immobilisés (...). Le conservateur ou l'autorité administrative refusera d'opérer toute nouvelle inscription. (...)* ». L'article opère toutefois un tempérament au dessaisissement lorsqu'il permet « *l'aliénation ou les constitutions de droits réels si, avant le jour fixé pour l'adjudication, l'acquéreur ou le créancier consigne une somme suffisante pour acquitter, en principal, intérêts et frais, ce qui est dû aux créanciers inscrits ainsi qu'au saisissant et s'il leur signifie l'acte de consignation. La somme ainsi consignée est affectée spécialement aux créanciers inscrits et au saisissant* ». L'intérêt de la saisie n'est donc pas de poursuivre à tout prix la vente du bien dans une procédure qui obligerait les parties à engager trop de frais. Ou, dans une procédure qui paralyserait tous les immeubles du constituant, comme par exemple lorsque la valeur des immeubles saisis dépasse notablement le montant de la créance[1032]. Un aménagement de la saisie peut être demandé pour atténuer voire annuler ses effets sur certains immeubles. La CCJA a rejeté en ce sens les arguments « *tendant à faire annuler une procédure de saisie sur la base de ce texte, fondé sur ce que l'inscription du*

[1030] CA Littoral, arrêt n° 019/C du 28 août 2008, société Nguessi hôtel SARL c/ Bicec SA : Ohadata J-10-266. Note DIOUF (N.), AUVE Code vert OHADA, Juriscope 2016, p. 1085.

[1031] Pour cela, « les fruits naturels ou industriels, les loyers et fermages recueillis postérieurement au dépôt du commandement ou le prix qui en provient sont, sauf l'effet d'une saisie antérieure, immobilisés pour être distribués avec le prix de l'immeuble. Ils sont déposés, soit à la caisse des dépôts et consignations, soit entre les mains d'un séquestre désigné par le président de la juridiction compétente. (…) » art. 263 al. 1 de l'AUVE.

[1032] Dans ce cas, l'article 264 de l'AUVE prévoit que « le débiteur peut obtenir de la juridiction compétente qu'il soit sursis aux poursuites sur un ou plusieurs des immeubles désignés dans le commandement sans que cette demande empêche la publication du commandement ». La demande est formulée avant le dépôt du cahier des charges devant la juridiction compétente par simple acte d'avocat à avocat. Voir l'art. 264 et 265 pour les conditions nécessaires à la recevabilité de cette demande. Sur ce point, la CCJA a sanctionné « par l'irrecevabilité la demande par laquelle le saisi sollicite le bénéfice des articles 254 et 265 sans produire (…) les justificatifs exigés, notamment la preuve que le revenu net et libre de ses immeubles pendant deux années suffit pour le paiement de la dette en capital, frais et intérêts et en offrir la délégation au créancier », CCJA, arrêt n° 030/2012 du 22 mars 2012 : *Rec. CCJA* n° 18, 2012, p. 135 ; Ohadata J-14-155.

commandement a eu lieu postérieurement à la date du dépôt du cahier des charges au greffe alors surtout que le saisi n'a pas allégué de préjudice résultant de cette prétendue irrégularité[1033] ». En l'espèce, la requérante madame M. prétendait que le commandement aux fins de saisie immobilière ne vaut saisie qu'à compter de son inscription au livre foncier, lequel doit être antérieur au dépôt du cahier des charges. Elle estimait que « *l'inscription du commandement ayant eu lieu le 11 octobre 2000, soit postérieurement à la date du 27 septembre 2000 à laquelle le cahier des charges a été déposé au greffe de la juridiction, la présente procédure de saisie immobilière encourt la nullité pour violation des articles 262 alinéa 1 et 266 alinéa 2 de l'AUVE* ». Pour la CCJA : « *Attendu que, d'une part, l'article 262, en son alinéa 1er aux termes duquel en cas de non-paiement, le commandement vaut saisie à compter de son inscription, n'a pas pour objet de déterminer l'ordre de l'accomplissement des formalités de la saisie immobilière, mais de préciser le point de départ des effets du commandement à l'égard du débiteur saisi et de certains tiers, qu'il situe au jour où celui-ci est publié, d'autre part, l'appelante n'a pas allégué, comme lui en fait obligation l'article 297 du même Acte uniforme, de préjudice que lui aurait causé l'irrégularité relevée de la procédure de saisie immobilière ; qu'en raison de ces considérations, il y a lieu de rejeter ce dire comme étant non fondé* ».

a-4/ L'indivision

427. Un frein à la saisie de l'immeuble hypothéqué. – L'indivision a pour effet que plusieurs personnes exercent un droit de même nature sur le même bien. L'hypothèque étant indivisible par nature, elle porte sur la totalité de l'immeuble du bien hypothéqué. Elle est plus risquée lorsqu'elle porte sur une quote-part indivise. Il ressort de l'article 194 du nouvel AUS que dans la mesure où tous les indivisaires ont consenti à l'hypothèque d'une part indivise, cette hypothèque conserve son effet quel que soit le résultat du partage. Dans le cas contraire, elle ne conserve son effet que dans la mesure où l'indivisaire qui l'a consentie est, lors du partage, alloti de l'immeuble indivis ou, lorsque l'immeuble est licité à un tiers, si cet indivisaire est alloti du prix de la licitation. Il rajoute que l'hypothèque d'une quote-part dans un ou plusieurs immeubles indivis ne conserve son effet que si, lors du partage, ce ou ces immeubles sont attribués aux constituants. Dans le strict respect de ces dispositions de l'AUS, l'AUVE dispose que « *la part indivise d'un immeuble ne peut être mise en vente avant le partage (...)* ». Dans ce sens la Cour d'appel

[1033] CCJA, arrêt n° 025/2004 du 15 juillet 2004, Mondagou J. c/ société commerciale de banque crédit lyonnais dite SCB-CL : *Rec. CCJA* n° 4, 2004, p. 16 ; *Penant* n° 853, 2005, p. 525, note B. Diallo ; Ohadata J-05-168.

de Dakar, se fondant sur le fait qu'un coïndivisaire n'a pas consenti à l'hypothèque sur sa part, a annulé une vente et infirmé le jugement querellé introduit par celui-ci au motif que « l'hypothèque d'un immeuble indivis, consentie par certains des coïndivisaires ne peut fonder valablement un jugement de première instance ordonnant la vente de l'immeuble sur demande du créancier impayé de ces coïndivisaires ». Toutefois, le créancier peut provoquer la liquidation de l'indivision afin de se saisir de la part indivise[1034], si celle-ci lors du partage est attribuée au débiteur. Le Code civil français partage cette lecture dans l'article 815-17 : « *Les créanciers personnels d'un indivisaire ne peuvent saisir sa part dans les biens indivis, meubles ou immeubles. Ils ont toutefois la faculté de provoquer le partage au nom du débiteur ou d'intervenir dans le partage provoqué par lui. Les coïndivisaires peuvent arrêter le cours de l'action en partage en acquittant l'obligation au nom et en l'acquit du débiteur. Ceux qui exerceront cette faculté se rembourseront par prélèvement sur les biens indivis* ».[1035]

428. C'est ce qui ressort aussi de la décision de la CCJA du 30 avril 2008. Un créancier « poursuivant la vente d'immeubles pour obtenir le paiement de sommes dues par une personne mariée sous le régime de la communauté s'était porté caution d'une société, la procédure ayant été engagée après le divorce de celle-ci et avant la liquidation de la communauté. La CCJA a estimé qu'il n'était pas prouvé, par les parties litigantes et singulièrement le créancier, qu'il y ait eu partage ou liquidation des biens de la communauté entre les ex-époux, ni qu'il y ait eu [...] changement de régime entre eux avant le divorce. [De fait, selon elle], les prescriptions de l'article 249 n'étaient pas observées dès lors que la saisie est intervenue en l'absence du partage et de la liquidation que le créancier aurait pu provoquer[1036] ». Il en va autrement lorsque « *dans le cadre d'une saisie immobilière dirigée contre les ayants droit du débiteur décédé, doit être considéré comme inopérant le moyen fondé sur ce que l'immeuble qui fait l'objet de la saisie est un bien indivis donc insaisissable dès lors que, d'une part, les poursuites ne sont pas engagées contre un ou quelques indivisaires sur une partie de l'immeuble représentant la part indivise d'un ayant droit, mais contre tous les héritiers et sur l'intégralité de l'immeuble. D'autre part, dès lors que*

[1034] Art. 249 de l'AUVE.

[1035] Voir également la loi française du 12 mai 2009 de simplification et de modernisation du droit qui permet et autorise en son article 6 la vente d'un bien indivis lorsque la demande est initiée par un ou des indivisaires qui justifient des deux tiers des droits indivis.

[1036] CCJA, arrêt n° 025/2008 du 30 avril 2008, société générale de banques de Côte d'Ivoire dite SGBCI c/ Konan M. A. et Konan K. C. : GD-CCJA, p. 405, obs. V. Akomdja Avom ; Ohadata J-09-317. Note DIOUF (N.), AUVE Code vert OHADA, Juriscope 2016, p. 1081.

l'immeuble avait fait l'objet d'une hypothèque et que les héritiers répondent du passif successoral pour avoir accepté la succession ».

Il est aussi constant dans la jurisprudence de la CCJA et en application cette fois-ci des règles du Code des personnes et de la famille du Burkina Faso que « les créanciers personnels d'un des héritiers ne peuvent poursuivre la saisie et la vente de la part indivise de leur débiteur dans la succession ou de l'un des biens dépendants de la succession » ; la CCJA a estimé sur cette base et en application de l'article 296 de l'AUVE que « *le saisi et même les autres cohéritiers lui ayant délivré une procuration ne peuvent compromettre la part des biens indivis des autres coïndivisaires sans leur consentement qui n'est pas établi (...)*[1037] ».

b/ De la fixation du prix de vente de l'immeuble à l'adjudication sous contrôle judiciaire

429. Le processus qui mène à la vente de l'immeuble est contradictoire et permet également aux parties de vider les contentieux. Il permet également de dénoncer la procédure en cours aux créanciers inscrits **(b-1)**. La recherche du juste prix pour la vente de l'immeuble n'est alors possible qu'en rendant la vente publique **(b-2)** et en l'organisant par le biais d'une enchère. Une fois l'adjudication prononcée, les recours sont enfermés dans des conditions très strictes **(b-3)**.

b-1/ Fixation du prix et dénonciation de la vente

430. La fixation du prix de vente de l'immeuble et le respect scrupuleux des délais de procédure. – Une fois le constituant dessaisi du bien hypothéqué, s'ouvre alors une longue période au bout de laquelle les parties doivent s'entendre sur le meilleur prix de vente de l'immeuble. En cas de désaccord, le juge est souverain pour le fixer. Le législateur fait obligation au créancier poursuivant de fixer la mise à prix de l'immeuble qu'il a saisi, laquelle ne peut être inférieure au quart de la valeur vénale de l'immeuble. La valeur de l'immeuble doit être appréciée, soit au regard de l'évaluation faite par les parties lors de la conclusion de l'hypothèque conventionnelle, soit, à défaut, par comparaison avec les transactions portant sur les immeubles de nature et de situation semblables[1038]. Cette mise à prix est mentionnée dans le cahier des charges que l'avocat du créancier poursuivant est tenu de rédiger, signer et dont le contenu est strictement réglementé par le législateur à peine de nullité[1039]. Il est ensuite déposé au greffe de la

---

[1037] CCJA, arrêt n° 066/2014 du 25 avril 2014, Banque internationale du Burkina (BIB SA) et KARANTAO Maïmouna c/ SAWADOGO Minata et 7 autres tous ayants droit de feu OUEDRAOGO Harouna, *Rec. CCJA* n° 21 Janv.-juin 2014 vol. 1, p.183.

[1038] Art. 267 de l'AUVE.

[1039] L'absence d'une mention obligatoire devant figurer au cahier des charges est sanctionnée par son annulation selon les dispositions de l'article 267 de l'AUVE. « Le cahier des charges

juridiction dans le ressort de laquelle se trouve l'immeuble dans un délai maximum de cinquante jours à compter de la publication du commandement de payer, à peine de déchéance[1040]. À ce cahier des charges est annexé l'état des droits réels inscrits sur l'immeuble concerné délivré par la conservation foncière à la date du commandement. Cet état des inscriptions permettra une fois la vente terminée de procéder à la distribution du prix selon le rang des créanciers inscrits. En plus du délai de cinquante jours donné au créancier pour le dépôt du cahier des charges, vient encore s'ajouter un délai plus ou moins long pour la vente de l'immeuble ; l'article 268 de l'AUVE dispose à cet effet que : « La date de la vente est fixée dans l'acte de dépôt quarante-cinq jours au plus tôt après celui-ci. Elle ne peut l'être plus de quatre-vingt-dix jours après le dépôt ».

431. L'obligation de dénonciation de la saisie aux créanciers inscrits. – L'efficacité de l'hypothèque régulièrement inscrite est perceptible par l'obligation faite au créancier poursuivant de demander un état des droits réels inscrits sur l'immeuble concerné par la saisie et délivré par la conservation foncière. La saisie immobilière ne peut ainsi se faire au détriment des droits des créanciers hypothécaires, d'où l'obligation faite au saisissant de leur dénoncer la saisie en cours. Selon les textes en vigueur, avant l'audience éventuelle, dans les huit jours, au plus tard, après le dépôt du cahier des charges, le saisi et les créanciers inscrits sont sommés par le créancier saisissant, par le biais d'une signification, de prendre communication du cahier des charges déposé au greffe et d'y faire insérer leurs dires[1041]. Il s'agit d'une disposition requise à peine de nullité pour permettre aux différentes parties de faire leurs observations dans des délais raisonnables[1042]. Elles seront discutées au cours d'une

devant faire état des frais de poursuite, le défaut de cette mention expose ledit cahier à l'annulation », CCJA, arrêt n° 60/2008 du 30 décembre 2008, banque internationale de l'Afrique de l'Ouest dite BIAO-CI c/ S. Amessan et M.-L. Charmot : Rec. CCJA n° 2, 2008, p. 91 ; Ohadata J-10-34. Note DIOUF (N.), AUVE Code vert OHADA, Juriscope 2016, p. 1087.

[1040] Art. 266 de l'AUVE.

[1041] Art. 269 al. 2 de l'AUVE : « À peine de nullité, cette sommation est signifiée au saisi, à personne ou à domicile, et aux créanciers inscrits à domicile élu ».

[1042] L'article 270 de l'AUVE indique les conditions dans lesquelles les observations devront être faites : « Cette sommation indique, à peine de nullité : 1) les jour et heure d'une audience dite éventuelle au cours de laquelle il sera statué sur les dires et observations qui auraient été formulés, cette audience ne pouvant avoir lieu moins de trente jours après la dernière sommation ; 2) les jour et heure prévus pour l'adjudication qui doit avoir lieu entre le trentième et le soixantième jour après l'audience éventuelle ; 3) que les dires et observations seront reçus, à peine de déchéance jusqu'au cinquième jour précédant l'audience éventuelle et qu'à défaut de former et de faire mentionner à la suite du cahier des charges, dans ce même délai, la demande en résolution d'une vente antérieure ou la poursuite de folle enchère d'une réalisation forcée antérieure, ils seront déchus à l'égard de l'adjudication de leur droit d'exercer ces actions ».

audience éventuelle, concernant le cahier des charges déposé par le créancier saisissant. Les dires doivent être explicites et permettre aux créanciers, surtout titulaires d'une sûreté, de faire valoir leur créance ainsi que la sûreté qu'ils revendiquent.

432. Pour être plus clair sur ce point précis, à titre de droit comparé, à l'occasion de la réforme du 27 juillet 2006, le législateur français a dans l'article R. 322-12 du CPC d'exécution enjoint aux créanciers inscrits de déclarer leur créance dans les deux mois à compter de la dénonciation lorsqu'ils sont sommés de le faire. Cette obligation de déclaration est exigée à peine de déchéance du bénéfice de leur sûreté pour la distribution du prix de vente de l'immeuble. Elle peut se faire alors même que la créance n'est pas exigible et que le décompte n'est pas actualisé comme l'indique la deuxième chambre civile de la Cour de cassation dans différents arrêts[1043]. L'article R. 322-13 ajoute que les créanciers qui ont inscrit leur sûreté sur l'immeuble après la publication du commandement de payer valant saisie mais avant la publication de la vente, interviennent à la procédure en déclarant leur créance, arrêtée en principal, frais et intérêts échus au jour de la déclaration. Sur ces points, le droit OHADA gagnerait à être un peu plus clair.

433. Les observations du débiteur saisi et des créanciers inscrits sur la vente. – La valeur fixée pour la mise à prix de l'immeuble doit être discutée afin de respecter le principe du contradictoire, ce qui permet aussi d'équilibrer les rapports et de faire adhérer toutes les parties à la vente sans léser aucune d'entre elles. L'audience éventuelle devant statuer sur les dires et observations, ils doivent être formulés avant la date de ladite audience. À ce titre, « *doivent être déclarés irrecevables comme tardifs les dires et observations tendant à faire constater la caducité d'une hypothèque ainsi que la nullité d'un commandement et d'une procédure de saisie immobilière, lorsqu'ils sont formulés postérieurement à la date de l'audience éventuelle*[1044] ». De même, la cour d'appel d'Abidjan a estimé que « *les délais sont respectés lorsque les dires et observations sont déposés le 5 octobre 2004 dans une procédure où l'audience éventuelle est fixée le 11 octobre 2004*[1045] ».

434. Il est souvent regrettable d'observer que les dires et observations du saisi et des créanciers inscrits sont souvent l'occasion choisie pour du dilatoire afin de faire traîner la procédure de vente. Ils doivent être motivés afin

---

[1043] Cass. 2e civ., France, 28 septembre 2017, n° 16-17.010 P : *D. actu.* 12 oct. 2017, *obs.* Payan ; *D.* 2017 Actu. 1983 ; *Dr. et pr.* 2017. 252, note Vinckel ; voir également Cass. 2e civ., France, 6 sept. 2018, n° 17-22.364 P : *D. actu.* 21 sept. 2018, obs. Payan.

[1044] CCJA, arrêt n° 013/2004 du 18 mars 2004, Fotoh Fonjungo c/ société générale de banques au Cameroun dite SGBC : Rec. CCJA, n° 3, 2004, p. 101 ; Ohadata J-04-298.

[1045] CA Abidjan, ch. civ. et comm., arrêt n° 563 du 27 mai 2005, Bakouka S. c/ Fegece : Ohadata J-07-37.

de permettre aux parties de se faire une opinion suffisante des contestations. En cela, la partie qui conteste par exemple la mise à prix de l'immeuble doit en apporter la preuve ou demander au président de la juridiction compétente la désignation d'un expert à ses frais avancés. Il appartient alors à la juridiction compétente lors de l'audience éventuelle de jouer pleinement son rôle de régulateur de la procédure de vente et surtout de réussir à faire adhérer toutes les parties à un prix de vente exempt de toute contestation. Pour ce faire, le juge a la possibilité de prononcer une remise d'audience pour des causes graves et dûment justifiées, ou bien lorsque la juridiction elle-même exerce d'office son contrôle sur le cahier des charges. Une contestation sérieuse du prix de vente[1046] ou la conviction profonde et souveraine de la juridiction peuvent amener le juge à reporter l'audience éventuelle. Il pourra alors requérir, soit la distraction de certains biens saisis lorsque la valeur globale apparaît disproportionnée par rapport au montant des créances à récupérer soit, modifier le montant de la mise à prix si ce prix n'a pas été fixé conformément aux dispositions de l'article 267-10 de l'AUVE. Faisant application de cet article, « *le tribunal de première instance de Menoua (Cameroun) ayant constaté que la mise à prix retenue pour un immeuble violait l'article 267-10 a estimé qu'il y avait lieu de la modifier ainsi que le cahier des charges*[1047] ».

Cette nouvelle évaluation ne peut se faire que par une expertise que la juridiction commet auprès d'un expert judiciaire. Les parties sont avisées de cette probable modification du cahier des charges et invitées à présenter leurs observations dans un délai maximum de cinq jours[1048]. Une nouvelle date de l'audience éventuelle peut alors être donnée par le juge. Lorsque la date d'adjudication antérieurement fixée ne peut être maintenue en raison des événements nouveaux liés à l'audience éventuelle, la juridiction fixe une nouvelle date d'adjudication[1049]. La décision judiciaire finalement rendue à l'occasion de l'audience éventuelle est transcrite sur le cahier des charges par le greffier, elle est également levée et signifiée à la demande de la partie la plus diligente[1050]. Le cahier des charges doit renfermer toutes les conditions et modalités de la vente de l'immeuble, il est donc naturellement au cœur de la procédure

[1046] Sur ce point le tribunal de Dakar a jugé que : « N'établit pas l'existence d'une cause grave justifiant la remise de l'audience éventuelle, le débiteur qui se borne à invoquer le caractère dérisoire de la créance et l'absence de menace sur le recouvrement de celle-ci », TRHC Dakar, jugement n° 1044 du 7 juin 1999, CBAO c/ M. Lô : *Rép. Credila*, p. 134 : Ohadata J-03-169. Note DIOUF (N.), AUVE Code vert OHADA, Juriscope 2016, p. 1089.

[1047] TPI Menoua, jugement n° 35/ADD/Civ du 12 mai 2003, Afriland First Banque c/ Fongou F. T. et a. : Ohadata J-05-18. Note DIOUF (N.), AUVE Code vert OHADA, Juriscope 2016, p. 1089.

[1048] Art. 275 de l'AUVE.

[1049] Art. 274 al. 2 de l'AUVE.

[1050] Art. 274 al. 1 de l'AUVE.

de vente immobilière et permet aux personnes intéressées de se faire une idée suffisante de l'immeuble à vendre.

b-2/ La nécessité de rendre la vente publique

435. La publicité en vue d'une vente. – Lorsque les contestations sont vidées et le prix estimé pour la vente de l'immeuble retenu, le cahier des charges est validé par la juridiction compétente. La vente de l'immeuble doit alors être portée à la connaissance du public. L'immeuble n'est pas attribué de fait au créancier poursuivant puisque l'intérêt de la vente judiciaire est de permettre la vente de l'immeuble au meilleur prix dans l'intérêt de son propriétaire. La mise à prix contenue dans le cahier des charges n'est qu'un prix plancher en deçà duquel l'immeuble ne peut être vendu. De la sorte, porter la vente à la connaissance du public peut avoir pour intérêt de faire évoluer le prix plancher par les différentes offres faites en enchères publiques par les personnes intéressées. La publicité de la vente est faite selon les termes de l'article 276 de l'AUVE qui dispose que : « *Trente jours au plus tôt et quinze jours au plus tard avant l'adjudication, un extrait du cahier des charges est publié, sous la signature de l'avocat poursuivant par insertion dans un journal d'annonces légales et par apposition de placards à la porte du domicile du saisi, de la juridiction compétente ou du notaire convenu ainsi que dans les lieux officiels d'affichage de la commune de la situation des biens* ». La multiplication des lieux de publicité outre la publication au journal d'annonces légales reflète la volonté du législateur de porter la vente à la connaissance d'un public aussi large que possible. Le président de la juridiction compétente peut aussi de façon souveraine « *par décision non susceptible de recours, rendue sur requête, restreindre ou accroître la publicité légale, suivant la nature et la valeur des biens saisis*[1051] ». C'est bien la preuve que le juge a un pouvoir discrétionnaire et que son rôle est prépondérant et indispensable dans la vente immobilière. À toutes fins utiles, surtout pour la preuve de la publicité, « *il est justifié de l'insertion par un exemplaire du journal, signé de l'imprimeur, et de l'affichage par un procès-verbal de l'huissier ou de l'agent d'exécution, rédigé sur un exemplaire du placard*[1052] ». Les personnes intéressées par la vente prennent alors connaissance de l'extrait du cahier des charges qui doit contenir selon l'article 277 de l'AUVE, à peine de nullité : « *(...) 1) les noms, prénoms, professions, domiciles ou demeures des parties et de leurs avocats ; 2) la désignation des immeubles saisis telle qu'elle est insérée dans le cahier des charges ; 3) la mise à prix ; 4) l'indication des jours, lieu et heure de l'adjudication, de la juridiction compétente ou du notaire convenu*

1051 Art. 279 de l'AUVE.

1052 Art. 278 de l'AUVE.

devant qui elle se fera ». Cet article étant d'ordre public, l'omission d'une mention obligatoire devant figurer dans l'extrait du cahier des charges rend nulle la publication comme cela a été le cas dans un jugement rendu par le Tribunal de première instance de Daloa. Le juge a estimé à juste titre que « *les mentions prévues à l'article 277 étant prescrites à peine de nullité, il y a lieu, lorsque les noms, prénoms, profession et domicile ou demeure du conseil du saisi ne figurent pas dans l'extrait du cahier des charges, de prononcer la nullité de la publication en vue de la vente et par voie de conséquence de sursoir à la vente*[1053] ».

436. L'efficacité de la vente par enchères publiques. – La vente est réalisée au jour fixé et validé lors de l'audience éventuelle. Elle se fait par enchères publiques à la barre de la juridiction compétente ou l'étude du notaire convenu[1054]. L'immeuble est alors attribué à la personne ayant fait l'offre la plus importante[1055], c'est-à-dire la personne ayant donné le prix le plus élevé. Les modalités des enchères et de l'adjudication sont prévues par les articles 280 à 297 du nouvel AUS. Si aucune offre n'est faite « *après que l'on a allumé successivement trois bougies, le poursuivant est déclaré adjudicataire*[1056] *pour la mise à prix à moins qu'il ne demande la remise de l'adjudication à une autre audience sur une nouvelle mise à prix*[1057] ». Dans ce dernier cas, les formalités de publicité doivent être réitérées[1058]. L'adjudication est alors formellement prononcée selon l'article 285 du nouvel AUS « *par décision judiciaire ou procès-verbal du notaire au profit, soit de l'avocat qui a enchéri le dernier, soit au profit du poursuivant pour le montant de la mise à prix s'il n'y a pas eu d'enchère* ». Toutefois, toute personne peut, au greffe de la juridiction qui a ordonné la vente ou devant le notaire convenu[1059], dans les dix jours qui suivent l'adjudication, faire une surenchère pourvu qu'elle soit du dixième au moins du prix principal de la vente. Cette

---

[1053] TPI Daloa, jugement n° 327/ADD/BIS du 12 décembre 2003, société de transformation des bois de l'Ouest dite TBO c/ Koné A. Note DIOUF (N.), AUVE Code vert OHADA, Juriscope 2016, p. 1091.

[1054] Art. 282 al. 1 du nouvel AUS.

[1055] Art. 282 al. 2 du nouvel AUS.

[1056] En ce sens, TPI Menoua, jugement n° 48/civ du 11 août 2003, afriland first bank c/ Fongou F. T. et a. : Ohadata J-05-28 : « En cas de rejet des dires et observations, la vente de l'immeuble est poursuivie et le créancier poursuivant peut être déclaré adjudicataire de tout ou partie des immeubles s'ils ne survient pas d'enchère après l'extinction de trois bougies ». Voir Note DIOUF (N.), AUVE Code vert OHADA, Juriscope 2016, p. 1091.

[1057] Art. 283 al. 5 du nouvel AUS.

[1058] Art. 283 al. 5 du nouvel AUS.

[1059] Art. 288 al. 1 du nouvel AUS. Cet article donne les conditions à remplir et les nouvelles modalités pour la surenchère. Une nouvelle audience éventuelle est convoquée pour discuter du bien-fondé de la surenchère ; elle ne peut avoir lieu avant l'expiration d'un délai de vingt jours à compter de la dénonciation de la surenchère au poursuivant et à la partie saisie. Laquelle dénonciation doit figurer au cahier des charges dans un délai de cinq jours.

surenchère peut être faite par le créancier, elle ne peut être rétractée et le délai de surenchère emporte forclusion[1060]. La CCJA a jugé à cet effet qu'il n'est pas interdit au créancier poursuivant de faire une surenchère au cours d'une procédure de vente forcée d'un immeuble[1061].

437. On note donc beaucoup de formalités et autant de possibilités de contestations dans la procédure de vente forcée judiciaire qui retardent l'adjudication définitive de l'immeuble afin d'en percevoir le prix de vente qui désintéressera les créanciers. Au rang de ces incidents, on notera ceux relatifs à l'article 300 de l'AUVE qui donne les modalités du recours contre les décisions judiciaires rendues en matière de saisie immobilière. Afin de ne pas étendre le contentieux relatif à la procédure de saisie immobilière au moindre vouloir des parties et allonger encore plus le délai de la vente immobilière, cet article a un effet restrictif en ce sens qu'il limite « le droit d'appel et l'étendue de l'effet dévolutif de l'appel aux seuls points visés[1062] ».

L'article 300 de l'AUVE dispose que : « 1°) Les décisions judiciaires rendues en matière de saisie immobilière ne sont pas susceptibles d'opposition ; 2°) Elles ne peuvent être frappées d'appel que lorsqu'elles statuent sur le principe même de la créance ou sur des moyens de fond tirés de l'incapacité d'une des parties, de la propriété, de l'insaisissabilité ou de l'inaliénabilité des biens saisis ; 3°) Les décisions de la juridiction d'appel ne sont pas susceptibles d'opposition ; 4°) Les voies de recours sont exercées dans les conditions de droit commun ». L'interprétation de ces dispositions par la CCJA est stricte et a donné lieu à plusieurs arrêts sur lesquels on a pu constater quelques résistances de la part de certains juges du fond. La CCJA a par exemple jugé « irrecevable l'appel dirigé contre un jugement qui n'a statué ni sur le principe de la créance, ni sur un des moyens de fond limitativement énumérés par ce texte[1063] ». Elle a aussi appliqué l'article 300 pour casser l'arrêt par lequel une Cour d'appel infirmait le jugement qui a annulé une décision d'adjudication sur la demande introduite par un enchérisseur malheureux et fondée sur ce que l'adjudication a été faite de manière irrégulière. Les juges de droit ont cassé cet arrêt en relevant d'une part que « le jugement a été rendu consécutivement à une demande relative à la violation de l'article 10 du cahier des charges et de l'article 297 de l'AUVE ; qu'il a statué sur la

---

[1060] Art. 287 du nouvel AUS.

[1061] CCJA, arrêt n° 002/2009 du 5 fév. 2009, héritiers de feu M. Diabaté c/ S. Niarey : Ohadata J-10-22. Note DIOUF (N.), AUVE Code vert OHADA, Juriscope 2016, p. 1092.

[1062] CA Dakar, arrêt n° 247 du 8 mars 2010, G. Gaye c/ M. Fall : *Bulletin des arrêts rendus par la Cour d'appel de Dakar en matière civile et commerciale,* 2011, vol. 1, p. 352 ; Note DIOUF (N.), AUVE Code vert OHADA, Juriscope 2016, p. 1099.

[1063] CCJA, arrêt n° 21/2003 du 6 novembre 2003, Sci Cod c/ Compagnie Bancaire de l'Afrique Occidentale dite CBAO SA : Rec. CCJA n° 2, 2003, p. 10 ; Ohadata J-04-121. Note DIOUF (N.), AUVE Code vert OHADA, Juriscope 2016, p. 1097.

vérification des consignations, sur l'appel des enchérisseurs à la barre et sur le délai dans lequel est intervenue l'adjudication, alors qu'aucun de ces cas ne rentre dans ceux qui sont limitativement énumérés par l'article 300 ». D'autre part, pour déclarer irrecevable l'appel qui est intervenu au-delà du délai de droit commun, elle a considéré que « l'appel contre les décisions judiciaires rendues en matière immobilière conformément à l'article 300 était exercé dans les conditions de droit commun, celles-ci renvoyant à l'article 49 de l'AUVE aux termes duquel l'appel doit être interjeté dans le délai de quinze jours à compter de la décision »[1064].

438. Ce délai d'appel de droit commun que la CCJA renvoie au délai prévu par l'article 49 de l'AUVE ne semble toutefois pas faire l'unanimité dans la mesure où selon les juges du fond du Littoral « le législateur communautaire n'a pas précisé le délai d'appel contre les décisions rendues en matière de saisie immobilière, mais a indiqué que l'appel sera interjeté dans les conditions du droit commun ». Pour eux, cette imprécision permet de renvoyer plutôt à la législation nationale[1065]. Néanmoins, il convient de préciser que les matières régies par les Actes uniformes constituent dès leur entrée en vigueur le droit commun applicable dans les pays membres de l'OHADA. À ce titre, c'est à bon droit que la CCJA est restée ferme sur sa position en considérant que le délai de droit commun évoqué par l'article 300 de l'AUVE est celui de l'article 49 du même Acte, à savoir quinze jours à compter du prononcé du jugement[1066]. D'autres juges du fond n'ont pas hésité à se positionner sur cette jurisprudence de la CCJA pour une meilleure lisibilité de la jurisprudence sur cette question[1067].

439. Une fois l'adjudication devenue définitive, l'adjudicataire est encore tenu d'effectuer certaines formalités sous peine de revente de l'immeuble sur folle enchère. Comme le dispose l'article 294 du nouvel AUS : « *Lorsque l'adjudication est devenue définitive, une expédition de la décision judiciaire ou du procès-verbal d'adjudication établi par le notaire est déposée à la conservation foncière aux fins d'inscription.*

1064 CCJA, arrêt n° 059/2012 du 7 juin 2012, société Civile immobilière Milade et Joséphine dite SCIM et J c/ Me Kouame Bi Iritié et Société Nationale de Recouvrement de Côte d'Ivoire dite SONARECI : *Rec. CCJA* n° 14, 2009, p. 18 ; Ohadata J-10-182.

1065 CA Littoral, arrêt n° 019/C du 18 août 2008, société Nguessi hôtel SARL c/ Bicec SA : Ohadata J-10-266. Note DIOUF (N.), AUVE Code vert OHADA, Juriscope 2016, p. 1097.

1066 CCJA, arrêt n° 059/2012 du 7 juin 2012, *op. cit.*.

1067 CA Dakar, arrêt n° 11 du 20 juillet 2011, Banque islamique du Sénégal c/ M. Dioum et I. Beye : Bulletin des arrêts rendus par la Cour d'appel de Dakar en matière civile et commerciale, 2013, vol. 1, p. 227 ; voir aussi CA Dakar, ch. des criées, arrêt n° 01/2012 du 8 janvier 2012, fonds de promotion économique c/ E. H. Mbaye Drame et M. Dramé : inédit. Note DIOUF (N.), AUVE Code vert OHADA, Juriscope 2016, p. 1097.

L'adjudicataire est tenu d'effectuer cette formalité dans les deux mois sous peine de revente sur folle enchère. (...) ».

b-3/ Les recours contre l'adjudication

440. Nullité de la décision judiciaire ou du procès-verbal d'adjudication. – Il n'est pas possible selon l'article 293 du nouvel AUS de demander la nullité de la décision judiciaire ou le procès-verbal d'adjudication attestant l'adjudication définitive de l'immeuble saisi sauf dans les cas prévus par les dispositions de l'article 313 de l'AUS. Cet article 313 dispose que : « *1°) La nullité de la décision judiciaire ou du procès-verbal notarié d'adjudication ne peut être demandée par voie d'action principale en annulation portée devant la juridiction compétente dans le ressort de laquelle l'adjudication a été faite que dans un délai de quinze jours suivant l'adjudication ; 2°) Elle ne peut être demandée que pour des causes concomitantes ou postérieures à l'audience éventuelle, par tout intéressé, à l'exception de l'adjudicataire ; 3°) L'annulation a pour effet d'invalider la procédure à partir de l'audience éventuelle ou postérieurement à celle-ci selon les causes de l'annulation* ». Le seul recours possible contre le jugement d'adjudication est donc l'action en annulation demandée par voie d'action principale devant la juridiction compétente dans le ressort de laquelle l'adjudication a été faite et ce dans les quinze jours suivant la vente aux enchères. *« Est donc irrecevable le pourvoi en cassation formé contre un tel jugement*[1068] ». Il « *résulte [également] de cet article 293 que la décision d'adjudication ne peut faire l'objet d'aucun recours sans préjudice des dispositions de l'article 313, lesquelles ne prévoient que le recours par voie d'action principale en annulation devant la juridiction compétente dans le ressort de laquelle l'adjudication a été faite. Par suite, en cas d'appel formé contre ladite décision plus de quinze jours après son prononcé, il y a lieu de le déclarer irrecevable*[1069] ». Le souci de réduire les délais de la saisie immobilière pour y faire adhérer les créanciers montre la fermeté de la jurisprudence à l'égard des parties qui ne les respectent pas.

441. Les termes de l'article 293 étant suffisamment clairs « la Cour d'appel de Ouagadougou avait annulé une décision par laquelle le tribunal de grande instance de Ouagadougou avait adjugé trois immeubles ; cette décision a cependant, sur tierce-opposition formée par l'adjudicataire, été rétractée par la même Cour aux motifs que l'adjudicataire n'avait pas reçu

---

[1068] CCJA, arrêt n° 029/2014 du 3 avril 2014, Souleymane SOW et Abdou DIOP c/ SCP Hassan HACHEM et Fils, *Rec. CCJA* n° 21 Janv.-Juin 2014, vol. 1, p. 170.

[1069] CCJA, arrêt n° 027/2012 du 15 mars 2012 : *Rec. CCJA* n° 18, 2012, p. 148 ; Ohadata J-14-158 ; v. également, CCJA, arrêt n° 077/2012 du 29 novembre 2012, Afriland First Bank (ex CCEI-Bank) c/ LELL E. : *Rec. CCJA* n° 19, juill.-déc. 2012, p. 69.

notification de l'appel contre le jugement d'adjudication, qu'il n'était ni présent, ni représenté et qu'il a subi un préjudice considérable du fait de la décision d'annulation[1070] ». Dans le même sens, « une Cour d'appel ne peut, en se fondant sur l'article 313, déclarer irrecevable l'appel dirigé contre le jugement avant dire droit rendu par un tribunal qui a validé un commandement aux fins de saisie immobilière et renvoyé les parties à l'audience des criées en dépit de l'incompétence territoriale soulevée en raison de la situation de l'immeuble qui se trouve dans le ressort d'un autre tribunal, ce texte se rapportant à la demande d'annulation de la décision judiciaire ou du procès-verbal d'adjudication[1071] ».

2/ Pour une vente moins complexe dans l'espace OHADA

442. La vente amiable de l'immeuble saisi en droit français : une option pour le droit OHADA ? Si l'objectif de la vente aux enchères par adjudication est de vendre l'immeuble saisi au meilleur prix afin de rassurer le débiteur saisi sur la non-spoliation de son bien et répartir la valeur de l'immeuble entre ses créanciers, on ne verrait aucun inconvénient à lui donner la possibilité de le vendre lui-même sous contrôle judiciaire. C'est l'option introduite en droit français par le décret n° 2006-936 du 27 juillet 2006. La vente par adjudication est jugée trop longue, trop complexe et suscite de nombreuses contestations, en majorité venant du débiteur saisi. Pour cela, la vente amiable qui lui est confiée est une manière de limiter les contestations et raccourcir le délai de la procédure de vente judiciaire dans l'intérêt de toutes les parties. Il faut donc réintroduire dans la procédure une notion bien souvent négligée qui est la confiance des parties dans la réalisation effective et rapide de l'objectif poursuivi par la vente judiciaire. Cela étant, pour Jean-Jacques ANSAULT, « *le choix de la vente amiable [du droit français] suppose néanmoins que le débiteur présente une demande à cette fin puisqu'il demeure le seul à pouvoir solliciter [personnellement] le bénéfice de celui-ci ; [la demande est] formulée verbalement par lui à l'audience [d'orientation]*[1072]». Elle peut également être formulée par « conclusions d'avocat déposées au greffe du juge de l'exécution au plus tard le jour de l'audience[1073] ». De plus, comme le rajoute ANSAULT et tel que décrit par l'article R. 322-20 du CPC d'exécution « *le législateur se montre soucieux d'éviter au débiteur des frais inutiles qui augmentent son endettement puisqu'il autorise que la demande en cause puisse être*

[1070] CA Ouagadougou, arrêt n° 61 du 7 juin 2002, société Tamoil Burkina SA c/ société de pétrole Tagui : Ohadata J-04-17. Note DIOUF (N.), AUVE Code vert OHADA, Juriscope 2016, p. 1093.

[1071] CCJA, arrêt n° 021/2012 du 15 mars 2012 : *Rec. CCJA* n° 18, 2012, p. 127 : Ohadata J-14-152.

[1072] ANSAULT (J.-J.), Procédures civiles d'exécution, LGDJ 2019, p. 541.

[1073] ANSAULT (J.-J.), Procédures civiles d'exécution, *op. cit.*.

présentée et jugée avant l'assignation à l'audience d'orientation, à condition toutefois que le débiteur mette en cause les créanciers inscrits[1074] ». Néanmoins, cette autorisation n'est pas donnée sans la prise en compte du contexte général de la saisie. Le juge a alors en la matière un pouvoir souverain d'appréciation[1075] de l'opportunité d'une telle demande et conditionne la vente amiable, s'il l'accorde, à certaines conditions. L'article 322-15 du CPC d'exécution dispose en ce sens que « *lorsqu'il autorise la vente amiable, le juge s'assure qu'elle peut être conclue dans des conditions satisfaisantes compte tenu de la situation du bien, des conditions économiques du marché et des diligences éventuelles du débiteur* ». On comprend donc que cette procédure vise trois objectifs principaux : la confiance du débiteur dans la vente et surtout dans le prix de vente de son immeuble, ce qui permet d'éviter au demeurant les contestations inutiles ; le contrôle du juge pour une vente au meilleur prix[1076] et éviter que cette procédure ne soit des manœuvres dilatoires contre les créanciers ; enfin, la réduction significative du délai de la vente initiée par la saisie de l'immeuble.

443. Pour être conforme et cohérent vis-à-vis de l'objectif de la réduction du délai, le temps imparti au débiteur pour la vente[1077] amiable ne saurait excéder quatre mois[1078]. Il est toutefois possible de proroger à ce délai. À l'audience qui autorise la vente amiable, « *le juge ne peut accorder un délai supplémentaire que si le demandeur justifie d'un engagement écrit d'acquisition et qu'à fin de permettre la rédaction et la conclusion de l'acte authentique de vente. Ce délai ne peut excéder trois mois*[1079] ». La procédure de saisie vente forcée du créancier est interrompue ou suspendue pendant ce délai. Pendant cette période, le législateur autorise le créancier poursuivant à exercer un contrôle sur les démarches entreprises par le débiteur saisi et à demander au juge la reprise de la vente forcée lorsque celui-ci ne fait pas les diligences nécessaires à la

---

[1074] ANSAULT (J.-J.), Procédures civiles d'exécution, *op. cit.* ; le décret le précise bien à son article 49 (art. R. 322-15 du CPC d'exécution) quand il énonce que l'audience d'orientation intervient « plusieurs mois après la signification du commandement valant saisie. Le débiteur qui entend se désendetter dans les meilleures conditions peut préférer accélérer ce processus en étant autorisé à vendre son bien dès avant l'audience d'orientation ; ce faisant, il évite au surplus l'accroissement de sa dette par des intérêts et des frais de poursuite, notamment ceux liés à l'élaboration du cahier des conditions de vente ».

[1075] Cass. 2e civ., France, 10 septembre 2009, n° 08-70204, *Bull. civ.* IV, n° 2012, D. 2010, p. 532, spéc. p. 534, obs. J.-M. Sommer et L. Leroy-Gissinger. Note ANSAULT (J.-J.), Procédures civiles d'exécution, *op. cit.*.

[1076] Voir art. R. 322-21 du CPC d'exécution (France).

[1077] Par notaire ou agence immobilière.

[1078] Art. R. 322-21 al. 3 du CPC d'exécution (France).

[1079] Art. R. 322-21 al. 4 du CPC d'exécution (France).

vente conformément aux indications du juge[1080]. La décision qui autorise la reprise de la vente n'est pas susceptible d'appel.

444. On peut toutefois craindre dans l'espace OHADA la mauvaise foi des débiteurs dans la mise en place d'un tel dispositif et le fait que ce délai rallonge un peu plus la procédure de vente. Mais, le contrôle judiciaire doit alors servir d'équilibre pour que la procédure soit correctement menée.

445. La loi française n° 2019-222 du 23 mars 2019 sur la vente amiable : le triomphe de l'accord des volontés. – Il est tout à fait possible que le juge refuse la demande du débiteur saisi en vue de la vente amiable de son immeuble lorsqu'il estime que les conditions ne le permettent pas ; ou qu'il revienne à la vente forcée après que le débiteur a eu l'autorisation de vendre à l'amiable sans succès. Mais, il peut arriver que les parties s'entendent entre elles pour une vente volontaire et non forcée du bien à des conditions qu'elles fixent et si elles estiment qu'elle leur serait plus bénéfique. Dans ce cas, une fois entamée, la procédure de saisie immobilière peut-elle être abandonnée par les parties au profit de la vente volontaire pour des raisons qu'elles avancent d'un commun accord ? La pratique semble y recourir. D'ailleurs, la caducité de la saisie peut ouvrir droit comme l'affirme J.-J. ANSAULT à la pleine efficacité de l'accord passé entre le débiteur et ses créanciers[1081]. Un accord qui peut statuer sur une vente volontaire du bien. Il faut tout de même se placer pour y voir clair avant ou après l'audience d'orientation. Avant l'audience d'orientation, la saisie rend l'immeuble indisponible par sa publicité. À compter de sa publication, le débiteur est dessaisi de tout pouvoir sur l'immeuble dont le pouvoir d'aliénation. Le créancier n'a pas non plus la possibilité de le vendre sans passer par la procédure de saisie enclenchée. Le législateur prévoit alors deux voies : soit c'est la vente amiable qui est demandée avant ou à l'audience d'orientation soit c'est la vente forcée par adjudication qui prévaut. Les deux options trouvent un dénouement par décision du juge. Sauf à rendre volontairement caduque la saisie, il n'est pas possible d'opérer une vente volontaire du bien une fois la saisie publiée. Encore moins *a priori* demander la vente amiable ou volontaire après l'audience d'orientation qui a statué sur une vente forcée. La raison

---

[1080] « Lorsqu'un jugement d'orientation a autorisé le débiteur saisi à procéder à la vente amiable de son bien et fixé la date de l'audience à laquelle l'affaire sera rappelée en vue d'en contrôler la réalisation conforme aux conditions fixées, le créancier poursuivant est recevable à former oralement à l'audience de renvoi une demande de reprise de la procédure et de la vente forcée », cass. 2e civ., France, 6 janvier 2011, n° 09-71.146 P : D. 2011. Pan. 1509, obs. Leborgne ; *RTD civ.* 2011. 393, obs. Perrot ; Gaz. Pal. 1er -3 mai 2011, p. 22, obs. Brenner; Procédures 2011, n° 91, note Perrot; *ibid.* 2013. Chron. 1, n° 9, obs. Leborgne. Note sous art. R. 322-22 du CPC d'exécution (France).

[1081] ANSAULT (J.-J.), Procédures civiles d'exécution, *op. cit.*, p. 543

en est que « les règles d'indisponibilité du bien immobilier saisi ont pour but de protéger le gage commun des créanciers afin d'éviter que le débiteur ne fasse échapper ce bien aux poursuites des créanciers[1082] ». Mais, si l'indisponibilité profite aux créanciers, ils peuvent aussi y renoncer normalement au nom du principe du consensualisme au cœur duquel se trouve l'accord des volontés. Il suffit pour cela que toutes les parties soient d'accord pour renoncer à la saisie. C'est ce que défend une partie de la doctrine française[1083]. La Cour de cassation a quant à elle dans un arrêt du 9 avril 2015 estimé sur ce sujet que « *le jugement d'orientation qui ordonne la vente forcée de l'immeuble saisi interdit de procéder à la vente du bien selon une autre modalité que celle qu'il a prévue ; [et] ayant relevé que le jugement d'orientation avait ordonné la vente forcée de l'immeuble saisi et retenu qu'à aucun moment le juge de l'exécution n'avait autorisé, sur le fondement de l'article 2201 du Code civil alors applicable, la vente amiable telle que prévue par la promesse synallagmatique de vente entre la SCI et la société Catcar, la cour d'appel a par ces seuls motifs légalement justifié sa décision*[1084] ». Cette décision fait de la saisie immobilière une « idole[1085] » comme l'indique une partie de la doctrine ; à tort, puisque la saisie immobilière initiée par les créanciers doit pouvoir tout aussi être abandonnée par eux d'un commun accord. De plus, cette décision « repose sur le postulat suivant lequel après un jugement d'orientation ayant opté pour la vente forcée, celle-ci serait plus protectrice des parties et notamment du débiteur, qu'une vente amiable, ce qui est pour le moins douteux. Le fait que le débiteur ne soit pas parvenu lors de l'audience d'orientation à convaincre le juge de l'exécution de ce qu'une vente amiable pouvait être conclue rapidement dans des conditions satisfaisantes n'implique pas nécessairement qu'une telle vente ne soit pas concevable ultérieurement ».

446. En somme, la procédure de saisie immobilière doit pouvoir permettre aux parties lorsqu'elles le veulent d'opter pour une vente amiable ou

---

[1082] Cass. 2e civ., France, 9 avril 2015, n° 14-16878, griefs à la décision attaquée.

[1083] PERROT (R.) et THÉRY (P.), n° 30 ; BRENNER (C.), La vente volontaire de l'immeuble saisi est-elle possible sans l'autorisation du juge de l'exécution ? Mélanges Payet, Dalloz 2011, p. 89 ; J.-J. ANSAULT, L'estocade fatale portée à la vente sur mainlevée volontaire de la saisie immobilière, Lettre d'actualité – Lamy droit de l'exécution forcée, Juillet 2015. Contra H. CROZE, Dans quelles conditions une vente amiable peut-elle passée pendant une procédure de saisie immobilière ? Gaz. Pal., 10 juin 2008, p. 2. Note ANSAULT (J.-J.), Procédures civiles d'exécution, op. cit.,

[1084] Cass. 2e civ., France, 9 avril 2015, n° 14-16878, JurisData n° 2015-007654 : *JCP N* 2015, 1109, obs. F. Vauville *; Procédures* 2015, *comm.* 186, obs. CH. Laporte ; *RD bancaire et fin.* 2015, comm. 97, obs. C. Houin-Bressand. Note ANSAULT (J.-J.), Procédures civiles d'exécution, *op. cit.*,

[1085] BRENNER (C.) et THERY (P.), *La saisie immobilière n'est pas une idole*, D. 2015, p. 1928.

volontaire. Cette option est désormais possible en droit français avec la loi n° 2019-222 du 23 mars 2019 à travers un nouvel alinéa de l'article L. 322-1 du CPC d'exécution. Il dispose qu'« *en cas d'accord entre le débiteur, le créancier poursuivant, les créanciers inscrits sur l'immeuble saisi à la date de la publication du commandement de payer valant saisie, les créanciers inscrits sur l'immeuble avant la publication du titre de vente et qui sont intervenus dans la procédure ainsi que le créancier mentionné au 1° bis de l'article 2374 du Code civil, ils peuvent également être vendus de gré à gré après l'orientation en vente forcée et jusqu'à l'ouverture des enchères* ». L'objectif poursuivi par cette réforme est de permettre la vente volontaire du bien dans l'intérêt sûrement du débiteur mais également des créanciers, puisque la vente se fera avec moins de contestations et limitera aussi les frais de procédures. Toutefois, il faut encore que les parties en cause arrivent à s'entendre pour se mettre d'accord sur cette option, qui ne sera, on l'imagine, pas facile.

PARAGRAPHE 2 : L'EXERCICE DU DROIT DE PREFERENCE FACILITE PAR LA PURGE DE PLEIN DROIT

447. L'objectif du créancier hypothécaire est de se faire payer par préférence sur le prix de la vente du bien hypothéqué, le plus rapidement possible et sans engager trop de frais **(B).** Mais, de l'adjudication à la distribution du prix de vente, le temps paraît très long. Pour cela, une fois la vente devenue définitive, il doit au moins pouvoir être assuré que le prix de vente lui demeure rapidement en paiement de façon sécurisée et sans concours avec d'autres créanciers qui auraient l'habileté de saisir ce prix avant sa distribution **(A).** Heureusement, le droit de suite particulièrement efficace du créancier hypothécaire est à son avantage. La dénonciation de la procédure aux créanciers inscrits facilite aussi la purge de plein droit organisée par le législateur. L'acquéreur ou l'adjudicataire ne peut affranchir l'immeuble acquis de l'hypothèque qui le grève qu'en faisant cette purge. À défaut d'une telle sécurité et en l'absence du versement du prix de vente auquel est astreint l'adjudicataire, les créanciers conservent leur droit de suite sur l'immeuble hypothéqué.

A/ LA NECESSAIRE SECURISATION DU PRIX DE VENTE DE L'IMMEUBLE

448. Les obligations de l'adjudicataire envers les créanciers. – L'adjudication fait peser à l'égard de l'adjudicataire un engagement personnel de payer, en plus d'être tenu *propter rem* envers le ou les créanciers poursuivants et inscrits. Devenu par l'effet du jugement d'adjudication propriétaire du bien hypothéqué sur lequel les créanciers inscrits ont un droit de suite, l'acquéreur au profit duquel l'immeuble hypothéqué a été adjugé, peut être poursuivi par les créanciers s'il ne s'acquitte pas du prix de la vente[1086]. Son engagement personnel lié au paiement du prix est limité au montant de l'adjudication. Mais, surtout en cas de non-paiement du prix, l'AUVE donne la possibilité au saisi, au créancier poursuivant et aux créanciers inscrits ou chirographaires d'intenter une folle enchère. Selon l'article 315 de l'AUVE, elle « *(...) est formée contre l'adjudicataire et éventuellement ses ayants cause. Elle n'est soumise à aucun délai. (...)* ». C'est dire que du moment où l'adjudicataire « *ne justifie pas, dans les vingt jours suivant l'adjudication qu'il a payé le prix, les frais et satisfait aux conditions du cahier des charges et ne fait pas publier la décision judiciaire ou le procès-verbal notarié d'adjudication à la conservation foncière dans les deux mois*[1087] *de la décision d'adjudication* », la folle enchère peut être intentée. Elle tend à mettre à néant l'adjudication comme le dispose l'article 314 de l'AUVE « *en raison des manquements de l'adjudicataire à ses obligations et provoque une nouvelle vente aux enchères de l'immeuble* ». De la sorte, la première adjudication est résolue et le droit de propriété de l'adjudicataire défaillant disparaît rétroactivement au profit du propriétaire saisi[1088]. N'étant plus propriétaire de l'immeuble hypothéqué et cela par effet rétroactif, les actes qu'il a pu passer relativement à l'immeuble doivent disparaître, comme cela a été le cas d'un contrat de bail dont ont été saisis les juges du fond[1089]. Le Tribunal de grande instance de Ouagadougou a d'ailleurs jugé dans ce sens, dans une décision du 8 janvier 2003 en faisant application de l'article 314 de l'AUVE. Il a estimé qu'il « *y a lieu de procéder à la revente de l'immeuble lorsque l'adjudicataire n'a ni payé les sommes dues, ni satisfait aux conditions du cahier des charges*[1090] ». Il en est de même de la Cour de cassation française qui le 11 juillet 2013 a considéré que « *le débiteur saisi conserve le droit, en cas de non-paiement du prix par l'adjudicataire, d'engager une procédure de folle enchère et de poursuivre la résolution judiciaire du jugement d'adjudication*[1091] ». Les

---

[1086] Art 290 al. 5 de l'AUVE.

[1087] Le non-respect du délai des deux mois a pour conséquence la résolution de plein droit de la vente par adjudication. En France, cette solution est consacrée par l'article L. 322-12 du CPC d'exécution. Le TGI de Pontoise l'a encore constatée dans une décision où il a jugé que « *le débiteur est bien fondé à solliciter du juge des criées qu'il constate la résolution de la vente, cette dernière intervenant de plein droit dès l'instant où le délai de deux mois n'a pas été respecté* ». TGI Pontoise, JEX, 6 août 2009, D. 2009, AJ 2169. Note sous l'art. L. 322-12 du CPC d'exécution.

[1088] Cass. com., France, 19 juillet 1982, *Bull. civ.* IV, n° 277.

[1089] Paris, 13 déc. 2002, *JCP* 2003, IV, 1482.

[1090] TGI Ouagadougou, jugement n° 2 du 8 janvier 2003, Tiendrebeogo c/ Tiemtore M. et Tiemtore M. : Ohadata J-04-337. Note DIOUF (N.), AUVE Code vert OHADA, Juriscope 2016, p. 1102.

[1091] Cass. 2e civ., France, 11 juillet 2013, n° 12-13737, *Légifrance*.

conséquences juridiques et surtout économiques de cette réitération d'enchères sont très explicites en droit français. La recherche du meilleur prix de vente notamment celui qui a été arrêté lors de la première enchère guide la nouvelle. En effet, lorsque le prix de revente est moins élevé que celui de la première vente, l'adjudicataire défaillant est tenu de la différence ; le manque à gagner serait préjudiciable aux différentes parties, ce qui fait dire que la réitération de l'enchère est faite aux risques et périls de l'adjudicataire défaillant. En droit français, selon l'article L. 322-12 du CPC d'exécution : « *1°) À défaut de versement du prix ou de sa consignation et paiement des frais, la vente est résolue de plein droit ; 2°) L'adjudicataire défaillant est tenu au paiement de la différence entre son enchère et le prix de la revente, si celui-ci est moindre. Il ne peut prétendre à la répétition des sommes qu'il a acquittées* ».

449. L'adjudicataire doit alors respecter ses engagements en s'acquittant du prix de l'adjudication. Une fois le prix de l'adjudication payé, selon l'alinéa 2 de l'article 290 « *une expédition en est délivrée, selon le cas, par le greffier ou le notaire, à l'adjudicataire après paiement des frais de poursuite et du prix d'adjudication et après l'accomplissement des conditions du cahier des charges qui doivent être exécutées dans les vingt jours de l'adjudication* ». La quittance et les pièces justificatives sont annexées à la minute de la décision judiciaire ou du procès-verbal d'adjudication établi par le notaire et reproduites à la suite de l'expédition. La purge de plein droit est donc subordonnée à l'accomplissement de ces formalités et surtout à la publication du jugement d'adjudication. C'est à bon droit que la Cour de cassation française sur ce sujet a considéré que « *dès lors qu'il retient souverainement l'absence de fraude, (...) la publication du jugement d'adjudication emporte la purge de tous les vices de la procédure antérieure*[1092] ».

450. La consécration de la purge de plein droit par l'article 294 de l'AUVE. – L'adjudicataire qui s'est acquitté du prix de la vente de l'immeuble doit avoir la propriété d'un immeuble libéré ou affranchi des sûretés qui le grèvent. L'article 294 de l'AUVE énonce que le conservateur procède à la mention de la publication, de l'expédition de la décision judiciaire ou du procès-verbal d'adjudication établi par le notaire pour l'adjudication définitive, en marge de la copie du commandement publié. Il précise également que le conservateur procède après cette mention, à la radiation de tous les privilèges et hypothèques

[1092] Cass. 2e civ., France, 24 sept. 2015, n° 14-20.132 P : *D.* 2015. *Actu.* 1961 ; AJDI 2016. 130 obs. de La Vaissière ; *D.* 2016 *Pan.* 1288, obs. Leborgne. Note sous l'article L. 322-14 du CPC d'exécution (France).

inscrits qui se trouvent purgés par la vente, même de ceux inscrits postérieurement à la délivrance des états d'inscription. Dans ce cas, les créanciers n'ont d'action que sur le prix de vente de l'immeuble. La vente de l'immeuble permet de reporter les droits des créanciers sur le prix de vente lorsque celui-ci est payé. Toutefois, ils conservent leur droit de suite sur l'immeuble tant que leurs sûretés demeurent inscrites. D'où le principe de purge de plein droit par l'effet de l'adjudication. Elle permet à l'acquéreur de s'affranchir automatiquement des sûretés qui grèvent l'immeuble qu'il a acquis une fois le prix de l'adjudication versé et consigné. La purge n'est réussie que si le prix proposé par l'acquéreur convient aux créanciers ou s'il ne peut être remis en cause par eux en raison des conditions « *qui font présumer que c'est le meilleur prix qui puisse être obtenu*[1093] ». En l'espèce, l'adjudication et la possibilité de surenchère, ouverte même au créancier, font présumer que le meilleur prix est obtenu. À ce titre, la purge de plein droit est acquise. Le contrôle judiciaire de la vente rassure également les parties, les créanciers en l'occurrence, sur la recherche de ce prix, qu'ils ne peuvent au demeurant pas refuser.

451. Le droit français énonce également dans des termes assez clairs la volonté d'affranchir de plein droit l'immeuble hypothéqué acquis par l'acquéreur adjudicataire. L'article 2213 du Code civil dispose à cette fin que la consignation du prix et le paiement des frais de la vente purgent de plein droit l'immeuble. L'adjudication fixe donc définitivement le prix de vente de l'immeuble et fait peser sur l'adjudicataire un engagement irrévocable de payer sauf à subir les conséquences juridiques et économiques de sa propre défaillance. Le paiement du prix de la vente et sa consignation libèrent de fait l'adjudicataire avec pour conséquence immédiate la radiation des hypothèques et privilèges inscrits, et par là l'extinction du droit de suite des créanciers. C'est pourquoi cette radiation se fait par le conservateur qui est requis à la mener à terme dès que les conditions d'une telle radiation sont réunies. De plus, le législateur français a codifié à travers l'article 2475 du Code civil la protection des droits des créanciers inscrits sur le prix de vente consigné afin d'affranchir l'acquéreur des sûretés qui grève le bien. Il dispose que : « *1°) Lorsque, à l'occasion de la vente d'un immeuble hypothéqué, tous les créanciers inscrits conviennent avec le débiteur que le prix en sera affecté au paiement total ou partiel de leurs créances ou de certaines d'entre elles, ils exercent leur droit de préférence sur le prix et ils peuvent l'opposer à tout cessionnaire comme à tout créancier saisissant de la créance de prix ; 2°) Par l'effet de ce paiement, l'immeuble est purgé du droit de suite attaché à l'hypothèque. (...)* ». Cette solution est constante

---

[1093] CABRILLAC (M.), MOULY (C.), CABRILLAC (S.) et PETEL (P.), Droit des sûretés, *op. cit.*, p. 788.

dans la jurisprudence de la Cour de cassation qui juge que « le droit de préférence des créanciers inscrits peut s'exercer sur le prix déposé chez le notaire »[1094].

452. L'effet extinctif de la consignation du prix de vente pour le saisi. – La question est de savoir à quel moment de la procédure de saisie immobilière, le saisi peut être déchargé d'avoir à s'acquitter de sa dette ? Les articles 290 et 294 de l'AUVE apportent la réponse à cette question. En effet, l'adjudication n'emporte pas de fait un caractère libératoire. Seul le paiement du prix de la vente augmenté des frais de poursuite semble être libératoire. Après paiement, une quittance de paiement et des pièces justificatives sont remises à l'adjudicataire. Elles sont alors annexées à la minute de la décision judiciaire ou du procès-verbal d'adjudication établi par le notaire et reproduites à la suite de l'expédition et vaut titre de vente qui sera publié afin de rendre opposable le droit de propriété de l'adjudicataire aux tiers. Le titre de vente peut également être remis au créancier s'il n'y a pas eu d'adjudicataire. Dans ce cas, le créancier n'est tenu de payer, outre les frais, que le montant du prix d'adjudication excédant sa créance[1095]. L'adjudicataire a un délai de vingt jours à compter de l'adjudication pour faire la preuve du paiement du prix de la vente. C'est dire que dès la consignation du prix de la vente au cours de ce délai, le saisi est déchargé et libéré de sa dette à hauteur bien sûr du montant payé.

453. Cette solution est codifiée par le droit français depuis la réforme de 2006 à travers l'article R. 334-3 du CPC d'exécution qui dispose que : « *Le délai à l'expiration duquel le versement du prix de vente ou sa consignation auprès de la Caisse des dépôts par l'acquéreur produit à l'égard du débiteur tous les effets d'un paiement est de six mois* ». Ceci met fin à l'ancienne solution qui libérait le saisi après la procédure d'ordre, alors « qu'il n'avait pas le pouvoir de faire avancer le règlement[1096] ». Cet article interpelle compte tenu de sa tournure. Il fait croire que si la distribution n'est pas intervenue dans les six mois de la consignation ou du versement du prix de vente de l'immeuble, celle-ci vaut à l'égard du débiteur paiement à hauteur de la part de la vente qui sera remise aux créanciers après la distribution. Mais, la distribution peut parfois réserver son lot de surprises et de contestations d'où il suit que pour les praticiens ce délai est impossible à respecter ou du moins n'est

[1094] Cass. 3e civ., France, 17 janvier 1978 : *JCP N* 1978, II, 147 note Stemmer et Bost ; *D.* 1978, 605, note Souleau ; *RD imm.* 1979, 366, obs. Dagot ; V. également Cass. 3e civ., France, 8 janv. 1980 : *Defrénois* 1980, art. 32347 ; *D.* 1980, 368, rapp. Franck. Note CABRILLAC (M.), MOULY (C.), CABRILLAC (S.) et PETEL (P.), Droit des sûretés, *op. cit.*, p. 794.
[1095] Art. 290 al. 3 de l'AUVE.
[1096] Note CPC d'exécution, Troisième partie sur la distribution du prix, p. 258.

pas réaliste[1097]. Il serait préjudiciable pour le saisi de ne point être libéré de sa dette alors que le prix de vente de l'immeuble a été versé et consigné au profit des créanciers. C'est dire que la consignation est l'acte qui libère véritablement le saisi sans attendre l'expiration du délai prévu par l'article 334-3 du CPC d'exécution.

454. Il faut rappeler que, si le montant de la créance est supérieur à celui du prix de vente par adjudication, le saisi devra la différence sur son patrimoine s'il est le débiteur principal. S'il s'agit d'une caution réelle, elle est déchargée si son engagement se limite à la valeur du bien affecté à l'engagement du débiteur principal.

B/ L'EXERCICE DU DROIT DE PREFERENCE SUR LE PRIX DE VENTE CONSIGNE

455. Le prix de vente du bien est distribué aux créanciers ayant participé à la vente ou ayant fait opposition. Le paiement n'est donc pas exclusif **(1)**. Issu du Code civil français, il faut comprendre par là que « *les biens du débiteur sont le gage commun de ses créanciers ; et le prix s'en distribue entre eux par contribution, à moins qu'il n'y ait entre les créanciers des causes légitimes de préférence*[1098] ». Ce partage est alors fait selon une procédure d'ordre **(2)** définie par les textes. Il se révèle parfois conflictuel **(3)**.

1/ Un paiement non exclusif

456. L'effet non attributif du produit de la vente forcée. – L'engagement de la saisie immobilière par un créancier poursuivant ne crée pas à son égard un effet direct attributif du prix de la vente de l'immeuble. En effet, son droit se heurte à celui des autres créanciers inscrits ou non. S'il est lui-même un créancier inscrit, il fera valoir ses droits tout comme les autres créanciers sur le prix de vente consigné de l'immeuble. C'est la raison d'être de la fameuse procédure d'ordre qui classe les créanciers susceptibles de participer à la distribution du prix de la vente selon un ordre bien déterminé. Ces créanciers viennent alors en concours pour la distribution du prix de vente, celle-ci est pour l'essentiel codifiée par le titre IX de l'AUVE et organisée par les articles 324 à 334. Ces textes ne font aucune différence entre la procédure d'ordre et la procédure de distribution comme le faisaient les législations nationales antérieures inspirées de l'ancienne législation française. Ancienne législation française parce que le décret du 27 juillet 2006 a « *réorganisé en profondeur la distribution à l'effet d'en accélérer et d'en simplifier le processus, tout en favorisant le règlement amiable ; aussi a-t-il fait de la*

[1097] Blog de Maître WICKERS (T.), *La procédure de distribution*, article posté le 23/11/2007 à 07 :40.

[1098] Art. 2285 du Code civil français.

distribution une phase de la procédure de saisie immobilière et non plus une procédure distincte[1099] ». En droit OHADA, la procédure de distribution du prix sur saisie est fixée par l'AUVE notamment à travers les articles 334 et suivants. Par contre, le classement des sûretés comptant pour la distribution des deniers provenant de la réalisation des immeubles est quant à lui dévolu à l'AUS dans l'unique article 225 du nouvel AUS pour plus d'efficacité et de clarté de la règle.

2/ La procédure d'ordre

457. La distance avec le droit français. – L'AUS a revu en profondeur le classement des sûretés pour la distribution des deniers et se démarque des dispositions des droits nationaux qui s'étaient inspirées du droit français. Selon cet ordre, le créancier titulaire d'une hypothèque conventionnelle est primé par : les créanciers des frais de justice engagés pour parvenir à la réalisation du bien vendu et à la distribution elle-même du prix ; les créanciers de salaires superprivilégiés. Par contre, il vient en concours avec les créanciers titulaires d'une hypothèque forcée et ceux séparatistes, inscrits dans le délai légal, chacun selon le rang de son inscription au registre de la publicité immobilière. Viennent ensuite : les créanciers munis d'un privilège général soumis à publicité, chacun selon le rang de son inscription au RCCM ; les créanciers munis d'un privilège général non soumis à publicité, selon l'ordre établi par l'article 180 de l'AUS ; puis les créanciers chirographaires munis d'un titre exécutoire lorsqu'ils sont intervenus par la voie de saisie ou d'opposition à la procédure. L'article précise qu'en cas d'insuffisance de deniers pour désintéresser les créanciers des frais de justice, ceux de salaires superprivilégiés, ceux munis d'un privilège général non soumis à publicité et les créanciers chirographaires, venant à rang égal, ceux-ci concourent à la distribution dans la proportion de leurs créances totales, au marc le franc. C'est dire que les créanciers soumis à une exigence de publicité qui viennent en concours sont payés entièrement compte tenu du prix de vente de l'immeuble. De la sorte, si le prix qui leur est alloué ne peut servir à payer que le premier inscrit, les autres n'auront rien et doivent se reporter au patrimoine du débiteur principal pour d'autres actes de procédures en vue du recouvrement de leur créance.

458. En droit français, tous les créanciers ne sont pas admis à faire valoir leurs droits sur le prix de la vente. L'article L. 331-1 du CPC d'exécution fait état des créanciers : inscrits sur l'immeuble saisi à la date de la publication du commandement de payer valant saisie ; les créanciers inscrits sur l'immeuble avant la publication du titre de vente et qui sont intervenus dans la procédure ainsi que les créanciers privilégiés du 1° bis

[1099] Titre V du décret du 27 juillet 2006 (France), *op. cit.*.

de l'article 2374 du Code civil et les créanciers des frais de justice du 1° bis de l'article 2375 du Code civil. Il a donc été jugé récemment par la Cour de cassation française conformément à l'article L. 331-1 du CPC d'exécution que « *le créancier chirographaire qui n'est pas une partie à la procédure de distribution n'a pas qualité à contester le projet de distribution*[1100] ». Toutefois, si cette solution paraît cohérente par rapport au nouvel article L. 331-1 de la réforme de 2006, en droit OHADA le créancier chirographaire est admis à participer à l'ordre, ayant été cité par l'article 225 du nouvel AUS, puisqu'il a de toutes les façons vocation à être payé sur le reliquat du partage. Il pourrait donc à bon droit s'opposer à la distribution du prix s'il a participé à la procédure de saisie comme partie intéressée. C'est d'ailleurs la solution que le droit français privilégiait avant la réforme de 2006 et reprise dans l'arrêt précité de la Cour de cassation du 12 avril 2018 en ces termes : « *Dans la procédure d'ordre consensuel de l'ancien code de procédure civil, le créancier chirographaire n'était pas admis à participer à l'ordre, mais il pouvait néanmoins, s'il avait fait opposition sur le prix de vente entre les mains du séquestre, saisir le juge d'une demande en annulation de l'ordre pour la seule raison qu'il était intéressé à la procédure, puisqu'il avait vocation à être payé sur le reliquat*[1101] ». Le fait pour l'article 225 de l'AUS de citer le créancier chirographaire permet d'éviter les contentieux liés à un tel partage et à la légitimité du créancier chirographaire. L'immeuble ne constitue-t-il pas après tout le gage commun des créanciers ? Les uns ayant juste plus de droits que les autres.

459. Le partage du produit de la vente. – La distribution du prix de la vente de l'immeuble est la dernière étape de la saisie immobilière. L'intervention du juge n'est sollicitée que lorsque la distribution fait état d'une difficulté insurmontable par les parties. Le législateur OHADA l'a ainsi simplifiée au maximum. La distribution est faite à la diligence soit du greffe soit de l'auxiliaire de justice qui détient les fonds[1102].

460. En présence d'un seul créancier, la distribution ne révèle *a priori* aucune difficulté. L'AUVE fait obligation au détenteur des fonds de les remettre au créancier poursuivant jusqu'à concurrence de sa créance, en principal, intérêts et frais, dans un délai de quinze jours au plus tard, à compter du versement du prix de la vente. Dans le même délai, le solde est remis au débiteur[1103]. Le délai de quinze jours semble dans la pratique peu réaliste mais on peut saluer la volonté du législateur de réduire au maximum ce

---

[1100] Cass. 2e civ., France, 12 avril 2018, n° 17-13-235 P : *D.* 2018, *Pan.* 1231, obs. Leborgne ; Procédures 2018, n° 185, obs. Laporte ; *Gaz. Pal.* 31 juillet 2018, p. 77, obs. Lauvergnat. Note sous l'article L. 331-1 du CPC d'exécution.
[1101] Cass. 2e civ, France, *op. cit.*.
[1102] Art. 325 al. 2 de l'AUVE.
[1103] Art. 324 al. 2 de l'AUVE.

délai. Aussi, le non-respect de ce délai est assorti d'une pénalité puisque les sommes qui sont dues produisent intérêt au taux légal[1104].

461. En présence de plusieurs créanciers, la distribution peut prendre plusieurs tournures. Elle peut recevoir l'adhésion de tous les créanciers et se faire de façon amiable comme elle peut également être rejetée. Dans ce dernier cas, elle nécessitera l'intervention du juge. L'AUVE privilégie alors dans un premier temps la mise en place d'une répartition amiable entre les créanciers, qui se fera sans autre précision du législateur, à l'initiative de l'une quelconque des parties. Mais, il est probable que l'initiative vienne plutôt du créancier poursuivant ; c'est le cas du droit français qui le prévoit à l'article R. 332-2 du CPC d'exécution : « *Lorsqu'il existe plusieurs créanciers répondant aux conditions de l'article L. 331-1, la partie poursuivante notifie, dans les deux mois suivant la publication du titre de vente, une demande de déclaration actualisée des créances aux créanciers inscrits ainsi que, si elle en a connaissance, aux créanciers énumérés à l'article 2375 du Code civil. (...)* ». Même si l'AUVE semble ne pas imposer cette notification au créancier poursuivant et la laisse vraisemblablement à la partie la plus diligente, cela peut aussi rencontrer quelques problèmes de coordination. Mais, le fait pour le législateur OHADA de faire obligation aux créanciers lorsqu'ils sont parvenus à un accord sur la répartition du prix de vente de l'immeuble, d'adresser leur convention sous seing privé ou sous forme authentique au greffe ou à l'auxiliaire de justice, qui détient les fonds en vue du partage, laisse tout de même à penser que c'est au créancier poursuivant qui est à l'origine de la saisie qu'il incombe d'aller au bout de cette procédure. Ce dernier organisera en amont les échanges entre créanciers ou entre les avocats qui les représentent afin d'arriver à un accord sur la répartition du prix de vente de l'immeuble. Dans ce cas, le règlement doit être effectué dans le délai de quinze jours à compter de la réception de l'accord. Toutefois, il n'est pas fait obligation aux parties de tenter la conciliation ou la recherche d'un accord ; ils peuvent après l'expiration d'un délai d'un mois qui suit le versement du prix de la vente par adjudication saisir le président de la juridiction du lieu de la vente ou le magistrat délégué par lui afin de l'entendre statuer sur la répartition[1105]. Cette saisine se fait à l'initiative du créancier le plus diligent.

Il en est de même lorsqu'ils ne sont pas parvenus à un accord. Il appartiendra à la juridiction compétente d'y procéder comme le dispose l'article 326 de l'AUVE en ces termes : « *Si dans le délai d'un mois qui suit le versement du prix de la vente par l'adjudicataire, les créanciers*

[1104] Art. 324 al. 3 de l'AUVE.

[1105] TRHC Dakar, ordonnance du 15 mars 2001, société générale de banques au Sénégal c/ Lobath Fall : *Rép. Credila*, p. 209, obs. N. Diouf ; Ohadata J-03-266. Note sous l'article 326 de l'AUVE.

n'ont pu parvenir à un accord unanime, le plus diligent d'entre eux saisit le président de la juridiction du lieu de la vente ou le magistrat délégué par lui afin de l'entendre statuer sur la répartition du prix ». Cette distribution se fait sur la base de la production faite par tous les créanciers et est adressée à la juridiction compétente saisie avec ce qui leur est dû, le rang auquel ils entendent être colloqués, pièces justificatives à l'appui[1106].

3/ Un partage parfois conflictuel

462. Les conflits entre les créanciers inscrits, titulaires d'hypothèques ou non. – Ce qui fait la simplicité de la procédure d'ordre du droit OHADA et qui rompt avec la complexité de celle du droit français est sans doute la prise en compte d'un ordre par catégorie de privilège. De plus, elle est facilitée par l'absence de la consécration du gage immobilier dans l'espace OHADA. Chaque catégorie citée est claire et la distribution se fait en considération du rang. Le législateur ayant prévu six rangs. Les créanciers viendront alors en concours. Lorsque plusieurs sûretés inscrites faisant l'objet d'une publicité sur un registre public sont en concours, la date d'inscription est celle qui départagera les créanciers. L'hypothèque prenant rang au jour de l'inscription. De fait, l'hypothèque ayant la date d'inscription la plus ancienne sera primée par rapport à celle inscrite postérieurement. Lorsque plusieurs inscriptions ont été faites le même jour sur un même immeuble, la règle inspirée de l'alinéa 2 de l'article 2425 du Code civil français veut que l'on considère comme privilégiée celle dont le titre est le plus ancien. L'acte notarié ayant en la matière date certaine. Cette règle est transposable en droit OHADA[1107].

463. Les limites du caractère indivisible de l'hypothèque. – Une difficulté demeure toutefois lorsque l'hypothèque grève plusieurs immeubles en garantie d'une même créance. Il semble que le choix de la distribution du prix de vente des différents immeubles soit guidé par un « *intérêt correct et avouable*[1108] ».

En raison du caractère indivisible de l'hypothèque, chaque fraction de l'immeuble répond de la dette. En conséquence, la dette est garantie par la totalité de l'immeuble. S'il en existe plusieurs, elle est garantie par tous les immeubles de sorte que le créancier peut, pour se faire payer, réaliser sa sûreté sur l'immeuble dont la valeur lui paraît suffisante. Le droit OHADA prône ce caractère absolu de l'indivisibilité de l'hypothèque. En

---

[1106] Art. 327 de l'AUVE.

[1107] Art. 57 al.2 du nouvel AUS.

[1108] Point de vue de Josserand (L.) dans son ouvrage « De l'esprit des droits et de leur relativité », 2e éd., n° 33 et 34 ; V. également MESTRE (J.), Réflexion sur l'abus du droit de recouvrer sa créance, Mélanges à P. Raynaud, 1985, n° 49 et 50. Note GAUTIER (P.-Y.), *Contre Bentham : l'inutile et le droit, RTD civ.* 1995.797.

guise d'exemple, si l'hypothèque porte sur trois immeubles (X, Y et Z), le créancier peut soit saisir et vendre seulement X si sa valeur suffit à le désintéresser, ou Y ou encore décider d'être colloqué sur les trois. La jurisprudence française, en l'occurrence, a posé le principe en estimant que : « *En vertu du principe de l'indivisibilité, consacré par l'article 2114, le créancier dont l'hypothèque s'étend à plusieurs immeubles sur le prix duquel il veut être colloqué pour la totalité de sa créance, peut, sans que les créanciers ayant sur le même immeuble des hypothèques postérieures en rang puissent le contraindre à diviser sa demande de collocation pour la faire porter proportionnellement sur le prix de tous les immeubles*[1109] ». Il se trouve que, l'exercice de ce droit par le créancier titulaire d'une hypothèque générale de rang supérieur, même s'il est absolu et légal, peut nuire au droit des créanciers à hypothèque unique de rang inférieur s'il est exercé sans intérêt sérieux[1110]. Mesurant la portée de ce droit, la jurisprudence l'assortit de tempérament dans la mesure où la nuisance du titulaire de l'hypothèque générale peut être évitée. Ceci bien entendu limite la liberté du choix du créancier qui a une hypothèque multiple[1111] et ouvre droit à des options, qui ne sont pas toujours fixes en jurisprudence selon la situation en cause. Ce tempérament a pu tantôt avoir pour fondement l'abus de droit : le créancier titulaire d'une hypothèque générale abuserait de son droit s'il l'exerce « *frauduleusement et sans intérêt légitime*[1112] ». Il y trouverait par exemple intérêt s'il avait un rang moins préférable sur l'un des immeubles. La Cour de cassation a par exemple estimé « *qu'en l'absence d'un avantage légitime, l'exercice de l'option engage la responsabilité du créancier à hypothèque multiple. Son attitude devient fautive car il abuse de son droit*[1113] ». Le tempérament peut aussi avoir pour fondement la recherche de la « *logique et de l'équité* » afin de désintéresser le plus grand nombre de créanciers et éviter de « sacrifier » l'un d'entre eux. La Cour de cassation a donc jugé « *qu'aucun texte de loi ne défend aux juges de répartir l'hypothèque générale sur chaque immeuble au marc le franc de sa valeur*[1114] » et « *de colloquer ce qui reste aux créanciers à*

[1109] Cass. civ., France, 9 mai 1905, DP 1909.1.225, note De Loynes. Cité par GAUTIER (P.-Y.), *Contre Bentham : l'inutile et le droit, op. cit.* ; V. PLANIOL (V.) et RIPERT, Traité pratique de droit civil, 2e éd., t, XII, par E. Becqué, n° 340 : « Le créancier peut faire porter tout le poids de sa créance sur chacun des immeubles, sans qu'on puisse le contraindre à diviser ses poursuites entre les biens ».

[1110] Sur le droit de nuire, v. KARILA De VAN (J.), *Le droit de nuire*, *RTD civ.* 1995.533.

[1111] CABRILLAC (M.), MOULY (C.), CABRILLAC (S.) et PETEL (P.), Droit des sûretés, *op. cit.*, p. 774.

[1112] Cass. civ., France, 9 mai 1905, *op. cit.*.

[1113] Cass. 3e civ., France, 15 février 1972, *D.* 1972.463, note E.F. CABRILLAC (M.), MOULY (C.), CABRILLAC (S.) et PETEL (P.), Droit des sûretés, *op. cit.*, p. 774.

[1114] Cass. civ., France, 26 déc. 1853, *DP* 1855.1.200 ; V. aussi Cass. civ., France, 7 févr. 1949, *S.* 1949.1.144 ; *RTD civ.* 190, 104, obs. P. Raynaud.

hypothèque spéciale[1115] ». Pour Pierre-Yves Gauthier, ce dernier cas « *est un cas d'utilité maximale, puisée dans une combinaison des droits des divers créanciers en présence afin de faire pièce à la pesante inutilité des droits de l'un d'entre eux* ». Toutefois, cette méthode est critiquée puisqu'elle met les créanciers à hypothèque unique sur un pied d'égalité[1116]. La solution n'est donc pas figée et tend juste à réduire le pouvoir de nuisance du créancier titulaire d'une hypothèque générale et qui se trouve visiblement dans une situation de surabondance de sa garantie eu égard au montant de sa créance.

[1115] GAUTIER (P.-Y.), Contre Bentham : l'inutile et le droit, op. cit.

[1116] CABRILLAC (M.), MOULY (C.), CABRILLAC (S.) et PETEL (P.), Droit des sûretés, *op. cit.*.

SECTION 2 : LA RELATIVE SIMPLICITE DE LA PROCEDURE DE VENTE FORCEE EN MATIERE MOBILIERE

464. En matière mobilière, la vente forcée n'est applicable qu'aux sûretés classiques eu égard à leur régime juridique et à leur assiette. En raison de leur nature très volatile et du besoin du constituant de les utiliser pour son activité, la vente forcée s'avère parfois difficile à engager par le créancier, surtout si son droit de suite est fragilisé. Le législateur a alors décidé comme en droit français d'offrir la possibilité au constituant de vendre le bien garanti volontairement **(Paragraphe 1)** lorsqu'est engagée à son encontre une procédure de vente forcée. Elle allège ainsi la vente forcée et met en confiance le constituant qui pourrait au demeurant vendre plus vite le bien garanti en faisant appel à son propre réseau d'affaires. Il est plus qu'évident que la nature des biens meubles complexifie la bonne marche de ce mode traditionnel de réalisation qui nécessite souvent au demeurant l'appréhension du bien afin de le mettre sous main de justice. Selon la nature du bien et le mode d'opposabilité de la sûreté, la vente forcée sera réalisée avec plus ou moins de difficultés **(Paragraphe 2)**.

PARAGRAPHE 1 : UNE VENTE FORCEE EN DERNIER RECOURS

465. La vente forcée des meubles paraît moins complexe dans sa réalisation que la procédure de saisie immobilière. Pour faciliter cette réalisation, le législateur a prévu la faculté pour le constituant de procéder à une vente volontaire préalable, la vente forcée ne se ferait alors qu'en dernier recours. Le risque que cette procédure n'aboutisse pas ou retarde injustement la vente forcée serait moindre en matière mobilière qu'en matière immobilière. Mais, dans la pratique, il n'est pas sûr qu'elle soit toujours couronnée de succès.

466. Consécration de la vente mobilière volontaire ou amiable par le nouvel AUS. – Les articles 115 à 119 du nouvel AUS consacrent la vente mobilière amiable de l'objet saisi dans le but « d'humaniser » la procédure de vente forcée. Il s'agit là d'associer le débiteur saisi à la procédure quand bien même il serait en faute, en raison de l'inexécution de son obligation. La consécration de cette procédure amiable est donc un moyen qui vise avant tout à permettre au constituant de tirer le meilleur prix de la vente de son bien en toute confiance. Elle peut aussi avoir pour effet d'éviter la soustraction frauduleuse du bien. Il s'agit de trouver un équilibre entre les intérêts des deux parties. Cette procédure est également consacrée en droit français pour les mêmes raisons. À cet effet, l'article L. 221-3 alinéa 2 du CPC d'exécution dispose que : « *Le débiteur contre lequel est poursuivie une mesure d'exécution forcée peut, dans les conditions prévues par décret en Conseil d'État, vendre volontairement les biens saisis pour en affecter le prix au paiement des créanciers* ». L'article 115 de l'AUS dispose dans les mêmes termes que : « *Le débiteur contre lequel est poursuivie une mesure d'exécution forcée peut vendre volontairement, dans les conditions [prévues par l'AUVE] les biens saisis pour en affecter le prix au paiement des créanciers* ». La procédure de vente amiable devrait intervenir avant la vente forcée sauf si le débiteur y renonce. C'est donc en l'absence de vente amiable que la vente forcée doit intervenir. Le législateur OHADA privilégie ainsi la procédure amiable à la procédure forcée qui laisse parfois « un goût amer » au débiteur.

467. Les conditions du transfert de propriété du bien vendu. – L'AUVE ouvre au débiteur un délai d'un mois à compter de la notification du procès-verbal de saisie pour procéder lui-même à la vente des biens saisis. Mais les biens saisis restent toutefois indisponibles sous la responsabilité du gardien[1117]. En effet, le législateur protège les intérêts du créancier en ne permettant pas le déplacement du bien avant la consignation du prix par l'acquéreur. L'huissier ou l'agent d'exécution est le garant de la bonne marche de cette procédure. Le débiteur l'informe des propositions qui lui ont été faites en indiquant toutes les informations nécessaires à l'identification des éventuels acquéreurs, ainsi que le délai dans lequel le prix proposé sera consigné. Il communique dans le même temps ces informations au créancier saisissant et aux créanciers opposants par lettre recommandée avec avis de réception ou tout moyen laissant trace écrite[1118]. En l'absence de réponse, ils sont réputés avoir accepté. Il ne peut alors être procédé à la vente forcée qu'après l'expiration d'un délai d'un mois et s'il y a lieu augmenté de quinze jours impartis aux créanciers pour donner leur réponse[1119]. Un refus de leur part peut être tranché par le juge si le prix proposé permet normalement de tous les désintéresser. Le contraire est, nous pensons, laissé à l'appréciation du juge.

468. Pour l'efficacité de la procédure, le transfert de propriété et la délivrance des biens sont subordonnés à la consignation du prix. À défaut de consignation dans le délai convenu, il est procédé à la vente forcée[1120]. Le législateur ne prévoit toutefois pas de délai pour la consignation du prix et se contente d'affirmer qu'elle est faite dans le délai convenu. Il aurait

---

[1117] Art. 116 de l'AUVE.
[1118] Art. 117 de l'AUVE.
[1119] Art. 177 al. 5 de l'AUVE.
[1120] Art. 118 de l'AUVE.

été bénéfique surtout pour les besoins de la procédure qu'un délai soit proposé. Mais on peut aussi estimer qu'elle peut et doit se faire dans le délai d'un mois imparti au débiteur pour procéder à la vente volontaire. Néanmoins, il est possible de considérer qu'il y a vente s'il y a accord sur la chose et le prix, le versement effectif du prix pouvant intervenir plus tard avec pour conséquence le transfert de propriété du bien vendu. Si cet accord est obtenu dans le délai d'un mois, la vente forcée ne devrait normalement pas intervenir. Le dépassement de ce délai sera soumis à l'appréciation du juge et peut aussi être source de nombreux contentieux. Le refus d'autoriser la vente entraîne alors selon l'article 119 de l'AUVE « la responsabilité du créancier » si ce refus est inspiré par une intention de nuire. Il appartient au débiteur d'en faire la preuve. Elle ne sera pas aisée à démontrer contrairement au créancier qui peut motiver son refus par les manœuvres du débiteur tendant à soustraire le bien gagé de la vente ou les menaces relevées pour le recouvrement de sa créance. Le juge reste donc au cœur de l'appréciation de cette responsabilité.

PARAGRAPHE 2 : UNE EFFICACITE SELON LA NATURE DU BIEN ET LE MODE D'OPPOSABILITE DE LA SURETE

469. Selon le mode d'opposabilité et la nature du bien meuble garanti, la réalisation de la sûreté mobilière en cause paraît soit, *a priori* aisée lorsque la sûreté est constituée avec la dépossession comme critère d'efficacité **(A)** soit, moins aisée lorsque la sûreté est constituée sans la dépossession du constituant **(B)**. L'efficacité de la réalisation découle alors soit du caractère occulte ou non de la sûreté soit encore *in fine* de son régime juridique. L'engagement de cette procédure diffère selon le mode d'opposabilité retenu et conditionne aussi son efficacité. Sa finalité est la vente du bien pour en faire apparaître la valeur afin qu'elle profite aux créanciers. En raison de la publicité généralisée pour l'opposabilité des sûretés mobilières, on peut regretter que contrairement à la vente forcée immobilière, le législateur n'ait prévu aucune règle pour la procédure de purge **(C)**.

A/ LA POSSESSION DU BIEN GARANTI PAR LE CREANCIER : CAS DES SURETES MOBILIERES CONVENTIONNELLES CLASSIQUES

470. Efficacité de la vente forcée lorsque le bien garanti est resté en la possession du créancier. – Au même titre que la saisie immobilière, la mise en œuvre d'une sûreté mobilière ne peut s'exercer qu'après l'obtention d'un titre exécutoire constatant une créance liquide et exigible[1121]. S'il n'est pas acquis dès la constitution de la sûreté par un

[1121] Art. 91 de l'AUVE.

acte notarié revêtu de la formule exécutoire, ce titre doit être obtenu judiciairement pour constater l'inexécution de l'obligation garantie et la consistance de la créance avant l'exécution forcée. Pour mener à bien cette exécution forcée par la vente du bien, le créancier peut décider comme en matière immobilière de le rendre indisponible par une saisie. Mais, s'il l'a en sa possession ou par l'intermédiaire d'un tiers convenu en son nom, cette saisie devient inutile.

Dans le gage de meubles corporels constitué avec dépossession, la saisie est donc inutile au déclenchement de la vente forcée. La possession du créancier est aussi efficace en raison de son droit de rétention. Il peut alors faire le choix de ne pas engager la vente du bien qui aurait pour conséquence de le mettre en concours avec d'autres créanciers **(2)**. Sa condition est néanmoins fragile depuis l'avènement de l'AUS de 2010 puisque son droit de rétention ne peut être opposable au droit de préférence d'un créancier antérieur qui a régulièrement publié sa sûreté[1122]. Il pourra alors être dépossédé du bien si ce dernier réalise sa sûreté avant la sienne. Plusieurs conséquences y sont attachées **(1)**.

1/ Le choix de la rétention

471. Le choix d'un désintéressement sans solliciter la valeur du bien. – Droit légitime de blocage du bien garanti, le droit de rétention permet au créancier de retenir le bien tant qu'il n'a pas été payé de la totalité de sa créance en principal, intérêts et accessoires. Cette faculté rend exclusif le droit au paiement du gagiste rétenteur tant qu'il maintient sa rétention. Mais, en réalité, la rétention du bien ne sert qu'à provoquer un désintéressement optimal. La valeur du bien n'est alors pas sollicitée pour éteindre la créance garantie. Le bien sert plutôt à provoquer ce paiement. Le droit exclusif serait alors exercé sur le bien et non sur sa valeur. Le débiteur n'aura d'autre choix que de le désintéresser par un autre moyen afin de récupérer le bien dont la valeur pourra au demeurant profiter à d'autres créanciers ou servir l'activité du débiteur. Il maintient alors son « droit exclusif » qui est un droit exclusif de blocage tant qu'il garde le bien et ne poursuit pas sa vente forcée pour faire apparaître sa valeur sur laquelle il n'a qu'un droit de préférence.

472. La renonciation du droit de rétention par le gagiste. – Dans le cadre du gage de meubles corporels, le créancier rétenteur conserve son droit d'agir. Lorsque le créancier décide alors d'agir et de réaliser son gage, la vente du bien permet de faire apparaître sa valeur. Le prix de vente génère une obligation de partage qui met les créanciers en situation de concours. Le gagiste ne peut ainsi qu'exercer son droit de préférence étant entendu que c'est le privilège que sa sûreté lui octroie naturellement. Il est alors

---

[1122] Art. 107 al. 2 du nouvel AUS.

possible que le gagiste soit dépossédé du bien en raison de l'exécution forcée engagée par un autre créancier ou qu'il soit tout simplement moins privilégié sur le produit de la vente. La renonciation à la faculté de rétention pour l'exercice du droit d'agir relègue ainsi son « droit exclusif » ou sa capacité à mobiliser un paiement exclusif en un droit de préférence exercé sur le produit de la vente du bien. Cette analyse qui est cohérente avec la nouvelle conception du droit de rétention de l'AUS de 2010 n'était pourtant pas si évidente dans l'ancien AUS qui autorisait, comme pour le gage, le créancier rétenteur à réaliser sa sûreté. L'absence du droit d'agir dans le cadre de la rétention conforte donc le droit exclusif au paiement du créancier rétenteur et le réconcilie avec l'effet énergique qu'il procure. Comme le rappelle un auteur : « *La reconnaissance du droit de rétention assure au créancier gagiste une position très favorable [et] peut attendre d'être désintéressé avant de se dessaisir du bien. Le droit n'est perdu qu'en cas de perte volontaire de la possession de la chose*[1123] ».

2/ La vente pour l'exercice du droit de préférence

473. Une vente forcée avec paiement du prix comptant. – L'alinéa premier de l'article 104 du nouvel AUS dispose que : « *Faute de paiement à l'échéance, le créancier gagiste muni d'un titre exécutoire peut faire procéder à la vente forcée de la chose gagée, huit jours après une sommation faite au débiteur et, s'il y a lieu, tiers constituant du gage dans les conditions prévues par les dispositions organisant les voies d'exécution auxquelles le contrat de gage ne peut déroger. Dans ce cas, il exerce son droit de préférence sur le prix de la chose vendue (...)* ». Sauf si le bien demeure entre les mains du constituant nécessitant éventuellement une procédure de saisie prévue par l'AUVE, le créancier peut, après une sommation faite au constituant du gage mais restée infructueuse saisir le juge dans les huit jours pour faire procéder à la vente du meuble garanti. Les conditions de cette vente forcée sont détaillées aux articles 120 à 128 de l'AUVE. Elle est effectuée aux enchères publiques, par un auxiliaire de justice habilité par la loi nationale de chaque État partie, soit au lieu où se trouvent les objets saisis, soit en une salle ou un marché public dont la situation géographique est la plus appropriée pour solliciter la concurrence à moindres frais[1124]. En cas de désaccord entre le créancier et le débiteur sur le lieu où doit s'effectuer la vente, la juridiction compétente statuant en matière d'urgence tranche ce différend dans les cinq jours de sa saisine par la partie la plus diligente[1125]. Une publicité de la vente est organisée dans les conditions

[1123] LEGEAIS (D.), Sûretés et garanties du crédit, *op. cit.*, p. 333.
[1124] Art. 120 al. 1 de l'AUVE.
[1125] Art. 120 al. 2 de l'AUVE.

de l'article 121 de l'AUVE et son accomplissement certifié par l'huissier ou l'agent d'exécution[1126]. Le débiteur est alors avisé par l'huissier ou l'agent d'exécution des lieu, jour et heure de la vente, dix jours au moins avant sa date par lettre recommandée avec demande d'avis de réception ou par tout moyen laissant trace écrite. La mention de cette information est consignée dans le certificat établi par l'huissier ou l'agent d'exécution[1127]. Pour la Cour d'appel d'Abidjan, le manquement à cette information n'est pas assorti d'une sanction, elle a jugé que « *c'est à tort que le juge des référés a prononcé la nullité du procès-verbal de recollement à la demande du débiteur qui n'a pas justifié du préjudice qu'il aurait subi du fait de cette violation*[1128] ». Cette information au débiteur n'est-elle pas importante pour l'assortir d'une sanction ? Il semble que, dès lors que le débiteur ne fait pas la preuve d'un préjudice qu'il aurait subi, la procédure devrait suivre son cours. Il appartient à la CCJA de se prononcer alors sur ce texte.

Contrairement à la vente immobilière, l'adjudication est faite à un prix qui est payable comptant, faute de quoi, l'objet est revendu à la folle enchère de l'adjudicataire[1129]. Préalablement à la vente, l'agent chargé de la vente procède à la vérification de la consistance et à la nature des biens à vendre et en dresse un procès-verbal[1130]. La vente est arrêtée lorsque le prix des biens vendus assure le paiement du montant des causes de la saisie et des oppositions, en principal, intérêts et frais[1131]. L'auxiliaire de justice chargé de la vente est alors le garant de la bonne marche de la procédure ainsi que du paiement du prix de la vente[1132]. C'est lui qui dresse le procès-verbal de la vente qui contient selon l'article 127 de l'AUVE : la désignation des biens vendus, le montant de l'adjudication et l'énonciation déclarée des noms et prénoms des adjudicataires. La procédure de vente forcée des meubles est donc plus diluée que celle de la vente des immeubles, ce qui ne l'exonère toutefois pas des incidents et contestations.

474. Ces incidents peuvent être l'œuvre d'autres créanciers qui participent à la procédure par le moyen d'une opposition, en procédant, au besoin, à une saisie complémentaire. Les dispositions relatives aux incidents sont communes à toutes les procédures, avec ou sans saisie. Toutefois, aucune opposition ne peut être reçue après la vérification de la consistance et la

---

[1126] Art. 122 de l'AUVE.

[1127] Art. 123 de l'AUVE.

[1128] CA Abidjan, ch. civ. et com., 19 avril 2005, n° 457, société Comatec c/ Ets Nikiema J.-B. : Ohadata J-09-355. Note sous l'article 123 de l'AUVE.

[1129] Art. 125 de l'AUVE.

[1130] Art. 124 de l'AUVE. Ce dernier fait mention des objets manquants et de ceux qui auraient été dégradés.

[1131] Art. 126 de l'AUVE.

[1132] Art. 128 de l'AUVE.

nature des biens saisis par l'huissier ou l'agent d'exécution chargé de la vente[1133]. Les oppositions peuvent donc aussi venir du débiteur lui-même et porter sur la propriété ou la saisissabilité du bien objet de la vente ou d'un créancier inscrit qui aurait appris la vente par la publicité qui en est faite.

B/ VENTE FORCEE ET POSSESSION DU BIEN GARANTI PAR LE DEBITEUR

475. La saisie en cas de possession du bien par le constituant. – L'article 104 alinéa 1 du nouvel AUS consacre le droit commun de la vente forcée pour la réalisation des sûretés mobilières. Toutefois, ses dispositions sont soit complétées ou renvoyées à l'AUVE pour la procédure à engager, soit ne s'appliquent pas à certaines sûretés mobilières régies par l'OHADA. Dans ce cas ils font l'objet d'une procédure particulière de saisie ou de toute autre procédure d'exécution. Les dispositions concernant les voies d'exécution forcée ne peuvent en ce sens être ignorées lorsqu'elles sont prévues par l'AUVE. Pour les sûretés réelles, il s'agit des dispositions liées à la saisie-vente des meubles corporels **(1)** et à celles liées à la vente des meubles incorporels **(2).** Ces dernières ne sont toutefois pas prises en compte dans leur globalité dans l'AUVE qui peine à se réformer et à s'adapter à son temps. Il n'a prévu que des dispositions liées aux droits d'associés et valeurs mobilières, ou encore à la saisie-attribution de sommes d'argent. Ces biens font l'objet d'une saisie préalable à la vente forcée qui a pour finalité de les placer sous main de justice afin de les faire vendre en vue de se faire payer sur le produit de la vente.

1/ Le droit commun de la vente forcée des meubles corporels

476. La vente forcée des meubles corporels est largement consacrée au sein de l'AUVE et constitue le droit commun de la vente de tous les biens meubles corporels. Toutefois, depuis l'adoption de l'AUVE du 10 avril 1998, ces textes n'ont pas fait l'objet d'une mise à jour pour se conformer à l'évolution récente de l'AUS du 15 décembre 2010 qui a multiplié les sûretés sans dépossession opposables par la publicité **(a)**. Cette dernière ayant prévu une plus grande catégorie de sûretés et remodelé leur exécution forcée. Il convient alors, au risque d'amoindrir l'efficacité des sûretés réelles prévues par le nouvel AUS, d'inviter le législateur OHADA à opérer une mise à jour de l'AUVE **(b).**

a/ Une procédure mal adaptée au gage sans dépossession

477. La nécessité de faire une saisie. – L'AUS prévoit en son article 104 alinéa 1 que : « Faute de paiement à l'échéance, le créancier gagiste muni

[1133] Art. 130 al. 2 de l'AUVE.

d'un titre exécutoire peut faire procéder à la vente forcée de la chose gagée, huit jours après sommation faite au débiteur et, s'il y a lieu, au tiers constituant du gage dans les conditions prévues par les dispositions organisant les voies d'exécution auxquelles le contrat ne peut déroger. (…) ». Selon l'article, faute de paiement à l'échéance, le créancier muni d'un titre exécutoire peut faire procéder à la vente forcée de la chose gagée, huit jours après sommation faite au débiteur. Sauf que les dispositions de l'AUVE auxquelles l'article renvoie et auxquelles le contrat ne peut déroger prévoient une série d'étapes à respecter avant de procéder à la vente forcée d'un bien meuble. Ainsi, la lecture combinée des articles 91, 92 éclairent sur les conditions à remplir pour cette vente forcée. Ces conditions visent la protection du constituant et installent la confiance entre les parties. À cette fin, l'article 91 dispose que : « 1. Tout créancier muni d'un titre exécutoire constatant une créance liquide et exigible peut, après signification d'un commandement, faire procéder à la saisie et à la vente des biens meubles corporels appartenant à son débiteur, qu'ils soient ou non détenus par ce dernier, afin de se payer sur le prix ; 2. Tout créancier remplissant les mêmes conditions peut se joindre aux opérations de saisie par voie d'opposition ». Il ne peut donc pas être procédé à la vente forcée des meubles corporels en l'absence d'un commandement. Il a été jugé en ce sens que « le procès-verbal de saisie-vente doit être annulé lorsqu'il résulte de son examen qu'il n'y a pas eu de commandement et qu'il est fait référence à des actes qui ont été annulés[1134] ». Le commandement doit selon l'article 92 contenir à peine de nullité : « mention du titre exécutoire en vertu duquel les poursuites sont exercées avec le décompte distinct des sommes réclamées en principal, frais, intérêts échus ainsi que l'indication du taux d'intérêt ; commandement d'avoir à payer la dette dans un délai de huit jours, faute de quoi il pourra y être contraint par la vente forcée de ses biens meubles ». Les biens meubles cités étant ceux qui ont été gagés. Le commandement qui ne contient donc pas les mentions obligatoires de l'article 92 doit également être déclaré nul[1135]. Mais une surestimation de la somme réclamée n'est manifestement pas une cause de nullité selon la CCJA qui estime qu'un commandement fait pour des sommes réclamées supérieures aux montants réels de la dette demeure valable jusqu'à due concurrence[1136].

Les biens saisis sont indisponibles, c'est-à-dire que la saisie empêche la vente du bien par le constituant, surtout qu'il s'agit de biens meubles

---

[1134] Section du Tribunal de Sassandra, jugement n° 42 du 20 fév. 2003 : Ohadata J-04-307.

[1135] TPI Ngongsamba, ordonnance de référé n° 16/REF du 25 avr. 2001, société des établissements Nyamédio c/ Ngoumela M. : Ohadata J-04-440 ; v. également CA Abidjan, arrêt n° 39 du 11 janv. 2005, société d'exploitation des fermes avicoles Sidibé dite Sefas c/ Sidibé I. et Ahvi Kacou B. : Ohadata J-07-16.

[1136] CCJA, arrêt n° 025/2011 du 6 décembre 2011, Rec. CCJA n° 17, 2011, p. 61.

dont la traçabilité peut être difficile. À l'expiration d'un délai de huit jours à compter du commandement de payer resté sans effet, l'huissier ou l'agent d'exécution procède par tous moyens légaux à la saisie physique du bien garanti. Il peut pour cela pénétrer dans les lieux abritant le meuble à saisir. Si le déplacement des meubles saisis est nécessaire pour les besoins de la vente forcée, le créancier en est informé par l'huissier ou l'agent d'exécution. En tout état de cause, ce dernier indiquera au créancier le lieu où les biens seront placés[1137].

La saisie peut alors être faite entre les mains du débiteur ou d'un tiers **(a-1)**. Elle peut également se faire par une procédure particulière afin de soustraire le bien des mains de son détenteur **(a-2)**. Elle ne prend toutefois pas suffisamment en compte la nécessité d'une dénonciation aux créanciers inscrits.

a-1/ Une saisie entre les mains du détenteur

478. La saisie entre les mains du débiteur. – Lorsque la saisie est faite entre les mains du débiteur en sa présence, le législateur fait obligation à l'huissier ou à l'agent d'exécution de lui rappeler verbalement avant toute saisie « *la demande de paiement et qu'il est tenu de faire connaître les biens qui auraient fait l'objet d'une saisie antérieure* ». Le procès-verbal d'acte de saisie qui lui est remis comporte un inventaire des biens et des mentions obligatoires en dix points dressé par l'article 100 de l'AUVE. Les points six et sept dont la teneur suit sont rappelés verbalement en présence du débiteur : que les biens saisis sont indisponibles, qu'ils sont placés sous la garde du débiteur, qu'ils ne peuvent être ni aliénés, ni déplacés, si ce n'est dans le cas prévu par l'article 97 de l'AUVE sous peine de sanctions pénales, et que le débiteur est tenu de faire connaître la saisie ainsi effectuée à tout créancier qui procéderait à une nouvelle saisie des mêmes biens ; l'indication que le débiteur dispose d'un délai d'un mois pour procéder à la vente amiable des biens saisis dans les conditions de l'article 119 de l'AUVE. Le procès-verbal de saisie qui lui est remis vaut signification[1138]. En plus de ces mentions qui figurent dans l'acte de saisie à peine de nullité, d'autres mentions y figurent.

Dans le cas contraire, s'il n'a pas assisté à la saisie, il lui est signifié une copie du procès-verbal de saisie lui impartissant un délai de huit jours pour qu'il porte à la connaissance de l'huissier ou de l'agent d'exécution l'existence d'une éventuelle saisie antérieure et qu'il lui en communique le procès-verbal[1139].

On peut déplorer le fait que la procédure ne fasse pas obligation à l'huissier ou à l'agent d'exécution d'indiquer au débiteur de signaler les

---

[1137] Art. 97 de l'AUVE.
[1138] Art. 101 de l'UAVE.
[1139] Art. 102 de l'AUVE.

sûretés qui grèvent le bien saisi comme le prévoient les dispositions de l'AUVE en matière de saisie immobilière. Cette déclaration aurait pu permettre à l'huissier ou à l'agent d'exécution d'informer les bénéficiaires de sûretés inscrites sur le bien. Cette omission démontre d'ailleurs que l'AUVE ne s'est pas adapté à la réforme de l'AUS de 2010 ou tout simplement qu'il ignore la possibilité qu'un bien meuble fasse l'objet de plusieurs sûretés.

479. Même si la saisie rend indisponible la chose gagée et limite par voie de conséquence les pouvoirs du débiteur ou du constituant ayant conservé la propriété sur lesdites choses, il en conserve toutefois l'usage à moins qu'il ne s'agisse de biens consomptibles. En ce cas, comme le législateur le précise, il sera tenu d'en respecter la contre-valeur estimée au moment de la saisie. Il lui incombe alors un devoir de garde et une interdiction de déplacer les choses saisies. Mais, étant des biens meubles, et d'une nature volatile, il peut être décidé de désigner un séquestre[1140] dans le but de protéger les intérêts du créancier saisissant contre la mauvaise foi du débiteur saisi, pour éviter que ces biens ne soient subtilisés ou soustraits du gage du créancier. La conservation de la propriété des biens saisis ainsi que leur possession par le débiteur accentuent de tels risques pour le créancier. Sur ce point, les juges n'hésitent pas à ordonner la mise sous séquestre de ces biens lorsque les créanciers en font la demande. Ainsi, pour les juges du TGI de Bobo-Dioulasso, *« il y a lieu de faire droit à la demande tendant à obtenir la désignation d'un séquestre lorsque l'exécution forcée entreprise se heurte à la réticence du débiteur qui avait déjà empêché une première saisie en tractant de nuit ses biens pour tenter de les dissimuler*[1141] ». C'est aussi pour éviter ces risques que l'alinéa 3 de l'article 103 prévoit une disposition particulière pour les véhicules terrestres à moteur : « *Si parmi les biens saisis se trouve un véhicule terrestre à moteur, la juridiction compétente peut, après avoir entendu les parties ou celles-ci dûment appelées, ordonner son immobilisation jusqu'à son enlèvement en vue de la vente par tout moyen n'entraînant aucune détérioration du véhicule* ». Les mêmes dispositions sont applicables lorsque le véhicule est saisi auprès d'un tiers[1142].

480. La saisie entre les mains d'un tiers. – Elle est faite entre les mains d'un tiers qui détient le bien du débiteur lorsque le créancier met en œuvre son droit de suite. Dans la mesure où le titre exécutoire qui est la base de la saisie ne mentionne pas le nom du tiers détenteur du bien à saisir, le législateur fait obligation que soit recueillie une autorisation de la part de

---

[1140] Art. 103 al. 2 de l'AUVE.

[1141] TGI de Bobo-Dioulasso, ordonnance de référé n° 002 du 17 janv. 2003, Mandé R. et a. c/ société de transport et de commerce du Burkina (Stcb) : Ohadata J-04-48.

[1142] Art. 113 al 2 de l'AUVE.

la juridiction du lieu où sont situés les biens[1143]. L'huissier invite alors le tiers à déclarer l'emplacement du bien en question qu'il détient pour le compte du débiteur. Il s'expose à des sanctions comme la condamnation au paiement des causes de la saisie ou au paiement des dommages-intérêts s'il se rend coupable de déclaration mensongère ou inexacte[1144]. Le créancier peut également en respectant la même procédure, pratiquer une saisie sur soi-même lorsqu'il détient légitimement des biens appartenant à son débiteur[1145]. Lorsque le bien à saisir est identifié en la présence du tiers, l'huissier ou l'agent d'exécution dresse un inventaire des biens, rappelle verbalement au tiers que toute déclaration mensongère ou inexacte l'expose à des condamnations.

Il lui rappelle également l'indisponibilité des biens saisis, leur placement sous la garde du débiteur, le fait qu'ils ne peuvent être ni aliénés ni déplacés, si ce n'est dans le cas prévu à l'article 97 de l'AUVE sous peine de sanctions pénales. Il précise pour finir le fait que le saisi peut refuser la garde des biens saisis et peut à tout moment demander à en être déchargé. Dans ce cas, l'huissier ou l'agent d'exécution pourvoit à la nomination d'un gardien et à l'enlèvement des biens. Une copie du procès-verbal de saisie lui est remise à titre de signification. Si la saisie a été faite en son absence, la copie du procès-verbal de saisie lui est signifiée en lui impartissant un délai de huit jours pour qu'il porte à la connaissance de l'huissier ou de l'agent d'exécution l'existence d'une éventuelle saisie antérieure sur les mêmes biens et qu'il lui communique le procès-verbal. Une copie de ce procès-verbal est également signifiée au débiteur huit jours au plus tard après la saisie. À peine de nullité, il est indiqué que le débiteur dispose d'un délai d'un mois pour procéder à la vente amiable des biens saisis dans les conditions prescrites par les articles 115 à 119 de l'AUVE. Ces règles sont de nature à mettre en confiance les acteurs économiques et surtout les parties à l'opération de crédit puisqu'elles garantissent leurs droits. L'évocation de la vente amiable qui doit précéder la vente forcée est toujours rappelée au débiteur afin de lui permettre de tirer le meilleur prix de vente du bien saisi. Il faut tout de même rappeler que la pratique de cette vente amiable risque d'être ardue pour le débiteur si les biens sont placés sous séquestre. Il est parfois alors difficile de tirer le meilleur prix d'un bien dont l'acquéreur sait qu'il a été saisi. L'acquéreur aura tendance à en diminuer le prix puisqu'il connaît la détresse du vendeur. La mise sous séquestre peut à cet égard avoir un effet négatif pour l'obtention du meilleur prix. Mais, le prix obtenu par le constituant ne peut être à ses yeux qu'un prix non contesté.

[1143] Art. 106 al. 1 de l'AUVE.
[1144] Art. 107 al. 1 de l'AUVE.
[1145] Art. 106 al. 2 de l'AUVE.

a-2/ Les saisies particulières

481. Saisie appréhension et saisie revendication. – Le créancier gagiste peut conformément à l'AUVE contraindre un détenteur à se dessaisir du bien qu'il détient indûment. Cette contrainte est faite par la procédure de saisie-appréhension du bien gagé si le créancier se heurte au refus d'une remise volontaire. La procédure de saisie-appréhension n'est réalisable que sur des biens corporels qui doivent être délivrés ou restitués. C'est dans cette optique qu'elle a été étendue au créancier gagiste sans dépossession pour lui permettre, comme l'écrit ANSAULT, « *d'immobiliser le bien et le distraire des mains du débiteur en vue de rendre possible une vente ultérieure dans un climat plus serein. De manière plus générale, à défaut de se soumettre volontairement à la sollicitation de l'huissier de restituer volontairement le bien litigieux, celui qui le détient physiquement s'expose à un enlèvement forcé* ». Mais, le créancier peut procéder en amont à une saisie-revendication dans le but de rendre indisponible le bien qui doit être délivré ou restitué avant l'appréhension en vue de la vente forcée. Cette dernière n'est pas nécessaire puisqu'elle est laissée à l'appréciation du saisissant. Les rendre indisponibles permet d'éviter leur aliénation en attendant leur remise. Ces saisies sont consacrées par les articles 218 à 235 de l'AUVE.

En vertu d'un titre exécutoire, un commandement de délivrer ou de restituer est signifié à la personne tenue de la remise. Ce commandement contient à peine de nullité les mentions prévues à l'article 219 de l'AUVE. *A contrario*, le bien peut aussi être appréhendé immédiatement, sans commandement préalable et sur la seule présentation du titre exécutoire, si la personne tenue de la remise est présente et si, sur la question qui doit lui être posée par l'huissier ou l'agent d'exécution, elle ne s'offre pas à en effectuer le transport à ses frais[1146]. La finalité de cette saisie est de remettre le bien au créancier.

482. Lorsque la saisie appréhension a pour finalité la vente forcée du bien appréhendé, l'acte de remise ou d'appréhension vaut saisie sous la garde du créancier. Il peut donc en demander une mise sous séquestre ou l'immobilisation du bien s'il s'agit d'un véhicule terrestre à moteur. Une partie de la doctrine attribue à cette garde un droit de rétention effectif plus énergique que le droit fictif dont bénéficiait le créancier gagiste sans dépossession[1147]. Toutefois, dans le cas d'un gage successif, ce droit perdra bien évidemment de sa superbe face à un gagiste qui aura un rang préférable. L'acte remis au débiteur souligne donc la finalité de cette

---

[1146] Art. 218 de l'AUVE.

[1147] ANSAULT (J.-J.), Procédures civiles d'exécution, *op. cit.*, p. 479 : « Quoique, les textes restent muets sur ce point, la logique voudrait que ces opérations matérielles appellent une transformation du droit fictif dont jouissait jusqu'ici le titulaire du gage en un droit de rétention effectif ».

saisie qui est la vente forcée du bien, laquelle est pratiquée selon les dispositions de l'AUVE[1148] relatives à la saisie-vente avec pour indication que le débiteur peut procéder à la vente amiable du bien saisi. Cet acte prévoit à peine de nullité les mentions prévues par l'article 223 de l'AUVE. Cet article 223 manque également de précision et ne fait pas mention des différents modes de réalisation du gage. La saisie-appréhension ne vise pas que la vente forcée puisqu'elle peut viser aussi l'attribution judiciaire ou l'attribution conventionnelle.

b/ La nécessité d'une adaptation de l'AUVE à l'AUS de 2010

483. Exemple des modifications envisagées du Code français des procédures civiles d'exécution. – Proposés par l'avant-projet de réforme du droit des sûretés en droit français sur les dispositions relatives à la communication du gage à l'huissier en matière de saisie mobilière, ces nouveaux textes doivent impérativement compléter les textes existants. Les dispositions du Code des procédures civiles d'exécution en matière de saisie semblent à ce jour ne pas être conformes à la réforme qui a été entreprise dès 2006, faisant du gage un contrat solennel. N'étant plus un contrat réel et pouvant se constituer sans dépossession, la saisie était envisagée comme une procédure pouvant aider le créancier à sauvegarder ses intérêts sur le bien garanti avant sa mise en vente. Sauf que les dispositions du Code de procédures civiles d'exécution n'ont pas été mises aux normes. Pour cela, lorsque la saisie est pratiquée, il n'est pas fait obligation au débiteur de communiquer à l'huissier pratiquant la saisie les gages qui portent sur le bien saisi. Cette communication aurait également des répercussions d'une part sur l'efficacité de la garantie et d'autre part sur la mise en place d'une purge de plein droit. C'est pour y remédier que l'avant-projet de réforme proposé en droit français permet une harmonisation des dispositions dans le but d'intégrer le fait que le gage puisse être constitué sans dépossession et nécessiter la saisie, qui au demeurant se pratique bien évidemment. Mais le consacrer c'est lui donner une force légale.

Les modifications sont proposées aux articles : R. 221-16 : « L'acte de saisie contient à peine de nullité : [...], 3° Si le débiteur est présent, la déclaration de celui-ci au sujet d'une éventuelle saisie ou d'un gage portant sur les mêmes biens[...] » ; R. 221-18 : « Si le débiteur n'a pas assisté aux opérations de saisie, une copie de l'acte lui est signifiée, qui lui impartit un délai de huit jours pour qu'il porte à la connaissance de l'huissier de justice l'existence d'une éventuelle saisie antérieure ou d'un gage et qu'il lui en communique le procès-verbal » ; article R. 222-6 : « Dans le cas particulier où le bien a été appréhendé pour être remis à un créancier gagiste, en vue de la réalisation de sa sûreté, l'acte de remise

[1148] Art. 223 de l'AUVE.

ou d'appréhension vaut saisie sous la garde du créancier, et, sous réserve que le créancier n'ait pas demandé l'attribution judiciaire du gage, il est procédé à la vente selon les modalités prévues aux articles R. 221-30 à R. 221-39[…] » ; article R. 221-15 : « Avant toute opération de saisie, si le débiteur est présent, l'huissier de justice réitère verbalement la demande de paiement et informe le débiteur qu'il est tenu de faire connaître les biens qui auraient fait l'objet d'une saisie antérieure ou d'un gage ». Il est également proposé le rajout des articles R. 221-18-1 et R. 221-26-1 : « L'huissier de justice qui a saisi des biens mobiliers informe, en temps utile, les créanciers titulaires de sûretés publiées afin qu'ils puissent faire valoir leurs droits ».

484. **Des modifications à apporter également dans l'AUVE.** – Les mêmes modifications doivent être transposées en droit OHADA qui contient les mêmes dispositions lacunaires. Comme l'explique l'avant-projet de réforme en France, il doit être tenu compte de ces modifications afin « *d'articuler le régime du gage et [des procédures simplifiées de recouvrement et des voies d'exécution], tout spécialement dans l'hypothèse où le bien saisi est grevé d'un gage. Ces dispositions organisent la participation du gagiste à la distribution du prix et à la purge des sûretés inscrites après la vente du bien* ».

Les modifications proposées concernent : l'article 99 : « Avant toute opération de saisie, si le débiteur est présent, l'huissier ou l'agent d'exécution réitère verbalement la demande de paiement et informe le débiteur qu'il est tenu de faire connaître les biens qui auraient fait l'objet d'une saisie antérieure ou d'une sûreté » ; l'article 100 : « L'huissier ou l'agent d'exécution dresse un inventaire des biens. L'acte de saisie contient, à peine de nullité : […] ; 5) si le débiteur est présent, la déclaration de celui-ci au sujet d'une éventuelle saisie antérieure ou de sûretés portant sur les mêmes biens ; […] » ; article 102 : « Si le débiteur n'a pas assisté aux opérations de saisie, une copie du procès-verbal de saisie lui est signifiée, lui impartissant un délai de huit jours pour qu'il porte à la connaissance de l'huissier ou de l'agent d'exécution l'existence d'une éventuelle saisie antérieure ou d'une sûreté et qu'il lui en communique le procès-verbal ».

Doivent être rajoutées les dispositions suivantes : un nouvel article 103 : « L'huissier de justice qui a saisi des biens mobiliers informe, en temps utile, les créanciers titulaires de sûretés publiées afin qu'ils puissent faire valoir leurs droits », ce qui décalerait l'article 103 actuellement existant en un article 104 ; l'article 107 : « L'huissier ou l'agent d'exécution invite le tiers à déclarer les biens qu'il détient pour le compte du débiteur et, parmi ces derniers, ceux qui auraient fait l'objet d'une saisie antérieure ou d'une sûreté. […] » ; article 110 alinéa 2 : « […]. Lorsque le tiers n'a pas assisté aux opérations de saisie, la copie du procès-verbal de saisie lui est signifiée en lui impartissant un délai de huit jours pour qu'il porte à la connaissance de l'huissier ou de l'agent d'exécution l'existence d'une éventuelle saisie ou d'une sûreté sur les mêmes biens et qu'il lui en communique le procès-verbal » ; article 223 alinéa 1 : « Dans le cas particulier où le bien a été appréhendé pour être remis à un créancier gagiste, en vue de la réalisation de sa sûreté, l'acte de remise ou d'appréhension vaut saisie sous la garde du créancier, et, sous réserve que le créancier n'ait pas demandé l'attribution du gage, il est procédé à la vente selon les modalités applicables à la saisie-vente ».

2/ L'absence d'un droit commun de la vente forcée des meubles incorporels dans l'AUVE

485. Au sein des meubles incorporels, on note une diversité de règles liées à l'exécution forcée selon la nature du bien garanti. Cette diversité s'oppose *a priori* à la mise en place d'une règle homogène ou d'un droit commun de l'exécution forcée des meubles incorporels. Même si dit-on la nature de ces biens n'est pas favorable à une harmonisation de leur réalisation par la vente forcée, le droit français a tenté une approche qu'il serait intéressant d'appliquer dans le droit OHADA **(a)**. L'AUVE gagnerait ainsi en clarté en consacrant plus d'égards à l'exécution forcée des biens incorporels qui recouvrent aujourd'hui une forte valeur patrimoniale **(b)**.

a/ Contexte

486. En droit OHADA. – Comme en droit français avant la réforme de la législation sur les voies d'exécution du 1er juin 2012, le législateur OHADA a consacré dans l'AUVE le principe de la saisissabilité des biens incorporels sans le faire suivre d'un effet concret puisque seuls quelques biens incorporels sont pris en compte par les procédures de saisie. Il en résulte donc un tâtonnement sur la procédure applicable qui fragilise la préservation des droits des créanciers. La valeur grandissante des biens incorporels et surtout leur intégration dans les biens pouvant faire l'objet d'une sûreté dans l'AUS démontrent de l'importance de ces biens dans les échanges économiques modernes. Malgré ce passage de l'ombre à la lumière, les différentes législations aussi bien nationales qu'au niveau de l'OHADA ne sont toujours pas à jour quant à leur intégration. Il en résulte un vide juridique malheureux qui ouvre les portes à toutes formes de contentieux. L'AUS renvoie dans son article 104 à l'AUVE pour les dispositions relatives à l'exécution par la vente forcée des biens meubles corporels et de certains meubles incorporels. Les meubles incorporels régis par l'AUS au titre des nantissements qu'il propose sont : les créances de sommes d'argent ; les droits d'associés, valeurs mobilières et le compte de titres financiers ; le fonds de commerce et les droits de propriété intellectuelle. Ces biens ne pouvant par nature être déplacés et donc faisant l'objet pour leur garantie d'une absence de dépossession, il est impératif de trouver le moyen de préserver les droits du créancier qui entend poursuivre la réalisation de sa sûreté lorsque le constituant resté en possession venait à être défaillant. La grande diversité de ces biens rend d'autant plus difficile la mise en place d'une règle commune de préservation des droits du créancier. L'erreur à ne pas commettre serait aussi de vouloir par facilité leur appliquer des règles propres aux meubles corporels. Si la procédure de saisie est le meilleur moyen de rendre indisponibles les biens restés en la possession du débiteur, elle s'avère plus délicate à mettre en œuvre pour les biens incorporels qui ne peuvent faire l'objet que d'une saisie juridique et non matérielle. Elle doit ainsi être réadaptée aux exigences intrinsèques de chaque bien incorporel selon la spécificité qui lui est propre. Si aucun blocage efficace de la valeur pécuniaire du bien n'est fait au profit du créancier, les sûretés sur biens incorporels risquent d'être inefficaces.

Pour l'heure, des dispositions particulières ont été trouvées pour les créances de sommes d'argent ainsi que pour les droits d'associés et valeurs mobilières. Le droit OHADA toujours inspiré du droit français a consacré les dispositions issues pour la plupart des réformes du droit français des voies d'exécution issues de la loi du 9 juillet 1991 et son décret d'application du 31 juillet 1992. Ces textes consacrent la saisissabilité de tous les biens du débiteur. Le Titre III du Livre II du Code de procédure civile d'exécution français consacrait alors « la saisie des droits incorporels » avec des spécificités liées aux opérations de saisie des créances et de celles des droits d'associés et valeurs mobilières. D'autres saisies mobilières étaient également prévues dans différents Codes comme la saisie en matière de droits de propriété intellectuelle régie par le Code français de la propriété intellectuelle. De même, le droit OHADA a consacré à l'article 54 de l'AUVE du 10 avril 1998 des mesures conservatoires autant sur les biens corporels que sur les biens incorporels, qui pouvaient être suivies de leur vente. La saisie-vente des meubles corporels est consacrée de même que des dispositions spécifiques liées à la saisie des créances et à celle des droits d'associés et valeurs mobilières. À la différence du droit français qui a réussi à étendre les voies d'exécution sur les autres meubles incorporels outre les créances et les valeurs mobilières en la faveur de la recodification du 1er juin 2012 du Code de procédures civiles d'exécution, l'AUVE du droit OHADA n'a pas évolué. Il faut dire que les processus de réforme des différents AUS sont complexes et prennent du temps.

487. Les éclairages du droit français. – Les tentatives du droit français pour une extension des voies d'exécution aux autres droits incorporels passent par l'adaptation *mutatis mutandis* de la procédure relative à la saisie des droits d'associés et valeurs mobilières. Elle a d'abord été l'œuvre de la jurisprudence. Le juge de l'exécution du Tribunal de Grande Instance de Paris a par exemple dans un jugement du 20 septembre 1994 jugé que : « *La saisie et la vente des droits incorporels, autres que les créances de sommes d'argent, sont autorisées par l'article L. 231-1 du CPCE, mais aucune disposition particulière, ni dans le décret, ni dans les textes spécifiques, ne réglemente les opérations de saisie et de vente du bien mobilier incorporel que constitue la marque. À défaut de texte particulier, il s'ensuit que les modalités doivent être celles prévues par le titre V du décret n° 92-755 du 31 juillet 1992 devenu l'article R. 211-1 et suivants du CPCE*[1149] ». Les textes cités sont relatifs à la saisie-attribution et régissent la saisie des créances de sommes d'argent. L'article L. 231-1 disposait d'ailleurs clairement que : « *Tout créancier muni d'un titre exécutoire constatant une créance liquide et exigible peut faire procéder à la saisie et à la vente des droits incorporels, autres que les créances de sommes d'argent, dont son débiteur est titulaire* ». Le Code des procédures civiles d'exécution manquait alors de précision sur la saisie et la vente des autres droits incorporels autres que les sommes d'argent et les droits d'associés et valeurs mobilières pour lesquels il a spécifiquement prévu des dispositions particulières.

À cet effet, les juges de la Cour de cassation ont rendu un avis relatif à la saisie d'une licence de débit de boissons. La question était de savoir s'il était possible de transposer à une licence d'exploitation de débit de boissons de quatrième catégorie, qui est un bien incorporel, la procédure de saisie des droits d'associés et valeurs mobilières. Plus clairement « *La licence n° IV d'exploitation d'un débit de boissons qui constitue un élément dissociable du fonds de commerce peut-elle être saisie comme une valeur mobilière conformément aux articles 178 et suivants du décret du 31 juillet 1992 ?* ». La Cour de cassation a répondu par l'affirmative en disant que : « *La licence d'exploitation d'un débit de boissons de quatrième catégorie constitue un droit incorporel saisissable. En l'absence de texte réglementaire de portée générale applicable à la saisie des droits de cette nature, ou de dispositions spécifiques à la saisie de cette licence qui n'est pas une valeur mobilière, il est possible, sous réserve des adaptations nécessaires contrôlées par le juge de l'exécution de transposer pour les opérations de saisie, la procédure définie aux articles 182 à 184 du décret du 31 juillet 1992 et pour la vente les dispositions des articles 189 à 192 du même texte relatif aux droits d'associés et valeurs mobilières*[1150] ». Pour C. BRENNER, « *la saisie des*

[1149] TGI Paris, JEX, 20 sept. 1994 : *BICC*, 1994, n° 117, cité sous l'article L. 231-1 du CPCE.
[1150] Cass. avis, France, 8 février 1999, *Bull. civ.* avis n° 1, *D.* 1999, p. 287, note Brenner ; *RTD civ.* 1999, p. 631, obs. R. Perrot.

droits d'associés et valeurs mobilières n'étant que l'espèce d'un genre plus vaste, elle peut naturellement servir de modèle à la saisie d'autres espèces du même genre, sous la réserve, bien sûr, des adaptations nécessaires contrôlées par le juge de l'exécution [1151]». Du reste, en application de textes cités et par analogie, « l'acte de saisie devra être signifié à un tiers saisi puis dénoncé dans les huit jours au titulaire de la licence en sa qualité de débiteur saisi ». Il faudra encore au demeurant pour l'efficacité du dispositif trouver le tiers entre les mains duquel la saisie doit être opérée. Dans tous les cas, prenant en compte ce vide juridique, la consécration de la règle posée par la jurisprudence a été introduite dans le Code des procédures civiles d'exécution en la faveur de la réforme du 1er juin 2012 aux fins d'enrichir les dispositions relatives à « la saisie des droits incorporels ». L'article R. 231-1 issu de cette réforme dispose que : « *Sauf dispositions contraires, la saisie des droits incorporels est réglée par le présent titre dans la mesure où leur spécificité n'y met pas obstacle* ». De fait, il renvoie les opérations de saisie relatives aux autres biens incorporels aux articles R. 232-1 et suivants qui régissent les opérations de saisie des droits d'associés et valeurs mobilières ; « sauf spécificité » bien sûr, comme c'est le cas de la saisie-attribution des créances de sommes d'argent. Il s'agit là d'une heureuse avancée.

488. Une réforme indispensable de l'AUVE. – La prise en compte par le droit OHADA de cette avancée en droit français serait bénéfique pour l'efficacité des nantissements de meubles incorporels. L'AUVE n'a pas encore fait le toilettage de ses dispositions relatives à l'exécution forcée aux fins de les adapter aux nouvelles exigences de notre temps. Si l'exécution forcée est possible à l'égard des biens incorporels dans le but de préserver efficacement les droits des créanciers, des clarifications restent encore à faire. Du reste, il est vrai qu'en ce qui concerne les biens incorporels qui peuvent faire l'objet d'un nantissement dans l'AUVE, le *numerus clausus* imposé ayant réduit le nombre, la situation n'est pas encore dramatique. Mais, cela ne doit pas faire perdre de vue le retard pris par l'AUVE sur ces questions qui semblent cruciales. Les biens incorporels régis par l'AUS et touchés par l'absence de règles spécifiques prévues par l'AUVE sont les droits de propriété intellectuelle et le fonds de commerce. Le deuxième ne souffre pas de cette absence de règles si la saisie concerne des éléments isolés corporels et/ou incorporels du fonds pour lesquels des dispositions sont codifiées dans l'AUVE. Mais il en serait autrement pour la saisie-vente en cas de cession du droit au bail

[1151] Note sous TGI Lyon, JEX, 15 mai 2001, Procédures 2001, n° 7, comm. 154, obs. H. CROZE ; *Dr. et proc.* 2002, p. 39, obs. C. BRENNER ; v. également SPINELLI (J.-P.), « *La saisie de la licence de taxi* » in Le nouveau journal des huissiers de justice, n° 69, sept.-oct. 2001, p. 34.

par exemple. D'ailleurs, il est courant de constater sauf mauvaise foi du débiteur que sa défaillance, si celui-ci est le propriétaire du fonds, entraîne généralement au pire une procédure collective et au mieux la vente globale du fonds. L'exécution forcée ou la cession du fonds de commerce fait l'objet de règles spécifiques régies par l'Acte Uniforme portant sur le Droit Commercial Général[1152]. Les dispositions qui concernent l'exécution ou la vente forcée doivent être un savant mélange des dispositions de l'AUDCG et de l'AUVE. L'absence d'une disposition claire sur le sujet est donc à regretter. Les droits de propriété intellectuelle souffrent également de l'absence dans l'AUVE de dispositions claires et qui leur sont propres.

b/ Les cas particuliers

489. Il convient de faire ressortir la particularité de la vente forcée sur les biens incorporels qui peuvent faire l'objet d'un nantissement de meubles incorporels en droit OHADA à savoir : les créances **(b-1)** ; les droits d'associés et valeurs mobilières **(b-2)** ; les droits de propriété intellectuelle **(b-3)** ; le fonds de commerce **(b-4)**.

b-1/ Cas des créances nanties

490. Une nature particulière qui les soustrait de la procédure de vente forcée. – Leur efficacité est liée pour le créancier nanti, non à la vente forcée mais à l'obtention du paiement de la créance nantie. À ce titre, l'attribution en propriété est le mode de réalisation qui leur correspond le plus. Cette réalisation se fait soit par attribution de la créance soit par attribution de son objet lorsque le paiement est fait avant l'échéance de la créance garantie. L'article 133 de l'AUVE dispose que : « *Après notification ou intervention à l'acte du débiteur de la créance nantie, seul le créancier nanti reçoit valablement paiement de cette créance tant en capital qu'en intérêts et autres accessoires, même lorsque le paiement n'a pas été poursuivi par lui* ». Cet article doit être combiné à l'article 134 du nouvel AUS qui donne les modalités pratiques du paiement à l'échéance des créances garanties et nanties. Ce paiement ne doit pas être confondu à la réalisation de la sûreté. Le droit au paiement doit ainsi être dissocié du droit à la réalisation de la sûreté. La clarté de ces deux articles tranche avec les dispositions des anciens textes sur le gage de créances de l'AUS de 1997 qui n'étaient pas adaptées à la véritable nature de la créance. En effet, l'efficacité de ce nantissement repose sur le droit exclusif au paiement reconnu au créancier nanti d'une part et d'autre part la possibilité qui lui est offerte de conserver les sommes payées à titre de garantie.

[1152] AUDCG du 17 avril 1997 abrogé par celui du 15 décembre 2010 entré en vigueur le 15 mai 2011.

491. Dissociation entre la réalisation et la conservation des sommes perçues par le créancier nanti. – La conservation des sommes perçues par le créancier nanti faciliterait la réalisation de la sûreté qui se fait par affectation des fonds au remboursement de la créance. Elle dépend alors de l'échéance de la créance nantie par rapport à celle de la créance garantie. L'alinéa premier de l'article 134 du nouvel AUS dispose que : « *Si l'échéance de la créance nantie est antérieure à l'échéance de la créance garantie, le créancier nanti conserve les sommes à titre de garantie sur un compte ouvert auprès d'un établissement habilité à les recevoir, à charge pour lui de les restituer au constituant si l'obligation garantie est exécutée. En cas de défaillance du débiteur de la créance garantie et huit jours après une mise en demeure restée sans effet, le créancier nanti affecte les fonds au remboursement de sa créance, dans la limite des sommes impayées* ». Il a été soutenu que la conservation des fonds par le créancier acterait la transformation du nantissement de créance en gage de sommes d'argent avec dépossession ou gage d'espèces[1153] ou encore en nantissement de monnaie[1154]. Ceci mettrait le créancier en situation de s'affirmer temporairement propriétaire de l'objet de la créance qui lui a été donné. Il est vrai que le régime juridique de la conservation des sommes perçues par le créancier n'est pas le même que celui du nantissement de créance et serait plus proche de celui du gage d'espèces. L'effet produit par cette conservation est également à l'opposé de celui de l'ancien gage de créance qui utilisait le régime du gage et faisait du paiement une mesure de réalisation de la sûreté[1155].

Dans le nouveau régime, « le paiement n'est pas nécessairement une mesure de réalisation[1156] », ce qui rend possible le mécanisme décrit par l'article 134 du nouvel AUS ou 2364 du Code civil français issu de la réforme de 2006. Ce mécanisme est celui du passage du nantissement de créance en gage d'espèces lorsque l'échéance de la créance nantie est antérieure à celle de la créance garantie. Et inversement, il rend possible la faculté de réalisation du nantissement lorsque l'échéance de la créance garantie est antérieure à celle de la créance nantie. Alors, dans le cas où l'échéance de la créance nantie est antérieure à celle de la créance garantie, pour préserver les droits du créancier nanti et libérer le débiteur cédé, le législateur a décidé que le créancier nanti pouvait conserver « les sommes à titre de garantie sur un compte ouvert auprès d'un

[1153] LEGEAIS (D.), Le nantissement de créances, *op. cit.*, spéc., p. 58 ; CABRILLAC (M.), MOULY (C.), CABRILLAC (S.) et PETEL (P.), Droit des sûretés, *op. cit.*, n° 782. Note Maxime JULIENNE, thèse, *op. cit.*, p. 140.
[1154] MIGNOT (M.), Droit des sûretés, 2e éd., Montchrétien, 2010, n° 1571.
[1155] Maxime JULIENNE, Thèse, op. cit., p. 142 ; ancien art. 56-2 de l'AUS : « Si l'échéance de la créance donnée en gage est antérieure à l'échéance de la créance garantie, le créancier gagiste est admis à en percevoir le montant en capital et intérêts, sauf clause contraire ».
[1156] Maxime JULIENNE, Thèse, *op. cit.*.

établissement habilité à les recevoir ». Mais, force est de constater que l'effet de cette conservation à titre de garantie n'est pas satisfaisant. En cause, la possibilité pour le créancier d'utiliser les sommes qui lui ont été remises à titre de garantie à charge de les restituer si l'obligation garantie est exécutée. On en revient alors au risque antérieurement soulevé par la doctrine, de considérer cette remise comme un paiement anticipé même si le législateur parle de remise à titre de garantie.

492. Le mécanisme du passage du nantissement de créance en gage d'espèces est la conséquence du droit exclusif au paiement qui n'octroie qu'au créancier nanti et à lui seul l'objet de la créance nantie, et non sa propriété. Il ne s'agit que d'un droit au paiement. Lui donner la possibilité d'utiliser les sommes à lui remises serait entériner le fait que ce paiement anticipe une forme de réalisation alors que la créance garantie n'est pas échue, et que le débiteur principal n'est pas encore défaillant. La conservation des sommes remises est certes un effet du nantissement de créance, mais la protection du débiteur de la créance garantie doit être aussi au cœur du dispositif à mettre en place pour trouver un équilibre aux intérêts en jeu. La possible utilisation des fonds par le créancier n'est admise que parce que cette remise s'apparente aux effets d'un gage d'espèces. Nous pensons à ce titre que la sûreté conclue initialement n'est pas un gage d'espèces même si ses effets s'y prêtent. Si le nantissement arbore après paiement de la créance nantie le régime du gage d'espèces, c'est aussi parce qu'aucune sûreté sur monnaie n'est réellement prévue par le droit français alors que le droit OHADA la prévoit à l'instar du transfert fiduciaire d'une somme d'argent. Alors, un rapprochement peut être fait avec cette sûreté consacrée par l'AUS de 2010 pour plus d'efficacité des effets de cette sûreté. Toutefois, les parties n'ayant pas prévu initialement le transfert de propriété de la créance, ce rapprochement doit être écarté même si ses effets peuvent s'y prêter. Dans ce cas, le nantissement de monnaie scripturale prôné par la Commission Grimaldi dans l'avant-projet du droit des sûretés en France aurait été le modèle idéal s'il était codifié ; le rapprochement aurait été fait avec son régime qui prévoit le blocage du compte nanti dans le but de protéger les intérêts du débiteur. Si le droit exclusif au paiement a pour conséquence l'attribution au créancier de l'objet de la créance à titre exclusif, il n'a pas pour effet de lui attribuer sa propriété, laquelle doit être demandée par ce dernier à la défaillance du débiteur de la créance garantie. De la sorte, la remise des fonds au créancier devrait se faire avec obligation de les conserver sur un compte bloqué jusqu'à l'échéance de la créance garantie. Il appartient finalement aux parties de prévoir les effets possibles de cette sûreté, en prévoyant une application des effets du transfert fiduciaire d'une somme d'argent ou de ceux d'un gage-espèces avec l'obligation du blocage du compte jusqu'à l'échéance de la créance garantie.

493. Les propositions de l'avant-projet de réforme des sûretés en droit français : une inspiration pour le droit OHADA. – Il est ici intéressant de faire cas de ces propositions qui à juste titre permettront d'éviter les contentieux inutiles. Par ailleurs, elles mettent fin à une incertitude créée par les anciens textes. La clarté vient alors des articles : 2362 alinéa 2 : « *À défaut, seul le constituant reçoit valablement paiement de la créance. Sauf clause contraire, le constituant conserve les sommes sur un compte bloqué ouvert auprès d'un établissement habilité à les recevoir ou les remet au créancier nanti qui lui en fait la demande pour l'exercice de sa garantie* » ; 2363 alinéa 1 : « *Après notification, le créancier nanti a seul le droit au paiement de la créance donnée en nantissement tant en capital qu'en intérêts* » ; 2364 alinéa 2 : « *Dans le cas contraire, le créancier nanti les conserve à titre de garantie sur un compte bloqué ouvert auprès d'un établissement habilité à les recevoir à charge pour lui de les restituer si l'obligation garantie est exécutée. [...]* » ; et l'ajout d'un nouvel article 2363-1 du Code civil dans le but de préserver l'équilibre des intérêts entre les parties[1157] : « *Le débiteur de la créance nantie peut opposer au créancier nanti les exceptions inhérentes à la dette. Il peut également opposer les exceptions nées de ses rapports avec le constituant avant que le nantissement ne lui soit devenu opposable* ». Lorsque la saisie porte sur des créances à exécution successive, le tiers se libère au fur et à mesure des échéances dans les conditions prévues à l'article 165 alinéa 1 de l'AUVE.

494. La saisie-attribution. – Le créancier peut avoir recours à la saisie-attribution lorsque le débiteur de la créance nantie ne s'exécute pas volontairement. En pratique, le créancier se fait attribuer la propriété de la créance dont l'objet est une somme d'argent, soit par attribution judiciaire ou par attribution conventionnelle. Il peut ensuite si c'est nécessaire user de la saisie-attribution pour se faire remettre l'objet de la créance nantie par le débiteur cédé. Il peut s'agir d'une créance de loyers ou du solde créditeur d'un compte bancaire. La saisie-attribution est alors une procédure de droit commun qui lui permet de mener à terme son exécution forcée. Elle n'est pas l'exécution forcée en elle-même, mais est une mesure d'exécution de droit commun qui peut accompagner la réalisation effective de la sûreté. La signification du titre exécutoire au débiteur cédé suffit alors à matérialiser les droits absolus du créancier devenu propriétaire, lorsque l'attribution en propriété a été reconnue par la juridiction compétente. Dans le cas de l'attribution conventionnelle, en plus du titre exécutoire, le créancier doit notifier au débiteur principal le

[1157] V. avant-projet de réforme du droit des sûretés en France, *op. cit.*, p. 82.

recours à cette attribution conventionnelle qui fait de lui le propriétaire de la créance avant de se faire attribuer son objet par le débiteur cédé[1158]. Il ne peut donc revendiquer sa propriété sur la créance qu'une fois devenu propriétaire. S'il se heurte alors à un paiement volontaire, il peut avoir recours à la saisie-attribution. L'efficacité de la procédure tient surtout à la bonne foi et à la réactivité du tiers saisi. L'acte de saisie-attribution rend indisponibles les fonds sur lesquels il porte et emporte attribution immédiate et de plein droit de ceux-ci au créancier saisissant. La saisie-attribution comme toute forme de saisie-exécution est faite par le créancier muni d'un titre exécutoire constatant une créance liquide et exigible.

495. La CCJA en conformité avec l'article 154 de l'AUVE donne un caractère immédiat à l'attribution des sommes pour lesquelles la saisie est pratiquée, ce à concurrence de la dette ainsi que tous ses accessoires. Il ressort donc de cet article que « *l'acte de saisie-attribution rend indisponible la créance saisie attribuée et emporte attribution immédiate et de plein droit de celle-ci au créancier saisissant, lequel devient ainsi créancier du tiers saisi de telle sorte que la somme, objet de la saisie, est affectée au saisissant et que ni la signification ultérieure d'autres saisies, ni aucune autre mesure de prélèvement, même émanant de créanciers privilégiés, ne peuvent remettre en cause cette attribution immédiate*[1159] ». Dans la pratique, selon l'article 164 de l'AUVE, « *le tiers saisi procède au paiement seulement au vu d'un certificat du greffe attestant qu'aucune contestation n'a été formée dans le délai d'un mois suivant la dénonciation de la saisie ou sur présentation de la décision exécutoire ; le paiement peut également avoir lieu avant l'expiration du délai de contestation si le débiteur a déclaré par écrit ne pas contester la saisie*[1160] ». Dans ce contexte la CCJA a jugé que, viole, par refus d'application l'article 164 de l'AUVE, la Cour d'appel qui ordonne à des tiers saisis de payer les sommes qu'ils ont reconnu devoir alors que les saisissants n'avaient présenté ni un certificat du greffe attestant qu'aucune contestation n'a été formée dans le délai d'un mois, ni une décision exécutoire de la juridiction rejetant la contestation[1161].

b-2/ Cas des droits d'associés et valeurs mobilières

496. Une disposition particulière de l'AUVE. – Les dispositions particulières de la saisie-vente des droits d'associés et valeurs mobilières

[1158] Pour les développements sur la question, v. le Titre 2 de la deuxième partie.

[1159] CCJA, arrêt n° 028/2004 du 15 juill. 2004, Mobil Oil Côte d'Ivoire c/ les centaures routiers, caisse autonome de règlement pécuniaire des avocats dite Carpa, Me Adou Y. : *GD-CCJA*, p. 658, obs. R. Nemeudeu, Ohadata J-05-170.

[1160] Art. 164 de l'AUVE.

[1161] CCJA, arrêt n° 015/2004 du 29 avril 2004, société énergie du Mali c/ J. I. Koita : *Rec. CCJA* n° 3, 2004, p. 112 ; Penant n° 850, 2005, p. 138 ; Ohadata J-04-300.

régies par l'AUVE ne sont applicables *a priori* qu'à ces seuls biens incorporels. Contrairement au droit français qui étend l'application des textes sur la saisie-vente des droits d'associés et valeurs mobilières aux autres types de biens incorporels « sauf dispositions particulières », l'AUVE reste silencieux quant à cette possibilité. Les articles 236 à 244 du titre VII de l'AUVE ne s'appliquent donc en droit OHADA qu'aux droits d'associés et valeurs mobilières. La réalisation par vente forcée de ces biens est prévue par l'article 104 de l'AUS qui renvoie à l'AUVE. Toutefois, la réalisation par vente des titres financiers admis aux négociations sur un marché réglementé résultant d'un nantissement de compte de titres financiers a pour fondement l'article 154 alinéa 2 de l'AUS. Sa vente doit pourtant être rapprochée de celle des valeurs mobilières.

497. Il convient alors de différencier le régime applicable au nantissement portant sur ces différents biens. S'ils sont tous destinés à rester en la possession du constituant, leur mode de constitution et surtout d'opposabilité influence radicalement leur efficacité, surtout en cas de défaillance du débiteur. Tandis que le nantissement des droits d'associés et valeurs mobilières est efficace par son inscription au RCCM, le nantissement de compte de titres financiers l'est par le droit de rétention découlant du fonctionnement du compte de titres attaché au bénéficiaire de la sûreté et dont le teneur de compte est le garant. De ce fait, l'efficacité de la réalisation de ces deux types de nantissement ne peut être la même. De plus, compte tenu de leur nature propre, ces différents biens ne peuvent faire l'objet d'un même traitement ; surtout si les valeurs mobilières sont dématérialisées ou demeurent en version papier. Ceci révèle encore une fois la difficulté à appréhender l'efficacité des sûretés ayant pour assiette des biens incorporels.

L'efficacité de l'engagement de l'exécution forcée sur les droits d'associés et titres financiers dont le déclenchement passe par leur saisie est fonction de l'implication du tiers saisi **(b-2-1)**. En ce qui concerne les titres financiers, leur dématérialisation exigée pour la conformité avec leur nature devrait faciliter leur réalisation **(b-2-2)**.

b-2-1/ La particularité de la saisie des droits d'associés et des titres financiers

498. Le tiers saisi et les droits pris en compte. – En raison de la nature incorporelle et du mode d'émission des droits d'associés, des valeurs mobilières et des autres titres financiers, le tiers saisi selon les droits nantis est un acteur majeur de l'efficacité de la réalisation forcée. La saisie s'avère être le seul moyen de rendre indisponibles ces droits restés en la possession du constituant. En raison des pouvoirs qu'ils peuvent procurer à leur propriétaire, la saisie ne rend indisponibles que « *les* *droits pécuniaires du débiteur*[1162] ». Toutefois, « *celui-ci peut en obtenir la mainlevée en consignant une somme suffisante pour désintéresser le créancier. Cette somme est spécialement affectée au profit du créancier saisissant*[1163] ». Ces droits pécuniaires ont soit une valeur patrimoniale certaine, soit ils sont attachés juridiquement au titre et n'ont pas une valeur patrimoniale. C'est l'exemple de l'apporteur en industrie qui a la qualité d'associé mais est privé des attributs patrimoniaux attachés à ses droits qui sont incessibles. Les droits sociaux donnent aussi accès à la jouissance des pouvoirs politiques ou non pécuniaires. C'est pourquoi le nantissement doit être porté à la connaissance de la société émettrice qui doit donner son consentement à sa constitution conformément aux règles substantielles de la société, à peine d'inopposabilité de la réalisation forcée. Puisque la saisie ne rend indisponibles que les droits pécuniaires, le constituant préserve ses droits politiques. Toutefois, l'exercice de ses droits politiques ne doit en aucun cas conduire à diminuer la valeur des titres sociaux nantis. C'est pour cela que la société ou la personne morale émettrice ou encore le mandataire chargé de conserver ou de gérer les titres joue un rôle prépondérant dans l'efficacité de la saisie-vente. D'ailleurs l'article 236 de l'AUVE oblige le saisissant à opérer la saisie auprès de ces entités. Elle est effectuée huit jours après un commandement de payer, demeuré infructueux. L'acte de saisie doit contenir des mentions obligatoires citées par l'article 237 de l'AUVE. Le point numéro six de ces mentions fait obligation aux tiers saisis « *dans un délai de huit jours, de faire connaître l'existence d'éventuels nantissements ou saisies et d'avoir à communiquer au saisissant copie des statuts* ». Cette mention vise à informer les créanciers inscrits de la vente qui se prépare et prendre les dispositions nécessaires par rapport aux droits substantiels de la société à travers ses statuts. La saisie est portée à la connaissance du débiteur par la signification d'un acte qui contient aussi à peine de nullité les mentions citées par l'article 238 de l'AUVE. La jurisprudence sanctionne sévèrement tout manquement à ces dispositions[1164]. La vente forcée par adjudication n'est engagée qu'à défaut de vente amiable réalisée dans les conditions des articles 115 à 119 de l'AUVE et sur présentation d'un certificat par le greffe attestant qu'aucune contestation n'a été formée dans le mois suivant la dénonciation de la saisie ou, le cas échéant, d'une décision judiciaire rejetant la contestation soulevée par le débiteur[1165].

[1162] Art. 239 de l'AUVE.

[1163] Art. 239 de l'AUVE.

[1164] TPI Bafoussam, ordonnance de référé n° 63 du 16 avril 2004, Talla Demgueu B. J. B. c/ Mbang I. : Ohadata J-05-05.

[1165] Art. 240 de l'AUVE.

499. La difficile saisie des droits d'associés. – En raison de leur nature, on note des difficultés liées à la saisie des droits d'associés émis par des sociétés de personnes dans le but de les rendre indisponibles, les placer sous contrôle judiciaire pour l'engagement de la vente forcée. Cette saisie en vue de la vente de ces droits est confrontée aux exigences des droits substantiels des sociétés de personnes en ce qui concerne l'*intuitu personae*. La saisie-vente des parts sociales émises par les sociétés de personnes est souvent confrontée aux exigences de l'article 322 du nouvel AUSCGIE qui dispose que : « [1°-] *Lorsque la société donne son consentement à un projet de nantissement de parts sociales, dans les conditions prévues pour la cession de parts à des tiers, ce consentement emporte agrément du cessionnaire en cas de réalisation forcée des parts sociales régulièrement nanties, à moins que la société ne préfère, après la cession, racheter sans délai lesdites parts en vue de réduire son capital* ; [2°-]*Pour l'application de l'alinéa ci-dessus et pour être opposable aux tiers, le nantissement des parts est constaté par un acte notarié ou par acte sous seing privé signifié à la société et publié au registre du commerce et du crédit mobilier* ». Il en découle que le consentement de la société est nécessaire en amont, c'est-à-dire avant la constitution du nantissement. Dans le cas des sociétés de personnes, ce consentement revêt une importance capitale en raison de l'*intuitu personae* attaché à la personne des associés. C'est pour cela qu'ils doivent consentir au « projet » de nantissement qui a pour conséquence d'intégrer le cessionnaire au rang d'associé. Le cahier des charges établi en vue de la vente forcée doit contenir les statuts de la société et tout document nécessaire à l'appréciation de la consistance et de la valeur des droits mis en vente. De plus, il doit contenir les conventions instituant un agrément ou créant un droit de préférence au profit des associés pour informer les acquéreurs, faute de quoi elles leur seront inopposables[1166]. Une copie de ce cahier des charges doit être notifiée à la société qui en informe des associés. Le même jour, une sommation est notifiée, s'il y a lieu, aux autres créanciers opposants d'avoir à prendre connaissance du cahier des charges chez le commissaire-priseur ou tout autre auxiliaire de justice chargé de la vente et d'y formuler leurs observations[1167]. Dans les deux mois à compter de la notification à la société et sans contestation formulée sur le cahier des charges, la publicité indiquant les jour, heure, et lieu de la vente est effectuée par voie de presse et, si nécessaire, par voie d'affiches, un mois au plus et quinze au moins avant la date fixée pour la vente[1168]. Le débiteur, la société et, s'il y a lieu, les autres

---

[1166] Art. 241 de l'AUVE.
[1167] Art. 242 al. 2 de l'AUVE.
[1168] Art. 243 al. 1 de l'AUVE.

créanciers opposants sont informés de la date de la vente par voie de notification[1169].

Il est important de rappeler les étapes de la procédure d'information de la société émettrice et des créanciers opposants en vue de la vente forcée pour se rendre compte que le législateur ne précise en aucun moment la personne habilitée à opérer ces informations. La procédure de vente doit être menée de bout en bout par l'auxiliaire de justice qui procède à la vente forcée. Il lui incombe alors, sous la diligence du créancier saisissant d'informer la société émettrice des titres ainsi que les créanciers opposants à chaque étape de la procédure. La société émettrice se gardant *in fine* la possibilité après la cession et conformément à ses statuts de racheter sans délai les parts vendues dans le but de réduire son capital.

b-2-2/ Le respect de l'exigence de dématérialisation des titres financiers pour une réalisation mieux maîtrisée

500. La prise en compte de l'intérêt particulier de la société émettrice. – La dématérialisation des valeurs mobilières et autres titres financiers par la réforme de l'AUSCGIE du 30 janvier 2014 et leur placement à titre de garantie sur un compte spécial géré par un teneur de compte dans l'intérêt du créancier facilitent la réalisation forcée pratiquée par le créancier nanti. Il en ressort que les règles substantielles qui régissent le fonctionnement interne de la société émettrice de ces titres doivent être respectées à peine de nullité. Tout comme les parts sociales, la réalisation des titres sociaux des sociétés de capitaux est soumise au respect de certaines dispositions propres à ces sociétés. Le législateur OHADA a toutefois assoupli contrairement aux sociétés de personnes les règles liées à l'information et à l'autorisation préalable de la société émettrice.

De principe, l'article 771-1-1 de l'AUSCGIE rend nulle toute cession réalisée en violation d'une clause d'agrément. L'article 772 alinéa 2 quant à lui prévoit que le projet de nantissement d'actions n'est opposable à la société que s'il a été agréé par l'organe désigné à cet effet par les statuts pour accorder l'agrément à la transmission des actions. Toutefois, son alinéa 3 assouplit ces conditions. Il dispose « *qu'à défaut de consentement préalable donné par la société, le transfert de propriété d'action intervenant dans le cadre de la réalisation d'un nantissement est soumis à l'agrément de celle-ci* ». Cet assouplissement est quand même à prendre avec précaution. La question est de savoir si la société émettrice des titres peut s'opposer au transfert de propriété des actions une fois la vente réalisée. Le refus de la société émettrice peut ouvrir la porte à des contentieux difficiles à gérer puisque la réalisation des titres aura été faite au profit du créancier ou la vente consommée au profit de

[1169] Art. 243 al. 2 de l'AUVE.

l'adjudicataire. Il n'empêche que la société émettrice a la possibilité de surenchérir pour préserver ces actions et surtout éviter de donner des droits politiques au nouvel actionnaire. Il donc important que la vente lui soit dénoncée.

501. En raison de la dématérialisation des valeurs mobilières et autres titres financiers, le législateur a doté le créancier nanti d'un droit de rétention sur les titres financiers et sommes en toute monnaie figurant au compte nanti. Le teneur du compte, s'il s'agit du créancier ou de la personne morale émettrice des titres, répond de l'efficacité de la réalisation du nantissement. Cette réalisation est facilitée par le législateur en raison du caractère négociable des titres sur un marché réglementé qui permet d'en connaître la valeur exacte. Prévue aux articles 152 à 155 de l'AUS, cette réalisation concerne aussi bien les titres que les sommes en toute monnaie figurant au compte nanti. La réalisation a été facilitée par le législateur. Il permet une réalisation après une mise en demeure préalable restée infructueuse. Cette mise en demeure doit être remise en mains propres au débiteur ou adressée par courrier recommandé et notifiée au constituant du nantissement lorsqu'il n'est pas le débiteur ainsi qu'au teneur de compte lorsque ce dernier n'est pas le créancier nanti[1170]. Elle doit contenir à peine de nullité deux mentions obligatoires inscrites à l'identique comme suit : « 1°*) Faute de paiement, le nantissement pourra être réalisé par le créancier dans les huit jours ou à l'échéance de tout autre délai préalablement convenu avec le titulaire du compte nanti ; 2°) Le titulaire du compte nanti peut, jusqu'à l'expiration du délai mentionné ci-dessus, faire connaître au teneur de compte l'ordre dans lequel les sommes ou titres financiers devront être attribués en pleine propriété ou vendues, au choix du créancier*[1171] ». La saisie des titres et sommes en toute monnaie figurant au compte n'est pas ici nécessaire en raison du droit de rétention assuré par le teneur du compte dans l'intérêt du créancier[1172]. Ce dernier poursuit lui-même la réalisation du nantissement ou mandate par écrit le teneur du compte lorsqu'il ne l'est pas lui-même pour procéder à la réalisation. Comme le précisent les textes, le choix est fait entre une attribution en propriété et une vente forcée. Ces modes de réalisation forcée ne peuvent donc se faire sans l'obtention d'un titre exécutoire constatant la créance liquide et exigible du créancier. En ce

---

[1170] Art. 152 du nouvel l'AUS.

[1171] Art. 153 du nouvel AUS.

[1172] Nous avons soutenu que ce droit de rétention n'était pas normalement nécessaire pour l'efficacité de cette sûreté. La publicité qui devrait en être substituée faciliterait le déclenchement de la réalisation forcée par la saisie des titres. Cette saisie serait alors publiée pour son opposabilité aux tiers et faciliterait l'information aux créanciers inscrits et *in fine* la procédure de purge.

qui concerne l'attribution, un développement plus global se fera plus loin dans le titre 2 de cette thèse.

La vente forcée judiciaire des titres admis aux négociations interviendra, si elle est privilégiée, en prenant en compte les règles des différents marchés réglementés dans l'espace OHADA pour une quantité de titres déterminée par le créancier nanti. Cette quantité est établie, par le créancier nanti, sur la base du dernier cours de clôture disponible sur un marché réglementé[1173]. Il se posera alors dans tous les cas le problème des aléas des cours de la bourse sur la réalisation du nantissement et le choix du moment opportun pour la réalisation. Les cours pouvant être à la hausse comme à la baisse au moment de la réalisation du nantissement. Dans le cas d'une baisse du cours, le créancier pourrait-il retarder la réalisation du nantissement ? On peut croire en une réponse positive dans la mesure où la chambre commerciale de la Cour de cassation française s'est prononcée sur la question mais posée différemment dans un arrêt du 10 octobre 2000. La question qui lui était posée était de savoir si « *un banquier bénéficiaire d'un nantissement de valeurs mobilières est tenu de réaliser son gage lorsqu'il n'est pas payé à l'échéance convenue* ». Dans cette espèce, « le banquier avait consolidé le crédit que le client n'avait pas remboursé [à l'échéance initialement prévue au lieu de réaliser son gage]. Le prêt de consolidation n'avait pas été remboursé [non plus] trois ans plus tard. Le cours des actions avait baissé entre l'échéance initiale et l'échéance du crédit de consolidation[1174] ». C'est alors que la banque a décidé d'assigner les débiteurs au paiement de la créance. « *La cour d'appel a estimé que le banquier avait commis une faute de négligence en s'abstenant de procéder à la réalisation lors de l'échéance initiale et les avait condamnés à réparer le préjudice résultant de la baisse ultérieure du cours des actions*[1175] ». La Cour d'appel s'est alors basée sur l'article 2080 du Code civil qui dispose que : « *Le créancier répond, selon les règles établies au titre des contrats ou des obligations conventionnelles en général, de la perte ou détérioration du gage qui serait survenue par sa négligence* ». La Cour de cassation a cassé cet arrêt au motif que « *le créancier gagiste n'est pas tenu de demander la résiliation de son gage à l'échéance* » sur la base de l'article 2037 du Code civil. C'est donc en faveur de la caution qu'existe une obligation de réalisation de la garantie à l'échéance pour lui permettre de se subroger dans les droits du créancier et non à l'égard du débiteur principal. Pour le Pr CABRILLAC, la solution « *aurait pu être fondée sur la règle qui présume que le terme est stipulé en faveur du*

1173 Art. 154 du nouvel AUS.

1174 Cass. com., 10 octobre 2000, *D.* 2000, p. 424 ; D. 2000, p. 210, obs. Bouloc ; *RTD com.* 2001, p. 201, obs. M. Cabrillac ; *RD bancaire et bourse* 2000, p. 354, obs. D. Legeais.

1175 Cass. com., 10 octobre 2000, *op. cit.*.

débiteur de sorte que ce dernier ne saurait se plaindre du préjudice que pourrait lui causer la prorogation du crédit[1176] ». C'est dire que le créancier conserve une relative liberté quant à l'engagement de l'exécution forcée et il ne peut être obligé de la déclencher dès l'inexécution de la créance garantie.

Quant aux sommes en toute monnaie figurant dans le compte, elles seront tout simplement directement et par transfert de propriété attribuées au créancier nanti à sa demande formulée s'il fait le choix de l'attribution conventionnelle ou judiciairement, le tout à hauteur du montant de la créance garantie[1177]. L'attribution forcée des sommes en toute monnaie figurant dans le compte ne l'exonère pas de l'obtention d'un titre exécutoire. Cette réalisation est faite dans l'ordre indiqué par le titulaire du compte nanti, sûrement en considération soit de ce qui aura été négocié lors de la constitution du nantissement soit en fonction de ses propres intérêts ou du cours des titres au moment de la réalisation, qui ne peuvent préjudicier à ceux du créancier. Pour le créancier, l'important sera de recouvrer sa créance en principal, intérêts et accessoires. Cette décision dépendra aussi des statuts de la société émettrice et des règles liées à la cession des titres, les demandes d'agrément et les droits de préemption.

b-3/ Cas des droits de propriété intellectuelle

502. L'absence d'une disposition particulière dans l'AUVE. – La saisie-vente dans le cadre du nantissement des droits de propriété intellectuelle se heurte à une absence de dispositions particulières de l'AUVE spécifiques à la cession de tels droits. Une adaptation des dispositions relatives à la saisie-vente des droits d'associés et valeurs mobilières serait-elle la solution ? En effet, l'article 161 de l'AUS dispose qu'en cas de défaillance du débiteur, le créancier peut réaliser sa sûreté conformément aux dispositions des articles 104 et 105 de l'AUS. L'article 104 prévoyant la vente forcée, il renvoie lui-même à l'AUVE comme c'est le cas pour les autres types de sûretés pour lesquelles cette disposition est le droit commun de la réalisation par vente forcée. De la sorte, sans autre précision de l'AUVE sur la procédure applicable à l'exécution forcée, la première hypothèse sur la procédure à privilégier est le fait qu'en cas de défaillance du débiteur, le créancier muni d'un titre exécutoire puisse faire procéder à la vente forcée des droits de propriété intellectuelle nantis huit jours après une sommation faite au débiteur. Et s'il y a lieu, au tiers constituant du nantissement. La publicité obligatoire du nantissement au registre spécial prévu par l'OAPI permet une efficacité optimale pour le nantissement de sorte que la publicité au

---

[1176] Ibidem.

[1177] Art. 154 du nouvel AUS.

RCCM ne suffise pas à rendre le nantissement opposable aux tiers. De fait, la saisie préalable à la vente forcée a-t-elle encore un intérêt si la double inscription est réalisée. Le droit de suite du créancier nanti devrait en ce moment-là être efficace de sorte à lui permettre de suivre les droits nantis dans n'importe quelle main. Elle aurait un intérêt pour la publicité de la saisie et pour l'information de la procédure aux créanciers inscrits.

503. Droit prospectif. – La deuxième hypothèse serait, comme nous l'avions présenté, le fait que l'AUVE ne prévoit hélas pas de dispositions spécifiques ou particulières concernant la vente forcée des droits de propriété intellectuelle. Ce qui par analogie peut amener les praticiens à opter pour les dispositions relatives à la cession des droits d'associés et valeurs mobilières comme c'est le cas actuellement en droit français qui a finalement résolu en partie la question. Ou à considérer que l'assignation en vente forcée des droits nantis vaut saisie desdits droits ; dans ce cas l'assignation devrait faire l'objet d'une publicité. On serait dans tous les cas, confronté à l'absence de dispositions claires sur la marche à suivre pour une telle vente aux enchères. Sauf disposition contraire d'autres textes de référence, il serait possible d'opérer cette adaptation. Se poseraient alors les difficultés liées à l'efficacité de la saisie et de la valeur du droit de propriété intellectuelle dans la mesure où le titulaire des droits ou l'exploitant de la licence est défaillant.

504. L'article 236 de l'AUVE concernant les dispositions particulières à la saisie des droits d'associés et valeurs mobilières prévoit que « *la saisie est effectuée soit auprès de la société ou de la personne morale émettrice, soit auprès du mandataire chargé de conserver ou de gérer les titres* ». Par analogie, la saisie doit permettre l'indisponibilité des droits pécuniaires du débiteur. Le tiers saisi est ici le garant ou l'acteur majeur de l'efficacité de la saisie. Or, en matière de propriété intellectuelle, l'OAPI consacre des dispositions auxquelles les parties ne peuvent déroger pour l'efficacité de leur sûreté. C'est le cas de la double publicité du nantissement que l'AUS a d'ailleurs rendue obligatoire dans les alinéas 1 et 3 de l'article 161 en ces termes : « *1°) Le nantissement conventionnel ou judiciaire n'est opposable aux tiers dans la mesure et selon les conditions prévues par les articles 51 à 66 du présent acte uniforme que s'il est inscrit au registre du commerce et du crédit mobilier (...) ; 3°) Si le nantissement a pour objet un droit inscrit sur l'un des registres régis par la réglementation applicable en matière de propriété intellectuelle, il doit, en outre, être satisfait aux règles de publicité prévues par cette réglementation* ». La saisie doit alors se faire pour plus d'efficacité autant auprès de la société titulaire des droits qu'auprès de l'OAPI émettrice de ces droits. Le reste de la procédure suivra les dispositions des articles 237 à 244 de l'AUVE. Les informations inscrites dans le cahier des charges devront être adaptées au droit dont la vente forcée est poursuivie ainsi que toute information nécessaire permettant à l'acquéreur ou adjudicataire de se faire une idée sur le titulaire des droits. De plus, le créancier nanti qui ne serait pas à l'origine de la cession des droits dispose du droit d'opposition et de la faculté de surenchère qui protègent ses intérêts et préservent ses droits sur la valeur des droits nantis. Pour cela, il faut aussi que les textes prévoient l'obligation de leur dénoncer la procédure en cours.

b-4/ Cas du fonds de commerce

505. L'efficacité par le droit de suite du créancier. – Le droit de suite dont bénéficie le créancier, qui est toute proportion gardée aussi efficace que le droit de suite en matière immobilière, lui permet de réaliser son nantissement avec sérénité. Ce droit lui permet de suivre le fonds de commerce dans n'importe quelle main pour le faire vendre[1178]. L'article 152 de l'AUDCG oblige le vendeur ou l'acquéreur à une publicité de tout acte de cession du fonds de commerce au RCCM[1179]. L'article 153 de l'AUDCG quant à lui oblige cette fois-ci l'acquéreur, dans un délai de quinze jours francs à compter de la date de cession, à publier l'acte constatant la cession du fonds sous forme d'avis dans un journal habilité à publier des annonces légales et paraissant dans le lieu où le vendeur est inscrit au RCCM. Ce droit de suite lui permet également de demander la déchéance du terme voire d'engager la responsabilité pénale du débiteur lorsqu'il diminue intentionnellement la valeur du fonds de commerce par la vente de l'un de ses éléments. Aussi, il peut également demander la vente globale du fonds en réaction à la vente isolée d'un élément essentiel demandée par un créancier saisissant lorsque cette vente peut déprécier la valeur du fonds ou même entraîner sa disparition. Il a sur ce point longtemps été soutenu que « *le défaut de publicité n'empêche pas la vente d'être valable ; mais si le prix a été versé entre les mains du vendeur en l'absence de toute publicité ou avant l'expiration du délai ouvert aux créanciers pour faire opposition, ce paiement pourra être déclaré inopposable aux créanciers du vendeur et l'acheteur sera obligé de verser une seconde fois entre leurs mains*[1180] ». De fait, le créancier nanti n'a pas vraiment besoin d'opérer la saisie du fonds avant de s'engager dans une vente forcée. Sauf s'il poursuit la vente

[1178] Dès lors que le droit de suite s'exerce *propter rem,* le créancier nanti n'a pas à déclarer sa créance à la procédure collective du sous-acquéreur. Cass. com., France, 17 déc. 2002, *JCP E* 2003, 1440, note M. Keita. Note LEGEAIS (D.), Droit commercial et des affaires, *SIREY* 22e éd., 2015, p. 136.

[1179] Art. 152 du nouvel AUDCG : « Tout acte constatant une cession de fonds de commerce doit être déposé en une copie certifiée conforme par le vendeur ou l'acquéreur au registre du commerce et du crédit mobilier.
Il appartient au vendeur et à l'acquéreur, chacun en ce qui le concerne, de faire procéder à la mention modificative correspondante ».

[1180] LEGEAIS (D.), Droit commercial et des affaires, *op. cit.*, p. 129.

d'un élément isolé du fonds, surtout d'un meuble corporel, auquel cas, la saisie se ferait pour éviter la dispersion des meubles nantis et vider le fonds de sa valeur. Si la vente est poursuivie par un créancier chirographaire, les créanciers inscrits disposent d'un droit d'opposition tiré de l'article 159 de l'AUDCG qui dispose que : « *Tout créancier du vendeur qui forme opposition doit notifier celle-ci par acte d'huissier ou par tout moyen permettant d'en établir la réception effective : 1°) au notaire ou à l'établissement bancaire désigné en qualité de séquestre ; 2°) à l'acquéreur pris à son adresse telle que figurant dans l'acte ; 3°) au greffe de la juridiction ou à l'organe compétent dans l'État partie qui tient le registre du commerce et du crédit mobilier auquel est inscrit le vendeur, à charge pour le greffe ou l'organe compétent dans l'État partie de procéder à l'inscription de cette opposition sur le registre du commerce et du crédit mobilier. [4°)] L'acte d'opposition doit énoncer, outre les mentions d'identification du créancier opposant, le montant et les causes de la créance, et contenir élection de domicile dans le ressort de la juridiction où est tenu le registre du commerce et du crédit mobilier. [5°)] Les formalités ainsi mises à la charge du créancier opposant par le présent article sont édictées à peine de nullité de son opposition* ». L'article 160 de l'AUDCG de rajouter que *« l'opposition produit un effet conservatoire. Il appartient au créancier opposant de saisir la juridiction compétente pour faire constater sa créance, et recevoir le paiement de celle-ci »*. Ce qui voudrait dire que l'opposition ne permet que de saisir le prix de vente, elle rend le prix indisponible et ouvre le droit de surenchère. L'opposant doit alors réclamer le montant de sa créance au juge dans le délai d'un mois à compter de la notification de l'opposition à peine de forclusion[1181]. En plus du droit d'opposition, lorsque le prix de vente du fonds est insuffisant pour couvrir toutes les créances, un créancier nanti et opposant peut « *dans le mois de la publication de la vente dans un journal habilité à publier les annonces légales, former une surenchère du sixième du prix du fonds de commerce figurant à l'acte de vente*[1182] *»*. Lorsque le fonds a fait l'objet d'une vente forcée, les créanciers nantis et opposants bénéficient du même droit de surenchère qui doit s'exercer dans le même délai à compter de l'adjudication [1183]» ; « *le surenchérisseur doit consigner, dans le même délai, au greffe de la juridiction compétente ou, auprès de l'organe compétent dans l'État partie, le montant augmenté du sixième*[1184] ». La surenchère est dans ce cas appréciée souverainement par la juridiction compétente. Elle constitue néanmoins une protection des droits du créancier nanti. À cet

[1181] CA Yaoundé, arrêt n° 46/Civ. du 7 nov. 2003 : Ohadata J-06-105.
[1182] Art. 163 al. 1 du nouvel AUDCG.
[1183] Art. 163 al. 2 du nouvel AUDCG.
[1184] Art. 163 al. 3 du nouvel AUDCG.

effet, la Cour d'appel de Dakar a jugé que « *la surenchère est une procédure spéciale dont l'objet est de protéger les créanciers contre la dissimulation partielle ou la minoration du prix de la cession ; le droit de surenchérir appartient au créancier inscrit, nanti ou opposant qui peut l'exercer même après adjudication*[1185] ».

506. Si la vente forcée globale du fonds est poursuivie par le créancier nanti, elle peut être faite sur assignation en vue d'une vente aux enchères. Toutefois, le délai de huit jours par lequel le débiteur est sommé de payer doit être respecté et inséré dans l'acte d'assignation. Sur ce sujet, il a été jugé par la Cour d'appel de Versailles que « *l'assignation qui ne fixe aucun délai de payement et n'informe pas le débiteur de la caducité de l'assignation en cas de payement n'est pas valable ; a contrario, une assignation comportant ces mentions serait valable et l'action serait régulièrement introduite* »[1186]. Le débiteur dispose en tout état de cause de la possibilité d'une vente amiable dans les conditions des articles 115 à 119 de l'AUVE.

C/ L'ABSENCE D'UNE PROCEDURE DE PURGE EN MATIERE MOBILIERE

507. La purge et le droit de suite des créanciers inscrits. – La consécration de la purge, surtout de plein droit, serait un marqueur de l'efficacité des sûretés constituées sans dépossession. La purge comme nous l'avions démontré en matière immobilière est un contrepoids au droit de suite contre l'acquéreur du bien. Ce droit de suite est une menace pour lui puisque le bien qu'il acquiert reste grevé de sûreté tant que le créancier inscrit n'est pas payé. Même si elle est une faculté pour l'acquéreur, ses droits sur le bien acquis restent limités dans la mesure où le créancier inscrit sur le bien a le droit de le revendiquer, de le saisir pour se payer sur sa valeur. C'est pour cela que le droit de suite, dit-on « ne favorise pas la circulation juridique des [biens][1187] ». Aussi pour favoriser la bonne circulation des biens, le législateur a prévu la purge, qui peut être soit automatique ou de plein droit, soit conventionnelle. La consécration légale de cette procédure étant un marqueur indéniable de l'efficacité du droit de suite sur certains biens et par conséquent de l'efficacité des sûretés qui en sont pourvues. La purge est alors reconnue de plein droit en matière hypothécaire. Mais, malgré la publicité de la plupart des sûretés mobilières, on observe que le législateur ne leur a pas aménagé

[1185] CA Dakar, arrêt n° 142 du 3 avril 1971 : cité *in* COCC annoté, *EDJA*, 1991, p. 183. Note sous art. 163 du nouvel AUDCG.
[1186] CA Versailles, 12e ch., 10 mai 1990, *D.* 1990, p. 169 ; *rev. trim. Dr. com.*, 1990, p. 560, obs. J. DERRUPPÉ. Note MESTRE (J.), PUTMAN (E.) et BILLAU (M.), *op. cit.*, p. 445.
[1187] CABRILLAC (M.), MOULY (C.), CABRILLAC (S.) et PETEL (P.), Droit des sûretés, *op. cit.*, p. 786.

une procédure de purge. La raison serait la grande volatilité des biens meubles. Même la publicité des sûretés sur lesquelles ils portent ne permet souvent pas l'organisation d'un droit de suite efficace qui obligerait l'acquéreur à purger le bien acquis des sûretés qui le grèvent. L'absence d'une purge automatique n'a pas pour conséquence la perte du droit de préférence par le créancier puisque sa sûreté demeure malgré la vente du bien. Il appartient normalement à l'acquéreur de faire une purge amiable ou délaisser le bien lorsqu'un créancier exerce son droit de réalisation. Il semble que la situation soit plus complexe. En doctrine, il a été soutenu que : « *Dès lors que l'acquéreur d'un bien grevé d'une sûreté n'a pas à sa disposition une procédure de purge, on pourrait penser que l'aliénation ne fournit pas au titulaire de la sûreté l'occasion d'exercer son droit de préférence, bien qu'elle fasse apparaître la valeur du bien. Néanmoins, ce résultat ne correspond pas toujours à la réalité, laquelle est fort diversifiée. Si certaines sûretés, par leurs techniques mêmes, ne font pas place à l'exercice du droit de préférence, d'autres s'y prêtent ou peuvent s'y prêter ou encore ménagent un paiement au créancier. Ainsi, il est impossible de dégager une règle d'ensemble*[1188] ».

508. C'est pour cela que la procédure de purge n'est pas codifiée en matière mobilière comme elle l'est en matière immobilière. Les sûretés sans dépossession pour lesquelles la purge semble être efficace pour les créanciers inscrits sont celles pour lesquelles le droit de suite est très efficace. Ce droit de suite est pour ainsi dire lié à une publicité des droits mobiliers capable de préserver les droits des créanciers inscrits. Cette publicité leur permettant alors de suivre le bien dans n'importe quelle main. À la différence de la plupart des meubles, les immeubles font l'objet pour leur cession ou déplacement d'une main à l'autre de la publicité foncière qui facilite l'organisation de la purge. La publicité des hypothèques se base alors sur l'organisation efficace de la propriété immobilière pour renforcer les droits du créancier hypothécaire. Par contre, le déplacement de la plupart des meubles reste encore occulte et ne facilite pas le droit de suite des créanciers inscrits même en présence d'une publicité des sûretés au RCCM. Dans ce contexte, il semble évident que toutes les cessions mobilières ne permettent pas aux créanciers inscrits d'exercer convenablement leur droit de préférence. Il y a d'ailleurs également certaines aliénations immobilières qui n'ouvrent pas droit à une purge sauf si elle est faite par l'acquéreur. Aucune procédure n'oblige donc l'acquéreur à engager une purge[1189] sauf dans les cas où

[1188] CABRILLAC (M.), MOULY (C.), CABRILLAC (S.) et PETEL (P.), Droit des sûretés, *op. cit.*, p. 796 et 797.
[1189] Cass. com., 28 avril 2004, *RTD com.*, 2004. 696, obs. B. Saintourens. Note LEGEAIS (D.), Droit commercial et des affaires, *op. cit.*, p. 136.

elle est de plein droit en raison de l'effet automatique produit par l'aliénation du bien. Il faut à ce titre que la procédure s'y prête.

509. Il n'en reste pas moins que la purge faciliterait l'exercice du droit de préférence du créancier inscrit si elle était généralisée. En effet, l'aliénation du bien objet d'une sûreté peut constituer pour le créancier inscrit un risque ou une menace pour l'efficacité de la réalisation de sa sûreté. Cette menace est accentuée par le fait que le bien donné en garantie soit resté en la possession du constituant. C'est pourquoi les sûretés dotées d'un droit de rétention efficace sont dépourvues de la procédure de purge en raison de l'absence de menace à l'égard des créanciers. Il s'agit du cas du gage avec dépossession et dans une certaine mesure du nantissement de compte de titres financiers. Il en est de même du gage sans dépossession sur biens fongibles pour lequel le créancier peut lui-même, et c'est souvent le cas, renoncer à son droit de suite en donnant l'autorisation d'aliéner les biens. Le contrepoids de cette autorisation étant l'obligation de renouvellement de l'assiette de sa sûreté[1190]. Pour les gages sans dépossession sur des corps certains, l'exercice du droit de suite est fortement « paralysé par l'article 2276 du Code civil » lorsque le bien objet de la sûreté a été livré à l'acquéreur. Pour les autres types de nantissements faisant l'objet d'une publicité, les parties ont la possibilité d'aménager une purge conventionnelle ou amiable à défaut de la possibilité d'une purge de plein droit. Néanmoins, en ce qui concerne les sûretés faisant l'objet d'une publicité institutionnalisée, la vente forcée par enchère publique devrait aboutir à une purge de plein droit suivie de la radiation automatique des sûretés inscrites sur le bien vendu. Il est dommage que ce procédé ne soit pas expressément prévu par les textes. Ce à quoi la proposition de l'avant-projet de réforme prévu en droit français est source de renouveau puisque l'article R. 221-39 du Code de procédures civiles d'exécution abriterait un nouvel alinéa qui dispose que : « *1°) Il est dressé acte de la vente. Cet acte contient la désignation des biens vendus, le montant de l'adjudication et l'énonciation déclarée des nom et prénoms des adjudicataires ; 2°) Il est procédé, sur justification du paiement du prix, à la radiation des inscriptions de gage prises sur les biens vendus du chef du débiteur saisi*[1191] ». Ladite modification devrait aussi intervenir dans l'AUVE du droit OHADA tout en remplaçant le mot « gage » dans le deuxième alinéa par le mot « sûretés ».

[1190] CABRILLAC (M.), MOULY (C.), CABRILLAC (S.) et PETEL (P.), Droit des sûretés, *op. cit.*, p. 798.

[1191] Propositions de la Commission Grimaldi dans l'avant-projet de réforme du droit des sûretés en France, 2007, Association Henri Capitant, *op. cit.*.

510. Il en est autrement du nantissement sur le fonds de commerce pour lequel le droit de suite est aussi efficace que celui en matière immobilière en raison de « *la nature du fonds et des règles dérogatoires qui gouvernent la vente de ce bien*[1192] ». D'ailleurs, l'acquéreur ne peut s'affranchir des sûretés inscrites sur le fonds s'il ne procède pas à la purge des inscriptions. L'article 157 alinéa 2 du nouvel AUDCG dispose à cet effet que : « *Le notaire ou l'établissement bancaire [désigné par les parties pour recevoir le prix de vente du fonds de commerce] doit conserver les fonds en qualité de séquestre pendant un délai de trente jours, ce délai commençant à courir au jour de la parution dans un journal habilité à publier la vente au titre des annonces légales. Si au terme de ce délai, aucune opposition n'a été notifiée au séquestre, celui-ci doit tenir le prix de vente à la disposition du vendeur* ». Est donc « nulle et de nul effet toute contre-lettre ou convention ayant pour objet ou pour effet de dissimuler tout ou partie du prix de cession du fonds de commerce[1193] ». De même, « *toute vente amiable ou judiciaire de fonds de commerce ou de l'un de ses éléments ne peut avoir lieu sans production par le vendeur ou l'auxiliaire de justice chargé de la vente, d'un état des inscriptions prises sur le fonds*[1194] ». La particularité du fonds de commerce étant la possibilité d'une vente isolée de ses éléments ou d'une vente globale selon les cas, le prix de cession doit être ventilé entre chaque élément du fonds. Lorsque les créanciers inscrits refusent la proposition de prix de cession, ils ont un droit de surenchère qu'ils exercent conformément aux dispositions prévues pour la vente du fonds de commerce[1195].

511. La procédure de distribution en matière mobilière. – Comme en matière immobilière, l'OHADA a simplifié la procédure de distribution. Les mêmes règles que renferme le titre IX de l'AUVE s'appliquent aux deux biens. En cas de vente forcée, seuls sont admis à faire valoir leurs droits sur le prix de la vente, les créanciers saisissants ou opposants qui se sont manifestés avant la vérification des biens saisis prescrite par l'article 124 de l'AUVE et ceux qui, avant la saisie, ont procédé à une mesure conservatoire sur les mêmes biens. L'ordre de préférence pour le partage du prix de cession est consacré par l'article 226 de l'AUS de 2010 qui précise toutefois que ce partage se fait « *sans préjudice de l'exercice d'un éventuel droit de rétention ou d'un droit exclusif au paiement* ». Ceci montre que bien qu'elles soient des sûretés traditionnelles, les sûretés réelles dotées du droit de rétention efficace et du droit exclusif au

[1192] CABRILLAC (M.), MOULY (C.), CABRILLAC (S.) et PETEL (P.), Droit des sûretés, *op. cit.*, p. 795.
[1193] Art. 158 du nouvel AUDCG.
[1194] Art. 173 de l'AUS de 2010.
[1195] Art. 177 de l'AUS de 2010.

paiement n'en sont pas moins redoutablement efficaces pour les créanciers qui en sont les bénéficiaires.

CONCLUSION DU CHAPITRE 2

512. La vente forcée reste et restera encore pour longtemps le mode traditionnel de réalisation des sûretés réelles. Loin parfois de plaire en raison de la lourdeur des procédures, elle est tout de même le mode de réalisation permettant au plus grand nombre voire parfois à tous les créanciers d'espérer, lors de la répartition du prix de cession du bien, une partie ou la totalité de leur créance. Il s'agit d'une procédure qui favorise la répartition de la valeur du bien garanti. Pour cela, les procédures d'exécution doivent aussi rapidement s'adapter afin de faire face à l'arrivée de nouveaux biens à l'instar des biens incorporels qui présentent aujourd'hui un réel enjeu économique. Cependant, les créanciers aspirent toujours à des procédures d'exécution plus rapides et moins coûteuses. La vente forcée ne leur offre pas toujours cette célérité et les conduit à privilégier d'autres modes de réalisation de leur sûreté. Les sûretés réelles traditionnelles n'hésitent pas aussi à se réinventer et offrent une plus grande assurance de recouvrement aux créanciers. L'extension parfois maladroite du droit de rétention à des biens autres que les biens corporels en est un réel exemple. Il permet au créancier d'éviter l'engagement de l'exécution forcée, mais provoque efficacement le paiement de la créance garantie. D'autres moyens ont alors été trouvés comme l'attribution en propriété pour faciliter l'exécution forcée. Ces contours réels sont pourtant loin d'être clairs. Le législateur n'aurait pas plus intérêt à alléger la vente forcée ?

CONCLUSION DU TITRE 1

513. Il est indéniable que l'exécution forcée entreprise par le créancier sur le bien à lui garanti ne peut se faire d'une part qu'à la défaillance du débiteur principal et d'autre part par l'utilisation des procédures d'exécution forcée visées par les Actes uniformes. En la matière, l'Acte uniforme portant organisation des procédures simplifiées de recouvrement et des voies d'exécution du 10 juillet 1998 a une prééminence pour la vente des biens corporels, meubles et immeubles. Ce mode traditionnel d'exécution forcée est d'application usuelle à chaque fois qu'est poursuivie une exécution forcée. Cet Acte uniforme doit alors plus de vingt ans après sa consécration être révisé afin de se mettre à jour en ce qui concerne l'utilisation des meubles incorporels dans les transactions commerciales. Il doit créer des règles permettant leur exécution forcée en toute efficacité. L'intérêt du créancier pour cette procédure est toujours aussi fort et doit inciter le législateur à en permettre une meilleure utilisation. Les créanciers munis de privilèges tirent ainsi de cette procédure un avantage certain sur la valeur du bien vendu par rapport aux créanciers chirographaires. Mais, si la liberté d'exécution par la vente dont bénéficient les créanciers sur le patrimoine de leur débiteur n'est pas contestée, nous avons démontré qu'elle est limitée lorsque s'ouvre contre le débiteur une procédure collective. De fait, les privilèges consentis aux créanciers sont instrumentalisés par le législateur en vue de préserver l'activité du débiteur au nom de l'intérêt collectif. Cette instrumentalisation des sûretés réelles prend de l'ampleur avec les différentes crises que connaissent nos sociétés modernes et oblige les sûretés à se réinventer pour être attractives et permettre aux créanciers de faire face au droit des procédures collectives. Il faut toutefois louer les efforts du nouvel Acte uniforme portant organisation des procédures collectives d'apurement du passif entré en vigueur le 24 décembre 2015 qui a revu en profondeur l'organisation des procédures collectives dans l'espace OHADA. Les nouvelles dispositions pourront permettre de mieux appréhender les difficultés des entreprises en difficulté tout en préservant les intérêts des créanciers. Il faudra en sus que les différentes juridictions saisies jouent le jeu pour le respect des dispositions consacrées.

Notons également, qu'avec l'abrogation de l'Acte uniforme portant organisation des sûretés du 17 avril 1997, remplacé par celui du 15 décembre 2010, le législateur a consacré d'autres mécanismes d'exécution forcée à l'instar de l'attribution judiciaire et de l'attribution conventionnelle. Il a également fait de la publicité un trait marquant de l'efficacité des sûretés réelles conventionnelles. Cette publicité devrait assurer un peu plus la sécurisation des engagements contractuels. Mais, ces nouveaux mécanismes ne sont toujours pas visés par l'Acte uniforme portant organisation des procédures simplifiées de recouvrement et des voies d'exécution. Cette non prise en compte de ces nouveaux mécanismes d'efficacité par cet Acte uniforme censé régir l'exécution forcée des obligations dans l'espace OHADA est un échec pour la préservation des droits des créanciers inscrits.

TITRE 2 : LA RECONNAISSANCE DU DROIT A L'ATTRIBUTION

514. L'intérêt de la vente forcée en tant que mode traditionnel de réalisation des sûretés réelles est de vendre le bien objet de la sûreté au meilleur prix. Toute la procédure menée sous le contrôle du juge vise à « *protéger le débiteur qui risque d'être privé de la jouissance de son droit de propriété sans que la réduction corrélative de son passif justifiant cette privation soit équivalente à la valeur soustraite*[1196] ». La vente du bien ne doit donc pas se faire en dessous de sa valeur réelle et le coût de l'opération ne doit pas complètement absorber le produit de la vente. Sauf que, en réalité, en France par exemple, malgré les efforts du législateur et de l'appareil judiciaire pour diminuer les délais et le coût des procédures, rapprocher la vente immobilière de la vente mobilière, privilégier la vente volontaire, les frais de la vente forcée n'ont guère drastiquement diminué. En matière immobilière, « *les frais d'une procédure d'exécution classique oscillent selon un auteur entre 10 000 et 15 000 euros*[1197] » et « *les saisies immobilières [ont] une durée excessive, en moyenne trois ans et une décote de trente pour cent par rapport au prix du marché*[1198] ». En droit OHADA, toute proportion gardée, on constate les mêmes difficultés.

515. Les problèmes rencontrés lors de la vente forcée découragent les créanciers qui optent de plus en plus pour d'autres mécanismes alternatifs. L'attribution de la propriété du bien garanti est donc une exception qui fait de l'ombre à la vente forcée dans la mesure où, l'objectif premier du créancier quand il recourt à la constitution d'une sûreté réelle n'est pas de devenir propriétaire du bien qui en est l'assiette. L'objectif principal étant de se payer sur la valeur du bien avant d'autres créanciers s'il y en a. Il s'agit alors de l'accès direct à la valeur du bien garanti. Sa propriété lui est quelque peu indifférente surtout qu'il peut s'agir d'un bien dont l'usage ou la garde peut rapidement devenir un gouffre financier.

516. La propriété a cela d'exclusive que celui qui en est titulaire a l'élégance de revendiquer un droit absolu sur la chose qui en est l'objet. L'utilisation

---

1196 HUGON (C.), « *Les incidences sur les sûretés réelles des voies d'exécution* », in Évolution des sûretés réelles : regards croisés Université-Notariat, (colloque organisé par le laboratoire de droit privé de la faculté de droit de Montpellier et l'Arnu), dir. CABRILLAC (S.), ALBIGÈS (A.) et LISANTI (C.), *LexisNexis-Litec* 2007, p. 118.

1197 PANSIER (F.-J.), La vente amiable, *Dalloz*, préc., spéc. p. 247. Note HUGON (C.), « Les incidences sur les sûretés réelles des voies d'exécution », in *Évolution des sûretés réelles : regards croisés Université-Notariat, op. cit.*, p. 119.

1198 HUGON (C.), « Les incidences sur les sûretés réelles des voies d'exécution », op. cit., p. 119.

de ce droit comme une sûreté permet alors d'éviter tout concours avec d'autres créanciers puisqu'on estime que la propriété est le droit réel principal par excellence. Elle a finalement deux utilisations dans le nouveau droit des sûretés réelles : la propriété-garantie octroie au créancier un droit exclusif sur la valeur du bien garanti dès la constitution de la sûreté et l'attribution en propriété à titre de réalisation octroie au créancier un droit exclusif sur l'assiette de la sûreté. Ce dernier ne doit pas être confondu avec le droit exclusif sur la valeur du bien garanti.

517. Il sera question ici de ressortir les traits d'efficacité de ce mode d'exécution forcée dans l'espace OHADA, notamment à travers l'AUS de 2010 qui contribue à en faciliter la diffusion. On notera par rapport au droit français de légères différences dans son efficacité. Il présente ainsi un réel intérêt pour le créancier qui en plus a le choix entre l'attribution judiciaire et l'attribution conventionnelle. Ces modes simplifiés d'exécution forcée n'ont pas pour autant toutes les vertus que leur prêtent certains auteurs dans la réalisation des sûretés réelles classiques **(Chapitre 1)**. Par ailleurs, le législateur a semble-t-il fait le choix d'une réalisation très simplifiée des propriétés-sûretés. Leur dénouement peut alors être rapproché du mécanisme de l'attribution conventionnelle en propriété. Mais, le créancier est-il obligé de faire ce choix ? **(Chapitre 2)**

<u>Chapitre 1</u> : Les limites de l'attribution en propriété des sûretés classiques
<u>Chapitre 2</u> : Le rapprochement de la réalisation des propriétés-sûretés des modes d'exécution forcée des sûretés classiques

CHAPITRE 1 : LES LIMITES DE L'ATTRIBUTION EN PROPRIETE DES SURETES CLASSIQUES

518. L'attribution en propriété est un mode d'exécution forcée exceptionnelle pour la réalisation des sûretés réelles traditionnelles. Sa grande souplesse et sa rapidité d'exécution en font normalement un mode alternatif d'exécution à la vente forcée. Elle se décline entre l'attribution judiciaire et l'attribution conventionnelle.

Même si la consécration de ce mode d'exécution forcée semble faire aujourd'hui l'unanimité au sein de la doctrine, l'appropriation de l'objet de la sûreté par le créancier a toujours fait débat. On y voit une manière pour le créancier de mettre la main sur le bien du débiteur qui peut bien souvent avoir une valeur nettement supérieure à la créance garantie. POTHIER a relevé sur la question un intérêt évident surtout pour la protection du débiteur. Pour lui, l'attribution en propriété n'irait pas dans l'intérêt du débiteur. L'appropriation du bien du débiteur doit donc être prohibée et la jurisprudence allait également dans ce sens. Cette doctrine affirmait que la prohibition des clauses facilitant l'attribution en propriété « *est nécessaire pour empêcher les fraudes des usuriers, lesquels trouveraient dans cette clause un moyen ouvert de tirer un profit excessif des sommes d'argent qu'ils prêteraient, en prêtant de l'argent sous des gages de valeur du double de la somme prêtée, à des personnes qu'ils prévoyaient ne pas devoir être en état de rendre la somme au temps convenu*[1199] ». Le créancier peut néanmoins y trouver un intérêt majeur puisque par l'effet de l'attribution « *il ne peut [a priori] être primé par aucun autre créancier de son débiteur [mais assume] toutefois les aléas d'une revente*[1200] ».

519. La Cour de cassation française a admis cette absence de concours dans un arrêt du 31 janvier 1983 dans lequel elle considère que « *l'attribution du gage sur un véhicule automobile est indépendante des règles concernant l'ordre dans lequel s'exercent sur le prix les divers privilèges en cas de vente du bien nanti*[1201] ». Il lui permet également d'éviter les aléas et les délais parfois longs de la vente forcée judiciaire.

520. Un équilibre doit donc être trouvé puisque la question centrale de la prohibition reste le risque de spoliation des biens du débiteur et que la sûreté ne soit une source de profit injuste et injustifiée pour le créancier. D'où le besoin pour le législateur de mettre des garde-fous[1202] dans la consécration de cette procédure qui présente une efficacité certaine pour la réalisation de la sûreté dont le créancier est bénéficiaire. La consécration d'une telle procédure est donc suivie d'un encadrement de sorte à éviter la spoliation des biens du débiteur. C'est à cette seule garantie qu'il est possible de lever la prohibition. De plus, même si l'intérêt du créancier pour ce mode d'exécution est croissant en raison de l'absence de concours dont il bénéficie, il n'en demeure pas moins fragilisé en présence d'un droit de suite efficace. La réalisation par attribution du bien s'inscrit alors dans une démarche originale qui suit une finalité précise. Il en découle de sérieuses limites liées à cette finalité **(Section 1)** et aussi à la protection du constituant **(Section 2)** qui subit cette exécution forcée sur l'un de ses biens.

Section 1 : Les limites tenant à la finalité de l'attribution en propriété

Section 2 : Les limites tenant à la protection du constituant

---

[1199] PLANIOL (M.) et RIPERT (G.), t. XII, par BECQUÉ (E.), n° 120, p. 134. Note CABRILLAC (M.), MOULY (C.), CABRILLAC (S.) et PETEL (P.), Droit des sûretés, *op. cit.*, p. 292.

[1200] CABRILLAC (M.) et MOULY (C.), *op. cit.*, n° 946, p. 761-762.

[1201] Cass. com., France, 31 janvier 1983, *Bull. civ.*, IV, n° 43, p. 34. Note CABRILLAC (M.), MOULY (C.), CABRILLAC (S.) et PETEL (P.), Droit des sûretés, *op. cit.*, p. 291.

[1202] DUPICHOT (Ph.), L'*Efficience économique du droit des sûretés réelles*, 16 avril 2010, *LPA*, n° 76, p. 32, spéc. n° 3.

SECTION 1 : LES LIMITES TENANT A LA FINALITE DE L'ATTRIBUTION EN PROPRIETE

521. L'attribution de la propriété du bien garanti a fait l'objet d'une législation simplifiée mais très encadrée. Son efficacité n'est pourtant pas celle que décrivent la plupart des auteurs. La réalité est qu'il s'agit d'une appropriation exclusive du bien en nature **(Paragraphe 1)** et non de sa valeur. C'est pourquoi le législateur soumet cette réalisation à l'obligation d'estimer la valeur du bien pour éviter un enrichissement injustifié du créancier **(Paragraphe 2)**.

PARAGRAPHE 1 : UNE ATTRIBUTION EXCLUSIVE DU BIEN GARANTI AU CREANCIER POURSUIVANT

522. Il est indéniable que le choix du créancier d'opter pour l'attribution en propriété pour l'exécution forcée de sa sûreté est lié à la toute simplicité et au caractère moins complexe de cette procédure. Elle a pour finalité principale de faire du créancier le propriétaire du bien qui lui a été donné en garantie et sur lequel il peut revendiquer un droit exclusif. Cette propriété ne pouvant pas être accordée simultanément ou en indivision avec d'autres créanciers poursuivants, ou être partagée entre eux comme en matière de vente. Toutefois, cette efficacité due à l'acquisition de la propriété du bien garanti ne peut faire oublier l'essence même des garanties en ce qu'elles peuvent être octroyées par le débiteur à plusieurs créanciers et constituent l'accessoire à l'exécution d'une obligation principale. Ce faisant, d'autres créanciers sont également à même d'opposer leurs droits sur le même bien. Les sûretés réelles créent un lien direct entre le créancier et le bien garanti de sorte que leur droit suit le bien et ne s'éteint pas par le seul changement de propriétaire. L'exécution forcée par l'acquisition de la propriété du bien garanti doit alors prendre en compte les droits concurrents qui portent sur le bien attribué. L'efficacité de cette attribution en propriété en raison de sa facilité d'exécution **(A)** doit donc être relativisée **(B)** en ce qu'il faut tenir compte des droits attachés au bien et les conditions du transfert de propriété qui ne sont pas si différentes de l'exécution forcée par la vente du bien.

A/ UNE FACILITE D'EXECUTION

523. La reconnaissance de l'attribution en propriété s'est faite progressivement aussi bien en droit français qu'en droit OHADA. Depuis la réforme du 23 mars 2006 en droit français et celle du 15 décembre 2010 en droit OHADA, cette attribution en propriété a été généralisée en raison de la levée des restrictions qui entouraient sa consécration **(1)**. Aussi, s'est-elle généralisée à toutes les sûretés réelles et est devenue une alternative sérieuse à la vente forcée. Uniquement prévue par voie judiciaire **(2)** et seulement pour quelques sûretés réelles lorsque le législateur semblait encore hésitant, l'attribution en propriété s'est finalement généralisée et même élargie par voie conventionnelle **(3)**. La finalité étant de proposer d'autres mécanismes d'exécution forcée aux parties en vue de permettre un dénouement rapide des contentieux tout en équilibrant les intérêts en présence.

1/ La levée des restrictions liées à l'attribution en propriété

524. Une évolution intégrant la prise en compte de la volonté contractuelle. – La consécration de l'attribution en propriété dans l'AUS de 2010 est la continuité de son introduction timide dans l'AUS de 1997. Elle était comme en droit français, à travers l'article 2078 alinéa 1er, une faculté pour le créancier gagiste et était limitée à une attribution forcée ordonnée par le juge à la demande du créancier. L'article 56-1 alinéa 2 de l'AUS de 1997 disposait en ce sens que : « *La juridiction compétente peut autoriser l'attribution du gage au créancier gagiste jusqu'à due concurrence et d'après estimation suivant les cours ou à dire d'expert* ». Cette disposition ainsi que celle de l'alinéa 1 de l'article 56-1 sur la vente forcée étaient d'ordre public en ce sens que seuls ces modes de réalisations étaient autorisés par l'AUS de 1997. L'attribution conventionnelle était donc prohibée aussi bien en droit français qu'en droit OHADA. La jurisprudence faisait une interprétation stricte de cette prohibition ; qui était également de mise en matière immobilière autant judiciairement que conventionnellement.

En droit OHADA, pour déclarer irrégulière la réalisation par une banque d'un gage-espèces par attribution conventionnelle ou pacte commissoire, le Tribunal de première instance d'Abidjan a déclaré « *qu'il résulte des dispositions de l'article 56 ancien de l'AUS, que le pacte commissoire expresse permettant au créancier gagiste de se rendre propriétaire du gage en cas de l'inexécution est réputé non écrit* [1203] ». En droit français également les juges de droit ont estimé que « *la clause par laquelle le vendeur d'obligations s'est réservé la détention du titre vendu et la faculté de le vendre en bourse, en cas de non-paiement intégral du prix, n'a pu être qu'une constitution de gage et que la réalisation dudit gage par le créancier ne pouvait s'opérer qu'avec autorisation du juge*[1204] ». L'attribution en propriété devait ainsi passer par l'autorisation du juge.

1203 TPI Abidjan (Côte d'Ivoire), 21 février 2013, Société Groupement Togolais d'Assurance Compagnie Africaine d'Assurance-IARD c/ SITEL, OMNIFINANCE et SGI-Togo, n° 253 CIV. 1re, RG n° 7319/2008, inédit.

1204 Cass. civ., France, 4 juin 1894, S. 94, p. 393 ; *D. P.* 94, 1 ; p. 393 ; V. égl. Sur la critique de la prohibition du pacte commissoire en matière de gage des créances, LEGEAIS (D.), thèse,

La prohibition du pacte commissoire était devenue quant à elle bien désuète, surtout en droit français, aussi bien en doctrine[1205] où on lui trouvait des assouplissements qu'en jurisprudence[1206]. L'intérêt du pacte commissoire était donc évident d'abord et surtout à propos des créances en raison de leur nature dont on ne peut craindre une spoliation. En effet, en raison de sa nature qui laisse transparaître une valeur « intrinsèquement déterminée », il n'y a pas de risque de spoliation[1207] lorsque la créance garantie est échue. Les garde-fous érigés par le législateur pour la protection du bien du débiteur, à savoir la vente aux enchères en cas de vente forcée et l'estimation du bien par un expert en cas d'attribution en propriété sous le contrôle du juge, succombent eu égard à la valeur déterminée des créances de sommes d'argent. De fait, la chambre commerciale de la Cour de cassation a pu considérer que « *n'est pas prohibée par l'article 2078 du Code civil la stipulation d'un gage constitué en espèces... à due concurrence du défaut de paiement à l'échéance* ». Il incomberait ainsi au créancier la restitution de la différence lorsque la créance garantie serait inférieure à la valeur de la sûreté. La chambre commerciale de la Cour de cassation évoquant également la nature de la sanction, estimait que « *la sanction à cette prohibition est une nullité d'intérêt privé à laquelle le constituant peut renoncer*[1208] », fragilisant une fois de plus la sévérité de la prohibition.

---

op. cit., n° 161, p. 99-100. Notes MESTRE (J.), PUTMAN (E.) et BILLIAU (M.), *op. cit.*, p. 292.

[1205] Comme l'atteste la chronologie dressée par MESTRE (J.), PUTMAN (E.) et BILLIAU (M.), *op. cit.*, p. 294 : « La prohibition semble se limiter au moment de la constitution du gage : pour L. GUILLOUARD, l'article 2078 ne distinguait pas en fonction de l'époque à laquelle le pacte était stipulé ; pour G. BAUDRY-LACANTINERIE et P. DE LOYNES, la liberté des conventions doit prendre le dessus sur la prohibition, si bien que toute entorse devait être de droit étroit ; pour H.-L.-J. MAZEAUD, V. RANOUIL et Fr. CHABAS, après la formation de la sûreté, le débiteur est plus libre qu'il ne l'était lorsqu'il était demandeur ; pour PLANIOL, RIPERT et BECQUÉ, il serait préférable de n'autoriser la convention qu'à partir du moment où le créancier peut réaliser le gage. Mais pour MARTY, RAYNAUD et M. JESTAZ, la pression sur le débiteur subsiste tant qu'il n'a pas remboursé et retiennent que la solution s'explique plutôt par une volonté délibérée de minorer une prohibition considérée comme plus ou moins désuète ».

[1206] Le pacte commissoire peut être adjoint après la formation de la sûreté : Cass. req. France, 8 mai 1934, S. 1934, 1, p. 342 ; cass. 1re civ., France, 17 novembre 1959, *Bull. civ.*, I, n0 480, p. 398 ; *D.* 1960, somm. P. 37 ; *Rev. trim. Dr. civ.*, 1960, p. 138, n° 5, obs. SOLUS ; Sur la validité du pacte commissoire concernant les créances, voir Cass. civ., France, 15 Octobre 1991, *Bull. civ.*, IV, n° 293, p. 203 ; *D.* 1991, inf. rap., p. 258.

[1207] Paris, 4 mai 1993, *RTD com.*, 1993.554, obs. CABRILLAC (M.). Note CROCQ (P.), *Gage-espèces-Qualification-Compatibilité avec la prohibition du pacte commissoire*, *RTD civ.* 1996.669 pour Cass. com., France, 9 avril 1996, Dalloz Affaires, 1996.712 ; *RD bancaire et bourse* 1996.117, obs. F.-J. CRÉDOT et Y. GÉRARD ; D. 1996.399 et s. note Ch. LARROUMET.

[1208] Cass. com., France, 5 Octobre 2004, n° 01-00.863, Augereau c/ BNP Paribas : *Juris-Data* n° 2004-025097 ; *Revue Dr. banc. Et fin.* Nov. 2004, n° 6 note LEGEAIS (D.).

Toutefois, cette fragilisation de la prohibition ne saurait écarter le respect des règles d'ordre public préalables à la réalisation et obligeant tout créancier à se munir d'un titre exécutoire constatant une créance liquide et exigible. À ce titre, il a été jugé par le Tribunal de première instance de Côte d'Ivoire que « *l'article 4 intitulé (réalisation du gage) inséré dans la convention de gage d'espèces [d'une banque], et par laquelle [elle] s'arrogeait le droit de s'approprier le gage sans titre exécutoire est réputé inexistant*[1209] ». Par ailleurs, la prohibition était toujours totale en matière immobilière où seule la vente forcée était autorisée. Il appartenait au législateur d'encadrer cette attribution plutôt que de l'interdire eu égard à son intérêt et à son efficacité pour le monde des affaires.

525. Dans ce contexte, le législateur français a fait le pas en premier dans le sens de la levée totale de la prohibition de ces modes alternatifs à la vente forcée. Les réformes intervenues en droit français en 2006 et 2007[1210] notamment les articles 2458[1211], 2459[1212], 2460[1213] du Code civil en matière immobilière et 2347[1214], 2348[1215] du Code civil en matière mobilière ont inspiré le législateur OHADA dans l'attribution judiciaire et le pacte commissoire en matière mobilière et immobilière. Le législateur OHADA a donc introduit à son tour, prenant en compte les différentes modifications apportées en la matière dans le nouveau droit

---

[1209] TPI Abidjan (Côte d'Ivoire), 21 février 2013, *op. cit.*.

[1210] Ordonnance du 23 mars 2006 relative aux sûretés, JO 24 mars 2006 modernisant les sûretés ; loi de ratification du 20 février 2007 ; décret n° 2006-1804 sur la publicité du gage sans dépossession ; décret n° 2008-466 du 19 mai 2008 modifiant le décret n° 55-1350 du 14 Octobre 1955.

[1211] « À moins qu'il ne poursuive la vente du bien hypothéqué selon les modalités prévues par les lois sur les procédures civiles d'exécution, auxquelles la convention d'hypothèque ne peut déroger, le créancier hypothécaire impayé peut demander en justice que l'immeuble lui demeure en paiement. Cette faculté ne lui est toutefois pas offerte si l'immeuble constitue la résidence principale du débiteur ».

[1212] « Il peut être convenu dans la convention d'hypothèque que le créancier deviendra propriétaire de l'immeuble hypothéqué. Toutefois, cette clause est sans effet sur l'immeuble qui constitue la résidence principale du débiteur ».

[1213] « 1°) (...) l'immeuble doit être estimé par expert désigné à l'amiable ou judiciairement. 2°) Si la valeur excède le montant de la dette garantie, le créancier doit au débiteur une somme égale à la différence ; s'il existe d'autres créanciers hypothécaires, il la consigne ».

[1214] « 1°) Le créancier peut aussi faire ordonner en justice que le bien lui demeurera en paiement. 2°) Lorsque la valeur du bien excède le montant de la dette garantie, la somme égale à la différence est versée au débiteur ou, s'il existe d'autres créanciers gagistes, est consignée ».

[1215] « 1°) Il peut être convenu, lors de la constitution du gage ou postérieurement, qu'à défaut d'exécution de l'obligation garantie le créancier deviendra propriétaire du bien gagé. 2°) La valeur du bien est déterminée au jour du transfert par un expert désigné à l'amiable ou judiciairement, à défaut de cotation officielle du bien sur un marché organisé au sens du code monétaire et financier. Toute clause contraire est réputée non écrite. 3°) Lorsque cette valeur excède le montant de la dette garantie, la somme égale à la différence est versée au débiteur ou, s'il existe d'autres créanciers gagistes, est consignée ».

français des sûretés, dans le nouvel AUS de 2010 l'attribution judiciaire et l'attribution conventionnelle en propriété aux articles 104 alinéas 2 et 3 en matière mobilière ; et en matière immobilière les articles 198 et 199.

2/ Attribution forcée judiciaire du bien garanti

526. En droit OHADA, la distinction est faite comme en droit français entre les meubles **(b)** et les immeubles **(c)**. Mais, leur attribution au créancier poursuivant doit respecter une règle commune attachée à l'exécution forcée des obligations **(a)**.

a/ L'exigence d'un titre exécutoire : les éclaircissements de la doctrine en droit français

527. Un préalable attaché à l'exécution forcée. – Il semble que le Code civil français qui inspire le droit des sûretés de l'OHADA soit silencieux sur l'exigence pour le créancier de détenir un titre exécutoire pour la mise en œuvre de l'exécution forcée en matière d'attribution en propriété. Ce silence des textes oblige à opérer une déduction, voire une adaptation de l'article L. 111-2 du CPCE pour imposer l'exigence d'avoir un titre exécutoire pour l'engagement de l'exécution forcée en matière d'attribution en propriété[1216]. De plus, l'article 502 du CPC français renforce cette condition en rendant obligatoire la présentation d'une expédition revêtue de la formule exécutoire du jugement ou de l'acte dont l'exécution est demandée, à moins que la loi n'en dispose autrement. Mais, une lecture simple de cet article permet de dissiper tout doute. L'article L. 111-2 du CPCE dispose que : « *Le créancier muni d'un titre exécutoire constatant une créance liquide et exigible peut en poursuivre l'exécution forcée sur les biens de son débiteur dans les conditions propres à chaque mesure d'exécution* ». Le principe général étant posé, la question est de savoir si l'attribution en propriété est une mesure d'exécution forcée justifiant le respect des conditions posées par l'article L. 111-2 du CPCE. La thèse de C. SÉJEAN-CHAZAL sur « la réalisation de la sûreté » a traité d'une façon assez claire la question. Après avoir relevé l'absence de dispositions particulières dans le Code civil pour l'exécution forcée en matière d'attribution en propriété ainsi que l'absence de renvoi aux règles du CPCE comme c'est le cas pour la vente forcée judiciaire, elle en a conclu compte tenu de la finalité[1217] du titre exécutoire que ce dernier : « *se présente comme un outil de vérification des qualités de la créance, en amont du recours à l'exécution forcée. À*

[1216] SÉJEAN-CHAZAL (C.), La réalisation de la sûreté, thèse, Dalloz 2019, préf. M. Grimaldi, p. 245.

[1217] « Le titre exécutoire permet de s'assurer que le créancier ne déclenche pas une mesure d'exécution forcée de manière abusive, sur le fondement d'une créance non encore exigible voire même inexistante », SÉJEAN-CHAZAL (C.), La réalisation de la sûreté, *op. cit.*, p. 247.

telle enseigne que son utilisation devrait être imposée pour toute mesure d'exécution forcée, quand bien même celle-ci se réaliserait sans recours à la force publique ou sans vente du bien ». L'utilisation des modes alternatifs à la vente forcée permet une exécution par la contrainte sur les biens du débiteur. À ce titre, par l'effet de la contrainte, ces modes d'exécution sont des mesures d'exécution forcée quand bien même leur régime ne permet pas une assimilation totale à la vente forcée. Ils ne peuvent donc pas être entrepris sans titre exécutoire. PERROT et THERY avaient déjà écrit dans ce sens que : « *Aucune mesure d'exécution forcée ne peut être pratiquée si le créancier ne se prévaut pas d'un titre exécutoire*[1218] ».

L'exécution forcée sur les biens du débiteur nécessite ainsi un encadrement réglementaire strict afin d'éviter la spoliation des biens du débiteur, lequel se trouve déjà en position de faiblesse par rapport à son créancier, qui lui aussi est confronté à un risque réel de perte patrimoniale. De fait « l'idée selon laquelle l'exécution forcée ne peut être entreprise sans titre exécutoire est fondamentale car celui-ci constitue le moyen de s'assurer que l'expropriation du débiteur ne sera pas entreprise à la légère, et notamment que la créance qui la fonde n'est pas imaginaire[1219] ».

528. La contrainte exercée sur le débiteur. – La contrainte exercée sur le débiteur est donc l'élément déterminant à l'exigence d'un titre exécutoire. Elle est une donnée de l'efficacité de l'exécution forcée et se traduit par la menace d'une sanction en cas de non-respect de la mesure dont l'exécution est attendue. Elle peut se faire avec ou sans l'aide de la force publique, contrairement à ce qu'ont tenté de démontrer certains auteurs qui considéraient par exemple que « *l'exigence d'un titre exécutoire ne se justifiait qu'en cas de recours à la force publique*[1220] ». Alors que le recours à la force publique n'est que la manifestation active du pouvoir administratif de contrainte de l'État qui doit fournir l'assistance des forces de police pour assurer l'exécution d'une décision de justice[1221]. La contrainte peut également être exercée par les agents de l'exécution comme l'huissier de justice sans le recours à la force publique au sens strict. De fait, l'exigence d'un titre exécutoire ne peut en aucun cas se justifier qu'en cas de recours à la force publique. Son obtention est ainsi nécessaire et étroitement liée à l'exécution forcée sauf les cas dans

---

[1218] PERROT (R.) et THERY (Ph.), Procédures civiles d'exécution, 3e éd. *Dalloz*, 2013, n° 130, p. 140. Note SÉJEAN-CHAZAL (C.), La réalisation de la sûreté, *op. cit.*, p. 248.

[1219] HUGON (C.), « Les incidences sur les sûretés réelles des voies d'exécution », *op. cit.* p. 117.

[1220] TERRE (F.), SIMLER (Ph.) et LEQUETTE (Y.), Les obligations, 11e éd. *Dalloz*, coll. Précis, 2013, n° 1091, p. 1141.

[1221] CE, France, 20 mars 1985, Compagnie immobilière de la Région Parisienne, n° 46731, Légifrance.

lesquels la loi en dispose autrement de façon expresse. Dans le silence de la loi, le principe général trouve à s'appliquer.

529. Attribution judiciaire et exécution forcée. – Ceci étant, puisque le titre exécutoire est nécessaire et est la condition préalable à l'exécution forcée, l'attribution judiciaire doit-elle se soumettre à de telles conditions ? Pour P.-F. CUIF[1222] : « *L'attribution judiciaire, contrairement aux voies d'exécution, n'exige pas du créancier qu'il se prévale d'un titre exécutoire* ». DELEBECQUE[1223] et HOONAKKER[1224] semblent être du même avis, alors que l'attribution judiciaire est une voie d'exécution forcée qui fait état de la contrainte qu'exerce le créancier détenteur d'un droit réel de garantie sur un ou plusieurs biens de son débiteur. Étant une mesure d'exécution forcée, on pouvait en conclure que l'attribution judiciaire doit être soumise à l'exigence de se munir d'un titre exécutoire. Mais, la demande d'obtention du titre exécutoire ne peut en réalité pas être dissociée de la demande d'attribution judiciaire sauf si le créancier se prévaut d'un titre notarié ; auquel cas, les deux demandes peuvent être dissociées. Dans le cas contraire, les deux peuvent faire corps. Ainsi, pour SÉJEAN-CHAZAL, thèse à laquelle nous souscrivons, l'intérêt ou la raison d'être de cette technique « est déjà conforme à la raison d'être du titre exécutoire[1225] ». Toutes les conditions nécessaires à la vérification de la créance querellée sont ainsi réunies dans la demande d'attribution introduite judiciairement. De fait, pour elle, « *le juge ne fait qu'entériner le choix du créancier de devenir propriétaire du bien grevé ; son rôle se limite précisément à la vérification des qualités de la créance*[1226] ». À ce titre, « *l'intervention du juge dans l'attribution judiciaire remplit en tous points le même office que celui qui est attribué au titre exécutoire ; ce dernier est donc rendu inutile, non pas parce que la procédure dérogerait au droit commun de l'exécution forcée, mais parce que la protection apportée par le titre exécutoire est assurée de manière tout aussi efficace par une autre disposition*[1227] ». En matière mobilière, la demande d'attribution en propriété peut notamment être introduite dans une assignation en justice. Elle peut également être introduite par une

---

[1222] CUIF (P.-F.), *L'attribution judiciaire de l'immeuble hypothéqué : spécificité et efficacité*, *RLDC*, mars 2010, n° 3742. Cité par C. SÉJEANSÉJEAN-CHAZAL, thèse, *op. cit.*, p. 248.

[1223] DELEBECQUE (Ph.), *L'attribution du bien, l'originalité du gage commercial, RJ com.* 1994, n° spécial, *Le gage commercial*, p. 127, n° 8. Cité par C. SÉJEANSÉJEAN-CHAZAL, thèse, *op. cit.*, p. 248.

[1224] HONAKKER (Ph.), « La civilisation de l'exécution forcée », in Le droit de l'exécution forcée : entre mythe et réalité, dir. C. Brenner, EJT, coll. Droit et Procédures, 2007, p. 79, n° 118. Cité par SÉJEANSÉJEAN-CHAZAL, thèse, op. cit., p. 248.

[1225] SÉJEANSÉJEAN-CHAZAL (C.), Thèse, *op. cit.*, p. 248

[1226] SÉJEANSÉJEAN-CHAZAL (C.), Thèse, *op. cit.*, p. 248.

[1227] SÉJEANSÉJEAN-CHAZAL (C.), Thèse, *op. cit.*.

procédure simplifiée de recouvrement de créance introduite par requête lorsque le créancier dispose déjà d'un titre exécutoire notarié.

530. Un transfert forcé du bien acté par le juge. – Ce transfert ne nécessite pas l'accord du constituant. Il s'agit d'une faculté ouverte au créancier et à lui seul, comme d'ailleurs pour la vente forcée. Il fait son choix unilatéralement eu égard au privilège que sa sûreté lui procure, aux frais de la vente forcée du bien et aussi par rapport aux conditions restrictives de l'attribution en propriété données par le législateur.

b/ L'attribution judiciaire des meubles dans l'espace OHADA

531. Le droit commun de l'exécution forcée sur les meubles. – En matière mobilière, à part la vente forcée qui est un mode traditionnel de réalisation des sûretés réelles, l'article 104 alinéa 2 dispose que « *le créancier peut aussi faire ordonner par la juridiction compétente que le bien gagé lui sera attribué en paiement jusqu'à due concurrence du solde de sa créance (...)* ». Cet article pose évidemment une alternative à la vente forcée judiciaire sans simplifier les conditions de fond préalables à l'exécution forcée. Puisque son alinéa premier destiné à la vente forcée exige du créancier d'être muni d'un titre exécutoire avant la vente forcée, il n'était pas nécessaire, à notre avis, pour le législateur de réitérer cette exigence dans les deux autres alinéas qui font état des mesures d'exécution alternatives à la vente forcée. À travers cet article 104 alinéa 1, le législateur a consacré de façon claire l'exigence de se munir d'un titre exécutoire à peine de nullité pour toute mesure d'exécution forcée sur les meubles. La formule de l'alinéa 2 porte en elle la suite de l'alinéa premier puisqu'il énonce que « *le créancier peut aussi faire ordonner par la juridiction compétente...* », ce qui traduit l'obligation d'introduire cette demande par voie judiciaire dans laquelle la vérification de la créance querellée est faite de droit.

La condition est assez simple, huit jours après une sommation faite au débiteur et s'il y a lieu au tiers constituant, le créancier peut demander au juge que le bien lui soit attribué en propriété à titre de paiement. N'importe quel créancier peut en faire normalement la demande[1228]. En pratique, l'exigibilité de la créance est constatée par la juridiction compétente saisie sur demande du créancier qui a constaté la défaillance de son débiteur et qui a formulé à cette dernière sa volonté de demeurer

[1228] L'attribution en propriété peut être demandée par un créancier de second rang dans le cas d'un nantissement de parts de société civile : Cass. com., France, 3 juin 2008, n° 07-12017 et 07-15228, *Bull. civ.*, IV, n° 114, RDC 2009, p. 209 et s., obs. A. AYNÈS ; *RTD civ.* 2008, p. 701 et s., obs. P. CROCQ ; *JCP G* 2008, I, 211, n° 20, obs. Ph. DELEBECQUE ; *RD bancaire et financier,* juill.-août 2008, p. 55, obs. D. LEGEAIS ; *D.* 2008.1691, obs. A. Lienhard ; *RLDC*, sept. 2008, p. 31, obs. G. MARRAUD des Grottes. Note AYNÈS (L.) et CROCQ (P.), Les sûretés-Publicité foncière, *op. cit.,* p. 333.

le propriétaire du bien. Si le juge accède à sa demande, la propriété du bien est attribuée au créancier dès le prononcé de la décision. Au cas où le créancier serait muni d'un titre exécutoire notarié, ce titre doit être préalablement signifié au débiteur ou au constituant selon le cas. Il est signifié sous la forme d'une mise en demeure d'avoir à payer dans le délai réglementaire imparti, avant de faire procéder par la juridiction compétente à l'attribution judiciaire du bien garanti. Ces dispositions n'étaient déjà pas étrangères dans l'ancien AUS notamment à l'article 56 alinéa 1, 2 et 3. L'alinéa 3 faisant de l'article 56 une disposition d'ordre public. Dans une décision du Tribunal de première instance d'Abidjan (Côte d'Ivoire), le Tribunal sur la base de l'article 56 de l'ancien AUS qui prohibait le pacte commissoire a énoncé que « cet Acte uniforme ne prévoit pas l'attribution conventionnelle, en conséquence toute clause du contrat de gage d'espèce par laquelle la banque O s'arrogeait le droit de s'approprier le gage sans titre exécutoire est réputée inexistante[1229] ». L'article 104 du nouvel AUS devrait suivre cette interprétation stricte.

Ainsi, par rapport à la vente forcée, l'efficacité de l'attribution judiciaire en propriété est avérée d'une part en termes de coût et en raison du délai relativement court de la procédure et d'autre part en raison de la réduction des contestations. L'attribution porte sur le bien lui-même, en nature, d'où la facilité de la procédure d'exécution qui nécessite que soit juste reconnue par la juridiction compétente la réalité de la créance, la défaillance du débiteur et le transfert de la propriété du bien garanti au créancier. La décision du juge est réduite au constat de la défaillance du débiteur et à l'autorisation de l'attribution de la propriété si les conditions sont réunies. Il s'assure que le constituant n'est pas spolié de son bien et que le créancier est payé proportionnellement à sa créance. Une difficulté peut tout de même apparaître à l'égard des gages sans dépossession, surtout en matière de gage de stock puisqu'il s'agit des biens fongibles avec autorisation de cession. Dans la mesure où le débiteur a cette autorisation, le créancier renonce à son droit de suite. Le débiteur ou le constituant a alors l'obligation de reconstituer l'assiette du gage à chaque cession. De la sorte, la difficulté en la matière serait d'arriver à saisir l'assiette de la sûreté qui se trouve chez le constituant une fois la propriété acquise. Les procédures prévues en la matière dans l'AUVE à l'instar de la saisie-appréhension et la saisie-revendication seront d'un grand secours.

[1229] TPI d'Abidjan, 21 février 2013, n° 7319/2008, *op. cit.*. Nous soulignons que tel qu'argumenté, ce jugement peut indirectement prétendre que si l'AUS prévoyait le pacte commissoire, le créancier aurait pu exécuter son gage d'espèce sans titre exécutoire. Alors que quelle que soit l'exécution forcée mise en œuvre, le créancier doit se munir d'un titre exécutoire. Il s'agit d'une règle d'ordre public.

532. L'extension de l'article 104 alinéa 2 aux nantissements des meubles incorporels. – L'article 104 alinéa 2 est donc le droit commun de l'attribution judiciaire en propriété en matière mobilière dans l'espace OHADA. Applicable initialement au gage de meubles corporels, il a été étendu au nantissement de meubles incorporels notamment aux nantissements : de droits d'associés et valeurs mobilières à travers l'article 144 du nouvel AUS ; de comptes de titres financiers à travers l'article 154 du nouvel AUS ; des droits de propriété intellectuelle à travers l'article 161 du nouvel AUS. Ces articles renvoient tous à l'article 104 alinéa 2 pour l'attribution judiciaire et non à l'AUVE qui est le cœur du droit commun de l'exécution forcée dans l'espace OHADA.

533. L'étendue des droits attachés au propriétaire. – Portant sur un bien affecté à la garantie de l'obligation d'une créance, l'attribution de la propriété n'est ni plus ni moins qu'une forme de vente forcée dudit bien. Le constituant qui affecte son bien doit ainsi en avoir la libre disposition et ne peut transmettre plus de droits qu'il n'en a lui-même. Le nouveau propriétaire sera ainsi confronté aux mesures spécifiques liées au transfert de propriété à titre onéreux de certains biens comme en matière de droits d'associés et valeurs mobilières. Ces biens ne sont transmissibles que dans le respect des droits de préemption et de l'agrément donné par la personne morale émettrice des titres. Dans tous les cas où le créancier ressentira le besoin de demander l'attribution en propriété, cette décision ne peut être que stratégique pour éviter le concours avec les autres créanciers ou alors basée sur une potentielle hausse de la valeur du bien après attribution. Mais, ce mode d'exécution ne peut en aucun cas effacer les droits préexistant à la constitution de la sûreté, ni les conditions spécifiques de transfert en propriété de certains biens.

534. L'absence de dispositions dans l'AUVE concernant l'exécution forcée par attribution en propriété. – On peut tout de même déplorer l'absence dans l'AUVE des dispositions concernant l'exécution forcée par les nouveaux modes alternatifs à la vente forcée judiciaire. C'est aussi pour cela que l'AUS ne fait aucun renvoi à cet Acte uniforme sur la question. Le législateur OHADA laisse ainsi un vide qu'il faudra combler ; ou doit-on considérer que le droit commun de l'exécution forcée par l'attribution du bien soit définitivement logé dans l'AUS ? Il faudra dans ce cas en préciser le régime. Une réforme en profondeur de l'AUVE est nécessaire afin de prévoir les différents cas d'attribution forcée en propriété ainsi que les modalités et le moment du transfert en propriété. Ce processus de révision a été engagé depuis le 16 septembre 2020. Il faut espérer que les travaux préparatoires soient à la hauteur de l'immense défi.

c/ Attribution judiciaire des immeubles dans l'espace OHADA

535. Le droit commun de l'exécution forcée sur les immeubles. – Au même titre que les sûretés sur meubles, les hypothèques n'échappent pas à l'exigence pour le créancier de se munir d'un titre exécutoire pour l'exécution forcée de l'hypothèque sur le bien garanti. Reposant sur l'article 198 alinéa 1 du nouvel AUS, il dispose que : « *À moins qu'il ne poursuive la vente du bien hypothéqué selon les modalités prévues par les règles de la saisie immobilière, auxquelles la convention d'hypothèque ne peut déroger, le créancier hypothécaire impayé peut demander en justice que l'immeuble lui demeure en paiement* ». La formule peut certes prêter à confusion sur l'exigence ou non d'avoir un titre exécutoire puisque le législateur ne le précise pas expressément, mais la demande devant impérativement se faire par voie judiciaire, il n'y a aucun doute sur le respect des conditions liées à l'exécution forcée. L'article 247 de l'AUVE quant à lui dispose que la vente forcée immobilière ne peut être poursuivie qu'en vertu d'un titre exécutoire constatant une créance liquide et exigible. De la sorte, l'attribution en propriété qui est un mode d'exécution forcée ne peut également être normalement poursuivie qu'en vertu d'un titre exécutoire. Mais, l'attribution judiciaire étant dépourvue de la saisie préalable, elle est engagée directement par voie judiciaire, or, la voie judiciaire renferme en elle-même le contrôle nécessaire à l'exécution forcée. Le fait pour l'article 205 du nouvel AUS de prévoir la possibilité de constituer l'hypothèque par un acte sous seing privé dressé suivant un modèle agréé par la conservation de la propriété foncière ne devrait pas être un obstacle au respect des conditions de fond devant être réunies pour la demande d'attribution judiciaire par le créancier. Donc, même en l'absence d'un titre exécutoire notarié, le créancier hypothécaire peut par assignation demander au juge l'attribution en propriété de l'immeuble hypothéqué. Il va de soi que cette procédure aboutira à constater la réalité de l'obligation inexécutée, l'exigibilité de la créance et tous ses caractères nécessaires à l'exercice de la contrainte exercée par le créancier.

536. L'attribution judiciaire en matière immobilière. – L'article 198 alinéa 1 du nouvel AUS rompt avec la prohibition de l'attribution judiciaire en propriété des immeubles hypothéqués de l'ancien AUS. Par sa rédaction, le législateur montre bien qu'il s'agit comme en matière mobilière d'une option réservée au seul créancier qui ne décide pas de poursuivre la réalisation de sa sûreté par la vente forcée de l'immeuble hypothéqué. Sa demande est faite auprès de la juridiction compétente qui constate l'exigibilité de la créance et se rend compte de la défaillance du débiteur. L'attribution est de droit si les conditions légales sont réunies. Il convient toutefois de la part du créancier d'avoir une réflexion sur l'opportunité de faire une telle demande et l'intérêt d'être propriétaire d'un immeuble, avec les frais que cela peut générer. Surtout que la vente *a posteriori* de cet immeuble peut parfois réserver des surprises dans la mesure où sa valeur peut diminuer. Ou carrément, le créancier peut juste ne pas avoir envie d'être propriétaire et avoir à gérer plusieurs immeubles. L'intérêt de cette attribution révèle uniquement un besoin d'éviter les aléas de la vente forcée judiciaire et éviter le concours avec les autres créanciers. La juridiction compétente doit ainsi accéder à la demande du créancier si les conditions sont réunies[1230]. Le choix du mode de réalisation appartenant au créancier, il a été jugé par la troisième chambre commerciale du Tribunal de première instance de première classe de Lomé « *que le débiteur [étant] défaillant, d'une part ; que l'immeuble en cause n'étant pas le domicile de la caution hypothécaire, d'autre part, il y a lieu en application [de l'article 198] d'ordonner la réalisation de l'hypothèque donnée par M. A. par attribution judiciaire de l'immeuble en paiement à la requérante ; que dans ces conditions, le moyen des requis tendant à dire que ce sont les règles de la saisie immobilière qui doivent recevoir application en l'espèce n'est pas fondé*[1231] ».

3/ Attribution forcée conventionnelle du bien garanti

537. Au même titre que l'attribution judiciaire en propriété, l'attribution conventionnelle qui a été consacrée dans le droit des sûretés réelles n'a pas été visée par le droit de l'exécution forcée autant en droit français qu'en droit de l'OHADA. Sa consécration semble sommaire par rapport à la procédure traditionnelle de vente forcée. Cette consécration a donc éveillé à juste titre l'intérêt d'une partie de la doctrine française qui a voulu alléger ses conditions d'exercice en ce qui concerne particulièrement l'obtention préalable d'un titre exécutoire. Selon cette doctrine, l'attribution étant conventionnelle, les parties ont entendu d'un commun accord faciliter l'exécution forcée des sûretés réelles affectées au créancier sans recours aux règles fondamentales de l'exécution forcée et sans recours au juge. Ce que réfutent, en partie, bien sûr d'autres auteurs qui pensent que ce pacte commissoire ne peut en aucun cas avoir pour finalité de soustraire le créancier au respect des règles fondamentales liées à toute exécution forcée **(a)**. Ce débat peut bien se reporter également dans le droit OHADA puisque la consécration de l'attribution en propriété n'a également pas été suivie d'une procédure

---

[1230] TPI de première classe de Lomé, 3e ch. com., 20 mars 2019, n° 0126/2019, Coris Bank International Togo c/ sté Z., Mme A., M. A., inédit ; TPI de première classe de Lomé, ch. com., 20 mars 2019, n° 0217/2019, Coris Bank International Togo c/ M. S., Mme P., inédit ; TC Lomé, 19 janv. 2020, n° 0060/20, Sté Interafricaine de banque Togo (SIAB Togo) c/ M. A., inédit ; TPI de première classe de Lomé, 2e ch. com., 29 mars 2019, n° 0243/19, Coris Bank International Togo c/ M. A., succ. T., Z., inédit.

[1231] TPI de première classe de Lomé, 3e ch. com., 20 mars 2019, n° 0126/2019, *op. cit.*.

détaillée au sein de l'AUVE autant pour l'attribution conventionnelle des meubles **(b)** que pour les immeubles **(c)**.

a/ L'exigence d'un titre exécutoire : les éclaircissements de la doctrine en droit français

538. Confrontation entre efficacité et protection du débiteur. – L'exigence ou non d'un titre exécutoire préalable à l'attribution conventionnelle en propriété fait l'objet d'un débat au sein de la doctrine française. La thèse bien récente de SÉJEAN-CHAZAL fait également office de référence en ce qu'elle a éclairé les lanternes tout en confrontant les différentes doctrines. On serait effectivement tenté de subordonner l'efficacité du pacte commissoire à l'absence du concours du juge et à la prédominance de la liberté contractuelle. Sa doctrine réfute cette idée et affirme clairement que « *le pacte commissoire est certes une convention mais elle porte sur l'octroi d'un mode d'exécution forcée*[1232] » et ne ferait pas de l'ombre à la prise en compte des dispositions réglementaires préalables à l'exécution forcée. Nous souscrivons à ce raisonnement ; l'exécution forcée se fait dans un cadre réglementaire donné auquel les parties ne peuvent déroger. Il s'agit d'une règle immuable sauf dispositions contraires qui protège le débiteur. De plus, l'exigence d'un titre exécutoire n'amenuise pas l'efficacité de l'attribution conventionnelle, ni sa célérité. BOTREL E. et GIJSBERS C. soutiennent pourtant le contraire dans leur thèse. Le premier estime que « *la réalisation du pacte commissoire permet un paiement forcé du créancier sur le patrimoine du débiteur en dehors des procédures civiles d'exécution*[1233] » et de conclure que « *cela a pour conséquence que l'expropriation du bien grevé ne se réalisera pas sur le fondement d'un titre exécutoire* ». Et le second prétend que « *l'obtention d'un titre exécutoire normalement indispensable pour pratiquer une mesure d'exécution forcée*[1234] » ne sera pas nécessaire pour le pacte commissoire. On peut soutenir que, parce que le CPCE ne prévoit pas de procédure d'exécution forcée par l'attribution conventionnelle pour en conclure que l'intention du législateur était de simplifier cette procédure et de l'affranchir du contrôle du juge. Mais, cette absence de dispositions peut tout aussi être le fait que le législateur ait déjà prévu les conditions de base nécessaires à toutes formes d'exécution forcée de sorte que la création d'autres modes d'exécution soit automatiquement soumise aux règles déjà édictées. Il appartient au législateur de préciser la législation en ce sens.

[1232] SÉJEANSÉJEAN-CHAZAL (C.), thèse, *op. cit.*, p. 249.

[1233] BOTREL (E.), Les conventions relatives à l'exécution forcée. Contribution à l'étude de la notion d'exécution forcée, Thèse, Nantes 2011, n° 172, p. 213. Cité par SÉJEANSÉJEAN-CHAZAL, thèse, *op. cit.*, p. 249.

[1234] GIJSBERS (C.), Thèse, *op. cit.*, p. 213, n° 223.

À titre d'exemple, la vente forcée judiciaire est une succession de procédures réglementaires qui mènent à la vente forcée du bien sous le contrôle du juge. La vente étant *in fine* le mode d'exécution choisi pour la contrainte exercée sur le bien du débiteur. Elle se déroule dans le respect des règles de procédure. La vente forcée n'est que l'aboutissement d'une succession de procédures qui visent, d'une part s'il le faut, à rendre préalablement indisponible le bien garanti, à constater les caractères liquide et exigible de la créance et d'autre part à procéder à la vente proprement dite. Une fois les contestations vidées, le jugement d'orientation fixe la date de la vente aux enchères publiques. L'exécution forcée judiciaire par la vente du bien garanti assure cette vérification si impérative de la créance avant la vente du bien. Si le créancier est muni d'un titre exécutoire, il engage directement la procédure de vente forcée, mais en l'absence de ce titre, il devra l'obtenir en justice. De la même façon, le pacte commissoire ne peut être engagé sans la vérification et la constatation des caractères de la créance dans un titre exécutoire. Les modes d'exécution forcée sont englobés dans des dispositions réglementaires au début desquelles se trouve l'exigence pour le créancier de se munir d'un titre exécutoire constatant une créance liquide et exigible. Pour ces raisons, nous souscrivons à la thèse de SÉJEAN-CHAZAL qui soutient que « *rien ne permet de soustraire la mise en œuvre d'un pacte commissoire à cet impératif de vérification préalable des qualités de la créance, puisqu'il constitue une des conditions indispensables au déclenchement d'une mesure d'exécution forcée*[1235] ». L'attribution judiciaire tout comme l'attribution conventionnelle en propriété ne vise qu'à éviter la procédure longue et pénible de la vente forcée. À ce titre, elle donne des arguments fort intéressants. D'un point de vue pratique, l'acte notarié peut permettre l'efficacité pleine et entière du pacte commissoire tout en protégeant les intérêts du débiteur. Les procédures simplifiées de recouvrement de créance permettent également la mise en œuvre *a posteriori* du pacte commissoire sans lui enlever son caractère conventionnel et rapide. La comparaison peut également être faite pour l'exécution forcée contre la caution. Les mesures d'exécution forcée contre la caution ne peuvent se faire sans l'obtention préalable d'un titre exécutoire. Il s'agit d'une règle d'ordre public qui protège la caution dans ses relations avec le créancier. Aucune disposition contraire à celle-ci n'est venue amoindrir cette exigence même à l'égard des cautions professionnelles. De fait, dans le droit des sûretés réelles, cette même protection doit être respectée à l'égard des constituants.

[1235] SÉJEANSÉJEAN-CHAZAL (C.), Thèse, *op. cit.*, p. 249.

b/ Attribution forcée conventionnelle en matière mobilière dans l'espace OHADA

539. **Le choix exprès d'une attribution conventionnelle forcée.** – L'article 104 alinéa 3 en matière mobilière dispose que : « *Si le bien gagé est une somme d'argent ou un bien dont la valeur fait l'objet d'une cotation officielle, les parties peuvent convenir que la propriété du bien gagé sera attribuée au créancier gagiste en cas de défaut de paiement. Il en va de même pour les autres meubles corporels lorsque le débiteur de la dette garantie est un débiteur professionnel. (...)* ». Cet alinéa consacre ainsi l'attribution conventionnelle en propriété dans l'espace OHADA. Cette attribution doit être portée par les parties et ne peut pas être forcée. Elle reçoit l'adhésion du constituant. De fait, pour sa mise en œuvre, le créancier doit formaliser le choix de ce mode d'exécution au débiteur[1236] après l'obtention bien sûr d'un titre exécutoire. Le législateur exprime à dessein qu'il s'agit d'une faculté ouverte aux parties et qui bénéficie au créancier, ce qui fait de ce mode de réalisation une exception qui vient s'ajouter aux deux autres modes d'exécution forcée des sûretés réelles. Les trois sont au choix du créancier si la convention lui laisse la faculté de décider selon ses intérêts. Même si l'efficacité de la sûreté est sa capacité à permettre au créancier de recouvrer le plus rapidement possible et au moindre coût sa créance, l'introduction de l'attribution conventionnelle en propriété permet dans une certaine mesure, même avec les conditions qui l'entourent, au constituant d'y trouver son compte. L'équilibre est trouvé dans les garde-fous mis en place par le législateur. Sans commune mesure, lorsque le bien est une créance ou un bien qui fait l'objet d'une cotation officielle, l'attribution conventionnelle en propriété peut être prévue par les parties sans garde-fous, puisque le constituant ne peut craindre une spoliation de son bien. Toutefois, il ne pourra pas déroger aux dispositions réglementaires liées à l'obtention du titre exécutoire constatant une créance liquide et exigible. L'utilisation des procédures simplifiées d'obtention d'un titre exécutoire est sans doute la solution à l'efficacité de ce mode d'exécution sauf si le créancier est détenteur à la constitution de la sûreté d'un acte notarié revêtu de la formule exécutoire ; auquel cas, il serait dispensé de l'obtention préalable dudit titre.

540. **Une procédure qui manque de clarté, voire inachevée.** – À la lecture de l'article 104 alinéa 3, on s'aperçoit que toute la procédure doit être prévue par les parties. Il peut s'agir pour le coup d'un triomphe de la liberté contractuelle. Mais, force est de constater que ni le moment du transfert de propriété ni le recours à un titre exécutoire ne sont prévus.

[1236] YOUEGO (C.), La réalisation de l'hypothèque en droit OHADA : Étude de l'AUS à la lumière du droit français, ERSUMA, n° 3, sept. 2013.

Même si nous avons conclu à la soumission de ce mode d'exécution forcée à la procédure réglementaire d'ordre public du titre exécutoire, il reste que l'AUVE ne consacre pas expressément procédure par procédure comment ce transfert est fait. Une question que nous aborderons dans la partie dédiée à l'expertise du bien, tant cette expertise peut faire penser que ce transfert puisse en être subordonné. Toutefois, le législateur évoque sommairement le fait que ce transfert puisse se faire en cas de défaut de paiement. En disant que le bien sera attribué en cas de défaut de paiement, il fait comprendre que c'est à partir de la constatation du défaut de paiement que le bien peut être attribué. Mais à quel moment ? À la date de cette constatation ? Plus tard, à une date ultérieure que les parties auront décidée d'un commun accord ? Comment celle-ci devra être constatée par le créancier ? Ce dernier doit-il laisser un délai raisonnable au débiteur pour répondre à la demande de paiement ? Autant de questions que les parties devront se poser. Le législateur devrait être plus clair sur le sujet afin d'éviter les abus.

En tout état de cause, le débiteur lésé a toujours la possibilité d'ester en justice s'il juge lors de l'exécution forcée qu'une disposition d'ordre public n'a pas été respectée. Le droit des obligations est à ce titre une vitrine pour la mise en place de telles mesures. Il résulte par exemple des articles 1231 et 1344 du Code civil que la mise en demeure est exigée préalablement à la mise en œuvre d'une procédure forcée. Elle résulte de toute manifestation de volonté réclamant le paiement adressée au débiteur et reçue par ce dernier[1237]. Le débiteur peut soulever ce moyen de défense si le créancier n'a pas respecté cette procédure et ne lui a pas laissé un délai raisonnable pour répondre. La jurisprudence dans l'espace OHADA est constante en la matière et les juges sont souverains pour apprécier le caractère raisonnable du délai laissé au débiteur ; ils s'appuient sur le Code civil français toujours d'application dans la plupart des pays de l'OHADA, sur les règles prévues par l'AUVE et sur les dispositions des Codes de procédures civiles et/ou d'exécution des différents États parties qui ne sont pas contraires à l'AUVE. La sommation d'avoir à payer n'est assortie d'aucun formalisme précis, de sorte que sa notification doive être faite au créancier par tout moyen pouvant constituer une preuve et attester de sa date. Il est primordial pour l'efficacité de cette attribution que ces différents points soient précisés, surtout dans l'AUVE.

541. La procédure d'injonction de payer pour l'efficacité de l'attribution conventionnelle. – En dehors du titre exécutoire notarié, l'efficacité de l'attribution conventionnelle peut reposer en droit OHADA sur la certitude du créancier d'avoir une créance certaine, liquide et exigible et

[1237] CA Ouagadougou (Burkina Faso), 19 octobre 2007, Fadoul Technibois c/ Sonabhy, Ohadata J-10-220.

pour laquelle il pourra obtenir sans encombre et contestations un titre exécutoire par une procédure simplifiée de recouvrement de créance. La procédure d'injonction de payer consacrée au Titre 1 de l'AUVE fait figure de référence. Son article premier dispose que : « *Le recouvrement d'une créance certaine, liquide et exigible peut être demandé suivant la procédure d'injonction de payer* ». Ces conditions sont cumulatives et la procédure ne peut être mise en œuvre que si la créance, dont le recouvrement est poursuivi, remplit ces conditions cumulatives. À ce titre, le défaut d'une seule de ces conditions entraîne le rejet de la requête aux fins d'injonction de payer. Cette procédure ne peut être introduite que si « *1°) La créance a une cause contractuelle ; 2°) l'engagement résulte de l'émission ou de l'acceptation de tout effet de commerce, ou d'un chèque dont la provision s'est révélée inexistante ou insuffisante*[1238] ». La décision qui résulte de l'injonction de payer ne peut alors servir comme un titre exécutoire que si elle est revêtue de la formule exécutoire[1239].

542. **Le maintien de la prohibition de l'attribution en propriété pour le nantissement du fonds de commerce.** – Le nouvel AUS reste fidèle à l'AUS de 1997 dans la prohibition de l'attribution en propriété du fonds de commerce donné en garantie. En effet, l'article 178 ne permet la réalisation du nantissement de fonds de commerce que par une vente forcée. Il renvoie ainsi à l'article 104 alinéa 1 du même Acte uniforme, la réalisation de ce nantissement. Cet article est également conforme à l'article L. 142-1 alinéa 2 du Code de commerce en droit français qui ne donne pas lui non plus le droit au créancier nanti de se faire attribuer le fonds en paiement et ce à due concurrence en cas de défaillance du constituant. La vente forcée reste alors le seul moyen permettant au créancier nanti de réaliser sa sûreté. Même si « son régime est proche de l'hypothèque[1240] », le fonds de commerce pris en tant qu'un bien particulier est soumis à une réglementation stricte qui relève du droit commercial et s'oppose ainsi à une attribution en propriété. Toutefois, dans le cas de la vente d'un élément isolé du fonds à savoir par exemple un droit de propriété intellectuelle, l'attribution en propriété peut être requise. Sauf si la disparition de ce droit entraîne l'extinction du fonds lui-même. Dans ce cas, l'exécution forcée ne peut se faire sur cet élément isolé mais sur le fonds dans son ensemble, et se ferait par vente forcée.

1238 Art. 2 de l'AUVE.

1239 Pour défaut de formule exécutoire, CA Daloa, 1er ch. civ. et com., arrêt n° 49 du 18 févr. 2004, k. Kouamé c/ K. N'Guessan, note Code OHADA.

1240 AYNÈS (L.) et CROCQ (P.), Les sûretés, la publicité foncière, *op. cit.*, p. 272.

c/ Attribution forcée conventionnelle en matière immobilière dans l'espace OHADA

543. Droit commun de l'attribution conventionnelle en matière immobilière. – L'article 199 en matière immobilière dispose que : « *1°) À condition que le constituant soit une personne morale ou une personne physique dûment immatriculée au registre du commerce et du crédit mobilier et que l'immeuble hypothéqué ne soit pas à usage d'habitation, il peut être convenu dans la convention d'hypothèque que le créancier deviendra propriétaire de l'immeuble hypothéqué ; 2°) À l'issue d'un délai de trente jours suivant une mise en demeure de payer par acte extrajudiciaire demeurée sans effet, le créancier pourra faire constater le transfert de propriété dans un acte établi selon les formes requises par chaque État partie en matière de transfert d'immeuble* ». Cet article est ainsi le droit commun de l'attribution conventionnelle de l'immeuble au créancier. La consécration de ce mode d'exécution alternatif à la vente forcée s'est faite au prix de la mise en place d'une protection de certains débiteurs comme on peut le constater dans les deux articles cités. Nous reviendrons sur cette protection que le législateur apporte à certains débiteurs. Mais cette prudence du législateur est en notre sens justifiée au vu des craintes qui pèsent sur ce mode d'exécution forcée à l'égard du constituant.

544. Une efficacité encore à prouver. – Contrairement à l'attribution judiciaire, ce transfert doit être prévu par la convention des parties. Longtemps prohibé, le pacte commissoire est finalement intégré dans le nouvel AUS sous différentes conditions afin de protéger le constituant contre la spoliation de son bien. Il est prévu au profit exclusif du créancier qui peut y renoncer. Prévu conventionnellement, on peut penser qu'en l'absence d'un accord préalable des parties soit à la constitution de la sûreté soit postérieurement mais avant sa réalisation, le créancier ne sera pas en droit d'en faire usage. C'est ce que semble traduire l'article 104 alinéa 3 du nouvel AUS en matière mobilière et l'article 199 en matière immobilière. En outre, pour son opposabilité aux tiers en matière immobilière, le pacte commissoire relatif à la constitution d'hypothèque doit être inscrit conformément aux règles de publicité édictées par l'État partie où est situé le bien grevé et prévues à cet effet[1241]. Il appartient ainsi aux États parties de prévoir cette publicité dans leur législation au risque de rendre ce pacte inefficace à l'égard des tiers par faute d'inscription. Comme le relève C. YOUEGO[1242] : « *Encore faut-il que ce droit existe et soit accessible. Or, les textes nationaux concernant la publicité foncière sont antérieurs à l'AUS révisé, aucune mesure n'ayant été prise pour les*

[1241] Art. 195 al. 1 du nouvel AUS.
[1242] YOUEGO (C.), La réalisation de l'hypothèque en droit OHADA, op. cit..

adapter à ce nouveau texte, alors que dans le droit français ayant inspiré l'AUS, le décret n° 2008-466 du 19 mai 2008 a prévu, dans les bordereaux hypothécaires, la mention spéciale de la "clause prévoyant que le créancier hypothécaire impayé deviendra propriétaire de l'immeuble hypothéqué" ». Il appartient ainsi à chaque État de prévoir cette procédure qui risque de manquer d'effectivité si elle n'est pas prévue conformément aux dispositions de l'article 195 du nouvel AUS. Sur ce point, les articles 52[1243] et 280 [1244] du nouveau Code foncier du Togo exigent que soient rendus publics tous les droits immobiliers par leur inscription à la conservation de la propriété et des droits fonciers pour leur opposabilité aux tiers. On peut donc penser au même titre que l'hypothèque que le créancier hypothécaire au profit duquel une convention instituant l'attribution conventionnelle de l'immeuble hypothéqué est signée, doive pour son opposabilité aux tiers parfaire à cette inscription. L'article 290 de ce Code qui traite les demandes d'inscriptions évoque en son point 1° que lesdites demandes doivent être accompagnées du dépôt « [...] *a. d'une expédition des actes et des décisions prévus à l'article 281*[1245] *ci-dessus ; b. d'un original établi en sus du nombre exigé par la loi, pour les actes sous signatures privées ; c. de l'écrit prévu à l'article 282 du présent code ; d. de la copie du ou des titres fonciers d'un ou des immeubles intéressés ; e. spécialement, s'il s'agit de la modification ou de l'extinction d'un droit réel grevant l'immeuble, du certificat relatif à ce droit* [...]. En pratique, l'acte d'hypothèque rédigé par le notaire prévoit les modes d'exécution de l'hypothèque et mentionne l'attribution conventionnelle si les parties l'ont choisie, de sorte que l'inscription de l'acte emporte également celle de la clause. Mais, on peut regretter que ce nouveau Code bien qu'institué après l'entrée en vigueur de l'AUS de 2010 ne mentionne pas les dispositions relatives à l'attribution en propriété au même titre que la saisie immobilière dont il est fait mention au chapitre 2 portant sur les « atteintes dans l'intérêt du créancier ». La première section de ce chapitre renvoie naturellement à l'AUS en ce qui concerne la saisie immobilière sans évoquer les autres modes d'atteintes à la propriété

[1243] Art. 52 du NCFT : « Les droits réels immobiliers soumis au régime du présent Code ne se conservent et ne produisent effet à l'égard des tiers qu'autant qu'ils ont été rendus publics dans les formes, conditions et limites réglées au présent Code, sans préjudice des droits et actions réciproques des parties pour l'exécution de leurs conventions ».

[1244] Art. 280 du NCFT : « La publication aux livres fonciers des droits réels constitués sur les immeubles postérieurement à leur immatriculation, exigée par l'article 52 du présent Code pour la validité desdits droits à l'égard des tiers, est assurée par la formalité de l'inscription ».

[1245] Art. 281 al. 1 du NCFT : « Tous actes, conventions ou sentences, ayant pour objet de constituer, transmettre, déclarer, modifier ou éteindre un droit réel immobilier, d'en changer le titulaire ou les conditions d'existence, [...] doivent, en vue de l'inscription, être constatés par acte notarié ».

immobilière dans l'intérêt du créancier institués par le nouvel AUS. Il est donc à craindre qu'aucune formalité ne soit en pratique prévue dans le droit national des États membres pour l'inscription du pacte commissoire en matière immobilière à la conservation de la propriété et des droits fonciers. Les mêmes insuffisances sont relevées dans le nouveau Code foncier du Bénin alors qu'il est issu de la Loi 2013-01 du 14 janvier 2013 portant Code foncier et domanial[1246], entré en vigueur après l'AUS de 2010. Les législateurs nationaux des États parties au Traité de Port-Louis doivent alors prendre en compte les évolutions du droit uniforme et participer pleinement et entièrement à leur efficacité.

545. Le bien-fondé de l'attribution conventionnelle en propriété sur les immeubles. – En droit français, il a toujours existé des craintes, justifiées, de la part d'une bonne partie de la doctrine sur la levée de la prohibition du pacte commissoire en matière immobilière. Les Prs SIMLER et DELEBECQUE[1247] s'interrogeaient alors sur le bien-fondé et l'efficacité de l'attribution conventionnelle en propriété en matière immobilière. Ils n'étaient d'ailleurs pas les seuls à voir dans cette consécration un risque réel pour le débiteur ou le constituant de l'hypothèque. Les raisons étaient principalement fondées sur la difficile évaluation de l'immeuble en raison de sa nature particulière et surtout sur les aspects sociopsychologiques attachés à un tel bien. Le Pr DELEBECQUE déclarait ainsi que « *la faculté d'attribution judiciaire en pleine propriété se comprend parfaitement en matière immobilière compte tenu des difficultés d'évaluation d'un immeuble et des aspects sociopsychologiques attachés à l'immeuble*[1248] ». En conséquence, d'un point de vue plus pratique, O. SALATI[1249] ne trouvait donc pas choquant que le juge exerce son contrôle sur l'exécution forcée en raison du droit fondamental que représente le droit au logement qui a une valeur constitutionnelle. Il serait ainsi fortement préjudiciable au constituant de perdre la propriété de son immeuble dans des conditions dépourvues d'un cadre réglementaire strict au nom de la liberté contractuelle. La liberté contractuelle trouvant alors ses limites dans l'exigence de protection de la partie la plus faible ainsi que dans le respect des règles d'ordre public.

1246 YOUEGO (C.), La réalisation de l'hypothèque en droit OHADA, op. cit..

1247 SIMLER (Ph.), DELEBECQUE (Ph.), Les sûretés. La publicité foncière, 7e éd. Dalloz, 2016, n° 500, p. 482 : « S'ils se conçoivent parfaitement en matière mobilière, ces procédés ne sont pas appropriés au monde immobilier où la psychologie des protagonistes est particulière ».

1248 DELEBECQUE (Ph.), *Le régime des hypothèques*, *JCP* 2006, suppl. n° 20, étude 8, n° 9, p. 30. Cité par Séjean-Chazal, thèse, *op. cit.*, p. 129.

1249 SALATI (O.), *La saisie immobilière et les réformes des sûretés*, in *La saisie immobilière*, dir. C. Albiges, Dalloz, Thèmes et commentaires, 2014, p. 27 s. Cité par Séjean-Chazal, thèse, *op. cit.*.

Dans l'espace OHADA, de tels arguments trouvent une oreille favorable dans la mesure où l'immeuble, dans sa forme bâtie ou non, constitue souvent une richesse inestimable pour ses propriétaires. S'il n'a pas une finalité alimentaire par son utilisation à des fins de culture, il constitue souvent le seul logement d'une famille prise dans son pays africain et non européen. Cette valeur justifie d'ailleurs, comme nous l'avions démontré en première partie, les brûlantes batailles de successions qui minent encore les sociétés africaines. L'aspect sociopsychologique est donc une donnée importante dans la prise en compte de la consécration de l'attribution conventionnelle en propriété, qui nécessite encore plus dans l'espace OHADA une attention particulière pour la protection des constituants, bien souvent démunis face à la toute-puissance des créanciers. Il convient donc que sa consécration soit encadrée en créant un équilibre satisfaisant entre son efficacité et la protection des débiteurs.

546. Par contre, certains auteurs ont également avancé des arguments fondés sur le fait de réserver ce mode d'exécution aux biens de peu de valeur[1250]. Cet argument n'est en notre sens pas recevable et ne traduit pas l'évolution de l'importance pécuniaire des biens dans les sociétés modernes. Dans l'esprit du législateur du Code civil de 1804, l'immeuble peut paraître comme un bien dont la valeur, aussi bien psychologique que matérielle, surplombe les biens meubles. Mais, aujourd'hui il n'en est rien et il y a des meubles qui ont plus de valeur que des immeubles. Pour preuve, la prolifération des meubles de valeur agit sur la création de sûretés réelles nouvelles qui trouvent un écho favorable auprès des créanciers. La valeur du bien ne peut donc justifier la prohibition. Il suffit que ce mode d'exécution offre suffisamment de garanties pour que sa mise en œuvre ne déséquilibre pas les rapports créancier-débiteur. Le législateur OHADA a visiblement fait le choix d'une consécration avec des garanties pour une protection du débiteur. Mais sont-elles suffisantes ? Dans ce contexte, l'exigence de se munir d'un titre exécutoire avant l'exécution forcée semble encore plus impérative, surtout dans l'espace OHADA.

547. Une facilité d'exécution, mais une réglementation stricte. – La procédure d'exécution à travers le transfert de propriété est ici encore plus réduite par rapport à l'attribution judiciaire puisque c'est le créancier qui est lui-même acteur de l'exécution. Il convient tout de même de rappeler que l'exécution, même avec un pacte commissoire ne peut se

---

[1250] Cette thèse nous paraît peu convaincante. Ils prétendent que « offrir un mode de réalisation rapide et peu coûteux apparaît comme un objectif opportun quand le bien grevé a peu de valeur (…). CABRILLAC (M.), MOULY (C.), CABRILLAC (S.) et PÉTEL (Ph.), Droit des sûretés, n° 111, *op. cit.*, p. 822.

faire sans la détention d'un titre exécutoire constatant une créance liquide et exigible. Le législateur aurait dû être plus précis sur ce point comme sur la vente forcée.

548. La procédure visée par l'article 199 alinéa 2 est tout de même un peu plus claire que celle de l'attribution conventionnelle des meubles. Il dispose que : « *À l'issue d'un délai de trente jours suivant une mise en demeure de payer par acte extrajudiciaire demeurée sans effet, le créancier pourra faire constater le transfert de propriété dans un acte établi selon les formes requises par chaque État partie en matière de transfert d'immeuble* ». Il semble que le créancier soit dans l'obligation cette fois-ci de respecter un certain nombre de dispositions. Il s'agit de l'envoi d'une mise en demeure de payer par acte extrajudiciaire et un délai raisonnable d'attente de trente jours laissé au constituant pour se manifester. La sommation par acte extrajudiciaire est ici un acte majeur qui déclenche la procédure. Il s'agit des précautions visant à alerter le constituant d'avoir à payer ou à subir l'exécution forcée sur le bien garanti. Se pose alors ici l'intérêt du titre exécutoire. Dans la formule employée par le législateur, sans réponse du débiteur au bout des trente jours, le créancier pourra faire constater le transfert de propriété dans un acte établi dans les formes requises par chaque État partie. De sorte qu'il suffit que le délai réglementaire soit passé pour acter le transfert de propriété. Mais, il faut faire comprendre à ce stade de la procédure que le créancier a toujours la possibilité de demander l'exécution forcée de sa sûreté par un autre moyen que l'attribution conventionnelle. Le législateur ne formule aucune objection à ce choix. Étant une convention des parties, le choix du pacte commissoire doit être signifié au constituant à la fin de la mise en demeure pour marquer l'exécution forcée par ce biais. La date de l'acte de signification faisant foi. Habituellement, l'hypothèque est constituée par acte notarié, ce qui devrait rendre encore plus efficace l'attribution conventionnelle en propriété en matière immobilière.

549. Par ailleurs, l'AUS a prévu dans son article 205 la possibilité pour les États parties de prévoir une constitution par acte sous seing privé dressé suivant un modèle agréé par la conservation de la propriété foncière. À ce titre, il est possible qu'à la défaillance du débiteur, le créancier ne soit pas en possession d'un titre exécutoire. Le législateur aurait pu dans les dispositions relatives à l'AUVE tirer les conséquences de la mise en place d'un tel article. Il est dommage qu'il ne l'ait pas fait. C'est pour cela que le créancier qui ne dispose pas d'un titre exécutoire doit comme en matière mobilière soumettre pour la rapidité de la procédure une requête auprès de la juridiction compétente aux fins de l'obtention du précieux sésame. La procédure d'injonction de payer semble être la procédure la plus appropriée. Une fois le titre exécutoire obtenu, il pourra signifier au constituant son choix de procéder à l'exécution forcée de sa sûreté par attribution conventionnelle conformément au pacte commissoire. Mais, pour sécuriser sa sûreté, le législateur ne lui offre aucune procédure de droit commun comme c'est le cas dans la saisie immobilière où le commandement valant saisie rend indisponible le bien avant sa vente. L'efficacité de cette procédure tenant à sa rapidité d'exécution, les dispositions adéquates doivent être prévues par le législateur pour une réalisation en toute célérité.

550. **L'adaptation nécessaire de l'AUVE aux modes alternatifs d'exécution forcée.** – Dans le cadre de la vente forcée immobilière, le législateur a prévu le commandement de payer valant saisie du bien qui le rend indisponible le temps d'engager le reste de la procédure, en vue de la vente forcée du bien. Il convient comme pour la vente, que le législateur adapte cette procédure à l'attribution conventionnelle en précisant que l'attribution en propriété d'immeuble ne peut être poursuivie qu'en vertu d'un titre exécutoire constatant une créance liquide et exigible. Cette précision dans l'AUVE serait un signal fort surtout pour l'attribution conventionnelle. Le législateur OHADA ayant lui-même donné la possibilité aux États parties de prévoir ou non la constitution de l'hypothèque par acte notarié, cette précision devrait satisfaire à l'efficacité dans la réalisation de ces hypothèques. Même si la majorité des États dont le Togo a prévu une constitution par acte notarié, la consécration de l'attribution conventionnelle par le législateur OHADA est quelque peu dénuée de précision. Un auteur disait à juste titre que « l'immeuble n'est pas un bien comme un autre[?][1251] ». À ce titre, le législateur ne devrait pas laisser un tel doute dans la mise en œuvre d'une procédure destinée à retirer la propriété d'un immeuble à un débiteur aussi facilement. En l'absence d'un titre exécutoire, l'acte extrajudiciaire envoyé à titre de mise en demeure devrait valoir saisie de l'immeuble hypothéqué et ce jusqu'au dénouement de la procédure visant à l'obtenir. Il s'agirait ainsi d'un commandement de payer en vue d'une attribution conventionnelle qui vaudra saisie à compter de son inscription. D'ailleurs, en présence d'un titre exécutoire notarié, il devrait produire les mêmes effets tout au long du délai de trente jours laissé au débiteur pour se manifester. Si le débiteur n'est pas le propriétaire du bien, le commandement devrait être signifié au constituant et produire les mêmes effets. Pour l'attribution judiciaire, la publication de l'assignation devrait valoir dans ce cas la saisie de l'immeuble hypothéqué.

[1251] DELEBECQUE (Ph.), Les sûretés. La publicité foncière, op. cit..

B/ UNE EFFICACITE A RELATIVISER

551. Il est largement admis en doctrine et en jurisprudence que le créancier qui poursuit l'exécution forcée de sa sûreté en vue d'acquérir la propriété du bien garanti évite le concours avec les autres créanciers en raison de la situation d'exclusivité que lui procure cette attribution en propriété **(1)**. Mais les autres créanciers perdent-ils véritablement leur droit sur le bien garanti du fait de cette attribution au profit de l'un d'entre eux ? Il semble que le droit de suite résiste à l'attribution en propriété au profit d'un seul créancier. Quelle est alors la portée des articles 105 et 200 du nouvel AUS qui préconise que le créancier consigne l'excédent de la valeur du bien garanti s'il y a d'autres créanciers **(2) ?** Dans le même sens, l'attribution en propriété est confrontée au droit de préemption des tiers **(3)** en raison du caractère onéreux de l'aliénation opérée par cette attribution. Le droit de suite et le droit de préemption risquent ainsi de mettre à mal l'efficacité de l'attribution en propriété demandée par le créancier. Cette efficacité est également à relativiser lorsque s'ouvre à l'encontre du débiteur en difficulté une procédure collective **(4)**.

1/ Droit de suite et attribution en propriété

552. Effet attributif de l'attribution en propriété. – Contrairement à la vente forcée qui n'a pas un effet attributif au créancier poursuivant ayant engagé la procédure, l'attribution en propriété a un effet attributif au seul créancier qui en fait la demande. La raison en est que la propriété est acquise sur le bien lui-même qui ne peut être subdivisé entre tous les créanciers. De plus, contrairement à la vente forcée où plusieurs créanciers peuvent intégrer la procédure pour le partage du produit de la vente, l'appropriation s'oppose par sa technique même au partage du bien attribué entre les créanciers. Seul le créancier ayant engagé la procédure la poursuit à son terme et se voit attribuer le bien. Ceci rend compte des « tendances individualistes » de ces modes d'exécution alternatifs, comme le faisait savoir C. Brenner[1252], qui en tire pour conclusion que « *l'attribution [...] favorise l'individuel sur le collectif*[1253] ». Un autre auteur rendait également compte de cet individualisme lorsqu'il affirmait que « *[...] les modes alternatifs d'exécution se démarquent à la fois des procédures civiles d'exécution et des procédures collectives par*

[1252] BRENNER (C.), Principes généraux du droit de l'exécution forcée, Lamy Droit de l'exécution, nov. 2007 (màj 2013), étude 105, n° 105-105 : « Au fond, bien davantage qu'une remise en cause du caractère d'ordre public de la matière, puisqu'aussi bien, la loi les a spécialement autorisées, ces possibilités d'attribution sont une exacerbation de ses tendances individualistes ». Cité par SÉJEAN-CHAZAL (C.), Thèse, op. cit., p. 400.

[1253] BRENNER (C.), « Rapport de synthèse », in association des avocats et Praticiens des procédures d'Exécution, *La réalisation des sûretés immobilières*, Acte du colloque du 23 mai 2008, https://aappe.fr/documentation, p. 73. Cité par SÉJEAN-CHAZAL (C.), Thèse, *op. cit.*, p. 400.

l'absence de procédure spécifique permettant de répertorier les créanciers pouvant prétendre se voir attribuer tout ou partie de la valeur représentée par le bien objet de la sûreté[1254] ». Mais, cette technique, malgré son individualisme, ne soumet pas totalement les autres créanciers au verdict de l'attribution. S'ils ne peuvent plus se prévaloir, eux, de la propriété du bien, il ne supprime pas pour autant leur droit réel sur ledit bien, qui n'a pas disparu du fait de l'attribution en propriété. Cette dernière ne purge pas le bien des sûretés qui y sont inscrites. De fait, ces modes trahissent-ils[1255] vraiment l'essence même de l'exécution forcée ? Laquelle se veut collective lorsqu'elle permet aux créanciers justifiant de droit sur le bien faisant l'objet de l'exécution d'y participer afin de partager le produit de la vente. L'attribution en propriété donne en notre sens une autre finalité à l'exécution forcée qui vient s'ajouter à la première qu'elle n'efface pas puisque le créancier a toujours la possibilité d'y recourir. Le choix de l'exécution forcée à mettre en place lui appartient. Il s'agit ni plus ni moins d'une certaine évolution, presque irréversible, de la matière qui s'adapte au droit des garanties sans cesse vorace et qui laisse derrière lui des créanciers démunis de sûretés fortes ou de sûretés tout simplement. Même dans la vente forcée, le créancier chirographaire n'est-il pas souvent exclu de fait de la répartition du produit de la vente en présence de créanciers privilégiés ? La course à l'efficacité des sûretés réelles finira ainsi par placer tous les créanciers en situation de concours lorsqu'ils seront tous munis de privilèges importants et là, la matière retrouvera son sens originel.

553. L'abus de droit : caractérisation d'une notion plurielle à travers sa sanction. – La question est de savoir à quel moment et à quelle condition l'utilisation ou l'exercice d'un droit peut s'avérer être source de responsabilité pour son titulaire. L'abus de droit est défini comme « la faute qui consiste à exercer son droit sans intérêt pour soi-même et dans le seul dessein de nuire à autrui[1256] ». Il en ressort deux autres notions que sont la faute et l'intention de nuire. En réalité, cette définition ne rend pas compte de la pluralité ou de la densité de la notion. Si les théoriciens de la notion à l'instar de JOSSERAND[1257] et PLANIOL[1258] en passant par

---

1254 HUGON (C.), « Les incidences sur les sûretés réelles des voies d'exécution », op. cit., p. 125.

1255 BRENNER (C.), Principes généraux du droit de l'exécution forcée, op. cit..

1256 Vocabulaire juridique, Association Henri Capitant, *op. cit.*, p. 7.

1257 JALLAMION (C.), *La fortune de Josserand-Fonction(s) des droits de propriété intellectuelle*, *Propr. ind.* Dossier 2, 2010, sur la doctrine de Josserand qui cite son ouvrage De l'abus des droits, 1905. Note CADIET (L.) et Le TOURNEAU (P.), *Abus de droit*, *Répertoire de droit civil*, juin 2015.

1258 PLANIOL (V. M.), Traité élémentaire de droit civil, t. 2, 9e éd., 1923, n° 871 : « La théorie de l'abus de droit est illogique ».

RIPERT[1259] en ont fait un débat houleux[1260], la notion a été appropriée par la jurisprudence d'une manière assez pragmatique par sa sanction, sans pouvoir apporter une réponse tranchée. Serait-elle caractérisée par l'intention de nuire ou la faute, ou les deux ? L'intention de nuire est difficile à prouver d'autant que le titulaire du droit peut l'exercer d'une manière abusive ou à l'excès sans intention de nuire. Il en est de l'exemple des troubles anormaux de voisinage, mais ces troubles peuvent également avoir été perpétrés dans l'intention de nuire. La frontière est ténue. Plutôt que de rechercher l'intention de nuire, elle existerait d'office en raison de l'excès dans l'exercice du droit. La sanction pouvait reposer ainsi sur l'irresponsabilité qui mène à cet excès[1261] ; le titulaire du droit l'exercerait avec excès dans l'intention de nuire. C'est ce que RIPERT et BOULANGER ont appelé « la grande loi naturelle de l'inégalité » ; le titulaire du droit aurait naturellement une forte propension à abuser de son droit[1262]. La faute quant à elle est plus facile à matérialiser. La preuve de la faute dans l'exercice du droit suffisait à caractériser l'abus. Elle sera alors plus utilisée dans le droit de la responsabilité et serait étroitement liée au préjudice subi par la victime. La Cour de cassation a par exemple estimé que « l'abus de droit est une faute dans l'usage des droits. Elle doit être distinguée de la faute commise en sortant de son droit, là, il n'y a plus abus de droit, mais « défaut de droit[1263] ». Plutôt que d'essayer de circonscrire la notion, on arrive à travers sa sanction et de manière indiscutable à conclure que le droit en lui-même n'est pas en cause mais c'est « la manière dont [il] est exercé » qui matérialise la responsabilité de l'auteur de l'abus. Pour JOSSERAND par exemple « tout droit est limité dans son contenu, mais qu'en outre son exercice ne peut intervenir dans n'importe quel but ». Il théorisait ainsi l'approche objectiviste de l'abus de droit qui consistait à considérer la survenance de l'abus comme le détournement du droit de son sens premier[1264]. Qu'il soit caractérisé par la faute ou par l'intention de nuire ou par les deux, il appartient à la victime d'un tel abus d'engager la responsabilité du titulaire du droit et prouver le préjudice qu'il a subi. En la matière, la preuve de la faute du titulaire du droit est plus facile à matérialiser, et cette faute doit avoir causé un préjudice à la victime qui

---

1259 Conception moraliste basée sur l'intention de nuire. CADIET (L.) et Le TOURNEAU (P.), *Abus de droit*, *op. cit.*.

1260 CADIET (L.) et Le TOURNEAU (P.), *Abus de droit*, *op. cit.*.

1261 RIPERT (G.) et BOULANGER (J.), Traité de droit civil d'après le Traité de Planiol, t. 2, LGDJ, 1957, n° 968 : « Le droit n'a de valeur que s'il confère l'irresponsabilité ».

1262 Cass. 3e civ., France, 17 juin 1980, *D.* 1981, IR 232, obs. Robert.

1263 Cass. 3e civ., France, 7 juin 1990, *Bull. civ.*, III, n° 140 ; *D.* 1991. Somm. 308, obs. Robert. Note CADIET (L.) et Le TOURNEAU (P.), *Abus de droit*, *op. cit.*.

1264 « L'abus de droit est l'acte contraire au but de l'institution, à son esprit et à sa finalité » JOSSERAND, De l'esprit des droits et de leur relativité, 2e éd., 1939, *Dalloz*, n° 237, 305 s. CADIET (L.) et Le TOURNEAU (P.), *Abus de droit*, *op. cit.*.

l'allègue. L'utilisation de cette notion en droit des sûretés réelles permet ainsi d'encadrer le droit des créanciers par rapport aux débiteurs et le circonscrire dans les limites strictes de la finalité des droits dont ils sont bénéficiaires.

554. Le droit dont l'abus est redouté. – Appliqué à l'exécution forcée, le législateur a consacré la liberté pour le créancier d'exercer le mode d'exécution forcée de son choix. Ce choix est fait entre la vente forcée qui est une procédure à finalité collective et l'attribution en propriété à finalité individualiste. Le choix de l'une ou de l'autre des procédures aura indiscutablement un impact sur les autres créanciers. Dans la vente forcée, les enchères peuvent avoir pour but de parvenir à une valeur suffisante qui sera distribuée entre tous les créanciers. Le constituant pourra également espérer recouvrer une soulte. Alors que dans l'attribution en propriété, la valeur du bien retenue est celle donnée par l'expert, il s'agit donc d'une valeur estimée du bien qui peut ne pas être le juste prix. Qui plus est, l'attribution permet d'éviter le concours avec les autres créanciers. Le droit à l'exécution est ainsi la manifestation d'un droit destiné à satisfaire le créancier, qui peut parfois s'avérer égoïste. Mais, il est libre de faire le choix du mode d'exécution qui lui convient[1265]. S'il est également libre de choisir le moment de l'exécution après l'exigibilité de sa créance ou ne pas tout simplement exécuter sa sûreté[1266] à l'égard du débiteur. Cette liberté est limitée à l'égard de la caution au nom du recours subrogatoire[1267]. Cette limite devrait trouver également à s'appliquer en droit OHADA. Ce faisant, c'est dans l'exercice de son droit discrétionnaire[1268], aussi bien dans le choix du mode d'exécution que dans son engagement que le créancier est susceptible de commettre un abus. Le droit à l'exécution ne saurait justifier l'abus dans le choix du mode d'exécution, en engageant par exemple une procédure sans la mener à terme, et en engager une autre. L'intérêt du créancier poursuivant ne doit en aucun cas préjudicier aux intérêts des autres créanciers ou du constituant. Il peut s'agir tout simplement de l'abus de l'exécution en elle-même par l'engagement

---

[1265] Art. 2286-4 du Code civil : « Le créancier choisit librement le mode de réalisation de sa sûreté ».

[1266] Cass. com., France, 10 octobre 2000, n° 97-12910, *Bull. civ.*, n° 151 : « Le créancier gagiste n'est pas tenu de demander la réalisation de son gage à l'échéance », JCP 2001, I, 315, n° 18, obs. Ph. DELEBECQUE, RDBF 2000, n° 6, p. 354, obs. D. LEGEAIS.

[1267] DUPICHOT (Ph.), L'efficience économique du droit des sûretés personnelles, LPA 14 avril 2010, n° 74, p. 3 s., spéc. n° 23. Article 2314 du Code civil : « La Caution est déchargée, lorsque la subrogation aux droits, hypothèques et privilèges du créancier ne peut plus, par le fait de ce créancier, s'opérer en faveur de la caution. Toute clause contraire est réputée non écrite ».

[1268] SÉJEAN-CHAZAL (C.), Thèse, *op. cit.*, p. 223.

d'une procédure d'exécution en fraude des droits du constituant ou dans l'intention de nuire aux autres créanciers[1269].

555. Attribution en propriété, procédure d'ordre et exclusivité apparente. – L'attribution en propriété, parce que portant sur le bien lui-même, fait obstacle à la procédure de distribution telle que prévue par les textes puisque cette dernière est initialement basée sur le prix de vente du bien ou sur sa valeur. C'est pourquoi il a été soutenu en doctrine d'une part que « *le caractère exclusif du droit de propriété évitait tout concours avec les autres créanciers, y compris ceux qui auraient dû primer sur le prix de vente du bien*[1270] », d'autre part que « *l'attribution judiciaire était indépendante des règles concernant l'ordre dans lequel s'exercent sur le prix les divers privilèges en cas de vente du bien nanti*[1271] ». Mais, l'attribution du bien en propriété permettrait-elle vraiment de s'accaparer le bien objet de la sûreté au détriment des créanciers inscrits ? S'il est évident que la propriété est exclusive et permet à son titulaire d'éviter tout concours, elle n'en demeure pas moins soumise ou confrontée aux droits des créanciers inscrits sur le bien objet de l'attribution en propriété. De la sorte, pour être efficace, l'attribution en propriété doit être demandée par un créancier de premier rang qui ne souffrirait pas du droit de suite des autres créanciers inscrits. Un créancier de second rang se verrait alors opposé par le créancier de premier rang son droit de suite sur le bien attribué en propriété. La sûreté suit le bien grevé tant que la créance reste impayée en totalité. En réalité, lorsque le droit de suite du créancier de premier rang est redoutablement efficace, son droit suit le bien même s'il a été attribué à un autre créancier. Cela ne change donc pas en réalité la donne pour le créancier de premier rang. À l'échéance de sa créance, il peut exercer ses droits et exécuter sa sûreté. En cela, il est évident que l'attribution en propriété comme voie d'exécution exceptionnelle n'impacte pas tant que cela la distribution ou le principe de primauté des créanciers inscrits. Elle paralyse la distribution mais fait peser sur le nouveau propriétaire la lourde charge de purger le bien des inscriptions qui pourraient gêner l'exclusivité du droit de propriété du nouveau propriétaire. On ne saurait toutefois pas faire jouer la règle de la neutralité[1272] de la voie d'exécution choisie pour *in fine* considérer que

[1269] MESTRE (J.), « *Réflexions sur l'abus du droit de recouvrer sa créance* », in *Mélanges Raynaud, Dalloz-Sirey*, 1985, n° 35, p. 455 s. ; DUPICHOT (Ph.), Le pouvoir des volontés individuelles en droit des sûretés, Thèse, *op. cit.*, p. 512 ; SÉJEAN-CHAZAL (C.), thèse, *op. cit.*, p. 224.

[1270] Cass. com., France, 12 févr. 1979 : *Bull. civ.*, IV, n° 57 ; *D.* 1979, p. 34, note F. Derrida ; *RJ com.* 1979, p. 298, B.-J. Mestre : *JCP G* 1980, II, 19316, note Y. Chartier. Note HUGON (C.), « Les incidences sur les sûretés réelles des voies d'exécution », p. 124.

[1271] Cass. com., France, 12 févr. 1979, *op. cit.*. Note HUGON (C.), « Les incidences sur les sûretés réelles des voies d'exécution », *op. cit.*.

[1272] HUGON (C.), « Les incidences sur les sûretés réelles des voies d'exécution », op. cit..

l'attribution en propriété n'impacte pas la distribution, ce serait nier son intérêt et son efficacité réelle. Ce principe « revient à faire jouer de manière identique les droits de préférence que la réalisation ait emprunté la voie de la vente forcée ou celle de l'attribution en propriété du bien au créancier[1273] ». Cet argument se heurte à l'attribution en propriété qui n'arbore pas les mêmes procédures que la vente et les deux n'ont pas les mêmes finalités, les deux ne donnent pas les mêmes droits au créancier. On pourrait alors concevoir que l'attribution en propriété permet « de court-circuiter toutes les autres sûretés[1274] ». Là encore, il s'agirait de consacrer une anarchie contre-productive qui anéantirait l'ordre établi par le droit des sûretés réelles qui est un droit de privilèges. En réalité, il suffit de concevoir le fait que le droit de suite suit le bien dans n'importe quelle main où il se trouve. De là, le nouveau propriétaire qui aurait la propriété du bien devrait le purger des sûretés qui le grèvent. Cette situation serait dramatique pour un créancier primé par d'autres et qui serait dans l'obligation de débourser d'importantes sommes pour les désintéresser sauf à délaisser l'immeuble. De fait, l'attribution en propriété ne serait véritablement bénéfique qu'au créancier de premier rang. Elle ne serait qu'une mesure d'exécution permettant d'éviter les déboires de la vente forcée judiciaire et dans une moindre mesure éviter le partage à titre préférentiel du produit de la vente. Mais l'exclusivité apparente apportée par la propriété ne saurait occulter les droits inscrits et publiés sur le bien et surtout la hiérarchie entre les créanciers.

556. **Opposabilité efficace du droit de suite des créanciers inscrits.** – En matière d'hypothèque, « le problème ne se pose pas en raison de l'efficacité du droit de suite [1275] ». Mais en matière mobilière, quelques biens seulement peuvent prétendre à cette efficacité lorsqu'ils font l'objet d'une sûreté, même lorsque cette dernière est publiée. En droit OHADA, puisque le nantissement des meubles incorporels fait systématiquement l'objet d'une publicité, leur droit de suite s'avère *a priori* efficace. On ne peut pas en dire autant en droit français où le nantissement des meubles incorporels, autres que les créances, a un régime pluriel et peut donc être occulte. La constitution avec dépossession des meubles corporels ne souffre quant à elle pas de cette faiblesse. Toutefois, la constitution sans dépossession des meubles corporels se heurterait à la protection de l'article 2279[1276] devenu 2276 du Code civil. Cette protection est plus visible en matière de gage de meubles corporels sans dépossession malgré la publicité qui devrait rendre efficace cette sûreté. Le droit de suite en matière de gage est ainsi soumis et subordonné au bien objet de

[1273] Ibidem.
[1274] Ibidem.
[1275] HUGON (C.), « Les incidences sur les sûretés réelles des voies d'exécution », op. cit..
[1276] Ibidem.

la sûreté. Plus ce bien fait l'objet d'une bonne traçabilité plus le droit de suite s'avère efficace. Il s'agit par exemple des véhicules faisant l'objet d'une autorisation administrative de mise en circulation. Le législateur a également prévu des règles qui permettent de préserver efficacement les droits des créanciers inscrits en matière de gage à l'instar des dispositions posées par l'article 107 du nouvel AUS ou 2340 du Code civil[1277]. En cas de gage successif, ils font primer le gagiste sans dépossession ayant inscrit sa sûreté avant la constitution d'un gage avec dépossession sur le même bien. Ceci conforte l'idée selon laquelle le gagiste avec dépossession ayant demandé la propriété du bien gagé subirait les droits du gagiste ayant inscrit antérieurement son gage sans dépossession sur le même bien. D'où l'importance de la publicité dans le nouvel ordre de préférence dans les sûretés réelles[1278]. La publicité pourrait ainsi être un obstacle à l'attribution en propriété d'un créancier de second rang et être à la fois un critère évident de l'efficacité de la sûreté d'un créancier de premier rang. Au vu de la décision de la chambre commerciale de la Cour de cassation française du 3 juin 2008 par laquelle elle admet « *expressément, dans le cas d'un nantissement de parts de société civile que l'attribution judiciaire puisse avoir lieu au profit d'un créancier de second rang*[1279] », il semble évident que ce droit est ouvert à tout créancier. Mais il faut alors considérer que la publicité soit un critère efficace pour les autres créanciers surtout un créancier de premier rang pour la conservation de ses droits sur le bien attribué à un autre créancier. Elle ne constitue véritablement pas un obstacle à l'attribution en propriété d'un créancier de second rang. Il appartient au créancier de second rang d'apprécier l'opportunité de demander l'attribution en propriété alors qu'il n'a pas un rang privilégié et qu'il serait peut-être emmené à payer le créancier de premier rang.

2/ Un excédent à consigner, une trop grande responsabilité pour le créancier

557. Le législateur OHADA tout comme son homologue français n'a pas suffisamment pris en compte les suites à donner à l'attribution en paiement et ses conséquences à l'égard des créanciers inscrits. Le seul fait d'avoir exprimé que si la valeur du bien excède le montant qui lui est dû, le créancier doit consigner une somme égale à la différence s'il existe d'autres créanciers bénéficiant du gage ou de l'hypothèque est insuffisant pour prédire un dénouement définitif à l'attribution forcée en propriété à titre de paiement **(a).** Il nous faut alors nous inspirer d'autres systèmes

---

[1277] Ibidem.

[1278] *Ibidem*, p. 126.

[1279] Cass. com., France, 3 juin 2008, n° 07-12.017 et 07-15.228, *Bull. civ.* IV, n° 114, RDC 2009, p. 209, *op. cit.*.

juridiques pour proposer une solution, notamment celui du droit québécois qui a inspiré au même titre que le droit français la réforme du nouveau droit des sûretés réelles du droit de l'OHADA **(b)**.

a/ Les lacunes des textes existants

558. Une invitation à une purge immédiate. – Le législateur concède dans le nouvel AUS à l'article 105 en matière mobilière et 200 en matière immobilière qu'en cas *d'attribution judiciaire ou conventionnelle, lorsque la valeur du bien excède le montant qui lui est dû, le créancier gagiste ou hypothécaire doit consigner une somme égale à la différence s'il existe d'autres créanciers bénéficiant d'un gage ou d'une hypothèque sur le même bien ou, à défaut, verser cette somme au constituant.* Ces articles ne vont pas au bout de leur logique. On voit bien que même dans l'attribution judiciaire le rôle du juge se résume au prononcé de l'attribution en propriété et à la conséquence financière à en tirer, c'est-à-dire après l'évaluation du bien garanti à dire s'il y a ou non une soulte à verser au débiteur ou un reste à devoir au créancier. À défaut de prévoir une purge de plein droit dès l'attribution en propriété, le législateur met implicitement à la charge du créancier attributaire l'organisation d'une purge immédiate du bien à lui attribué s'il y a d'autres créanciers. Il n'a pas intérêt à attendre au risque de voir peut-être la valeur du bien diminuée. Que l'attributaire soit de premier rang ou d'un rang inférieur, la purge immédiate lui permettra d'être à l'abri du droit de suite des autres créanciers.

559. La gestion des droits concurrents. – Ni le droit OHADA ni le droit français n'ont prévu des solutions à cette hypothèse, qui posera assurément de nombreux contentieux. Se contenter d'affirmer la consignation de l'excédent est insuffisant. Plusieurs propositions ont été faites en doctrine pour pallier cette lacune afin de permettre une meilleure efficacité de l'attribution en propriété. Même s'il est aujourd'hui unanimement admis que l'attribution en propriété puisse se faire au profit de n'importe quel créancier, elle n'est pas efficace de la même manière à l'égard de tous les créanciers. La raison est la nécessité pour le créancier attributaire de purger le bien dont la propriété lui a été attribuée à titre de paiement s'il existe d'autres créanciers ayant des droits concurrents sur le même bien. Cette purge n'est pas efficace de la même manière selon que l'attribution est faite au créancier de premier rang ou à celui d'un rang inférieur. Aussi, dans tous les cas de figure, la purge ne sera pas contentieuse si l'excédent peut couvrir l'appétit des autres créanciers, surtout du créancier prioritaire. Dans ce cas « la distribution aura lieu en fonction du rang de chacun[1280] ». Dans le cas contraire, elle risque d'être

[1280] YOUEGO (C.), *La réalisation de l'hypothèque en droit OHADA : Étude de l'AUS à la lumière du droit français, op. cit.*, p. 16 : « Le rang de l'inscription, déterminé en fonction de

contentieuse. En vue de trouver des solutions adaptées à ce problème, les propositions les plus pertinentes peuvent donc être regroupées en deux catégories. La moins contraignante et la plus efficace pour le créancier attributaire voudrait que l'on privilégie l'attribution en propriété au profit du créancier ayant un rang prioritaire. Cette solution est pour un auteur « fondée sur la date de l'inscription[1281] » puisqu'il ne souffrira pas de l'engagement de la purge si tant est que la soulte, si elle existe, n'est pas importante par rapport au montant de sa créance. Elle estime que « les créanciers non satisfaits ne pourront pas opposer leur droit de suite au créancier attributaire du bien sur la base de son rang meilleur. Ces créanciers insatisfaits deviendront de simples créanciers chirographaires de leur débiteur. L'hypothèque de second rang ne sera donc d'aucune utilité ». La moins favorable des solutions et surtout la plus contraignante est celle qui repose selon l'auteur sur « la date d'exigibilité de la créance[1282] ». Dans ce cas, le créancier d'un rang inférieur pourra être évincé par un créancier d'un rang prioritaire. Elle estime alors que « fort de ce droit, il pourra saisir le bien attribué à son concurrent qui devra alors le désintéresser pour pouvoir conserver l'immeuble acquis ». Pour elle, « ce conflit aurait pu être évité si l'attribution du bien hypothéqué avait pour effet de purger toutes les hypothèques inscrites sur le bien attribué ». Elle avoue bien justement sur ce dernier point « qu'une telle mesure serait fort regrettable ». De fait le créancier d'un rang inférieur prend des risques en demandant l'attribution en propriété, un risque qu'il doit calculer pour ne pas s'engager dans une procédure plus coûteuse que s'il s'était engagé sur la vente forcée.

560. L'efficacité relative de l'attribution forcée en propriété en cas d'obligation de purge. – Dans ce cas de figure, il existe plusieurs créanciers ayant des droits concurrents inscrits sur le bien dont la propriété a été attribuée à un créancier. Il aurait été le seul créancier inscrit que l'attribution en propriété aurait été d'une efficacité absolue.

---

la date à laquelle elle a été prise, selon l'article 195 alinéa 2 de l'AUS, est le critère de distribution du prix ».

[1281] YOUEGO (C.), *La réalisation de l'hypothèque en droit OHADA : Étude de l'AUS à la lumière du droit français, op. cit.*, p. 16 : « Le rang de l'inscription hypothécaire vient immédiatement à l'esprit en cas de coexistence de plusieurs créanciers hypothécaires. […] L'application de ce critère de la date de l'inscription hypothécaire permet au créancier hypothécaire de premier rang d'exclure tout autre créancier de rang inférieur. La doctrine française est majoritairement favorable à cette solution, soutenant qu'il faudrait « réserver l'attribution judiciaire au créancier de premier rang ». Cette règle est applicable à toutes les configurations de conflit entre créanciers hypothécaires. […] Le premier créancier inscrit devrait l'emporter. Tout au plus les créanciers évincés viennent en concours à la soulte si du moins la valeur du bien attribué au vainqueur est supérieure au montant de sa créance ».

[1282] *Ibidem* : *Dans ce cas, si l'attribution se fait au profit du créancier de second rang* « le créancier hypothécaire de premier rang reste titulaire d'un droit de suite qui n'est pas supprimé par l'attribution du bien au créancier de second rang ».

Ce dernier cas se retrouve plus dans l'espace OHADA où bien souvent la banque est la seule créancière sur le bien garanti. Aussi, cette attribution en propriété sera-t-elle très efficace si elle est menée à bien dans l'espace OHADA. Mais, en présence de plusieurs créanciers, la situation est plus délicate. Dans ce cas, il faut d'office éliminer la possibilité d'envisager une purge de plein droit. Le législateur ne l'ayant pas prévu et les conditions de cette purge n'étant pas remplies en raison de l'absence d'enchère et de la possibilité de surenchère. De plus, la procédure individuelle[1283] et toute particulière de l'attribution en propriété du fait de la valeur estimée qu'elle dégage se démarque de la vente immobilière qui dégage la vraie valeur du bien garanti obtenue après enchère ou non[1284] mais sous contrôle judiciaire[1285]. D'ailleurs elle n'est de toutes les façons pas prévue en matière mobilière, et l'article 2475 du Code civil français n'évoque la purge amiable que dans la vente d'un immeuble hypothéqué. La purge engagée amiablement ne peut aussi aboutir que si elle repose sur la volonté des parties[1286]. Au demeurant, face à ces incertitudes, il ne semble également pas pertinent d'évoquer comme certains auteurs l'ont fait la théorie de la « renaissance des droits réels[1287] » pour justifier la protection du créancier attributaire face au droit de suite d'un créancier d'un rang préférable. Le fait est que le créancier d'un rang inférieur qui se serait acquitté du paiement de la créance du créancier de premier rang conserverait ses droits hypothécaires « à

[1283] « Pas de possibilité à d'autres créanciers de se joindre à la mesure, et d'autre part, la répartition éventuelle de l'excédent consigné n'aurait de sens qu'en y incluant les autres titulaires d'une sûreté conventionnelle » SÉJEAN-CHAZAL, thèse, *op. cit.*, p. 473.

[1284] La possibilité de vendre le bien garanti par une adjudication amiable n'emporte pas de plein droit purge des hypothèques (V. Cass. 3e civ., France, 29 septembre 2015, n° 14-18.895, *AJDI* 2015.864; *a fortiori*, cette purge de plein droit ne peut alors être concédée au créancier attributaire.

[1285] Art. 2475 du Code civil français : « [al. 1] Lorsque, à l'occasion de la vente d'un immeuble hypothéqué, tous les créanciers inscrits conviennent avec le débiteur que le prix en sera affecté au paiement total ou partiel de leurs créances ou de certaines d'entre elles, ils exercent leur droit de préférence sur le prix et ils peuvent l'opposer à tout cessionnaire comme à tout créancier saisissant de la créance de prix ; [al. 2] Par l'effet de ce paiement, l'immeuble est purgé du droit de suite attaché à l'hypothèque[…] ».

[1286] CAYOL (A.), Purge amiable d'une hypothèque et remise des clés au bailleur, Dalloz actualité, 20 avril 2020.

[1287] Art. 2472 du Code civil français (réforme du 20 février 2017) : « [1°]Les servitudes et droits réels que le tiers détenteur avait sur l'immeuble avant sa possession, renaissent après le délaissement ou après la vente forcée de l'immeuble ; [2°] Ses créanciers personnels, après tous ceux qui sont inscrits sur les précédents propriétaires, exercent leur hypothèque à leur rang, sur le bien délaissé ou vendu » ; ancien texte applicable dans la zone OHADA art. 2177 : « Les servitudes et droits réels que le tiers détenteur avait sur l'immeuble avant sa possession renaissent après le délaissement ou après l'adjudication faite sur lui. […] ».

condition de maintenir l'inscription de sa sûreté[1288] ». L'intérêt n'est en réalité que théorique dans le cadre de l'attribution forcée en propriété puisque nous voyons mal le créancier attributaire continuer à payer les frais d'inscription et attendre patiemment l'exercice du droit de suite par les autres créanciers. Il semble peut-être encore plus crédible de miser sur la subrogation personnelle (article 1346-4 du Code civil français) qui permet au créancier attributaire qui ayant un intérêt légitime à s'acquitter de la créance du créancier de premier rang, paie dès lors que son paiement libère envers le créancier le débiteur principal. Mais, les créanciers d'un rang inférieur à celui du créancier attributaire peuvent également s'inviter dans la « danse » et vouloir engager leur droit de suite.

561. Il faut donc comprendre que l'attribution en propriété sans purge immédiate fait peser sur la tête de l'attributaire une épée de Damoclès qu'il lui faudra lever avec les risques qui en découlent et il lui serait presque impossible d'avoir une libre disposition du bien attribué à titre de paiement puisqu'il sera dans l'expectative des poursuites s'il y a éventuellement d'autres créanciers. Pour cela, comme l'écrit un auteur : « Dès lors que l'attribution entraîne une aliénation de propriété, à titre particulier et onéreux, elle doit pouvoir entrer dans le champ d'application des acquisitions susceptibles d'être purgées à l'initiative du tiers détenteur, même si elle ne fait pas apparaître un prix mais seulement une valeur[1289] ». La consignation d'un probable excédent s'il existe après l'attribution doit alors se faire en même temps que l'engagement de cette purge immédiate[1290], qui on le pense, se fera facilement s'il y a une généralisation des inscriptions sur registre des sûretés réelles à titre de publicité. Cet excédent dont la consignation est requise est un appel à la purge immédiate pour la tranquillité dans la jouissance du bien garanti ou à la recherche d'autres créanciers inscrits qui ne peut se faire que par la consultation des différents registres de publicité en matière mobilière et immobilière. Cette charge revient assurément au conseil du tiers

---

[1288] SÉJEAN-CHAZAL (C.), thèse, *op. cit.*, p. 468 ; MESTRE (J.), PUTMAN (E.), BILLIAU (M.), Droit spécial des sûretés réelles, *op. cit.* : « L'hypothèque que le tiers avait sur l'immeuble avant de l'acquérir lui bénéficiera à nouveau s'il n'en a pas laissé périmer l'inscription ».

[1289] SÉJEAN-CHAZAL (C.), thèse, *op. cit.*, p. 442.

[1290] BOUTTIER (F.) et PILLEBOUT (J.-F.), *Purge – Généralités – Conditions, J.-CL.Civ. Code, Art. 2476 à 2487, fasc.* 10 (*màj.* 1er mars 2011), n° 79, p. 17 : « En principe toute aliénation, quelle qu'elle soit et sous quelque forme qu'elle ait lieu, laisse aux créanciers hypothécaires la faculté de poursuivre la réalisation de leur gage. Par conséquent, on peut poser en règle générale que l'accomplissement des formalités de la purge est nécessaire à la suite de toute acquisition aussi bien des acquisitions à titre gratuit que des acquisitions à titre onéreux, et sans qu'il y ait à distinguer entre les acquisitions faites à l'amiable et celles faites dans la forme judiciaire ». Note SÉJEAN-CHAZAL (C.), thèse, *op. cit.*, p. 442.

détenteur, au notaire[1291] ou au juge selon les cas qui peuvent œuvrer par leur concours pour cette purge, amiable ou légale selon les cas.

562. Le créancier qui poursuit l'attribution du bien en propriété n'a également aucun intérêt à engager une purge préventive à l'acquisition de sa propriété au risque de se faire évincer s'il n'a pas un rang préférable. Mais il sera quand même rattrapé par un créancier prioritaire que la purge soit préventive ou non. Il faut alors une fois la propriété acquise, engager la procédure de purge en faisant appel aux créanciers inscrits avec pour valeur de purge, valeur de négociation avec les autres créanciers, la valeur estimée[1292] du bien. Il s'agit là de la véritable particularité de l'attribution en propriété, l'intérêt pour le créancier attributaire étant certainement de purger sur la valeur estimée du bien. Une valeur sur laquelle les autres créanciers peuvent malheureusement aussi refuser de s'aligner. C'est pourquoi le créancier attributaire a intérêt à faire la proposition de purge aux créanciers inscrits concomitamment à l'attribution en propriété. Le juge ne pouvant refuser au créancier poursuivant la demande d'attribution si les conditions sont réunies, le créancier peut dans la procédure judiciaire d'attribution dénoncer aux créanciers inscrits la procédure d'attribution engagée en vue de la purge des inscriptions. Le créancier a aussi la possibilité d'engager cette procédure après l'acquisition de la propriété du bien en dehors du contrôle du juge. Dans ce cas ce contentieux se soldera par une contre-expertise judiciaire ou non si l'attribution est faite par pacte commissoire. Les créanciers ayant aussi la possibilité de provoquer une surenchère en cas de désaccord sur la valeur du bien[1293]. Le droit OHADA n'ayant pas prévu une procédure générale de purge des privilèges et hypothèques, il faut se référer au droit national de chaque État partie. Dans la plupart des cas, l'article 2476[1294] et suivants du Code civil français pourra être source d'inspiration pour cette purge. Mais, il s'agit là en réalité d'une procédure

[1291] CAYOL (A.), *Purge amiable d'une hypothèque et remise des clés au bailleur, Dalloz actualité, op. cit* : « La pratique notariale organise une purge amiable de l'hypothèque reposant sur la volonté des parties. L'ordonnance n° 2006-346 du 23 mars 2006 a consacré une telle purge amiable à l'article 2475 du Code civil français ».

[1292] BRÉMOND (V.), *Privilèges et hypothèques - Droit de suite, J.-CL. Civ. Code, art. 2461 à 2474 (màj.* 15 oct. 2015), n° 28, p. 15 : « Il convient alors de procéder à la purge des hypothèques et privilèges, avec cette spécificité que le montant offert par le demandeur à la purge n'est pas le prix de vente de l'immeuble mais la valeur estimée par l'expert lors de la procédure d'attribution de l'immeuble ». Note SÉJEAN-CHAZAL (C.), thèse, *op. cit.*, p. 442.

[1293] Art. 2480 du Code civil français : « Lorsque le nouveau propriétaire a fait cette notification dans le délai fixé, tout créancier dont le titre est inscrit, peut requérir la mise de l'immeuble aux enchères et adjudication publiques […] ».

[1294] Art. 2476 du Code civil français : « Les contrats translatifs de la propriété d'immeubles ou droits réels immobiliers que les tiers détenteurs voudront purger de privilèges et hypothèques, seront publiés « au service chargé de la publicité foncière » de la situation des biens, conformément aux lois et règlements concernant la publicité foncière ».

légale lourde[1295] qui va à l'encontre de la célérité voulue par le législateur dans la consécration de l'attribution en propriété qui se voulait une procédure moderne et rapide. Serait-elle « un serpent de mer » qu'il faudra appréhender avec beaucoup de lucidité ?

b/ Une solution à trouver dans le droit québécois

563. Le bureau de la publicité et des droits au cœur de la mécanique de l'efficacité. – Les nombreuses difficultés rencontrées pour l'adaptation de ce mode d'exécution forcée à l'égard du créancier ayant un rang moins privilégié font dire à C. YOUEGO qu'il « faut donc noter que les nouveaux modes d'attribution instaurés par l'AUS ont vocation à s'appliquer uniquement en cas d'inscription d'une seule hypothèque sur l'immeuble et que l'efficacité de la réforme se trouve ainsi limitée[1296] » et de proposer que « l'attribution selon le rang de l'inscription paraît beaucoup plus rationnelle pour le créancier de premier rang[1297] ».

564. Sur ce point, à titre de droit comparé, il est instructif de rappeler que le droit québécois qui a aussi en partie inspiré le droit OHADA pour la généralisation de la publicité sur registre prévoit à l'article 2750 alinéa 1er de son Code civil que : « [Al.1] *Celui des créanciers dont le rang est antérieur a priorité, pour l'exercice de ses droits hypothécaires, sur ceux qui viennent après lui.* [Al.2] *Il peut cependant être tenu de payer les frais engagés par un créancier subséquent si, étant avisé de l'exercice d'un droit hypothécaire par cet autre créancier, il néglige, dans un délai raisonnable, d'invoquer l'antériorité de ses droits* » amorçant ainsi dans le choix de l'exercice du droit de poursuite la priorité au créancier dont le rang est privilégié[1298]. Un auteur dira à ce propos que : « L'opportunité

[1295] CAYOL (A.), *Purge amiable d'une hypothèque et remise des clés au bailleur*, *Dalloz actualité*, *op. cit.* : « La procédure de purge légale (C. civ. art. 2476 s.) a pour objectif de permettre à l'acquéreur d'éviter [la saisie entre ses mains] en désintéressant le créancier pour obtenir la radiation de son inscription. La lourdeur et la complexité d'une telle procédure a toutefois conduit la pratique notariale à organiser une purge amiable de l'hypothèque reposant sur la volonté des parties. L'ordonnance n° 2006-346 du 23 mars 2006 a consacré une telle purge amiable à l'article 2475 du Code civil » ; V. COMBARIEU (J.), *la purge amiable des privilèges et hypothèques*, *JCP N* 2008. 1059.

[1296] YOUEGO (C.), La réalisation de l'hypothèque en droit OHADA : Étude de l'AUS à la lumière du droit français, op. cit., p. 17.

[1297] YOUEGO (C.), La réalisation de l'hypothèque en droit OHADA, op. cit.

[1298] SÉJEAN-CHAZAL (C.), thèse, *op. cit.*, p. 477 : « Il faut comprendre de cet article que le choix définitif de la procédure à mettre en œuvre sur le bien hypothéqué n'appartient jamais aux créanciers subséquents lorsqu'existe un créancier hypothécaire antérieur en mesure d'agir » ; CHARPENTIER (E.), « *Regard sur le droit québécois des sûretés* », *Rev. dr. banc. et fin.* 2016, n°1 dossier 6, Actes du Colloque « Quelle réforme pour le droit des sûretés ? » des 11 et 12 juin 2015 organisé par le CEDAG (Université Paris-Descartes/Sorbonne Paris-cité), n° 11 : « Le droit de préférence du créancier hypothécaire lui permet non seulement d'être préféré lors de la distribution du prix de la vente des biens du débiteur, mais lui donne aussi

d'invoquer ou non cette antériorité dépend des circonstances de chaque cas et du recours choisi par le créancier postérieur. Si le deuxième créancier hypothécaire indique dans son préavis qu'il entend vendre le bien sous contrôle de justice, le premier peut le laisser poursuivre, car il participera de toute façon à la collocation et sera payé en premier lieu, dans le cadre d'une vente contrôlée par le tribunal. Le créancier de premier rang pourrait, par contre, vouloir empêcher une vente, sans contrôle de justice, faite par le créancier de second rang, s'il estime que le bien ne se vendra pas à prix suffisant pour le payer de sa créance[1299] ».

565. Pour rendre possible l'intervention des créanciers inscrits, dans les mesures préalables à l'exercice des droits hypothécaires l'article 2757 alinéa 1er du Code civil du Québec rajoute que : « *Le créancier qui entend exercer un droit hypothécaire doit produire au bureau de la publicité des droits un préavis, accompagné de la preuve de la signification au débiteur et, le cas échéant, au constituant, ainsi qu'à toute autre personne contre laquelle il entend exercer son droit* ». Le passage obligé par le bureau de la publicité et des droits pour l'exercice des droits hypothécaires est de nature à convoquer les créanciers concurrents inscrits dans cette procédure qui peut prendre différentes formes[1300] et dont la nature est obligatoirement déclinée par le créancier poursuivant dans le préavis adressé au débiteur et qui est dénoncé. Les créanciers hypothécaires subséquents ou le débiteur ont alors un rôle déterminant à jouer lorsque le créancier poursuivant entend exercer la prise en paiement. En réalité, cette information sur la procédure d'exécution forcée engagée leur est le plus défavorable contrairement aux créanciers dont le rang est prioritaire par rapport à celui du créancier poursuivant. Ainsi, dans ce cas, selon l'article 2779 du Code civil du Québec : « [Al.1] *Les créanciers hypothécaires subséquents ou le débiteur peuvent, dans les délais impartis pour délaisser*[1301]*, exiger que le créancier abandonne la prise en paiement et procède lui-même à la vente du bien ou le fasse vendre sous contrôle de justice ; ils doivent, au préalable, avoir inscrit un avis à cet effet, remboursé les frais engagés par le créancier et avancé les sommes nécessaires à la vente du bien*. [Al.2] *L'avis doit être signifié au créancier, au constituant ou au débiteur, ainsi qu'à celui contre qui*

---

une priorité pour l'exercice de ses droits hypothécaires ». Note SÉJEAN-CHAZAL (C.), Thèse, *op. cit.*

[1299] PRATTE (D.), Priorités et hypothèques, *Les éditions Revue de droit* – Université de Sherbrooke, 1995, n° 496, p. 228. Note SÉJEAN-CHAZAL (C.), thèse, *op. cit.*,

[1300] Art. 2758 al. 2 du Code civil du Québec : « Ce délai est de 20 jours à compter de l'inscription du préavis s'il s'agit d'un bien meuble, de 60 jours s'il s'agit d'un bien immeuble, ou de 10 jours lorsque l'intention du créancier est de prendre possession du bien ; il est toutefois de 30 jours pour tout préavis relatif à un bien meuble grevé d'une hypothèque dont l'acte constitutif est accessoire à un contrat de consommation ».

[1301] Art. 2763 du Code civil du Québec : « *Le délaissement est volontaire ou forcé* ».

le droit hypothécaire est exercé et son inscription est dénoncée, conformément au livre de la publicité des droits. [Al.3] *Les créanciers subséquents qui exigent que le créancier procède à la vente du bien doivent, en outre, lui donner caution que la vente se fera à un prix suffisamment élevé qu'il sera payé intégralement de sa créance* ».

Il est également intéressant de souligner que « le créancier requis de vendre doit procéder à la vente, à moins qu'il ne préfère désintéresser les créanciers subséquents qui ont inscrit l'avis ou, si l'avis a été inscrit par le débiteur, que le tribunal n'autorise le créancier, aux conditions qu'il détermine, à prendre paiement »[1302]. Le choix de la démarche appartient alors dans ce cas au créancier poursuivant. Preuve que dans la prise en paiement, le créancier prioritaire voit ses droits préservés et le débiteur lui ne peut craindre postérieurement une poursuite du créancier poursuivant qui a désintéressé ce dernier, les articles 2782 et 2783 expliquent clairement les conséquences de la prise en paiement. Ainsi, l'article 2782 dispose-t-il que : « [Al.1] La prise en paiement éteint l'obligation. [Al.2] Le créancier qui a pris le bien en paiement ne peut réclamer ce qu'il paie à un créancier prioritaire ou hypothécaire qui lui est préférable. Il n'a pas droit, dans tel cas, à subrogation contre son ancien débiteur » ; et pour l'article 2783 alinéa 1er : « Le créancier qui a pris le bien en paiement en devient le propriétaire à compter de l'inscription du préavis. Il le prend dans l'état où il se trouvait alors, mais libre des hypothèques publiées après la sienne ». Cette procédure préserve le droit de suite des créanciers prioritaires mais éteint les droits concurrents des créanciers inférieurs dès la prise en paiement[1303]. Mais, avec la différence que le créancier qui a payé le créancier prioritaire ne pourra pas se retourner contre le débiteur. La prise en paiement est donc également dans le droit québécois un risque pour le créancier dont le rang est moins privilégié. La vente paraît encore être de loin la voie la plus usitée. Il semble donc au vu de tout ce qui précède que le législateur québécois ait été plus soucieux de mieux organiser l'attribution en paiement que les législateurs français et de l'OHADA. Ces derniers devraient s'en inspirer.

566. On peut alors regretter que le législateur OHADA, quelques années après l'introduction de l'attribution en propriété dans le droit français, ait consacré cette voie d'exécution forcée dans les mêmes termes et avec les mêmes lacunes que ce dernier ou qu'il n'ait pas suffisamment pris la mesure de ces difficultés alors qu'il pouvait largement aussi s'inspirer des solutions apportées par le droit québécois. La publicité généralisée

---

[1302] Art. 2780 al. 1 du Code civil du Québec.

[1303] PRATTE (D.), *Priorités et hypothèques*, *op. cit.* : « Quant à la prise en paiement, le créancier hypothécaire n'a pas nécessairement avantage à s'y opposer, car il conservera tous ses droits sur l'immeuble, en vertu de son droit de suivre le bien ».

qu'il a mise en place devait avoir pour conséquence un devoir systématique d'alerte des créanciers inscrits lorsqu'un créancier s'engage dans l'exercice de son droit individuel à l'exécution. Loin de rentrer dans l'extrême de la solution proposée par le droit québécois où le créancier dont le rang est prioritaire peut influencer l'exercice du droit d'un créancier d'un rang inférieur, ce devoir d'alerte systématique devrait être la solution aux lacunes actuelles de l'attribution en propriété. Il permettrait la participation des créanciers inscrits à la procédure d'attribution forcée en paiement comme c'est déjà le cas dans la vente forcée et favoriserait également une purge plus apaisée fondée sur la valeur estimée du bien.

Pour l'heure, la situation est très délicate pour un créancier de rang inférieur. Ce dernier risque en effet lors de la purge d'engager plus de frais pour le paiement des créanciers de rangs supérieurs et quid des frais de procédure ? Nous pensons donc sur la question que tout créancier devrait s'enquérir des inscriptions sur le bien garanti avant d'engager l'exécution forcée par attribution en propriété. Si le rang n'est pas favorable, il serait plus judicieux de procéder à la vente forcée. Sauf à estimer quand on a un rang inférieur que les frais à débourser ne sont pas conséquents et ne pourraient en réalité pas freiner la volonté d'engager l'attribution en propriété.

3/ Attribution en propriété et purge des droits de préemption

567. Il est soutenu par une large majorité de la doctrine française que « la logique des modes de propriété-réalisation se distingue de celle d'une simple vente forcée, ce qui n'est pas sans conséquence sur la question des droits de préemption[1304] ». Il s'agit d'une logique qui tend à opposer la finalité de la vente forcée entreprise par le créancier à celle du choix qu'il fait de devenir propriétaire du bien garanti. Ce choix serait lié à une stratégie dont il ne tirerait pas que le bénéfice de l'extinction de sa créance mais bien plus. Cette logique est valable également dans le nouvel AUS qui a consacré les modes alternatifs à l'exécution forcée dans les mêmes termes que le droit français qui l'a inspiré. Il peut alors s'agir par exemple pour le créancier de détenir des titres sociaux dans une société et d'en tirer le bénéfice escompté, ou encore d'évincer des droits concurrents sur le bien garanti. Le débat relatif à l'applicabilité des droits de préemption aux modes alternatifs d'exécution forcée par la vente est alors légitime. Il est ténu dans la vente forcée puisque l'acquéreur du bien importe peu au créancier. Il ne souffrirait donc pas que la propriété du bien soit attribuée à un tiers du moment où il est désintéressé.

[1304] SÉJEAN-CHAZAL (C.), Thèse, *op. cit.*, 277.

568. Ce droit qui est en réalité attaché à la cession à titre onéreux du bien en cause est le droit pour une personne, relativement à un contrat préexistant ou à la faculté que lui confère la loi, de se substituer à l'acquéreur en évinçant celui-ci tout en le libérant[1305]. De la sorte, si l'attribution en propriété est une aliénation à titre onéreux, elle devrait emporter l'obligation de la purge des droits de préemption. Justement, en doctrine, il n'est pas contesté que l'attribution en propriété du bien à titre de paiement opère au profit du créancier un paiement par substitution à l'obligation principale garantie inexécutée[1306]. Il s'agit donc d'un paiement forcé en nature équivalent à la vente forcée qui oblige à la purge des droits de préemption[1307]. La Cour de cassation française considère également à juste titre que : « La dation en paiement étant assimilable à une aliénation à titre onéreux, le preneur de terres données en paiement est alors en droit d'exercer son droit de préemption ». L'exercice du droit de préemption par un tiers peut ainsi affaiblir l'exclusivité recherchée par le créancier dans le choix de l'attribution en propriété.

[1305] Vocabulaire juridique, Association Henri Capitant, *op. cit.*.

[1306] HÉBERT (S.), *Le pacte commissoire après l'ordonnance du 23 mars 2006, Dalloz* 2006, sept. 2007 : « L'attribution en propriété est une dation en paiement et donne une aliénation à titre onéreux » ; CABRILLAC (M.), MOULY (C.), BABRILLAC (S.) et PÉTEL (Ph.), Droit des sûretés, *op. cit.* ; LEGEAIS (D.), Sûretés et garanties du crédit, *op. cit.*, p. 394 : « Le créancier hypothécaire peut se trouver en conflit avec des tiers acquéreur de biens, avec des bénéficiaires de droit de préférence. La faculté d'attribution doit respecter les droits des créanciers bénéficiaires d'un droit de préemption » ; CARBONNEL (C.), *Le pacte commissoire en matière de sûretés réelles immobilières ou la réforme inachevée, JCP* déc. 2007, n° 26, p. 22 ; ALIBERT (B.), *Le pacte en droit privé, D.* 1996. 73.

[1307] AYNÈS (L.) et CROCQ (P.), Les sûretés, la publicité foncière, *op. cit.*, p. 272 : En matière immobilière, « si l'attribution est conventionnelle, le créancier doit faire constater le transfert de propriété par un acte notarié. Le notaire devra alors veiller à ce que les conditions de mise en œuvre du pacte commissoire soient bien remplies et le cas échéant purger les droits de préemption applicables en cas de vente forcée » ; V. en Droit des sociétés l'art. 771-3 du nouvel AUSCGIE : « [1°] Dans le cas où une clause de préemption est stipulée dans les statuts, toute cession d'actions réalisée en violation du droit de préemption est nulle ; [2°] Dans le cas où une clause de préemption est stipulée dans les conventions [...], toute cession d'actions réalisée en violation du droit de préemption est nulle dès lors qu'il est démontré que l'un des bénéficiaires en avait connaissance ou ne pouvait en ignorer l'existence » ; Art. 773-1 du nouvel AUSCGIE : « *Dans le cas d'une cession d'actions résultant de la réalisation d'un nantissement en violation d'une clause statutaire de préemption, les dispositions des articles 771-3 et suivants [...] sont applicables* » ; V. aussi Art. 390 du NCFT en matière foncière : « *Il est institué à l'article 650 du présent Code un droit de préemption au profit de l'Agence nationale du domaine et du foncier, prévue à l'article 19 du présent Code, en cas de vente portant sur une terre rurale qui n'aurait pas obtenu le visa de ladite Agence ou l'avis de préemption* » ; Art. 391 du NCFT : « Le droit de préemption de l'Agence nationale du domaine et du foncier ne peut primer sur les *droits de préemption établis par les textes en vigueur au profit de l'État, des collectivités territoriales, des autres établissements publics et des particuliers.[...]* ».

4/ Soumission des modes alternatifs à l'exécution forcée à l'interdiction des poursuites individuelles

569. La soumission des modes alternatifs à l'exécution forcée à l'interdiction des poursuites individuelles doit être consacrée différemment selon le besoin de restructuration de l'entreprise en difficulté **(a)**. Mais, une fois que la restructuration n'est plus possible, cette soumission doit être allégée **(b)**.

a/ Une soumission au même titre que la vente forcée

570. Pour permettre le sauvetage de l'entreprise en difficulté. – L'objectif du législateur OHADA étant clairement défini et consistant à permettre le sauvetage des entreprises en difficulté, il a accentué les restrictions aux droits des créanciers, surtout des créanciers munis de sûretés réelles, pour atteindre cet objectif. Toutefois, selon le degré de difficulté que rencontre le débiteur contre lequel une procédure collective est ouverte, il assouplit ou durcit les restrictions imposées aux créanciers dont la créance est antérieure à la décision d'ouverture.

571. Aussi, d'une part, a-t-il ciblé les restrictions aux poursuites individuelles uniquement à l'égard des créanciers appelés à une procédure de conciliation comme le prévoit l'article 5-7 du nouvel AUPC[1308]. Naturellement, les créanciers non visés par cette conciliation qui est au demeurant confidentielle, peuvent poursuivre le créancier par tout moyen même par l'attribution en propriété.

D'autre part, il a étendu cette suspension dans le règlement préventif à tous les créanciers tout en excluant expressément ceux munis d'une sûreté réelle portant sur la propriété[1309]. Ce qui voudrait dire que les créanciers munis d'une propriété-sûreté ne sont pas soumis à l'interdiction des poursuites ni des paiements et peuvent à l'échéance poursuivre l'exécution forcée des sûretés à eux consenties par tout moyen dont l'attribution en propriété. La portée de cette efficacité sera plus amplement détaillée dans la partie relative aux propriétés-sûretés. Toutefois, le sort des sûretés réelles traditionnelles est moins reluisant,

---

[1308] Art. 5-7 du nouvel AUPC : « Si le débiteur est mis en demeure ou poursuivi par un créancier appelé à la conciliation pendant la période de recherche de l'accord, [...], le président du tribunal peut, à la demande du débiteur, et après avis du conciliateur, reporter le paiement des sommes dues et ordonner la suspension des poursuites engagées par un créancier. Ces mesures prennent fin de plein droit lorsque la conciliation prend fin [...]. L'ordonnance du président du tribunal prononçant ces mesures est déposée au greffe et ne fait l'objet d'aucune publicité. Elle est communiquée au créancier concerné, sans délai, et elle rappelle l'obligation de confidentialité à laquelle celui-ci est tenu ».

[1309] Art. 9 al. 3 du nouvel AUPC : « Elle s'applique à toutes les créances chirographaires et à celles garanties par un privilège général, un privilège mobilier spécial, un gage, un nantissement ou une hypothèque, à l'exception des créances de salaires et d'aliments ».

puisque l'interdiction des poursuites touche aussi bien les voies d'exécution que les mesures conservatoires, y compris toute mesure d'exécution extrajudiciaire[1310]. Ainsi, toutes les voies d'exécution sont concernées y compris les modes alternatifs à la vente forcée. Ce que réfute un auteur qui estime que « le pacte commissoire joue d'une manière automatique en cas de défaillance du débiteur et aucune restriction n'est énoncée à ce propos par l'AUS en matière mobilière. Si l'on admet ce point de vue, on peut considérer que le pacte commissoire ayant pour objet un meuble n'est pas visé par ce nouvel article 9, alinéa 2, puisque le créancier n'a aucune "mesure d'exécution" à mettre en œuvre[1311] ». Cet argument occulte la portée réelle de la consécration du pacte commissoire qui ne vise pas à soustraire le créancier du respect des fondamentaux de l'exécution forcée même s'il est retenu que la procédure est grandement allégée. Il faut dire que la mise en œuvre du pacte commissoire comme d'ailleurs l'attribution judiciaire est la manifestation de la volonté du créancier de faire usage de ces modes d'exécution rapide et ne saurait être automatique du seul fait de la défaillance du débiteur, cet argument ne devrait pas emporter l'unanimité de la doctrine. Même si le créancier se prévaut d'un titre exécutoire notarié qui lui facilite l'exécution forcée, le pacte commissoire ne joue en sa faveur que s'il manifeste sa volonté d'y recourir, marquant ainsi l'utilisation de ce mode d'exécution qui relève bien du domaine de l'exécution forcée[1312]. Ces voies d'exécution sont toutes englobées comme le précise le Pr Ph. DELEBECQUE par « la notion de mesure d'exécution[1313] » qui est « le droit pour le créancier gagiste d'obtenir

---

[1310] Art. 9 al. 2 du nouvel AUPC.

[1311] CROCQ (P.), « Des créanciers et des contractants mieux protégés », in Modernisation de l'Acte uniforme sur les procédures collectives de l'OHADA, op. cit., p. 62 ; v. dans le même sens : ANSAULT (J.-J.), « L'efficacité du gage sans dépossession » in L'attractivité du droit français des sûretés réelles, dir. N. BORGA, O. GOUT, Actes du colloque organisé le 25 mars 2016 par l'Université Jean Moulin Lyon 3, LGDJ, coll. Grands colloques, 2016, n° 14, p. 109 : « C'est dire que la clause conduit à la réalisation de la sûreté sans avoir à recourir au juge ! » ; BOTREL (E.), Les conventions relatives à l'exécution forcée, Thèse, op. cit., n° 172, p. 213 : « La réalisation du pacte commissoire permet un paiement forcé du créancier sur le patrimoine du débiteur en dehors des procédures civiles d'exécution ». Pour ne citer que ces auteurs ; V. aussi des développements de SÉJEAN-CHAZAL (C.) sur le sujet dans sa thèse, préc., P. 249 et s.

[1312] DELEBECQUE (Ph.), « *L'attribution du bien, l'originalité du gage commercial », RJ com.* 1994, n° spécial, *Le gage commercial*, n° 11, p. 124 s., n° 3 : « C'est vrai que cette notion de voie d'exécution mérite d'être approfondie. Je crois qu'il y a une réflexion importante à conduire sur l'institution. Quelles sont les voies d'exécution ? Personnellement, je pense que l'attribution des biens en pleine propriété permet de donner satisfaction au créancier et qu'il s'agit d'une voie d'exécution ». Note SÉJEAN-CHAZAL (C.), Thèse préc., p. 179.

[1313] DELEBECQUE (Ph.), « *Les nouvelles procédures d'exécution* », *RTD civ.*, 1993, n° spécial « *La réforme des procédures civiles d'exécution* », p. 15 s., spéc. n° 38. Note SÉJEAN-CHAZAL (C.), Thèse préc., p. 179.

l'attribution en pleine propriété de l'objet du gage[1314] ». Ainsi, pour un autre auteur, « l'attribution judiciaire et le pacte commissoire doivent pouvoir désormais être qualifiés de procédures d'exécution[1315] ». Toutes ces dénominations ne renvoient qu'à une seule finalité, le paiement du créancier[1316] par la mise en œuvre d'un ensemble de règles nommées ou innommées.

572. Par ailleurs, le législateur OHADA a pris soin d'interdire la poursuite individuelle de tous les créanciers sans exception et sans exclusion lorsque s'ouvre contre le débiteur en difficulté un redressement judiciaire. Il marque ainsi objectivement son état de cession des paiements et justifie la mise en place de moyens de protection à même de permettre éventuellement sa restructuration. L'article 75 du nouvel AUPC ne donne aucune exception comme pour le règlement préventif. Ainsi il dispose justement que « *la décision d'ouverture du redressement [...] interrompt ou interdit toute action en justice de la part de tous les créanciers composant la masse qui tend : 1° à la condamnation du débiteur au paiement d'une somme d'argent [...]. La décision d'ouverture arrête ou interdit également toute procédure d'exécution de la part de ces créanciers tant sur les meubles que sur les immeubles[...]* ». De la sorte, l'interdiction devrait couvrir également l'attribution en propriété en raison de la contrainte forcée que son exercice fait subir au débiteur sur ses biens meubles et immeubles et du caractère onéreux de cette cession quand bien même elle n'aboutirait pas directement au paiement d'une somme d'argent. Tous les créanciers antérieurs à la décision d'ouverture font ainsi partie de la masse sans distinction selon le privilège accordé à chacun d'eux. L'article 134 alinéa 1 du nouvel AUPC dispose également à cette fin que : « *L'homologation du concordat de redressement judiciaire rend celui-ci obligatoire à l'égard de tous les créanciers antérieurs à la décision d'ouverture, quelle que soit la nature de leurs créances, sauf dispositions législatives particulières interdisant à l'administration de consentir des remises ou des délais* ». On voit bien que le législateur ne procède aucunement comme il l'a fait en règlement préventif à l'énumération des créanciers soumis aux règles spéciales du redressement judiciaire, de sorte qu'il soit permis d'en conclure qu'elles concernent tous les créanciers sans exception. Quelle est donc la portée réelle de cette soumission à l'égard des créanciers munis de sûretés portant sur la propriété ? Elle sera développée plus loin. Toutefois, les créanciers munis de sûretés réelles ne perdent pas leur privilège qui pourra leur servir en liquidation des

---

[1314] Ibidem.

[1315] SÉJEAN-CHAZAL (C.), Thèse préc., p. 179.

[1316] « La suspension s'applique aussi bien aux demandes en paiement qu'à l'exercice de voies d'exécution ». Note sous l'article 9 du nouvel AUPC.

biens[1317]. La portée de ce musellement des propriétés-sûretés fera bien sûr l'objet d'un plus ample traitement dans la partie relative aux propriétés-sûretés.

Dans le droit français qui a inspiré le législateur OHADA, par principe le jugement d'ouverture interdit ou interrompt également toute action en justice de la part de tous les créanciers et « *arrête ou interdit également toute procédure d'exécution de la part de ces créanciers tant sur les meubles que sur les immeubles ainsi que toute procédure de distribution n'ayant pas produit un effet attributif avant le jugement d'ouverture*[1318] ». Est donc concernée en toute logique l'attribution en propriété comme particulièrement le pacte commissoire[1319], dont l'interdiction pèse le plus sur les créanciers titulaires de sûretés réelles traditionnelles.

b/ Une soumission moins contraignante ou limitée

573. Dans la liquidation des biens. – En effet, bien que l'article 75 du nouvel AUPC interdise ou interrompe également toute action en justice de la part de tous les créanciers composant la masse ainsi que toute procédure d'exécution de leur part dès la décision d'ouverture de la liquidation des biens, une exception est possible pour les créanciers gagistes et nantis de l'article 149 du nouvel AUPC ainsi que les créanciers hypothécaires de l'article 150 du nouvel AUPC. En effet, le législateur permet aux créanciers gagistes et nantis de reprendre le droit individuel des poursuites. Il en est de même des créanciers gagistes et nantis qui ont fait usage de leur droit de rétention efficace et qui n'ont pas été dépossédés par le syndic du bien retenu contre paiement. Ils peuvent reprendre à leur convenance leur droit de poursuite individuelle à charge d'en rendre compte au syndic. Cette reprise du droit individuel au paiement est conditionnée. Elle est faite si dans le délai de trois (3) mois suivant la décision prononçant la liquidation des biens, le syndic n'a pas retiré le gage ou le nantissement ou entrepris la procédure de réalisation du gage, du nantissement, de l'hypothèque ou encore des biens grevés de privilèges. Ces créanciers reprennent alors de plein droit le droit des poursuites individuelles à charge d'en rendre compte au syndic. En ce sens, puisque les créanciers gagistes et nantis bénéficient d'un droit de rétention efficace, l'efficacité de leurs sûretés est ainsi préservée[1320] si

[1317] Art. 134 al. 4 du nouvel AUPC : « Les créanciers munis de sûretés réelles ne perdent pas leurs garanties mais ne peuvent les réaliser qu'en cas d'annulation ou de résolution du concordat de redressement auquel ils ont consenti ou qui leur a été imposé, sans préjudice de leur droit d'agir contre un tiers afin de préserver leurs droits ».

[1318] Art. L. 622-21, II du Code de commerce.

[1319] Art. L. 622-7, I al. 3 du Code de commerce : « Il fait également obstacle à la conclusion et à la réalisation d'un pacte commissoire ».

[1320] SAINT-ALARY-HOUIN (C.), Droit des entreprises en difficulté, *op. cit.*, p. 853 : « Mais une fois encore, les droits du gagiste, bénéficiant d'un droit de rétention réel ou fictif, sont

c'est le liquidateur qui prend l'initiative de la réalisation ou du retrait contre paiement[1321]. Mais, le créancier peut également faire le choix d'agir et d'exercer son droit de poursuite par n'importe quelle voie d'exécution, auquel cas, il serait primé par des créanciers mieux classés[1322] ou dont le droit de suite est très efficace.

Cette reprise des poursuites individuelles inspirée du droit français est pourtant consacrée autrement par le Code de commerce français. L'article L. 643-2 du Code de commerce français permet la reprise des poursuites individuelles par les créanciers « titulaires d'un privilège spécial, d'un gage, d'un nantissement ou d'une hypothèque et le Trésor public ». Mais, contrairement au législateur OHADA qui permet cette reprise des poursuites individuelles aux créanciers gagistes, nantis ou hypothécaires[1323] par toute voie d'exécution forcée en cas d'inertie du syndic dans les conditions qu'il donne, le législateur français l'autorise et la généralise pour les créanciers gagistes et nantis[1324] uniquement soit par la voie de la vente forcée ou de l'attribution judiciaire, l'attribution conventionnelle étant ainsi prohibée[1325]. De plus, le législateur ne consacre pas expressément la possibilité pour le créancier hypothécaire de faire le choix de l'attribution judiciaire, ni de l'attribution conventionnelle d'ailleurs. Ce choix ne se justifie pas dans la mesure où finalement l'attribution en propriété n'est pas ou n'est plus liée à la rétention du bien[1326] surtout depuis l'arrêt de la chambre commerciale de la Cour de cassation du 6 mars 1990. Une partie de la doctrine française

---

préservés car le droit de rétention est « de plein droit reporté sur le prix ». [...] Cette priorité suppose que le bien soit mis en vente par le liquidateur. Si le gagiste prend l'initiative de la vente, la solution est moins évidente ».

1321 Procédure d'ordre en matière mobilière, art. 167 du nouvel AUPC : « *Sans préjudice de l'exercice d'un éventuel droit de rétention ou d'un droit exclusif au paiement* [...] ».

1322 V. l'art. 167 du nouvel AUPC.

1323 Art. 149 et 150 du nouvel AUPC.

1324 Cass. com., France, 6 mars 1990, n° 88-16036 : « Attendu qu'en statuant ainsi, alors qu'à défaut de disposition contraire, l'attribution judiciaire du gage est offerte au créancier, titulaire d'un nantissement sur outillage et matériel d'équipement, qui ne poursuit pas la réalisation du bien grevé », *Bull.* 1990, IV, n° 67, p. 46 ; *RD bancaire et fin.* 1990, p. 174, obs. M. J. Campana et J.-M. Calendini.

1325 Art. L. 642-20-1 al. 2 du Code de commerce français : « Le créancier gagiste, même s'il n'est pas encore admis, peut demander au juge-commissaire, avant la réalisation, l'attribution judiciaire ».

1326 SAINT-ALARY-HOUIN (C.), Droit des entreprises en difficulté, *op. cit.*, p. 854 : « Certains auteurs ont réservé ce droit aux seuls nantissements comportant un droit de rétention au motif général que l'attribution du bien au gagiste ne se justifiait que par la possession déjà exercée sur la chose et pour la raison technique que tous les autres alinéas de l'article L. 642-25 (devenu L. 642-20-1) font allusion au droit de rétention exprimant par là même le lien entre droit de rétention et droit d'attribution ». V. aussi DELEBECQUE (Ph.), *Les sûretés dans le nouveau droit des procédures collectives, JCP N 1*986, p. 189, 24 ; MOULY (Chr.), *La situation des créanciers antérieurs, RJ com.*, 1987, n° spéc., p. 147. Note SAINT-ALARY-HOUIN (C.), *op. cit.*.

estime également cette prohibition inappropriée[1327] ou n'y voit simplement qu'un « défaut de mise à jour[1328] ». La jurisprudence quant à elle fait une interprétation stricte de l'article L. 642-20-1 alinéa 2 du Code de commerce et neutralise l'attribution judiciaire des immeubles[1329]. Cette prohibition serait alors inappropriée en liquidation judiciaire et limiterait injustement l'efficacité de l'attribution en propriété ; qui plus est du pacte commissoire alors que seule l'attribution judiciaire « trouverait grâce aux yeux du législateur »[1330], et encore uniquement pour le gage. La prise en compte et l'unification de ces deux modes d'attribution aussi bien en matière mobilière qu'immobilière à l'ouverture d'une liquidation judiciaire était donc attendue. La Commission GRIMALDI dans l'avant-projet de réforme du droit des sûretés en France propose d'y remédier, notamment dans un nouvel alinéa 3 de l'article L. 643-1 à insérer dans le Code de commerce[1331] afin « *d'étendre à tout titulaire d'une sûreté réelle la faculté de demander l'attribution judiciaire du bien en cas de liquidation judiciaire ainsi, le cas échéant, qu'à se prévaloir du pacte commissoire dont est assortie la sûreté*[1332] ».

[1327] CABRILLAC (M.), MOULY (C.), BABRILLAC (S.) et PÉTEL (Ph.), Droit des sûretés, *op. cit.* n° 1118, p. 829 ; DUPICHOT (Ph), « *Les sûretés du financement d'acquisition immobilière* », in La vente d'immeuble, Actes du colloque de l'ARNU du 24 novembre 2014, *JCP N* 2015, n° 11, étude 1095, p. 37 s. ; PÉROCHON (F.), *Les sûretés immobilières classiques dans les procédures collectives, LPA* 11 févr. 2011, n° 30, p. 49 s., spéc. n° 22, p. 52. Note SÉJEAN-CHAZAL (C.), Thèse, *op. cit.*, p. 295 ; MARCORIG-VENIER (F.), SAINT-ALARY-HOUIN (C.), *chron. Rev. proc. coll.* 2009-1, p. 65, n° 48.

[1328] SÉJEAN-CHAZAL (C.), Thèse, *op. cit.*, p. 295.

[1329] Cass. com., France, 28 juin 2017, n° 16-10591, Bull., D. 2017. 1356, obs. Lienhard ; D. 2017. 1948, obs. LE Corre (P.-M.) : « Mais attendu que la demande d'un créancier hypothécaire impayé tendant à ce que l'immeuble grevé lui demeure en paiement, par application de l'article 2458 du Code civil, tend au paiement d'une somme d'argent, au sens de l'article L. 622-21 du Code de commerce, et, qu'à défaut de disposition autorisant, par dérogation au principe de l'interdiction des poursuites posé par ce texte, la présentation d'une telle demande en cas de procédure collective, comme il en existe pour l'attribution du gage, la demande d'attribution judiciaire de l'immeuble hypothéqué est irrecevable ; que le moyen qui postule le contraire n'est pas fondé ».

[1330] SÉJEAN-CHAZAL (C.), Thèse, *op. cit.*, p. 293, 297, n° 241 : « Rien ne justifie que le pacte commissoire et l'attribution judiciaire soient traités différemment dans le cadre des procédures collectives. [Il serait alors judicieux] de prendre acte de la spécificité des techniques d'attribution, et en particulier de leur limitation aux titulaires de sûretés réelles, et, en conséquence, d'autoriser le recours aux attributions judiciaires et conventionnelles après le prononcé d'une liquidation judiciaire ».

[1331] Art. L. 643-1 alinéa 3 (modification du Code de commerce proposée par l'avant-projet de réforme de la Commission Grimaldi) : « *Le créancier titulaire d'une sûreté réelle retrouve, à compter du jugement de liquidation judiciaire, la faculté de demander l'attribution judiciaire du meuble ou de l'immeuble grevé ou, le cas échéant, de se prévaloir d'un pacte commissoire* ».

[1332] Commentaires sous la modification proposée de l'article L. 643-1 du Code de commerce.

PARAGRAPHE 2 : L'OBLIGATION DE SOUMETTRE L'ASSIETTE DE LA SURETE A UNE EXPERTISE

574. La garantie de l'efficacité de l'attribution en propriété est liée à une évaluation juste et objective **(A)** du bien garanti. Sans cette contrepartie, l'attribution en propriété n'aurait pas été consacrée d'une façon aussi large. Le législateur soumet alors cette évaluation au jour du transfert de propriété en matière mobilière sans autre précision et reste muet en matière immobilière **(B)**.

A/ L'EVALUATION DU BIEN GARANTI

575. La nécessité de connaître la valeur du bien garanti. – L'intérêt de l'exécution forcée est de désintéresser le créancier qui fait face à la défaillance de son débiteur. De fait, quelle que soit la procédure ou le mode d'exécution adopté, l'exécution doit permettre de désintéresser le créancier à hauteur de sa créance, ce qui correspond à ce qui lui revient de droit et rien de plus. Ce montant est donc calculé en principal de la créance, intérêts et accessoires. De la sorte, si le paiement se fait par « dation », la valeur du bien donné ou attribué doit permettre de couvrir la totalité de la créance, de sorte que si la valeur du bien est supérieure à la créance, le créancier paierait la différence au débiteur, et inversement, c'est le débiteur qui devrait compléter cette valeur pour atteindre le montant de la créance. C'est ce qui ressort des articles 105 en matière mobilière et 200 alinéa 2 en matière immobilière dans le nouvel AUS. De plus, il revient au créancier de consigner l'excédent de la somme s'il existe d'autres créanciers bénéficiant de sûreté sur le même bien[1333]. L'efficacité de cette procédure repose en grande partie sur l'expertise qui doit être la plus objective possible. Plusieurs zones d'ombre demeurent malheureusement sur la qualité de l'expert et les règles qui doivent régir cette expertise. Le législateur ne s'est également pas prononcé sur les conditions de cette consignation et la libération de la soulte au profit des autres créanciers, et même sur le temps de la consignation. Il n'a prévu aucune disposition liée à cette consignation. Ces dispositions, bien que lacunaires, permettent de lever les craintes liées à l'accaparement du bien du constituant par le créancier. Pour connaître cette valeur et éviter les contentieux inutiles qui pourraient naître, le législateur subordonne l'attribution judiciaire en propriété comme l'attribution conventionnelle à l'expertise du bien objet de l'attribution. Cette expertise ou évaluation du bien doit donc être la plus objective possible et être confiée à des experts dont la probité est reconnue. Il faut comprendre que même s'il s'agit d'une attribution du bien au créancier, il n'en demeure pas moins

---

1333 Art. 105 du nouvel AUS en matière mobilière et 200 en matière immobilière. Et 2366 du Code civil français.

une exécution forcée portée sur la valeur du bien. C'est sur la valeur du bien que porte la sûreté. L'évaluation est ainsi nécessaire lorsque le bien n'est pas une créance ou un bien dont la valeur fait l'objet d'une cotation officielle. La recherche du juste prix qui est au cœur de la vente forcée a-t-elle son équivalent dans l'attribution en propriété ? Le résultat de l'expertise devant être le plus objectif possible, les deux n'ont pas les mêmes finalités et ne produisent pas les mêmes résultats. Toutefois, seule l'objectivité de l'expertise permettra d'éviter les contentieux. La valeur estimée du bien ne doit être ni surélevée ni sous-évaluée. Toutefois, à qui revient-il l'obligation de fixer les modalités d'évaluation du bien garanti ? Le législateur OHADA n'a pas évoqué ces modalités de sorte qu'il appartient à chaque État partie de tout mettre en œuvre pour que l'évaluation soit la plus objective possible. L'essor des alternatives à l'exécution forcée par vente est sans doute étroitement lié à l'objectivité de l'évaluation des biens en cause. Elle doit être l'œuvre des professionnels.

576. Le caractère objectif de l'expertise. – L'Acte uniforme est muet sur les règles qui gouvernent ou doivent gouverner le travail de l'expert. Le droit français qui l'inspire n'est pas plus nanti. Même si l'attribution en propriété a toujours des détracteurs au sein de la doctrine, ce qu'on manque parfois de dire est que le résultat de l'expertise peut parfois être plus favorable aux parties qu'une vente qui réserve des surprises plutôt désagréables. L'expertise doit alors être la plus juste possible. Pour cela, l'expert doit faire preuve de probité et de professionnalisme. Il doit avoir les compétences dans le domaine où l'expertise est demandée et être « un homme de l'art[1334] ». Dans la mise en œuvre du pacte commissoire, qui paraît présenter plus de danger pour le constituant, les règles de droit commun de la vente peuvent constituer le fondement pour le choix de l'expert et les règles qui gouvernent son activité. Ces règles garantissent « l'impartialité de l'expert désigné à l'amiable[1335] ». L'article 1592 du Code civil français [1336] consacre ce principe de l'impartialité qui doit exister dans la vente.

577. Portée réelle de l'expertise. – L'expertise ne doit pas être comparée à la vente aux enchères, justement parce qu'il s'agit de deux modes différents qui permettent de faire apparaître la valeur du bien garanti. L'expertise est la valeur estimée du bien et la vente aux enchères fait apparaître la valeur réelle ou le juste prix du bien. Il est difficile de donner une portée

---

[1334] CABRILLAC (M.), MOULY (C.), CABRILLAC (S.) et PÉTEL (Ph.), Droit des sûretés, n° 111, *op. cit.*.

[1335] HÉBERT (S.), Le pacte commissoire après l'ordonnance du 23 mars 2006, Recueil Dalloz 2007, p. 2052.

[1336] Art. 1592 du C. civ. : « Il peut cependant être laissé à l'arbitrage d'un tiers ; si le tiers ne veut ou ne peut faire l'estimation, il n'y a point de vente ».

réelle à l'exigence de recourir à l'expertise. Il semble du moins obligatoire et donc impératif en dehors des créances et des biens dont la cotation officielle est connue. Est-elle suffisamment objective pour que les juges s'en tiennent sans la réfuter ? Il semble sur la question qu'il n'y ait pas suffisamment de contentieux. De sorte qu'en l'absence de dispositions législatives sur la question, si le juge pense avoir suffisamment de preuves quant au manque d'objectivité de l'évaluation faite par l'expert, il peut s'en écarter et demander une nouvelle expertise[1337]. Son pouvoir d'appréciation est souverain en la matière. D'ailleurs, dans la jurisprudence française, il y a eu un précédent dans lequel le juge a estimé que « *l'article 2078 du Code civil ne fait pas obstacle à ce que les juges retiennent une estimation différente, après expertise, s'ils possèdent des éléments d'appréciation suffisants*[1338] ». Donc il doit avoir une appréciation suffisante pour réfuter une expertise. S'il y a de réels risques, peut-être des conflits d'intérêts, des collisions entre deux estimations, il appartiendra au juge de décider au vu des informations qu'il a, et choisir l'expertise qui semblerait la plus objective possible. Le juge peut également ne pas solliciter l'avis d'un expert s'il s'agit d'une créance ou si le bien fait l'objet d'une cotation officielle[1339]. Les parties peuvent également, comme prévu pour l'attribution conventionnelle, se passer elles-mêmes du travail de l'expert dans les cas prévus par la loi. Mais, en cas de contestation par l'une des parties, il appartiendra au juge de se prononcer sur les données officielles fournies par les autorités en la matière. De fait, lorsque le juge dispose d'éléments suffisants à l'estimation juste et objective du bien, son estimation est valable sans consultation d'un expert et n'est pas invalidée. Il a été jugé en ce sens par la Cour de cassation française qui a estimé que : « *si l'estimation des valeurs a été fixée par le Tribunal lui-même et non par des experts, cette circonstance n'est pas de nature à invalider la transmission qui en a été faite ; qu'il s'agissait, en effet, d'actions négociables à la banque et dont la valeur attestée par une côte publique et officielle fournissait ainsi au juge, indépendamment d'une expertise distincte et spéciale, tous les éléments d'une juste estimation*[1340] ». *A contrario*, même en l'absence de cotation officielle, lorsqu'il y a des éléments qui laissent à penser que la valeur du bien peut être déterminée de la manière la plus juste possible, le travail de l'expert n'est pas

---

1337 CABRILLAC (M.), MOULY (C.), CABRILLAC (S.) et PÉTEL (Ph.), Droit des sûretés, n° 865, *op. cit.*, p. 298.

1338 Lyon, 16 octobre 1980, *JCP*. 1981, IV, p. 376 ; *JCP*. 1983, éd. N. II, p. 40. Note CABRILLAC (M.), MOULY (C.), CABRILLAC (S.) et PÉTEL (Ph.), Droit des sûretés, *op. cit.*.

1339 Art. 104 al. 3 du nouvel AUS.

1340 Cass. civ., France, 1er juillet 1856, D. P. 56, 1, 274 ; S. 56, 1. 785. Note, CABRILLAC (M.), MOULY (C.), CABRILLAC (S.) et PÉTEL (Ph.), Droit des sûretés, *op. cit.*.

requis[1341]. On assiste sur la question à une légère évolution du caractère impératif de l'expertise surtout en matière mobilière. Il reste à voir si le juge de l'OHADA suivra ces arguments. Il ne faut pas non plus que le juge endosse l'habit de l'expert qu'il n'est pas. Toutefois, sur une estimation qui a peu de chances d'être contestée, le concours du juge peut avoir pour conséquence de limiter les coûts liés à l'évaluation du bien par un homme de l'art. Mais, en matière immobilière, il semble que le caractère impératif de l'expertise prévaut et les parties, ni le juge d'ailleurs, ne peuvent y déroger en raison de la singularité des immeubles et des nombreux paramètres à prendre en compte pour leur évaluation.

La charge des frais de l'expertise peut constituer, on le pense, surtout dans l'attribution conventionnelle un frein à la mise en œuvre de cette procédure et surtout de la contre-expertise que pourrait diligenter le débiteur qui n'est pas d'accord avec celle faite par le créancier. Elle peut toutefois être atténuée dans l'attribution judiciaire en raison de la qualité de certains experts qui œuvrent régulièrement près les juridictions en raison des conventions signées avec l'État. Le risque réel pourrait venir de l'attribution conventionnelle où le créancier aura tendance à imposer son expert à l'autre partie bien souvent démunie face à la situation. Il convient à cette fin que les États mettent en place une liste d'experts judiciaires qui pourront éventuellement être sollicités dans ce cadre. Dix ans après la consécration de ces modes alternatifs dans l'OHADA, il semble tout de même qu'ils ne soient pas encore rentrés dans les mœurs en raison des nombreux doutes liés à sa mise en œuvre.

L'estimation n'est donc requise que si la valeur du bien ne peut être connue le plus objectivement possible et d'une façon juste. L'estimation doit être juste ou proche de la valeur réelle du bien. Sa portée est donc variable. Son efficacité est parfois éprouvée sur la difficulté à évaluer certains biens. L'évaluation du bien ne permet en somme pas en réalité le transfert de la propriété au créancier mais favorise l'extinction de la créance. Elle est protectrice des intérêts du créancier et du débiteur. Le transfert de la propriété est indépendant de l'évaluation, d'où la question de savoir à quel moment intervient le transfert de la propriété du bien ainsi que la demande d'expertise ?

578. Le choix de l'expert pour l'évaluation du bien attribué en propriété. – Le choix de l'expert est subordonné au mode d'attribution. Si l'attribution est judiciaire, l'expert est désigné par la juridiction compétente qui ordonne l'attribution en propriété à la demande du créancier. Mais si l'attribution est conventionnelle, le législateur invite les parties à le désigner d'un commun accord. En cas de désaccord sur sa

[1341] Cass. com., France, 15 nov. 2005, n° 03-18437, *Bull.* 2005, IV, n° 228; *JCP E* 2006. 1753, n° 14 obs. Ph. Delebecque; *Dr. et part.*, 2006. 125, obs. Ph. Dupichot. Note SÉJEAN-CHAZAL (C.), Thèse, *op. cit.*, p. 114.

désignation, il appartiendra au juge saisi sur la diligence de l'une des parties de le désigner. Les craintes d'une instrumentalisation[1342] de l'expert sont en effet très grandes pour le pacte commissoire. Mais, la possibilité pour le débiteur d'avoir recours au juge en cas de désaccord réduit ces craintes.

Lorsque l'attribution est judiciaire, le juge est acteur de la procédure et le choix de l'expert lui revient. Il a à sa disposition des experts répertoriés officiellement, qui travaillent avec la justice. Dans le cas contraire, il commandera l'expertise à un homme de l'art, un professionnel dans le domaine recherché. Il doit alors s'assurer de sa probité et contrôler le respect des délais.

B/ LE TRANSFERT DE PROPRIETE DU BIEN GARANTI

579. Le moment du transfert de la propriété est une donnée importante dans la procédure surtout pour les biens dont la valeur dépend d'une cotation officielle. Cette cotation peut fluctuer à la hausse comme à la baisse, diminuant ou augmentant la valeur de l'assiette.

580. Dans l'attribution judiciaire. – En matière mobilière, le législateur reste muet sur le moment du transfert de la propriété au créancier. Il se contente d'affirmer que le bien est attribué judiciairement jusqu'à due concurrence du solde de la créance et d'après estimation suivant les cours ou à dire d'expert[1343]. En matière immobilière également, le législateur est resté muet. Mais, sur ce point, la chambre commerciale de la Cour de cassation française a estimé que « *le jugement produit un effet translatif même s'il était susceptible de voie de recours*[1344] ». Donc, le transfert de propriété se fait pour l'attribution judiciaire à la date du jugement ayant prononcé l'attribution en propriété. C'est à cette date que le juge désigne l'expert devant procéder à l'expertise du bien. Ce dernier doit alors avoir un délai raisonnable pour le faire, lequel lui est imposé par la juridiction compétente qui en assure le contrôle. En l'absence de dispositions de l'AUS, les États parties ont la liberté de mettre en place de telles mesures. En ce sens, dans un arrêt du Tribunal de commerce de Lomé, après avoir conclu à l'attribution de la propriété du bien[1345], le juge, en avant-dire

---

[1342] HÉBERT (S.), *Le pacte commissoire après l'ordonnance du 23 mars 2006*, *Recueil Dalloz* 2007, p. 2052 : « Il ne faudrait pas que l'expert soit instrumentalisé par des créanciers peu scrupuleux pour légitimer l'attribution d'un bien d'une valeur sans rapport avec la créance ».

[1343] Art. 104 al. 2 du nouvel AUS en matière mobilière et 198 al. 1 en matière immobilière.

[1344] Cass. com., France, 24 janvier 2006 : *JCP E* 2006, 1753, n° 15, obs. DELEBECQUE. Note CABRILLAC (M.), MOULY (C.), CABRILLAC (S.) et PETEL (P.), Droit des sûretés, *op. cit.*, p. 821.

[1345] TC Lomé, 19 janvier 2020, *op. cit.* ; TPI de prem. cl. de Lomé, 29 mars 2019, *op. cit. ;* en droit français, v. LEGEAIS (D.), Droit des sûretés et garanties du crédit, *LGDJ*, *op. cit.*, p. 354 ; Cass. com., France, 24 janvier 2006, n° 02-11989, *Bull.* IV, n° 15, p. 14, *JCP E* 2006. 1753, n° 14, obs. Ph. Delebecque ; SÉJEAN-CHAZAL (C.), Thèse, *op. cit.*, p. 272.

droit a commis les services d'un expert de la manière suivante : « *Sursoit à statuer sur la détermination de la valeur des immeubles et sur les opérations de passation des écritures comptables de paiement du solde débiteur ou de restitution de la soulte au défendeur ; (...) Ordonne une expertise de l'immeuble (...) ; Commet pour y procéder le Cabinet (...), Architecte ; dit qu'il aura pour mission de déterminer contradictoirement la valeur vénale dudit immeuble, avec des bases de calculs détaillés et d'en établir un rapport à soumettre à l'homologation du Tribunal de céans ; Lui impartit un délai d'un mois, à compter de sa saisine effective pour déposer son rapport d'expertise (...) ; Dit qu'en cas de refus ou d'indisponibilité de l'expert commis, il sera pourvu à son remplacement par simple ordonnance du Président de la juridiction de céans, saisi à la demande de la partie la plus diligente*[1346] ». Le choix de l'expert, sa mission et les délais de l'expertise sont donc fixés par le juge dans l'attribution judiciaire. Il est le garant de son efficacité.

Le transfert de propriété se fait alors à la date de la décision l'ayant prononcé au profit du créancier, qui pourra au demeurant jouir de tous ses droits. En matière immobilière, cette jouissance s'accompagne de la mutation des titres fonciers au nom du créancier par le service de la conservation foncière, la publicité de la mutation emportera opposabilité aux tiers. En matière mobilière, il se fait par la mise en possession des meubles au profit du créancier. Pour garantir la protection des intérêts des parties, à quelle date l'expert est-il désigné ? Il accomplit sa mission dans quel délai ? Autant de questions qui n'ont pas trouvé solution dans l'AUS. Mais le juge a l'obligation d'y procéder dans la décision ayant transféré la propriété du bien au créancier. Sans éclairage du législateur, il appartient désormais au juge d'être l'acteur majeur du dénouement rapide de la procédure puisqu'il faudra encore déterminer s'il y a un excédent à reverser au débiteur ou non, ou encore si la créance n'est pas apurée du fait de l'attribution. Dans tous les cas, une première expertise est souvent faite et date bien souvent de la constitution de la garantie ou même d'une demande d'expertise commandée par le créancier. Elle permet d'avoir une première idée de la valeur du bien à la mise en œuvre de la garantie.

581. Dans l'attribution conventionnelle. – Le législateur précise en matière mobilière que l'estimation est faite « au jour du transfert de propriété » comme l'indique l'article 104 alinéa 3 du nouvel AUS. Les parties s'accordent pour désigner un expert et sollicitent le juge en cas de désaccord. En l'absence de précision du législateur, il faut se référer à la convention des parties. Si cette dernière n'éclaire pas suffisamment sur ce point, le jour du transfert peut-il être celui de la constatation de la

---

[1346] TC Lomé, 19 janvier 2020, *op. cit.*

défaillance du débiteur ? La doctrine est partagée sur la question. La propriété semble acquise au créancier à la défaillance du débiteur pour certains auteurs[1347]. Cet argument ne convainc pas d'autres auteurs qui pensent que ce transfert à la défaillance du débiteur serait « incompatible avec la nature des voies d'exécution du pacte commissoire[1348] ». La mise en œuvre du pacte commissoire ne saurait en réalité aller à l'encontre des règles protectrices au cœur de l'exécution forcée. Approuver une attribution automatique, au jour de la défaillance du débiteur serait une manière de légitimer une justice privée qui constituait au demeurant le risque principal lié à la prohibition du pacte commissoire[1349]. Il semble alors pour la majorité des auteurs d'interroger le droit commun de la vente. Celui-ci préconise un transfert *solo consensu*[1350], c'est-à-dire par le seul consentement des parties. À ce titre, il est parfaitement possible que les parties aient prévu un transfert de propriété à la défaillance du débiteur ou à un autre jour qu'ils auront choisi[1351], l'évaluation du bien en dépend également. Sur ce dernier point, le législateur a été en fait maladroit puisque la désignation de l'expert se fera au jour du transfert de propriété mais l'évaluation suivra son cours pendant le délai imparti par les parties. Mais, elle pourra avoir été rétroactivement faite au jour du transfert de propriété.

Pour revenir à ce jour du transfert, le créancier devra alors au minimum mettre en demeure le débiteur de payer. Le formalisme de cette mise en demeure est encore à déterminer. Les parties pourront éventuellement préciser que le créancier deviendra propriétaire conformément au pacte commissoire au terme du délai prévu pour que le débiteur se manifeste. Le créancier pourra ainsi exprimer sa volonté de devenir propriétaire du bien en respectant ces règles, et préalablement muni d'un titre exécutoire. Il appartient aux parties de prévoir expressément ce transfert dans leur convention ainsi que l'épineux problème du transfert des risques. Mais, si ce transfert est valable entre les parties, il risque de poser un problème à l'égard des tiers. En matière mobilière, le créancier devra alors s'il n'est pas en possession du bien, prévoir un transfert des risques à la délivrance du bien et « faire naître à la charge du débiteur cette obligation dont la violation engage sa

---

1347 AYNÈS (L.) et CROCQ (P.), op. cit., n° 687 : « En présence du pacte commissoire, le transfert intervient de plein droit à la date de la défaillance du débiteur ».

1348 SÉJEAN-CHAZAL (C.), Thèse, *op. cit*., p. 273.

1349 HÉBERT (S.), Le pacte commissoire après l'ordonnance du 23 mars 2006, op. cit..

1350 Article 1101 du Code civil : « Le contrat est un accord de volontés entre deux ou plusieurs personnes destinées à créer, modifier, transmettre ou éteindre des obligations ».

1351 HÉBERT (S.), Le pacte commissoire après l'ordonnance du 23 mars 2006, op. cit ; JACOMIN (C.), De l'intérêt du pacte commissoire dans les sûretés réelles, RLDC 2012. 99 ; PERUS (S.), Des aspects pratiques du pacte commissoire, RLDC 2008. 50 ; SÉJEAN-CHAZAL (C.), Thèse, op. cit., p. 274.

responsabilité contractuelle ». Le droit commun de l'exécution met à sa disposition des règles pour assurer sa mise en possession.

582. En matière immobilière, le problème ne se pose pas. Le législateur a prévu que ce n'est qu'après un délai raisonnable de trente jours[1352] après l'envoi de la mise en demeure restée sans effet que le créancier sera en droit de faire constater le transfert de propriété de l'immeuble. L'acte notarié qui permet la constitution de l'hypothèque permet la célérité de cette procédure et son efficacité. En pratique, le créancier manifeste son intention de devenir propriétaire de l'immeuble hypothéqué au terme des trente jours laissés au débiteur pour régulariser sa situation. Le transfert de propriété a donc lieu entre les parties au jour de la constatation de la défaillance du débiteur après le respect de la formalité prescrite par le législateur. Le créancier signifie donc au débiteur le transfert de propriété conformément à leur convention. Ce transfert devant être formalisé par acte notarié avec demande à la conservation foncière de la mutation de la propriété de l'immeuble au nom du créancier. Cet acte sera publié dans les formes prévues par chaque État partie pour son opposabilité aux tiers[1353].

SECTION 2 : LES LIMITES TENANT A LA PROTECTION DU CONSTITUANT

583. La protection du constituant est visible aussi bien à l'égard du constituant qui affecte un meuble **(Paragraphe 1)** qu'à l'égard de celui qui affecte un immeuble **(Paragraphe 2).**

PARAGRAPHE 1 : EN MATIERE MOBILIERE

584. La protection du débiteur non professionnel par le législateur OHADA. – L'attribution conventionnelle des meubles est possible en droit OHADA dans deux hypothèses : si le bien gagé est une somme d'argent ou un bien dont la valeur fait l'objet d'une cotation officielle, les parties peuvent convenir que la propriété du bien gagé sera attribuée au créancier gagiste en cas de défaut de paiement ; il en va de même pour les autres meubles corporels lorsque le débiteur de la dette garantie est un débiteur professionnel[1354]. Si le bien gagé est une somme d'argent ou un bien dont la valeur fait l'objet d'une cotation officielle, le législateur considère qu'il n'y a pas lieu à s'inquiéter puisque la valeur du bien est connue et ne peut faire l'objet d'un contentieux. Le pacte commissoire peut à ce titre être convenu avec n'importe quel débiteur. Par contre, si la

1352 Art. 198 al. 2 du nouvel AUS.

1353 Chaque État partie doit prévoir ces formalités.

1354 Art. 104 al. 3 du nouvel AUS.

nature du bien corporel fait que sa valeur ne se dévoile pas d'elle-même ou ne peut être connue en raison d'une cotation officielle, il convient de faire preuve de prudence en encadrant le pacte commissoire, qui est un mode d'exécution très rapide et aux conséquences bien souvent fâcheuses. C'est pourquoi l'OHADA à la différence du droit français est prudent dans l'admission de ce pacte commissoire lorsque la valeur du bien ne « saute pas aux yeux », dans ce cas, seul le débiteur professionnel est concerné. Le professionnel étant le débiteur personne physique ou morale qui exerce une activité de façon durable et organisée, il s'oppose au débiteur profane qui est le plus souvent un débiteur personne physique. Sans autre précision du nouvel AUS, il semble que le législateur OHADA ait été guidé par le principe de prudence qui entourait jadis la prohibition du pacte commissoire, d'où l'intention de le consacrer avec réserve en le cantonnant pour certains meubles corporels aux débiteurs professionnels qui peuvent mesurer la gravité de leurs actes et engagent bien souvent leur patrimoine professionnel. La restriction ne s'applique donc pas aux sommes d'argent « en raison de l'absence de danger pour le débiteur dans la mesure où aucune évaluation ne s'impose, si bien que le risque d'une convention usuraire est inexistant[1355] ».

585. Une consécration inachevée aux conséquences fâcheuses. – La consécration de ce pacte commissoire n'est plus à discuter, mais on observe des zones d'ombre qu'il serait bon de soulever. Le législateur OHADA ne dit pas que le créancier devient propriétaire du bien garanti à hauteur de la créance restant à payer. On rappelle qu'en droit français également l'article 2348 alinéa 3 dispose que : *« Lorsque cette valeur excède le montant de la dette garantie, la somme égale à la différence est versée au débiteur ou, s'il existe d'autres créanciers gagistes, est consignée* ». Cet alinéa est la conséquence d'un âpre débat qui jadis avait cours au sein de la doctrine française. M. RIEG par exemple était pour l'admission du pacte commissoire mais en tirait une conclusion moins satisfaisante lorsque la valeur du bien ne prête pas à contentieux, puisqu'il admettait certes que « le débiteur n'étant pas exposé à subir un préjudice, il est parfaitement inutile de saisir le tribunal et de consulter un expert » mais il rajoute que si « la créance nantie est d'un montant supérieur à celui de la créance garantie, le gagiste serait en droit de conserver la totalité de la créance[1356] ». On voit bien que la consécration du pacte commissoire peut être de nature à déséquilibrer les rapports entre le créancier et son débiteur et à encourager la spoliation si aucun cadre légal n'est donné. Bien heureusement, le droit français ainsi qu'une large majorité de la doctrine sont favorables à un équilibre durable dans

---

1355 MESTRE (J.), PUTMAN (E.) et BILLIAU (M.), Traité de droit civil, *op. cit.*, p. 295.

1356 Propos qui lui sont prêtés par les auteurs MESTRE (J.), PUTMAN (E.) et BILLIAU (M.), Traité de droit civil, *op. cit.*, p. 295.

la consécration de ce mode alternatif à la vente forcée. Aussi, l'évaluation du bien par un expert si c'est nécessaire et le versement de la soulte au débiteur lorsqu'elle existe assurent-ils cet équilibre voulu. Mais pourquoi le législateur OHADA ne l'a-t-il pas expressément prévu ? Ou doit-on se reporter à l'alinéa 2 du même article 104 du nouvel AUS pour en déduire la démarche à adopter. Cet alinéa consacré à l'attribution judiciaire prévoit expressément que le bien gagé sera attribué « *en paiement jusqu'à due concurrence du solde de sa créance [...]* ». Il faut comprendre que ceci vaut également pour l'attribution conventionnelle. Mais, il faut bien que le législateur OHADA préserve la pratique des contentieux inutiles qui pourraient naître de la lecture des textes adoptés et aille souvent au bout de l'esprit dans lequel les textes sont consacrés. La sûreté réelle ne peut avoir pour finalité d'enrichir le créancier au détriment du débiteur. Même s'il concède dans l'article 105 du nouvel AUS que l'excédent soit consigné, il est pertinent que l'article 104 alinéa 3 soit clairement libellé.

PARAGRAPHE 2 : EN MATIERE IMMOBILIERE

586. La protection du constituant dans l'attribution en propriété se perçoit le plus en matière immobilière à travers les articles 198 alinéa 2 et 200 alinéa 1 du nouvel acte uniforme, respectivement pour l'attribution judiciaire et pour l'attribution conventionnelle en propriété. Une différence peut tout de même être trouvée par rapport au droit français qui a inspiré cette protection. On remarque ainsi les mêmes limites à l'attribution en propriété, qu'elle soit judiciaire ou conventionnelle comme le prévoient en droit français les articles 2458 et 2459 du Code civil, alors que le droit OHADA est plus sévère dans les limites pour l'attribution conventionnelle que pour l'attribution judiciaire en propriété. Dans les deux cas, il est apparu nécessaire de protéger le constituant qui engage un immeuble à la garantie d'une obligation dans la mesure où cet immeuble peut constituer son lieu d'habitation. La protection du constituant se fait en réalité à travers la protection de ses biens tant dans l'attribution judiciaire que dans l'attribution conventionnelle, et elle tient compte surtout des conditions tenant à la personne même du constituant. Pour M. BOURASSIN, V. BREMOND et M.-N. JOBARD-BACHELLIER : « *Plus que l'attachement du débiteur à son bien, cette restriction se justifie par le lien étroit existant entre le logement d'habitation et la dignité du débiteur, à laquelle la mise en œuvre de l'hypothèque ne saurait porter atteinte*[1357] ». Le législateur OHADA a été ainsi sensible au déséquilibre que l'attribution en propriété pouvait avoir entre les rapports créancier-débiteur et a décidé d'interdire

---

1357 BOURASSIN (M.), BREMOND (V.) et JOBARD-BACHELLIER (M.-N.), Droit des sûretés, 1re éd., Sirey, 2007, p. 106.

l'attribution en propriété judiciaire comme conventionnelle sur la résidence principale du constituant **(A)**. Il est allé encore plus loin dans la protection que le droit français en protégeant de façon générique « l'immeuble à usage d'habitation » **(B)**. Ces restrictions ont pour fondement les articles 198 alinéa 2 et 199 alinéa 1 du nouvel AUS. Ces deux interdictions ne visent donc pas les mêmes types d'immeubles. Toutefois, l'interdiction vise à orienter si possible le créancier sur d'autres modes d'exécution forcée comme la vente forcée qui par le délai de la procédure et son caractère très solennel permet au constituant d'anticiper une éventuelle procédure d'expulsion.

A/ PROTECTION DE LA RESIDENCE PRINCIPALE DU CONSTITUANT

587. Dans l'attribution judiciaire. – L'interdiction de l'attribution judiciaire en propriété sur l'immeuble qui constitue la résidence principale du constituant vise l'immeuble qui constitue le lieu d'habitation principale du constituant. La résidence principale est le principal lieu de vie d'une personne, le lieu choisi pour y installer un foyer conjugal ou dit-on construire si possible une famille et élever des enfants. Le Code civil français qui a inspiré le droit OHADA a toujours protégé le logement familial. Même si les époux ont plusieurs logements, seule leur résidence principale est protégée. L'article 215 alinéa 3 du Code civil français matérialise cette protection par l'annulation d'un acte de disposition fait par un époux sans l'accord de l'autre. L'acte est annulé à la demande de l'époux qui n'a pas donné son accord à l'opération querellée. La règle protège ainsi principalement les époux et s'arrête lorsque les deux ont donné leur consentement à l'opération qui peut leur faire perdre leur logement. Les exemples de protection du logement familial sont légion. La loi Macron[1358] protège aussi le domicile principal de l'entrepreneur à l'égard des créanciers professionnels sans qu'il ait à faire une déclaration d'insaisissabilité. L'objectif est de protéger la famille en principal et par extension la résidence principale de toute personne dans la mesure où le droit au logement est un droit fondamental. Personne ne doit se retrouver en situation de perdre son logement principal surtout s'il constitue son seul logement. Cette résidence principale est donc choisie librement et d'un commun accord par les époux ou si le propriétaire n'est pas marié, elle est son lieu d'habitation principale, le lieu où il habite de façon permanente et qui constitue sa résidence fiscale. Il s'agira alors d'une question appréciée souverainement par les juges du fond. Le nouvel Acte uniforme protège ainsi le constituant d'une hypothèque lorsqu'il affecte sa résidence principale à la garantie d'une obligation. De fait, le créancier ne peut demander l'attribution judiciaire en propriété de l'immeuble

[1358] Loi n° 2015-990 du 6 août 2015 dite loi Macron.

hypothéqué lorsque celui-ci constitue la résidence principale du constituant. La difficulté réside alors dans l'appréciation du caractère principal de cette résidence par les juges. Doit-elle être la résidence principale du constituant au moment de la constitution de la sûreté ou peu importe, c'est-à-dire que le caractère principal de la résidence est apprécié au moment de la réalisation de l'hypothèque ou de sa constitution ? La question mérite d'être posée. Le législateur semble muet sur la réponse à donner. Mais, il convient en toute objectivité de supposer que ce caractère doive être apprécié au moment de la réalisation de la sûreté parce qu'il est possible qu'un immeuble puisse ne pas être au moment de la constitution de l'hypothèque la résidence principale du constituant et le devenir ultérieurement, par la force des choses. L'attribution judiciaire n'emporte pas le consentement du constituant, il s'agit d'un mode de réalisation forcée décidé unilatéralement par le créancier. L'article 198 du nouvel AUS ne dit pas non plus que l'attribution judiciaire en propriété doive emporter l'accord des parties, surtout du constituant. Le législateur ayant prévu trois modes de réalisation des sûretés, l'interdiction de procéder à l'attribution judiciaire sur la résidence principale du constituant laisse encore au créancier si c'était le cas d'opter pour la vente forcée.

588. Toutefois, il est possible que la convention des parties le prévoie. À ce titre, lorsque le constituant a déclaré dans la convention que l'immeuble n'est pas sa résidence principale, est-il tenu de s'y conformer jusqu'à la réalisation de l'hypothèque ? Pour une partie de la doctrine française, « *le fondement de cette dérogation et, à un degré moindre, la formulation insolite de la sanction, conduisent à penser que c'est au moment de la réalisation et non à celui de l'accord contractuel que la condition de résidence principale doit être appréciée*[1359] ». Une thèse que nous partageons et qui peut être applicable en droit OHADA. Mais, la deuxième chambre commerciale du Tribunal de première instance de première classe de Lomé semble avoir un avis contraire sur le sujet. Dans une affaire où les cautions hypothécaires avaient donné des immeubles à la garantie d'une obligation, elles ont déclaré à la conclusion de la convention que les immeubles n'étaient pas leur résidence principale mais au moment de la réalisation, elles ont soutenu le contraire. Dans son jugement du 29 mars 2019, le Tribunal fait remarquer « *qu'acte soit donné de ce que les deux cautions hypothécaires ont déclaré [à la conclusion de la convention] que les immeubles donnés en garantie ne sont pas leur domicile ou résidence principale ; que face à la défaillance du débiteur principal, et afin que la créancière poursuivant rentre dans*

[1359] CABRILLAC (M.), MOULY (C.), CABRILLAC (S.) et PETEL (P.), Droit des sûretés, *op. cit.*, p. 816 ; voir également Ph. DELEBECQUE, Le régime des hypothèques, in Commentaire de l'ordonnance du 23 mars 2006 relative aux sûretés : JCP E 2006, suppl. au n° 20-21, n° 26.

ses droits, il échet dire que celle-ci est fondée à réaliser les garanties à elle consenties par les cautions hypothécaires ; que les conventions des parties ayant prévu l'attribution judiciaire au créancier en cas de non-paiement, il échet d'attribuer à la requérante la propriété des immeubles donnés en garantie de la dette du débiteur principal[1360] ». L'appréciation de la nature de l'immeuble donné en garantie au moment de la conclusion de l'hypothèque pour justifier l'attribution en propriété est contestable. La protection de la résidence principale du constituant est une mesure de protection du constituant à la réalisation de la sûreté qu'il a consentie au créancier. Il ne s'agit pas d'une mesure qui le protège au moment de la conclusion de la garantie. De plus, l'attribution judiciaire en propriété est un mode de réalisation de l'hypothèque, il est donc choisi unilatéralement par le créancier. Si les parties décident de choisir ce mode d'exécution à la conclusion de leur convention, son inexécution ne peut être sanctionnée que par des dommages et intérêts dans la mesure où cette déclaration ou cette condition particulière ne fait pas partie des conditions de validité de l'hypothèque. Le juge devant s'en tenir à une appréciation de fait de la nature de l'immeuble à la réalisation de l'hypothèque. Il aurait suffi par des preuves apportées par les cautions que les immeubles constituent leur résidence principale pour faire échouer l'attribution en propriété. Les juges du fond étant souverains pour apprécier la nature de l'immeuble au moment de la réalisation de la sûreté, leur appréciation est fonction des preuves apportées par les parties. Le choix du mode de réalisation est ainsi fonction de la nature de l'immeuble à ladite réalisation, peu important sa nature au moment de la conclusion et des déclarations du constituant. Les restrictions apportées par le législateur ne jouent qu'au moment de la réalisation de la sûreté. D'ailleurs, dans une espèce où les parties avaient prévu à la conclusion de l'hypothèque une réalisation par attribution conventionnelle en cas de défaillance du débiteur principal, à la réalisation, le créancier a finalement à bon droit opté pour l'attribution judiciaire dans la mesure où les conditions de l'attribution conventionnelle en propriété n'étaient pas réunies. Le constituant qui soutenait que le créancier était tenu de procéder à l'attribution conventionnelle a été débouté. Le jugement a estimé : qu'« *il est constant, ainsi que cela ressort de la convention liant les parties que l'immeuble hypothéqué n'est pas la maison d'habitation du constituant, que cependant, il n'a été nullement précisé à ladite convention que le Sieur A. K. propriétaire dudit immeuble et constituant, est inscrit au RCCM, de sorte que les conditions prévues par l'article 199 de l'AUS ne sont pas remplies pour que la procédure d'attribution conventionnelle puisse être envisagée en l'espèce ; que c'est donc à bon droit que la*

[1360] TPI de première classe de Lomé, 2e ch. com., 29 mars 2019, n° 0243/19, Coris Bank International Togo c/ M. A., succ. T., Z., *op. cit.*.

demanderesse a opté pour une attribution judiciaire de l'immeuble hypothéqué[1361] ». Le créancier ayant le choix du mode de réalisation, il appartient au juge lorsque le constituant soulève une cause de nullité, et dans une finalité de protection de ses droits, de faire échouer la demande du créancier tendant à réaliser sa sûreté par l'un des modes de réalisation prévus par l'AUS si les conditions ne sont pas réunies.

B/ PROTECTION DE L'IMMEUBLE A USAGE D'HABITATION

589. Dans l'attribution conventionnelle. – L'interdiction de l'attribution conventionnelle en propriété quant à elle vise en droit OHADA l'immeuble à usage d'habitation, contrairement au droit français qui ne vise que la résidence principale[1362]. Elle est plus sévère en droit OHADA puisqu'elle ne vise pas seulement l'immeuble qui constitue la résidence principale du constituant. L'immeuble à usage d'habitation peut être la résidence principale du constituant ou une résidence secondaire. L'interdiction est ici plus large qu'en matière d'attribution judiciaire puisqu'elle concerne tout immeuble qui est destiné à être habité. La destination ou la nature de l'immeuble est l'élément à prendre en compte vu que le législateur ne précise pas si l'immeuble doit être effectivement habité ou pas au moment de la conclusion de la garantie ou même de sa réalisation. Il s'agit d'une mesure de protection qui protège le lieu d'habitation du constituant, il peut y avoir logé sa famille ou d'autres personnes ou même y avoir des locataires. La preuve peut être rapportée par tout moyen, il suffit que l'immeuble constitue un lieu d'habitation et qu'il soit la propriété du constituant pour que l'attribution conventionnelle soit interdite. Si les conditions sont réunies, il faut encore que les parties l'aient expressément prévue dans la convention d'hypothèque. L'absence de cette mention rend la demande d'attribution conventionnelle irrecevable.

En plus de cette limite, le législateur OHADA introduit contrairement au droit français une autre condition cumulative qui est que « *le constituant soit une personne morale ou une personne physique dûment immatriculée au registre du commerce et du crédit mobilier*[1363] ». Le législateur n'ouvre alors la voie à l'attribution conventionnelle qu'aux constituants justifiant d'une inscription au RCCM ; ces constituants sont généralement des professionnels inscrits au RCCM. Ils sont donc à même

---

[1361] TC Lomé, 19 janv. 2020, n° 0060/20, Sté Interafricaine de banque Togo (SIAB Togo) c/ M. A, *op. cit.*.

[1362] Art. 2459 du Code civil issu de l'ordonnance n° 2006-346 du 23 mars 2006 : « Il peut être convenu dans la convention d'hypothèque que le créancier deviendra propriétaire de l'immeuble hypothéqué. Toutefois, cette clause est sans effet sur l'immeuble qui constitue la résidence principale du débiteur ».

[1363] Art. 199 al. 1 du nouvel AUS.

de mesurer les risques de leur consentement à l'attribution en propriété. La réalisation d'une telle sûreté étant rapide, le changement soudain de propriétaire peut avoir pour conséquence l'expulsion des personnes qui habitent l'immeuble affecté à la garantie. La qualité du constituant s'ajoute alors à la condition que l'immeuble ne soit pas à usage d'habitation. Cette restriction vise alors plus généralement la protection du droit au logement. Ce mode de réalisation doit ainsi figurer dans la convention d'hypothèque. Il faut à ce titre que le créancier ait connaissance que l'immeuble affecté ne constitue pas un immeuble à usage d'habitation et qu'il ait la preuve de l'inscription du constituant au RCCM au moment de la constitution de la garantie. Le notaire instrumentaire de l'acte emporte clairement la responsabilité du manquement à ces informations lorsqu'il a inséré dans l'acte la possibilité pour le créancier de réaliser sa sûreté par attribution conventionnelle. Lorsque les conditions ne sont pas remplies pour ce choix, même si les parties l'avaient prévu dans leur convention, le créancier peut opter pour un autre mode de réalisation[1364]. La restriction posée par le législateur étant une mesure de protection du constituant, l'appréciation de la nature de l'immeuble doit se faire au moment de la réalisation de l'hypothèque, peu important que le constituant ait déclaré au moment de la constitution que l'immeuble n'était pas un lieu d'habitation. La décision du constituant d'affecter l'immeuble à un usage d'habitation, donc un usage qui ne permettrait pas la réalisation de l'hypothèque par attribution conventionnelle, doit également être soumise au créancier et faire l'objet d'un accord des parties. Il engage également sa responsabilité s'il a fait de fausses déclarations. Le constituant qui détourne l'immeuble hypothéqué de la destination prévue par le contrat engage au même titre sa responsabilité contractuelle dans la mesure où il expose le créancier aux aléas et aux frais de la vente forcée ou de l'attribution judiciaire. Il peut également être soumis aux sanctions du délit de détournement de choses gagées.

CONCLUSION DU CHAPITRE 1

590. L'attribution judiciaire et l'attribution conventionnelle constituent à l'aune de notre analyse des modes d'exécution forcée consacrés pour faciliter le dénouement des sûretés réelles dans l'espace OHADA. Consacrés comme une alternative à la vente forcée judiciaire en raison de sa complexité, ces modes d'exécution ne se soumettent pas moins aux règles liées au transfert forcé de la propriété des biens à titre onéreux. Ce qui montre alors la place qui leur est en réalité réservée dans le droit de

---

[1364] TC Lomé, 19 janv. 2020, n° 0060/20, Sté Interafricaine de banque Togo (SIAB Togo) c/ M. A, *op. cit.*.

l'exécution même s'ils ne sont pas textuellement intégrés dans l'AUVE. Les nombreux exemples illustrés à l'appui du raisonnement, à travers le droit français notamment, et les récentes doctrines en la matière confortent cette thèse. C'est également en fonction de la finalité intrinsèque des sûretés réelles que tout comme la vente, la propriété qui est attribuée au créancier sur le bien garanti l'est tout en prenant en compte le montant de la créance garantie demeurant impayée. Finalement, cette attribution ne peut pas être une source d'enrichissement pour le créancier. L'équilibre des intérêts voudrait donc que le bien attribué fasse l'objet d'une évaluation à dire d'expert si sa valeur ne peut être donnée objectivement afin de déterminer si la créance garantie s'éteint totalement par cette attribution ou si, de par la valeur du bien attribué, le créancier devra la différence au débiteur au titre de la soulte. Elle permet d'éviter une spoliation injustifiée. L'exécution forcée par attribution en propriété étant une procédure relativement rapide, il convenait alors de réserver une certaine protection au débiteur qui engage sa résidence principale ou un lieu à usage d'habitation à la garantie d'une obligation afin qu'il ne soit pas surpris par l'exécution forcée et éventuellement par la procédure d'expulsion parfois liée à ce type de procédure.

Dans la pratique pourtant, ce mode d'exécution ne semble pas pour l'heure s'ouvrir à une utilisation massive en raison de sa consécration somme toute sommaire. De nombreuses zones d'ombres restent à éclaircir comme la soumission de ces modes simplifiés d'exécution forcée aux règles fondamentales de protection du débiteur qui fait face à une exécution forcée sur ses biens, et qui relèvent en réalité du domaine de l'exécution. Même si nous avons conclu à cette soumission, le législateur doit expressément inscrire ce mode d'exécution forcée dans les procédures visées par l'AUVE et le détailler comme la vente forcée judiciaire afin de lever tout doute. Il y a aussi le fait que les créanciers n'entendent pas souvent acquérir la propriété du bien garanti même si la procédure semble moins complexe. *Quid* alors des effets de cette attribution au profit d'un seul créancier par rapport aux droits concurrents inscrits par d'autres créanciers ? Puisque contrairement à la vente forcée, ils ne peuvent pas participer à la procédure en raison de l'effet attributif et exclusif du bien au créancier poursuivant. La question du défaut d'information des autres créanciers inscrits se pose ainsi de façon accrue et fait dire à C. Séjean-Chazal qu'il s'agit en réalité d'une exclusivité de procédure qui « *ne permet pas de présumer de l'issue d'un éventuel conflit entre les créanciers, et donc moins d'en déduire que le poursuivant bénéficierait d'une situation d'exclusivité sur la valeur du bien*[1365] ». Cette analyse est partagée par une partie de la doctrine dont L.

1365 SÉJEAN-CHAZAL (C.), Thèse, *op. cit.*, p. 404.

Bougerol-Prud'homme qui estime également que « *l'exclusion du concours est en réalité un constat procédural résultant de ce que le créancier exclusif peut obtenir satisfaction sans que les autres créanciers puissent, en amont, faire valoir leurs droits*[1366] ». Le cantonnement de l'exclusivité à la procédure a ainsi pour finalité l'effet attributif du bien au seul créancier poursuivant mais n'occulte pas les droits attachés à la valeur du bien. Sur ce point, le législateur gagnerait à être plus clair et à consacrer la purge des droits inscrits sur le bien attribué en paiement avec obligation d'informer les créanciers dont la sûreté fait l'objet d'une inscription. L'attribution en propriété pose donc encore des interrogations auxquelles il conviendrait urgemment de répondre.

[1366] BOUGEROL-PRUD'HOMME (L.), Thèse, *op. cit.*, p. 393.

CHAPITRE 2 : LE RAPPROCHEMENT DE LA REALISATION DES PROPRIETES-SURETES DES MODES D'EXECUTION FORCEE DES SURETES CLASSIQUES

591. Dans la constitution d'une propriété-sûreté, la propriété du bien garanti est soit réservée soit transférée au créancier à titre de garantie et constitue un critère *a priori* très efficace pour sa réalisation en cas de défaillance du constituant. Nous avons démontré qu'il ne s'agissait en réalité pendant l'opération de garantie que d'une propriété-garantie, c'est-à-dire une propriété utilisée à des fins de garantie et non la pleine propriété. Elle octroie au créancier un droit exclusif sur la valeur du bien garanti. Son efficacité dépend alors aussi de l'utilisation du bien par le constituant ou de son dessaisissement. L'assimilation des propriétés-sûretés aux sûretés réelles authentiques oblige à tenir compte des modes d'exécution forcée des sûretés réelles proposés par le législateur. Il se trouve que ce dernier n'a pas été clair dans le mécanisme consacré. Cette absence de clarté suscite alors le débat au sein de la doctrine. Les auteurs favorables au transfert de la propriété ordinaire dépourvue de ses attributs principaux estiment que, la réalisation des propriétés-sûretés est automatique puisque le créancier est déjà par hypothèse déjà propriétaire du bien garanti. Il ne recouvre donc que la libre disposition de ce bien.

592. D'autres relèvent l'incohérence du recours à la propriété ordinaire dès la constitution de la sûreté et estiment que la propriété-sûreté est conforme au droit réel de garantie. Pour cela, ils soutiennent que la réalisation des propriétés-sûretés doit être conforme aux mécanismes de réalisation proposés par le législateur pour les sûretés réelles. Pour eux, la réalisation des propriétés-sûretés fonctionne comme un pacte commissoire implicite. Le créancier qui acquiert le droit de disposer du bien garanti sans le concours du juge ne l'acquiert que par l'exercice d'un mode d'exécution forcée par appropriation de l'assiette de la sûreté. Ce mode d'appropriation de l'assiette n'efface pas les éventuels droits inscrits sur le bien garanti dans les mêmes conditions que l'exercice de l'attribution en propriété des sûretés réelles classiques. Ce mécanisme rend compte de la réalité du recours à la propriété utilisée à titre de garantie qui n'est qu'un droit de désintéressement exclusif du créancier sur la valeur du bien garanti[1367]. Cette conception est celle qui correspond à la finalité des sûretés réelles, elle est ainsi retenue pour la suite de nos développements. En décidant de s'approprier l'assiette de la sûreté, le créancier en acquiert

[1367] SÉJEAN-CHAZAL (C.), Thèse, *op. cit.,* p. 500 : « La mise à l'écart des créanciers concurrents ne peut pas non plus trouver de justification dans le fait que les techniques d'attribution entraînent un transfert de propriété. En effet, l'exclusivisme du droit de propriété ne doit pas être confondu avec la quête d'exclusivité de désintéressement du droit des sûretés ».

la propriété ordinaire par l'accès à la totalité des utilités que le bien garanti lui offre[1368]. Ce procédé facilite la réalisation des propriétés-sûretés par un accès indirect à la valeur des biens qui en constituent l'assiette. À l'analyse des textes, il en ressort que le dénouement des propriétés-sûretés peut être rapproché du pacte commissoire.

593. Nous tenterons alors le rapprochement de ce mécanisme aussi bien dans la réalisation de la réserve de propriété à titre de garantie que dans celle de la propriété cédée à titre de garantie **(Section 1)**. Ce rapprochement avec le pacte commissoire a un impact certain sur l'efficacité de ces sûretés lorsque s'ouvre contre le constituant une procédure collective **(Section 2)**.

Section 1 : L'exercice d'un pacte commissoire implicite ou suggéré à l'égard des propriétés-sûretés

Section 2 : La réalisation des propriétés-sûretés du droit OHADA en procédures collectives

[1368] VAREILLES-SOMMIÈRES, *La définition et la notion juridique de la propriété*, *RTD civ.* 1905, p. 443 s. : « La propriété s'entend du droit à la totalité des utilités actuellement disponibles de la chose qui y est soumise ».

SECTION 1 : L'EXERCICE D'UN PACTE COMMISSOIRE IMPLICITE[1369] OU SUGGERE A L'EGARD DES PROPRIETES-SURETES

594. Les raisons les plus objectives sont en faveur du rapprochement du pacte commissoire de la réalisation des propriétés-sûretés. Elles visent d'abord à éviter un enrichissement excessif du créancier, ensuite à encadrer la réalisation de ces sûretés comme pour les sûretés réelles classiques dans le sens de la protection du constituant qui subit la contrainte sur ses biens, enfin à inscrire le dénouement de ces sûretés dans la finalité traditionnelle des sûretés réelles. Dans ce sens, il n'est pas contesté que la procédure se rapproche trait pour trait de l'attribution en nature du bien garanti au profit du créancier[1370]. La réalisation des propriétés-sûretés ne doit donc pas avoir pour finalité de se soustraire aux règles qui façonnent le domaine de l'exécution forcée. L'exercice de ce pacte commissoire implicite est exceptionnellement confondu avec la demande de restitution du bien garanti par le créancier **(Paragraphe 1)**. Cette demande de restitution est particulière et spécifique à la réserve de propriété utilisée à titre de garantie. Le terme employé est toutefois loin de refléter la réalité de l'opération, laquelle est une réalisation en nature par appropriation du bien garanti. La « restitution » évoquée par le législateur prend alors plus en compte l'originalité de l'opération que sa finalité et traduit son parti pris pour rendre très efficace cette sûreté.

Il en est autrement de la réalisation des propriétés cédées à titre de garantie consacrées par le législateur OHADA. Ces sûretés, plus proches dans leur conception de celle des sûretés réelles classiques n'ont d'originalité que l'utilisation de la propriété-garantie. Elles ont pour

---

1369 SÉJEAN-CHAZAL (C.), Thèse, *op. cit.*.

1370 JESTAZ (Ph.), « La réserve de propriété ou la vente éclatée », *in Mélanges dédiés à Dominique Holleaux, Litec*, 1990, p. 231 : « La procédure ressemble à celle qu'intente le créancier gagiste aux fins d'obtenir l'attribution en nature du meuble donné en gage » ; LIENHARD (A.), note sous Cass. com., France, 23 janv. 2001, *D.* 2001. 703 : « À ce sujet [...], le bénéficiaire de la réserve se retrouve dans une position voisine du gagiste qui demande l'attribution judiciaire du gage, à la différence près que l'expertise, s'agissant d'une revendication, n'interviendra que facultativement ». Sur l'intérêt de la protection du constituant dans la fiducie du droit français, voir FARHI (S.), Fiducie-sûreté et droit des entreprises en difficulté – *Étude de l'efficacité du mécanisme*, préf. LE CORRE (P.-M.), *LGDJ*, Bibliothèque de droit des entreprises en difficulté, 2016, n° 285, p. 207 : « Pour répondre à cette interrogation, il faut raisonner par analogie avec les sûretés réelles mobilières et immobilières assorties d'un pacte commissoire. [...] la fiducie [...] intègre ce mécanisme, tous deux permettant au créancier titulaire non payé de recevoir paiement par un transfert de propriété ». Notes SÉJEAN-CHAZAL (C.), Thèse, *op. cit.*, p. 306-307 : « L'assimilation de la réalisation de droit commun de la fiducie à la mise en œuvre du pacte commissoire implicite présente précisément l'avantage de permettre d'appliquer à cette sûreté la protection de la résidence principale ».

assiette des biens qui favorisent l'appropriation à titre de réalisation **(Paragraphe 2)**.

PARAGRAPHE 1 : LA DEMANDE DE RESTITUTION DU BIEN GARANTI : L'ORIGINALITE D'UNE EXECUTION FORCEE EN NATURE

595. En cas de défaillance du débiteur, l'article 77 du nouvel AUS sous-entend une exécution forcée de la réserve de propriété par une simple restitution du bien garanti au créancier afin qu'il recouvre le droit d'en disposer. Aussi, lorsque le bien est vendu ou détruit, le droit de propriété se reporte, selon le cas, sur la créance du débiteur à l'égard du sous-acquéreur ou sur l'indemnité d'assurance subrogée au bien[1371]. La demande de restitution est ainsi l'exercice matériel d'un pouvoir de droit sur le bien garanti. En faisant de la demande de restitution l'amorce du dénouement de la réserve de propriété, le législateur fait de cette demande l'extériorisation par le créancier de sa volonté expresse de réaliser sa sûreté par l'appropriation du bien garanti[1372]. En le faisant, cette appropriation lui donne un accès indirect à la valeur de reprise du bien garanti qui n'est autre que la valeur d'appropriation au jour de sa remise. La lecture des articles 77 et 78 du nouvel AUS permet de se rendre compte de l'absence de l'intervention du juge pour la demande de restitution de l'assiette de cette sûreté **(B)**. Il s'agit alors du triomphe de la volonté contractuelle dans le choix du mode d'exécution forcée. Tel que décrite, la réalisation exercée sur le bien en nature suppose que le constituant ne soit pas en capacité de s'y opposer puisque le contrat de garantie l'aurait préalablement validé. Pour autant, le créancier doit-il être exempté du respect des règles préalables à l'engagement de l'exécution forcée pour la demande de restitution ? **(A)** Le législateur ne le précise pas expressément de sorte qu'il appartiendra à la jurisprudence de situer la portée de cette demande engagée sur un bien qui constitue dès la constitution de la sûreté un élément de solvabilité pour le constituant.

A/ L'EXECUTION FORCEE DE LA RESERVE DE PROPRIETE

596. Liberté contractuelle orientée ou consécration inachevée du dénouement de la réserve de propriété. – Le législateur OHADA subordonne le dénouement de la réserve de propriété aux conditions qu'il

[1371] Art. 78 du nouvel AUS.

[1372] SÉJEAN-CHAZAL (C.), Thèse, *op. cit.*, p. 143, 144.

pose à l'alinéa 1 de l'article 77 du nouvel AUS[1373], par la restitution du bien au créancier, mais n'en fait pas une disposition d'ordre public. De sorte que les parties ont la possibilité de prévoir conventionnellement d'autres procédés permettant au créancier de mettre fin à l'opération de garantie en cas de défaillance du débiteur. De plus, la restitution suppose que le bien demeure tel qu'il a été acquis par le débiteur. Vu le droit de disposition dont est titulaire le débiteur, on peut penser qu'il ne consente pas volontairement même s'il est défaillant à la fin de l'opération de garantie. La réalisation de la sûreté ne peut venir que de la seule volonté du créancier et dans le respect des conditions inscrites au contrat de garantie. C'est dire en réalité qu'il doit manifester son intention de mettre fin à l'opération de garantie par une demande expresse adressée au débiteur défaillant. Si on se fie au texte, sans autre précision, cette demande serait suffisante pour faire passer automatiquement le créancier réservataire titulaire d'un droit exclusif sur la valeur du bien garanti en un créancier réalisant sa sûreté par l'appropriation de son assiette. La demande visant l'appropriation du bien garanti pour cause de défaillance du débiteur sans aucune précision particulière ne respecte pas les conditions préalables à l'engagement de l'exécution forcée des sûretés réelles. Ce procédé est donc en tout point étranger à la réalisation classique des sûretés réelles.

Finalement, tout comme en droit français, puisque c'est dans ce droit que le droit OHADA tire sa source principale, ce procédé est pour un auteur « vague et ne permet pas de déterminer quelle est la nature de ce dispositif, ni s'il est permis de le rattacher à une figure juridique connue[1374] ». Comment la propriété-sûreté se transforme-t-elle alors en une propriété ordinaire ? Un autre auteur en déduit qu'il « semble que le transfert ait lieu de manière automatique, sans autre formalité que celles imposées par la loi pour certains types de biens[1375] ». Le législateur aurait-il vraiment voulu simplifier à l'extrême l'exécution forcée de cette garantie ?

597. Le Pr DELEBECQUE a souscrit en droit français l'idée que la restitution est un « simple outil de récupération matérielle de la chose[1376] ». Thèse reprise par SÉJEAN-CHAZAL et à laquelle nous souscrivons. Il faut considérer que l'idée même de la réserve de la propriété déteigne sur les termes employés pour l'appropriation du bien garanti à titre de

---

[1373] Art. 77 al. 1 du nouvel AUS : « À défaut de complet paiement à l'échéance, le créancier peut demander la restitution du bien afin de recouvrer le droit d'en disposer ».

[1374] SÉJEAN-CHAZAL (C.), Thèse, *op. cit.*, p. 142.

[1375] MALLET-BRICOUT (B.), Quelle efficacité pour la nouvelle fiducie-sûreté ? *Dr. et patr.* 2009, n° 185, p. 87.

[1376] DELEBECQUE (Ph.), Droit civil, Les sûretés, *la publicité foncière*, 5e éd. *Dalloz*, Coll. Précis, 2009, p. 646.

réalisation. Qu'il s'agisse d'une demande de restitution ou de la récupération matérielle de la chose, la réalité de l'opération est que cette réalisation porte sur la propriété du bien garanti en nature et non directement sur sa valeur. Il en est assurément de même dans la réserve de propriété du droit OHADA. En effet, si on considère objectivement comme l'analyse si bien le Pr GRIMALDI que « le régime [de la réserve de propriété], sous certains aspects, ne peut se comprendre que si l'on distingue la propriété-garantie de la propriété ordinaire[1377] », étant une sûreté réelle au même titre que les sûretés réelles traditionnelles, le passage de la propriété-garantie à la propriété ordinaire doit être soumis au respect des règles relatives à l'exécution forcée des garanties. De ce fait, le passage de la propriété-garantie à la propriété ordinaire ne peut se faire avant la restitution[1378] que si le créancier dispose d'un titre exécutoire constatant une créance liquide et exigible. Le fait que le créancier aurait été initialement le propriétaire du bien avant la constitution de la sûreté n'y change rien. La réalisation de la sûreté qui légitime une forme de contrainte ne peut se faire sans l'obtention d'un titre exécutoire. L'obtention de ce titre légitime inéluctablement l'exécution forcée, qu'elle soit judiciaire ou non. En l'occurrence, le législateur préconise une exécution conventionnelle sans intervention du juge. L'obtention de ce titre doit être préalable à cette demande[1379] ou résulter du contrat de garantie. Le législateur OHADA a en outre laissé la possibilité aux parties de décider de la manière dont il leur convient de constater la défaillance du débiteur. Ce constat permet le déclenchement de l'exécution forcée, il leur serait alors utile de compléter raisonnablement l'alinéa 1 de l'article 77 du nouvel AUS qui en notre sens ne reflète pas toute la complexité du dénouement des sûretés réelles.

598. Une contrainte exercée sur le bien garanti. – À la lumière de l'article 77 du nouvel AUS, il est évident que le juge n'est pas associé au dénouement de la réserve de propriété. La restitution que le législateur appelle de ses vœux ne s'apparente d'ailleurs aucunement ni à la vente ni à l'attribution judiciaire de la propriété du bien garanti. On notera très justement que pour le Pr GIJSBERS : « Il s'agit moins pour le créancier

---

[1377] GRIMALDI (M.), « Réflexions sur les sûretés propriétés "à propos de la réserve de propriété" », in *Études offertes à Jacques DUPICHOT*, *Bruylant*, 2004, n° 10, p. 182-183. Note SÉJEAN-CHAZAL (C.), Thèse, *op. cit.*, p. 140.

[1378] SÉJEAN-CHAZAL (C.), Thèse, *op. cit.*, p. 143 : « Mais cette action ne peut donc être à l'origine du recouvrement d'une propriété pleine et entière » - 144 : « Si remise et restitution peuvent, le cas échéant, constituer une étape du processus matériel de réalisation de la sûreté, elles n'ont d'autre but que de rendre au créancier la possession d'un bien dont il est *déjà* considéré comme propriétaire ».

[1379] Le créancier a toujours la possibilité d'obtenir le titre exécutoire par la procédure simplifiée de l'injonction de payer dont la célérité est toutefois subordonnée à l'administration judiciaire de chaque État partie de l'OHADA.

de *revendiquer* (*i.e.* de faire reconnaître l'existence de son droit) que de s'*approprier* un bien qui appartenait jusqu'alors au débiteur et dont il se trouve exproprié de manière forcée[1380] ». On ne peut raisonnablement exclure la possession du bien garanti par le constituant dans le processus de réalisation et l'intérêt particulier qu'il a pour son activité ou dans son patrimoine. Dans les sûretés classiques par exemple, la possession du bien garanti par le constituant aurait eu pour conséquence de contraindre le créancier à pratiquer une saisie du bien pour le rendre indisponible et pour favoriser également la participation des créanciers inscrits à la réalisation. L'extrême simplification de la procédure évoquée par le législateur pour légitimer une forme de réappropriation par le créancier de la pleine propriété du bien garanti manque de consistance vis-à-vis de la finalité assignée à ces sûretés réelles par l'AUS de 2010. Elle serait même pour un auteur une « pseudo-« revendication » [masquant] en fait une véritable voie d'exécution attributive, une appropriation forcée à titre de paiement[1381] ». Ce que cette analyse révèle en définitive c'est une exhortation à la soumission des propriétés-sûretés au droit des voies d'exécution[1382] pour la prise en compte d'un certain nombre de règles d'ordre public.

599. Le pacte commissoire implicite[1383] ou le « soupçon de pacte commissoire[1384] » que certains auteurs attribuent au dénouement des propriétés-sûretés explique le désarroi d'une partie de la doctrine face aux lacunes des dispositions consacrées sur le dénouement des propriétés-sûretés ou simplement leur incohérence. Pour d'autres, « le pacte commissoire est [pourtant] intrinsèque [aux propriétés-sûretés][1385] » même si cet avis n'est toujours pas unanimement partagé[1386].

600. La liberté du choix du mode de réalisation par le créancier : interprétation prospective. – Mais, faut-il le rappeler, le législateur n'a pas expressément exclu les autres modes d'exécution forcée du dénouement de ces propriétés-sûretés. L'alinéa 1er de l'article 77 l'atteste. L'appropriation de l'assiette de la sûreté doit uniquement être considérée comme la simplification de l'exécution forcée. Si pour certains auteurs l'utilisation de l'attribution judiciaire n'est pas

[1380] GIJSBERS (C.), Thèse, *op. cit.*, n° 345, p. 346.
[1381] GIJSBERS (C.), Thèse, *op. cit.*, n° 345, p. 347.
[1382] GIJSBERS (C.), Thèse, *op. cit.*.
[1383] SÉJEAN-CHAZAL (C.), Thèse, *op. cit.*.
[1384] GRIMALDI (M.), « Réflexions sur les sûretés propriétés, *op. cit.*, p. 179.
[1385] FARHI (S.), Fiducie-sûreté et droit des entreprises en difficulté. Étude de l'efficacité du mécanisme, préf. P.-M. LE CORRE, *LGDJ*, Bibliothèque de droit des entreprises en difficulté, t. 6, 2016, p. 68.
[1386] BOUGEROL-PRUD'HOMME (L.), Thèse, *op. cit.*, p. 310.

crédible[1387], nous pensons qu'elle peut au contraire tout comme la vente forcée recueillir l'adhésion du créancier. D'abord en l'absence d'un titre exécutoire, l'action judiciaire en exécution forcée de la réserve de propriété avec demande de restitution du bien garanti aurait l'avantage de permettre la vérification de la créance garantie inexécutée. Elle permettra également au juge d'ordonner la remise du bien garanti à titre de paiement, déduction faite du solde restant à payer sur la valeur du bien repris[1388]. On peut regretter l'absence de l'obligation d'évaluation du bien garanti. Ensuite, comme le soulève le Pr GIJSBERS, l'option de la vente forcée « aurait l'avantage de permettre au créancier de renoncer à mettre en œuvre sa propriété-sûreté (comme il peut renoncer à se prévaloir d'un pacte commissoire) s'il préférait faire saisir le bien grevé, comme le peut tout créancier chirographaire. Cette faculté pourrait être très avantageuse si la défaillance du débiteur intervient alors qu'une bonne partie de la dette garantie a déjà été remboursée, épargnant alors au créancier de débourser de l'argent frais pour combler le différentiel de valeur entre le montant restant dû et le bien qui lui est attribué en paiement[1389] ». En l'absence de précisions du législateur OHADA et en raison de la consécration sommaire de l'alinéa 1 de l'article 77 du nouvel AUS, il est permis de penser que le créancier ait le choix du mode d'exécution forcée à engager.

B/ LA DEMANDE DE RESTITUTION DU BIEN GARANTI OU L'EXPRESSION CONCRETE DE L'APPROPRIATION DE L'ASSIETTE DE LA SURETE A TITRE DE REALISATION

601. On note malgré l'utilisation de la propriété réservée à titre de garantie une relative fragilité de la réserve de propriété pour le créancier en raison de l'utilisation du bien par le constituant **(1)**. Une fois l'exécution forcée en nature entreprise sur le bien garanti, le créancier sera confronté aux aléas liés à son utilisation par le constituant. Cette utilisation a alors pour conséquence de confronter le créancier aux prérogatives concurrentes d'autres créanciers sur le même bien ou aux droits du sous-acquéreur lorsque le bien lui a été vendu **(2)**. La publicité au RCCM prévue par le législateur OHADA, contrairement au droit français, a à cet effet un impact important sur la préservation des droits du créancier réservataire.

1387 SÉJEAN-CHAZAL (C.), Thèse, *op. cit.*, p. 148 : « Il convient toutefois d'écarter l'analogie entre la réalisation des propriétés-sûretés et l'attribution judiciaire, laquelle, bien qu'elle ait pu présenter des avantages, ne paraît pas pertinente, précisément en raison de l'intervention judiciaire qu'elle requiert ».

1388 Art. 77 alinéas 2 et 3 du nouvel AUS.

1389 GIJSBERS (C.), Thèse, *op. cit.*.

1/ L'appropriation du bien garanti à titre de réalisation masquée par la demande de restitution

602. Contexte général. – Cette obligation est le fait même de la volonté expresse du créancier de réaliser sa sûreté par le choix du pacte commissoire. Elle est manifestée à la défaillance du constituant. Le créancier bénéficie alors des règles de droit commun de l'exécution forcée pour contraindre ce dernier à la restitution du bien s'il ne le fait pas volontairement. L'article 77 alinéa 1 du nouvel AUS dispose que : « *À défaut de complet paiement à l'échéance le créancier peut demander la restitution du bien afin de recouvrer le droit d'en disposer* ». Il ne s'agit donc pas d'une règle de droit public de sorte qu'on peut penser que le créancier choisisse la vente du bien au lieu de son appropriation en nature. La demande de restitution du bien garanti est alors faite sans délai par le créancier. Le législateur n'assortit aucun formalisme ni aucun délai pour cette demande qui peut se faire par tout moyen pouvant laisser une trace à titre de preuve. Un courrier recommandé envoyé avec avis de réception serait tout aussi approprié comme preuve de la réception de la demande de restitution.

Le bien garanti étant en la possession du débiteur-acquéreur jusqu'à sa probable défaillance[1390], il n'est pas totalement soustrait du gage commun des créanciers contrairement à ce qui est parfois soutenu[1391]. La réserve de propriété utilisée à titre de garantie n'a pas pour finalité de lui interdire la prise d'autres sûretés sur le bien, il arrive d'ailleurs souvent qu'il conclue une cession de créance ou un gage. Il appartient au créancier réservataire d'être diligent dans la réalisation de sa sûreté pour affirmer son droit exclusif sur la valeur de son assiette. En cas de réticence à la restitution du bien garanti, il peut faire procéder à une saisie-appréhension entre les mains de l'acquéreur ou de toute personne tenue de la remise en vertu de l'article 218 et suivants de l'AUVE. Cette saisie-appréhension peut également être précédée d'une saisie-revendication dans les termes de l'article 227 et suivants de l'AUVE afin de rendre indisponibles les biens dont la restitution est demandée en attendant d'avoir un titre exécutoire. « *L'indisponibilité du bien permet d'empêcher que le débiteur ne s'en défasse au profit d'un tiers qui, s'il est de bonne foi*[1392]*, ne manquera pas d'opposer au véritable propriétaire*

[1390] BOULOC (B.), Mise en œuvre d'une clause de réserve de propriété, RTD com. 2008, p. 842.

[1391] « Ainsi, bien que, par hypothèse, le bien revendiqué ne soit pas la propriété du débiteur, il entre dans son patrimoine, tout en étant exclu du gage commun des créanciers par l'effet réel de la procédure », LIENHARD (A.), Clause de réserve de propriété : existence en nature des biens, Dalloz actualité, 22 mai 2012, sous cass. com., France, 10 mai 2012, F-P+B, n° 11-17.626.

[1392] Cass. com., France, 5 mars 1996, *Bull. civ.*, IV, n° 73, note Note VOINOT (D.), Réserve de propriété, Répertoire de droit commercial février 2008, actualisation avril 2019.

la règle de la protection possessoire ». Aussi, pour que la demande de restitution du bien prospère, faudrait-il encore que le bien garanti soit resté en la possession du débiteur.

La demande de restitution comme le présente aussi simplement le législateur à travers l'article 77 du nouvel AUS ne peut en pratique être aussi simple surtout si on la considère comme une authentique réalisation par attribution du bien au créancier. Il faut que le bien garanti approprié en nature soit entre les mains du constituant et dans un état qui rende possible la restitution **(a)**. L'appropriation effective du bien ne doit alors pas occasionner un enrichissement excessif du créancier **(b)**.

a/ Les conditions de « la restitution » ou de l'appropriation en nature du bien garanti

603. Existence du bien entre les mains de l'acquéreur. – La demande de restitution par le créancier du bien garanti à la défaillance du débiteur est efficace lorsqu'il existe en nature chez le débiteur, acquéreur initial du bien garanti. Cette condition posée dans le droit positif français est transposable dans le droit positif de l'OHADA qui semble muet sur la question.

Il faut entendre par là le fait pour l'acquéreur de ne pas avoir revendu le bien objet de la « revendication[1393] ». Pour LIENHARD, « il convient [pour cela] de ne pas prendre à la lettre la langue de la pratique, qui utilise souvent l'expression "entre les mains de l'acheteur" »[1394]. Il ne s'agit pas forcément de la présence physique ou de la détention du bien par le débiteur lui-même. Le 3 décembre 1996 la chambre commerciale de la Cour de cassation a estimé en lien avec la présence en nature du bien entre les mains du débiteur que « la marchandise revendiquée doit exister en nature dans le patrimoine du débiteur, qu'il la détienne lui-même ou qu'elle soit détenue par un tiers pour lui ». Pour la jurisprudence française, la présence en nature du bien revendiqué dans le patrimoine du débiteur ne signifie pas que ledit bien soit « *sur les lieux d'exercice professionnel de la société débitrice*[1395] », il suffit qu'il existe dans le patrimoine de celle-ci, inscrit toujours dans ses actifs, et détenu en nature par la société ou par un tiers pour son compte. Ainsi, il a été jugé que le

---

[1393] Le terme étant contesté et qualifié « d'impropre » par une partie de la doctrine française pour qualifier la réalisation de la réserve de propriété ; *il peut pourtant être utilisé une fois le créancier redevenu pleinement propriétaire du bien (nous soulignons).* Voir SÉJEAN-CHAZAL (C.), Thèse, *op. cit.*, p. 144 : « Cette action n'a [...] pas pour but unique la restitution du bien. Bien que celle-ci en constitue généralement l'objectif final, une reconnaissance judiciaire du droit de propriété du demandeur est nécessaire en amont. Mais cette qualification ne correspond pas non plus à la réalité du processus de réalisation de la sûreté ».

[1394] LIENHARD (A.), Clause de réserve de propriété : existence en nature des biens, Dalloz actualité, op. cit..

[1395] Cass. com., France, 10 mai 2012, *op. cit.*, note LIENHARD (A.), *op. cit.*.

fait pour une Cour d'appel d'avoir considéré que « *le gérant [qui refusait de restituer le bien revendiqué au motif que] la détention dans d'autres locaux que ceux de la société par le gérant pour le compte de la société est une fiction juridique qui se heurte à l'exigence légale d'une détention en nature*[1396] » est une fausse appréciation de l'existence en nature du bien dans le patrimoine du débiteur. La chambre commerciale de la Cour de cassation française en a déduit par un arrêt de cassation que « *le bien revendiqué doit exister en nature dans le patrimoine de la personne morale débitrice, qu'elle le détienne dans ses locaux ou qu'il soit détenu par son représentant légal dans d'autres lieux*[1397] ». La condition de la restitution est en cela liée à l'existence du bien dans les actifs du débiteur.

604. L'incorporation du bien garanti à un autre bien. – Le législateur OHADA a prévu deux hypothèses pour le dénouement d'une telle situation. Elles sont consacrées par l'article 76 du nouvel AUS qui dispose que : « *1°) L'incorporation d'un meuble faisant l'objet d'une réserve de propriété à un autre bien ne fait pas obstacle aux droits du créancier lorsque ces biens peuvent être séparés sans dommage ; 2°) À défaut, le tout appartient au propriétaire de la chose qui forme la partie principale, à charge pour lui de payer à l'autre la valeur, estimée à la date du paiement, de la chose qui y a été unie* ». Plusieurs analyses se dégagent de cet article. La mise en œuvre de la réserve de propriété lorsque le bien est incorporé à un autre bien est tout à fait possible. L'appropriation du bien garanti par le créancier réservataire est toutefois subordonnée à la possibilité de séparer le bien garanti de l'autre bien auquel il a été uni sans dommage[1398]. Si le meuble a été incorporé à un immeuble, sa restitution est possible s'il peut être démonté sans que l'immeuble subisse un dommage matériel ou une dépréciation[1399]. À défaut, le tout appartient à l'acquéreur du bien qui forme la partie principale, à charge pour lui de payer au créancier la valeur estimée à la date du paiement du bien qui y a été uni. Dans le cas où le bien garanti forme la partie principale, le tout appartiendrait au créancier qui peut exercer son droit de suite et saisir l'ensemble, à charge pour lui de payer

---

[1396] Ibidem.
[1397] Cass. com., France, 10 mai 2012, *op. cit.*.
[1398] Paris, 20 novembre 2008, RG n° 08/03836, note LIENHARD (A.), Clause de réserve de propriété : bien incorporé, *Dalloz actualité* 27 novembre 2008.
[1399] Cass. com., France, 17 mars 1998, Bull. civ., IV, n° 108, *Dalloz Affaires* 1998.803, obs. V. A.-R. ; 11 juin 2006, *Bull. civ.* IV, n° 181, D. 2006, *AJ* 2462, *Act. Proc. Coll.* 2006, n° 198, obs. F. Pérochon, *JCP E* 2007, n° 1, p. 24, obs. M. Cabrillac, *Gaz. Pal.* 5-6 janv. 2007, p. 26, note Ph. Goni, *Rev. proc. Coll.* 2006.362, obs. M.-H. Monsèrié-Bon : « Peuvent être revendiqués des biens qui sont démontables dans l'immeuble auquel ils ont été fixés pour remplir leur fonction industrielle ou commerciale et sans que leur adjonction ou suppression entraînât la dépréciation de cet immeuble ». Note VOINOT (D.), *Réserve de propriété, Répertoire de droit commercial,* février 2008, actualisation avril 2019.

la valeur estimée de l'autre bien. Dans le cas contraire, l'opération risque d'être plus ardue dans la mesure où le débiteur à qui appartient le bien qui forme la partie principale est déjà défaillant. Sauf à poursuivre la vente forcée de l'ensemble, le créancier serait obligé de payer le prix du bien qui forme la partie principale. Une opération qui ne serait économiquement pas à son avantage.

En revanche, lorsque le bien garanti a fait l'objet d'une transformation qui a modifié sa nature et a « conduit à une autre chose, la revendication n'est pas possible ; c'est le cas des animaux qui ont été abattus et découpés[1400] ». Il en sera autrement lorsque la nature du bien n'a pas été altérée ou changée. C'est l'exemple « des opérations de sciage ne transformant pas la chose[1401] ».

605. Le cas particulier des biens fongibles. – La reconnaissance du droit exclusif du créancier réservataire sur un bien fongible en la possession du débiteur est reconnue par l'article 75 du nouvel AUS. En cas de défaillance du débiteur, les droits du créancier étaient difficiles à mettre en place sur de tels biens puisque le créancier devait prouver que les biens dont la restitution est demandée sont ceux qu'il avait initialement vendus et sur lesquels portait la sûreté. L'identification était ainsi impossible et la revendication exclue si les biens étaient confondus avec ceux du débiteur-acquéreur[1402]. De fait, pour préserver efficacement les droits du créancier réservataire, l'article 75, inspiré dans sa rédaction de la réforme de 2006 en France, elle-même tirée de la loi du 10 juin 1994[1403], reconnaît la propriété du créancier réservataire sur les biens fongibles de même espèce et de même qualité détenus par le débiteur. Il s'agit alors d'un droit exclusif sur leur valeur. Ses intérêts sont ainsi préservés à chaque

---

[1400] Cass. com., France, 22 mars 1994, n° 92-11.223, *JCP E* 1994, panor. 249, n° 733, *D.* 1996, somm. 219, obs. F. Pérochon ; 11 octobre 1994, n° 92-17.865, *Rev. proc. Coll.* 1995.206, obs. B. Soinne. Note VOINOT (D.), Réserve de propriété, Répertoire de droit commercial février 2008, actualisation avril 2019.

[1401] Cass. com., France, 26 février 1991, n° 89-17.607, *Rev. proc., coll.* 1992.72, obs. B. Soinne. Note VOINOT (D.), Réserve de propriété, Répertoire de droit commercial février 2008, actualisation avril 2019.

[1402] Loi n° 85-98 du 25 janvier 1985 ; Cass. com., France, 25 mars 1997, n° 94-18.337, *Bull. civ.* IV, n° 84, RD bancaire et bourse 1997, p. 127, obs. Campana M.-J. et Calendini J.-M. ; Note BLACK YONDO (L.), BRIZOUA-BI (M.), FILLE LAMBIE (O.) et autres, dir. Pr CROCQ, Le nouvel acte uniforme portant organisation des sûretés, *op. cit.*, p. 170.

[1403] Loi n° 94-475 du 10 juin 1994 en droit des procédures collectives. Cette loi permet au vendeur réservataire de demander la restitution des biens de même quantité et de même qualité détenus par le débiteur. L'exigence d'identification était alors réservée aux corps certains. La Cour d'appel de Rouen a sur le sujet, le 4 avril 1996, *RJDA*, 1996, n° 1543, jugé que recevable « l'action en revendication des produits pharmaceutiques interchangeables en raison de leur identité, nature, origine, conditionnement et marque », en présence de plusieurs créanciers réservataires qui eux avaient été déjà réglés. Note OYONO (M.), La protection des sûretés réelles exclusives dans les procédures collectives en droit comparé Franco-OHADA, Thèse de l'Université de Montpellier, 2016, Dir. Pérochon (F.), p. 132.

renouvellement du stock utilisé par le débiteur, ce qui lui permettra en cas de défaillance de celui-ci de saisir les biens de même quantité et de même espèce restés en stock dans son patrimoine à concurrence de sa créance. Ce que traduit alors l'article 75 qui dispose que « *la propriété réservée d'un bien fongible peut s'exercer, à concurrence de la créance restant due, sur des biens de même espèce et de même qualité détenus par le débiteur ou pour son compte* » est la reconnaissance de l'appropriation par le créancier des biens fongibles malgré leur confusion avec les biens de même qualité et de même quantité détenus par le débiteur. Il peut alors réaliser sa sûreté par leur appropriation en nature pour un accès indirect à leur valeur. L'efficacité de la demande de restitution est en cela liée à l'appréciation du caractère fongible des biens garantis et conduit à attribuer « *au revendiquant la propriété des biens fongibles qui se trouvent entre les mains de l'acheteur dès lors que ceux-ci sont de même espèce et de même qualité que ceux qu'il a livrés*[1404] ». Cette appréciation est faite au cas par cas et amène la Cour de cassation française à juger que « l'identification des biens par des numéros de lots n'empêche pas le report du droit du créancier réservataire[1405] ». Cette Cour a également jugé que « *l'appréciation du caractère fongible des marchandises revendiquées est de l'appréciation souveraine des juges du fond*[1406] ».

Aussi, dans ce contexte, lorsque les biens fongibles font l'objet de plusieurs demandes de restitution, le droit exclusif détenu par plusieurs créanciers aura pour conséquence de les mettre en concours. Une partie de la doctrine estime dans ce cas que chaque créancier est propriétaire « d'une fraction du stock du débiteur[1407] » en raison de sa fongibilité et

---

[1404] Cass. Com., France, 5 mars 2002, n° 98-17.585, *Bull. civ.*, IV, n° 48, *JCP G* 2002, I, 174, n° 12, obs. Cabrillac M., *RTD civ.* 2002, Crocq P., *D.* 2002, p. 1139, obs. Liénhard A., *Act. Proc. Coll.* 24 mai 2002, n° 115, obs. Mainguy D., *RTD com.* 2002, p. 542, obs. Martin-Serf A., *RTD civ.* 2002, p. 327, obs. Th. Revet. Note BLACK YONDO (L.), BRIZOUA-BI (M.), FILLE LAMBIE (O.) et autres, dir. Pr CROCQ, Le nouvel acte uniforme portant organisation des sûretés, *op. cit.*, p. 170.

[1405] CA Paris, 3e ch., sect. B, 26 juin 1998, *D. aff.* 1998, p. 1401, obs. A. L., *RTD com.* 2000, p. 180, obs. Martin-Serf A., *D.* 2000, somm., p. 69, obs. Pérochon, F. et Mainguy D.; CA Lyon, 5 nov. 1999, RTD com. 2000, p. 1014, obs. Martin-Serf A., *JCP G* 2001, I, 298, n° 13, obs. Pétel Ph.. Note BLACK YONDO (L.), BRIZOUA-BI (M.), FILLE LAMBIE (O.) et autres, dir. Pr CROCQ, Le nouvel acte uniforme portant organisation des sûretés, *op. cit.*, p. 171.

[1406] Cass. com., France, 15 février 2000, n° 97-11.670, *Bull. civ.* IV, n° 30, D. 2000, *AJ*, p. 127, obs. Liénhard A., *RTD com.* 2000, p. 1014, obs. Martin-Serf A. ; Cass. com., France, 15 mars 2005, n° 03-20.332, *JCP G* 2005, I, 174, n° 15, obs. Cabrillac M., *D.* 2005, p. 1083, obs. Liénhard A., *D.* 2005, p. 1718, note Marly P.-G., *RTD com.* 2005, p. 605, obs. A. Martin-Serf. Note BLACK YONDO (L.), BRIZOUA-BI (M.), FILLE LAMBIE (O.) et autres, dir. Pr CROCQ, Le nouvel acte uniforme portant organisation des sûretés, *op. cit.*, p. 171.

[1407] BLACK YONDO (L.), BRIZOUA-BI (M.), FILLE LAMBIE (O.) et autres, dir. Pr CROCQ, Le nouvel acte uniforme portant organisation des sûretés, *op. cit.*.

que « *les biens sont répartis entre eux à proportion des sommes restant dues à chacun*[1408] ».

b/ L'imputation de la valeur du bien « repris » sur le solde de la créance garantie à titre de paiement

606. Une obligation légale présentant des lacunes. – Dans le cas particulier de la réserve de propriété, l'imputation de la valeur du bien repris sur le solde de la créance garantie à titre de paiement ne protège pas le débiteur dans la mesure où il s'est sûrement déjà acquitté d'une partie de la créance garantie. La restitution du bien garanti ne doit pas occasionner son appauvrissement puisque le bien est devenu un élément de sa solvabilité. La réalisation effectuée en nature sur le bien qui constitue l'assiette de la sûreté doit être faite en prenant en compte les éléments de protection mise en place par le législateur dans les modes d'attribution à titre de réalisation. Les textes n'évoquent pas suffisamment comme pour l'attribution en propriété des sûretés classiques l'obligation d'estimer le bien sur lequel s'exerce l'appropriation en nature. Même s'ils prévoient le principe de l'interdiction de l'enrichissement du créancier en prévoyant comme en droit français que « *la valeur du bien restitué s'impute sur le paiement du prix*[1409] », il n'en demeure pas moins insuffisant pour préserver les droits du débiteur. Le législateur prévoit en effet que « *lorsque la valeur du bien repris excède le montant de ce solde, le créancier [devra] au débiteur une somme égale à la différence*[1410] ». Il n'est donc pas allé au bout de sa logique. Cette restitution doit être considérée comme une véritable appropriation à titre de réalisation pour lui appliquer l'encadrement prévu par les textes. Le bien doit alors faire l'objet d'une évaluation à dire d'expert au jour de sa remise. À ce propos, C. GIJSBERS dira dans sa thèse que « le créancier récupère le bien non pas au titre d'une action en revendication ni même en restitution (car il faudrait, pour cela, nécessairement résoudre le contrat de vente) mais au titre de sa sûreté, qui lui permet d'obtenir l'attribution de la propriété en paiement, exactement comme le ferait le bénéficiaire d'un pacte commissoire, et de réclamer, pour le surplus, le paiement de la fraction restante du prix[1411] ». Il faut alors pour la clarté des textes sur la réalisation des propriétés-sûretés que le législateur soit plus cohérent avec leur finalité.

[1408] *Ibidem*, p. 172.

[1409] SÉJEAN-CHAZAL (C.), Thèse, *op. cit.*, p. 302.

[1410] Art. 77 al. 3 du nouvel AUS ; art. 2371 al.3 du Code civil français.

[1411] GIJSBERS (C.), Thèse, *op. cit.*, p. 109.

2/ La reconnaissance au profit du créancier réservataire de la subrogation réelle

607. Subrogation réelle et droit exclusif. – À la défaillance du débiteur, lorsque le bien vendu avec réserve de propriété a été revendu ou détruit, la restitution demandée par le créancier réservataire ne peut prospérer en raison de l'absence de la présence en nature du bien chez le débiteur. La préservation du droit de propriété-garantie du créancier réservataire peut alors passer par le principe de la subrogation réelle. Elle n'était applicable en droit français avant la réforme du droit des sûretés de 2006 qu'en droit des procédures collectives. Elle est définie par le Vocabulaire juridique comme « *une fiction de droit par laquelle un bien en remplace un autre en lui empruntant ses qualités*[1412] ». Le droit de propriété-garantie du créancier réservataire sur le bien vendu se reporte ainsi sur le prix de revente de ce bien ou sur l'indemnité d'assurance lorsqu'il a été détruit. De la sorte, le créancier peut, comme le disent maladroitement les textes, le revendiquer dans les mêmes termes que lors de la demande de restitution du bien se trouvant en nature dans le patrimoine du débiteur-acquéreur. Le législateur n'ayant pas spécifié la condition du paiement immédiat ou non du sous-acquéreur pour l'exercice de cette subrogation, il faut comprendre que les droits du créancier réservataire se subrogent dès que le débiteur-acquéreur n'a pas payé l'intégralité du prix de vente. Pour être efficace, le bien « *ne doit pas avoir été transformé avant la revente*[1413] ». Cette subrogation « *opère le report du droit du bénéficiaire de la réserve de propriété sur la créance du prix de revente*[1414] ». Elle n'est généralement exercée sur cette créance à l'égard du sous-acquéreur que si l'appropriation du bien garanti n'est pas possible, c'est-à-dire lorsque le sous-acquéreur ignorait de bonne foi l'existence de la clause de réserve de propriété.

En cohérence avec ce qui a été déjà développé, le droit du créancier réservataire devrait être perçu pour ce qu'il est réellement, c'est-à-dire comme un droit exclusif sur la valeur du bien garanti et non comme un droit de propriété ordinaire. Ce droit exclusif devrait naturellement se reporter sur la créance du prix de revente lors de l'exercice de la subrogation réelle. La revendication évoquée pour l'exercice de la subrogation ne serait également pas un terme approprié, au même titre que la restitution, si l'on considère que la sûreté n'octroie qu'un droit exclusif au paiement sur la valeur du bien garanti.

[1412] Vocabulaire juridique, *op. cit.*, p. 983.

[1413] Cass. com., France, 27 mai 1986, *Bull. civ.* IV, n° 102 ; *D.*, 88, som. 63, note DERRIDA.

[1414] BLACK YONDO (L.), BRIZOUA-BI (M.), FILLE LAMBIE (O.) et autres, dir. Pr CROCQ, Le nouvel acte uniforme portant organisation des sûretés, *op. cit.*, p. 173.

608. Inspiré du droit français, le droit OHADA a intégré le principe de la subrogation réelle au profit du créancier réservataire qui n'a pas été intégralement payé. La publicité participe dans ce cas à une meilleure préservation de ses droits et à une meilleure gestion des conflits entre créanciers concurrents. Ces règles sont alors intégrées autant dans le droit français **(a)** que dans le droit OHADA **(b)** avec une portée différente puisque le droit OHADA n'a pas fait de la réserve de propriété une sûreté occulte, contrairement au droit français.

a/ Fondement de cette nouvelle approche en droit français

609. L'article 2372 du Code civil et sa portée. – Issu de la réforme du droit des sûretés de 2006, cet article admet la subrogation réelle lorsque le débiteur est *in bonis*. Il dispose que : « *Le droit de propriété se reporte sur la créance du débiteur à l'égard du sous-acquéreur ou sur l'indemnité d'assurance subrogée au bien* ». Il est le fruit d'une évolution jurisprudentielle qui a permis cette subrogation réelle. La Cour de cassation française admettait que le bien remis en exécution d'un contrat d'entreprise puisse être l'objet d'une propriété réservée et l'exercice des droits du créancier était possible même en dehors des dispositions du droit des procédures collectives. Dans une espèce, il a été jugé que les biens étant remis au sous-acquéreur bien avant son placement en procédure collective, cette remise opérait le report du droit de garantie du créancier réservataire sur le solde du prix desdits biens[1415]. Ainsi, « *lorsque l'acquéreur d'un bien vendu avec réserve de propriété le revend sans avoir payé l'intégralité du prix, la revente opère, par l'effet de la subrogation réelle, transport dans le patrimoine du vendeur initial du prix ou de la partie du prix impayé par le sous-acquéreur*[1416] ». Lorsque le débiteur est *in bonis*, elle se fait « au jour de la revente[1417] ».

610. À ce titre, selon la jurisprudence, le sous-acquéreur ne pouvait pas opposer au créancier réservataire les exceptions inhérentes à sa propre

---

[1415] Cass. com., France, 29 mai 2001, n° 98-21.126, *RTD civ.* 2001, p. 290, obs. Crocq (P.), Contrats, conc., consom. 2001, comm. N° 133, obs. Leveneur L. : « Mais attendu, d'une part, que le bien remis en exécution d'un contrat d'entreprise peut être l'objet d'une propriété réservée ; attendu, d'autre part, que l'action en revendication du solde du prix des matériels remis par la société Bio-alternative à la société Bail équipement en violation de la propriété réservée de la société Ateliers de Nissan n'est pas soumise aux dispositions de la loi du 25 janvier 1985, même si la société Bail équipement a, elle-même, remis ces biens à une société en procédure collective ». Note BLACK YONDO (L.), BRIZOUA-BI (M.), FILLE LAMBIE (O.) et autres, dir. Pr CROCQ, Le nouvel acte uniforme portant organisation des sûretés, *op. cit.*.

[1416] Cass. com., France, 21 février 2006, *Bull. civ.*, IV, n° 43 ; *D.* 2006, *AJ* 718, obs. Lienhard, et Pan. 225, obs. F.-X. Lucas. Note LIENHARD (A.), Clause de réserve de propriété : revendication du prix de revente, *Dalloz act.* 24 juin 2009.

[1417] BLACK YONDO (L.), BRIZOUA-BI (M.), FILLE LAMBIE (O.) et autres, dir. Pr CROCQ, Le nouvel acte uniforme portant organisation des sûretés, *op. cit.*.

dette à l'encontre de l'acquéreur initial[1418]. Les juges ont considéré que « *lorsque l'acquéreur d'un bien vendu avec réserve de propriété le revend sans avoir payé l'intégralité du prix, la revente opère, par l'effet de la subrogation réelle, transport dans le patrimoine du vendeur initial du prix ou de la partie de prix impayé par le sous-acquéreur (...) sans que le sous-acquéreur puisse opposer au vendeur initial les exceptions qu'il pourrait faire valoir contre son propre vendeur*[1419] ». Cette jurisprudence était en l'espèce excessive pour le sous-acquéreur qui pour refuser le paiement du prix de la revente arguait avoir émis des réserves lors de la livraison « de la machine en cause », ce qui justifiait sa demande en résolution de la vente.

611. S'il s'agit bien d'une jurisprudence qui renforce l'efficacité du droit de garantie du créancier réservataire, elle n'en demeure pas moins très injuste pour le sous-acquéreur qui n'est pas débiteur de la dette principale. C'est pourquoi l'avant-projet de réforme du droit des sûretés propose de revenir sur cette jurisprudence en proposant dans un alinéa 3 du nouvel article 2372 que : « *Le sous-acquéreur ou l'assureur peut alors opposer au créancier les exceptions inhérentes à la dette ainsi que les exceptions nées de ses rapports avec le débiteur avant qu'il ait eu connaissance du report* ».

b/ Fondement de la subrogation réelle en droit OHADA

612. Le nouvel AUS. – Sur la protection du droit de garantie du créancier réservataire sur le prix de revente du bien lorsque le débiteur est *in bonis*, l'article 78 du nouvel AUS dispose dans les mêmes termes que le droit français que : « *Lorsque le bien est vendu ou détruit, le droit de propriété se reporte, selon le cas, sur la créance du débiteur à l'égard du sous-acquéreur ou sur l'indemnité d'assurance subrogée au bien* ». La subrogation réelle s'étend donc également à l'indemnité d'assurance payée par l'assureur à l'acquéreur lorsque le bien a été détruit. Le droit de garantie du créancier réservataire se reporte sur cette indemnité versée au bénéficiaire. L'article 43 alinéa 1 du Code des assurances de la CIMA[1420], dispose à cette fin que : « *Les indemnités dues par suite d'assurance sont attribuées, sans qu'il y ait besoin de délégation expresse, aux créanciers privilégiés ou hypothécaires, suivant leur rang. Néanmoins, les paiements faits de bonne foi avant opposition sont valables* ». Au regard de cet article, l'assureur libère l'indemnité

1418 Cass. com., France, 18 janvier 2011, n° 07-14.181, *D.* 2011, p. 368, obs. A. Lienhard ; *RLDC*, mars 2011, p. 33 et s., obs. J.-J. Ansault ; *RTD civ.* 2011, p. 378, obs. P. Crocq. Note AYNÈS (L.) et CROCQ (P.), Les sûretés, la publicité foncière, *op. cit.*, p. 394.

1419 Cass. com., France, 18 janvier 2011, *op. cit.*

1420 Code des assurances de la Conférence Interafricaine des Marchés d'Assurances du 10 juillet 1992. Modification récente par les règlements n° 01-2014, 02-2014 et 03-2014 du 3 avril 2014.

d'assurance entre les mains des créanciers sur opposition. En l'absence d'opposition, l'assureur paie l'indemnité au bénéficiaire sans rechercher l'existence d'éventuelles inscriptions de privilèges ou d'hypothèques grevant le bien sinistré. Toutefois, il serait de mauvaise foi s'il payait l'indemnité au bénéficiaire malgré l'opposition faite par un créancier ou s'il est prouvé par un créancier qu'il avait connaissance de sa qualité de créancier avant l'opposition[1421]. La preuve incombe de ce fait au créancier.

613. Publicité au RCCM et subrogation réelle. – La publicité au RCCM pour l'opposabilité aux tiers de la réserve de propriété impacte son efficacité. D'une part, en raison de la publicité et du droit de suite, le sous-acquéreur ne peut normalement pas ignorer la sûreté qui grève le bien, de sorte que le créancier peut normalement exercer efficacement son droit de réalisation par l'appropriation en nature du bien si elle est encore techniquement faisable. Autrement, il lui sera possible d'exercer son droit de garantie par subrogation réelle sur la créance du prix de revente du bien. Cette efficacité tient compte en droit OHADA de la date de la publicité au RCCM en cas de conflit avec d'autres créanciers.

En droit français où la publicité n'est pas prévue pour l'opposabilité aux tiers de la clause de réserve de propriété, la doctrine[1422] ainsi que la jurisprudence[1423] font de la date de la revente le moment où le créancier « acquiert un droit sur la créance du prix de revente du bien dont la propriété est réservée[1424] ». Ce faisant, la subrogation réelle est opposable aux tiers à la date de la revente et justifie l'exercice de son droit de garantie sur la créance du prix de revente par le créancier réservataire si sa propre créance à l'égard de son débiteur n'a pas été entièrement payée[1425]. Surviennent alors les conflits entre le créancier réservataire et

---

[1421] Cass. com., France, 1er oct. 1985, n° 84-12.015, *Bull. Civ.* IV, n° 222, D. 1986,*jur.*, p. 246, note M. Cabrillac, note BLACK YONDO (L.), BRIZOUA-BI (M.), FILLE LAMBIE (O.) et autres, dir. Pr CROCQ, Le nouvel acte uniforme portant organisation des sûretés, *op. cit.; p. 173;* Cass. 2e civ., France, 2 oct. 2008, n° 07-17.412, Légifrance.

[1422] BLACK YONDO (L.), BRIZOUA-BI (M.), FILLE LAMBIE (O.) et autres, dir. Pr CROCQ, Le nouvel acte uniforme portant organisation des sûretés, *op. cit. ;* AYNÈS (L.) et CROCQ (P.), Les sûretés, la publicité foncière, *op. cit.,* p. 391.

[1423] Cass. com., France, 27 mai 1986, Bull. civ. IV, n° 102, op. cit. : « La revendication du prix dû par le sous-acquéreur n'est possible qu'aux mêmes conditions que la revendication du bien lui-même ; celui-ci ne doit pas avoir été transformé avant la revente, car la créance de prix est subrogée à la chose vendue au moment de la revente ». AYNÈS (L.) et CROCQ (P.), Les sûretés, la publicité foncière, op. cit..

[1424] AYNÈS (L.) et CROCQ (P.), Les sûretés, la publicité foncière, *op. cit.,* p. 174.

[1425] Cass. com., France, 8 mars 1988, *Bull. civ.* IV, n° 99 : Emporte donc la cassation « l'arrêt qui refuse la revendication de la créance au motif que les biens n'étaient plus en la possession de l'acheteur alors que par suite de la revente par la société R. de matériels demeurés en leur état initial et qui ne lui avaient jamais appartenu, le prix encore dû à celle-ci se trouvait subrogé aux biens dont la société C. était demeurée propriétaire », *D.* 1988, som. 64. 2, obs. Derrida (F.). Note AYNÈS (L.) et CROCQ (P.), Les sûretés, la publicité foncière, *op. cit..*

les autres créanciers, notamment le gagiste et le bénéficiaire d'une cession de créance. La réserve de propriété étant occulte en droit français, lorsque le bien dont la propriété est réservée se retrouve en la possession d'un tiers, le possesseur de bonne foi est susceptible de lui opposer sa possession du bien en vertu de l'article 2279 devenu 2276 du Code civil et donc la rétention du bien. C'est ainsi que la réserve de propriété cédera face au gage avec dépossession mais sera efficace devant un gage sans dépossession puisque le bien serait toujours en possession de l'acquéreur initial. Des décisions illustrent bien ce conflit entre le créancier réservataire et le gagiste avec ou sans dépossession en droit français. Notamment à titre d'exemple, des arrêts de la chambre commerciale de la Cour de cassation du 28 novembre 1989[1426] et du 5 avril 1994[1427].

614. Par contre, la solution est toute différente avec la cession de créance. La possession n'est pas au cœur du conflit mais la date à laquelle le bénéficiaire de la cession a acquis ses droits. La règle est simple et également rappelée par la jurisprudence française. Si le créancier réservataire acquiert ses droits sur la créance du prix de revente à la date de la revente du bien, pour que la cession de cette créance constituée par l'acquéreur initial du bien l'emporte sur la subrogation réelle du droit de garantie du créancier réservataire, il faut que cette cession de créance ait été conclue avant la date de la revente[1428]. Dans le cas contraire, c'est le droit de propriété-garantie du créancier réservataire subrogé à la créance du prix de revente qui l'emporte sur la cession de créance conclue après la date de la revente.

615. Dans le droit de l'OHADA qui a fait le pari d'une publicité de la réserve de propriété, en cas de conflit avec d'autres sûretés réelles, c'est la date de la publicité au RCCM qui fera foi. Selon la Cour de cassation française

---

[1426] Cass. com., France, 28 novembre 1989, *Bull. civ.* IV, n° 300, *Defrénois* 90, art. 34809, n° 73, note L. AYNÈS : « des graines, vendues avec réserve de propriété, avaient été entreposées dans un silo géré par un tiers ; elles furent ensuite données en gage au Crédit Lyonnais, mais continuaient à être détenues, pour le compte du Crédit Lyonnais, par l'entrepositaire. Jugé que le Crédit Lyonnais l'emporte sur le vendeur propriétaire, car la dépossession par la remise à un tiers a été suffisamment apparente et que la preuve de la mauvaise foi de la banque n'était pas rapportée » ; Lorsque la preuve n'est pas rapportée que le gagiste est rentré en possession, la réserve de propriété l'emporte, voir Cass. com., France, 13 février 1990, *Bull. civ.* IV, n° 45, *Defrénois* 90, art. 34809, n° 73, note L. AYNÈS. Note AYNÈS (L.) et CROCQ (P.), Les sûretés, la publicité foncière, *op. cit.*, p. 233.

[1427] Cass. com., France, 5 avril 1994, *Bull. civ.* IV, n° 146 : « Le vendeur avec réserve de propriété l'emporte sur le gagiste sans dépossession ». AYNÈS (L.) et CROCQ (P.), Les sûretés, la publicité foncière, *op. cit.*, p. 233.

[1428] Cass. com., France, 20 juin 1989, *Bull. civ.* IV, n° 196 ; *D.* 1989, p. 431, note Pérochon (F.) ; *RTD com.* 1989, p. 702, obs. Cabrillac (M.) et Teyssié (B.). Note AYNÈS (L.) et CROCQ (P.), Les sûretés, la publicité foncière, *op. cit.*, p. 394 ; V. également BLACK YONDO (L.), BRIZOUA-BI (M.), FILLE LAMBIE (O.) et autres, dir. Pr CROCQ, Le nouvel acte uniforme portant organisation des sûretés, *op. cit.*, p. 174.

« aucune obligation ne pèse sur les banques, en leur qualité de créancier gagiste, de vérifier, lors de la constitution du gage, que les marchandises litigieuses ne sont pas grevées d'une clause de réserve de propriété[1429] ». Cette décision montre la fragilité de la clause de réserve de propriété lorsque son efficacité n'est pas subordonnée à la publicité sur un registre. À l'inverse, en droit OHADA, la clause de réserve de propriété s'avère très efficace puisque la publicité sur un registre est obligatoire à peine d'inopposabilité de la sûreté aux tiers. Les tiers ne peuvent dans ce cas prétendre ne pas en être informés et cette publicité conditionne également l'efficacité de la réserve de propriété lorsque le bien garanti a fait l'objet d'une vente à un sous-acquéreur. Sur la pertinence de la publicité pour l'efficacité de la réserve de propriété, la CCJA a jugé que : « L'efficacité de la clause de réserve de propriété est subordonnée à son inscription au RCCM. Dès lors, perd le bénéfice de celle-ci, le créancier réservataire dont le bien est vendu à un sous-acquéreur dans la mesure où son droit de propriété ne peut être reporté sur la créance du débiteur à l'égard de ce dernier[1430] ».

Lorsque la réserve de propriété est publiée avant la constitution de toute autre sûreté, elle devrait logiquement l'emporter en cas de conflit. Elle devrait également l'emporter face au gage avec dépossession, ce dernier étant déjà fragilisé dans le cas où un gage sans dépossession a été publié sur le même bien avant sa constitution. Il faut donc considérer en tout état de cause que la date de la publicité au RCCM soit le facteur déterminant en cas de conflit pour mesurer l'efficacité de la réserve de propriété. L'article 57 du nouvel AUS éclaire suffisamment sur ces points et montre également que lorsque la réserve de propriété et la cession de créance sont inscrites le même jour, la première l'emporte également face à la deuxième : « *1°) L'inscription régulièrement prise d'une sûreté mobilière soumise à publicité est opposable aux tiers à la date de son inscription au registre chronologique des dépôts du RCCM ; 2°) Si les inscriptions de sûretés concurrentes grevant un même bien sont*

[1429] Cass. com., France, 11 septembre 2012, *Légifrance*, n° 11-22240.

[1430] CCJA, 1re ch., Arrêt n° 272/2019, 28 nov. 2019, Aff. Sté INNO-WANGSA OILS et FAST SDN BHD c/ M. ABASSE Nassirou. (Dans cette décision, les sages de la CCJA considèrent que le droit du créancier sur le bien garanti est un droit de propriété. Nous considérons eu égard à la qualification de sûreté réelle authentique de la clause de réserve de propriété que les sages devraient en tirer le sens réel à donner au droit du créancier. Ce droit devrait être un droit exclusif sur la valeur du bien garanti et non le droit de propriété ordinaire qui au demeurant n'est pas convoité par le créancier. De plus, si l'intention du législateur est de donner au créancier une sûreté très efficace par le biais de la propriété ordinaire, on voit bien que cette conception a des limites. Sans la publicité, on aurait pu éventuellement être tenté d'adhérer à l'utilisation de la propriété ordinaire pour accroître l'efficacité de cette sûreté. Mais, la publicité attachée à la clause pour son opposabilité aux tiers facilite la reconnaissance au profit du créancier d'une propriété-garantie puisqu'elle sécurise mieux ses intérêts et n'oblige pas à l'utilisation d'une propriété ordinaire).

requises le même jour, celle qui est requise en vertu du titre dont la date est la plus ancienne est réputée avoir été inscrite en premier, quel que soit l'ordre du registre susvisé ; (...) ; 4°) Si les inscriptions d'une réserve de propriété et d'une cession à titre de garantie ayant pour objet un même bien sont requises le même jour, la réserve de propriété est réputée avoir été inscrite en premier, quel que soit l'ordre du registre susvisé ; (...) ».

PARAGRAPHE 2 : L'APPROPRIATION A TITRE DE REALISATION POUR L'EXECUTION FORCEE DES PROPRIETES TRANSMISES A TITRE DE GARANTIE

616. La réalisation des deux sûretés réelles ici consacrées à savoir la cession de créance et le transfert fiduciaire d'une somme d'argent est prévue sans l'intervention du juge. L'article 86 sur la cession de créance dispose que : « *Les sommes payées au cessionnaire au titre de la créance cédée s'imputent sur la créance garantie lorsqu'elle est échue. Le surplus s'il y a lieu est restitué au cédant. Toute clause contraire est réputée non écrite* ». L'article 91 dispose au contraire sur le transfert fiduciaire d'une somme d'argent que : « 1°- *À l'échéance et en cas de complet paiement de la créance garantie, les fonds inscrits sur le compte sont restitués au constituant.* 2°- *En cas de défaillance du débiteur et huit jours après que le constituant en ait été dûment averti, le créancier peut se faire remettre les fonds cédés dans la limite du montant des créances garanties demeurant impayées.* 3°- *Toute clause contraire au présent article est réputée non écrite* ». Le respect des dispositions de ces deux articles est fondamental et le contrat de garantie ne peut y déroger. Ils sont d'ordre public. Le premier est consacré avec moins d'égard au formalisme alors que le deuxième est très formaliste. L'analyse de ces deux textes ne permet en aucun cas de déceler dans l'intention du législateur la volonté d'orienter la réalisation des propriétés cédées à titre de garantie par la voie judiciaire. Aussi, en ressort-il que le législateur a privilégié la voie conventionnelle. L'assiette de ces sûretés n'étant pas compatible avec une réalisation par vente forcée et l'attribution judiciaire étant exclue, il semble bien que la voie suggérée soit l'attribution conventionnelle des biens garantis. Pour autant, il est accordé une protection au débiteur ; les deux articles prévoient ainsi le principe de l'interdiction de l'enrichissement du créancier par la sûreté. Même si le législateur ne l'évoque pas expressément, tous les éléments sont en principe réunis pour privilégier l'attribution conventionnelle pour la réalisation forcée de ces sûretés. Ce parti pris du législateur exclut l'obligation pour les parties de prévoir expressément un pacte commissoire dans leur contrat **(A)**. Il faut alors entendre par là qu'en cas de défaillance, le créancier s'approprie à titre exclusif, d'une part l'objet de la créance cédée dans la cession de créance à titre de garantie, et d'autre part les fonds cédés inscrits sur le compte bloqué dans le transfert fiduciaire d'une somme s'argent. Cette exécution forcée ne peut alors se faire sans le respect des règles inhérentes au domaine de l'exécution forcée. L'appropriation des fonds dans les deux cas ne peut se faire que dans le respect de ces règles au risque d'encourir la nullité **(B)**.

A/ UNE REALISATION PRIVEE DE L'INTERVENTION DU JUGE

617. Les imprécisions des textes. – Une fois que nous avions reconnu plus haut les prérogatives réelles du créancier sur le bien garanti en propriété pendant l'opération de garantie comme étant des prérogatives d'un titulaire d'une propriété-garantie et non d'une propriété ordinaire, il semble évident d'en conclure qu'à la défaillance du débiteur il doive exécuter ou réaliser sa garantie au moyen des modes d'exécution forcée dont il dispose et qui sont prévus par les textes. En substance, la lecture des textes relatifs à la cession de créance à titre de garantie et au transfert fiduciaire d'une somme d'argent ne nous renseigne pas suffisamment sur le dénouement des propriétés cédées à titre de garantie.

Les articles précités, 86 pour la cession de créance à titre de garantie et 91 pour le transfert fiduciaire d'une somme d'argent n'évoquent pas expressément le pacte commissoire mais la procédure envisagée peut en être rapprochée.

618. Les deux textes se rejoignent sur une certitude, le législateur a privilégié un dénouement sans l'intervention du juge, ce qui de fait élimine normalement la vente forcée judiciaire et l'attribution judiciaire. Qui plus est, vu l'assiette de ces sûretés[1431], la vente forcée judiciaire devait *de facto* être exclue. Ceci nous ramène à considérer que le mode approprié qui se rapproche du dénouement prévu par le législateur est le pacte commissoire. Comme le démontre assez aisément C. GIJSBERS dans sa brillante thèse, « le dénouement de la propriété-sûreté (...) se traduit par l'extinction du droit de propriété-sûreté, par essence temporaire, et par l'acquisition consécutive d'un droit de propriété véritable et définitif[1432] ». Il faut alors impérativement que le créancier exécute sa sûreté pour acquérir la propriété sur son assiette. Finalement, comme pour les sûretés traditionnelles, le titulaire d'une propriété-garantie doit manifester au débiteur l'exécution forcée de la garantie et l'acquisition pure et simple de la propriété ordinaire.

[1431] Une somme d'argent dans les deux cas. Une créance dont l'objet est une somme d'argent dans la cession de créance à titre de garantie et des fonds inscrits sur un compte bloqué dans le transfert fiduciaire d'une somme d'argent.
[1432] GIJSBERS (C.), Thèse, *op. cit.*, p. 100.

D'ailleurs, pour le transfert fiduciaire d'une somme d'argent, sans faire expressément état de l'utilisation du pacte commissoire, le législateur à travers l'alinéa 2 de l'article 91 du nouvel AUS dispose que : « *En cas de défaillance du débiteur et huit jours après que le constituant en ait été dûment averti, le créancier peut se faire remettre les fonds cédés dans la limite du montant des créances garanties demeurant impayées* ». Il ne s'agit ni plus ni moins que d'un pacte commissoire[1433]. De la même manière, dans la cession de créance à titre de garantie, le créancier ne peut raisonnablement s'emparer des sommes payées ou avoir la pleine titularité de la créance cédée qu'à la défaillance du cédant et après l'exécution forcée de la sûreté. Les propriétés cédées à titre de garantie du droit OHADA ne présentent aucun risque de spoliation pour le constituant de sorte qu'en l'absence de l'intervention du juge, l'utilisation du pacte commissoire semble être le mode d'exécution forcée approprié ; comme c'est d'ailleurs le cas pour la fiducie-sûreté du droit français[1434]. Dans ce contexte, le créancier se voit obligé de respecter les conditions d'engagement de l'exécution forcée des sûretés réelles dans les mêmes conditions que les sûretés réelles classiques.

619. À titre prospectif. – Même si le législateur privilégie ou suggère le pacte commissoire pour faciliter l'exécution forcée de cette garantie, le créancier peut-il recourir au juge pour l'exécution forcée de sa sûreté ? Comme en matière de nantissement de créance, si l'on considère que le créancier peut exécuter sa sûreté soit par attribution judiciaire soit par attribution conventionnelle, on verrait mal pourquoi cette possibilité serait refusée pour les propriétés-sûretés. Le pacte commissoire n'est que suggéré par le législateur comme une voie simplifiée d'exécution forcée appropriée aux propriétés-sûretés. La disposition d'ordre public étant l'obligation faite au créancier de restituer le surplus s'il y a lieu au constituant pour éviter un enrichissement déraisonnable de sa part. Il ne peut alors prétendre à la somme due que dans la limite du montant des créances garanties demeurant impayées.

Le privilège de l'utilisation du pacte commissoire n'est alors possible que si le créancier dispose dès la constitution de sa garantie d'un titre exécutoire notarié ou si l'obtention du titre exécutoire peut se faire par des procédures simplifiées en raison de la réunion des caractères de la créance garantie dont l'inexécution fonde l'exécution forcée. En cas de doute ou si le créancier craint les contestations il ne peut être obligé

[1433] LARROUMET (C.), note sous Cass. com., France, 9 avril 1996, D. 1996, jur. p. 339 : « Du point de vue économique, il n'y a pas de différence entre le pacte commissoire et la réalisation de la fiducie-sûreté ». Note GIJSBERS (C.), Thèse, *op. cit.*, p. 107.

[1434] AYNÈS (L.) et CROCQ (P.), Les sûretés – *La publicité foncière, op. cit.*, p. 383 : « L'ordonnance du 30 janvier 2009 [a aligné] en partie les modalités de réalisation de la fiducie-sûreté sur celles du gage ou de l'hypothèque assortis d'un pacte commissoire […] ».

d'utiliser le pacte commissoire. Le choix du mode d'exécution devrait lui revenir[1435].

B/ LA REMISE DES FONDS AU CREANCIER

620. Comme dans le nantissement de créance, le dénouement de la cession de créance à titre de garantie ne peut être définitif que si le créancier reçoit paiement des sommes dues par le débiteur cédé **(1)**. Dans le transfert fiduciaire d'une somme d'argent, il l'est par la remise effective des fonds cédés au créancier qui a acquis la pleine propriété des fonds donnés en garantie dans la limite du montant de la créance garantie **(2)**.

1/ Cas de la cession de créance à titre de garantie

621. La similitude avec la réalisation du nantissement de créance. – Pendant l'opération de garantie le créancier n'a pas la possession de l'assiette de sa garantie ou du moins n'a aucune emprise sur son objet. Compte tenu de la nature de l'opération le créancier peut faire face à la mauvaise foi du débiteur cédé, à l'inexécution de son obligation de paiement ou à son placement en procédure collective. La propriété-garantie ne change pas cette relative fragilité au stade de la réalisation de cette sûreté. Pendant l'opération de garantie, comme l'écrit Maxime JULIENNE : « *les droits substantiels transmis… ne sont pas plus étendus que ceux conférés par un nantissement. Dans les deux sûretés, le droit d'exiger le paiement est attribué au créancier, mais le droit sur la richesse que constituent la créance et son objet demeure entre les mains du constituant*[1436] ». Il s'écoule alors un temps d'incertitude pendant lequel la sûreté est menacée. La publicité pour son opposabilité aux tiers aide alors à renforcer son efficacité.

622. Deux hypothèses sont possibles pour la réalisation de cette sûreté selon la date d'échéance de la créance cédée, comme en matière de

---

[1435] En droit français où la fiducie-sûreté peut être constituée sur n'importe quel bien, des auteurs affirment que « de la même manière qu'il est possible de prévoir par convention qu'un pacte commissoire assortissant un gage ou une hypothèque ne sera pas automatiquement mis en œuvre, le contrat de fiducie peut donner au créancier la possibilité de ne pas devenir propriétaire de ce bien et d'exiger, à la place, la vente du bien par le fiduciaire et la remise de tout ou partie du prix de vente » (AYNÈS (L.) et CROCQ (P.), Les sûretés – *La publicité foncière, op. cit.*, p. 384). D'ailleurs en France, l'avant-projet de réforme du droit des sûretés proposé par la commission Grimaldi en septembre 2017 va dans ce sens dans un nouvel alinéa 2 de l'article 2488-3 du Code civil en ces termes : « *Lorsque le fiduciaire n'est pas le créancier, ce dernier peut exiger de lui la remise du bien, dont il peut alors librement disposer, ou, si la convention le prévoit, la vente du bien et la remise de tout ou partie du prix* » ; et alinéa 4 : « *Si le fiduciaire procède à la vente du bien, il le fait soit au prix fixé, soit, si le contrat de fiducie le prévoit, au prix qu'il estime, sous sa responsabilité, correspondre à la valeur du bien. Dans ce dernier cas, il justifie qu'il a vendu à un juste prix* ».

[1436] JUILENNE (M.), Le nantissement de créance, Thèse, *op. cit.*, p. 290.

nantissement de créance dont elle emprunte implicitement la plupart des dispositions.

Dans la première hypothèse, le créancier a la possibilité s'il reçoit paiement de l'objet de la créance cédée avant l'échéance de la créance garantie de le conserver et d'en disposer à charge de le restituer si l'obligation garantie est exécutée. Il en acquiert donc temporairement le droit de disposition mais ne peut s'en affirmer véritablement propriétaire puisqu'il pèse sur lui un droit à la restitution. Cette obligation de restitution suppose que *« le cessionnaire à titre de garantie n'a pas la jouissance de la créance transmise ; il ne perçoit d'ailleurs les intérêts de la créance transmise qu'à « charge de les imputer sur la dette garantie »*[1437].

Cette absence de jouissance exclut définitivement la qualification de propriétaire au droit conféré au créancier cessionnaire avant la défaillance du cédant. Ce droit[1438] doit au demeurant être utilisé avec réserve pour éviter les amalgames[1439]. Mme LOTTI a par ailleurs démontré qu'on pouvait disposer d'une chose pour son propre compte sans en être le véritable propriétaire, tout dépend des droits qui sont octroyés[1440]. En l'occurrence, les droits octroyés au cessionnaire à titre de garantie entré en possession de la somme d'argent objet de la créance cédée avant l'échéance de la créance garantie sans les séparer de ses fonds propres, serait un simple droit de disposition détaché du droit de propriété véritable au cœur duquel se trouve normalement l'*abusus*[1441]. Ce droit de disposition étant soigneusement encadré.

[1437] Cass. com., France, 8 janv. 1991, *Bull. civ.* IV, n° 8; *RTD civ.* 1991, p. 368, obs. M. Bandrac ; *RTD com.* 1991, p. 271, obs M. Cabrillac et B. Teyssié ; *RJ com.* 1993, p. 190 s., *D.* Fenouillet. Note GIJSBERS (C.), Sûretés réelles et droit des biens, Thèse, *op. cit.*, p. 81.

[1438] GIJSBERS (C.), Thèse, p. 564 : « On peut en dire autant du bénéfice d'un gage avec dépossession sur sommes d'argent. Si l'acte constitutif dispense le créancier de tenir les fonds séparés de ses propres avoirs monétaires, il acquiert le droit d'en disposer. Mais en devient-il pour autant propriétaire comme l'affirme la loi (C. civ., art. 2341 al. 2 du Code civil) ? Son droit est-il vraiment absolu comme l'est celui d'un plein propriétaire ? La jurisprudence ne semble jamais l'avoir admis. ».

[1439] GIJSBERS (C.), Thèse, p. 565 : « La question semble plus ouverte, enfin, concernant le droit de disposition reconnu aux établissements bancaires sur les fonds reçus du public. Il est vrai que la liberté de disposer de ces sommes semble *a priori* totale pour la banque, ce qui inclinerait à voir dans les déposants de simples créanciers. Mais, à bien y regarder, les établissements de crédit apparaissent astreints à des exigences de gestion toujours plus nombreuses destinées à leur permettre d'honorer leur obligation de restitution, ce qui accrédite la thèse contraire selon laquelle les déposants seraient restés propriétaires de leurs avoirs monétaires ».

[1440] LOTTI (B.), Le droit de disposer du bien d'autrui pour son propre compte – Contribution à la distinction de la propriété et des droits réels, Thèse, Paris XI, 1999. Note GIJSBERS (C.), Sûretés réelles et droit des biens, Thèse, *op. cit.*, p. 563.

[1441] FRANÇOIS (J.), Retour sur la revendication des sommes d'argent, D 2012, p. 1493 s.

Rien n'interdit alors en ce moment aux parties de prévoir dans leur convention que les sommes remises soient conservées sur un compte bloqué au nom du créancier jusqu'à l'échéance de l'obligation garantie[1442]. Cette disposition marquera la transformation de la cession de créance pour le transfert fiduciaire d'une somme d'argent[1443]. Surtout, cela permettra d'éviter les contentieux liés à la restitution des sommes conservées par le créancier ainsi que le risque d'insolvabilité de ce dernier. D'ailleurs, l'avant-projet de réforme du droit des sûretés en droit français propose cette approche pour le nantissement de créance dans l'article 2364. Pour être cohérent avec notre raisonnement, le cessionnaire n'étant pas encore un véritable propriétaire et n'ayant qu'une propriété-garantie à effet exclusif sur l'objet de la créance cédée, il ne devrait pas avoir la disposition des sommes payées. De fait, conserver les sommes payées sur un compte bloqué permettrait selon cette nouvelle approche « d'interdire au créancier de saisir ces sommes au détriment du constituant, et protéger ainsi le débiteur contre le risque d'insolvabilité du créancier[1444] ». Il serait alors souhaitable que le législateur OHADA entreprenne une réforme pour situer et éclairer les points évoqués ou que les sages de la CCJA se prononcent.

623. Dans la seconde hypothèse, si la créance garantie est arrivée à échéance avant la créance cédée, il peut se faire attribuer par la juridiction compétente la créance cédée ou se l'attribuer dans les conditions prévues par la convention, avec les droits qui s'y rattachent. Il peut également attendre l'échéance de la créance cédée. S'il décide alors de ne pas attendre et exécute sa sûreté, *« il ne peut réclamer au sous-débiteur la totalité de la créance cédée mais uniquement le montant qui lui reste dû par le cédant[1445] »*. Il peut aussi décider à son tour de céder cette créance pour avoir de l'argent frais sans attendre l'échéance de la créance cédée.

[1442] Dans ce cas, le cessionnaire devrait ne pas acquérir la propriété des sommes d'argent. Pour François J., un établissement bancaire, en dehors du dépôt bancaire de somme d'argent et les mandats de paiement ou d'encaissement en espèces, ne devrait pas acquérir la propriété des sommes qu'il détient même si elles ne sont pas isolées. (*op. cit.*, n° 17 et 20. Note GIJSBERS C., Thèse, *op. cit.*, p. 562).

[1443] Pour la transformation du nantissement de créance en gage d'espèces, voir la thèse de Maxime JULIENNE, *op. cit.*. Pour l'auteur, en ce qui concerne le nantissement de créance, cette faculté que le législateur reconnaît au créancier de recevoir le paiement de la créance cédée dans l'attente de l'imputer à la créance nantie à son échéance si le cédant est défaillant, permet la préservation de la créance et un maintien efficace de ses droits sur les fonds qui lui sont remis, tout en opérant selon l'auteur « une transformation du nantissement, sûreté initiale, en gage de choses fongibles ».

[1444] Nouvel Avant-projet de réforme du droit des sûretés de l'association Henri Capitant, *op. cit.*.

[1445] Cass. com., France, 9 févr. 2010, *Bull. civ.*, n° 34; *RTD civ.* 2010, p. 360, obs. P. CROCQ; *RLDC* avr. 2010, p. 37, obs. J.-J. ANSAULT. Note GIJSBERS (C.), Thèse, *op. cit.*, p. 108.

En tout état de cause, au vu de ce qui a été développé, la grande similitude de la cession de créance à titre de garantie avec le nouveau nantissement de créance du droit OHADA fait perdre à la cession de créance tout son intérêt[1446].

624. **Conflits avec les autres créanciers.** – La publicité au RCCM de la cession de créance à titre de garantie a un impact sur sa réalisation. Elle règle les conflits qui pourraient naître lorsque plusieurs créanciers sont bénéficiaires de la cession sur la même créance ou encore lorsqu'il existe un conflit entre le cessionnaire et le créancier réservataire. Ces conflits sont réglés comme déjà évoqué par l'article 57 du nouvel AUS qui donne la primauté à la sûreté dont la date d'enregistrement est la plus ancienne ou qui a un rang préférable. Toutefois, lorsque la cession de créance et la réserve de propriété sont enregistrées le même jour, la réserve de propriété l'emporterait sur la cession de créance.

2/ Cas du transfert fiduciaire d'une somme d'argent

625. **La demande de remise des fonds à titre de paiement[1447].** – L'alinéa 2 de l'article 91 du nouvel AUS dispose que : « En cas de défaillance du débiteur et huit jours après que le constituant en ait été dûment averti, le créancier peut se faire remettre les fonds cédés dans la limite du montant des créances garanties demeurant impayées ». Le créancier ne récupère donc pas son bien mais exerce une voie d'exécution forcée[1448] qui ne peut lui permettre de s'approprier que les fonds cédés à hauteur de sa créance garantie demeurant impayée. Il aurait été propriétaire des fonds cédés qu'il les aurait reçus en totalité, en plus des éventuels intérêts générés par cette thésaurisation. Son enrichissement aurait alors été manifeste. Sauf qu'on voit bien que le législateur lui-même s'oppose dans cet article à un enrichissement du créancier par la sûreté, le fait d'en demander la partie correspondant à la créance impayée après avoir dûment mis en demeure le débiteur est l'expression d'un droit spécifique que ne peut avoir qu'un créancier. Alors, une fois l'exécution forcée engagée dans le respect des dispositions ci-dessus consacrées, la remise peut être demandée à l'établissement teneur du compte bloqué. Ce dernier engage sa

[1446] Comme en droit français finalement, des auteurs se questionnent sur l'intérêt de la consécration de ces deux sûretés réelles. Voir LEGEAIS (D.), *Cession de créance à titre de garantie, RTD com.* 2007, p. 217, note sous Cass. com., France, 19 déc. 2006, pourvoi n° 05-16.395, DIVA c/ Caisse du Crédit Mutuel : « Dès lors que la cession de créance à titre de garantie est consacrée le nantissement perd tout son intérêt, ce que montre l'expérience du Dailly. Aussi, alors que le nantissement de créance de droit commun vient d'être réformé, il n'était pas opportun de consacrer une garantie qui allait en faire une institution mort-née ».

[1447] GIJSBERS (C.), Thèse, *op. cit.*, p. 347.

[1448] GIJSBERS (C.), Thèse, *op. cit.*

responsabilité en répétition des sommes versées s'il s'exécute alors que le créancier ne justifiait pas des conditions nécessaires à cette remise[1449].

Cette exécution forcée peut alors prospérer sur présentation d'un titre exécutoire judiciaire constatant la défaillance du débiteur et la réunion des caractères de la créance garantie pour l'engagement de l'exécution forcée. La signification au constituant de cette décision ayant attribué au créancier la pleine propriété des fonds à hauteur de la créance garantie suffit pour que ce dernier en demande la remise.

L'exécution peut l'être également par le pacte commissoire suggéré par le législateur, sur la présentation d'un titre exécutoire notarié revêtu de la formule exécutoire ou par son obtention au moyen d'une procédure simplifiée et rapide qui peut être une procédure d'injonction de payer introduite sur requête. Il faudra alors que le créancier respecte le délai des huit jours requis après avertissement du constituant pour demander la remise des fonds. C'est l'avertissement exprès du constituant défaillant qui matérialise le choix de l'exécution forcée par le pacte commissoire et le passage de la propriété-garantie à la propriété ordinaire sur les fonds cédés dans la limite du montant des créances garanties demeurant impayées. Dans ce contexte, même si le teneur de compte est le créancier, il ne peut sous prétexte de cette double qualité exécuter sa garantie au mépris des règles élémentaires à observer pour l'engagement de l'exécution forcée sur le bien du constituant[1450].

[1449] À titre d'exemple sur la responsabilité de l'établissement teneur de compte bloqué en matière de gage d'espèces, voir TPI d'Abidjan, 21 févr. 2013, *op. cit.* : « Il est constant, ainsi qu'il résulte de l'absence de contestation que la banque O. s'est appropriée des espèces [...] par elle détenue à titre de gage ; toutefois, cette appropriation dudit gage d'espèces s'est faite en marge de la loi, en ce qu'elle a été entreprise sans que la banque O. n'ait eu en sa possession de titre exécutoire. Ce faisant, ladite banque s'est irrégulièrement enrichie au détriment du [constituant]. Aussi, y a-t-il lieu de condamner ladite banque à restituer et le cas échéant répéter une somme d'argent à hauteur de la valeur du gage d'espèces irrégulièrement perçu par elle [...] » ; V. aussi CA d'Abidjan, 1re ch. civ. adm. com. et soc., 27 déc. 2013, *op. cit.*

[1450] TPI d'Abidjan, 21 févr. 2013, *op. cit.*

SECTION 2 : LA REALISATION DES PROPRIETES-SURETES DU DROIT OHADA EN PROCEDURES COLLECTIVES

626. Le Pr D. LEGEAIS écrivait très justement à propos des propriétés-sûretés en droit français que « si la fiducie-sûreté était aussi réclamée par les créanciers, c'est que dans la pensée commune, elle devait être d'une parfaite efficacité en cas d'ouverture d'une procédure collective. Tel est le sort enviable de la réserve de propriété et de la cession de créance à titre de garantie soumise à la loi Dailly »[1451]. Très vite, il tire le constat qu'« il est impossible d'envisager le sauvetage d'une entreprise dès lors que tous ses actifs sont récupérés par les créanciers devenus propriétaires. [...] Il [faut alors] paralyser les effets de la sûreté dès lors que les biens sont utiles à l'entreprise et que la procédure se donne pour ambition le sauvetage de l'entreprise[1452] ». Cette analyse vaut également dans l'espace OHADA où l'objectif ouvertement prôné de l'efficacité des sûretés réelles est confronté à l'épineux besoin de maintenir et de promouvoir l'essor de l'activité économique dans les pays de l'OHADA pour le bien de tous. Pour cela, comme pour les sûretés traditionnelles, le législateur OHADA a instrumentalisé les propriétés-sûretés en fonction des difficultés financières que rencontre l'entreprise soumise aux procédures collectives et au besoin réel du maintien de son activité, ou du moins a-t-il tenté de le faire à l'analyse des textes. Il en ressort que le sort des propriétés-sûretés du droit OHADA n'est pas le même selon le traitement envisagé : entre les procédures préventives **(Paragraphe 1)** et curatives **(Paragraphe 2)** de traitement des difficultés des entreprises.

PARAGRAPHE 1 : LA RESISTANCE DES PROPRIETES-SURETES DANS LES PROCEDURES PREVENTIVES DE TRAITEMENT DES DIFFICULTES DES ENTREPRISES

627. Dans la procédure de conciliation. – De par son régime, la conciliation a pour objectif d'aider le débiteur à trouver un accord amiable avec ses principaux créanciers et cocontractants en vue de mettre fin à ses difficultés financières[1453]. Sont donc concernés par cette procédure les créanciers appelés par le débiteur à la table des négociations, eux seuls peuvent alors subir les effets de l'ouverture de cette procédure comme la suspension exceptionnelle des poursuites, et éventuellement s'ils en conviennent avec le débiteur l'accord sur des délais et remises. Sauf si

[1451] LEGEAIS (D.), Sûretés et garanties du crédit, *op. cit.*, p. 483-484.
[1452] Ibidem.
[1453] Art. 5-1 al. 2 du nouvel AUPC.

un accord est trouvé auquel cas son respect est obligatoire[1454] par les parties, les créanciers parties à l'accord avorté ou suspendu peuvent lorsque leur créance est exigible exécuter leur sûreté. Il en est de même des créanciers non appelés à la conciliation qui préserve leur droit de poursuite individuelle. L'impact de cette procédure sur les propriétés-sûretés est donc en principe limité même si le créancier participe aux négociations.

628. **Dans le règlement préventif.** – La résistance des propriétés-sûretés y est plus marquée puisque la décision d'ouverture du règlement préventif suspend ou interdit toutes les poursuites individuelles tendant à obtenir le paiement des créances nées antérieurement à ladite décision. Étant des sûretés réelles au même titre que les sûretés traditionnelles, les propriétés-sûretés pouvaient raisonnablement être soumises à cette règle. Mais, le législateur a décidé que cette procédure ne leur était pas opposable[1455] de sorte qu'en cas d'exigibilité, le créancier peut poursuivre l'exécution de sa sûreté s'il n'est pas payé à l'échéance. À la différence des sûretés réelles traditionnelles, le législateur semble donner une plus grande efficacité aux propriétés-sûretés du seul fait de l'utilisation de la propriété à des fins de garantie. Il s'agit manifestement d'un choix législatif guidé par l'absence de cessation des paiements. Des sûretés échappant donc par nature à l'emprise de la procédure collective en raison d'un « supposé » droit de propriété, la doctrine majoritaire y est favorable[1456]. Comme l'écrit C. GIJSBERS à propos des tenants de cette conception, « *les fournisseurs et les banquiers de l'entreprise entendent faire oublier leur qualité peu enviable de créanciers pour n'apparaître aux yeux de la procédure qu'en qualité de propriétaire* »[1457]. Pourtant, ce choix législatif creuse un peu plus les inégalités de traitement entre les créanciers antérieurs à la décision d'ouverture et ne permet pas une approche apaisée et cohérente de la matière. Les créanciers ne peuvent normalement pas conserver dans la procédure collective la libre exécution de leurs sûretés réelles comme il est de principe hors des procédures collectives, à moins que la situation du débiteur ne soit irrémédiablement compromise. Il faut dans ce sens souhaiter que la soumission des sûretés réelles aux règles dérogatoires des procédures collectives soit encadrée de sorte à différencier la préservation de cette

---

[1454] Art. 5-12 al. 1 du nouvel AUPC.

[1455] Art. 9 al. 3 du nouvel AUPC.

[1456] BORGA (N.), *Sûretés réelles et droit des entreprises en difficulté, Lamy droit des sûretés*, n° 284-155 : « Il ne s'agit pas tant pour le créancier d'intenter une poursuite à l'encontre de son débiteur que de faire valoir son droit de propriété sur un bien qui, par nature, doit échapper à l'emprise de la procédure collective » ; SÉNÉCHAL (M.), L'effet réel de la procédure collective, préf. M.-H. Monsèrie-Bon, *Bibl. dr. entr.* ; T. 59, 2002. Note GIJSBERS (C.), Thèse, *op. cit.*, p. 349.

[1457] GIJSBERS (C.), Thèse, *op. cit.*, p. 348.

sûreté du droit à la réalisation[1458]. Cette différence de traitement sur la seule conception d'un « supposé » droit de propriété ne semble pas convaincante[1459], est de plus en plus rejetée et couvre de façon exorbitante des droits d'une catégorie donnée de créanciers.

629. **Le défi de la reconnaissance d'un droit spécial à l'exécution spécifique dans les procédures de restructuration.** – La différence de traitement entre propriétés-sûretés et sûretés réelles est-elle justifiée ? Non, si on considère que les propriétés-sûretés sont des sûretés réelles au même titre que les sûretés réelles traditionnelles et doivent conformément à cette nature faire l'objet d'une exécution forcée par l'utilisation de l'un des modes d'exécution forcée prévus par le législateur OHADA. Si la suspension des poursuites individuelles concerne toutes les poursuites tendant à obtenir le paiement des créances nées antérieurement à la décision d'ouverture, toutes les sûretés réelles devraient en être concernées sans exception puisque la règle ainsi posée vise à geler le passif du débiteur, limiter ses difficultés financières afin de ne pas augmenter son passif et éviter le prix de la course qui nuirait éventuellement à toutes les parties. Elle aligne ainsi les sûretés sur le régime de la créance qui se soumet aux règles des procédures collectives afin que les objectifs de ces procédures soient atteints. Cet alignement des propriétés-sûretés sur le régime de la créance aurait également pour objectif de différencier comme l'écrit très justement FAVRE-ROCHEX « *le droit du créancier à la protection de l'assiette de sa sûreté et le droit à la réalisation de celle-ci*[1460] ». Face au sort à donner aux propriétés-sûretés dans les procédures collectives, le Pr MOULY appelait déjà à faire une comparaison par rapport à l'évolution qu'ont connue les sûretés réelles traditionnelles, « qui se réalisaient hors procédure puis qui ont été progressivement soumises à la discipline collective »[1461]. Il estimait donc que : « *L'originalité traditionnelle du droit de propriété a évité l'assimilation de la propriété-sûreté au régime commun des sûretés dans les procédures collectives [...]. Dès que l'analyse de la propriété en une*

[1458] FAVRE-ROCHEX (C.), Thèse, *op. cit.*, p. 269.

[1459] FAVRE-ROCHEX (C.), Thèse, *op. cit.*, p. 265 : « L'invocation du droit fondamental de propriété au soutien du traitement réservé aux créanciers titulaires d'une propriété-garantie n'est pas satisfaisante. Même à admettre que ces sûretés confèrent à leur titulaire un véritable droit de propriété, l'on ne peut que constater que le sort qui leur est réservé [...] demeure exorbitant ».

[1460] FAVRE-ROCHEX (C.), Thèse, *op. cit.*, p. 269 : « Il ne fait aucun doute que les actifs grevés de sûretés réelles exclusives soient sanctuarisés et justifient, à ce titre, une protection particulière de leurs titulaires. En revanche, la sanctuarisation des actifs ne justifie pas que ces créanciers réalisent librement leur sûreté après le jugement d'ouverture de la procédure collective ».

[1461] Pour cette analyse, voir GIJSBERS (C.), Thèse, *op. cit*, p. 354, qui cite MOULY (C.), « *Procédures collectives : assainir le régime des sûretés* », in Aspects actuels du droit commercial français, Études dédiées à René Roblot, *LGDJ*, 1984, p. 529 s.

sûreté accessoire triomphe de la conception routinière, forgée par l'habitude, d'une propriété intouchable, toutes les règles des procédures collectives qui affectent les sûretés traditionnelles ont vocation à affecter également la propriété-sûreté[1462] ». Il n'est donc pas insurmontable d'aller au-delà de la conception qui voudrait que le créancier titulaire d'une propriété-sûreté soit à l'abri des règles des procédures collectives.

Malgré ces souhaits, il faut peut-être se rendre à l'évidence d'un constat qui n'est pas encore dans le sens d'une recherche de cohérence. Le législateur OHADA eu égard à son objectif ouvertement affiché de favoriser l'investissement a décidé d'accorder une très grande protection à une catégorie de créanciers. Réserve de propriété, cession de créance et transfert fiduciaire d'une somme d'argent ne sont à ce titre pas soumis aux effets du règlement préventif et peuvent être exécutés en cas de défaillance du débiteur nonobstant la décision d'ouverture, et malgré l'objectif de cette procédure.

PARAGRAPHE 2 : PARALYSIE DES PROPRIETES-SURETES DANS LES PROCEDURES CURATIVES DE TRAITEMENT DES DIFFICULTES DES ENTREPRISES

630. Il est de principe que « la suspension des poursuites individuelles en matière de faillite [soit] à la fois d'ordre public interne et international[1463] ». La soumission des sûretés à cette suspension serait à ce titre légitime sauf des exceptions expressément évoquées **(A)**. Ainsi, certaines sûretés réelles conventionnelles préservent-elles mieux que d'autres les intérêts des créanciers à l'ouverture des procédures collectives ; la soumission de ces dernières aux effets produits par ces procédures est donc moindre. Elles arrivent même parfois à en échapper **(B)**. Toutefois, l'utilisation du bien garanti par le débiteur a toujours influencé l'efficacité des sûretés réelles conventionnelles, les soumettant aux effets de ces procédures au nom de l'intérêt économique et vital découlant de cette utilisation et donc de la survie de l'activité du débiteur déjà en cessation des paiements **(C)**. Le législateur est alors obligé d'adapter la règle en fonction des besoins de sauvetage du débiteur en difficulté. Ce besoin constant d'adaptation crée la confusion[1464] et non la cohérence.

[1462] MOULY (C.), « Procédures collectives : assainir le régime des sûretés », op. cit, n° 38, p. 556-557. Note GIJSBERS (C.), Thèse, op. cit.

[1463] Cass. 1re civ., France, 6 mai 2009, n° 08-10281, B. 136 ; *D.* 2009.1422, note Delpech ; PEROCHON (F.), Entreprises en difficulté, 10e éd. *LGDJ Lextenso*, p. 286.

[1464] Cette confusion est visible également dans le droit français des entreprises en difficulté. Voir ROUSSEL GALLE (Ph.), « *Rapport introductif* », *in* Procédures collectives et sûretés réelles : à la recherche d'équilibres et d'articulations, *RPC* 2018, n° 4, doss. 15.

A/ UNE PARALYSIE *A PRIORI* CONSACREE PAR LES TEXTES

631. Une soumission qui ne choque pas par principe[1465]. – À la lecture des articles 72 et 75 du nouvel AUPC, on est saisi par la généralité des effets de la décision d'ouverture du redressement judiciaire et de la liquidation des biens à l'égard des créanciers. L'article 72 dispose que : « [Al. 1] *La décision d'ouverture de la procédure de redressement judiciaire ou de liquidation des biens constitue les créanciers en une masse représentée par le syndic qui seul, agit en son nom et dans l'intérêt collectif et peut l'engager.* [...]. [Al. 3] *La masse est constituée par tous les créanciers dont la créance est antérieure à la décision d'ouverture, même si l'exigibilité de cette créance était fixée à une date postérieure à cette décision à condition que cette créance ne soit pas inopposable* [...] ». L'article 75 quant à lui dispose que : « [Al. 1] *La décision d'ouverture de redressement judiciaire ou de liquidation des biens interrompt ou interdit toute action en justice de la part de tous les créanciers composant la masse* [...]. [Al. 2] *La décision d'ouverture arrête ou interdit également toute procédure d'exécution de la part de ces créanciers tant sur les meubles que sur les immeubles* [...]. [Al. 4] *Les instances en cours sont interrompues jusqu'à ce que le créancier poursuivant ait produit sa créance* [...] ».

Le parallèle est alors fait avec l'article 9 alinéa 3 du nouvel AUPC qui exclut expressément les propriétés-sûretés des sûretés réelles soumises aux effets de la décision d'ouverture du règlement préventif. Le rapprochement de ces textes conduit à supposer la soumission des propriétés-sûretés du droit OHADA aux effets de la décision d'ouverture du redressement judiciaire ou de la liquidation des biens, notamment la suspension des poursuites et l'obligation de déclaration des créances au passif de la procédure. Notons que si le législateur voulait les exclure il l'aurait fait expressément comme dans le règlement préventif. S'est-il laissé guider par l'intérêt supérieur des procédures collectives et par l'environnement particulier dans lequel évoluent les entreprises dans l'espace OHADA ? Un environnement peu enclin à la sauvegarde des entreprises en difficulté malgré les nombreux textes qui y sont favorables, on peut légitimement le penser. En l'occurrence, on peut raisonnablement souscrire comme l'affirme un auteur que « *l'interdiction des paiements comme l'arrêt des procédures d'exécution devraient englober toute mise*

1465 ROUSSEL GALLE (Ph.), « *Sûretés réelles et droit des entreprises en difficulté* », *in* Entreprises en difficulté, *LexisNexis*, coll. Droit 360, 2012, n° 888, p. 375 : « (...) le mouvement des dernières réformes semble aller dans le sens d'une paralysie de la plupart d'entre elles en sauvegarde et redressement judiciaire, tandis qu'à l'inverse, elles recouvrent leur efficacité en liquidation judiciaire, puisqu'il n'est plus alors aucune raison d'entraver leur mise en œuvre ».

en œuvre forcée d'un droit de créance antérieur à l'ouverture de la procédure collective ayant pour effet de priver le débiteur en difficulté d'un actif ayant vocation à « réintégrer » son patrimoine[1466] ». Mais, il faut se rendre à l'évidence puisqu'au regard du régime juridique particulier au cœur de la constitution de chaque propriété-sûreté consacrée dans l'espace OHADA cette généralité peut être relativisée[1467].

B/ UNE GENERALITE A RELATIVISER

632. En raison d'abord du choix législatif fait pour le régime juridique de la réserve de propriété **(1)**. Celui de la cession de créance à titre de garantie favorise également le contournement des règles dérogatoires des procédures collectives **(2).**

1/ La réserve de propriété à titre de garantie

633. Un choix législatif à revoir. – De l'aveu même du législateur OHADA à l'article 101 du nouvel AUPC, le créancier réservataire peut « *nonobstant les dispositions [de l'AUPC, revendiquer les meubles] dans le délai de quatre-vingt-dix (90) jours suivant la deuxième insertion de la décision d'ouverture de la procédure de redressement judiciaire ou de liquidation des biens dans un journal d'annonces légales de l'État partie concerné* ». La « revendication » suppose plus l'exécution de la garantie qu'autre chose, c'est-à-dire l'autorisation du législateur d'exercer implicitement un pacte commissoire forcé pour l'exercice du droit exclusif du créancier réservataire malgré la décision d'ouverture. Cette procédure vise ainsi pour le créancier réservataire à imposer son droit de propriété-garantie aux autres créanciers par la soustraction en nature du bien garanti au gage commun de la masse. Il s'agit pour le législateur de ne pas soumettre la propriété-sûreté du créancier réservataire à la procédure collective malgré l'utilisation du bien par le débiteur et en

---

[1466] FAVRE-ROCHEX (C.), Thèse, op. cit., p. 256. (Nous ne souscrivons toutefois pas au concept de la réintégration puisque ces actifs n'ont réellement jamais quitté le patrimoine réel du constituant. Le créancier n'avait qu'un droit exclusif sur la valeur de ces actifs). Voir pour la recherche d'équilibres, ROUSSEL GALLE (Ph.), « Les sûretés réelles et le droit des entreprises en difficulté », in Les sûretés réelles en quête de droit commun, RDBF 2014, n° 5, doss. 38, n° 28.

[1467] *Ibidem*, p. 349 : « Lorsque s'ouvre une procédure collective, la diversité des actifs est inconciliable avec un régime parfaitement homogène : c'est un leurre de penser que l'on pourrait traiter identiquement les biens incorporels et incorporels, les biens en possession du débiteur en difficulté et les biens détenus par le créancier ». Cette diversité de régime est pour l'auteur « la raison pour laquelle la consécration parfois souhaitée d'une sûreté réelle unique ne serait pas, au moins dans le domaine des procédures collectives, source d'autant de simplifications qu'il n'y paraît ». Pour la possibilité d'une conception unitaire, voir LEGEAIS (D.), « *Propos conclusifs* », *in* Quelle réforme pour le droit des sûretés ? dir. BLANDIN (Y.) et MAZEAUD (V.), *DALLOZ*, coll. Thèmes et commentaires, 2019, p. 155 s. ; JUILLET (Ch.), « *Les sûretés réelles traditionnelles entre passé et avenir* », *in Liber Amicorum Christian Larroumet, Economica*, 2010, n° 42 s., p. 265. Note FAVRE-ROCHEX, p. 349.

contradiction flagrante avec la finalité de cette sûreté réelle authentique. On aurait pu encore être tenté d'envisager une telle protection si la sûreté était occulte afin d'en permettre son effectivité, voire son efficacité, puisque le créancier peut craindre de perdre l'assiette de sa sûreté. Mais, cette absence de transparence dans l'opposabilité de cette sûreté aux tiers ne disqualifie pas sa qualification de sûreté réelle authentique. Aussi, par cette seule qualification, l'intérêt doit-il être porté uniquement à la protection des droits du créancier et à la préservation de l'assiette de cette sûreté dans la procédure collective sans confusion avec son droit à la réalisation qui doit être en principe suspendu. Le législateur ne tire alors pas suffisamment les conséquences de la qualification de sûreté réelle authentique de la clause de réserve de propriété. De plus, cette « revendication » n'était normalement plus nécessaire « lorsque le contrat portant sur ce bien a fait l'objet d'une publicité »[1468], surtout que la demande de restitution n'est dans ce cas assortie d'aucun délai. Les tiers ne pouvant dans ce cas ignorer le droit exclusif du créancier sur la valeur du bien, tant qu'il demeure en nature chez le débiteur, les droits du créancier ne seront normalement pas menacés pendant la procédure collective. Ce dernier peut ainsi être payé sur sa valeur à titre exclusif en cas d'aliénation. Dans ce cas, pourquoi permettre une « restitution » par tout moyen laissant trace écrite même sans défaillance ? Alors que, comme l'écrit un auteur, « *l'ouverture de la procédure collective ne suffit pas à rendre la créance exigible, toute clause contraire étant réputée non écrite. De la sorte rien ne justifie que [les propriétés-sûretés] soient réalisées à contretemps*[1469] ». Cette revendication du seul fait de l'ouverture d'une procédure collective, surtout de redressement est une réalisation anticipée qui n'est pas convaincante si on considère la réserve de propriété comme une sûreté réelle authentique.

Ce refus de la qualification de sûreté réelle authentique, qui doit s'accompagner de la prise en compte de la possession ostensible du débiteur, est donc la source des nombreuses incohérences constatées en doctrine mais également dans la jurisprudence sur les questions liées à cette sûreté. On devrait alors considérer que la déclaration de créance suffise à préserver les droits du créancier réservataire sur le bien garanti. Toutefois, l'absence de déclaration devrait avoir pour conséquence de rendre inopposables à la procédure collective les droits du créancier réservataire sur le bien garanti ; de même que la créance y afférente[1470].

[1468] Art. 101-3 als. 1 et 2 du nouvel AUPC : « [Al. 1] Le propriétaire d'un bien est dispensé de faire reconnaître son droit de propriété lorsque le contrat portant sur ce bien a fait l'objet d'une publicité. [Al. 2] Il peut réclamer la restitution de son bien par lettre au porteur contre récépissé ou par lettre au syndic qui peut acquiescer à cette demande ».

[1469] FAVRE-ROCHEX (C.), Thèse, *op. cit.*, p. 256.

[1470] Art. 83 du nouvel AUPC : « Les créanciers qui n'ont pas produit dans les délais et aux conditions prévus aux articles 78 à 80 ci-dessus et qui n'ont pas été relevés de forclusion ne

Mais, il ne perd pas sa sûreté ni ne subit l'extinction de la créance garantie, de sorte qu'il ne recouvrerait ses droits de garantie qu'à la clôture de la procédure si le bien demeure dans les actifs du débiteur, ou dans le cas d'une nouvelle procédure collective dans laquelle il déclarerait en temps utile ses droits. La Cour de cassation française s'est prononcée sur une question similaire dans un arrêt, qui opposait un créancier bailleur au liquidateur d'une société débitrice, sur la question de la demande de revendication. Le parallèle peut être fait avec les droits du créancier réservataire en ce qu'elle a estimé, qu'en l'absence de « revendication », les droits du créancier sur le bien en possession du débiteur sont : « *inopposable[s] à la procédure collective, ce qui a pour effet d'affecter le bien au gage commun des créanciers, permettant ainsi, en tant que de besoin, sa réalisation au profit de leur collectivité ou son utilisation en vue du redressement de l'entreprise, afin d'assurer la poursuite de l'activité, le maintien de l'emploi et l'apurement du passif*[1471] ». Cette décision va dans le sens de l'inopposabilité des droits du créancier à la procédure collective comme sanction au défaut de revendication, et non à son extinction. La sûreté demeure alors et peut servir ultérieurement si son assiette survit à la procédure engagée. Par contre, seule la déclaration des créances permet la participation aux répartitions et dividendes durant la procédure. Dans ce contexte, on considère que les droits du créancier, quels qu'ils soient, subissent les effets de la procédure en cas de défaut de « revendication » ou doit-on dire de défaut d'appropriation anticipée de l'assiette de la sûreté. Cette appropriation anticipée est le résultat de l'obligation faite au créancier qui n'a pas publié sa sûreté d'agir dans *les quatre-vingt-dix (90) jours suivant* les indications de l'article 101 du nouvel AUPC.

634. Si le législateur OHADA a fait le pari de l'obligation d'une inscription au RCCM pour l'opposabilité de la réserve de propriété aux tiers, contrairement au législateur français pour qui cette sûreté reste occulte malgré les propositions qui vont dans le sens d'une publicité[1472], c'est

---

sont pas admis dans les répartitions et les dividendes. Leurs créances sont inopposables à la masse et au débiteur pendant la procédure de redressement judiciaire ou de liquidation des biens, y compris durant la période d'exécution du concordat de redressement judiciaire (…) ».

[1471] Cass. com., France, 3 avril 2019, n° 18-11. 247; RDBF 2019, n° 4, comm. 139, HOUIN-BRESSAND (C.); LEDEN 2019, n° 5, p. 1, obs. LUCAS (F.-X.); APC 2019. 114, obs. FIN-LANGER (L.); Gaz. Pal. 2019, n° 16, p. 29, obs. BERLAUD (C.) ; BJE 2019, n° 4, p. 38, obs. LAROCHE (M.) ; FAVRE-ROCHEX (C.), Thèse, *op. cit.*, p. 240 : « Mais le défaut de revendication à temps n'emporte ni extinction du droit, ni transfert de propriété au débiteur en difficulté, ce qui justifie que l'ouverture ultérieure d'une nouvelle procédure collective permette au créancier de revendiquer en veillant cette fois au respect du délai, de la même façon que le titulaire d'une sûreté réelle classique pourrait à nouveau déclarer sa créance et la garantie qui en est l'accessoire, pourvu que le bien grevé n'ait pas été entre-temps aliéné ».

[1472] Art. 2368 du Code civil ; L. 624-16 du Code de commerce ; LEGEAIS (D.), Sûretés et garanties du crédit, *op. cit.* : « Dans le projet de réforme [de 2006] une généralisation de la

aussi pour en faciliter la gestion de l'exécution forcée. Cette publicité accroît alors l'efficacité de la réserve de propriété en procédures collectives, permet une meilleure protection de la sûreté ainsi que « la transparence des garanties et la sécurité du commerce juridique »[1473]. Il va donc de soi que la décision d'ouverture d'un redressement judiciaire n'emportant pas de plein droit la déchéance du terme, le créancier qui a publié sa sûreté ne peut craindre pour la préservation de ses droits et peut à ce titre être soumis aux règles de cette procédure en raison de la possession du bien par le débiteur. La situation serait effectivement plus délicate pour le créancier qui n'a pas publié sa sûreté puisqu'il est soumis à un délai légal qui le contraint à exercer ses droits au risque d'être forclos.

635. **L'efficacité de la publicité au RCCM et la considération de la possession ostensible du bien par le constituant.** – Dans l'espace OHADA, la réserve de propriété trouve ainsi un regain d'efficacité en raison de la publicité au RCCM pour son opposabilité aux tiers. Un créancier qui a normalement publié sa sûreté n'a aucun intérêt à retirer le bien garanti dès l'ouverture d'une procédure collective dont la finalité est la restructuration de l'entreprise en difficulté. La gestion de sa garantie est facilitée par la publicité de la clause au RCCM qui devient opposable à la masse des créanciers. Il lui suffit de déclarer sa créance, de se rapprocher des organes de la procédure pour convenir des conditions. De plus, en vendant le bien au débiteur, son intention n'était pas de le reprendre, c'est d'ailleurs pourquoi cette publicité a une portée juridique satisfaisante aussi bien pour lui que pour le débiteur qui pourrait en avoir besoin pour la continuité de son activité, encore plus à l'ouverture d'une procédure collective. Nous pensons que par cette publicité, le créancier n'a plus besoin d'exécuter sa sûreté par appropriation anticipée de son assiette sauf s'il s'agit évidemment d'une liquidation des biens ou s'il ne s'est pas acquitté de la publicité à titre d'opposabilité aux tiers. La surprotection de la réserve de propriété par sa non-soumission à la procédure collective ne s'explique donc plus. Le législateur OHADA aurait ici trouvé un savant équilibre entre l'ancienne position de la Cour de cassation française qui refusait de rendre opposable aux créanciers de la procédure collective la clause de réserve de propriété et sa nouvelle position tout à l'opposé.

---

publicité avait été envisagée. L'exigence de transparence des garanties et la sécurité du commerce juridique peuvent justifier cette solution ».

1473 LEGEAIS (D.), Sûretés et garanties du crédit, *op. cit.*, p. 458, n° 746 : *En droit français*, « La clause de réserve de propriété peut faire l'objet d'une publicité. Le vendeur impayé peut alors plus facilement faire valoir ses droits » ; HOUIN-BRESSAND (C.), *Fiducie-sûreté, clause de réserve de propriété, crédit-bail : quelle protection pour le banquier propriétaire ? RDBF*, n° 2, 2010, doss. 12.

Il faut dire que la Cour de cassation française ne niait pas la situation juridique toute particulière de l'acquéreur du fait de l'usage du bien, comme pouvait l'être un véritable propriétaire et qui justifiait pour elle que « *les marchandises achetées [soient] devenues par la possession qu'en a le débiteur, un élément ostensible de sa solvabilité*[1474] ». C'est pourquoi, compte tenu de cette situation juridique particulière qui lui procure de la richesse, il n'est pas « choquant[1475] » de réserver à cette clause le même traitement que les sûretés réelles traditionnelles eu égard à la suspension des poursuites individuelles, surtout si le bien en question est utile à l'activité du débiteur en redressement judiciaire. Comme l'écrit justement un auteur « *un tel principe n'empêcherait évidemment pas le législateur d'apporter des exceptions ponctuelles à la suspension des poursuites* [1476]». Il convient alors au législateur OHADA de repréciser la portée réelle de la publicité de la réserve de propriété, surtout à l'ouverture d'une procédure collective.

636. L'analyse de cette suspension des poursuites individuelles pour toutes les sûretés réelles dans le droit OHADA des procédures de redressement judiciaire et de liquidation des biens n'est donc pas utopique. Et même si l'article 78 du nouvel AUPC ne comporte plus la mention relative à l'obligation de déclaration de créance du créancier réservataire exigée

[1474] Cass. Req., France, 17 juill. 1895, D. 1896. I, 57, note Thalier ; cass. Req., France, 21 juill. 1897, D. 1897, I, 269 ; Voir également DIALLO (Y.), Les sûretés et garanties réelles dans les procédures collectives, Thèse, Préf. Ph. DELEBECQUE, éd. *L'Harmattan*, 2019, p. 324 : « Les marchandises achetées avec clause de réserve de propriété formaient un patrimoine apparent de l'acheteur-débiteur failli. L'élément ostensible de sa solvabilité renvoie à l'élément positif du patrimoine de l'acheteur, l'actif. Cette ancienne position de la Cour était pertinente en ce sens qu'elle reconnaissait au moins une situation juridique à l'acquéreur. En refusant l'opposabilité de la clause de réserve de propriété qui lie encore le titre de propriété des marchandises achetées au vendeur, la Cour a souhaité non seulement affirmer que ces marchandises forment une partie indifférenciée de l'actif du patrimoine de l'acheteur ».

[1475] GIJSBERS (C.), Thèse, *op. cit*., p. 356.

[1476] GIJSBERS (C.), Thèse, *op. cit*., p. 356-357 : « La prétendue « revendication » exercée par les créanciers « propriétaires » s'analyse plutôt en l'attribution d'un bien du débiteur en vue d'éteindre l'obligation garantie. On est donc en présence d'un véritable paiement d'une créance antérieure au jugement d'ouverture : un paiement en nature certes, mais un paiement tout de même. Le mot figure d'ailleurs expressément dans la loi qui, à propos de la réalisation de la propriété réservée, énonce que « la valeur du bien repris est imputée, à titre de paiement, sur le solde de la créance garantie » (C. civ., art. 2371 al. 2) ». *L'auteur poursuit* : « Serait-il choquant, dans ces conditions d'appliquer la suspension des poursuites et son corollaire naturel qu'est l'interdiction des paiements de créances antérieures ? Celui qui réalise une propriété-sûreté ne fait rien d'autre, au fond, que se désintéresser sur un élément de richesse du débiteur au titre d'une créance née avant le jugement d'ouverture si bien qu'il serait assez logique qu'il subisse, comme tous les autres créanciers au jugement d'ouverture, une paralysie momentanée de son droit d'agir. Notons d'ailleurs que le pacte commissoire, dont la mise en œuvre produit économiquement le même effet que la réalisation d'une propriété-sûreté, ne résiste pas à un tel obstacle ».

par l'alinéa 3 de l'ancien article 78[1477], l'incertitude entourant la déclaration des créances des titulaires de propriétés-sûretés appelle à la prudence[1478]. Il est également mieux d'observer cette prudence à l'ouverture de la liquidation des biens en déclarant sa créance. Toutefois, à l'ouverture de cette liquidation des biens, les effets traditionnels[1479] des procédures collectives n'ont aucun intérêt et ne doivent pas freiner le droit d'agir et l'exercice du pacte commissoire du créancier.

2/ La cession de créance à titre de garantie

637. Une efficacité à géométrie variable. – Il n'est pas contesté en droit des procédures collectives que le patrimoine touché par les effets des différentes procédures soit celui du débiteur contre qui la procédure est ouverte. De sorte que, sauf intervention du législateur, ses effets ne peuvent être étendus à d'autres patrimoines ou à d'autres personnes. Le principe posé par les articles 75, 68 et 69 du nouvel AUPC et L. 622-7, I, alinéa 1er du Code de commerce français qui interdisent le paiement par le débiteur de toutes les créances nées antérieurement au jugement d'ouverture ne s'applique pas au paiement fait par les tiers. Ainsi, ce

---

1477 Art. 78 al. 3 de l'ancien AUPC : « Les titulaires d'un droit de revendication doivent également produire en précisant s'ils entendent exercer leur droit de revendication. À défaut de cette précision, ils sont considérés comme créanciers chirographaires » ; CROCQ (P.), Des créanciers et des contractants mieux protégés, in revue drt et patr., op. cit., p. 63 : « Cette suppression est heureuse s'agissant des actions en revendication en général, mais dans le cas particulier de la propriété-sûreté, elle laisse à la jurisprudence le soin de décider si, dans le silence des textes, le caractère accessoire de la sûreté impose une production de la créance pour que la propriété-sûreté qui la garantit puisse être opposée à la procédure collective ou si, au contraire, cette modification doit être interprétée comme l'expression d'une volonté législative de totalement supprimer l'obligation faite aux revendiquants de produire, y compris dans le cas des propriétés-sûretés ».

1478 La jurisprudence française ne fait plus obligation au revendiquant de déclarer sa créance. Cass. com., 9 janvier 1996, n° 93-20109 : « Attendu qu'en statuant ainsi, alors que, par suite de la revente par la société G2M d'appareils qui ne lui avaient jamais appartenu, le prix encore dû à celle-ci se trouvait subrogé aux biens dont la société Robatherm était demeurée propriétaire et que l'action en revendication que cette dernière avait exercée dans des conditions de délai non critiquées en vue de leur restitution portait désormais sur la créance du prix dû par le sous-acquéreur, la cour d'appel a violé les textes susvisés ; casse et annule, mais seulement en ce qu'il a déclaré prescrite la demande de la société Robatherm fondée sur l'article 122 de la loi du 25 janvier 1985 » ; *D.* 1996, p. 184, obs. F. Derrida ; *RTD civ.* 1996, p. 437, n° 4, obs. Bandrac et Crocq ; PÉROCHON (F.), *Les créanciers et la clause de réserve de propriété, LPA 1991, n° 8, 32 et n° 10 :* « Le créancier a de toute façon intérêt à déclarer tant qu'il en est temps », *puisqu'il n'est pas sûr que sa demande aboutisse (nous soulignons)*. V. note SAINT-ALARY-HOUIN (C.), Des entreprises en difficulté, *op. cit.*, p. 470 ; Cass. com., France, 1er avril 2008, n° 07-11726, *Bull.* 2008, IV, n° 74 : « Mais attendu qu'ayant constaté que la valeur des biens restitués n'excédait pas le solde du prix restant dû, lequel devait s'entendre de la fraction du prix convenu entre les parties, demeurée impayée, indépendamment d'une déclaration de créance y correspondant totalement ou partiellement, la cour d'appel en a exactement déduit qu'aucune somme n'était due par la société Pinel ».

1479 PÉROCHON (F.), Entreprises en difficulté, *op. cit.*, p. 258.

principe ne « vise exclusivement [que] les paiements faits par le débiteur, et non ceux qu'il doit recevoir[1480] ». Les paiements qu'il doit recevoir et qui constituent des créances sont eux-mêmes dans la catégorie des créances qu'il a cédées à ses propres créanciers. Il en ressort que « l'interdiction de payer n'affecte nullement ses propres débiteurs[1481] ». Donc, le créancier bénéficiaire d'une cession de créance ne peut voir son droit d'agir suspendu à l'égard du débiteur cédé à l'ouverture d'une procédure collective contre le cédant s'il s'est acquitté des formalités d'opposabilité de sa sûreté à l'égard du débiteur cédé. Ce dernier ne peut également pas lui refuser paiement sous prétexte de l'ouverture de la procédure collective contre le cédant, sauf à soulever une exception pour faire échouer la demande de paiement. Aussi, lorsque l'échéance de la créance garantie intervient-elle pendant la procédure collective, il semble également peu convaincant de lui refuser la réalisation de sa sûreté lorsqu'il a conservé la somme d'argent qui lui a été versée par le débiteur cédé[1482].

Cependant, puisque la notification agit sur le paiement de la créance et renforce l'efficacité de la cession à titre de garantie, lorsque le cessionnaire ne s'est pas acquitté de cette formalité d'opposabilité et que le débiteur cédé s'est libéré entre les mains de son créancier, l'objet de la créance risque d'être appréhendé par l'actif de la procédure collective. Il est alors soutenu[1483] que « *le cessionnaire ne semble devoir subir les rigueurs de la faillite que dans l'hypothèse où, avant la notification de sa sûreté, le cédant aurait déjà perçu des sommes du débiteur cédé*[1484] ». Le droit exclusif du cessionnaire ne pourra dans ce cas être préservé dans le droit OHADA que s'il a inscrit la sûreté au RCCM. Cette publicité rend opposable la cession à titre de garantie aux tiers et donc à la procédure

---

1480 *Ibidem*, p. 262.

1481 Ibidem.

1482 SYNVET (H.), *Le nantissement de compte, Dr. et patrim.* 2007, n° 161 : « On voit d'ailleurs mal quel serait l'intérêt, du point de vue des finalités du droit des procédures collectives, de retarder le désintéressement du créancier nanti, alors que les sommes figurant au crédit du compte le jour de l'ouverture de la procédure ne peuvent être appréhendées ni par le débiteur, ni par l'administrateur, et ne sont donc pas susceptibles d'alimenter la poursuite de l'activité ».

1483 Cass. com., France, 19 mai 2015, n° 13-25.312 ; *RDBF* 2016, n° 35, obs. C. HOUIN-BRESSAND ; *GAZ. Pal.* 2015, n° 202, p. 24, obs. R. BONHOMME ; LEDEN 2015, n° 7, p. 2, obs. N. BORGA : le cessionnaire « ne pouvait être tenu pour « titulaire » des fonds reçus par les cédants pour le compte du cessionnaire en règlement des créances professionnelles cédées à ce dernier en garantie du crédit qu'il leur avait consenti, dès lors qu'une demande de restitution de fonds ne peut être formée par voie de revendication et que, créanciers d'une somme d'argent, le cessionnaire ou ses ayants droit ne peuvent, lorsque le cédant est soumis à une procédure collective, que déclarer la créance de restitution ou agir en son paiement, si elle est née régulièrement après l'ouverture de la procédure et remplit les critères de son paiement à l'échéance ». Note FAVRE-ROCHEX (C.), Thèse, *op. cit.*

1484 FAVRE-ROCHEX (C.), Thèse, *op. cit.*, p. 261.

collective. Pour autant, la préservation efficace de son droit se heurtera à la nature même de l'objet de la créance qui se confond avec le patrimoine du cédant et au demeurant de l'actif de la procédure collective, mais également à la règle de l'interdiction des paiements et des poursuites individuelles. Pour que ces droits soient efficacement préservés, il eût fallu que ces sommes versées soient individualisées et inscrites sur un compte spécial indisponible ouvert au nom du cessionnaire[1485], et sur lesquelles il exercerait son droit exclusif dès la défaillance du cédant. À défaut d'individualisation, le cessionnaire n'aurait sur les sommes déjà versées au cédant et appréhendées par la procédure collective qu'une créance de restitution sans prétention à faire valoir son droit exclusif[1486] ou son privilège[1487]. Pourtant, pour la préservation de sa sûreté, l'admission d'un droit exclusif sur les fonds confondus dans le

[1485] DELPECH (X.), Propos pédagogiques sur quelques difficultés d'application de la « loi Dailly » - Cour de cassation, com. 20 février 2007, D. 2007. 793 - Recueil Dalloz 2007, p. 793 : Le cessionnaire qui voudrait préserver ses droits « doit sans tarder procéder à la notification et inscrire le montant de la créance encaissée auprès du débiteur sur un compte spécial indisponible ouvert en son nom ; ainsi, va-t-il paralyser l'effet novatoire attaché au mécanisme du compte courant (ladite créance aurait, en effet, perdu son individualité si elle avait été portée sur un compte courant « ordinaire ».

[1486] Sur la conception classique du refus de la revendication des fonds confondus avec les avoirs propres du détenteur, voir Cass. com., France, 4 février 2003, n° 00-13356, *Defrénois* 2003, 1163, obs. R. LIBCHABER ; *JCP E* 2003, 1363, note D. ROBINE : « *Mais attendu qu'une demande de restitution de fonds ne peut être formée par voie de revendication, la seule voie ouverte au créancier d'une somme d'argent étant de déclarer sa créance à la procédure collective de son débiteur* » ; Pour une approche nouvelle de la revendication des choses fongibles, consomptibles et notamment à la monnaie : GIJSBERS (C.), Thèse, *op. cit.*, p. 560-567 ; FAVRE-ROCHEX (C.), Thèse, *op. cit.*, p. 261 : « Leur revendication pourrait pourtant être admise, dès lors que les sommes sont détenues pour le compte exclusif du cessionnaire et qu'il ne s'agit pas tant pour le cessionnaire d'être payé en marge de la procédure que de réclamer la préservation de l'assiette de sa sûreté ».

[1487] Cass. com., France, 20 févr. 2007, n° 05-20.562, « Attendu que si une cession de créance professionnelle à titre de garantie attribue au cessionnaire un droit exclusif sur cette créance afin de garantir le recouvrement du concours consenti, elle ne saurait conférer au concours déclaré au passif du cédant un privilège dont il serait assorti lui donnant le droit d'être préféré aux autres créanciers sur un élément du patrimoine de son débiteur » ; RTD com. 2007.422 obs. D. LEGEAIS : « Le bénéficiaire de la cession avait cru pouvoir bénéficier des avantages de la cession et du nantissement. Il se prévalait ainsi « d'un nantissement de cession de créance Dailly ». Ainsi, il tentait d'obtenir son paiement de la procédure collective ouverte au nom du cédant. Cette figure baroque est à juste titre écartée par la Cour de cassation qui énonce que « le nantissement est une faculté alternative à la cession » ; DELPECH (X.), Propos pédagogiques sur quelques difficultés d'application de la « loi Dailly », op. cit., : « [...] la créance professionnelle pouvant, faut-il le rappeler, faire l'objet de deux procédés de « mobilisation » que sont la cession et ne nantissement. [...] la nature de la sûreté – l'existence de celle-ci doit toujours être mentionnée dans la déclaration, qu'il s'agisse d'une fiducie-sûreté ou d'un nantissement [...]. La cassation est ici intervenue car, bien que l'on soit en présence d'une cession à titre de garantie (malgré l'intitulé fort équivoque du bordereau utilisé), le créancier a été admis à titre privilégié. C'est cette confusion sur les prérogatives du créancier propriétaire et du créancier nanti qui est censurée ».

patrimoine du cédant et détenus par lui aurait théoriquement pour intérêt, non pas l'exercice de ce droit dans une procédure de restructuration, mais de permettre le report du droit convoité sur les fonds existants lorsque la situation financière du cédant serait irrémédiablement compromise[1488].

638. C'est aussi au nom de cette incertitude pour le paiement qu'il est préférable pour le créancier de déclarer sa créance au passif de la procédure collective contre le cédant et dans l'optique où le cessionnaire n'aurait pas rendu opposable sa sûreté au débiteur cédé avant la décision d'ouverture. Pour finir, le créancier qui a omis d'inscrire sa sûreté au RCCM en perd le bénéfice à l'égard de la masse des créanciers.

C/ LA SOUMISSION DES PROPRIETES CEDEES A TITRE DE GARANTIE A PRIORI CONDITIONNEE A L'UTILISATION DU BIEN GARANTI PAR LE DEBITEUR

639. L'exemple du droit français. – La grande efficacité des propriétés-sûretés succombe au besoin de sauvetage de l'entreprise en difficulté. Tel est le sort de moins en moins enviable des propriétés cédées confrontées à l'intérêt supérieur de l'entreprise qui ne peut se sortir seule des difficultés financières qui l'accablent. En effet, la soumission des propriétés cédées aux effets des procédures collectives de sauvegarde et de redressement a été imposée par le législateur français à travers l'article L. 622-23, I du Code de commerce issu de l'Ordonnance du 18 décembre 2008[1489]. Pour cet article, lorsque le bien garanti est utile à l'activité du débiteur et qu'il en conserve l'usage ou la jouissance par une convention de mise à disposition malgré le contrat de fiducie, « *aucune cession ou aucun transfert de ces biens ou droits ne peut intervenir au profit du fiduciaire ou d'un tiers du seul fait de l'ouverture de la procédure, de l'arrêté du plan ou encore d'un défaut de paiement d'une créance née antérieurement au jugement d'ouverture* ». Il est ainsi important comme l'écrit un auteur que « *les biens utiles à l'activité de l'entreprise soient toujours affectés à celle-ci. Ils le sont si les biens assiette de la fiducie font l'objet d'une convention de mise à disposition*[1490] ».

[1488] Pour une autre approche, FAVRE-ROCHEX (C.), Thèse, *op. cit.*, p. 261 : « […] L'admission de la revendication des sommes d'argent par le cessionnaire Dailly ne constituerait donc pas nécessairement une façon de se soustraire de la discipline collective. Autrement, cette hypothèse de détention de sommes d'argent pour le compte d'autrui pourrait être de celles où la revendication monétaire aurait sa place » ; ANDREU (L.), Cession Dailly et procédures collectives, RPC 2017, n° 6, doss. 21, n° 18. Note FAVRE-ROCHEX (C.), *ibidem.*

[1489] Ordonnance française n° 2008-1345 du 18 décembre 2008 portant réforme du droit des entreprises en difficulté.

[1490] LEGEAIS (D.), Sûretés et garanties du crédit, *op. cit.*, p. 484 ; LEGEAIS (D.), *La réforme des sûretés, la fiducie et les procédures collectives, Rev. sociétés* 2007, p. 687 ; SAINT-ALARY-HOUIN (C.), Droit des entreprises en difficulté, *op. cit.*, p. 440 : « L'objectif de cette

640. Cette disposition montre que malgré la toute-puissance souhaitée à la propriété cédée à titre de garantie, sa soumission aux règles des procédures collectives lorsqu'elles ont pour objectif le sauvetage de l'entreprise en difficulté peut être prononcée par le législateur. L'atteinte portée aux droits du créancier devient une atteinte légitime en vue de préserver l'activité du débiteur et donner une chance à sa restructuration. C'est dans cet intérêt qu'une convention de mise à disposition[1491] est souvent signée dès la constitution de la sûreté afin de ne pas paralyser son activité malgré la constitution de la fiducie. Le droit du créancier à la réalisation de sa sûreté a alors vocation à se soumettre aux règles de la procédure collective. Cette soumission peut également être étendue à la fiducie avec dépossession comme le souhaitent justement certains auteurs, avec pour conséquence de soumettre également cette sûreté aux règles dérogatoires des procédures collectives. Pour FAVRE-ROCHEX : « *D'un point de vue théorique, affirmer que le bénéficiaire d'une fiducie conclue avec dépossession doit nécessairement pouvoir réaliser sa sûreté en dépit de l'ouverture d'une procédure collective est-il pour autant convaincant ? [...], Prétendre que le transfert fiduciaire constitutif de la sûreté suffit à permettre la libre réalisation de la sûreté dans l'ignorance de la procédure collective n'est pas concluant. Pour autant, le législateur ayant, [...] paralysé précisément la fiducie-sûreté conclue sans dépossession, il faut sans doute s'y résoudre : logiquement, la fiducie-sûreté conclue avec dépossession devrait échapper, a contrario, à l'emprise de la procédure collective du débiteur. Encore faut-il préciser que l'ouverture de la procédure collective ne suffit pas à rendre la créance garantie exigible, toute clause contraire étant réputée non écrite. De la sorte, rien ne justifie que la fiducie-sûreté soit réalisée à contretemps*[1492] ». On retiendra en tout état de cause que les choix de politique juridique ne sont pas toujours les plus cohérents mais ils s'imposent à tous.

641. Le transfert fiduciaire d'une somme d'argent du droit OHADA. – En décidant en droit OHADA de bloquer le compte abritant le transfert

---

disposition est d'éviter que l'actif du débiteur ne soit vidé des biens faisant l'objet du contrat de fiducie ».

[1491] Loi du 4 août 2008, art. 2018-1 du Code civil français ; AYNÈS (L.), CROCQ (P.), Les sûretés-La publicité foncière, *op. cit.*, p. 385 : « Le nouvel article L. 622-13, VI, du Code de commerce affirmant que si les règles de la continuation des contrats en cours ne s'appliquent, en revanche, à « *la convention en exécution de laquelle le débiteur conserve l'usage ou la jouissance des biens ou droits transférés dans un patrimoine fiduciaire* » ; ce qui a pour conséquence que ce n'est qu'au jour où cette convention prendra fin que le créancier pourra obtenir la restitution des biens objets de la fiducie » ; V. art. L. 624-10-1 du Code de commerce ; CROCQ (P.), *L'ordonnance du 18 décembre 2008 et le droit des sûretés, JCP E* 2009, 1313, n° 35.

[1492] FAVRE-ROCHEX (C.), Thèse, *op. cit.*, p. 256.

fiduciaire d'une somme d'argent, le législateur OHADA soustrait ces fonds de l'actif disponible et utilisable par le débiteur[1493]. De la sorte, en cas de défaillance, ces fonds qui ne faisaient pas l'objet d'une convention de mise à disposition ne peuvent pas être appréhendés par la procédure collective. On peut souscrire le fait que le compte étant bloqué et le créancier étant titulaire d'un droit exclusif sur les fonds qui y sont inscrits, son droit à la réalisation devrait subir les mêmes restrictions que celles que subissent les sûretés classiques. L'essentiel est d'œuvrer à la protection de sa sûreté et à la préservation de ses droits. Aussi le législateur semble également à travers les articles 72 et 75 du nouvel AUS être favorable à la soumission sans distinction de toutes les sûretés réelles dès l'ouverture du redressement judiciaire et de la liquidation des biens.

642. Doit-on alors considérer comme en droit français que le non-usage de ces fonds garantis par le mécanisme de la propriété-sûreté rend inutile la soumission du transfert fiduciaire d'une somme d'argent aux effets des procédures collectives curatives ?[1494] De plus, le compte étant ouvert au nom du créancier, il aurait aussi pu échapper de fait à la procédure collective ouverte contre le débiteur. Ces fonds étant considérés comme échappant au gage commun de la masse des créanciers. Même si le constituant n'a pas par hypothèse perdu son droit de propriété ordinaire, le créancier affirme énergiquement sur ces fonds un droit exclusif qui est opposable à la procédure collective. Malgré cette construction qui favoriserait la non-soumission du transfert fiduciaire d'une somme d'argent, il faut se résoudre sauf avis contraire de la CCJA à une stricte application des textes. Nous pensons que le législateur OHADA a entendu, contrairement au droit français, soumettre sans distinction toutes les sûretés réelles pour privilégier la restructuration de l'entreprise en difficulté. Toutefois, il serait aussi inutile de maintenir cette restriction dans une procédure de liquidation des biens tant le compte bloqué fonctionne comme une véritable dépossession dépourvue de jouissance par le constituant. Au mieux, le mandataire judiciaire peut être autorisé à payer le créancier pour débloquer le compte.

643. Cependant, au vu de l'importance des fonds qui peuvent faire l'objet de cette sûreté et du droit exclusif du créancier, il serait intéressant pour la pratique des affaires que le législateur introduise aussi la possibilité pour

---

[1493] Art. 87 al. 2 du nouvel AUPC : « Ces fonds doivent être inscrits sur un compte bloqué, ouvert au nom du créancier de cette obligation, dans les livres d'un établissement de crédit habilité à les recevoir ».

[1494] LEGEAIS (D.), Sûretés et garanties du crédit, *op. cit.*, p. 485 : *Il en est de même en liquidation des biens,* « [Cette procédure] ayant pour fonction la liquidation des actifs de l'entreprise, il n'existait aucune raison de porter atteinte aux droits des créanciers bénéficiaires d'une fiducie ».

les parties de signer une convention de mise à disposition pour ne pas thésauriser ces fonds inutilement ; pour cela, il aurait fallu imposer pour cette sûreté la création d'un patrimoine d'affectation. Il appartiendra aux parties de convenir des conditions d'utilisation du compte en question. Ou, à titre prospectif, contrairement à la restriction du droit à la réalisation, le législateur peut expressément et exceptionnellement autoriser le créancier dans le transfert fiduciaire d'une somme d'argent à réaliser sa sûreté à l'échéance indépendamment des règles dérogatoires des procédures collectives. Cette particularité est aussi liée à la nature de l'assiette de cette sûreté, mais également à son régime. Étant une sûreté sur des fonds qui ne sont pas à la disposition du débiteur, on peut estimer qu'il n'y a aucun intérêt à bloquer sa réalisation ou à la différer puisque de toutes les façons l'effet exclusif dont bénéficie le créancier lui permet d'évincer les prétentions concurrentes des autres créanciers[1495]. Au mieux, une fois la sûreté réalisée, s'il subsiste un excédent, il tombera automatiquement dans l'actif de la procédure et profitera aussi bien aux autres créanciers qu'au débiteur. Mais, ajoutons que cette redoutable efficacité n'exonère pas le créancier de déclarer par prudence sa créance au passif de la procédure collective[1496].

[1495] Le lien peut également être fait en matière de nantissement de créances. Voir FAVRE-ROCHEX (C.), Thèse, *op. cit.*, p. 237 : « En tout état de cause, il a été souligné qu'une fois les sommes conservées par le créancier nanti, empêcher le paiement du créancier nanti lorsque s'ouvre une procédure collective serait parfaitement inutile. En effet, les sommes étant affectées au paiement du créancier nanti, différer son désintéressement ne présenterait prétendument aucun intérêt pour le déroulement de la procédure, sauf à stériliser inutilement les fonds conservés. C'est sans doute ce qui a conduit les concepteurs de l'avant-projet de réforme du droit des sûretés, en 2017, à prévoir que la réalisation du nantissement de monnaie scripturale ne peut pas être affectée par l'ouverture d'une procédure collective » ; SYNVET (H.), *Le nantissement de compte, Dr. et patrim.* 2007, n° 161 : « On voit d'ailleurs mal quel serait l'intérêt, du point de vue des finalités du droit des procédures collectives, de retarder le désintéressement du créancier nanti, alors que les sommes figurant au crédit du compte le jour de l'ouverture de la procédure ne peuvent être appréhendées ni par le débiteur, ni par l'administrateur, et ne sont donc pas susceptibles d'alimenter la poursuite de l'activité » (*notons toutefois que, s'il s'agit d'une procédure de restructuration, le créancier ne pourrait être légitime dans la réalisation de sa sûreté qu'à l'échéance de l'obligation garantie. De la sorte, il se pourrait qu'il consente une remise dans le cadre de cette procédure. Cette remise diminuerait à due concurrence ses droits sur l'objet de la créance nantie*) ; JULIENNE (M.), Thèse, *op. cit.*, p. 156 : « Différer la réalisation de la sûreté en cas de procédure collective du constituant ne présente aucun intérêt. Aussi serait-il raisonnable de considérer que le nanti peut réaliser la sûreté qu'il détient sur les sommes perçues même en cas de procédure collective (…) ».

[1496] ROUSSEL GALLE (Ph.), La déclaration de créances et les sûretés réelles, LPA 2011, n° 30, p. 37.

CONCLUSION DU CHAPITRE 2

644. Il est possible d'affirmer que le choix des propriétés-sûretés mène inexorablement vers une réalisation par attribution de la propriété ordinaire du bien garanti. Cette conception est à contre-courant de ce que semble indiquer le législateur lorsqu'il évoque au stade de la réalisation des propriétés-sûretés l'acquisition par le créancier de la libre disposition des biens garantis en propriété. Nous avons démontré que la technique juridique au cœur de cette réalisation démontrait le contraire et que le créancier ne pouvait se prétendre raisonnablement propriétaire qu'après la réalisation effective de sa sûreté. L'efficacité de ces sûretés semble alors être décidée dès leur constitution par l'utilisation de la propriété-garantie comme critère d'efficacité. Toutefois, il n'est pas exclu si la vente de ces biens était possible que le créancier décide d'opter pour la vente forcée, le choix du mode d'exécution forcée de sa sûreté lui appartient. Le pacte commissoire implicitement suggéré par le législateur ne peut alors être perçu comme le seul mode de réalisation de ces sûretés. Le régime des propriétés-sûretés a aussi montré que leur efficacité n'est pas fonction uniquement de l'utilisation de la propriété, et c'est peu de le dire compte tenu du débat qu'elles continuent de susciter au sein de la doctrine. Mais, leur efficacité est également subordonnée à la prise en compte de leur mode d'opposabilité aux tiers. De la sorte, l'efficacité des propriétés-sûretés dépend aussi des critères inhérents aux sûretés réelles traditionnelles comme la dépossession ou l'absence de dépossession et l'inscription sur un registre à titre de publicité, rapprochant ainsi un peu plus les propriétés-sûretés des sûretés réelles traditionnelles.

Le législateur OHADA a fait le choix de consacrer des propriétés-sûretés qui ne souffraient semble-t-il d'aucune faiblesse pour leur efficacité à l'égard du créancier même à l'ouverture d'une procédure collective. Notre analyse a fait ressortir cette efficacité avec quelques réserves tenant à la portée réelle de ces sûretés en procédure collective. La publicité au RCCM de la réserve de propriété et de la cession de créance à titre de garantie renforce ainsi leur efficacité en procédure collective. Quant au transfert fiduciaire d'une somme d'argent, il a également été doté d'un régime juridique qui lui permet d'évincer les autres créanciers et de préserver les intérêts du créancier en cas d'ouverture d'une procédure collective. Ces choix législatifs montrent l'objectif du législateur OHADA de préserver les intérêts du créancier afin de susciter l'investissement. Du reste, le législateur doit mieux préciser leur régime aussi bien en dehors des procédures collectives qu'à l'aune de ses règles spéciales et dérogatoires qui ont pour objectif de favoriser la restructuration de l'entreprise en difficulté.

Des questions demeurent alors. Sur la réalisation de ces sûretés par exemple et leur affranchissement supposé des règles posées par l'AUVE.

Mais, comme nous l'avons démontré, avec à l'appui des travaux récents sur la question, cette réalisation ne peut s'affranchir des règles fondamentales de l'exécution forcée même si son objectif est d'être rapide et éviter le concours du juge. Même si certains auteurs occultent toujours la réalisation de ces sûretés par un pacte commissoire suggéré, puisque la propriété serait pour eux déjà acquise dès leur constitution, nous pensons que la technique juridique sous-jacente s'y rapporte étrangement. Il convient pour les besoins de la sécurité juridique que le législateur OHADA éclaire davantage cette technique pour un dénouement sans encombre des propriétés-sûretés avec la mise en place d'une procédure claire et adaptée au besoin de l'attribution en propriété. Tout compte fait, il ne fait aucun doute que l'utilisation de la propriété à titre de garantie dans l'espace OHADA puisse permettre une redoutable efficacité à l'égard du créancier qui en est le bénéficiaire. Dans ce cas, le législateur gagnerait à élargir l'assiette de ces sûretés comme l'a fait le droit français.

CONCLUSION DU TITRE 2 ET DE LA DEUXIEME PARTIE

645. L'attribution en propriété a démontré une certaine efficacité par rapport à la vente forcée traditionnelle. Mais le pari de sa consécration est-il gagné pour autant ? Nous pensons que des efforts restent à faire pour hisser ce mode d'exécution forcée exceptionnel au rang des mécanismes incontournables pour l'efficacité des sûretés réelles conventionnelles. Le choix par le créancier de ce mode d'exécution reste subordonné à plusieurs paramètres qu'il ne peut négliger et qui peuvent fragiliser l'efficacité de la réalisation de sa sûreté. Il est par exemple très encadré et fait l'objet de garde-fous en raison de sa grande simplicité. Cette procédure peut par exemple avoir pour conséquence une expulsion de toute personne habitant l'immeuble garanti dans un délai relativement court. Les incertitudes liées à la purge des droits concurrents sur le bien garanti ne sont plus à soulever, de même que celles liées à la procédure elle-même et au respect des règles impératives de l'exécution forcée, pour ne citer que celles-là. Mais, la vente forcée ne s'est pas pour autant améliorée ; la vente mobilière peut-être, en ce qu'elle est moins complexe que la vente immobilière. Le législateur OHADA pourrait à ce titre introduire dans la vente forcée immobilière la vente amiable sous contrôle judiciaire comme l'a fait le droit français pour limiter les contentieux et aussi la lourdeur de la vente forcée. Aussi, gagnerait-il également à opérer une adaptation en profondeur de l'AUVE à l'AUS tout en prenant en compte l'importance des biens meubles incorporels dans le contentieux de la réalisation des sûretés réelles conventionnelles. Du reste, il faut dire que même si l'attribution en propriété gagne du terrain par rapport à la vente forcée, elle n'est pas encore entrée dans les habitudes. La vente forcée reste donc une procédure usuelle bien connue des praticiens et même des juges et ne réserve normalement plus de surprise quant à son exercice. Il en est de même de son efficacité et enfin de sa capacité à permettre aux créanciers de vider plus sereinement, hormis les difficultés connues, les contentieux de la réalisation des sûretés réelles conventionnelles.

CONCLUSION GENERALE

646. La quête de l'efficacité des sûretés réelles conventionnelles. – La quête de l'efficacité est intimement liée à l'objectif poursuivi. D'abord dans l'objectif poursuivi par le législateur dans la mise en place des normes et critères permettant d'arriver au résultat voulu et renforcé par le juge, puis dans les attentes placées dans ces normes et critères par les créanciers surtout, mais aussi par les débiteurs. La réponse à ces attentes souvent antagonistes conduit le législateur à faire des arbitrages parfois incohérents avec la finalité objective souhaitée. Les sûretés réelles conventionnelles se présentent dans ce contexte comme des garanties ayant pour finalité de permettre au créancier d'éviter une perte patrimoniale, en bénéficiant dès la constitution de la sûreté des avantages qui lui permettent d'être privilégié sur la valeur du bien à lui garanti. La fonction de ces sûretés est de préserver les droits du créancier jusqu'à ce que la défaillance du débiteur lui permette de les exercer convenablement. L'exercice de ces avantages est alors soumis à des procédures strictes de réalisation qui sont prévues par les textes. Elles organisent le désintéressement des créanciers dans des conditions qui empêchent leur enrichissement par le biais de la sûreté, et favorisent par la même occasion la protection des droits des débiteurs qui subissent la contrainte de l'exécution sur leur bien. Il faut dire que la finalité traditionnelle des sûretés réelles conventionnelles, qui est d'octroyer contractuellement aux créanciers un droit préférentiel sur la valeur du bien garanti, s'est peu à peu érodée au fur et à mesure de la protection croissante du débiteur défaillant soumis à une procédure collective. Dans cette procédure, l'intérêt collectif sur un plan économique et social prend le dessus sur l'intérêt individuel des créanciers, qui voudraient exécuter librement leur sûreté réelle, et évite au débiteur défaillant le prix de la course. Chemin faisant, le besoin de contourner les règles dérogatoires des procédures collectives a conduit les créanciers à rechercher des moyens plus efficaces pour préserver leur droit, simplifier les mesures d'exécution pour pallier la lourdeur de la vente forcée et ainsi avoir accès plus facilement et à moindre coût à la valeur du bien garanti. Le législateur a donc compris ce besoin de renouveau de l'efficacité des sûretés réelles conventionnelles. Il a ainsi, dans l'AUS de 2010 consacré en plus des techniques classiques d'affectation du bien garanti, des techniques qui font débat en raison de leur originalité aussi bien à la constitution des sûretés réelles qu'à leur réalisation. Cette originalité est le fruit d'une exclusivité recherchée soit dès la constitution de la sûreté réelle soit à sa réalisation. Quoique s'installant normalement dans la continuité, des auteurs ont pu trouver dans cette exclusivité conçue dans les deux temps forts de la vie des sûretés réelles, une approche qui ne satisfait pas à la recherche d'une cohérence dans le sens à donner à leur régime général. Nous avons alors essayé de démêler les conceptions visant une efficacité sans partage, à effet exclusif au profit d'un seul créancier, de celles plus mesurées et conciliantes qui prennent en compte les droits des créanciers concurrents. Cette analyse s'est faite à travers le sens réel à donner aux différents critères d'efficacité consacrés par le législateur OHADA. La réflexion s'est alors conduite progressivement en s'appuyant essentiellement sur le droit français ; sa doctrine et sa jurisprudence sont les sources principales d'inspiration du droit OHADA, dont il prend l'essentiel des critères d'efficacité. Mais aussi, du nouveau droit québécois des sûretés réelles pour sa vision moderne de l'efficacité de ces sûretés. Quel sens donner à ces critères aussi bien classiques que modernes ? Et quelle est leur véritable portée dans la recherche de l'efficacité des sûretés réelles conventionnelles, aussi bien au stade de leur constitution que de leur réalisation ?

647. Un objectif en construction. – Il est unanimement admis en doctrine que ce qu'attendent les créanciers de la constitution d'une sûreté réelle est de pouvoir préserver l'assiette de leur sûreté jusqu'à l'échéance de l'obligation garantie. Cette protection est souhaitée aussi bien contre le constituant que vis-à-vis des prétentions concurrentes des autres créanciers. À cette fin, la quête de l'efficacité des sûretés réelles conventionnelles vise deux objectifs majeurs : la préservation de l'assiette de la sûreté constituée d'une part et d'autre part le désintéressement effectif du créancier sur la valeur de cette assiette. Il faut alors envisager l'efficacité des sûretés réelles conventionnelles dès leur constitution, dans le choix des critères d'efficacité pour la préservation de leur assiette tout au long de l'opération de garantie puis, dans le choix du mode d'exécution forcée à privilégier pour leur réalisation.

648. Le choix des critères d'efficacité dès la constitution de la sûreté a donc inévitablement un impact sur sa réalisation. Avant l'AUS de 2010, le choix des critères d'efficacité était possible en matière mobilière. En raison de la nature volatile et instable de ces meubles qui ne permet pas une organisation efficace de la propriété mobilière, la préservation de l'assiette des sûretés mobilières reposait sur l'unique technique de la dépossession. Cette dernière avait le droit de rétention matérielle et la protection possessoire comme critères de préservation des droits du créancier. Le droit de rétention prévu comme effet énergique du gage avait alors une finalité exclusive puisqu'il permettait au rétenteur d'affirmer un pouvoir effectif sur le bien garanti dont il ne se séparait qu'une fois sa créance entièrement payée. Par ce blocage, il s'assurait un payement effectif sans concours avec d'autres créanciers. Cependant, la consécration par le législateur OHADA du droit de rétention autonome, conçu comme une sûreté réelle authentique avec en prime la possibilité pour le créancier de réaliser son assiette n'était pas en adéquation avec le sens qu'il lui donnait dans le régime du gage. Ce choix de politique juridique, quoique singulier, était approuvé par certains auteurs mais décrié par d'autres qui y voyaient la dénaturation du droit de rétention et le détournement de son sens originel. Cette conception a longtemps eu raison de la dénomination des sûretés mobilières et de leur régime. Le gage englobait donc les meubles corporels et incorporels alors que ces derniers ne pouvaient techniquement pas avoir les mêmes critères d'efficacité que les meubles corporels. Le nantissement n'était alors qu'un gage exceptionnel qui pouvait être constitué sans la dépossession du constituant. Cependant, il marquait déjà sa différence par rapport au gage par le *numerus clausus* imposé sur son assiette et surtout par l'exigence de publicité au RCCM pour son opposabilité aux tiers. Cette publicité permettait alors l'exercice du droit de suite avec une plus ou moins grande réussite en fonction de la localisation stable ou non du bien garanti. Elle était surtout plus efficace à l'égard des biens incorporels.

En matière immobilière, le choix n'était pas possible dans la mesure où la seule sûreté prévue par le législateur OHADA est l'hypothèque, une sûreté sans dépossession, efficace par la localisation stable de son assiette et par la publicité particulière dont elle fait l'objet. La relative faiblesse de l'organisation de la propriété immobilière n'en permet pas une large application.

649. Ces sûretés mobilières et immobilières octroyaient ainsi à leur bénéficiaire un droit préférentiel sur la valeur des biens garantis et pouvaient être mises en œuvre par une procédure de vente forcée qui a pour but de permettre un accès direct à cette valeur. Cette procédure d'exécution forcée marquait de son empreinte la réalisation des sûretés réelles puisqu'elle était érigée en droit commun de l'exécution forcée. Le droit des sûretés renvoyait donc naturellement sa procédure à l'AUVE qui l'organise scrupuleusement. La reconnaissance aux créanciers de cette contrainte légitime sur les biens de leur débiteur s'appuyait sur un principe issu du droit français selon lequel les biens du débiteur sont le gage commun de ses créanciers. Son exécution était alors encadrée de sorte à n'exclure aucun créancier de l'engagement de la procédure puisque tous les créanciers ont les mêmes droits sur les biens de leur débiteur. La sûreté réelle ne créait ainsi qu'une rupture d'égalité sur le partage ou la distribution des deniers issus de la vente desdits biens. En raison de cet avantage pour les créanciers et de la contrainte que cette exécution engendrait sur le patrimoine des débiteurs, les procédures d'exécution étaient spécialement prévues pour leur assurer un minimum de protection afin d'éviter la spoliation de leur bien. C'est dans ce sens que la procédure de vente forcée oblige les créanciers au respect d'un certain nombre de règles, tout en permettant l'accomplissement de sa finalité première qui est leur désintéressement par la recherche du juste prix dans la vente du bien garanti.

Monopole du juge qui en contrôle le bon fonctionnement cette procédure, quoiqu'efficace, est perçue dans la pratique comme lourde, longue, épuisante et contraire à la célérité recherchée par les créanciers dans le dénouement de leur sûreté. Le législateur a alors tenté dans l'AUS de 1997 de simplifier l'exécution forcée mais uniquement en matière de gage. Il a ainsi introduit une procédure d'attribution en nature du bien devant permettre un accès indirect à sa valeur. Même s'il s'agissait d'une procédure judiciaire, elle avait pour but de faciliter la réalisation du gage, en attribuant son assiette au créancier poursuivant après une estimation suivant les cours ou à dire d'expert. C'est dire que le débiteur n'est pas laissé sans protection. Toutefois, les textes ne précisent rien sur les privilèges concurrents des autres créanciers sur le bien attribué en nature et qui sont victimes de l'absence de deniers pouvant permettre une répartition à effet de purge. L'AUVE ne prévoit également aucune procédure organisant cette attribution forcée en nature. Dans le droit français qui a inspiré cette exécution forcée, elle fait pourtant l'objet de vifs débats qui auraient pu alerter les rédacteurs de l'AUS dans le sens à en permettre une meilleure consécration, mais hélas ! Un auteur écrira sur le sujet que : « *On affirme que l'attribution permet d'exclure les créanciers concurrents. Alors que l'attribution judiciaire du gage était née comme une faveur procédurale consentie pour les biens de peu de valeur, il n'y aurait aujourd'hui pas de raison de s'émouvoir de ce qu'elle permettrait de sacrifier les intérêts des autres créanciers. Pourtant, rien ne permet de justifier une telle primauté au profit de l'attributaire. [...] La mise à l'écart des créanciers concurrents ne peut pas non plus trouver de justification dans le fait que les techniques d'attribution entraînent un transfert de propriété. En effet, l'exclusivisme du droit de propriété ne doit pas être confondu avec la quête d'exclusivité de désintéressement du droit des sûretés*[1497] ». L'auteur poursuit en disant que : « *L'attribution à titre de réalisation n'emporte pas purge des inscriptions, le créancier attributaire subira, le cas échéant, l'exercice du droit de suite de ses concurrents, [...]. [...], certains auteurs ont naturellement cherché un fondement à la primauté du créancier dans l'originalité de la technique utilisée. En effet, les modes d'attribution permettent d'éviter la vente du bien et surtout son prolongement : la distribution de deniers. Mais l'absence de prix à répartir ne constitue pas une justification permettant d'exclure l'exercice des droits de préférence concurrents*[1498] ». Ces explications ont le mérite de replacer le

[1497] SÉJEAN-CHAZAL (C.), Thèse, *op. cit.*, p. 500.
[1498] Ibidem.

débat dans la finalité réelle et concrète des sûretés réelles. Elles ont alors soutenu notre raisonnement dans le sens à donner à ces dispositions dans l'AUS. Quant à l'AUVE, il s'est muré depuis son avènement dans la vente forcée qu'il a élevée en droit commun de l'exécution forcée, avec un point d'honneur à son application à l'égard des biens corporels, et n'a pas été modifié depuis. Il emporte donc des lacunes comme : la sous-représentation des procédures forcées pour la vente des biens incorporels ; l'absence regrettable d'une procédure simplifiée d'exécution par attribution forcée en nature des biens garantis ; une intégration très insuffisante des exigences de l'AUS dans les procédures forcées, comme la possibilité voire l'obligation d'informer les créanciers concurrents inscrits sur tous les biens garantis faisant l'objet d'une exécution forcée. Pour autant, ce ne sont pas les modèles qui manquaient comme celui du droit québécois qui a fait de la publicité des sûretés réelles le critère essentiel de leur efficacité.

650. Par ailleurs, aucune procédure simplifiée n'était également prévue pour la vente forcée immobilière qui en a pourtant grandement besoin. Seule la vente mobilière fait l'objet d'une procédure amiable sous contrôle judiciaire. La lourdeur de la vente forcée immobilière a donc favorisé malgré l'avènement des Actes uniformes, la subsistance de normes juridiques qui leur sont contraires mais efficaces par leur simplicité et qui ne nécessitent pas un coût prohibitif pour la réalisation des sûretés immobilières. C'était le cas pendant longtemps de la dation en paiement sous condition suspensive du droit togolais qui depuis 1988 faisait « la pluie et le beau temps » dans les pratiques bancaires. Mais, à l'analyse des dispositions de cette sûreté que les juges de la CCJA n'ont pas hésité à qualifier de sûreté réelle contraire aux dispositions de l'AUS, se cachait en réalité un besoin de simplification de l'exécution forcée sur les immeubles. Il est peut-être temps que l'AUVE fasse l'objet d'une réforme en profondeur pour répondre à ces besoins de plus en plus présents et pressants, lesquels sont exacerbés par l'introduction des nouveaux modes d'exécution simplifiée dans l'AUVE.

Pour ne rien arranger à la déroute des sûretés réelles classiques, leurs critères d'efficacité et les modes classiques de réalisation des sûretés réelles étaient soumis aux règles dérogatoires des procédures collectives pour permettre la restructuration de l'entreprise en difficulté. Toutefois, la pratique a démontré l'insuffisance des textes existants, leurs lacunes et une organisation des procédures qui ne favorisaient aucunement cette restructuration. Le nouvel AUPC de 2015 a tenté d'y remédier en s'adaptant aussi à la réforme de l'AUS de 2010. Si les choix législatifs consacrés favorisent clairement la sauvegarde de l'entreprise en difficulté, certaines dispositions sont pour le moins critiquables.

651. La nécessité d'une conformité ou d'un accord entre l'efficacité des sûretés réelles et leur finalité. – L'AUS de 2010 s'est voulu plus moderne et plus précis dans le régime des différentes sûretés réelles. Elle a consacré, en plus des critères classiques d'efficacité des sûretés réelles, la propriété à titre de garantie qu'il a cantonnée pour le moment aux sûretés mobilières, contrairement au droit français. Les critères classiques ont été mieux définis par rapport à chaque sûreté réelle en raison d'une meilleure organisation de leur régime juridique. Quelques ajustements restent tout de même encore à faire.

652. Mais, le besoin de rendre encore plus efficaces les sûretés portant sur ces catégories particulières de biens qui échappent encore peu ou prou à l'emprise des créanciers, a conduit le législateur à renforcer leur efficacité. Il a ainsi consacré au profit des créanciers un mécanisme leur permettant, dès la constitution de leur sûreté, d'avoir un droit exclusif sur la valeur du bien garanti. L'utilisation de la propriété-garantie devait alors donner aux créanciers l'assurance d'une protection sans faille tout au long de l'opération de garantie et même lorsque se profile l'ouverture d'une procédure collective contre le constituant. Comme pour l'attribution en propriété à titre de réalisation, des auteurs ont proposé des thèses pour expliquer le particularisme et l'originalité de la technique utilisée en raison de l'utilisation de la propriété. Pour eux, elle produirait à l'égard du créancier un droit tout aussi original puisqu'il serait en capacité d'affirmer sur le bien garanti un droit de propriété ordinaire. Un droit, certes diminué de certains attributs d'un véritable propriétaire, mais un droit tout puissant quand même qui le mettrait à l'abri de toute concurrence sur le bien, et ce dès la constitution de la sûreté. Comme à l'accoutumée, le législateur OHADA s'inspirant de cette technique implémentée dans le droit français a raté l'occasion d'être plus clair que le modèle originel. Aux côtés de l'attribution en propriété à titre de réalisation, finalement étendue à toutes les sûretés réelles comme une alternative à la vente forcée judiciaire, sauf lorsque la nature du bien garanti ne la rend pas possible, essaime la propriété utilisée à titre de garantie dès la constitution de la sûreté. Ni l'une ni l'autre n'ont fait l'objet d'un traitement en profondeur de sorte à en simplifier le sens et l'utilisation.

Malgré la volonté de certains auteurs autorisés de faire de cette propriété une véritable technique d'appropriation de l'assiette de la sûreté dès sa constitution, on ne peut qu'alerter sur les conséquences croissantes de ces conceptions qui dénaturent la finalité des sûretés réelles. Aussi, l'utilisation de la propriété-garantie doit-elle être perçue pour ce qu'elle est réellement, c'est-à-dire une sûreté qui octroie au créancier un droit exclusif sur la valeur du bien garanti dès la constitution de la sûreté. Comme l'affirme le Pr GIJSBERS dans sa Thèse : « *Utilisée comme garantie par les créanciers dispensateurs de crédit, la propriété n'est plus ce droit de tirer profit de toutes les utilités économiques du bien, sauf celles qui lui ont été expressément ôtées. Elle devient, bien au contraire, le droit de ne rien faire qui ne soit explicitement autorisé. Elle n'est plus la propriété que décrit l'article 544 du Code civil mais se rapproche au contraire du droit de garantie qu'obtient le bénéficiaire d'une hypothèque, d'un gage ou d'un nantissement*[1499] ». L'intérêt de cette démarche serait clairement de mettre en accord la recherche de l'efficacité des sûretés réelles conventionnelles avec leur finalité. Ceci permettra de situer la portée véritable des sûretés réelles et l'incidence réelle de leur réalisation dans les procédures collectives. La Thèse de FAVRE-ROCHEX C. nous éclaire sur l'enjeu de la conciliation du droit des sûretés avec le droit des entreprises en difficulté. Il estime que : « *La coordination des sûretés et des procédures collectives devrait immanquablement procéder d'un renforcement de l'acclimatation des sûretés aux procédures de restructuration. Si une telle acclimatation a pu s'observer s'agissant des sûretés personnelles, elle reste en revanche inaboutie en matière de sûretés réelles. De nombreux arguments ont pourtant permis de se convaincre que lorsqu'elle n'est pas chimérique, la restructuration justifie à l'évidence une uniformisation des sûretés réelles*[1500] ». L'accord des sûretés réelles avec leur finalité permettra assurément la conciliation avec les règles des procédures collectives, tout en assurant au sein de ces procédures une meilleure préservation des sûretés réelles. Le législateur OHADA semble avoir timidement commencé cette conciliation lorsque le débiteur est en état de cessation des paiements. Mais, avec une réussite relative. Comme le fait remarquer FAVRE-ROCHEX dans sa thèse, « *la sûreté réelle tend à devenir une source de protection de son titulaire face aux mesures de restructuration normalement imposées à tout créancier* ». Le constat n'est donc pas à une uniformisation des règles des sûretés réelles conventionnelles au sein des procédures collectives[1501].

[1499] GIJSBERS (C.), Thèse, *op. cit.* : « C'est la conclusion à laquelle aboutissent nombre d'auteurs, tant à propos de la propriété réservée que de la propriété transmise à titre de garantie. C'est aussi en ce sens qu'opinent le droit fiscal et le droit comptable, que l'on pourra certes taxer de disciplines « autonomes », mais qui ont néanmoins compris que le créancier n'était pas riche du bien qui constitue l'assiette de sa sûreté et qui se refusent par conséquent à le traiter en véritable propriétaire ».

[1500] FAVRE-ROCHEX (C.), Thèse, *op. cit.*, p. 549.

[1501] FAVRE-ROCHEX (C.), Thèse, *op. cit.* : « Alors que l'efficacité des sûretés réelles préférentielles demeure tributaire des techniques de réalisation des actifs et des règles de répartition des deniers, l'efficacité des modes exclusifs de réalisation des sûretés, mis en œuvre hors de la procédure, n'est guère entravée. Or, ce retour aux sources de la sûreté réelle, jadis conçue comme une technique d'affranchissement de la faillite, se concilie périlleusement avec les impératifs du droit des procédures collectives, même en liquidation judiciaire. En contemplation des carences fort nombreuses que présentent les techniques d'exclusivité, le rejet

653. Des réformes à faire. – Malgré les efforts entrepris, on ne peut pas dire que l'AUS de 2010 ait en tout point réussi à dissiper les doutes quant au régime de toutes les sûretés réelles conventionnelles. Pire, il les a accentués sur de nombreux points. Il convient alors au vu des insuffisances constatées de recommander :

1/ Une nouvelle réforme de l'AUS afin de préciser la portée réelle de l'utilisation de la propriété à titre de garantie et la propriété à titre de réalisation. De cantonner le droit de rétention à une stricte utilisation, par exemple uniquement vis-à-vis des meubles corporels. D'adapter les réformes de l'AUSCGIE de 2014, notamment sur la dématérialisation des titres financiers, à l'AUS afin de préciser le régime à privilégier entre le nantissement des droits d'associés et valeurs mobilières et le nantissement du compte de titres financiers. Ce dernier devant l'emporter sur le nantissement des droits d'associés et valeurs mobilières ; ou, préciser que le nantissement des titres financiers doit être privilégié pour les titres financiers admis aux négociations sur un marché réglementé.

Une réforme de l'AUPC pour mieux situer les droits des créanciers titulaires d'une sûreté réelle, en mettant clairement la différence entre le droit du créancier à la préservation de sa sûreté réelle et son droit à la réalisation. Le législateur devant dans ce contexte consacrer plus d'intérêts, de clarté et d'explications lorsque sont prévues des exceptions à la suspension des poursuites individuelles ainsi qu'à l'interdiction des paiements.

2/ Une meilleure vulgarisation de la publicité à toutes les sûretés mobilières conventionnelles sans dépossession.

3/ Une réforme d'ensemble de l'AUVE afin d'y intégrer les nouveaux modes d'exécution forcée. Prendre suffisamment en compte les droits des créanciers inscrits et la nécessité d'organiser la purge des droits concurrents. Alléger la procédure de vente forcée des immeubles.

4/ Que les pays membres de l'OHADA intègrent et adaptent l'évolution des dispositions des AU dans les droits nationaux pour en permettre une meilleure efficacité.

5/ Une souplesse dans le processus de réforme des AU pour répondre plus rapidement aux besoins de clarté de certaines dispositions, ou privilégier une méthode d'intégration juridique plus souple permettant aux États membres d'adapter les textes aux besoins de leurs économies respectives.

6/ Une réappropriation du Code civil français par les différents pays de l'OHADA pour éviter le double renvoi, qui ne satisfait ni à la célérité recherchée ni à l'objectif d'efficacité des normes juridiques de

---

de la réalisation des sûretés hors des procédures collectives s'est donc naturellement imposé, afin de concilier les droits de l'ensemble des créanciers concurrents ».

l'OHADA. Il faut comprendre par double renvoi le fait que, sur certaines dispositions l'AUS renvoie souvent aux droits nationaux qui renvoient eux-mêmes à la version du Code civil français d'actualité dans ces pays. Voir pour cela l'exemple de la réforme du Code civil français applicable au Québec pour en faire le « Code civil du Québec ».

BIBLIOGRAPHIE

I

Ouvrages généraux/Manuels, Traités, Dictionnaires

- **ANSAULT** (J.-J.), Procédures civiles d'exécution, *LGDJ* 2019.
- **AYNÈS** (L.) et **CROCQ** (P.), Droit des sûretés, 4e éd., *Defrénois*, 2009.
    - Les sûretés - la publicité foncière, 7e éd., *LGDJ*, 2013 (màj 13e éd. 2019).
- **BAUDRY-LACANTINERIE** (G.) et **TISSIER** (A.), *in* Traité théorique et pratique de droit civil, *De la prescription*, *Sirey*, 1905, 3e éd., n° 827, p. 656.
- **BINCTIN** (N.), Droit de la propriété intellectuelle – *Droit d'auteur, brevet, droits voisins, marque, dessins et modèles*, 3e éd., *LGDJ*, 2014.
    - Droit de la propriété intellectuelle – Droit d'auteur, brevet, droits voisins, marque, dessins et modèles, 5e éd, LGDJ, 2018.
- **BLACK YONDO** (L.), **BRIZOUA-BI** (M.), **FILLE LAMBIE** (O.) et autres, dir. **Pr CROCQ**, Le nouvel acte uniforme portant organisation des sûretés, *LAMY-Axe Droit*, 2012.
- **BOURASSIN** (M.), **BREMOND** (V.) et **JOBARD-BACHELLIER** (M.-N.), Droit des sûretés, 1er éd., Sirey, 2007 ; 5e éd., *SIREY*, 2016 (màj 7e éd. 2020).
- **BUGNET** (M.), Œuvres de Pothier, Plon Cosse et Marchal, 2e éd., 1861, t. IX, n° 1.
- **CABRILLAC** (M.) et **MOULY** (C.), Droit des sûretés, 3e éd. *Lexis Nexis*,1995.
- **CABRILLAC** (M.), **MOULY** (C.), **CABRILLAC** (S.) et **PETEL** (P.), Droit des sûretés, 9e éd., *LexisNexis*, 2010. (màj. 10e éd. 2015).
- **CARBONNIER** (J.), Droit civil, t.1, Les personnes : personnalité, incapacités, personnes morales, 21e éd. Refondue pour « les personnes » ; 17éd. Refondue pour « Les incapacités, Paris : *PUF* 2000.
    - Droit civil, Les biens, 19e éd. (refondue), *PUF* 1958.
- **DROSS** (W.), Droit des biens, 2e éd., *LGDJ*, 2014 (màj 4e éd. 2019).
- **ESCARRA** (J.), Cours de droit commercial, *Sirey*, 1952, n° 1466
- **FERRIER** (D.) et **FERRIER** (N.), Droit de la distribution, 8e éd. *LexisNexis,* 2017.
- **GARSONNET** (E.) et **CÉZAR-BRU** (C.), Traité théorique et pratique de procédure civile et commerciale, t. IV, 3e éd. *Sirey*, 1912.
- **GUILLOUARD** (L.), Traités du nantissement et du droit de rétention, *PEDONE,* 1895.
- **JEANTIN** (M.) et **LE CANNU** (P.), Droit commercial. Entreprises en difficulté, coll. Précis, 7e éd. *Dalloz*, 2006, n° 404.
- **JOSSERAND** (L.), De l'esprit des droits et de leur relativité, 2e éd., *Dalloz*, 2006.
- **KONATE** (M. I.), Guide des procédures collectives d'apurement du passif en droit OHADA, *LGDJ 2019.*
- **KOUASSI** (C.), Traité des faillites et liquidations judiciaires en Côte d'Ivoire-études juridiques et formulaires, *éd. SOCOGEC*, Abidjan, *Collection espace entreprise*, 1987.
- **LEGEAIS** (R.), Grands systèmes de droit contemporains, *Litec-LexisNexis*, Paris, 2004 (màj 2e éd. 2008).
- **LEGEAIS** (D.), Sûretés et garanties du crédit, 9e éd., *LGDJ*, 2013.
    - Droit commercial et des affaires, 22e éd. *Sirey*, 2015 (màj 26e éd. 2020).
    - Droit des sûretés et garanties du crédit, 12 éd., *LGDJ*, 2017 (màj 13e éd. 2019).

- **LUCAS** (F.-X.), Manuel de droit de la faillite, 2e ed. *PUF, coll. Droit fondamental*, 2018, n° 3.
- Manuel québécois de l'inscription et de la consultation des droits personnels et réels mobiliers, 18 Oct. 2012.
- **MARTY** (G.) et **RAYNAUD (P.)**, Traité de droit civil, t. 3, 1er vol. 1971, n° 32.
- **PICOD** (Y.), Leçons de droit civil, t. 3, 1er vol. : Sûreté. Publicité foncière, **MAZEAUD (H. et L.), MAZEAUD (J.)**, **CHABAS (F.)**, (dir.), 7e éd. *Montchrestien*, 1999, n° 388.
- **MESTRE** (J.), **PUTMAN** (E.) et **BILLIAU** (M.), Traité de droit civil-*Droit spécial des sûretés réelles*, *LGDJ* 1996.
- **MIGNOT** (M.), Droit des sûretés, 2e éd., *Montchrétien*, 2010, n° 1571.
- **PERROT** (R.) et **THERY** (Ph.), Procédures civiles d'exécution, 3e éd. *Dalloz*, 2013.
- **PEROCHON** (F.), Entreprises en difficulté, 10e éd. *LGDJ Lextenso*, 2014.
- **PICOD** (Y.), Droit des sûretés, 2e éd., *PUF*, 2008, Paris.
- **PLANIOL** (V. M.), Traité élémentaire de droit civil, t. 2, 9e éd., *LGDJ*, 1923.
- **PLANIOL** (V. M.) et **RIPERT** (G.), Traité pratique de droit civil français, T. III, *Les biens*, par PICARD.
- **PLANIOL** (V. M.), **RIPERT** (G.) et **BECQUÉ** (E.), Traité pratique de droit civil français, t. XIII, 2e éd. *LGDJ*, 1953.
- **RIPERT** (G) et **BOULANGER** (J.), Traité de droit civil d'après le Traité de Planiol, t. 2, *LGDJ*, 1957.
- **RIPERT** (G.), Les forces créatrices du droit, *LGDJ* 1955.
- **SAINT-ALARY-HOUIN** (C.), Droit des entreprises en difficulté, 9e éd., *LGDJ – Lextenso* 2014 (màj 12e éd. 2020, avec le concours de M.-H. MONSERIE-BON et C. HOUIN-BRESSAND).
- **SAINT-ALARY-HOUIN** (C.), Droit des entreprises en difficulté, 11e éd. *LGDJ, coll. Précis Domat*, 2018.
- **SIMLER** (Ph.), **DELEBECQUE** (Ph.), Les sûretés-La publicité foncière, 7e éd., *Dalloz*, 2016.
- **TERRE** (F.), **SIMLER** (Ph.) et **LEQUETTE** (Y.), Droit civil-Les obligations, 11e éd. *Dalloz*, coll. Précis, 2013 (màj 12e éd. 2018 avec F. CHÉNEDÉ).
- **TERRÉ** (F.) et **SIMLER** (F.), Droit civil-Les biens, 9e éd. *Dalloz*, 2014 (màj 10e éd. 2018).
- **THERY** (P.), Sûreté et publicité foncière, 2e éd., *PUF*, 1998.
- **WEILL** (V.A.), **TERRÉ** (Fr.) et **SIMLER** (P.), Les biens, 3e éd., *Dalloz*, 1845, n° 413.
- **ZÉNATI-CASTAING** (F.) et **REVET** (T.), Cours de droit civil. Obligations. Régime, PUF, 2013.
    - Les biens, Droit fondamental, 3e éd. *PUF*, 2008.

II

Ouvrages spéciaux/Thèses, Monographies, Travaux collectifs

- **AVRIL** (P.-E.), Principes et caractères juridiques de la constitution du gage sur les meubles incorporels, Thèse, Grenoble, 1898.
- **AYNÈS** (A.), Le droit de rétention, unité ou pluralité, Thèse, *Economica*, 2005, préf. LARROUMET (Ch.).
- **BEN NEPHTALI** (J.), Le nantissement de créance et les procédures collectives, Thèse 2019, dir. AYNÈS (A.).
- **BLANLUET** (G.), Essai sur la notion de propriété économique en droit privé français-Recherches au confluent du droit fiscal et du droit civil, Thèse, Préf. P. Catala et M. Cozian, *LGDJ*, Bibl. dr. priv., T. 313, 1999.
- **BLOCH** (V.), « Vers un renforcement de la cession de créance à titre de garantie ? », *Mélanges en honneur de Daniel Tricot, Dalloz-Litec*, 2011.
- **BOTREL** (V. E.), Les conventions relatives à l'exécution forcée, Contribution à l'étude de la notion d'exécution forcée, Thèse, Nantes, 2011.
- **BOUGEROL-PRUD'HOMME** (L.), Exclusivité et garanties de paiement, Thèse, Paris II Assas, 2010.
- **BOLLÉE** (S.), **LAITHIER** (Y.-M.), **PÉRÉS** (C.) [dir.], L'efficacité économique en droit, *Economica*, coll. Études juridiques, n° 33, 2010.
- **BOURASSIN** (M.), L'efficacité des garanties personnelles, Thèse, *LGDJ*, 2006, préf. M.-N. JOBART-BACHELLIER.
- **BRENNER** (C.) et **THERY** (P.), La saisie immobilière n'est pas une idole, *D.* 2015.
- **CABRILLAC** (M.), La protection du créancier dans les sûretés mobilières, conventionnelles sans dépossession, Thèse, *Sirey* 1954.
    - Les accessoires de la créance, *in* Études A. Weill, *Dalloz-Litec*, 1983.
- **CARBONNIER** (J.), Flexible droit, pour une sociologie du droit sans rigueur, 10e éd. *LGDJ*, 2001.
- **CAYROL** (N.), Droit de l'exécution, *LGDJ*, Précis Domat, 2e éd., 2016, n° 386, p. 209.
- **CHAZAL** (C.), L'acte authentique et le droit des sûretés, dir. GRIMALDI (M.), mémoire master II droit privé général, Paris II, 2008.
- **COQUELET** (M.-L.), Entreprises en difficulté et instruments de paiement et de crédit, 5e éd., *Dalloz*, 2015.
- **COLOMBET** (C.), Propriété littéraire et artistique et droits voisins, 8e éd., *Dalloz*, 1997.
- **COTRET** (L.), La négociabilité des instruments financiers, Thèse, format rtf.
- **CROCQ** (P.), Propriété et garantie, Thèse, préf. GOBERT (M.), LGDJ, Bibl. dr. priv., T. 248, 1995.
- **DELOZIÈRE-LE FÜR** (A.-V.), La compensation dite multilatérale, éd. Panthéon-Assas, 2003, préf. GHOZI (A.).
- **DIALLO** (Y.), Les sûretés et garanties réelles dans les procédures collectives, Thèse, Préf. Ph. Delebecque, éd. *L'Harmattan*, 2019, p. 324.
- **DIBANGUE** (G.), La recherche de l'équilibre contractuel dans le cautionnement-regards croisés entre le droit français et le droit OHADA, Thèse, Préf. P. Rubellin, éd. *L'Harmattan*, 2017.

- **DOLS-MAGNEVILLE** (M.), La réalisation des sûretés réelles, Thèse, Toulouse, dir. Macorig-Venier, 2013.
- **DUPICHOT** (P.), Le pouvoir des volontés individuelles en droit des sûretés, Thèse, préf. GRIMALDI (M.), Panthéon-Assas, 2003.
- **FARHI** (S.), Fiducie-sûreté et droit des entreprises en difficulté. Étude de l'efficacité du mécanisme, Thèse, préf. P.-M. LE CORRE, *LGDJ*, Bibliothèque de droit des entreprises en difficulté, t. 6, 2016.
- **FAVRE-ROCHEX** (C.), Sûretés et procédures collectives, Thèse, Dir. François-Xavier LUCAS, préf. GRIMALDI (M.), *LGDJ* 2020.
- **FERJUS** (S.), La mise en valeur du Togo sous le mandat français, Thèse, *Les Presses modernes*, Paris 1926.
- **FOYER** (J.) et **VIVANT** (M.), Le droit des brevets, *PUF*, 1991.
- **GACHASSIN-LAFITE**, Étude sur le *Pignus* en droit romain – sur le gage commercial et les warrants en droit français, Thèse Faculté de droit de Bordeaux, 1872.
- **GALLOUX** (J.-C.), Qu'est-ce que la propriété intellectuelle ? Droits de propriété intellectuelle – *Liber amicorum G. Bonet, Litec 2010, coll. IRPI, t.* 36.
- **GIJSBERS** (C.), Sûreté réelles et droit des biens., Thèse, préf. M. Grimaldi, éd. *Economica* 2016.
- **HARDEL** (R.), Étude de la notion de dessaisissement en matière de gage en droit français, Thèse, Sirey, 1932, Paris.
- **JULIENNE** (M.), Le nantissement de créance, Thèse, éd. Economica, 2012, préf. AYNÈS (L.).
    - « Le nantissement de titres financiers inscrits en *blockchain* », in MAGNIER (V.) et BARBAN (P.) [Dir.], *Blockchain* et droit des sociétés, *Dalloz* 2019.
- **LAURENT- BONNE** (N.) et **TISSEYRE** (S.), Le formalisme : sources et technique en droit privé positif, *LGDJ*.
- **LE BRIS** (E.), **LE ROY** (E.) et **PAUL MATHIEU**, L'appropriation de la terre en Afrique noire, éd. Karthala, Paris 1991.
- **LEGEAIS** (D.), *Blockchain* et actifs numériques, *LexisNexis*, 2019.
- **LISANTI-KALCZYNSKI** (C.), Les sûretés conventionnelles sur meubles incorporels, Thèse, préf. F. PEROCHON, *Bibl. dr. ent., Litec*, n° 228, 2001.
- **LISANTI** (C.), « Le nantissement des meubles incorporels : une sûreté d'un genre pluriel ? » in CABRILLAC (S.), ALBIGES (C.), LISANTI (C.), Évolution des sûretés réelles : regards croisés université notariat, *Litec*, 2007.
- **LOTTI** (B.), Le droit de disposer du bien d'autrui pour son propre compte – Contribution à la distinction de la propriété et des droits réels, Thèse, Paris XI, 1999.
- **MACORIG-VENIER** (V. F.), Les sûretés sans dépossession dans le redressement et la liquidation judiciaire des entreprises, Thèse dactylo., Toulouse, 1992.
- **MAGNIER** (V.) et **BARBAN** (P.) [Dir.], *Blockchain* et droit des sociétés, *Dalloz* 2019.
- **MARTINEAU DES CHESNEZ** (G.), Réalisation du gage hypothécaire en droit commun dans l'ancien droit et la législation moderne, Thèse, Aix, 1882.
- **MERVILLE** (A. D.), Droit des marchés financiers, 3e éd., *Gualino*, 2017.
- **MESTRE** (J.), « Réflexion sur l'abus du droit de recouvrer sa créance », Mélanges à P. Raynaud, 1985.
- **MICHEL** (C.-A.), La concurrence entre les sûretés, préf. Ph. DUPICHOT, *LGDJ*, Bibl. de droit privé, 2018.

- **MIENDJIEM** (I.L.), La situation des occupants du domaine national, Thèse, Université de Yaoundé 2 Soa, 2008.
- **NDONGO** (C.), La prévention des difficultés des entreprises dans l'AUPC révisé, Thèse, préf. F.-X. LUCAS, *LGDJ*, Bibliothèque de droit des entreprises en difficulté, 2018.
- **NDOYE** (D.), Acte uniforme OHADA portant organisation des sûretés du 15 décembre 2010-*publié au JO OHADA, Numéro 22 du 15 février 2011, éd. Juridiques Africaines*, 2011.
- **OLLIER** (O.), Études historiques et juridiques des cas de la rétention légale, Thèse Toulouse 1894.
- **OYONO** (M.), La protection des sûretés réelles exclusives dans les procédures collectives en droit comparé Franco-OHADA, Thèse de l'Université de Montpellier, 2016, Dir. PEROCHON (F.).
- **PASSA** (J.), Traité de droit de la propriété industrielle, t. 1, 2e éd. LGDJ, 2009.
- **PECHOUX** (L.), Le mandat français sur le Togo, Th. Paris, *Pédone*, 1939.
- **PELISSIER** (A.), Possession et meubles incorporels, Thèse, Paris, Dalloz, 2001.
- **PERSIL** (J.-C.), Régime hypothécaire, 5e éd., Tarlier, Bruxelles, 1834.
- **PÉROCHON** (F.), La réserve de propriété dans la vente de meubles corporels, Thèse, Bibl. de droit de l'entreprise, vol. 21, *Litec* 1988.
- **PIÉDELIÈVRE** (A.), « Le matériel et l'immatériel : Essai d'approche de la notion de bien », in Les aspects du droit privé en fin du XXe siècle Mélanges en l'honneur de Michel de JUGLART, 1986.
- **POUILLET** (E.), Traité théorique et pratique de la propriété littéraire et artistique et du droit de représentation, 3e éd. 1908.
- **PRATTE** (D.), Priorités et hypothèques, *Les éditions Revue de droit* – Université de Sherbrooke, 1995.
- **QUINCARLET** (S.), La notion de gage en droit français, Thèse, Bordeaux 1937.
- **RAVAIL** (P.-J.), De l'objet de la possession, Thèse Poitiers, ROUSSEAU (A.), Paris, 1899.
- **RAYNARD** (J.), Droit d'auteur et conflits de lois, Essai sur la nature juridique du droit d'auteur, Bibliothèque de droit de l'entreprise, *Litec* 1990.
- **ROGIER** (S.), De la mise en gage des créances en droit français, Thèse Paris, préf. ROUSSEAU (A.), 1929.
- **ROLAND** (V. H.) et **BOYER** (L.), Adages du droit français, 3e éd. *Litec*, 1992.
- **ROUBIER** (P.), Le droit de la propriété intellectuelle, t. 1, *Sirey*, 1952.
- **SÉJEAN-CHAZAL** (C.), La réalisation de la sûreté, Thèse, Préf. M. Grimaldi, *Dalloz* 2019.
- **SÉNÉCHAL** (M.), L'effet réel de la procédure collective, préf. M.-H. MONSERIE-BON, *Bibl. dr. entr.*, 2002.
- **SIMLER** (Ph.), Cautionnement : garanties autonomes-garanties indemnitaires, 4e éd., *LexisNexis*, 2008.
- **SIMON** (R.), Du dessaisissement dans le contrat de gage, Thèse Bordeaux, 1902.

- **SOPGUI** (E.), Les sûretés conventionnelles à l'épreuve des procédures collectives dans l'espace OHADA, Thèse Université Yaoundé II SOA, 2008.
- **SOW** (O.), Sécurisation des engagements bancaires dans les États parties au traité de l'OHADA, *Nouvelles Éditions Numériques Africaines* (NENA), 2010.
- **VASSEUR** (M.), Le principe de l'égalité des créanciers chirographaires dans la faillite, Thèse, Paris 1947.
- **ZEPI** (S.), Le sort des créanciers titulaires de garanties réelles dans le droit des procédures collectives, Thèse, Nice-Sophia Antipolis, 2004.

III

Encyclopédies, Juris-Classeurs et Répertoires

- **ARTZ** (J.-F.), *Action-Libération des actions*, *Répertoire des sûretés*, juin 2002 (actualisation, oct. 2019).
- **BERTHELOT** (G.), La cessation des paiements : une notion déterminante et perfectible, JCP E 2008, n° 41.2232.
- **BORGA** (N.), « Sûretés réelles et droit des entreprises en difficulté », in Lamy Droit des sûretés, Étude, n° 284 s.
- **BOUTTIER** (F.) et **PILLEBOUT** (J.-F.), Purge – Généralités – Conditions, J.-CL.Civ. Code, Art. 2476 à 2487, fasc. 10 (màj. 1er mars 2011), n° 79, p. 17.
- **BRÉMOND** (V.), Privilèges et hypothèques - Droit de suite, J.-CL. Civ. Code, art. 2461 à 2474 (màj. 15 oct. 2015), n° 28, p. 15.
- **CADIET** (L.) et **Le TOURNEAU** (P.), *Abus de droit*, *Répertoire de droit civil*, juin 2015.
- **CARBONNEL** (C.), Le pacte commissoire en matière de sûretés réelles immobilières ou la réforme inachevée, JCP déc. 2007, n° 26, p. 22.
- **COMBARIEU** (J.), La purge amiable des privilèges et hypothèques, JCP N 2008. 1059.
- **CROCQ** (P.), « Propriétés-sûretés », Lamy Droit des sûretés, n° 293 s., 2017.
- **DAGOT** (V. M.), *Publicité foncière et redressement judiciaire*, *JCP* 1986, I, 3262, n° 15 et s.
- **DE RAVEL D'ESCLAPON** (Th.), *Fonds de commerce*, *Répertoire de droit commercial*, octobre 2016 (màj. 2019), n° 836.
- **DELEBECQUE** (Ph.), Les sûretés dans le nouveau droit des procédures collectives, JCP N 1986, p. 189, 24.
    - *Le régime des hypothèques*, *JCP* 2006, suppl. n° 20, étude 8, n° 9, p. 30.
- **DUPICHOT** (Ph.), La fiducie-sûreté en pleine lumière, À propos de l'ordonnance du 30 janvier 2009, JCP G. éd. 2009, I, 132.
    - « *Les sûretés du financement d'acquisition immobilière* », in La vente d'immeuble, Actes du colloque de l'ARNU du 24 novembre 2014, *JCP N* 2015, n° 11, étude 1095, p. 37 s.
- **FOURNIER** (A.), Inscription postérieure à la naissance de la créance, Répertoire de droit civil-publicité foncière, févr. 2007, n° 382.
- **JUILLET** (Ch.), « *Hypothèque* », *Rép. civ.*, 2019.
- **KOUASSIGAN** (G. A.), « *Les hypothèques* » in Encyclopédie juridique de l'Afrique, Volume 5, Droit des biens, p. 165 et s.
- **LEGEAIS** (D.), *Le gage des meubles corporels*, *JCP G* 2006, suppl., n° 20, p. 12.
- **MESTRE** (J.), Privilèges-droit de rétention-présentation générale, Juris-classeur 1995, n° 27.
- **PÉTEL** (Ph.), Le nouveau droit des entreprises en difficulté, JCP E 2005, p. 1509.
- **PIETÉ** (G.), *Rétention*, *Rép. de droit civil*, Janv. 2010.
- **POULPIQUET** (J.), *Portée du devoir de conseil*, *Rép. droit immob.*, janv. 2009, act. 2015.
- **RAYNOUARD** (A.) et **JOURDAIN-THOMAS**, *La fiducie, nouvel outil de gestion et de sûreté*, *JCP N*, 2010, 1063, spéc. n° 9.
- **REY** (P.), De la sauvegarde des entreprises, JCP E 2005, 1513.
- **SAINT-ALARY-HOUIN** (C.) et **MACORIG-VENIER** (F.), *J-Cl. Commercial*, fasc. 2365, 2013, n° 9.

- **THÉRY** (Ph.), Voies d'exécution, Répertoire de droit international, Janv. 2013, n° 20.
- **VOINOT** (D.), *Réserve de propriété, Répertoire de droit commercial* février 2008, actualisation avril 2019.
- **WITZ** (C.), *Droit de gage général, J.-Cl.* Cic. Code, art. 2284 et 2285 (màj. mars 2016), n° 55.

IV

Articles, Chroniques, Mélanges

- **ADJITA** (A. W.), *Le droit de rétention comme sûreté en droit uniforme OHADA, Penant*, n° 844, juill-sept 2003, p. 279.
- **ALIBERT** (B.), Le pacte en droit privé, D. 1996. 73.
- **ALLEN** et **OVERY** *(International law firm)*, « *Africa Desk May 2011, Security interests* » *in* OHADA – new Uniform Act, Le rôle accru des banques dans le nouvel Acte uniforme OHADA sur les sûretés, Présentation de CMS Bureau Francis Lefebvre à l'Africa Banking Forum Tunis, Ohada.com/Ohada D-11-106.
- **ANSAULT** (J.-J.), L'estocade fatale portée à la vente sur mainlevée volontaire de la saisie immobilière, Lettre d'actualité, Lamy droit de l'exécution forcée, juillet 2015.
- **ATANGANA-MALONGUE** (M.-T.), *Le cautionnement réel dans l'acte uniforme OHADA*, *Penant*, 120 (872) Juil.-sept. 2010, p. 282.
- **AUGER** (J.), « *Problèmes actuelles de sûretés réelles* », *in* article de la revue juridique Thémis, éd. Thémis – Faculté de droit (Université de Montréal), p.624.
- **AYNÈS** (L.), *Le gage de meubles corporels*, *Dr. et pat.* Sept. 2005, p. 61 s., spéc. p. 63.
  - Le nantissement de créance, entre gage et fiducie, Dr. et patr. 2007, n° 162, p. 66.
- **BENABOU** (V.-L.), Pourquoi une œuvre de l'esprit est immatérielle, RLDI, n° 1, janv. 2005, étude p. 53.
- **BLACK YONDO** (L.), L'enjeu économique de la réforme de l'Acte uniforme OHADA portant organisation des sûretés : un atout pour faciliter l'accès au crédit, Droit et Patrimoine, n° 197, p. 46, Ohada.com/Ohadata D-10-62.
- **BLANDIN** (Y.), « *Avant-propos* », *in* Quelle réforme pour le droit des sûretés ? dir. BLANDIN (Y.) et MAZEAUD (V.), *Dalloz* coll. Thèmes et commentaires, 2019, p. 1 s.
- **BLOCH** (P.), « *Vers un renforcement de la cession de créances à titre de garantie ?* », *in* Mélanges en l'honneur de Daniel Tricot, *Dalloz-Litec*, 2011, p. 3 s, n° 25.
- **BOULOC** (B.), Défaut d'acceptation d'une clause de réserve de propriété. Légitimité de refus de vente, RTD com. 1990. 91.
  - Mise en œuvre d'une clause de réserve de propriété, RTD com. 2008, p. 842.
- **BOURASSIN** (M.), Exclusion critique du bénéfice de subrogation du régime des sûretés réelles pour autrui, Gaz. Pal., Lextenso, 2018, p. 71. (HAL-01797636).
- **BONNET** (V.), Le cautionnement réel est-il réellement un cautionnement ? D. 2000, I, p. 302.
- **BORGA** (N.), Opposabilité du droit de rétention au propriétaire de bonne foi non tenu de la dette, D. 2010. 302.
  - « *Propos introductifs. Du bien-fondé d'une réforme des sûretés ?* », *in* Quelle réforme pour le droit des sûretés ? dir. BLANDIN (Y.) et MAZEAUD (V.), *Dalloz* coll. Thèmes et commentaires, 2019, p. 5.
- **BRENNER** (C.), Principes généraux du droit de l'exécution forcée, Lamy Droit de l'exécution, nov. 2007 (màj 2013), étude 105, n° 105-105.
  - « La vente volontaire de l'immeuble saisi est-elle possible sans l'autorisation du juge de l'exécution ? », Mélanges PAYET, Dalloz 2011.

- **BRIZOUA-BI** (M.), « *L'attractivité du droit OHADA* », in Bientôt un nouveau droit des sûretés dans l'OHADA, *Revue droit et patrimoine*, n°197-nov.2010, p.86.
- **CALAIS-AULOY** (J.), « *L'attente légitime, une nouvelle source de droit subjectif ?* » in Aspects actuels du droit des affaires, Mélanges en l'honneur de Y. Guyon, Dalloz 2003, p.171.
- **CARBONNIER** (J.), « *Effectivité et ineffectivité de la règle de droit* », Année sociologique 1957-1958, *in* Flexible droit-*Pour une sociologie du droit sans rigueur*, 9e éd. *LGDJ*, 1998 (act. 2013).
- **CATALA** (N.), *De la nature juridique du droit de rétention, RTD civ.* 1967, p. 9.
- **CAYOL** (A.), Purge amiable d'une hypothèque et remise des clés au bailleur, Dalloz actualité, 20 avril 2020.
- **CHAMPAUD** (Cl.), La place des intérêts publics dans les procédures collectives, PU Lille, 1978, p. 113.
- **CHAUVEAU** (V. M.), « Classification nouvelle des droits réels et personnels », Extrait de La revue critique de législation et de jurisprudence, LGDJ, 1931, p. 65.
- **CHIFFLOT BOURGEOIS** (F.), Les garanties de paiement : l'apport des sûretés dans l'espace OHADA, Revue de droit bancaire et financier, Janvier-Février 2011, p. 17.
- **COUDERT** (J.-L.), Dans les procédures collectives, l'égalité des créanciers est-elle un mythe ou une réalité ? CPA, 26 août 1992 R.
- **CROCQ** (P.), Le cautionnement réel n'est qu'une pure sûreté réelle : la première chambre civile de la Cour de cassation persiste et précise sa jurisprudence ! RTD civ. 2000. 366.
    - La sûreté réelle pour autrui est nécessairement proportionnée aux facultés de celui qui la consent, RTD Civ., 2008, p. 700.
    - L'ordonnance du 18 décembre 2008 et le droit des sûretés, JCP E 2009, 1313, n° 35.
    - « *Des créanciers et des contractants mieux protégés* », in Modernisation de l'Acte uniforme sur les procédures collectives de l'OHADA, *Revue Droit et patrimoine*, n° 253, déc. 2015, p. 59 et s.
    - Gage-espèces-Qualification-Compatibilité avec la prohibition du pacte commissoire, RTD civ. 1996.669.
    - Les grandes orientations du projet de réforme de l'Acte uniforme portant organisation des sûretés, Droit et Patrimoine, n° 197, p. 52, Ohada.com/Ohadata D-10-62.
    - Les sûretés fondées sur une situation d'exclusivité et le projet de réforme de l'Acte uniforme portant organisation des sûretés, droit et Patrimoine, n° 197, p. 78, Ohada.com/Ohada D-10-62.
- **CROZE** (H.), Loi de sauvegarde des entreprises, Procédure de sauvegarde, Procédures déc. 2005, p. 8, n° 41 et s..
    - Dans quelles conditions une vente amiable peut-elle passer pendant une procédure de saisie immobilière ? Gaz. Pal., 10 juin 2008, p. 2.
- **CUIF** (P.-F.), L'attribution judiciaire de l'immeuble hypothéqué : spécificité et efficacité, RLDC, mars 2010, n° 3742, p. 26.
- **DABIN** (J.), Une nouvelle définition du droit réel, RTD civ. 1962, p. 20 s., spéc. p. 28.
- **DAGOT** (M.), La force exécutoire de l'acte notarié, LPA 6 janvier 1993, n° 68.
- **DANOS** (F.), « La qualification des droits des différentes parties à une opération de fiducie », Mélanges PH. Merle, Dalloz, 2012, p. 137.
- **DELABRIÈRE** (A.), « Le registre du commerce et du crédit mobilier, instruments d'information et de sécurité des créanciers dans l'espace OHADA », Penant n° 840, 2002, n° spécial, Sûretés et garanties bancaires, p. 369.

- **DELATTRE** (C.), La notion de cessation des paiements de l'article L. 621-1 du Code de commerce : passif exigible ou passif exigé ? Gaz. Pal. 29 janv. 2002, n° C 4871, p. 6.
- **DELEBECQUE** (Ph.) et **SIMLER** (P.), *De la portée d'une promesse d'hypothèque, RDI* 1992, p. 348.
- **DELEBECQUE** (Ph.), « Les nouvelles procédures d'exécution », RTD civ., 1993, n° spécial, La réforme des procédures civiles d'exécution, p. 15 s., spéc. n° 38.
    - « L'attribution du bien, l'originalité du gage commercial », RJ com. 1994, n° spécial, Le gage commercial, p. 127, n° 8.
- **DE LAJARTE** (C.), La nature juridique des droits du bénéficiaire d'un contrat de fiducie, RLDC mai 2009, p. 71.
- **DELMOTE** (Ph.), « *L'égalité des créanciers dans les procédures collectives* », in *L'égalité*, Rapport de la Cour de cassation, 2003, La documentation française, p. 106 s.
- **DELPECH** (X.), Propos pédagogiques sur quelques difficultés d'application de la « loi Dailly » - Cour de cassation, com. 20 février 2007, D. 2007. 793 - Recueil Dalloz 2007, p. 793.
- **DERRIDA** (F.), « *La « dématérialisation » du droit de rétention* », *in* Mélanges offerts à M. le Professeur Pierre VOIRIN, *LGDJ* 1966, p. 177 s., n° 10, p. 187.
- **DE VAREILLES-SOMMIÈRES** (M.), Du conflit de créances et du droit de préférence entre créanciers, Revue critique de législation et de jurisprudence, 1905, p. 477.
- **DIARRAH** (S. B.), *Les innovations introduites dans l'Acte uniforme portant organisation des sûretés, Revue de droit uniforme africain*, n° 5, 2e trimestre 2011, Dossier spécial : Révision de l'Acte uniforme OHADA portant organisation des sûretés, p. 3.
- **DOGUÈ** (K. O.), « *Regard critique et pratique sur l'agent des sûretés de l'OHADA* », in communication lors d'un séminaire organisé par SIRE-OHADA à Ouagadougou sur le thème « Comprendre et s'approprier le nouvel Acte uniforme sur les sûretés. Quels-enjeux pour l'activité bancaire ? p. 10.
- **DROSS** (W.), Le singulier destin de l'article 2279, RTD civ. 2006, p.27 s.
- **DUPICHOT** (Ph.), « *Le nantissement* », in Ordonnance du 23 mars 2006 relative aux sûretés : bilan d'une année d'application, *LPA* 2008, n° 63, p. 27, n° 24.
    - L'Efficience économique du droit des sûretés réelles, 16 avril 2010, LPA, n° 76, p. 7, spéc. n° 3.
    - « Les sûretés réelles à l'épreuve des procédures collectives, Entre passé, présent et avenir », in Mélanges en l'honneur de Laurent AYNÈS, Liberté, justesse, autorité, LGDJ, 2019, n° 5 et s.
- **FASQUELLE** (D.), *Le nantissement des valeurs mobilières, RTD com.* Janv.-mars 1995, n° 48.
- **FOURNIER** (A.), *Hypothèque conventionnelle*, avril 2007, *Dalloz* 2007. (Actualisation janvier 2015).
- **FOLI** (M.), « *La réforme agrofoncière et le droit coutumier au Togo* », in Enjeux fonciers en Afrique Noire, Émile Le Bris, Étienne Le Roy, François Leimdorfer, Paris, Karthala, 1982.
- **FORBIN** (T.), L'utilisation du mécanisme de transfert fiduciaire d'une somme d'argent en droit OHADA dans le cadre des contrats d'exploitation pétrolière, in COP 21 : Mobilisation générale pour le financement de la transition énergétique, revue banque n° 789, 27 oct. 2015.
- **FRANÇOIS** (J.), Retour sur la revendication des sommes d'argent, D 2012, p. 1493 s.

- **FRISON-ROCHE** (M.-A.), L'effectivité des décisions en matière de concurrence : notions, critères, typologie, LPA 28 décembre 2000, n° 259, n° 6.
- **GAUTIER** (P.-Y.), Contre Bentham : l'inutile et le droit, RTD civ. 1995.797.
- **GAYIBOR** (N. L.), Le peuplement du Togo - État actuel des connaissances historiques, Lomé, Les Presses de l'UB, p. 180.
- **GHESTIN**, Réflexion d'un civiliste sur la clause de réserve de propriété, D. 1981, chron. 1 et s.
- **GIJSBERS** (C.), L'exclusion du droit commun du gage par le régime spécial du gage des stocks, RLDC avr. 2013, p. 26.
  - Requiem pour l'hypothèque rechargeable, RDLC mars 2014, n° 113, p. 28.
  - Le nantissement de compte bancaire à l'épreuve de la procédure collective du constituant (ou comment le créancier se trouve exproprié de sa sûreté …), RTD civ. 2020. 164.
- **GIUSTINI** (T.) et **BARRY** (A.), La réforme des Sûretés dans le droit OHADA, Dr. et patr. avril 2012, p. 80.
- **GOMEZ** (J.-R.), Analyse critique de l'avant-projet d'acte uniforme portant organisation des sûretés dans les États membres de l'OHADA, Penant n° 825, septembre-décembre 1997, p. 262.
- **GHOZI** (A.), Nature juridique et transmissibilité de la clause de réserve de propriété, D. 1985, chr. 317.
- **GRIMALDI** (M.), La fiducie : réflexion sur l'institution et sur l'avant-projet qui la consacre, 2e partie, Defrénois, 1991, art. 35094, p. 961 s., spéc. n° 33, p. 965.
  - Problèmes actuels des sûretés réelles, LPA 26 juin 1996, n° 77, p. 7 s., n° 8.
  - « *Réflexions sur les sûretés propriétés "à propos de la réserve de propriété"* », in Études offertes à Jacques DUPICHOT, *Bruylant*, 2004, n° 10, p. 182-183.
- **GRIMALDI** (D.), **MAZEAUD** (D.) et **DUPICHOT** (Ph.), *Présentation d'un avant-projet de réforme des sûretés, D.* 2017, p. 1717.
- **GUYON** (G.), « Programme foncier ivoirien – objectifs généraux de l'opération », in Faut-il se préoccuper des questions foncières ? jusqu'où et comment ? Caisse Centrale de Coopération Économique, Notes et Études N° 21, Paris, janvier 1989.
- **HÉBERT** (S.), Le pacte commissoire après l'ordonnance du 23 mars 2006, Recueil Dalloz 2007, p. 2052.
- **HILIM** (G. T.), Retour sur le caractère inopérant des dispositions nationales contraires aux actes uniformes de l'OHADA, Revue togolaise de droit des affaires et d'arbitrage (RTDAA), n° 17, janv. 2019, p. 81.
- **HONAKKER** (Ph.), « *La civilisation de l'exécution forcée* », in Le droit de l'exécution forcée : entre mythe et réalité, dir. C. Brenner, *EJT*, *coll. Droit et Procédures*, 2007, p. 79, n° 118.
- **HOUIN-BRESSAND** (C.), Fiducie-sûreté, clause de réserve de propriété, crédit-bail : quelle protection pour le banquier propriétaire ? *RDBF*, n° 2, 2010, doss. 12.
  - « *Contrats de crédit* », *in* Contrat(s) et entreprises en difficulté, *BJE* 2019, n° 1, p. 53 s.
- **ISSA-SAYEGH** (J.), *Le droit de rétention en droit sénégalais, Penant*, n° 810, octobre-décembre 1992, p. 262.
  - Présentation du projet d'acte uniforme de l'OHADA portant organisation des procédures simplifiées de recouvrement et des voies d'exécution, du droit des sûretés et des procédures collectives d'apurement du passif, Penant, n° 827, mai-aout 1998, p. 212.
  - Quelques aspects techniques de l'intégration juridique : l'exemple des actes uniformes de l'OHADA, Revue du droit uniforme, 1999-1, p.16.

- « *De l'article 42 de l'AUS de 1997* », *in* Traité et actes uniformes, 2e éd. *Juriscope*, 2002.
- **JACOMIN** (C.), De l'intérêt du pacte commissoire dans les sûretés réelles, RLDC 2012. 99.
- **JALLAMION** (C.), La fortune de Josserand-Fonction(s) des droits de propriété intellectuelle, Propr. ind. Dossier 2, 2010.
- **JAZOTTES** (G.), Les innovations de la procédure de sauvegarde et de redressement judiciaire, Rev. proc. coll. 2005, p. 358.
- **JESTAZ** (P.), « *La réserve de propriété ou la vente éclatée », in* Mélanges dédiés à Dominique HOLLEAUX, *Litec*, 1990, p. 229.
- **JIOGUE** (G.), *Le droit de rétention conventionnel – Étude de droit français et de droit OHADA*, in Recueil d'études sur l'OHADA et l'UEMOA, Vol. 1, PUAM, 2010, p. 287.
- **JUILLET** (Ch.), « Les sûretés réelles traditionnelles entre passé et avenir », in Liber Amicorum Christian Larroumet, Economica, 2010, n° 42 s., p. 265.
  - « *Un retour aux sources pour le droit de rétention* », in Quelle réforme pour le droit des sûretés ? dir. Y. BLANDIN et V. MAZEAUD, *Dalloz*, coll. Thèmes et commentaires, 2019, n° 24 s., p. 51s.
- **KANTÉ** (A.), Réflexion sur le principe de l'égalité entre les créanciers dans le droit des procédures collectives d'apurement du passif OHADA, EDJA, n° 56.
- **KALIEU ELONGO** (Y. R.), À la recherche du particularisme du nantissement de compte de titres financiers en droit OHADA, RTSJ, janvier-juin 2015, n° 7, p. 4.
- **KARILA De VAN** (J.), *Le droit de nuire, RTD civ.* 1995.533.
- **KAOUSSIGAN** (G. A.), Quelle est ma loi : tradition et modernisme en Afrique noire, Pedone, 1974.
- **LARDEUX** (G.), *L'efficacité du contrat, D.* 2011, p.1.
- **LARONZE** (B.), L'usufruit des droits de propriété intellectuelle, PUAM 2006.
- **LAUDE** (A.), La fongibilité : diversité des critères et unité des effets, RTD com, 1995, n° 40, p. 336.
- **LE CORRE** (P.-M.), L'invincibilité du droit de rétention dans les procédures collectives de paiement, D. 2001, p. 2815.
  - La fiducie-sûreté, un instrument de sécurisation de la bonne exécution du plan de sauvegarde ou de redressement, D. 2009, chr. 862.
- **LEGEAIS** (D.), Gage de compte d'instruments financiers, RD banc., nov.-déc. 1997, n° 64.
  - « *Une symphonie inachevée* », in Présentation de la réforme du droit des sûretés, *Rev. droit banc. et fin.* 2005, p. 67 s.
  - « La réforme du droit des garanties ou l'art de mal légiférer », Mélanges Ph. SIMLER, Litec-Dalloz 2006, p. 367.
  - La réforme des sûretés, la fiducie et les procédures collectives, Rev. sociétés 2007, p. 687.
  - Le gage espèces porte sur des espèces et non sur la créance de restitution, Revue de Droit bancaire et financier n° 3, mai 2007, 111.
  - Cautionnement. Absence de devoir de mise en garde en présence d'une sûreté réelle consentie pour autrui, RTD Com. 2009, p. 425.
  - L'appréhension du droit des sûretés par l'ordonnance du 18 décembre 2008, LPA 2011, n° 30, p. 27 s., II-B.
  - Quel avenir pour le droit de rétention ? Rev. dr. banc. et fin., sept. 2014, n° 5.
  - « *Quel avenir pour le droit de rétention* ? » in Les sûretés réelles en quête de droit commun, *RDBF* 2016, n° 1, doss. 2.
  - Procédures collectives et sûretés réelles : quelques vœux pour la réforme à venir, RPC 2018, n° 4, doss. 21, n° 4.

  - « *Propos conclusifs* », *in* Quelle réforme pour le droit des sûretés ? dir. BLANDIN (Y.) et MAZEAUD (V.), *DALLOZ*, coll. Thèmes et commentaires, 2019, p. 155 s.
- **LEFAILLET** (C.), Le sort de la garantie consentie par une SARL, Rev. Droit et Affaires, 22 juillet 2015.
- **LEVY** (J.-Ph.), Coup d'œil historique d'ensemble sur les sûretés réelles, RHD (néerlandaise), 1987, p. 257-266.
- **LIBCHABER** (R.), Le dépôt d'instruments financiers, Dr. et patr. mai 2000, p. 93 s.
  - Une fiducie française, inutile et incertaine…, Liber amicorum Philippe Malaurie, D., 2005, p. 321.
  - *Les aspects civils de la fiducie*, *Defrénois* 2007, art. 38631 et 38639, sp. n° 25-28.
- **LIENHARD** (A.), Clause de réserve de propriété : bien incorporé, Dalloz actualité 27 novembre 2008.
  - Clause de réserve de propriété : existence en nature des biens, Dalloz actualité, 22 mai 2012.
- **LO BA** (A.), Quelques réflexions sur le nouvel Acte uniforme des sûretés : un vrai « dolly » juridique, Ohada.com/Ohadata D-11-104.
- **LOHOUES-OBLE** (J.), Innovations dans le droit commercial général, Les Petites Affiches, 13 octobre 2004, p. 17 et s.
- **LOTTI** (B.), Le droit de disposer du bien d'autrui pour son propre compte – Contribution à la distinction de la propriété et des droits réels, Paris XI, 1999.
- **MARCORIG-VENIER** (F.), **SAINT-ALARY-HOUIN** (C.), *chron. Rev. proc. coll.* 2009-1, p. 65, n° 48.
- **MATHIEU** (M.-E.), Brefs propos sur la disparition du cautionnement hypothécaire, RD banc. Fin. Juill.-août 2008.
  - Une vraie fausse garantie : la promesse d'affectation hypothécaire, Rev. dr. bancaire, 1992.48.
- **MARGUERAT** (Y.), « *Le livre foncier : l'exemple du Togo* », *in* L'appropriation de la terre en Afrique noire : manuel d'analyse de décision et de gestion foncières, éd. Le Bris Émile, éd. Le Roy E., éd. Mathieu P., Karthala 1991.
- **MARTIN** (D.-R.), De la nature corporelle des valeurs mobilières, D. 1996, chr. P. 47.
  - *La propriété de haut en bas*, *D.* 2007, n° 4 s., spéc. n° 6 et 12.
  - De la revendication d'une somme d'argent, D. 2007, spéc. p. 3282.
- **MIGNOT** (M.), La consécration de l'hypothèque judiciaire sans la saisissabilité, Gaz. Pal. 17 juill. 2014, n° 198, p. 10.
- **MOULY** (Chr.), La situation des créanciers antérieurs, RJ com., n° spéc. 1987, p. 152.
  - « *Procédures collectives : assainir le régime des sûretés* », *in* Aspects actuels du droit commercial français, Études dédiées à René Roblot, *LGDJ*, 1984, p. 529 s.
- **NANDJIP MONEYANG** (S.), Réflexion sur l'égalité des créanciers dans les procédures collectives, RPC juillet-août 2010, p. 24 et s.
- **NEMEDEU** (R.), « *OHADA : de l'harmonisation à l'unification du droit des affaires en Afrique* », *in* Intervention au CRDP (Faculté de Droit de Nancy) le 19 janvier 2005, p.5.
  - Le principe d'égalité des créanciers : vers une double mutation conceptuelle, RTD com. 2008, p. 241.
- **NGONO NKOA** (V. C.), L'égalité des créanciers dans les procédures collectives internationales – Étude comparative du droit OHADA et européen, Revue internationale de droit comparé, 2015, p. 781 (p. 779-794).

- **NGWE** (M.-A.) et **JOKUNG** (S.), La réforme du Registre du commerce et du crédit mobilier dans l'espace OHADA, Droit et patrimoine n° 281, mars 2011, p. 56.
- **NJUTAPVOUI** (Z.), Le droit de rétention dans le nouvel acte uniforme portant organisation des sûretés : sûreté active ou passive ? Rev. ERSUMA : Droit des affaires-pratique professionnelle, n° 6, janv. 2016, Études.
- **OPPETIT** (B.), « Les tendances régressives dans l'évolution du droit contemporain », in Mélanges dédiés à HOLLEAUX, Litec 1990, p.321.
- **PELLIER** (J.-D.), La réforme du droit des sûretés est en marche ! D. actualité, 29 juin 2020.
- **PÉROCHON** (F.), *Les créanciers et la clause de réserve de propriété, LPA* 1991, n° 8, 32 et n° 10.
    - Les sûretés immobilières classiques dans les procédures collectives, LPA 11 févr. 2011, n° 30, p. 49 s., spéc. n° 22, p. 52.
- **PERUS** (S.), Des aspects pratiques du pacte commissoire, RLDC 2008. 50.
- **PERROT** (R.), Le titre exécutoire et son actualité jurisprudentielle, LPA 22 déc. 1999, n° 254, n° 2.
- **PIETTE** (G.), *Rétention*, *Dalloz* mars 2013, (act. avr. 2018).
    - De l'art de faire n'importe quoi : l'œuvre législative en droit des sûretés, Lexbase Hebdo- éd. Affaires, sept. 2014, n° 394.
- **PIEDELIÈVRE** (S.), *Hypothèque*, *RDI* mars 2014.
- **POCANAM** (M.), Réflexions sur quelques aspects du droit de la faillite au Togo, Penant, n° 812, mai à septembre 1993, p.189-230.
- **POUGOUE** (P.-G.), « *Régime général des sûretés* », *in* Encyclopédie du droit OHADA, *LAMY* 2012, p. 1481 s.
- **PRATTE** (D.), Sûretés réelles et publicité des droits : entre difficultés et réussites, Revue du barreau canadien, 2009, Vol.88, p. 392.
- **REVEL** (J.), La garantie de la dette d'autrui et le droit du régime matrimonial, D. 2006, p. 1309.
- **ROBINEAU** (M.) et **REJOU-MECHAIN** (H.), *La clause de nantissement de compte bancaire à l'épreuve des procédures collectives, lettre des réseaux*, Janv.-févr. 2020.
- **RONCIN** (M.), De la dématérialisation française des titres aux réformes européennes, Rev. Banque et Droit, hors-série, juin 2015.
- **ROUSSEL GALLE** (Ph.), La déclaration de créances et les sûretés réelles, LPA 2011, n° 30, p. 37.
    - « *Sûretés réelles et droit des entreprises en difficulté* », *in* Entreprises en difficulté, *LexisNexis*, coll. Droit 360, 2012, n° 888, p. 375.
    - « *Les sûretés réelles et le droit des entreprises en difficulté* », *in* Les sûretés réelles en quête de droit commun, *RDBF* 2014, n° 5, doss. 38, n° 28.
    - « *Rapport introductif* », *in* Procédures collectives et sûretés réelles : à la recherche d'équilibres et d'articulations, *RPC* 2018, n° 4, doss. 15.
- **SAINT-ALARY-HOUIN** (C.), Propos introductifs sur la loi de sauvegarde des entreprises, Rev. proc. coll., 2005, p. 342.
- **SALATI** (O.), « *La saisie immobilière et les réformes des sûretés* », in *La saisie immobilière*, dir. C. ALBIGES, *Dalloz*, Thèmes et commentaires, 2014, p. 27 s.
- **SANTOS** (A.), L'immatriculation au nouveau registre du commerce et du crédit mobilier, Revue togolaise de droit des affaires et d'arbitrage, mars 2000, p.2.
- **SAWADOGO** (F. M.), « Les procédures de prévention dans l'AUPC révisé : La conciliation et le règlement préventif », in Modernisation de l'Acte uniforme sur les procédures collectives de l'OHADA, Revue Droit et patrimoine, n° 253, déc. 2015, p. 32.

- **SOSSOU** (K. A.), Le droit foncier coutumier face au droit foncier moderne au Togo : cas des Akposso des origines à nos jours, Département d'histoire de l'Université de Lomé-Togo p. 255.
- **SOSSA** (D. C.), Contribution à l'étude de la nature juridique de la clause de réserve de propriété, Revue béninoise des sciences juridiques et administratives, n° 16, année 2006, p. 3.
- **SPINELLI** (J.-P.), « *La saisie de la licence de taxi* » in Le nouveau journal des huissiers de justice, n° 69, sept.-oct. 2001, p. 34.
- **SYNVET** (H.), *Le nantissement de compte, Dr. et part.* Juill. 2007. 62 s., spéc. p. 67.
- **TSAGUE DONKENG** (H.), Le régime de l'insuffisance d'actif en droit OHADA des procédures collectives, Revue de l'ERSUMA, n° 4, 2014, études.
- **TESTU** (F. A.), Sort du contrat violé, Dalloz-référence contrats d'affaires, ch. 111, 2010.
- **THÉRY** (Ph.), L'incidence d'une procédure collective sur les procédures civiles d'exécution, Droit et procédures, mai-juin 2002, p. 140 s.
- **VAREILLES-SOMMIÈRES**, La définition et la notion juridique de la propriété, RTD civ. 1905, p. 443 s.
- **VAERBERE** (C.), Essai d'une théorie générale de la notion de valeur, application au droit de rétention, RRJ 1999, vol. 3, spéc. n° 21, p. 700.
- **VIVANT** (M.), « *L'immatérialité en sûreté* », in Mél. M. CABRILLAC, *Dalloz-Litec*, 1999.
- **YOUEGO** (C.), La réalisation de l'hypothèque en droit OHADA : Étude de l'AUS à la lumière du droit français, ERSUMA, n° 3, sept. 2013.

V

Sources électroniques

- **ALINON** (K. O.), *Sécuriser les droits fonciers pour combattre la désertification : le cas du Nord Togo,* V. catalogue en ligne « la bibliothèque populaire du développement ».
- **BARBAN** (P.), Réglementation : Dernière pierre au régime des titres financiers et minibons sur blockchain, Revue Banque, Chronique droit financier, en ligne le 09 avril 2019.
- **BECKER** (B.-O.), Le droit de rétention dans le gage de compte d'instruments financiers, http://mja-assas.fr/.
- **BIAIS** (A.), *Nantissement de compte-titres ou titres financiers ? Analyse critique et propositions d'évolution,* article consulté sur internet le vendredi, 13 sept. 2019 à 16h37(https://consultation.avocat.fr/userfiles/files/38398/20160621-abi-nantissement-de-compte-titres-38398-170105-1642.pdf).
- **Blog de Maître WICKERS** (T.), *La procédure de distribution,* article posté le 23/11/2007 à 07 : 40.
- **BRENNER** (C.), « *Rapport de synthèse », in* association des avocats et praticiens des procédures d'Exécution, *La réalisation des sûretés immobilières,* Acte du colloque du 23 mai 2008, https://aappe.fr/documentation.
- **BOURASSIN** (M.), *Sûretés mobilières et sûretés immobilières, une véritable summa divisio ?* Intervention au colloque de Paris V du 5 juin 2014 « Les sûretés réelles en quête de droit commun », https://hal-univ-paris10.archives-ouvertes.fr/hal-01458066/document, n° 10.
- **Cabinets d'avocats Chazai et Partners**, *La dématérialisation des valeurs mobilières au Cameroun,* 14 octobre 2019, page officielle *LinkedIn* du cabinet Chazai et Partners.
- Commission des Nations Unies pour le droit commercial international, Guide législatif de la CNUDCI sur les opérations garanties, 2007, en ligne :

  http://www.uncitral.org/uncitral/fr/uncitral_texts/security.html
- **DECKON** (K. F.), *Togo : les trois propriétés foncières à l'heure de la codification du droit foncier,* https://www.republiquetogolaise.com/social/1303-444-togo-un-nouveau-code-foncier-et-domanial-en-cours-d-elaboration.
- **DELMOTE** (Ph.), « *L'égalité des créanciers dans les procédures collectives* », *in L'égalité,* Rapport de la Cour de cassation, 2003, La documentation française, p. 106 s.. (https://www.courdecassation.fr/publications_26/rapport_annuel_36/rapport_2003_37/deuxieme_partie_tudes_documents_40/tudes_theme_egalite_42/procedures_collectives_6254.html)
- **DEEN GIBIRILA**, La notion de cessation des paiements, critère de distinction entre la société in bonis et l'entreprise en difficulté, Actu-juridique.fr, publié le 31/07/2018.
- **IDEF** (Institut international de droit d'expression et d'inspiration française) : http://www.institut-idef.org/Le-regime-juridique-du-droit-de.html.
- **MARGUERAT** (Y.), Le livre foncier : l'exemple du Togo, in Le Bris Émile éd. Le Roy E., éd. Mathieu (http://horizon.documentation.ird.fr/exl-doc/pleins_textes/pleins_textes_7/b_fdi_03_04/37470.pdf).

- Site officiel de l'OHADA www.OHADA.com
- Site officiel de l'OAPI. V. www.oapi.int.
- www.cours-de-droit.net

VI

Rapports, Avis, Actes de Colloque

- **ANSAULT** (J.-J.), « *L'efficacité du gage sans dépossession* » in L'attractivité du droit français des sûretés réelles, dir. N. BORGA, O. GOUT, Actes du colloque organisé le 25 mars 2016 par l'Université Jean Moulin Lyon 3, *LGDJ*, coll. Grands colloques, 2016, n° 14, p. 109.
- **CHARPENTIER** (E.), « *Regard sur le droit québécois des sûretés* », *Rev. dr. banc. et fin.* 2016, n°1 dossier 6, Actes du Colloque « Quelle réforme pour le droit des sûretés ? » des 11 et 12 juin 2015 organisé par le CEDAG (Université Paris-Descartes/Sorbonne Paris-cité), n° 11.
- **DESDEVISES** (V. Y.), « *L'exécution négociée avant l'obtention du titre exécutoire* », in Le droit de l'exécution forcée : entre mythe et réalité, *EJT, coll. Droit et procédures*, 2007.
- **DIOP** (E. H. M.), « *Note sur la situation foncière au centre-ville de Lomé* », *in* colloque de Bobo Dioulasso en Haute-Volta consacré à l'examen des pratiques foncières locales dans la production et la reproduction de l'espace en Afrique noire, Centre ORSTOM de Lomé, mai 1983.
- **HUGON** (C.), « *Les incidences sur les sûretés réelles des voies d'exécution* », in Évolution des sûretés réelles : regards croisés Université-Notariat, (colloque organisé par le laboratoire de droit privé de la faculté de droit de Montpellier et l'Arnu), dir. CABRILLAC (S.), ALBIGÈS (A.) et LISANTI (C.), *LexisNexis-Litec* 2007.
- **LEGEAIS** (D.), « *Les nouvelles fonctions de la propriété. Rapport français* », *in* La propriété, Travaux de l'Association Henri Capitant, Journées vietnamiennes, t. LIII, *SLC*, 2003, p. 431.
    - « *Le droit français, modèle ou anti-modèle* », *in* Colloque sur l'attractivité du droit français des sûretés réelles, 10 ans après la réforme, organisé par l'équipe de droit privé de la Faculté de droit de l'Université Jean Moulin Lyon 3, 24 mars 2016.
- **MALAURIE** (P.), « *Rapport de synthèse* » *in* Faut-il retarder le transfert de propriété ? cah. dr. ent., suppl. 5/ 1995, p. 46, spéc. p. 49.
- **NEMEDEU** (R.), OHADA : « *De l'harmonisation à l'unification du droit des affaires en Afrique* », in Intervention au CRDP (faculté de droit de Nancy) le 19 janvier 2005.
- **PELLECCHI** (L.), « Peut-on se passer de l'économie ? Les juristes romains et le problème des sûretés réelles », Conférences de droit Romain à l'Université Paris Descartes, 2014.
- Rapport remis au Président de la République française relatif à l'Ordonnance n° 2009-112 du 30 janvier 2009 portant diverses mesures relatives à la fiducie.
- Rapport Banque mondiale Doing Business 2014.
- Rapport sur l'observation des normes et des codes du Burkina Faso (RONC), *Insolvabilité et droits des créanciers*, juin 2009, p. 42.
- **SAWADOGO** (F. M.), « La problématique de la cohabitation des ordres juridiques OHADA, UEMOA, CEDEAO », in La mise en cohérence des processus d'intégration économique et juridique, Colloque Ouagadougou, 8-9-10 janv. 2007.
- **SÉNÉCHAL** (J.-P.), « *La réforme de la liquidation judiciaire* », Colloque CRAJESE, 27 mars 2004, *LPA* 10 juin 2004, p. 43.

- **THÉRY** (Ph.), « *La notion d'exécution forcée* », in L'exécution, IEJ de l'Université Jean Moulin-Lyon, Actes du XXIIIe colloque des IEJ des 19 et 20 novembre 1999, *L'Harmattan*, 2001, p. 14.
- **THÉRY** (Ph.), « Saisissabilité et limites », 10e anniversaire de la Loi du 9 juillet 1991 sur la réforme des procédures civiles d'exécution, Colloque du 9 juillet 2001, EJT 2002.

VII

Jurisprudences, notes, observations, conclusions

OHADA

- Tribunal de première instance de Dakar du 20 mai 1911, Dar., 1911, IH, 245.
- CA Dakar, arrêt n° 142 du 3 avril 1971 : cité *in* COCC annoté, *EDJA*, 1991, p. 183.
- Cons. const. Sénégal, 16 déc. 1993 : *Penant* 1998, p. 225, note A. SALL.
- Cons. const. Bénin, 30 juin 1994 : cité *in* B. BOUMAKANI, « Le juge interne et le droit OHADA ».
- C. sup. Congo, avis, 1er oct. 1998 : *Penant* 2002, p. 171, note P. MOUDOUDOU.
- TRHC Dakar, jugement n° 1044 du 7 juin 1999, CBAO c/ M. Lô : *Rép. Credila*, p. 134 : Ohadata J-03-169.
- CA Abidjan, 7 mars 2000, n° 321 : Ecodroit 2001, n° 1, p. 35 ; Rec., Ohada jurisprudences nationales n° 1, 2004, p. 109, Ohadata J-02-130.
- Cour suprême de Côte d'Ivoire, 6 avril 2000, arrêt n° 209, Ecodroit n° 5, novembre 2001, p.24.
- CCJA, avis n° 02/2000/EP du 26 avril 2000 : Rec. CCJA n° spéc., 2003, p. 73 ; *Ohadata* J-02-04.
- TRHC Dakar, jugement n° 226 du 31 janvier 2001, société générale d'équipement (SOGEI), M. Diagne et K. Touré c/ société immo tropic et J. COLLINA : *Ohadata* J-05-89.
- CA Dakar, 1re ch. civ. et com., arrêt du 16 fév. 2001 : *Ohadata* J-06-121 et J-02-165.
- TPI Ngongsamba, ordonnance de référé n° 16/REF du 25 avr. 2001, société des établissements Nyamédio c/ Ngoumela M. : *Ohadata* J-04-440.
- TRHC Dakar, ordonnance du 15 mars 2001, société générale de banques au Sénégal c/ Lobath Fall : *Rép. Credila,* p. 209, obs. N. Diouf ; *Ohadata* J-03-266.
- Cour suprême de Côte d'Ivoire, ch. jud., 15 mars 2001, n° 137/2001, Actualités juridiques n° 40, p. 28, *Ohadata,* n° J-04-67.
- CA d'Abidjan, 20 mars 2001, arrêts n° 331 et 334.
- Tribunal de première instance d'Abidjan, 22 mars 2001, jugement n° 31, CSSPA c/ Sté Afrocom, Ecobank et BACI, Revue Ecodroit n° 1, juill. 2001, p. 39, *Ohadata,* n° J-02-22.
- Tribunal régional hors classe de Dakar, jugement du 15 janv. 2002, n° 117, Ali MEHSEN c/ Jamal SALEH, Ohadata J-05-90.
- CA Abidjan (Côte d'Ivoire), arrêt n° 107 du 20 mars 2002 : *Juris Ohada* 2004, n° 1, p. 59 ; *Ohadata* J-04-173.
- CCJA, arrêt n° 007/2002, 21 mars 2002 : *Ohadata* J-02-162.
- CCJA, arrêt n° 008/2002, 21 mars 2002 : *Ohadata* J-02-163.
- CCJA, arrêt n° 012/2002, 18 avril 2002 : *Ohadata* J-02-65.
- TPI Yaoundé – centre administratif, Ordonnance n° 632/C du 2 juin 2002 : *Ohadata* J-04-413.
- CA Ouagadougou, arrêt n° 61 du 7 juin 2002, Société Tamoil Burkina SA c/ Société de pétrole Tagui : *Ohadata* J-04-17.

- CCJA, 27 juin 2002, n° 016/2002, Rec. CCJA n° spécial, 2003, p. 31 ; *Juris Ohada*, 2002, n° 4, p. 43 ; *Ohadata* J-02-165 ; note ss art. 68 de l'AUS de 2010.
- TPI Cotonou, 21 oct. 2002, n° 034: *Ohadata* J-04-291 et J-04-404.
- Tribunal régional hors classe de Dakar, 18 décembre 2002, EGBER c/ ND International, *Ohadata* J-03-202.
- CA Dakar, ch. civ. et com., arrêt du 2 janv. 2003 : *Ohadata* J-03-148.
- TGI Ouagadougou, jugement n° 2 du 8 janvier 2003, Tiendrebeogo c/ Tiemtore M. et Tiemtore M. : *Ohadata* J-04-337.
- TGI de Bobo-Dioulasso, ordonnance de référé n° 002 du 17 janv. 2003, Mandé R. et a. c/ société de transport et de commerce du Burkina (Stcb) : *Ohadata* J-04-48.
- CA Abidjan, 31 janv. 2003, n° 92: *Ohadata* J-03-226.
- CA Abidjan, 14 fév. 2003, n° 141: *Ohadata* J-03-299.
- Section du Tribunal de Sassandra, jugement n° 42 du 20 fév. 2003 : *Ohadata* J-04-307.
- CA Conakry, 1er avr. 2003, n° 75: *Ohadata* J-03-105.
- CCJA, 24 avril 2003, Sté Côte d'Ivoire Télécom c/ Sté Publistar, n° 007, *Ohadata* J-03-193.
- TPI Menoua, jugement n° 35/ADD/Civ du 12 mai 2003, Afriland First Banque c/ Fongou F. T. et a. : *Ohadata* J-05-18.
- TGI Bobo-Dioulasso, ordonnance de référé n° 60 du 16 mai 2003, Tiemtoré R. c/ Ouédraogo S. : *Ohadata* J-04-59.
- CCJA, arrêt n° 011/2003 du 19 juin 2003, Mcck et Sck c/ Loteny Télécom : Rec. CCJA n° 1, 2003, p. 32, *Ohadata* J-04-107.
- CA Daloa, ch. civ. et com., arrêt n° 168 du 2 juill. 2003, A. Mahamane c/ entreprise ecoopam : *Ohadata* J-05-177.
- TPI Menoua, jugement n° 48/civ du 11 août 2003, Afriland first bank c/ Fongou F. T. et a. : *Ohadata* J-05-28.
- CCJA, 19 oct. 2003, n° 18/2003, *Le juris-Ohada*, n° 4/2003, p. 10, note Brou Kouakou M., Recueil de jurisprudence Ohada, juill.-déc. 2003, n° 2, p. 30, *Ohadata*, n° J-04-119.
- CA Abidjan, 24 oct. 2003, n° 1164: *Ohadata* J-03-337.
- CCJA, arrêt n° 21/2003 du 6 novembre 2003, Sci Cod c/ Compagnie bancaire de l'Afrique Occidentale dite CBAO SA : Rec. CCJA n° 2, 2003, p. 10 ; *Ohadata* J-04-121.
- CA Yaoundé, arrêt n° 46/Civ. du 7 nov. 2003 : *Ohadata* J-06-105.
- TPI Daloa, jugement n° 327/ADD/BIS du 12 décembre 2003, société de transformation des bois de l'Ouest dite TBO c/ Koné A.
- CCJA, 08 janv. 2004, n° 07 : Ets. SPL SARL c/ Sté de transport BC SARL.
- CA Daloa, 1er ch. civ. et com., arrêt n° 49 du 18 févr. 2004, k. Kouamé c/ K. N'Guessan.
- C. supr. Côte d'Ivoire, arrêt n° 122, 4 mars 2004 : *Actualités juridiques* n° 49, 2005, p. 218 ; *Ohadata* J-05-351.
- CCJA, arrêt n° 013/2004 du 18 mars 2004, Fotoh Fonjungo c/ société générale de banques au Cameroun dite SGBC : Rec. CCJA, n° 3, 2004, p. 101 ; *Ohadata* J-04-298.
- CA Daloa, 1re ch. civ. et com., arrêt n° 82 du 31 mars 2004, Akanan Haissan Abdallah c/ Monzei Beydoun et Kansou Haidar Ali : *Ohadata* J-06-20.

- TPI Bafoussam, ordonnance de référé n° 63 du 16 avril 2004, Talla Demgueu B. J. B. c/ Mbang I. : *Ohadata* J-05-05.
- CA Niamey, ch. civ., arrêt n° 79 du 19 avril 2004, Y.K. c/ B.I. et N.C. : *Ohadata* J-05-182, obs. M. Brou KOUAKOU.
- CCJA, arrêt n° 015/2004 du 29 avril 2004, société énergie du Mali c/ J. I. Koita : *Rec. CCJA* n° 3, 2004, p. 112 ; *Penant* n° 850, 2005, p. 138 ; *Ohadata* J-04-300.
- CCJA, 17 juin 2004, SDV-Côte d'Ivoire c/ Société RIAL TRADING, n° 21.
- C. supr. Côte d'Ivoire, arrêt n° 447, 8 juill. 2004 : *Actualités juridiques*, n° 49, 2005, p. 223 ; *Ohadata* J-05-354.
- CCJA, arrêt n° 025/2004 du 15 juillet 2004, Mondagou J. c/ société commerciale de banque crédit lyonnais dite Scb-CL : *Rec. CCJA* n° 4, 2004, p. 16 ; *Penant* n° 853, 2005, p. 525, note B. Diallo ; *Ohadata* J-05-168.
- CCJA, arrêt n° 29 du 15 juillet 2004, *Juris* OHADA, n° 3/04, p. 35.
- CCJA, arrêt n° 028/2004 du 15 juill. 2004, Mobil Oil Côte d'Ivoire c/ les centaures routiers, caisse autonome de règlement pécuniaire des avocats dite Carpa, Me Adou Y. : *GD-CCJA*, p. 658, obs. R. NEMEUDEU, *Ohadata* J-05-170.
- CCJA, n° 030, 4 nov. 2004, Société de Gestion Ivoirienne de Transport Maritime et Aérien dite GITMA c/ Société Africaine de Matières Exportables dite SAM EX, note BROU (K.M.) ; *Ohadata* J-05-171 ; Recueil de jurisprudence de la CCJA, n°4 juillet-décembre 2004, p. 40 ; jurisprudence commerciale de la CCJA, octobre 2005, n° 1, p. 34, note Félix ONANA ETOUNDI.
- CA Abidjan, arrêt n° 39 du 11 janv. 2005, société d'exploitation des fermes avicoles Sidibé dite Sefas c/ Sidibé I. et Ahvi Kacou B. : *Ohadata* J-07-16.
- CA de Daloa, 23 févr. 2005, n° 53, A. c/ La société Distribution pharmaceutique de Côte d'Ivoire dite DPCI.
- TRHC Dakar, 8 avril 2005, n° 847, Projet forestier communautaire et de protection de l'environnement, dit PROFOCOPE c/ Aliou Faye et Abdoulaye Dramé,
- CA Abidjan, ch. civ. et com., 19 avril 2005, n° 457, société Comatec c/ Ets Nikiema J.-B. : *Ohadata* J-09-355.
- CCJA, arrêt n° 039/2005 du 2 juin 2005, Drabo B. et a. c/ Touré M. : GD-CCJA, p. 587, obs. J. FOMEUTEU ; *Ohadata* J-06-15.
- Cour Sup. Togo, 11 nov. 2005, n° 34/2005.
- CCJA, arrêt n° 52/2005 du 15 déc. 2005, Bouho Kossia E. c/ Kouadio Kouassi J. : *Ohadata* J-06-42.
- TGI de Ouagadougou, jugement n° 130/06 du 22 mars 2006, La Financière du Burkina c/ OUEDRAOGO Fatima et centre Hospitalier Universitaire Yalgado OUEDRAOGO, Ohada.com/*Ohadata* J.07-134.
- CA Niamey, arrêt n° 117 du 2 mai 2006 : *Ohadata* J-10-233.
- CA Ouagadougou (Burkina Faso), ch. comm., 5 mai 2006, arrêt n° 099, Bally Baba Saïd c/ BOA, *Ohadata*, n° J-09-19.
- CA Abidjan, ch. civ. et comm., arrêt n° 563 du 27 mai 2005, Bakouka S. c/ Fegece : *Ohadata* J-07-37.
- TPI de Bouaflé, jugement n° 37 du 02 mars 2006, affaire N'guessan J. et N'guessan G. c/ la Coopérative Agricole de Zegata, Ohada.com/*Ohadata* J-08-197.
- C. Sup. Côte d'Ivoire, ch. Judiciaire, arrêt n° 313 du 7 juin 2007 : *Actualités juridiques* n° 59, p. 302 ; *Ohadata* J-09-303.

- CA Abidjan (Côte d'Ivoire), 1er ch. civ. et com., arrêt n° 128 du 13 juin 2007 : *Ohadata* J-09-359.
- CA Lomé, arrêt n° 22/007 du 17 juill. 2007, Soeximex c/ Bictogo Moumini, société Côte d'Ivoire fruits SA : *Ohadata* J-10-168.
- CA de Zinder (Niger), arrêt n° 40/bis, 27 juillet 2007, Ohadata J-09-171.
- CA Ouagadougou (Burkina Faso), 19 octobre 2007, Fadoul Technibois c/ Sonabhy, *Ohadata* J-10-220.
- CA Ouagadougou, arrêt n° 011 du 1er fév. 2008, Ouedraogo T. c/ société de location de matériel (Slm) : *Ohadata* J-12-128.
- CCJA, 28 févr. 2008, n° 006/2008, Rec. CCJA n° 11, 2008, p. 35 ; Juris Ohada 2008, n° 2, p. 13 ; *Ohadata* J-09-29.
- CCJA, arrêt n° 01/2008 du 27 mars 2008, in GD-CCJA, p. 381, note M. TIMTCHUENG, Le contentieux de l'exécution et des saisies dans le nouveau droit OHADA.
- CCJA, 24 avril 2008, n° 018, aff. Docteur A. c/ Distribution pharmaceutique de Côte d'Ivoire dite DPCI-SA, Juris-OHADA n° 2, avril-mai-juin 2008, p. 21 ; Les grandes décisions de la CCJA, *L'Harmattan*, 2010, p. 213, obs. NGNINTEDEM (J.C.).
- CCJA, arrêt n° 025/2008 du 30 avril 2008, société générale de banques en Côte d'Ivoire dite SGBCI c/ Konan K. C. : GD-CCJA, p. 405, obs. V. Akomdja Avon ; *Ohadata* J-09-317.
- CA Littoral, arrêt n° 109/C du 1er août 2008, compagnie africaine pour le commerce international au Cameroun dite CACIC SA c/ société afriland first bank SA : *Ohadata* J-10-263.
- CA Littoral, arrêt n° 019/C du 18 août 2008, société Nguessi hôtel SARL c/ Bicec SA : *Ohadata* J-10-266.
- CA Littoral, arrêt n° 019/C du 28 août 2008, société Nguessi hôtel SARL c/ Bicec SA : *Ohadata* J-10-266.
- CA Ouagadougou, arrêt n° 058 du 21 nov. 2008, société telecel faso c/ société pyramide : *Ohadata* J-10-96.
- CCJA, arrêt n° 60/2008 du 30 décembre 2008, Banque internationale de l'Afrique de l'Ouest dite BIAO-CI c/ S. Amessan et M.-L. Charmot : *Rec. CCJA* n° 2, 2008, p. 91 ; *Ohadata* J-10-34.
- CCJA, arrêt n° 002/2009 du 5 fév. 2009, héritiers de feu M. Diabaté c/ S. Niarey : *Ohadata* J-10-22.
- CCJA, arrêt n° 007/2009 du 26 février 2009, Banque Islamique du Niger pour le commerce et l'industrie dite BINCI c/ Abdoulaye Bady Bouya : *Rec CCJA* n° 13, janv.-juin 2009, p. 48.
- CCJA, arrêt n° 016/2009 du 16 avril 2009, Salam Majed Daoud c/ société gabonnaise de crédit automobile dite sogaka : *Rec. CCJA* n° 13, 2009, p. 60 ; *Ohadata* J-10-65.
- Tribunal de première Instance de première Classe de Lomé, Ordonn. du 18 juin 2009, n° 0506/09, Compagnie Financière de l'Ouest Africaine (CFOA) c/ Banque Atlantique Togo, inédit.
- CCJA, 2e ch., arrêt n° 32/2009 du 30 juin 2009, Essomba Ntonga Godefroy c/ Eyana Dieudonné : Rec. CCJA n° 13, 2009, p. 91 : *Ohadata* J-10-74.
- CCJA, 1re ch., arrêt n° 037/2009 du 30 juin 2009, Abb lumus global spa c/ Basseyissila J. R. et a. : Rec. CCJA n° 53, p. 97 : *Ohadata* J-10-76.
- CA Dakar, arrêt n° 247 du 8 mars 2010, G. Gaye c/ M. Fall : Bulletin des arrêts rendus par la Cour d'appel de Dakar en matière civile et commerciale, 2011, vol. 1, p. 352.
- CCJA, 1re ch., arrêt n° 030/2010 du 29 avril 2010, Thales Security Systemes sas c/ Me O. Kattier, Juris Ohada 2010, n° 3, p. 49 ; *Ohadata* J-12-50.

- TPI de Prem. Classe de Lomé (Togo), 9 juillet 2010, Banque AT c/ Les Établissements AK, n° 0589/2010, inédit.
- CA Dakar, arrêt n° 11 du 20 juillet 2011, Banque islamique du Sénégal c/ M. Dioum et I. Beye : *Bulletin des arrêts rendus par la Cour d'appel de Dakar en matière civile et commerciale*, 2013, vol. 1, p. 227.
- CA Lomé (Togo), 04 oct. 2011, Banque AT c/ Les Établissements AK, n° 180/2011, inédit.
- TPI de première classe de Lomé (Togo), 4 nov. 2011, n° 3879, Les Établissements Manu-Brillance c/ Banque Régionale de Solidarité Togo SA (BRS Togo SA), inédit.
- CCJA, arrêt du 6 décembre 2011, n° 022/2022, *Ohadata* J-13-150.
- CCJA, arrêt n° 025/2011 du 6 décembre 2011, Rec. CCJA n° 17, 2011, p. 61.
- CA Dakar, ch. des criées, arrêt n° 01/2012 du 8 janvier 2012, fonds de promotion économique c/ E. H. Mbaye Drame et M. Dramé : inédit.
- TPI de première classe de Lomé (Togo), 20 janvier 2012, n° 0177/12, Monsieur H. c/ BSIC-Togo SA, inédit.
- CCJA, arrêt n° 009/2012 du 8 mars 2012 : *Rec. CCJA* n° 18, 2012, p. 145.
- CCJA, arrêt n° 021/2012 du 15 mars 2012 : *Rec. CCJA* n° 18, 2012, p. 127 : *Ohadata* J-14-152.
- CCJA, arrêt n° 027/2012 du 15 mars 2012 : *Rec. CCJA* n° 18, 2012, p. 148 ; *Ohadata* J-14-158.
- CCJA, arrêt n° 030/2012 du 22 mars 2012 : *Rec. CCJA* n° 18, 2012, p. 135 ; *Ohadata* J-14-155.
- CCJA, arrêt n° 059/2012 du 07 juin 2012, Société Civile immobilière Milade et Joséphine dite SCIM et J c/ Me Kouame Bi Iritié et Société Nationale de Recouvrement de Côte d'Ivoire dite SONARECI : *Rec. CCJA* n° 14, 2009, p. 18 ; Ohadata J-10-182.
- CCJA, arrêt n° 077/2012 du 29 novembre 2012, Afriland First Bank (ex CCEI-Bank) c/ LELL E. : *Rec. CCJA* n° 19, juill. -déc. 2012, p. 69.
- CCJA, arrêt n° 079/2012 du 29 nov. 2012, société camerounaise de transformation métallique dite Sctm c/ Banque international du Cameroun pour l'épargne crédit dite Bicec.
- TPI Abidjan (Côte d'Ivoire), 21 février 2013, Société Groupement Togolais d'Assurance Compagnie Africaine d'Assurance-IARD c/ SITEL, OMNIFINANCE et SGI-Togo, n° 253 CIV. 1re, RG n° 7319/2008, inédit.
- CCJA, arrêt n° 002/2013 du 07 mars 2013, Affaire société central industrie c/ société Rayane, M. Hassan Kamel Ftouni, M. Omaïs Toufic, société CAFCACI, recueil de jurisprudence semestriel de la CCJA, n° 20, p.11-14
- CCJA, arrêt n° 009/2013 du 22 novembre 2013, Banque Internationale du Cameroun pour l'Épargne et le crédit (BICEC SA) c/ Monsieur IPANDA François de Paul et autres, recueil de jurisprudence semestriel de la CCJA, n° 20, p.18-22.
- CA d'Abidjan, 1re Ch. Civ. Adm. Com. et Soc., 27 déc. 2013, n° 769, ACCESS Banque c/ GTA-C2A/IARDT, SITEL et SGI-Togo, inédit.
- CCJA, arrêt n° 029/2014 du 03 avril 2014, Souleymane SOW et Abdou DIOP c/ SCP Hassan HACHEM et Fils, *Rec. CCJA* n° 21 Janv.-Juin 2014, vol. 1, p. 170.
- Cour suprême du Togo, Ch. Judiciaire, 17 avril 2014, n° 25/14, *Bull. des arrêts de la Cour suprême*, n° 2-2015.
- CCJA Abidjan (Côte d'Ivoire), 23 avril 2014, Banque AT c/ Les Établissements AK, n° 059/2014, inédit.

- CCJA, arrêt n° 066/2014 du 25 avril 2014, Banque internationale du Burkina (BIB SA) et KARANTAO Maïmouna c/ SAWADOGO Minata et 7 autres tous ayants droit de feu OUEDRAOGO Harouna, *Rec. CCJA* n° 21 Janv.-juin 2014 vol. 1, p.183.
- CCJA, Ass. Plén., arrêt n°106/2014, 04 nov. 2014, Aff. AMITY BANK CAMEROON c/ Ets. SATRA EXPRESS VOYAGE.
- CA Lomé, 10 déc. 2014, n° 333/14, Union Togolaise de Banque (UTB) c/ Sieur A. K., inédit.
- TPI de première classe de Dapaong (Togo), 15 décembre 2014, ord. n° 132/14, Union Togolaise de Banque (UTB) c/ Association TIMPAC, inédit.
- TPI de première classe de Lomé (Togo), 4 mars 2015, n° 0162/2015, Sté Interafricaine de Banque (SIAB-Togo) c/ Monsieur D. J., Monsieur O. A., inédit.
- TC Abidjan, Société KTD-SA c/ BFA et AMC-FC, Référé du 17 mars 2015, RG n° 809/2015, site officiel du TC d'Abidjan.
- C. Sup. de Côte d'Ivoire, Ch. jud., 10 décembre 2015, pourvoi n° 2014-091.CIV en date du 4 mars 2014, inédit.
- CA Lomé (Togo), 23 décembre 2015, n° 437/2015, Sté JO'S International SARL, dame J. S. épouse O. c/ Banque Sahélo Sahélienne pour l'Investissement et le Commerce (BSIC), inédit.
- CCJA, 3e ch., arrêt n° 022/2016, 25 févr. 2016, Aff. BOA-Bénin c/ Sté BRAMAF SARL, M. Zakariyaou SEFOU, LEGIAFRICA.
- CCJA, 27 oct. 2016, n° 158/2016, *juriAfrica, Légiafrica.*
- CA Lomé, 21 nov. 2016, arrêt n° 334/2016, Sté ECOBANK Togo SA c/ Sieur GAGOU Kossivi, inédit.
- TPI Lomé (Togo), 2e ch. com., 29 nov. 2016, n° 0391/2016, affaire société Togolaise des plaques (SOTOPLA-CEVA SA) c/ CORIS BANK INTERNATIONAL Togo SA, inédit.
- CA Lomé, 27 janvier 2017, ord. n° 025/17, Sté ÉTOILE DU GOLFE c/ ECOBANK-TOGO SA, inédit.
- CCJA, 30 mars 2017, n° 076/2017, inédit.
- CCJA, 1re Ch., arrêt du 22 février 2018, n° 41/2018, LEGIAFRICA.
- CA de Lomé, arrêt n° 021/2018 du 6 juin 2018, affaire GTA-C2A IARDT c/ AFRILAND FIRST BANK Côte d'Ivoire, inédit.
- Tribunal de première instance de première classe de Lomé (Togo), 2e ch. commerciale, 26 juin 2018, n° 0419/18, aff. Succession de feu Nyavoh KONOU rept/ Ablodevi AZIADEKEY et autres c/ L'Union Togolaise de Banque (UTB), inédit.
- CCJA, 2e ch., arrêt du 08 févr. 2018, n° 025/2018, aff. COULOUD Yao H. c/ BICICI.
- CCJA, arrêt du 1er mars 2018, n° 050/2018, Société GTA-C2A/IARDT c/ Société Afriland First Bank, SGI Togo SA et Société SITEL, inédit.
- TPI de première classe de Lomé, 3e ch. com., 20 mars 2019, n° 0126/2019, Coris Bank International Togo c/ sté Z., Mme A., M. A., inédit.
- TPI de première classe de Lomé, ch. com., 20 mars 2019, n° 0217/2019, Coris Bank International Togo c/ M. S., Mme P., inédit.
- TPI de première classe de Lomé, 2e ch. com., 29 mars 2019, n° 0243/19, Coris Bank International Togo c/ M. A., succ. T., Z., inédit.
- CCJA, 1ère ch., arrêt n° 142/2019, 25 avril 2019, Aff. Sté Guaranty Trust Bank Côte d'Ivoire c/ M. DRAMERA Hassana.

- CA Abidjan, 1re Ch. Com., 31 oct. 2019, n° 413/2019, LégiAfrica.
- CCJA, 1ère ch., Arrêt n° 272/2019, 28 nov. 2019, Aff. Sté INNO-WANGSA OILS et FAST SDN BHD c/ M. ABASSE Nassirou.
- TC Lomé, 19 janv. 2020, n° 0060/20, Sté Interafricaine de banque Togo (SIAB Togo) c/ M. A., inédit.

France

- Cass. req., France, 5 août 1839, *Dalloz, jurispr. Gén.,* V, Privilèges et hypothèques, n° 1260.
- Cass. civ., France, 11 août 1847, *D.* 47, 1, 311.
- Cass. civ., France, 26 déc. 1853, *DP* 1855.1.200.
- Cass. 1re civ., France, 7 févr. 1854, *DP* 1854, 1, 49.
- Cass. civ., France, 1er juillet 1856, D. P. 56, 1, 274 ; S. 56, 1. 785.
- Cass. req., 4 déc. 1867 : S. 1868, 1, 252.
- Cass. crim., France, 14 mai 1875, *DP* 1876, 1, p. 45, concl. BARBIER.
- Cass. Req., France, 29 décembre 1875, DP. 76. 1, p. 219.
- Cass. civ., France, 4 juill. 1876 : *DP* 1877, I, 33.
- Cass. civ., France, 28 mars 1888, *D.* 88, 1, 253 S. 1888, I, 265.
- Douai, 20 juin 1892, S. 1892, 2, 161, note LYON-CAEN.
- Cass. civ., France, 4 juin 1894, S. 94, p. 393 ; *D. P.* 94. 1, p. 393.
- Cass. Req., France, 17 juill. 1895, D. 1896. I, 57, note THALIER.
- Cass. Req., France, 21 juill. 1897, D. 1897, I, 269.
- Cass. civ., France, 11 mais 1898, I, 481, note TISSIER.
- Cass. 1re civ., France, 9 nov. 1904, *DP* 1905, 1. 102 ; *Req.* 26 mars 1907, *DP* 1908. 1. 1547.
- Cass. civ., France, 9 mai 1905, DP 1909.1.225, note De LOYNES.
- Cass. req., 3 nov. 1903 : *D.* 1906, 1, 529 ; S. 1906, 1, 389.
- Cass, Req., 13 juill. 1910, Journ. Faill., p. 385.
- Cass. civ., France, 26 janv. 1914 : *DP* 1914, I, 112.
- Cass. civ., France, 26 fév. 1919, *DP* 1923, 1, p. 215.
- Cass. 1re civ., France, 21 juill. 1921, *DP* 1925, 1. 29.
- Cass. req. France, 8 mai 1934, S. 1934, 1, p. 342.
- Aix-en-Provence, 23 janv. 1936 : *Rev. fonds de comm.* 1936.182.
- Cass. civ., France, 6 févr. 1939, *D.* 1939, I, p. 53, note PLASSARD (J.) ; S. 1941, I, p. 145, note RODIERE (R.).
- Cass. com., 14 juin 1948, *JCP*, 1948, II, 4534, obs. BECQUÉ (E.).
- Cass. civ., France, 7 févr. 1949, *S.* 1949.1.144 ; *RTD civ.* 190, 104, obs. P. RAYNAUD.
- Cass. Soc., France, 3 juill. 1953 : *Bull. civ.* IV, n° 536, p.386.
- Cass. 1re civ., France, 8 janv. 1955, *Bull. civ.*, I, n° 10, p. 10.
- Cass. 1re civ., France, 20 déc. 1955 : *JCP* 56, II, 9455, note Weill ; Cass. 1re civ. France, 3 fév. 2010, n° 08-19.293 : *JurisData* n° 2010-051393 ; *JCP G* 2010, act.176, CORNUT ; *JCP G* 2010, note 284, L. D'AVOUT ; *JCP N* 2010, 284, PERINET-MARQUET.
- CA Paris, 17 avril 1956, *D*, 1956, p. 530, note RIPERT (G.).
- Cass. 1re civ., France, 17 novembre 1959, *Bull. civ.*, I, n° 480, p. 398 ; *D.* 1960, somm. P. 37 ; *Rev. trim. Dr. civ.*, 1960, p. 138, n° 5, obs. SOLUS.
- Cass. com., France, 19 janv. 1960: *JCP* 1960, IV, 34; *Bull. civ.* III, n° 30, p. 25.
- Cass. 1re civ., France, 2 mars 1960, *Bull. civ.* I, n°141.

- Cass. com., 31 mai 1960, *D.* 1960, note GUYON (Y.), p. 601.
- Cass. 1re civ., France, 22 mai 1962, *Bull. civ.* I, n° 258, D. 1965, jur., p. 58, note RODIÈRE, *Gaz. Pal.* 1962, 2, jur., p. 130.
- Cass. crim., France, 24 juillet 1963, *Bulletin criminel* 1963, n° 263, Légifrance.
- Cass. com. France, 3 mai 1965, *Bull. civ.* III, n° 280, p. 253.
- Cass. crim., France, 6 janvier 1966, pourvoi n° 64-92298, *Bull.*, Légifrance.
- Cass. 1re civ., France, 11 oct. 1966, *D.* 1967. 209, note M. ANCEL ; *JCP N* 1966, II, 14703.
- Cass. 3e civ., France, 4 juill. 1968, *aff. Europabois*; *Bull. civ.*, III, n° 321; *RTD civ.*, 1969, p. 144, note BREDIN (J.-D.).
- Cass. 3e civ., France, 30 nov. 1971, *Bull. civ.* III, n° 586.
- Cass. com., France, 18 janv. 1972, *JCP* 1973, II, 17355, note J. H.
- Cass. 3e civ., France, 15 février 1972, *D.* 1972.463, note E.F.
- Cass. 3e civ., France, 30 oct. 1972, n° 71-11541; *Bull. Civ.* III n°575.
- Cass. 1re civ., France, 27 mars 1973, *Bull. civ.* I, n° 114, *Defrénois* 1974, art. 30547, n° 8, obs. J.-L. AUBERT.
- Cass. com., France, 24 avril 1974, *D.* 1975, p. 107.
- Cass. civ. 1re, France, 25 mai 1976, *Bull. civ.* I, n° 201.
- Cass. 3e civ., France, 25 oct. 1976, n° 75-10.823, Légifrance.
- Cass. 3e civ., France, 17 janvier 1978 : *JCP N* 1978, II, 147, note STEMMER et BOST ; *D.* 1978, 605, note SOULEAU ; *RD imm.* 1979, 366, obs. DAGOT.
- Cass. com., France, 12 févr. 1979 : *Bull. civ.*, IV, n° 57 ; *D.* 1979, p. 34, note F. DERRIDA ; *RJ com.* 1979, p. 298, B.-J. MESTRE : *JCP G* 1980, II, 19316, note Y. CHARTIER.
- Cass. 1re civ., France, 21 juin 1979, *Bull. civ.* I, n° 236 ; Banque, 1979.274, obs. MARTIN (L.) ; civ. 1re, France, 6 mars 1979, *Bull. civ.* I, n° 78, *JCP* 1979, éd. GII.19140, Concl. GULPHE ; *Defrénois*, 1980.590, obs. AUBERT (J.-L.).
- Cass. 2e civ., France, 10 oct. 1979, *Bull. civ.* II, n° 235, p. 161.
- Cass. 3e civ., France, 8 janv. 1980 : *Defrénois* 1980, art. 32347 ; *D.* 1980, 368, rapp. FRANCK.
- Cass. 3e civ., France, 17 juin 1980, *D.* 1981, IR 232, obs. ROBERT.
- Lyon, 16 octobre 1980, *JCP.* 1981, IV, p. 376 ; *JCP.* 1983, éd. N. II, p. 40.
- CA Paris, 24 septembre 1981 : *BT* 1982. 198.
- Cass. com., France, 19 juillet 1982, *Bull. civ.* IV, n° 277.
- Cass. com., France, 31 janvier 1983, *Bull. civ.*, IV, n° 43, p. 34.
- Cass. 1re civ., France, 3 mai 1983, *Bull. civ.* I, n° 136, *JCP* 1984.
- Cass. com., France, 12 déc. 1984, *Bull. civ.* IV, n° 347; *D.* 1985, inf. Rap. 255, obs. DERRIDA.
- CE, France, 20 mars 1985, Compagnie immobilière de la Région Parisienne, n° 46731, Légifrance.
- Cass. com., France, 19 avril 1985, *Bull.* n° 120.
- Cass. com., France, 1er oct. 1985, n° 84-12.015, *Bull. Civ.* IV, n° 222, D. 1986, *jur.*, p. 246, note M. CABRILLAC.

- Cass. com., France, 5 nov. 1985, n° 84-15.125, *Bull. civ.* IV, n° 259.
- T. com., Nancy, 22 mai 1986, *Rev. proc. coll.* 1986, n° 4, p. 59, obs. MESTRE (J.) et DELEBECQUE (Ph.).
- Cass. com., France, 27 mai 1986, *Bull. civ.* IV, n° 102 ; *D.*, 88, som. 63, note DERRIDA.
- CA Paris, 17 fév. 1988, *D.* 1989, Somm., p.50 obs. COLOMBET (Cl).
- Cass. com., France, 8 mars 1988, *Bull. civ.* IV, n° 99 : *D.* 1988, som. 64. 2, obs. DERRIDA (F.).
- Cass. com., France, 18 avril 1989, *Bull. civ.*, IV, n° 128, p. 86.
- Cass. com., France, 20 juin 1989, *Bull. civ.* IV, n° 196 ; *D.* 1989, p. 431, note PEROCHON (F.) ; *RTD com.* 1989, p. 702, obs. CABRILLAC (M.) et TEYSSIE (B.).
- Cass. com., France, 14 novembre 1989, *Bull. civ.* IV, n°300 ; *Defrénois* 1990, art. 34809, n° 73, note AYNÈS (L.).
- Cass. com., France, 28 novembre 1989, *Bull. civ.* IV, n° 300, *Defrénois* 90, art. 34809, n° 73, note L. AYNÈS.
- Cass. crim., France, 13 mars 1909, DP 1911.1.159 ; 25 juillet 1912 : DP 1913.1.123.
- Cass. com., France, 13 février 1990, *Bull. civ.*, IV, n° 45, p. 30.
- Cass. com., France, 6 mars 1990, n° 88-16036, *Bull.* 1990, IV, n° 67, p. 46 ; *RD bancaire et fin.* 1990, p. 174, obs. M. J. CAMPANA et J.-M. CALENDINI.
- CA Versailles, 12e ch., 10 mai 1990, *D.* 1990, p. 169 ; *rev. trim. Dr. com.*, 1990, p. 560, obs. J. DERRUPPÉ.
- Cass. 3e civ., France, 7 juin 1990, *Bull. civ.*, III, n° 140 ; *D.* 1991. Somm. 308, obs. ROBERT.
- Cass. com., France, 17 juil. 1990, n° 89-13439 ; *Bull* 1990, IV, n° 214, p. 147.
- Cass. com., France, 8 janv. 1991, *Bull. civ.* IV, n° 8; *RTD civ.* 1991, p. 368, obs. M. BANDRAC ; *RTD com.* 1991, p. 271, obs M. CABRILLAC et B. TEYSSIE ; *RJ com.* 1993, p. 190 s., *D.* FENOUILLET.
- Cass. com., France, 26 février 1991, n° 89-17.607, *Rev. proc., coll.* 1992.72, obs. B. SOINNE.
- CA Pau, ch. 1re, 17 avril 1991, société Idm c/ Lalanne Larrieu, note DELEBECQUE (Ph.) et SIMLER (Ph.), *RDI.* 1992.101, 16 mars 1992.
- Cass. civ., France, 15 octobre 1991, *Bull. civ.*, IV, n° 293, p. 203 ; *D.* 1991, inf. rap., p. 258.
- Cass. 1re civ., France, 13 nov. 1991, n° 1991, n° 89-15.011, *Defrénois* 1992, art. 35212, n° 17.
- Rouen, 12 mars 1992, *RJDA* 1992, n° 391.
- Cass. com., France, 9 février 1993, Légifrance ; *Bull. civ.* 1993, IV, n° 51, p. 33.
- CA Paris, 21 mai 1993, *juris-Data* n° 1993-021220.
- Paris, 4 mai 1993, *RTD com.*, 1993.554, obs. CABRILLAC (M.).
- Cass. com., France, 22 mars 1994, n° 92-11.223, *JCP E* 1994, panor. 249, n° 733, *D.* 1996, somm. 219, obs. F. PEROCHON ; 11 octobre 1994, n° 92-17.865, *Rev. proc. Coll.* 1995.206, obs. B. SOINNE.
- Cass. com., France, 5 avril 1994, *Bull. civ.* IV, n° 146.
- Cass. com., France, 31 mai 1994, n° 91-20.677, *Bull. civ.* IV, n° 196.
- TGI Paris, JEX, 20 sept. 1994 : *BICC*, 1994, n° 117, cité sous l'article L. 231-1 du CPCE.
- Cass. com., France, 25 oct. 1994, *Bull. civ.* IV, n° 316, note BOULOC (B.).
- Cass. com., France, 6 déc. 1994, *D.* 1990, 454, note HONORAT (A.).
- Cass. com., France, 7 février 1995, n° 93-14257, Légifrance.

- Cass. com., France, 7 mars 1995, *Bull. civ.* IV, n° 73, *Defrénois* 95, art. 36091, n° 2, n. Hovasse.
- Cass. com., France, 9 mai 1995, *RTD civ.* 1996, p. 441, obs. CROCQ (P.).
- Cass. com., France, 30 mai 1995, n°93-13.170, *Bull. civ.* IV, n° 157.
- Cass. com., France, 20 juin 1995, *JCP* 1995, éd. GEI 515, n° 3; *JCP* 1995, éd. GEI 515, n° 3, obs. SIMLER (P.).
- Cass. com., 9 janvier 1996, n° 93-20109, *D.* 1996, p. 184, obs. F. Derrida ; *RTD civ.* 1996, p. 437, n° 4, obs. BANDRAC et CROCQ.
- Cass. com., France, 5 mars 1996, *Bull. civ.*, IV, n° 73, note VOINOT.
- CA Rouen, 4 avril 1996, *RJDA*, 1996, n° 1543.
- Cass. com., France, 9 avril 1996, *Dalloz Affaires*, 1996.712 ; *RD bancaire et bourse* 1996.117, obs. F.-J. CRÉDOT et Y. GÉRARD ; D. 1996.399 et s. note Ch. LARROUMET.
- Cass. com., France, 11 juin 1996, *JCP E* 1997, 631, n° 7 obs. Ph. DELEBECQUE.
- Cass. com., France, 25 mars 1997, n° 94-18.337, *Bull. civ.* IV, n° 84, *RD bancaire et bourse* 1997, p. 127, obs. CAMPANA M.-J. et CALENDINI J.-M.
- Cass. com., France, 20 mai 1997, *RJDA*, 10/97 n° 1263.
- Cass. 1re civ., France, 13 nov. 1997, n° 95-19-686, *Defrénois* 1998, art. 36753, n° 29.
- Cass. 1re civ., France, 10 fév. 1998, n° 96-12711, Légifrance.
- Cass. com., France, 17 mars 1998, *Bull. civ.*, IV, n° 108, *Dalloz Affaires* 1998.803, obs. V. A.-R. ; 11 juin 2006, *Bull. civ.* IV, n° 181, D. 2006, *AJ* 2462, *Act. Proc. Coll.* 2006, n° 198, obs. F. PEROCHON, *JCP E* 2007, n° 1, p. 24, obs. M. CABRILLAC, *Gaz. Pal.* 5-6 janv. 2007, p. 26, note Ph. GONI, *Rev. proc. Coll.* 2006.362, obs. M.-H. MONSERIE-BON.
- Cass. com., France, 28 avril 1998, *RJDA* 1998. 733 et s. ; *RTD com.* 1999, p. 187, obs. A. LAUDE.
- Cass. 1re civ., France, 28 avril 1998, *JCP* 1999, I, n° 116.
- Cass. com., France, 12 mai 1998, *Bull. civ.* IV, n° 151 ; RD bancaire et bourse, 1998.150 et s., obs. CONTAMINE-RAYNAUD (M.).
- Cass. civ. 1re, France, 13 mai 1998, *RTD civ.* 1999. 152 et s., *Bull. civ.* I, n° 172; *RTD civ.* 1999. 152 et s; *RTD civ.* 1999. 880, obs. CROCQ (P.); *JCP* éd. N1998, p. 1667, note PIEDELIÈVRE (S.); *JCP* 1999, I, n° 116, note SIMLER (P.); *RDI.* 1999. 450, note THERY (P.).
- Cass. com., France, 9 juin 1998, *RJDA*, 10/98 n° 1141.
- CA Paris, 3e ch., sect. B, 26 juin 1998, *D. aff.* 1998, p. 1401, obs. A. L., *RTD com.* 2000, p. 180, obs. MARTIN-SERF A., *D.* 2000, somm., p. 69, obs. PEROCHON, F. et MAINGUY D.
- Cass. com., France, 27 octobre 1998, *Bull. civ.* IV, n° 160, *Defrénois* 1999, art. 36944, p. 280, obs. PIEDELIVRE ; *RDI* 1995, p. 295, note THÉRY (P.) ; *JCP G.* 1999, I, 103, n° 10, obs. CABRILLAC (M.), *RTD civ.* 1999, p. 153, obs. CROCQ (P.), *D.* 1999, somm. p. 187, obs. HONORAT, *RTD com.* 1999, p. 499, obs. MARTIN-SERF, *JCP G.* 1999, I, 116, n° 1, obs. SIMLER (P.).
- Cass. Avis, 8 février 1999, *Bull. civ.* avis n° 1, *D.* 1999, p. 287, note BRENNER ; *RTD civ.* 1999, p. 631, obs. R. PERROT.
- Cass. 1re civ., France, 9 févr. 1999, *Defrénois* 1999.758, obs. J.-L. Aubert.

- Cass., 1re civ., France, 4 mai 1999, *D.* 2000, *Jur.*, p. 302 ; *RTD civ.* 1999, p. 880, obs. CROCQ (P.).
- CA Lyon, 5 nov. 1999, *RTD com.* 2000, p. 1014, obs. MARTIN-SERF A., *JCP G* 2001, I, 298, n° 13, obs. PETEL Ph.
- Cass. com., France, 18 janvier 2000, *RJDA* 2001, somm. 695, obs. L. AYNES.
- Cass. 1re civ., France, 1 février 2000, *Bull. civ.*, I, n° 33 ; D. 2001, Somm., p. 694, note AYNES (L.); *RTD com.* 2000, p. 426, note CABRILLAC (M.) ; *RTD civ.* 2000, p. 652, note CHAMPAUD (C.) et DANET (D.) ; *RTD civ.* 2000, p. 366, note CROCQ (P.) ; *Defrénois* 2000, p. 831, note PIEDELIÈVRE (S.) ; AJ, p. 143, note FADDOUL (J.).
- Cass. com., France, 15 février 2000, n° 97-11.670, *Bull. civ.* IV, n° 30, D. 2000, *AJ*, p. 127, obs. LIENHARD A., *RTD com.* 2000, p. 1014, obs. MARTIN-SERF A.
- Cass. 1re civ., France, 29 février 2000, *Bull. civ.* I, n° 69 ; D. 2001, somm. p. 694, obs. AYNES (L.) ; *RTD civ.* 2000, p. 366, obs. CROCQ (P.) ; *JCP* 2000, I, 257, n° 1, obs. SIMLER (P.) ; *D.* 2000, *AJ* p. 164, obs. FADDOUL (J.).
- Cass. com., France, 14 juin 2000, n° 96-22.634, *Bull. civ.* IV, n° 121, *RTD com.* 2000, p. 992, obs. CABRILLAC (M.); *JCP G* 2001, I, 301, n° 21, obs. VIRASSAMY (G.).
- Cass. com., France, 10 octobre 2000, *D.* 2000, p. 424 ; D. 2000, p. 210, obs. BOULOC ; *RTD com.* 2001, p. 201, obs. M. CABRILLAC ; *RD bancaire et bourse* 2000, p. 354, obs. D. LEGEAIS.
- Cass. com., France, 14 nov. 2000, RJDA 2/01, n° 192.
- Cass. com., France, 23 janvier 2001, *JCP G* 2001, I, 321, n° 13, obs. M. C. ; *RTD civ.* 2001, p. 399, obs. CROCQ (P.) ; D. 2001, AJ, p. 702, obs. LIENHARD (A.) ; *RTD com.* 2001, p. 518, obs. MARTIN-SERF (A.) ; *Act. Pr Coll.* 2001-4, obs. REGNAUT-MOUTIER (C.).
- TGI Lyon, JEX, 15 mai 2001, Procédures 2001, n° 7, comm. 154, obs. H. CROZE ; *Dr. et proc.* 2002, p. 39, obs. C. BRENNER.
- Cass. crim., France, 16 mai 2001, *Bull. crim.* 2001 n° 125, p. 381.
- Cass. com., France, 29 mai 2001, n° 98-21.126, *RTD civ.* 2001, p. 290, obs. CROCQ (P.), Contrats, conc., consom. 2001, comm. N° 133, obs. L. LEVENEUR.
- Cass. 1re civ., France, 12 févr. 2002, n° 99-11.106, *Bull. civ.* I, n° 54.
- Cass. Com., France, 5 mars 2002, n° 98-17.585, *Bull. civ.*, IV, n° 48, *JCP G* 2002, I, 174, n° 12, obs. CABRILLAC M., *RTD civ.* 2002, CROCQ P., *D.* 2002, p. 1139, obs. LIÉNHARD A., *Act. Proc. Coll.* 24 mai 2002, n° 115, obs. MAINGUY D., *RTD com.* 2002, p. 542, obs. Martin-Serf A., *RTD civ.* 2002, p. 327, obs. Th. REVET.
- Cass. 1re civ., France, 15 mai 2002, *D.* 2002, Jur. p. 1780 ; *RTD civ* 2002, p. 546.
- Cass. 3e civ., France, 29 mai 2002, *D* 2002, *act. Jurispr.* 2119; *D.* 2003, 1024, note AZAVANT; *idid. Somm.* 1286, obs. JOBARD-BACHELIER, *JCP E* 2003, n° 15, obs. DELEBECQUE.
- Cass. com., France, 11 juin 2002, *Bull.* 2002, IV, n° 103, p. 111; *RTD com.* 2003, obs. A. Martin-Serf ; LPA 29 juin. 2003, p. 15, note M. Sénéchal ; *JCP E* 2002, I, 113, n° 6, obs. M. CABRILLAC.
- TGI Paris, 14 juin 2002, *CCE* 2002, comm. 113, note C. Caron.
- Cass. com., France, 02 juill. 2002, n° 00-21404, Légifrance.
- Cass. com., France, 17 sept. 2002, n° 00-14190, *Bull. civ.* 2002, IV, n° 123, p. 133.

- Cass. com., France, 13 nov. 2002, *RDC* 2003, p. 170 s., obs. GRIMALDI (M.).
- Cass. com., France, 26 nov. 2002, *RD bancaire et fin.*, 2003, p. 102, n° 77, obs. F. X. LUCAS.
- Paris, 13 déc. 2002, *JCP* 2003, IV, 1482.
- Cass. com., France, 17 déc. 2002, n° 99-20928, *JCP E* 2003, 1440, note M. KEITA; *Bull.* 2002, IV, n° 195, p. 221.
- Cass. com. France, 4 févr. 2003, n° 00-13356 ; *Defrénois* 2003, 1163, obs. LIBCHABER (R.) ; *JCP E.* 2003, 1363, note ROBINE (D.) ; *Rev. proc. Coll.* 2003, 306 MONSERIE-BON (M.-H.).
- CE., France, 2 juill. 2003, n° 254536, *AJDA* 2003, p. 1780, concl. BACHELIER (G.) ; *RTD civ.* 2004. 324, obs. CROCQ (P.) ; *JCP* 2003. II. 10180, note MARTIN (J.) et NAULEAU (P.-Y.) ; *JCP A* 2003. 1225, note MOREAU (J.) ; *JCP* 2004. I. 125, obs. PÉRINET-MARQUET ; *Defrénois* 1996. 1067, note ATIAS (C.).
- Cass. com., France, 28 avril 2004, *RTD com.*, 2004. 696, obs. B. SAINTOURENS.
- Cass. 1re civ., France, 28 sept. 2004, *D.* 2004, act. Jurispr. 2711.
- Cass. com., France, 5 octobre 2004, n° 01-00.863, Augereau c/ BNP Paribas : *Juris-Data* n° 2004-025097 ; *Revue Dr. banc. Et fin.* Nov. 2004, n° 6, note LEGEAIS (D.).
- Cass. com., France, 7 déc. 2004, *Act. proc. coll.* 18 fév. 2005, p. 1, obs. C. SAINT-ALARY-HOUIN.
- Cass. com., France, 15 fév. 2005, *RJDA* 2005, n° 730.
- Cass. com., France, 15 mars 2005, n° 03-20.332, *JCP G* 2005, I, 174, n° 15, obs. CABRILLAC M., *D.* 2005, p. 1083, obs. LIÉNHARD A., *D.* 2005, p. 1718, note MARLY P.-G., *RTD com.* 2005, p. 605, obs. A. MARTIN-SERF.
- Cass. com., 22 mars 2005, n° 02-12.881, *JCP G* 2005, I, 135, n° 17, obs. DELEBECQUE.
- Cass. com., France, 27 mars 2005, *JCP E* 2005, 915, obs. DELEBECQUE (Ph.) ; *Dr. et patr.* 2005, n° 142, p. 40, note ANYÈS (A.).
- Cass. com., France, 30 mars 2005, *RJDA* 2005, n° 1007, p. 866.
- Cass. com., France, 15 nov. 2005, n° 03-18437, *Bull.* 2005, IV, n° 228; JCP E 2006. 1753, n° 14 obs. Ph. DELEBECQUE ; *Dr. et part.*, 2006. 125, obs. Ph. DUPICHOT.
- Cass. ch. mixte, 2 décembre 2005, n° 7 ; *D.* 2005, p. 61, obs. AVENA-ROBARDET ; *D.* 2006, p. 733, note AYNÈS (L.), *Defrénois* 2006, art. 38469, obs. CHAMPENOIS (G.), CCC 2006, comm. 61, obs. LEVENEUR (L.) ; *JCP G.* 2005, II, n° 10183, note SIMLER (P.).
- Cass. com., France, 24 janvier 2006, n° 02-11989, *Bull.* IV, n° 15, p. 14, *JCP E* 2006. 1753, n° 14, obs. Ph. DELEBECQUE.
- Cass. 1re civ., France, 7 février 2006, *D.* 2006, *AJ*, p. 574 ; *RD bancaire et fin.* Mars-avril 2005, comm. 61, obs. D. L. ; Cass. com., France, 7 mars 2006, *RD bancaire et fin.* Mai-juin 2006, comm. 101, obs. D. L. ; *JCP E* 2006, I, 2824, n° 1, obs. SIMLER (Ph.).
- Cass. 3e civ., France, 15 fév. 2006, n° 04-19847, Légifrance.
- Cass. com., France, 21 février 2006, *D.* 2006, *AJ*, p. 716, obs. AVENA-ROBARDET (V.) ; *Bull. civ.*, IV, n° 43 ; *D.* 2006, *AJ* 718, obs. LIENHARD, et Pan. 225, obs. F.-X. LUCAS.

- Cass. com., France, 7 mars 2006, n° 04-13569; *Bull. civ.* IV n° 62; *RTD civ.* 2006, p.348 obs. REVET (Th.).
- Cass. com., France, 3 mai 2006, *Bull. civ.* IV, n° 106; *RTD civ.* 2006. 584, obs. REVET (T.) ; *JCP* 2006. I. 195, obs. DELEBECQUE (P.); *RLDC* 2006. 2307, obs. AYNÈS (A.).
- Cass. com., France, 26 sept. 2006: *jurisData,* n°2006-035177; *JCP G* 2006, I, 195, n° 16, obs. DELEBECQUE.
- Cass. com., France, 19 déc. 2006, pourvoi n° 05-16.395, DIVA c/ Caisse du Crédit Mutuel, note LEGEAIS (D.), *RTD com.* 2007, p. 217.
- Cass. com., France, 27 févr. 2007, n° 06-10.170, *Bull.*, IV, n° 65 ; *D.* 2007, *AJ*, 872, obs. LIENHARD ; *JCP E* 2007, 1833, note ROUSSEL GALLE (Ph.).
- Cass. 1re civ., France, 7 nov. 2006, n° 05-12.429, *JCP* 2007. I. 158, n° 20, obs. DELEBECQUE; *RTD civ.* 2007. 159, obs. CROCQ.
- Cass. com., France, 30 janvier 2007, n° 05-13751 ; *Bull.* 2007, IV, n° 15, p. 16 ; *D.* 2007, 508.
- Cass. com., France, 6 févr. 2007, n° 05-16.649, F-D, Abdelnour c/ SA Banque française de l'Orient : *Juris-Data* n° 2007-037323.
- Cass. com., France, 20 févr. 2007, n° 05-20.562 ; *RTD com.* 2007.422 obs. D. LEGEAIS.
- Cass. 1re civ., France, 3 avril 2007, *Bull. civ.* I, n° 143, *D.* 2007, *AJ* 1271.
- Cass. ch. mixte, France, 8 juin 2007, n° 03-15602, Légifrance ; *Bull. civ.* 2007.
- TGI Nanterre, 10 janvier 2008 : *D.* 2008, Pan. 1167.
- Cass. com., France, 18 mars 2008, n° 06-20510, Légifrance.
- Cass. com., France, 1er avril 2008, n° 07-11726, *Bull.* 2008, IV, n° 74.
- Cass. 1re civ., France, 7 mai 2008, n° 07-11.692, *D.* 2008. 2036 s., note PIEDELIÈVRE ; *Dr. et patr.* oct. 2008. 95, obs. AYNÈS et DUPICHOT ; Banque et Droit, n° 120, juill.-août 2008. 41 s., obs. JACOB (F.) ; *RD banc. Fin.* Sept.-oct. 2008. 36, obs. LEGEAIS (D.); *RTD Civ.*, 2008, obs. CROCQ (P.), p. 700.
- Cass., avis, 16 mai 2008, n° 0800002, P : *BICC* 15 sept. 2008, p. 9, *rapp. Sommer*, p. 10, concl. MAYNIAL, p. 30 ; R. 2008, 407 ; D. actu. 6 juin 2008, obs. DARGENT ; D. 2008, AJ 1631 ; *JCP* 2008, II, 10134, note LAPORTE ; *Dr. et pr.* 2008, 285, note LEBORGNE ; Procédures 2008, n° 212, note LAPORTE ; Dr. et pr. 11/2008, 101, obs. CROCQ.
- Cass. com., France, 3 juin 2008, n° 07-12017 et 07-15228, *Bull. civ.*, IV, n° 114, RDC 2009, p. 209 et s., obs. A. AYNÈS ; *RTD civ.* 2008, p. 701 et s., obs. P. CROCQ ; *JCP G* 2008, I, 211, n° 20, obs. Ph. DELEBECQUE ; *RD bancaire et financier,* juill.-août 2008, p. 55, obs. D. LEGEAIS ; *D.* 2008.1691, obs. A. LIENHARD ; *RLDC*, sept. 2008, p. 31, obs. G. MARRAUD DES GROTTES.
- Cass. 1re civ., France, 3 juill. 2008, n° 06-19.487, Légifrance.
- Cass. 1re civ., France, 24 sep. 2008, n° 07-11237, Légifrance.
- Cass. 2e civ., France, 2 oct. 2008, n° 07-17.412, Légifrance.
- Cass. 2e civ., France, 23 octobre 2008, Légifrance.
- Paris, 20 novembre 2008, RG n° 08/03836, Légifrance.
- Cass. 3e civ., France, 10 déc. 2008, n° 07-19899, Légifrance.

- Cass. com., France, 24 mars 2009, pourvoi n° 08-13.034, arrêt n° 290 FS-P+B+I, *D.* 2009. *AJ.* 943, obs. V. AVENA-ROBARDET.
- Cass. 1re civ., France, 6 mai 2009, n° 08-10281, B. 136 ; *D.* 2009.1422, note DELPECH.
- TGI Pontoise, JEX, 6 août 2009, D. 2009, AJ 2169.
- Cass. 2e civ., France, 10 septembre 2009, n° 08-70204, *Bull. civ.* IV, n° 2012, D. 2010, p. 532, spéc. p. 534, obs. J.-M. Sommer et L. LEROY-GISSINGER.
- Cass. 1re civ., France, 24 sept. 2009, n° 08-10.152.
- Cass. com., France, 6 octobre 2009, *JCP* E 2009, 1036, n° 12, obs. Ph. DELEBECQUE ; *Banque et droit* 2010, n° 129, p. 49, obs. N. R. ; *RD bancaire et fin.* 2010, comm. 10, obs. D. L. ; *Dr. et patr.* sept. 2010, p. 92, obs. Ph. DUPICHOT.
- Cass. com., France, 9 févr. 2010, *Bull. civ.*, n° 34; *RTD civ.* 2010, p. 360, obs. P. CROCQ; *RLDC* avr. 2010, p. 37, obs. J.-J. ANSAULT.
- Cass. com., France, 26 mai 2010, n° 09-13.388, *Bull. civ.*, IV, n° 94 ; *BJE* 2011, n° 1, p. 28, obs. HOUIN-BRESSAND (C.) ; *RDC* 2010, n° 4, p. 1338, obs. AYNÈS (A.) ; *RTD com.* 2010.601, obs. BOULOC (B.) ; *JCP G* 2011.226, obs. DELEBECQUE (Ph.) ; *RDBF* 2010.142, obs. CERCLES (A.), *Dr et patrim.* 2010, n° 195, p. 96, obs. DUPICHOT (Ph.) ; *RTD com.* 2010.595, obs. LEGEAIS (D.).
- Cass. 2e civ., France, 6 janvier 2011, n° 09-71.146 P : *D.* 2011. Pan. 1509, obs. LEBORGNE ; *RTD civ.* 2011. 393, obs. PERROT ; Gaz. Pal. 1er -3 mai 2011, p. 22, obs. BRENNER.
- Cass. com., France, 18 janvier 2011, n° 07-14.181, *D.* 2011, p. 368, obs. A. LIENHARD ; *RLDC*, mars 2011, p. 33 et s., obs. J.-J. ANSAULT ; *RTD civ.* 2011, p. 378, obs. P. CROCQ.
- CA Versailles, 20 janvier 2011, n° 09/07588, affaire Banque de l'économie du commerce et de la monétique c/ S.C.P. BTSG, D 2011.
- Cass. com., France, 12 juillet 2011, n° 09-71113, *Bull.* 2011, IV, n° 118 ; *Gaz. Pal.* 7/8 oct. 2011, 17256, obs. P.-M. LE CORRE ; *RTD civ.* 2011, 782, obs. P. CROCQ ; *RLDA* sept. 2011, n° 63, p. 21, note I. D. M. ; *RLDA* cot. 2011, p. 25, obs. J.-L. VALLENS ; *Dr. et patr.* hebdo août 2011, n° 841, p. 1, obs. P. P..
- CA d'Amiens, ch. 01 sect. 02, 8 nov. 2011, n° 11/01838, Légifrance.
- Cass. 1re civ., France, 12 janv. 2012, *Bull. civ.* I, n° 2; *D.* 2012, som. p. 212/ CROCQ (P.), *RTD civ.* 2012, p. 348.
- Cass. com., France, 10 mai 2012, F-P+B, n° 11-17.626.
- Cass. com., France, 11 septembre 2012, n° 11-22240, Légifrance.
- CA Pôle 5, ch. 5, 20 décembre 2012, *JCP E* 2013,1314.
- Cass. com., France, 19 février 2013, n° 11-21.763, *JCP G* 2013, 299, obs. CERLES (A.) ; *RTD civ.* 2013, p. 418, obs. CROCQ (P.) ; *D.* 2013, p. 493, obs. DAMMAN (R.) et PODEUR (G.) ; *JCP G* 2013, 585, n° 16, obs. DELEBECQUE (Ph.) ; *Gaz. Pal.* 20-21 mars 2013, p. 22, obs. DUMONT-LEFRAND (M.-P.) ; *D.* 2013, p. 1176, obs. GUILLOU (H.) ; *Act. Proc. Coll.* 2013, n° 71, obs. LE CORRE (E.) ; *RD bancaire et financier* mars-avr. 2013, comm. 59, obs. LEGEAIS (D.) ; *RLDC* avr. 2013, p. 35, obs. MARRAUD des GROTTES (G.) ; *JCP G* 2013, 539, note MARTIAL-BRAZ (N.) ; *GAZ. Pal.* 12-13 avr. 2013, p. 29, obs. PAILLER (P.) ; *Banque et droit* n° 148, mars-avr. 2013, p. 52, obs. RONTCHEVSKY (N.).

- Cass. com., France, 19 février 2013, n° 11-28423, *Bull.* 2013, IV, n° 26 ; obs. A. LIENHARD, *Dict. perm. diff. entr.*, mars 2013, p. 7, obs. M. DIZEL, *BRDA* 5/13, n° 8.
- Cass. 2e civ., France, 11 juillet 2013, n° 12-13737, Légifrance.
- Cass. com., France, 11 févr. 2014, n° 12-19722, Légifrance.
- Cass. com., France, 4 mars 2014, n° 13-10534, Légifrance ; BJE 2014.155, note Le MESLE.
- Cass. com., France, 11 juin 2014, *Gaz. Pal.* 17 juill. 2014, n° 198, p. 10.
- C. Const., France, 6 févr. 2015, n° 2014-447, Légifrance.
- Cass. 2e civ., France, 19 févr. 2015, n° 13-27.691, *D. actualité*, 3 mars 2015, obs. AVENA-ROBERDET.
- Cass. 2e civ., France, 9 avril 2015, n° 14-16878, *JurisData* n° 2015-007654 : *JCP N* 2015, 1109, obs. F. VAUVILLE *; Procédures* 2015, *comm.* 186, obs. CH. Laporte ; *RD bancaire et fin.* 2015, comm. 97, obs. C. HOUIN-BRESSAND.
- Cass. com. France, 12 mai 2015, n° 13-28.504, 14-11.028, Légifrance.
- Cass. com., France, 19 mai 2015, n° 13-25.312 ; RDBF 2016, n° 35, obs. C. HOUIN-BRESSAND ; Gaz. Pal. 2015, n° 202, p. 24, obs. R. BONHOMME ; LEDEN 2015, n° 7, p. 2, obs. N. BORGA.
- Cass. 2e civ., France, 24 sept. 2015, n° 14-20.132 P : *D.* 2015. *Actu.* 1961 ; AJDI 2016. 130 obs. de La VAISSIERE ; *D.* 2016 *Pan.* 1288, obs. LEBORGNE.
- Cass. 3e civ., France, 29 septembre 2015, n° 14-18.895, *AJDI* 2015.864.
- Cass. com., France, 9 févr. 2016, n° 14-23.229, Légifrance.
- Cass. 2e civ., France, 7 avril 2016, n° 15-14856, Légifrance.
- Cass. 3e civ., France, 7 juill. 2016, n° 15-10.278, Légifrance.
- Cass. com., France, 13 déc. 2016, n° 14-16037, Légifrance.
- Cass. com., France, 8 mars 2017, n° 15-18614, Légifrance.
- Cass. com., France, 28 juin 2017, n° 16-10591, Bull., D. 2017. 1356, obs. LIENHARD ; D. 2017. 1948, obs. LE CORRE (P.-M.).
- Cass. 2e civ., France, 28 septembre 2017, n° 16-17.010 P : *D. actu.* 12 oct. 2017, *obs.* PAYAN ; *D.* 2017 Actu. 1983 ; *Dr. et pr.* 2017. 252, note VINCKEL.
- Cass. 2e civ., France, 12 avril 2018, n° 17-13-235 P : *D.* 2018, *Pan.* 1231, obs. LEBORGNE ; Procédures 2018, n° 185, obs. LAPORTE ; *Gaz. Pal.* 31 juillet 2018, p. 77, obs. LAUVERGNAT.
- Cass. 3e civ., France, 12 avril 2018, n° 17-17.542, *RTD civ.* 2018.461 note P. CROCQ ; *RDI* 2018.385, note H. HENGAS-DARRASPEN ; *D.* 2018.1540, note A. GOUËZEL ; *RTD com.* 2018.773, note A. MARTIN-SERF.
- Cass. com., France, 20 juin 2018, ° 17-12.559, AJ contrat 2018, p. 439, LAISNEY (L. J.), D. 2018 ; *D.* 2018 Actu. 1381, note ALBIGES (C.) et PICOD (Y).
- Cass. 2e civ., France, 6 sept. 2018, n° 17-22.364 P : *D. actu.* 21 sept. 2018, obs. PAYAN.
- Cass. com., France, 7 nov. 2018, n° 16-25.860, Légifrance.
- Cass. 1re civ., France, 9 janvier 2019, *Bull. civ.* n° 3, 17-27.411, ECLI : FR : CCASS :2019 : C100003.
- Cass. com., France, 23 janvier 2019, AJ contrat 2019, p. 195 ; LAISNEY (L. J.), D. 2019, n° 16-20.582.

- Cass. com., France, 20 mars 2019, n° 17-26416, Légifrance.
- Cass. com., France, 20 mars 2019, n° 17-26602, Légifrance.
- Cass. com., France, 3 avril 2019, n° 18-11. 247; RDBF 2019, n° 4, comm. 139, HOUIN-BRESSAND (C.) ; LEDEN 2019, n° 5, p. 1, obs. LUCAS (F.-X.) ; APC 2019. 114, obs. FIN-LANGER (L.) ; Gaz. Pal. 2019, n° 16, p. 29, obs. BERLAUD (C.) ; BJE 2019, n° 4, p. 38, obs. LAROCHE (M.).
- Cass. com., France, 22 janv. 2020, n° 18-21.647, F-P+B, *Bull.* ; *D.* 2020.212.

INDEX ALPHABETIQUE

(Les chiffres renvoient aux numéros de pages)

A

B

C

D

E

F

R

S

T

U

V

TABLE DES MATIERES

Structures éditoriales du groupe L'Harmattan

L'Harmattan Italie
Via degli Artisti, 15
10124 Torino
harmattan.italia@gmail.com

L'Harmattan Hongrie
Kossuth l. u. 14-16.
1053 Budapest
harmattan@harmattan.hu

L'Harmattan Sénégal
10 VDN en face Mermoz
BP 45034 Dakar-Fann
senharmattan@gmail.com

L'Harmattan Cameroun
TSINGA/FECAFOOT
BP 11486 Yaoundé
inkoukam@gmail.com

L'Harmattan Burkina Faso
Achille Somé – tengnule@hotmail.fr

L'Harmattan Guinée
Almamya, rue KA 028 OKB Agency
BP 3470 Conakry
harmattanguinee@yahoo.fr

L'Harmattan RDC
185, avenue Nyangwe
Commune de Lingwala – Kinshasa
matangilamusadila@yahoo.fr

L'Harmattan Congo
67, boulevard Denis-Sassou-N'Guesso
BP 2874 Brazzaville
harmattan.congo@yahoo.fr

L'Harmattan Mali
ACI 2000 - Immeuble Mgr Jean Marie Cisse
Bureau 10
BP 145 Bamako-Mali
mali@harmattan.fr

L'Harmattan Togo
Djidjole – Lomé
Maison Amela
face EPP BATOME
ddamela@aol.com

L'Harmattan Côte d'Ivoire
Résidence Karl – Cité des Arts
Abidjan-Cocody
03 BP 1588 Abidjan
espace_harmattan.ci@hotmail.fr

Nos librairies en France

Librairie internationale
16, rue des Écoles
75005 Paris
librairie.internationale@harmattan.fr
01 40 46 79 11
www.librairieharmattan.com

Librairie des savoirs
21, rue des Écoles
75005 Paris
librairie.sh@harmattan.fr
01 46 34 13 71
www.librairieharmattansh.com

Librairie Le Lucernaire
53, rue Notre-Dame-des-Champs
75006 Paris
librairie@lucernaire.fr
01 42 22 67 13